Martin von Löwenthal

Chronik der königlichen Stadt Iglau

1402-1607

Martin von Löwenthal

Chronik der königlichen Stadt Iglau
1402-1607

ISBN/EAN: 9783743414440

Hergestellt in Europa, USA, Kanada, Australien, Japan

Cover: Foto ©ninafisch / pixelio.de

Martin von Löwenthal

Chronik der königlichen Stadt Iglau

Chronik

der

königlichen Stadt Iglau

(1402—1607)

vom

Iglauer Stadtschreiber

Martin Leupold von Löwenthal.

Herausgegeben

von

Christian d'Elvert,

k. k. Ober-Finanzrathe.

(Zum 2. B. der von der historisch-statistischen Sektion herausgegebenen Quellen der Geschichte Mährens gehörig).

Brünn, 1861.

(In Commission der Buchhandlung A. Nitsch).

Vorwort.

Der zwittauer Stadtphysikus Dr. Schneider überschickte mir, als Verfasser der Geschichte von Iglau, Brünn 1850, eine Chronik von Iglau, in einem starken Foliobande. Leider war er schon verstümmelt und, wegen der Aufbewahrung an einem feuchten Orte, bedeutend vom Moder angegriffen, ohne daß der erhaltene Theil hiedurch unleserlich geworden wäre. Derselbe beginnt mit Bruchstücken lateinischer Gedichte auf den glücklich abgeschlagenen Ueberfall der Stadt, welchen 1402 der benachbarte Landadel versuchte, auf dem Bogen 53 und endet mit dem Jahre 1617 auf dem Bogen 513, umfaßt also noch 460 Bogen und mehr als zwei Jahrhunderte; der Anfang und das Ende sind abgerissen; auf den Ueberresten des letzteren nimmt man wahr, daß gewiß noch 5 Blätter beschrieben waren, die Chronik also wahrscheinlich noch um einige Jahre weiter reichte (S. 141 des Abdruckes ist eine Beziehung auf das J. 1619), etwa bis zur Entwicklung des großen Drama's, dessen Schluß auch dem Verfasser den Untergang brachte. Seine Bildung und Stellung gibt der Chronik einen Werth, wie ihn kaum eine andere unserer Chroniken in Anspruch nehmen kann. Er war Zeitgenosse und Mittheilnehmer an den Begebenheiten, welche zu Ende des 16. und zu Anfang des 17. Jahrhundertes die europäische Welt in Bewegung setzten und im schrecklichen dreißigjährigen Kriege einen Ausgang nahmen, der uns in der Cultur und im Rechtsleben auf Jahrhunderte zurücksetzte.

Der Verfasser dieser Chronik, eines unserer merkwürdigsten geschichtlichen Dokumente, ist der iglauer Stadtschreiber (Syndikus) Martin Leupold von Löwenthal, welcher hiezu auch die Aufzeichnungen seines Vaters benützte. Ueber seine Familien- und persönlichen Verhältnisse finden sich in der Chronik selbst folgende Nachrichten. Sein Urgroßvater war Stephan Leupold, geb. 1418, verehelicht 1458 mit Margaretha, der Tochter des iglauer Bürgers und Tuchmachers Augustin, gestorben 1481. Ein Sprößling dieses Ehepaars war der 1463 geborne Lucas Leupold, der Großvater unseres Chronisten (S. S. 2, 9, 14, 21, 23). Ein Jahr nach Stephans Tod, nämlich 1482, wurde Martin Leupold, vom Kaiser Friedrich in den Adelstand erhoben (meine Gesch. von Iglau S. 208), nahm der Stadtrath denselben in seine Mitte auf und wählte ihn 1513 und 1515 zum Rathsältesten; er starb 1521 (S. 21, 28, 29 der Chronik).

Lucas nahm 1492 die Jungfrau Barbara, Tochter des Rathsbürgers Aegid Wolfgang, zur Ehe, welche ihn mit 2 Töchtern beschenkte, erhielt 1495 die Würde eines Schul-Rektors in Iglau und führte sie, bis auch er 1522 in den Rath kam, in welchem derselbe 1516 Rathsältester wurde. Er befand sich unter den Abgesandten nach Ofen, welche König Ludwig in dem bis zu offenem Aufruhr gediehenen Streite zwischen dem aristokratischen Stadtrathe und der demokratischen Gemeinde vernahm (S. 63). Schon dem Greisenalter nahe ehelichte er 1525 zum zweiten Male Barbara, eine geborne Pilgram, aus einem der angesehensten iglauer Patricier-Geschlechter, die Witwe des Rathsbürgers Niclas Vicenz (S. 74). Bei den Rathserneuerungen der J. 1526 und 1529 wurde er wieder Rathsältester (S. 76); im ersteren sein Haus ein Raub der Flammen (S. 78). Seine zweite Ehe war nur mit einem Kinde, Hans Leupold, gesegnet (geb. am Pfingsttage 1527). Des ersteren Vater von mütterlicher Seite war der aus einem hervorragenden Geschlechte entsprossene, durch Tugend und Gelehrsamkeit ausgezeichnete Rathsherr M. Johann Pauspärtl († 1528). Lucas (gest. am 17. Dez. 1531) hinterließ den Ruf eines beredten, gelehrten um sein Vaterland und seine Vaterstadt in den schwierigsten Zeiten hochverdienten Mannes, so wie auch „ein Büchlein" oder „Annalen" zur Geschichte von Iglau. Die nachgelassene Witwe Barbara (gest. 1557) überlebte ihn noch 26 Jahre, nachdem auch sie die Gefahr einer Feuersbrunst in ihrem Hause überstanden (S. 23, 29, 63, 74, 76, 78—80, 83, 102, 106, 113).

Als einen des Vaters würdigen Sohn, als eine wahre Säule seiner Vaterstadt Iglau preiset der Dichter den Hans (Johann) Leupold (S. 84). Auch dieser erfreute sich durch Geburt und Verwandtschaft der Gunst einflußreicher Geschlechter, denn seine Mutter war Hedwig Pauspärtlin († 1541), sein Vater von mütterlicher Seite Peter Pauspärtl († 1566), durch 23 Jahre Rathsherr, und Bruder des Stadtältesten Hans Pauspärtl († 1571), seine Schwester Frau Anna Eidl (gestorben 1577) (Seite 92, 93, 137, 154, 165).

Lucas Leupold hatte sich alsbald der neuen luthrischen Lehre zugewendet und ihrem Apostel in Iglau, Paul Sperat, befreundet, welcher als päpst. und kais. Pfalzgraf ihm und seinem Verwandten Hans Pauspärtl schon im März 1522 Wappenbriefe ertheilte. Diese Weianna vererbte sich auf den Sohn Hans Leupold. Er gewann seine gelehrte Bildung und bestärkte seine religiöse Stimmung in der evangelischen Kirchenlehre an der Universität Wittenberg, welche unter dem Schulreformator Melanchton eben ihre Blüthezeit feierte. Als ihn seine Mutter von da nach Hause rief, knüpfte er schon in seinem 24. Jahre (1551) das erste eheliche Band mit der Jungfrau Ursula, Herrn

Andre Michalke's Tochter, welcher aber bereits das erste Liebes-Opfer den Tod brachte (1552). In seinem 27. Jahre (1554) kam Hans als sogenannter junger Herr in den Stadtrath (S. 104, 105). Als dieser den Magister Peter Zasius und Hans Leupold beauftragte, einen evangelischen Prediger für Iglau aufzubringen, sie aber in der Nachbarschaft von keinem tauglichen wußten, zogen sie auf Wittenberg und warben bei Melanchton um eine gelehrte und taugliche Person. Dieser schlug ihnen den (von Leupold zuvor dem iglauer Rathe empfohlenen) jungen Magister Albert Creutziger vor. Obwohl die Abgesandten Befehl hatten, nach einem alten erfahrnen Manne zu trachten, schlossen sie doch mit Creutziger wegen seiner Bestallung in Iglau ab (1556), da dieser sowohl Melanchton als auch dessen Eidam dem gelehrten Doktor Caspar Peucer, so wie auch den Abgeordneten Creutziger's in der Schloßkirche gehaltene Predigten gefielen. Dieser war zwar auch gemeiner Stadt Iglau, außer einigen wenigen, sehr lieb und angenehm und seine Predigten wurden mit besonderer Andacht und Fleiß angehört. Allein bald erzeugten seine Heftigkeit, Unduldsamkeit, reformatorischer Eifer und Streitsucht solche Uneinigkeiten, daß sich der guten Theils noch mehr katholisch gesinnte Gemeinderath veranlaßt fand, sowohl Creutziger selbst als auch den Rektor der lateinischen Schule Johann Tapinäus sammt den Adolescenten zu verabschieden (Anfangs 1557); und auch Hans Leupold zu strafen, da er wider die (1556 und 1562) „gänzlich abgebrachte päpstische Messe“ leidenschaftlich eiferte, Creutziger vertheidigte und bei der Sentenz gegen diesen nicht sitzen wollte. Er blieb auch in schriftlichem Verkehre sowohl mit Tapinäus, welcher später Stadtschreiber in Kuttenberg, als auch mit Creutziger, der Superintendent in Waldsassen wurde. Wie dessen Sohn gedenkt, schrieben ihm beide „gar viel schöner Episteln in lateinischer Sprache, so noch vorhanden“ (S. 107—113, 137). Auch der iglauer Stadtphysikus Dr. Hustein, welcher 1562 Leibmedikus des Erzherzogs Carl in Graz geworden, richtete von da viele Schreiben an seinen gelehrten Freund Hans Leupold (S. 115). Seine wissenschaftliche Bildung mag auch von ästhetischem Sinne begleitet gewesen sein, denn mit Martin Winterberger und den Stadtschreibern Treuther und Reindler „gab er die gemehl an,“ als das Rathhaus ([illegible]8) ausgemahlt wurde. (S. 114). Seine Vorsorge wandte sich insbesondere auch der lateinischen Stadtschule in Iglau zu, welcher er wohl viele [illegible] als sogenannter Schulherr vorstand. Da seit der Entsetzung des Rektors Tapinäus die Jugend mit schlechten Präceptoren versehen gewesen, berief der Gemeinderath (1561) auf Empfehlung des Rathsfreundes Hans [illegible] Magister Mathias Eberhard, ein „Iglauer Stadtkind,“ von [illegible] Rektor der iglauer lateinischen Stadtschule und es wird so [illegible] „hernach Schuel vnd Kirchen Gott lob, ie lenger ie mehr, [illegible] des Worts Gottes auf treuherzige Versorg der Obrigkeit versehen worden, vnd die übrigen Mißbreuche in der Kirchen abgebracht" (S. 116). Man sieht, wie insbesondere durch Leupold's Bemühungen sich der Protestantismus in Iglau mächtig einbürgerte und wie er hiedurch zu dem tragischen Ende seines Sohnes mit den Grund legte. Seine Stellung in den ersten Rathswürden, nämlich als Stadtrichter (schon 1562) und Stadtältester (1573, 1575, 1578, 1581) unterstützte gar sehr sein Wirken (S. 119, 127, 136, 138, 156, 159, 165, 168).

Er nimmt eine hervorragende Rolle bei dem Colloquium ein, welches der angeblich der augsburger Concession zugethane selauer Abt und iglauer Pfarrherr Stralitzky (1562) in Gegenwart aller drei Stadträthe und aller Prädikanten und Pfarrherren der iglauer Jurisdiktion auf dem Rathhause veranstaltete, um „ein freundlich Gespräch mit einander zu halten, wegen der Religion, damit man wisse, was ein ieder fur ein lehr fuhre, vnd ein nutzliche reformation fur genohmen werden möchte," beziehungsweise um flaccianische und zwinglische Lehren hintanzuhalten, welche der von Danzig vertriebene iglauer Prediger Samuel Hebelius zu nähren schien. Die nächste Folge dieser Besprechung war eine mehrere Ausbreitung und Befestigung der luthrischen Lehre (S. 121—126). Es gelang aber doch Leupold nicht, den Creutziger seinem wiederholten Ansuchen gemäß wieder in den iglauer Kirchendienst zu bringen, obwohl dieser „größere modestiam polliciret hat," denn man war nicht nur in Iglau „mit Predigern, die der Augsburgischen Confession verwandt, versehen, hatte auch nicht Vrsach, einen aus den bestalten Kirchendienern zu entsetzen," sondern der Gemeinderath erinnerte sich auch, „wie Crucigor die Zeit seines Kirchendienstes alhie ziemlich scharff vnd schmehlich im ersten anfang gewesen" (S. 128—132, 137).

Leupold's und des Syndikus Reindler Sendung (1567) an den toleranten Kaiser Maximilian II. nach Wien, um die Collatur der Pfarrkirche an die Stadt zu bringen, blieb zwar auch ohne Erfolg, da der Kaiser „aus genugsamen Ursachen solche Collatur von der Abtey Selaw nicht zu wenden vermeinte;" doch befahl er dem Abte, „daß er denen von Iglaw, weil man aus Zulassung Babstlicher heiligkheit in diesen sub utraque communicire, in der Kirchen khein einige hinderung noch Vberlast zufuege" (S. 141).

Leupold stellt sich nicht nur als tief durchdrungen von seinem religiösen Glauben dar; er vertheidigt auch mit Lebhaftigkeit und nicht ohne Leidenschaft die in Iglau eingeführte „reine Vnverfelschte lehr des Evangelii Vnsers heilandts vnd herrn Jhesu Christi, Prophetischen vnd Apostolischen schrifften gemeß, auch den vier angenohmenen Simbolis vnd der Augsburgischen confession gleichförmig, ohne alle Vermischung aller Wiedertaufferischen, Sacramentschwermerischen vnd Schwenckfeldischen [illegible], auch von allen papistischen Abgöttereyen, mißbreuchen vnd [illegible] sondert." Diesen Glaubenseifer zeigt (1570) insbesondere [illegible] an den neuen Abt und iglauer Pfarr-Collator Caspar (Schönauer), als dieser ihm heftig vorhielt, er habe den Predigern und dem Schulrektor ganz und gar verboten, mit dem Abte, als einem Ketzer, einige Freundschaft oder Gespräche zu halten (S. 145—153).

Wieder stand Leupold vor Kaiser Maximilian in Prag, als (1575) Abgesandte des Rathes, der Kaufleute, der Handwerker und der Hutter gegen das der Stadt Iglau verderbliche heftige Begehren der letzteren, so wie der Tuchmacher, ankämpften, es solle Niemand aus der Bürgerschaft Wolle kaufen, er sei dann ihres Handwerks und verarbeite sie selbst. Die Rathsabgesandten behaupteten auch mit Erfolg, daß die Stadt nach der mähr. Landesordnung und ihren Privilegien vor keinem anderen Gerichte, sondern nur im Lande gehört werden soll, es wäre denn um Landgüter, die in Böhmen gelegen, zu thun. Sie erwirkten die Verweisung des Handels vor mährische Commissarien und vor denselben wurde im Landtage geschlossen, daß nicht allein die Tuchmacher, sondern ein jeder Bürger, der es vermag, Wolle kaufen und verkaufen möge, wie es bevor geschehen. Des Bierbrauens und Fleischhackens sollen sich die Tuchmacher enthalten, weil es nicht ihres Gewerbes ist (S. 159—161).

Nachdem Hans Leupold, Raths-Aeltester und Schulherr, als Senator „30 Jahre seinem Vaterlande treulich gedient, 30 Jahre im Ehestande gelebt und 16 Kinder erzeugt hatte“, starb er am 1. März 1584, erst 57 Jahre alt; seine zweite Gattinn Ursula, geb. Pauspärtl, welche ihm in 26jähriger Ehe 13 Kinder geschenkt, war, 44 Jahre alt, (am 9. August 1579) in die Ewigkeit vorausgegangen (S. 166, 179, 180).

Von seinen Sprößlingen hat sich wohl keiner einen bekannteren Namen erworben, aber auch keiner einen unglücklicheren Ausgang genommen, als dessen Sohn Martin Leupold von Löwenthal (oder Leupoldt von Lebenthal, wie er (S. 300) geschrieben wird), der Verfasser der hier vorliegenden Chronik. Ueber seine Lebens-Umstände gibt er darin wenig andere Aufschlüsse, als welche seine ämtliche Wirksamkeit berühren, wie das Folgende zeigt. Sein Freund und seiner Mutter Bruder Marcus Pauspärtl von Drachenthal starb 1591, sein gewesener Vormund Daniel Pilgramer, „eines alten ehrlichen Geschlechtes“, und sein Vormund Hans Haidler, gleichfalls aus einem der angesehensten Geschlechter, 1593 (S. 188, 190). 1601 berief ihn der iglauer Gemeinderath von Prag, wo er wahrscheinlich den Studien obgelegen, zu einem deutschen Stadtschreiber. Er trat zu St. Georg [illegible] Dienst an. Als sein Collega M. Andreas Zauner (1603) resignirt, [illegible] der Gemeinderath die deutsche Expedition allein, gönnte ihm aber [illegible] ganze Accidentia und Einkommen (S. 202). Die böhmische [illegible] seit 1577 der als Dichter und Kartograph bekannte böhmische [illegible] Hinkonius von Welinow (S. 164, 218, 250, 263).

welcher später Leupold's Schicksals- und Leidensgefährte wurde *). Der letztere hielt 1607 mit der Jungfrau Anna Maria, Tochter des kaiserlichen Rathes und Rentmeisters in Mähren Andreas Seidl von Prausen, zu Dobromělitz Hochzeit (S. 250), verlor sie aber schon 1613 durch den Tod (S. 297). Auch ihn traf als Besitzer eines zur Biererzeugung berechtigten Mälzerhauses (1610) das Unglück eines Brandes desselben (S. 275).

Ergiebiger sind die Nachrichten aus seinem öffentlichen Leben in einer stürmisch bewegten Zeit, die immer mehr zu einer Krisis drängte. Er begrüßte den Erzherzog Mathias mit einer Beglückwünschungs-Rede, als dieser 1608 mit einer stattlichen Ritterschaft und den Coriphäen der Bewegung, Carl von Liechtenstein, Carl von Zierotin, Georg von Hodit u. s. w., nach Prag zog, um den Kaiser Rudolph zur Abtretung aller Länder, bis auf Böhmen, zu zwingen (S. 258). Er war unter den Abgesandten des Raths, welche die Uebergabe der böhmischen Capelle bei der Pfarrkirche vom Verwalter des Abtes gebieterisch verlangten; da dieser sie verweigerte, ließ der Rath die Capelle erbrechen (S. 263). Er befand sich 1611 unter den mährischen Abgesandten bei dem Generallandtage und der Krönung des Königs Mathias zu Prag (S. 289). Er empfing (1612) den Erzherzog Maximilian, als dieser auf der Commissionsreise zu den Reichsfürsten der römischen Krone durch Iglau reiste (S. 291), so wie (1614) den Kaiser Mathias und die Kaiserin, als sie zum General-Landtage in Prag sich begaben (S. 303). Er sollicitirte im Auftrage des Gemeinderathes (1612) nachdrücklich bei dem Landesunterkämmerer Carl Haugwitz von Biskupitz in Göppersdorf und Olmütz, als dieser in der neuerlichen Absicht, Katholiken in den Rath zu bringen, dessen Erneuerung hinausschob, sie aber doch endlich auf die Intercession des Landeshauptmanns Carl von Zierotin zugab (S. 292). Mit Bartl Schmilauer erwirkte er 1615 zu Prag vom Kaiser die Bestätigung und Erweiterung der städtischen Privilegien, wie keine Confirmation noch so ansehnlich, stattlich und ausführlich war (S. 304).

Damit schließen die Nachrichten über Martin Leupold und sein Geschlecht ab, obwohl die Chronik noch weiter ging und er nun erst in entscheidender Weise in die Verhältnisse des Landes mit einzugreifen begann. Er hatte gewiß zu den eifrigen und thätigen Anhängern des Erzherzogs, Königs und Kaisers Mathias gehört, welcher schon 1613 ihm und seinem Bruder, dem Rathsherrn Lukas Leupold, den alten Adel bestätigt und das Wappen vermehrt hatte (Meine Gesch. von Iglau S. 268). Als man der Strudel der Rebellion die böhmischen Länder ergriff, wandten sich Leupold und sein College der böhmische Stadtschreiber Johann Hynko von Welissow mit Eifer der neuen Gestaltung der Dinge zu und vom katholischen Kaiser-

*) 1614 waren Leupold und Georg Menschik Stadtschreiber (S. 300).

hause ab. Beide gehörten zu den hervorragendsten Coriphäen im Bürgerstande, welcher kopflos mit dem nach polnischer Wirthschaft strebenden Adel gemeinsame Sache machte. Während der greise Hynko von den rebellischen mährischen Ständen zu einem der 30 Direktoren gewählt wurde (1619), welchen sie die Verwaltung und Vertheidigung des Landes mit unbeschränkter Gewalt anvertrauten, zeigt sich Leupold auf einem anderen Felde wirksam. Er war einer der 6 mähr. ständischen Abgesandten an die böhmisch. Stände nach Prag, welche das Bündniß beider abschließen und über sonstige Erfordernisse verhandeln sollten (Hoffer's acta diætalia, MS.; Spanischer Copierteig, gedruckt 1619 S. 4, 14; Moravetz III. 115, welcher ihn, nach dem theatrum Europ. I. 134, Leopolum a Velaus nennt). Leupold befand sich unter den mähr. ständischen Abgeordneten nach Prag, die am 5. Juli 1619 daselbst den Vertrag zwischen Böhmen und Mähren abschlossen, welcher den Rang der obersten Würdenträger Mährens bestimmte, wenn sie bei böhm. Landesversammlungen erscheinen, die Staatsurkunden und Reverse, welche Mährens Selbstständigkeit nahe traten, ungültig erklärte, den [illegible]spruch über die Gültigkeit der Verordnungen der böhm. Kanzlei in Mähren aber dem nächsten allgemeinen Landtage vorbehielt (Dudik, mähr. Geschichtsquellen I. 257).

Nachdem die Direktoren ihrer Pflicht entbunden und, an Stelle des [illegible] Ladislaw von Lobkowitz, Ladislaw Welen von Zierotin zum Landeshauptmanne Mährens eingesetzt worden war, finden wir Leupold unter den 21 Defensoren, welche die rebellischen mährischen Stände dem Landeshauptmanne zum Schutze der eigenmächtig geschaffenen Zustände beigaben (Hoffer, acta diætalia MS.) Nach der Wahl des Churfürsten Friedrich von der Pfalz zum böhm. Könige war Leupold im März 1620 einer der mährischen Abgesandten zum General-Landtage in Prag (eb.), auf welchem unter anderem auch die böhm. Stände und die Abgeordneten aus Mähren, Schlesien, der Lausitz, Unter- und Oberösterreich am 25. April 1620 das Bündniß mit Ungarn vom 19./25. Jänner 1620 bestätigten (Sitz. Ber. d. wiener Akad. d. Wiss. 34. B. S. 225—237).

Als nach der Schlacht am weißen Berge bei Prag (8. Nov. 1620), [illegible] Unterwerfung von Iglau, der Entsetzung des alten Rathes und [illegible] der Bürgerschaft (2. und 3. April 1621) schweres Gericht [illegible] Haupttheilnehmer der Rebellion erging, schwebte die ganze Wucht [illegible] auch über Leupold. Die gewesenen iglauer Rathsherren Ja[illegible] Valentin Mohensack, dann der böhmische Stadtschreiber Jo[illegible] der deutsche Stadtschreiber Martin Leupold von Löwenthal [illegible] und wurden bald nach der Entwaffnung der Bürgerschaft [illegible]. Nach Untersuchung der ganzen Bürgerschaft durch die Doktoren Raphael Meisch und Georg Bacher (31.

August 1622 ff.), wurden aber Hynko und Leupold, so wie auch der böhmische Stadtschreiber Georg Menschik, als des Verbrechens der Rebellion vorzüglich beanzeigt, nach Brünn zur peinlichen Untersuchung abgeführt und bei der Urtheilssprechung über die Haupttheilnehmer der Rebellion Mährens, zu Brünn am 7. Nov. 1622, Hynko und Leupold zum Tode und Vermögensverluste verurtheilt. Der Kaiser verwandelte jedoch die Todesstrafe in eine zweimonatliche Gefangenschaft nebst Confiscirung des ganzen Vermögens Leupold's und des halben Hynko's. Beide (so wie des ersteren Schwiegervater Andreas Seydl) erscheinen daher auch in der öffentlich angeschlagenen Crida (Patent vom 9. Nov. 1622), mit welcher der bevollmächtigte mähr. Gubernator und Generalcommissär Cardinal Dietrichstein Alle und Jede zur Anzeige des confiscirten Vermögens der darin benannten 50 gestorbenen, entwichenen oder sonst condemnirten Personen aufforderte, „in sofern sie diesen etwas zu thun schuldig sein, oder aber zu ihren trewen Händen empfangen, oder wo dergleichen, so obgemelten Personen gehörig seye, oder zugehöret hatte, wissenschaft haben würden." Beide überlebten den Schlag nur kurze Zeit, denn Hynko starb am 28. Okt. 1623, Leupold aber am 24. Februar 1624, letzterer an der Pest (Pessina Mars Moravicus p. II. MS.; meine Geschichte von Iglau S. 269 und 439; Schwoy (welcher, wie Sterly, den Hynko zu einem igl. Bürger Hans Hankow machte), Gesch. Mährens S. 184 und im mähr. Magazin S 206; Moravetz III. 164).

Das alte Patricier-Geschlecht der Leupold von Löwenthal, so wie das ihnen vielfach versippte Geschlecht der Paurspärtl von Drachenthal, hat sich bis in unsere Tage erhalten. Der Buchhändler und mehrere Jahre Bürgermeister Leupold von Löwenthal in Iglau gehört demselben an; aus ihm erhob sich in früherer Zeit Martin Joseph Leupold von Löwenthal, durch 36 Jahre Syndikus und auch Primator in Iglau, 1724 zur Würde eines königlichen Richters daselbst († 18. Nov. 1733, 73 Jahre alt).

Um auf Leupold's Chronik zurückzukommen, muß vor Allem bemerkt werden, daß dieselbe, so weit sie erhalten ist, nämlich vom Anfange auf dem 56. Bogen an *), nebst den wenigen Beisätzen von anderer Hand (namentlich jenen des Stadtschreibers Reindler) und den Bemerkungen eines heftigen katholischen Antagonisten, bis an das Ende hier vollständig abgedruckt erscheint. (Die Orginal-Handschrift übergebe ich dem Landesarchive). Ich habe mich auf die Mittheilung des Textes beschränkt, denselben jedoch durch Beigebung eines Index einer leichteren Uebersicht und Benützung zugängli-

*) Am Ende des 55. Bogens steht die noch hieher gehörige Stelle: Anno 1402 hat Herr Jan von Bethaw sambt seiner Schwester Elisabeth das Dorf Mißching mit aller gerechtigkheit zu Gemeiner Stadt verkhaufft, wie der Khauffbrief ausweiset.

cher gemacht, am Schlusse auch noch einige Beiträge und Anmerkungen zur Geschichte der Stadt beigefügt; erläuternde Bemerkungen des Textes hielt ich für entbehrlich, weil sie meine Geschichte der Stadt Iglau, meine Beiträge zur Geschichte der k. Städte Mährens, Brünn 1860 (b. 13. B. der Schriften der hist. Sektion) und Chlumetzky's Bemerkungen zur brünner Chronik von Ludwig biethen dürften.

Der Werth der leupolt'schen Chronik von Iglau spricht sich insbesondere in einer hervorragenden Darlegung des mittelalterlichen, jedoch schon in die neuere Zeit übergehenden Lebens der durch und durch deutschen Stadt Iglau aus. Es spiegelt sich ab eine noch unbeschränkte Autonomie sowohl in der Ausbildung ihres alten Stadt- und Bergrechtes, und in der Festsetzung von Statuten und Gewohnheiten, als auch in der Verwaltung ihrer Gemeinde- und Rechtsangelegenheiten; es zeigt sich das mittelalterliche Strafrecht und Strafverfahren noch in seiner ganzen Schroffheit und Härte, die Tortur in gewöhnlicher Uebung, das Bahrrecht noch in Anwendung, der Teufelsglauben in voller Blüthe, das Lebendigbegraben, Rädern und Riemenschneiden u. a., so wie die Stadtverweisung und Urfehde im Gebrauche; es wird aber auch schon der Einfluß des fremden (römischen) Rechtes, gelehrter Richter (Appellation) und Rechtsvertreter (Advokaten) wahrnehmbar; es wiederholt sich nicht selten der Kampf der demokratischen Elemente gegen das Vorwalten der Patricier-Geschlechter, welche sich gleichwohl in der Herrschaft behaupten; das frühe Eindringen, die allmälige Ausbreitung und das exclusive Gebahren des Protestantismus in Iglau, welches sich in fortwährender Verbindung mit Deutschland und insbesondere Wittenberg erhält, wird eben so anschaulich, als die unter Rudolph dem II. immer wieder hervortretende Reaktion des Katholicismus, sich nicht nur seiner Bedrängnisse zu erwehren, sondern auch verlornen Boden wieder zu gewinnen; mit der Reformation im Zusammenhange steht die Neugestaltung des Schulunterrichtes und der lateinischen Stadtschule, welche ihre Lehrkräfte aus Deutschland holt und später in das Predigtamt und den Stadtrath fördert; zu der bisher sehr mangelhaften Kunde der Sitten- und Cultur-Zustände, wie des gewerblichen Lebens, ergeben sich, im Zusammenhalte mit den Daten anderer hier zur Mittheilung gelangenden Chroniken interessante Aufschlüsse; die Bedürfnisse und das Treiben einer zuchtlosen Soldateska eröffnen einen Blick in die sich allmälig vorbereitenden Schauder des dreißigjährigen Krieges u. s. w.

Insbesondere verdient hervorgehoben zu werden, daß die Chronik nicht bloß lokales Leben und Walten zeichnet, sondern von dem höheren Standpunkte ihres Verfassers aus auch Einblicke in die Ereignisse, Gestaltungen und Bestrebungen in anderen Städten, wie im Lande überhaupt, gewährt, vorab zu einer Zeit, in deren Speichen der Verfasser mit eingriff.

Wir wünschen recht lebhaft, es möchte sich der Schluß der Chronik noch vorfinden und es gelänge, Chroniken anderer einflußreicher Städte, namentlich der ehemals viel bedeutenderen Stadt Znaim und auch der Hauptstadt Brünn, aufzubringen, um ein zusammenhängendes, lichtvolles Bild jener merkwürdigen Zeit zu gewinnen.

d'Elvert.

Anno 1406. Hat der Herzog aus Össterreich Albertj vatter die Statt Znaimb, darinen Sich der Hineckh Dürr Teufel vnd der Sokhol verschloßen, (so im 1402 Jahr Iglaw bestigen) belegert, dafur von Margaretha biß auf Laurentj gelegen. Da ist der Herczog vnuersehens aus der Statt erschoßen worden. Alsdann das Össterreichische kriegsuolckh aufgebrochen. Nach etlich wochen ist hineckh vnd Solhol aus der Statt Znaimb abgezogen, vnd darinnen vill ihres khriegsuolckhes verlaßen. Die von Znaimb aber liesßen den Jotocum ihren alten Marggrauen vnd Erbherrn in die Statt, namen des Dürrteufels vnd Sokhols gsindl alles gefangen deren sie in 3 tagen 70 henckhen vnd 12 enthaubten liesßen. Also hat die rauberej, so von langer Zeit aus Mähren in Össterreich gemein gewesen, dazumal ein end genohmen (Hayek).

Znaimb belegert.

70 henckhen lassen 12 Endhaubten

Anno 1409. Zogen vber 24 tausent Studenten (Hayek setzt 40.000) von Prag hinweckh, eintheil an den Reinstrom, eintheil in Sachsen, etliche in Bayern, ettliche fingen ein Vniuersitet den Behemen zu trocz an in der Statt Leypzig. Die vrsach ires abzuges war die vneinigkheit Zwischen Deutschen vnd Behemen vnd daß ihnen die Deutschen vast zu mechtig worden, fuernemblich aber war die vrsach, weil Khönig Wenceslaus ein solch vrtl hat ergehen laßen, daß die Behemen 3 stimen, vnd die außlender nur 1 stim in der wahl haben sollen, wie es den auch zu Paris (nach welcher Ordnung die Prägerische Schuel angerichtet) also verhalten werden. Aneas Silvius lib. 23 his. Boh.

Studenten ziehen aus Prag 24 tausent.

Anno 1410. Ist Khayser Rupertus Bauarus gestorben, hat regiert 10 iahr, ligt zu heidelberg begraben. Nach ihm ist Khayser worden Sigismuntus.

Anno 1411. Als die Statt mit kriegsvnkosten sehr beschwert gewesen, hat König Wenzeslaus der Stadt die Losung vnd andere gefäll auff 2 iahr nachgelassen damit sie sich wieder ergetzen mögen.

Losung auff 2 iahr nachgelassen.

Anno 1415. Hat Niclas des Cuntzen Sohn im Thurm mit vnser Diener vnd Ratts Person falsche 2 Schreiben mit hinterlist vnterm Stadtsigil aufgerichtet. Als aber das Schelmstuckh offen war worden ist der theter entwichen, vnd gleich wol auff 100 iahr relegirt vnd seiner nahrung verlustig worden.

Falsche brieff unterm Stadtsigel.

Anno 1418. Ist mein Vhrgroßvatter Steffen Leupoldt geboren in welchem iahr Johann Zischka mittl gesucht des Johann Hußen Todt Zu rechen.

Zischa neCes HVssJ DVvVs qVo VJnDJCet anno
Vitales haVsit proaVVs VsgJtJbVs aVras.

hat geheurath 1458 uide infra.

Anno 1418. Ist mein Vhrgroß Vatter Steffen Leupoldt geboren worden, dieser hat hernach Anno 1458 Zur Ehe genomen, des Augustini Tuechmachers Burgers alhie Tochter, Junckhfrau Margaretha, mit welcher Er gezeuget hat, meinen Großuattern Lucas, Leupold Anno 1460. Ist gestorben im 1481 Jahr wie in seinem Testament im Stadtbuch zufinden.

Anno 1419. Ist vom Raht vnd den 4 Gemeinen alhie beschlossen worden das ein ieder Weinschenkher nicht lenger sol Wein schenkhen als von der Zeit da sich die Möste anfahen bies auff Ostern, aber Oesterreichische vnd Vngrische wein das gantze Jahr wer gesessen ist, der nit gesessen ist sol khein Wein weder schenkhen noch ablegen. Saltz khan man 1, 2, 3 oder 4 miteinander khauffen vnd verkhauffen. Doch von der kuffen gebürdt der Stadt 3 heller. Ein frembder fleischakher so fleisch zu Markt führt, sol auffs Rathaus geben von Ochsen 1 dr. kue 1 dr. Schwein 1 dr. von allen andern Vieh 1 heller, Item ein ieder sol in seinem eigenen haus Weinschenkhen vnd das sol gelten 1 Jahr, würde es nochmals nicht rechtsam sein, sol es der Raht mit der Eltören herrn vnd der Gemein Verwissen endern. Actum in Maniloquio feria post pentecostes.

Statt Taber gebauett.

Anno 1420. Ist die Statt Taber im Behemen von den Taboriten gebauet worden, von denen sie nachmals dem Khönigreich Behemen vnd Marggrafthumb Mähren schaden gethan.

1420. Kayserßbrunn bei Iglaw.

Als Kayser Sigmund am tag Aller heiligen Anno 1420 mit den Prägern vor Wischehrad eine grosse Schlacht hielte, darinnen viel ansehnliche Mährische herrn geblieben vnd der Kayser die fluch geben, ist er in dikhen Weldern bis gegen Jeßaw kommen vnd aus einem brunnen getrunckhen daher derselbe Kaysersbrunn genannt wirt Vnd als er von ferne die Stadt sahe vnd sich erkündigte, daß es Iglaw sei, ist er mit den seinigen, so mit ihm geflohen dahin angelanget. Nachmals von dannen in Vngern verreist.

Kayser Siglsmunds lager bei Iglaw.

Anno 1421. Nach Martini als Kayser Sigismundus mit vielen kriegsuolkh nach dem königreich Beheimb zoge, lagerte er sich bei der Stadt Iglaw, vnd erfordert Zu sich vmb Elisabeth etliche Behemische herrn Vntern sichern gleid, Also kham zu ihm [illegible] von Rosenberg Czinek von Wartenberg Wilhelm von [illegible] [illegible] [illegible] vnd Puta von Czastalowicz sambt andern, vielen herrn vnd [illegible]schafft, daselbst richteten sie mit ihm ein Vertrag [illegible]

Zum Könige, Von dannen brach der Kaiser auff am Tag Andræ Zoh durch Humpoltz vnd lagert sich bei Letsch aber Zicƺka hat ihn Zurückh trieben. Hagecius sub anno 1421 fol 112.

Kuttenberg belegert. Khayser Sigmund nach Iglau khommen.

Anno 1422. Als Khayser Sigismundus Chuttenberg belegerte, vnd von des Zischka macht hörte, Zintet Er die Statt an, vnd floh nach Deutschenbrott, dem folget Zischka nach. Khayser Sigmundt Zog Zur Iglau vber die Pruckhen, Aber Piso Florentinus welcher 15 tausent hungerische Reutter fuhrete, nam sein weg vber das Eiß, das ward durch die menge des volkhs beschwert, gieng ein, vnd wurden Ihr vill ertrenckht. Borekh fol. 376.

Zischka belegert Deutsch Brod.

Eodem Anno. Belegert Zischka Deutschen Brod, lies Zu sturm lauffen ein ganczen tag, die in der Statt thetten mit stein werffen vnd schießen großen widerstandt. Des andern tags ist die Statt erstigen, vnd eingenomen, vnd dasst meniglich darinen todt geschlagen werden, Sein zu beeden theiln in die 3 tausent Man todt blieben. Die Statt ward mit feur verbrent vnd verderbt, das es vierczehen Jahr gar nicht bewonet wurde. Borekh Chronica fol. 376.

Zischka zieht vor Iglau.

Anno 1423. Ist Zischka von Czaslaw für die Statt Iglau geruckht, in Willens dieselbe Zuerobern, da fiellen die Iglauer heraus, sprengten des Zischka volkh mänlich an, vnd thetten ihn nicht Wenig schaden, nichts desto weniger musten Sie fur Ihm vnd den bluetgierigen Taboriten die flucht wider in die Statt geben, vnd Sich mit dem Zischka vertragen, der vertrag ist des inhalts. Zischka soll den Iglauern khein schaden Zuefuegen, deßgleichen die Iglauer Ihme vnd seinem volkh auch nicht. Item wen des Zischka volkh wuerde hindurch Ziehen, soll es sicher Paßiert auch mit Prouiant vmb ein leidlichen Pfennig versehen werden, da lies der Zischka nach geschloßenem contract Iglau vnbelegert, Zoche in Mährern für die Schlößer vnd Sicze herumb, vnd man ergab sich ihm allenthalben, Als Er aber Zu leczt fur Cremsier merckhte, das Ihm das gluckh in Mährern nicht also will, wie in Behemen, lies Er Mehrenn, vnd begab sich wider in Behem. Zu Zischka Zeiten haben sich etliche brueder des Liblischen geschlechts hieher nach Iglau aus der Schlesien begeben, der mainung das Sie vor dem Zischka hie werden sicherer sein, als in Schlesien, Seidhero ist das Liblische geschlecht, biß auf dato hie verblieben.

Liblische Geschlecht.

Anno 1425. Als Albertus Erczherzog von Oesterreich vnd Marggraff zu Mährern vernomen, das die hussitten in Oesterreich Ziehen wollten, wie sie den Zuuor grosßen schaden darinen gethan, schrieb Er denen von Iglau, sie sollten guette khundschafft halten, vnd Ihme, wo sie was vermerckheten dauon Zuschreiben.

Dem Erbarn Weysen, vnsern lieben getreuen, dem Burgermaister vnd Rath Zu der Iglau.

Albrecht von Gottes Genaden herzog Zu Össterreich vnd Marggraff zu Mährern ꝛc. Erbare Weise vnd lieben getreuen, Als euch woll wissentlich ist, wie die hussen am nechsten in vnser landt gezogen, vnd das mit mord, raub vnd brant größlich beschedigct haben, vnd noch menicher samlung haben, als wir vernohmen, vnd meinen aber in vnser Landt Zukhomen vnd das wüsten, Begeren wir an euch vnd bitten gar ernstlich, das Ir eur khundtschafft vnd erfarnis bei den feinden habt, wie sie sich halten, vnd wie starckh sie sein, vnd auch welchen enden sie sich schickhen wollen, vnd was Ir also erfahret, das lasset vns stetes wißen, vnd schickhet die khundtschafft an meinger Stett, damit Ir eigentlich erfahret, wie sich die Feind halten, Auch verkhünden wir euch, das vnser Gnediger Herr, der Römische Khönig ꝛc. auf morgen her zu vns khomen soll. Geben Zu Laa am Erichtag nach S. Michaelstag Anno. Ut supra.

Khayser Sigmund helt zu Iglau mit den Behemen ein Zusammenkunft. Anno 1436. Ist Khayser Sigmundt von Ofen nach Iglau ankhomen, den als Zuuor die Behemische Stendte ihre Gesandte zu Ofen bei dem Khönig Sigmundt hatten, hat er denselben 60 tausent vngerisch vnd ein große anczall Vieh verehrt (wie Martin Boreckh fol. 256 schreibt) vnd benebens wegen irer werbung gehn Iglau ein tag bestimbt. Als nun der Adel nach Iglow Zoh vnd den keiser wolte annehmen hat entzwischen Johann Rohatz aus antrieb friedhessiger landleut nicht weit von Kuttenberg ein Schlos den Berg Sion gebaut raubete bei den benachbarten man auch dem kaiser Sigmund Vieh vnd wein so im aus Vngern geschikt wurde, Entlich weil er dauon nicht abzuhalten lies in der keiser belagern vnd fangen vnd waren 3 galgen auß Steinen gebauet. An dem Obristen lies er den Rohatz an mittern sein hussitisch Priester am Untersten 90 Rauber auffhengen. Boreckh fol. 394, 395. Es waren aber von den Behemischen Stenden nach Iglaw geschikhet Sonabent vor Pfingsten M. Johann Ruekheczan, der Erwelte Erzbischoff sambt andern herrn Ritterschaft vnd Städten, vnd da Sie zu Iglau ankhomen, sein Sie ehrlich angenommen worden vnd fiengen erstlich montags nach Corporis Christj mit den legaten des Baß-

Tractiren wegen der Religion. lischen Concilij an, wegen der Religion zu handlen, vnd habens gar schwer dahin gebracht, das die legaten darczue willigten, damit den Behemen die compactata innerhalb dreier Monatten bestettiget werden solten, wie dan hierauf briefe an statt des ganzen concilij aufgerichtet vnnd den vertrag aufs Papier ist gebracht worden, das die Jenigen, so Sich des Hochwürdigen Sacraments in beederlei gestalt gebrauchen, die ersten Söhne der Heylligen Christlichen Khirchen sein, vnd die sollen die andern so es vnter einerlei gestalt emphahen, nicht bedrengen noch schmehen. Hintgegen sollen die vnter einerlei gestalt auch den andern vnter beederlei gestalt weder nachtheilig noch verhinderlich sein, vnd also ein theil dem andern in ihren Khirchen vnd Ortten kheinen eingriff thun. [illegible] [illegible]-

liche Religion sol das hochwürdige Sacrament des Altars nach ihrem brauch außtheillen, vnd sich in irre Khirchen oder Capeln, also wie dazumal darinnen gewöhnlichen verhalten.

Am Tag S. Margaretha aber, haben Sich die Behemischen Gesandten mit Khayser Sigismundo und seinen Rätthen in handlung eingelaßßen, da dan Zuuernemen das der Khayser seines Vattern Caroli Quarti khöniglichen Stuell in Behemb gerne besesßen, wie Jhn dan ein theil aus den Gesandten gern Zum herrn haben mögen: Jedoch waren Sie etlichermaßßen vor Jhm in forchten, den Sie in der handlung eine lange weill darauf berueheten, das Jrer Majestät ankhunfft in der Kron Behemb von wegen der Zweißpalttigkheit des Volkhs nit allZusicher were, es hette den Sich Jr. Majestät Zuuor billicher maßßen Verobligiert. Die Khayserlichen Rätthe wolten durchaus Zu kheiner obligation ßimmen sondern ritthen Jr Majestät das contrarium, vnnd Sagten, Es were nicht billich das ein solcher herr der gantzen Christenheit einigerlei weis sich verschreiben soltte. Der Khayser antwortet vnd ßprach, Das Er Sich weder den herrn noch dem Ritterstandt einigerlei weis verschreiben woltte. Aber den Behemischen Stetten vnd besonders den Prägern, als seinen lieben getreuen Vnderthanen, welle Er eine verschreibung aufrichten, wie denn in nachfolgenden werden geschehen.

Wier Sigißmundus von Gottes genaden Römischer Khayser ꝛc. Nachdem wier alhier nach dieser einigkeit welche Gott dem Allmechtigen danckh gesagt. Zwischen den Gesandten vnsers Khönigreichs Behem, vnd den Legaten des heylligen concilij Zu Basel getroffen, vns mit ihnen, gedachten Behemischen Gesaunten, anlangent vnserer herschung vnd Reglemen als der naturliche Erb und landes Herr verglichen. Als haben vns darnebten die Ersamen Gesandten aus den Stetten Prag vnd andern Stetten vnsers iezt gemelten Khönigsreichs Behemb angelanget vnd gebetten, das wir vnsern willen darein geben woltten, damit alle die Jenigen geistliche vnd weltliche Personnen, so Zuuor in den Stetten wohnhafft gewesen, vnd derselben, aus waserlei Ursachen es auch geschehen, bis auf dato mißig gehen muesßen, widerumb einzugehen vnd sich irer güetter anzunehmen wider iren willen kheines wegs bedrenget werden sollten, derentwegen wollen wir auf das hindurch fridt vnd einigkheit nicht getrennet werden möchte in ansehung ihrer bitt, darein gewilligt haben, vnd wollen nicht, das obgedachte Stette Zu etwas, wie oben vermeldet, wider ihren willen einigerleiweise genöttiget werden sollten. Deßen Zu vrkhundt haben wir vnser Jnsigil an diesen brief hengen lasßen, desßen Datum Jglau. Anno 1436. am tag Mariae Magdalenae. vnserer Khönigreiche des hungerischen im 50. Des Römischen im 26. vnd des Behemischen im 16. vnsers Khayserthumbs aber im Viertten Jahr.

Wir Sigißmundus von Gottes genaden Römischer Khayser Nachdem vns die herrn, Ritterschafft, Adl vnd Stette vnsers Da ist ein Ertzbischoff Erwellt worden.

Khönigreichs Behem, als wir Zu Prün gewesen, gebetten, das wier alls ein Khönig in Behem, ihnen vnser Recht Zu der Wahl eines Prägerischen Erzbischoffs verleihen wollten. Solches haben wir auf ihre bitt von wegen des landes nuz und fromen gnedigist vnd gerne gethan, vnd vnser Recht ihnen Zu solcher wahl geben, Wie den vnser ihnen hieruber gegebner brief in sich weitleufftiger heltt vnd begreifft, Als Sie auch nu die Wahl verrichtet vnd vns den hochwürdigen M. Johanem von Roekhiczan neben Zweyen vnter Bischoffen vorgestelltt, da haben Wier vns solche wahl wolgefallen lasßen, vnd In Zu einem Erczbischoffen beineben den andern. 2. suffraganen angenomen, vnd hiemit in Khrafft dieses vnsers briefes annemben, vnnd mehrgedachte wahl bestettigen thun, wollen auch bey seinen lebetagen nach kheinem andern trachten, sondern vns, wegen seiner confirmation vnd weihung mit dem aller ehisten alles vnseres Vleisßes, vnd in aller der gestaltt, wie es vnser hieruber abgegebener brief in sich heltt, bemuhen. Datum Iglau A. ꝛc. 1436. am tag Apollinaris. vnserer Reiche. vt supra. Hagecius fol. 135 cum seqq. Borek fol. 392.

Khayser Sigmund stirbt zu Znaimb. Anno 1437. Ist Kayser Sigmundt Zu Znaimb gestorben, als Er aus Behemb in hungern Ziehen wollen, Montag nach conceptionis Mariæ A. etc. Imperii Romani 27 altt worden, 77 Jahr. An statt seiner ist Herzog Albertus von Össterreich Khayser Sigismundi Tochter Man, zum Khayser und Behemischen Khönig erwehltt werden Anno 1438.

Khayser Albrecht gehn Iglau khommen. Anno 1438. Ist Khayser Albrecht der ander dis namens, Neu erwehltte Behemische Khönig in die Statt Iglau ankhomen, da Er empfangen ward vom herrn Vlrich von Rosenberg, herrn Meinardo von Neuhaus vnd Viel andern Behemischen herrn, die begleiteten Ihn nach Prag, alda Er Zum Khönig gekhrönet worden. Ist Khayser worden, Nach dem todt Sigismuntj 20. Martij. Martinus Boregk fol. 468 vide ib. plura.

AVstrIa qVeIs MVLtIs prIVata Carebat ab annIs,

ALberto rVrsVs prInCIpe SCeptra gerIt.

Khayser Albrecht begertt hilf von Iglau. Eodem anno. Als Khayser Albrecht herzog Zu Össtereich Zu Hungern Khönig vnd Marggraff Zu Mährern erfuhr, das Ihne etliche Zum Khönig in Beheim nicht haben wollten, schrib Er von Ofen nach Iglau, des inhalts, ein offenes Patent an Burgermaister, Ratth vnd die Burger lautend: das Sie sich Zu Rosß vnd fues mit wagen Zeug, vnd harnisch schiekhen solten, damit Sie, im fal der nott ihrem herrn beyspringen khöntten, Sie soltten darinen nicht säumig sein, wie denn Ihre khön. Matt. ihnen des Sonder wolgetrauen, das wollten Sie gnediglich gegen die von Iglau erkhennen.

Losung auf 3 Jahr nachgesehen. Anno 1439 hat Kayser Albrecht der Stadt dieweil sie seinetthalben in kriegswesen viel erlitten die Losung vnd Andere

Anno 1439. 27. October Ist Khayser Albrecht gestorben, und Zu weissenburg begraben worden. Ihme hat succedirt Fridericus 3.

ALbertVs fInIt VItaM, InqVere soLVItVr aVras,
RegaLIs CIneres CorporIs Alba tegIt.

Anno 1440. Den 30. tag Martij. Ist Fridericus Tertius Khayser worden, diesen hat man Zum ersten, Erzherzogen in Österreich genendt.

FrIDrIChVs Cæsar LegItVr, ter Dena qVIrInI,
Eos spargIt VbI CeLItVs orta IVbar

Anno 1442. Haben Herr Emil vnd Herr Heinrich gebrüeder Herrn Zu Bettau dem landt Österreich abgesagt, Ehe aber die Absagbrieffe an die Österreichische landtschafft khomen sein, haben Sie etliche Össterreicher gefangen vnd auf Bettau geführet, vnd sollen aus Mährern hilf gehabt haben, Weill aber der Erczherzog in Österreich vnd Römische Khönig nicht im landt war, haben die Räthe vnd verwaltter des landts Österreich an statt ihres abwesenden herrn des Römischen Khönigs, sambtag nach Francisci von wien aus an die von Iglau geschrieben vnd gebetten, die von Iglau wollten gemeltte herrn von Bettau von ihrem bösen fürnehmen abführen, mit meldung, da die von Bettau Zuespruch Zu össterreich haben wurden, sollten Sie die Sach rechtlich füernemben, es solte inen der gerechtigkheit verholffen werden.

Österreichische landtschafft begert derer von Iglau intercession.

1445 Johann von Rebisch Stadtschreiber alhie worden. Stadtschreiber.

Anno 1449. Freytag nach ostern, haben herr Georg von Podiebrad an einem, vnd der her von Rosenberg sambt andern, So, des Meinarden herrn von Neuhaus Sohne beigestanden, anderstheils, Zu Iglau, dahin Sie dan einander beschriben, einen fridesstandt aufgerichtet, also das man mit khriegen gegen einander inen hallten soll, von der Zeitt Georgj biß vber ein Jahr. Solches haben Sie einander Zulaisten Zuegesagt, vnd sein also voneinander geczogen.

Vergleichung Zu Iglau Zwischen dem von Podiebrad vnd dem von Rosenberg.

Solchen vertrag hat herr von Podiebradt meistentheils darumb angerichtet, damit er in der Zeitt ihme alle Stette Zuegethan vnd verbündlich machete, vnd sie Ihne sambtlichen Zu einem Gubernator des landts Behem annemen sollten, Wie Er den hernacher Behemischer Khönig worden.

Anno 1450. Haben die herrn von Iglau dem Römischen [illegible]ig Friderico Tertio, Erzherzogen Zu Össterreich, (der das [illegible] iahr hernach Zum Khayser gekhrönt worden) vnd seinen [illegible]rn Ladislao, Albrechts des Römischen Khaysers vnnd Khönigs Zu [illegible]m Sohn, der hernach auch Khönig Zu Behem vnd Hungern war, Vier [illegible] Iglauer Bier verehrtt, und gehn der Neustatt in Össterreich alda La[illegible]us erzogen war, geschiekhet, das namb der Römische Khönig Fridericus [illegible]ein Person vnd anstatt des Jungen Khönigs Ladislai Zu danckh an[illegible]schrib denen von Iglau mit diesen worden.

Die von Iglau verehren dem Römischen Khönig 4 Vaß Bier.

Friderich von Gottes genaden Römischer Khönig zu allen Zeitten mehrer des Reichs, herzog Zu Össterreich vnd Zu Steyr ꝛc.

König bedankt sich gegen denen Von Iglau der 4 faß Bier.

Den Erbarn Weisen Vnsern besonders lieben Burgermaister vnd Ratth Zu Iglau.

Erbare Weyse besonder liebe, Als Ir vns vnnd vnsern lieben Vettern dem Khönig Laßlawen vier vaß Bier iezt her schickhet vnd geschenckht habt, des danckhen wir euch hoch vnd vest, vnd khomen vns von euch Zu guetten gefallen, vnd wir wellen das auch gnediglich gegen euch erkhennen. Dan als Ir vns habt anbringen laßen, wie euch der von Frän anzugreiffen vermeine, darauf schreiben wier iezt dem haubtman Zu Mähren, als Ir an der abschrifft hierin beschloßen, vernemen werdet, vnd was wir euch gnaden vnd förderung beweisen mögen, das sein wir willig. Geben Zu der Neustatt am Sontag vor S. Lorenzen tag. Anno 1450. Vnsers Reichs im ailfften Jahr.

Schreiben an Landtshaubtman in Mähreen.

Friderich von Gottes Genaden.

Edler besonder Lieber, die Erbarn Weisen vnser Sonder lieben die Burger von Iglau haben vns iezt anbringen laßen, wie sie der von Frän Zubekhriegen vnd anzugreiffen meine. Begeren wir an dich mit Bleis, beuelhen dir auch ernstlich, das du bey dem benandten von Frän daran seiest, vnd bestellest, das die ehegenanten von Iglau solches angriffs, khriegens vnd beschedigung von ihm Vertragen werden, daran thuestu vns sonder guet gefallen vnd vnser meinung. Geben ꝛc.

König Lasla lest zu Iglau die herberg für sich bestellen.

Anno 1453. Ward Ladißlaus Zum Behemischen Khönig gekhrönet. Dieser Ladißlaus als Er nach Prag Zur khrönung durch Iglau Ziehen wollte, schrib er denen von Iglau Zuuor mit denen wortten.

Laßlaw von Gottes genaden Zu Behem, Dalmatien, Croatien ꝛc. Khönig, herzog Zu Össterreich vnd Marggraff Zu Mähren ꝛc.

Den Erbarn Weysen Vnsern getreuen lieben dem Burgermaister Richter vnd Ratth Zu Iglau.

Erbarn Weisen lieben getreuen, wir schickhen Zu euch vnsern getreuen Erasm Feuchter, vnd ihm beuolhen haben, daselbst bey euch Zu Iglau vns fur vnsern khöniglichen hoff herberg vnd ander bedurffen Zubestellen. Begeren wir, Vnnd befelchen euch mit ernste, das Ir Ihm darinen rattsam vnd behulflich seidt, vnd euren Bleis darinen thuet. Daran thuet Ir vns gefallen vnd ernstliche meinung. Geben Zu Wien an S. Matheus tag. Anno 1[illegible].

König Lasla wird zu Iglau herrlich empfangen.

Hierauf ist Khönig Ladißlaus Freytag nach Michaeli [illegible] Iglau ankhomen, alda die Behemische herrschaft auf Ihn, [illegible] auf der [illegible] gewartet, vnd Ihne herrlich [illegible] haben. Auf den morgen sein [illegible]

Khönig in sein Zimer gangen, vnd haben Ihm als ihrem Khönig vnd herrn alle sambtlichen vnd ein ieder fur sich, sowoll auch von wegen ihrer Stende, von dennen Sie außgesandt waren, treue vnd vnterthenigkheit gelobt, vnd Ihme darneben. 20. artickhl gezeiget. Darauf ihnen khön. Matt. Zuegesagt, das Sie sich deren artickheln gemes verhallten wollten. Darauf alsbalt ein verschreibung aufgerichtet worden. Freytag nach Gallj hat der Khönig auf der Behemischen grenzen sein Jurament auf dem heylligen Evangelio nach altem gebrauch geleistet, mit nachuolgenten Worttern.

Wir Ladißlaus von Gottes genaden Ehrwellter Khönig in Behem. Nachdem wier iezo einschreitten vnd in gedachtes Khönigreich Beheim angenohmen sein. Alls schweren vnd geloben wir Zu Vörderist Gott dem Allmechtigen vnd des Khönigreichs einwohnern, das wier diese beide den geistlichen vnd weltlichen Standt sambt allen des Khönigreichs einwohnern beschuzen vnd beschiermen, vnd sie bey ihren rechten, freyheiten, verschreibungen, Priuilegien vnd gebreuchen erhallten sollen und wollen. Auch sollen wier desselben Khönigreichs grenzen, vnd Zuegehörungen, weder schmelern noch dauon wenden, Sondern dieselben villmehr nach allem vnserm vermögen mehren vnd erweittern, vnd alles was wir handlen werden, dasselbe soll Zu des obgedachten Khönigreichs ehren, nuz, vnd frombem gereichen, wie solches vnsere vorfahren die gewesene Khönige Zu Behein auch in brauch gehalten. Solches helff vns Gott vnd alle seine heylligen. Der König schweret den Behemen.

Anno 1453. hat könig Lasla der Stadt die Losung auff 3 iahr erlassen wegen der 1000 M. die sie fur Ihr Majestet entricht als verschienene Jahren Marggraf Jobocus die Losung alhie dem herrn Sigmund von krisaus verschrieben hat, vnd ist nachmals wie im 1492 Zu finden ein Priuilegium fur gebracht worden daz In kunfftigen Zeitten weder die Stadt noch die Camerzins niemandt sollen versetzt werden. Losung auf 3 iahr erlassen.

Anno 1454. Sonabent vor Oculj, Schrieb Khönig Ladißlaus dem Richter vnd Scheppen zu Iglau, das Sie des Pergkhwerchs fleißig Pflegen, Zuschauen, besichtigen sollen, weil Er ein besonderer liebhaber des Pergkwerchs gewesen ist. König Lasla befihlt den Iglauern das Pergkwerch.

Anno 1456 hat König Ladislaus der Stadt alhie die grosse Maut Zu der Stadt auffnehmen vergönt An allerlei [illegible] wie im Registter absonderlich verzeichnet vnd bis herr gehalten worden. Grosse Maut der Stadt gegeben worden.

Anno 1458. Als Khönig Ladißlaus Anno 1457 in der 36 stund [illegible] krankheit vnd im 17 Jahr seines alters zu Prag gestorben. Ist Ge[orgius] [illegible] Podiebradt zum Behemischen Khönig erwelt worden.

[illegible] Anno hat Mein Vhrgrosvatter Steffen Leupoldt geheurath [illegible] Margaretha des Augustini Tuchmachers Tochter in denn [illegible] dem König Georg belegert worden.

PannIfICIs soboLes ProaVo DatVr VXor Vt Iglæ
CIVes aCer Rex obsiDIone graVat.

Eodem anno. Ist die Statt Iglau vom Herzog Geörgen, Khönig Zu Beheimb belegert werden am tag Margarethä.

Belegerung der Statt Iglau. Vrsach der Belegerung war diese: Nachdem Georgius von Podiebrad (so neulich als den 7. May des 1458. Jahrs Zum Khönig in Beheimb erwehlet werden) in Mähreen khomen ist, das Ihm das landt, wie gebreüchig, hulden solte, haben Ihne mehrerstheils der Mährerischen herrschaft vnd Adl angenomen, weill Er Zuuor den Behemen geschworen sie bei der Catholischen vnd hussitten lehr Zuuerteidigen vnd Zuschüczen. Auch haben Ihne die fuernembsten Stette in Mähren, als, Olmüz, Brün, Znaimb, hradischt, Neustatt, für ihren herren angenohmen, vnd ob sie woll den hussitten hefftig Zu wider waren, ihme gleichwoll als ihrem Khönig die thor geöffnet. Die einige Statt Iglau, hat dem Khönig Geörgen die thor nicht öfnen wollen, mit fürwendung, Sie möchte dem, der glaubens halber mit ihnen vneinig, nicht trauen Vnd da er den Iglauern in die Stadt aus der Belegerung embitten lassen, er wolle die sporn nit ablegen, er habe den das Städtlein erobert, haben sie ihm sagen lassen Ihr Majestät solle sich etwas anders bedenckhen, es möchten ihme die sporn verrosten, Sie wolten ihm gern Vnterthenigkheit leisten wen er sich Zuuor mit dem Babsten Versönete, sonst wollen vnd durffen sie ihn nicht annehmen, vnd ob sie gleich ihr leben verlieren, so wurde doch ihrer Seelen geholffen sein, als wieder geistliche Obrigkheit nit widerstreben haben. Daher Khönig Geörg so hefftig ergrimmet, das Er die Statt Iglau mit dem volckh, so Er bey Sich hatte, belegern lies, da aber die von Iglau seine, des Khönigs Khrie gsuolkh verachteten, in dem Sie von Erzherzogen Alberto aus Österreich guette hilf an volkh vnd sonst gueten schuz vnd vertrestung hatten (den ihnen der Erzherzog einen guetten Obristen herrn henrichen von Vettau sambt einer Summa Volkhs Zuschickhte) hatt Khönig Geörg mehr Volk aus Behem gesamlet vnd die belegerung der Statt Iglau geschickht. Welche belegerung
Iglau wirdt 4 Monat belegert. von tag Marggarethä biß aufs Aduent gewehret hat, ganzer Vier Monat lang. Wie die von Iglau dem herzogen Alberto von Össterreich ihren Zuestandt von der belegerung geklhagt, vnd vmb hilf gebetten haben, hat Erzherzog ihnen, wie folget, Zur antwort geben.

Albrecht von Gottes genaden herzog Zu Össterreich ꝛc.

Den Ersamen weisen Vnsern lieben getreuen, der ganzen gemein Zu Iglau.

Ersamen Weisen lieben getreuen, Wir haben durch diesen euren Potten woll vernohmen die glegenheit der leuffe so bey euch sein, besonder auch eur beguerlich treu, so Ir Zu der heilligen Khristlichen Khirchen vnd dem hauß Össterreich, embsiglich traget, des wir dan billich Zu herzen nemben, nachdem es schwer ist in gehorsam Zutretten, anderst den nach ordnung der heylligen Christlichen Khirchen. Vnd wiewol wir noch nicht genzlich mit vnsern gnedigen herrn vnd Brueder dem Römischen Khayser vereinigtt sein, So wollen wir solch eur treu vnd auch die gerechtigkheit des stammes von Össterreich in Sinne behaltten, vnd bey vnserm herrn vnd bruedern obgenant, auch bey vnserer landtschafft von Össterreich die Sach mit solchem vleis arbeitten, dadurch Gott die weltt vnd Ir vnsern Ernst erkhennen werdet, des soll an vns mit Gottes hilf immer gebench gefunden werden. Geben Zu Wien am Montag nach S. Veitstag Anno 1458.

Aliæ Literæ.

Albrecht von Gottes genaden Herzog von Össterreich 2c.

Dem Edlen Vnsern lieben getreuen, hinckho von Vettau Vnserm Ratth.

Edler lieber getreuer, Als du uns iezt geschriben hast, wie du nicht gehn Iglau khomen habest mögen 2c. Also haben wir auf heut warlich vernohmen, das die feindt aus dem leger vor Iglau aufbrechen sein, dauon begern wir noch an dich fleis Zu thun hinein Zukhomen, vnd vnser beuelch die von vns vormals beschehen, nachzugehen, dardurch die fromen leutt nicht verlassen werden, Wir hetten dir auch langst auf dein schreiben geantwortet, so sein wir stets in vnterreden mit vnserm lieben herrn, vnd bruedern dem Römischen Khaiser gewesen, die noch nit Zu ende khomen sein, Mit dem wir den botten bei vns allso lang behalten haben, vnd sein auch in hofnung vnser Sachen Zuschickhen, damit wir den fromen vnd Christlichen leutten statlich Zu trost khomen mögen. Dauon so wollest deinen guetten Vleis hinein Zukhomen thun, das wollen wir gegen dir vnd allen so bey dir sein, in gnaden erkhennen. Geben Zu Baden an S. Peterstag Vincula. Anno 1458.

Albrecht von Gottes Genaden Erzherzog Zu Össterreich 2c.

Dem Edlem Vnserm lieben getreuen heinrichen von Vettau unserm Diener.

Edler lieber getreuer, Dein schreiben vns gethan haben wir vernohmen, vnd lassen dich wißen, daß wir etwas beschwerung haben in dem, das du so lang hervor ligt, nachdem vns botten vnd andere hinaus vnd hinein Zu Iglau khomen, dauon begeren wir vnd empfehlen Dir auch ernstlich, das du weg vnd weil füernemest, vnd dich nach vnsern heißen hinein füegest ohn verziehen, das du woll thuest Zu Zeitten, vnd daselbst das beste thuest, Als wir dir das empfolhen, vnd auch des ein sonder ganz vertrauen Zu dir haben. Wir werden vns auch iezt auf denn nechsten Freytag von stund an Zu Veld fuegen, den feinden widerstandt Zu thun. Darnach wiße dich Zurichten. Geben Zu Wien an S. Lorreuzen abent. Anno 1458.

Alia.

Albrecht von Gottes Genaden Erzherzog Zu Össterreich ꝛc.

Den Erbarn Weisen vnsern lieben getreuen dem Ratth vnd Burgern gemeiniglich Zu Iglau.

Erbarn Weisen getreuen lieben, wir verkhünden euch, das Zwischen vnserm genedigen lieben herren vnd brueder dem Römischen Khayser vnd Jerschickhen, der sich nennet Khönig Zu Beheim taidung sind fuergenohmen, vnd ist Zu hoffen, das die Sach Zu guetten khome vnd gewinne, das Zu freundlich einigung oder frid furgankh, So wollen wir vnsern Bleis ganz thun, euch auch darein Zu Ziehen, dardurch ihr in ruhe khommet. Ob aber das nicht geschech, so wollen wir euch dennoch nicht verlaßen, Sondern nach allem vnserm vermögen hilff vnd beistandt thun, dabei Ihr erkhennen werdet, das Ir eur treu, fromkheit vnd bestendigen erbarkheit allezeit gegen vns sollet gnediglich genießen. Dauon so wollet also redlich bestehen, vnd euch haltten als wir des ein ganz getrauen Zu euch haben. Geben Zu Wien an S. Mattheus des Zwelf Potten vnd Euangelisten abent. Anno 1458.

Diese schreiben sein in wehrender belegerung Anno 1458 geschriben worden.

Den Iglauer hilff geschicht. Entlich hat sich Khayser Fridericus Tertius (des herzogen so die hilf dennen von Iglau Zuegeschikt, brueder) in handl geschlagen, vnd Zwischen dem Khönig Georgen vnd denen von Iglau frid vnd einigkheit geschloßen, auch die von Iglau von Khönig Georgen genuegsam gesichert worden.

Von dieser Belegerung hat herr M. Bernhardus Sturmius Stattschreiber alhie dieses Eteostichon gemacht.

Mœnia regaLes IgLæ pressere Cohortes,
At post transaCta LIte, paVore Carent.

Von dieser Belegerung ist im Stadtbuch alhie in latein Verzeichnet worden Zur gedechtnis wie folget (nicht weiter).

Kaufleut von Iglau dörfen nicht raisen. Eodem anno. Weill es in Össterreich vnd Mähreru wegen der raubereÿ Zu raisen vast vnsicher war, haben die Khaufleutt von Iglau nicht sicher dörffen in Össterreich handlen, vnangesehen das Sie ein sicher glaitsbrief vom Khayser Friderico tertio außbrachten, durfften sie dennoch nicht trauen, drumb schrieben Sie an Khönig Georgium, das Er ihnen solte behülflich sein, das Sie irem gwerb nach, in Össterreich vnuerhindert Paßieren dorfften, dennen gab Khönig Georg diese antwortt.

Girzj Z Bozj milosti kral
Cziesky a Margkrabie Morawsky.

O P Patrnym Purgmistru a konsselum Miesta Gihlawy wiernim nossim milym.

Wiernj milj Yakoz nam o kupczich wassich Pissete y Przj Pis

listu Czysarzowy milosti na Vbezbeczienj gim dany nam Posylate Aczkolj ne Pochybugem otom, czoz Czysarzowa milost gest ge Vbezpeczil czoby na Geho milosti wuly bylo, Zioby chtiel aby gim to bylo drziano Ale rozumiege, kterak Geho milost Zemie Rakauzske gesstie do koncze sobie w Poplussenstwj neuwedl Zdat se nam aby kupczy wassi twch giezd tam Ponechalj dokudz Geho milosti w lepssie Poslussenstwj Zemie Rakauzske sobie neprziwede dan w Praze we Cztwrtek Przed Bozim krztenim, kralowstwj nasseho Letha Prwnjho.

Khayser wirb von seinem Brüedern belegert.

Eodem anno. Weill Khayser Friedrich gar fridlich lebte, und Sich wider niemand einlegte, verdros es seinen Bruedern Erzhergog Albrechten, der belegerte den Khayser mit hilf der Wiener auf seinem des Khaysers eigenem Schloß Zu Wien, der Khaiser wuste khein seinem Ratth, nam seine Zueflucht Zum Khönig Georgen in Beheimb. Khönig Georg lies sein Khriegsuolkh vor der Statt Iglau, namb schnell andere volkh an, Zog in Össterreich mit 300. Reysingen. vnd 8. tausent fueßkhnechten, vnnd legerte Sich fur Wien. Als nun die Behem sturmen wollten, begab Sich Herzog Albrecht mit dem Behemischen Khönig in handlung. Also richtete Khönig Georg Zwischen beiden Brüedern einen freundlichen vnnd volkhomenen vertrag auff Actum. Anno 1458.

Altar dem Raht verschaft.

1459 hat Catharina des Johan Ronowetz weib mit consens ihres Mannes den Rath Zur Iglaw die Collatur eines altars in der Pfarrkirchen S. Fabian genandt geschafft.

Iglauer Khaufleut beraubt werden.

Anno 1460. Die Iglauer Khauffleutt als Sie in Össterreich handleten, sein Sie vom Rosenharth von Feuerberg feindlich angegriffen, ihnen ihre güetter genomen, auch etliche vnter ihnen geschezt worden. Als Sie solches dem Behemischen Khönig Georgio, als ihrem herren geklagt, hat Khönig Georg wegen derer von Iglau Zum Khayser Friderichen geschickt, mit bitt, das Er solches einstellen, vnd die schaden denen Khaufleuten von Iglau ergezen heisßen wolle, da es nicht beschehe, mueste Er als ihr Khönig vnd herr die füergenomene böse that mit gleicher münz be[illegible].

[illegible]ermaßen hat damals Khönig Georg wegen ettlicher Iglauer, so Zu [illegible] vnd wayдhouen in Össterreich aufgehallten wurden, dem khaiser [illegible]folgung derselben Zuegeschriben, welche vorschrifft des Khönigs sie [illegible]barlich genoßen.

[illegible]461 hat König Georg den Pielgramerischen alhie so damals das [illegible] gehalten die Dörffer so Zum Gericht gehorig gewesen, welche [illegible]liches feudum oder Lehenguth von Marggraffen Jodoc Zei[illegible] als Otin Ranzer sambt der klein Maut schrotgelt Saltz[illegible] bestättiget mit befelh das [illegible]er Camerer in Mehrern Noch sonst niemandt ihnen hierin einigen eingriff thun sol Wie es Zu Gememer Staat kommen, ist im 1505 Jahr Zu finden.

1463. Ist mein Grosvatter herr Lucas Leupoldt geboren dieß iahr ist könig Matthias mit der Vngerischen Crone gekrönt worden, vnd hat sich die Stadt aus befelh königs Georgy wieder wien rüsten müssen.

Anno AVVs Vt LVCas tenVes progressVs In aVras
AVstrIaCos Contra strVXerat IgLa ManVs.

Iglau sol sich wieder wien rüsten aus befelch König Geörgen

Anno 1463. Alls sich die Statt Wien wieder den Khayser Friederichen ihren Erbherrn aufrührisch machte, vnd da ihnen Khönig Geörg destwegen Zueschriebe, Ihme kheine antwort gaben, Ja auch des Khönigs schreiben so an Khaiser lautet, verhielten vnd dem Khayser nicht vberantwortten, Wardt Khönig Georg erzürnet, sagte den Wienern

Die von Iglaw richteten sich wieder die von Wien.

ab, vnd schrieb denen von Iglau, das Sie sich mit aller macht wider die von Wien rüsten, vnd auf Martinj Zu Veld Ziehen sollen, wen Ir Obrister herr heinrich von der Leupa Landtshaubtman in Mährern ihnen Zeitt vnd Orth, dahin sie sich finden sollen, ernennen wird, da werde auch sein (des Khönig Georgen) Sohn, Furst Victorin von Munsterberg herr auf Pollen, zu Veldt Ziehen. Welchem nachmals die von Iglau nachkhomen sein.

Wilantz Peranaw hessaw hilbey Dorf.

Anno 1465 haben Wazek vnd Vlrich Zawoziczy gebrieder von Iglaw geburtig ihr gerechtigkeit in der Stadt an einen Meltzerhaus Item was ihn Zu wilantz Peranaw hossow hilbeydorff gebuert ihrem Bruder hansen verkauft vmb 320 Mark meisnisch wie es Zu Gemeiner Statt kommen ist im 1501 zu lesen.

Khriegsvolk könig Matthias Zu Iglau.

Anno 1467. Da Khönig Geörg des herren Zdenckho von Sternberg. So dazumaln bey dem Khayser Friderico 3. Zu Wien war, güeter in Behem geblündert, weil Ihm Khönig Geörg sehr, gehessig vnd Zu wider war. Da eilete der herr von Sternberg von Wien gehn Iglau. Welche Statt, wie auch andere, als Olmütz, Brün, Znaimb, vom Khönig Georgen abgefallen, vnd Sich dem hungerischen Khönig Matthiaßen untergeben hatten. Da fand der herr von Sternberg des Khönigs Matthiaßen khriegsvolkh in der Statt Iglau. Namb derhalben dasselbe los wurden. So wolle Er ihr güettiger Khönig vnd herr werden. Vnnd in 8 tagen hernach folgete an Khönig Geörg auch ein schreiben, das Er das ienige was er Gott vnd dem Babst versprochen, vollziehen soll. Wo Ers nicht thette, So wollte Er Sich neben Gott vnd denselben herren wider Ihn sezen vnd Ihn verfolgen helffen. Khönig Geörg lies Rockhizan das schreiben lesen, der sprach mit lachendem mueth, Zum Khönig Geörgen: Wen Gott mit vns ist, wer will wider vns sein. Als aber Khönig Matthias auf sein schreiben khein antwort erwartten khönnen, namb Er khriegsuolkh an, Zohe damit in Mährern, dasselbe landt erstlich einzunemben. Als Sich aber Khönig Geörg kheiner schlacht vermuettet lies Er seinen Sohn herzog Victorin in der Statt Trebitsch, vnd Zohe wider in Behem. Da es Khönig Matthias vernomen, legert Er sich fur die Statt trebitsch, da flohe der herzog mit der Burgerschafft aufs Chloster daselbst, (ist iezt das Schlos zu Trebitsch) So blunderten die Hunger die Statt Trebitsch, vnd verzereten sie mit feur. Des Khönigs Georgen beede Söhne Victorinum, vnd den andern namb Khönig Matthias im Chloster daselbst gefangen, vnd schriebe denen von Iglau gar freundlich, Sie sollten Ihme gen Trebitsch Zu hilff khomen, damit Khönig Geörg seine Söhne nicht erledigte, das schreiben lauttet in latein mit folgenten Wortten. König Matthias begert derer von Iglau hilff.

Prudentibus & circumspectis Viris Rectori, consulibus cæterisque ciuibus, & communitati ciuitatis Iglauiensis, nobis dilectis.

Matthias Dei Gratia Rex Hungariæ, Dalmatiæ, Croatiæ Prudentibus et circumspectis viris, Rectori, consulibus cæterisquo ciuibus & communitati ciuitatis Iglauiensis, salutem. Catholicorum res agitur, quæ si communi voto viriliter sustentabitur, promoueri Deo ipso propitio faciliter poterit: Maxime si Victorinus primogenitus Georgij de Podiebrad dux cum vno fratre suo, quos combusta ciuitate Trebitsch, in castro Abbatis eiusdem loci inclusos sub obsidione tenemus, in deditionem deduci poterit. Quam ob rem ne dictus Georgius de Podiebrad ipsos filios suos contra Vota Catholicorum eliberare valeat, ut proposuit, dilectionem Vestram hortamur quantum plus possumus, quatenus omnes equites & pedites vestros ad diem sabbathij nunc Venturum huc in subsidium nostrum mittere Velitis, et cum nobiscum ea, quæ promotionem fidei necessaria communi consilio videbuntur. Hoc erit caput totius suscepti negotij: Quod si viriliter apprehenderimus, deinceps, ut promissimus, facilius res catholica promoueri poterit. Secus ergo non faciatis. Datum Trebitsch 19. Maij 1468. Regni nostri Coronationis quinto anno. Das Jahr Zuuor ist Khönig Geörg vom Babst in Bann gethan worden, wie folio 140 Zusehen.

Alß nun der Khrieg Zwischen Georgio Zu Behem, vnd Khönig Matthia Zu hungern werete, in dem die maisten dem Khönig Georgen, als ein Khezer für ihren herren nicht haben wollten, vnd Khönig [illegible] Behemen

König Georg begert die von Iglau sollen seine feind nicht befördern.

hilf, ia auch ihr Khönig Zu sein Zuesagte, wie oben [illegible]: Schrieb Khönig Geörg denen von Iglau, bittent, das Sie seine feindt mit nichten fördern wollten. Das schreiben lautet also:

Girzj Bozj Milosti Kral Cziesky a Margkrabie Morawsky.

O P Patrnym Purgmistru a konsselum Miesta Gihlawy, Wiernym nassim milym.

O P Patrny Werny milj, Yakoz was teyno neny kterak [illegible] hynek a Waczlaw Bratrzj Z Waldssteyna na Brtniczy Wiernj nassi mily nam Proti neprzíatelmu nassim Pomahagj. Y Ziadame od was z Pilnosti abysste ne Przíatele nassich y gich gim ko sskodie neffedrowalj [illegible] ktere Pomoczy gim dawalj, ale dobre wule knim abysste bylj, [illegible] mi wam yakozto Wiernim nassim toho Vplne dauffame, Zie se [illegible] dale Zachowati. A gim sme to take oZnamilj, Zie se wyknom [illegible] wiernie yakozto nassi Poddanj Datum w Prahe w Autery Po [illegible] bana Letha Panie 1468.

Verbundnüß der Städte in Mähren.

1467. Haben sich die Städte Olmütz Brün Znaim und Iglaw vnter Gemeinen Stadt Insigln verbunden da sie von den feinden angefochten wurden, daz eine stadt der andern treulich [illegible] vnd einander helffen wollen das sol bies uff ein kunfftigen neuen Landesfursten giltig sein.

König Georg [illegible]

Anno 1467. Am tag Floriani, Ist ein Bäbstliches [illegible] von Rom gehn Iglau khomen, darinnen Khönig Geörg in [illegible] gethan, vnd die Iglauer der vnterthenigkheit müessig [illegible] werden.

Paulus Episcopus seruus seruorum Dei Dilectis filijs [illegible] Oppidi de Iglauia, Olomucensis diœcesis, salutem & apostolicam benedictionem. Georgio alias Iersico Podiebrad Boëmiæ Regni occupatore, cuius conuersionem ad fidem catholicam paterno more, licet quadam [illegible]tolerabili patientia, ut nostis, tanto iam tempore expectauimus, [illegible] nigne magis ac magis in sua damnata hæresi, in qua natus, [illegible] & educatus est, pertinaciter perseuerante, & nullum emendationis [illegible] ostendente, coacti nuper fuimus ceptum superioribus annis [illegible] continuare contra eum cuius salutem maluissemus. Et tandem [illegible] ad plenum instructo sæpiusque cum matura deliberatione [illegible] mensis decembris proxime elapsi de venerabilium fratrum [illegible] Romanæ Ecclesiæ Cardinalium, nec non Archiepiscoporum, [illegible] aliorum tam diuini quam humani iuris magistrorum nobis [illegible] stentium concilio unanimique assensu pronunciauimus & [illegible] lico consistorio nostro ipsum Georgium hereticum [illegible] fautorem, ac damnatarum iam heresum defensorem, [illegible] [illegible] ex Regia & quauis alia [illegible] dominijs denique et bonis ac iuribus omnibus ab ipsisque amouentis, singulas quoque pœnas & censuras contra lapsos in heresin periuros & fautores & defensores eorum, latas incursisse, posterosque suos ad successionem inhabiles. Priuauimus et ipsum & eius posteritatem omnibus bonis & dominijs, absoluendo omnes Barones ciuitates vasallos & subditos in dicto regno uel alibi existentes ab omni subiectionis homagij & fidelitatis iuramento ac uinculo & obligatione quacunque qua tunc essent astricti, dissoluendo et ligas pacta & fœdera per quoscunque cum eo forsitan habita uel inita, prout in literis Apostolicis desuper confectis, quas exinde ipsa die Natiuitatis Domini Iesu Christi in Basilica principis Apostolorum de Vrbe post missarum solennia coram maxima multitudine populorum fecimus in nostra presentia publicari, plenius continetur. Vnde deuotionem uestram hortamur in Domino, uobis nihilominus in uirtute sanctæ obedientiæ districtius iniungendo, mandantes, ut sicut hactenus ita et deinceps, tanquam boni & catholici obedientesque filij constanter perseuerare, sententiam & literas nostras apostolicas reuerenter suscipere, earum executioni fauere, nec non auxilium & consilium præstare, ac hereticis quibuscunque animose resistere studeatis, damnato illi heretico amplius non communicetis, eum nec audiatis, nec commertij aliquid secum aut ipsum pro Rege uel Domino habeatis seu nominetis, aut cuiuscunque alterius dignitatis titulo honoretis, nec quantum in uobis est ab alijs fieri permittatis seu consentiatis, sed tanquam exclusum a fidelium consortio putridum membrum uitetis, ac ab eius impietatis iugo colla subtrahatis, ipsiusque tirannidi quibus potestis uiribus, cum alijs catholicis intrepide resistatis, omnipotenti Deo exhibituri in hoc gratissimum obsequium, ex quo consequemini præmium felicitatis æternæ, Iuuabimus præterea uos quibus poterimus fauoribus & inter nostræ benedictionis filios habebimus semper. Datum Romæ, apud Sanctum Petrum Anno Incarnationis Dominicæ 1466. 3 Non. Januarij Pontificatus nostrj. Anno Tertio.

Joh. de Aquilone.

[illegible] 1468. Als König Matthias sahe das ihme das behemische Volkh [illegible] begerte er vom könig Georg friden, vnd wiese seinem gesandten ein [illegible], Voller Ducaten, besigelt den vnd schickt ihn König Georgen [illegible] fried damit Zuschlissen, Zoh hiemit Zurukh in Vngern die Behe[illegible] Zogen mit freuden ab Als König Georg den Kasten öffnen [illegible] ein schicht Ducaten, das ander lauter sandt, vnd ward [illegible]

[illegible] 1468. hat Wilhelbm von Blaniz Burggraf Zu [illegible] gewehret, das Sie khein getreid vnd an [illegible] zu Marckh fuhren solten, hat auch [illegible] vnd gefangen gehaltten. Da Solches die [illegible] Burggraf von Schrittes will nach Iglau kein treid führen lassen

Die von Iglau klagens dem König

Iglau dem Khönig Georgen gekhlagt, hat Er es dem Purggraffen ejnstellen lassen, vnd denen von Iglau die freundliche antwort auf ihr schreiben gegeben wie folgtt:

Girzj Z Bozj milosti Kral Cziesky a Markrabie Morawsky

Antwort des Königs.

O P Patrym Purgmistru a konsselum Miesta Gihlawy, Wiernim nassim milym.

O P Patrnj Wierni mily, Yakoz nam Pisselo Zialugicze na Wylema Z Blanicze Purgkrabj Strzitezskeho, Zieby nalisty wam czinil, nedada lidem kwam na trh gezdietj, a Potrzeb kwam westi, a Zie niektereho wasseho gyal a niekterym statky Pobral Otom sme Prwe nicz neslysselj, a nenj nam lybo, Zie se wam takowe wieczy diegj Y kdyz nas toto Psanj wasse dosslo, y hned sme Statecznemu Mikolassowy Trzkow Z Lypy wiernemu nassemu milemu s Pilnosti Psalj, aby on ty wieczy stawil aby se wam takowe Vzkosti nedalj, A toho wasseho gateho, Saa wraczenim czo gemu Pobrano, aby kazal Propustilj A czoz spolu obywatelum wassim Pobrano, aby kazal nawratilj, a wycze nedopausstiel wam sskoditj, Neb neny Vmysl nass, aby wam neb kterym wassim wiernim od nassich kterzj Vtizkowie ditj se mielj Dan w Praze na hod Trogicze swate kralowstwj nasseho Letha Desateho.

Iglauern wirt ihr vieh genomen.

Anno 1469. Als Zwischen dem Khönig Matthia aus hungern, vnd dem Khönig Georgen aus Behem frid geschlossen ward, vnd des Khönigs Matthiä volkh widerumb abzohe, haben die hungern im abzuge denen von Iglau ihr vieh genomen vnd ettliche der Iglauer darüber erschlagen.

König Georg stirbt.

Anno 1471. Ist Khönig Geörg gestorben, freytag nach Oculj. Vnd an statt seiner ward Zu Khuttenberg auf dem landtag Wladißlaus des Khönigs Casimiri aus Pollen Sohn Znm Khönig in Behem erwehlett.

1471 den 22. Juny hat Laurentius Bischoff Zu Ferrar als ein Bebstisch Legat dem Johann Pfarherrn Zur Iglaw Im nahmen des Babstes aufgetragen, weil die hußitische ketzerei in dem Lande sehr Vberhandt nimbt, sol er die leut sonderlich in den Haubtstädten in Mähren Zum gehorsam der Catholischen kirch vermahn vnd von der ketzerei abhalten helffen bei straff des Bans Ist datirt Iglaw wie oben.

Khönig Mathias kombt nach Iglau.

Alls Matthias Khönig aus Hungern, den ettliche Behem Zu irem Khönig verlangt haben wollten, von des Khönig Geörgen tödtlichen abgang vernomen. Ist Er am tag Creuzerfindung gehn Iglau khomen, von denen Er ettliche seiner herren gehn Khuttenberg aufn landtag abgefertiget, welche gleichwol nichts fruchtbarliches in werbung Vmb das Khönigreich außgerichtet. Jedoch ist Er durch die Bäbstlichen Legaten, welche diesfals brieff vnd Bullen von Babst auffgelegt Zum Khönig in Behem eingesegnet worden, Solches einsegnen soll ihn gekhostet haben, Zwey hundert vnd funffzig tausent hungerisch gulden. Entlich ist Khönig Matthias von Iglau wider in hungern Zogen, alda Er wider den Neu erwehlten vnnd gekhröntten Behemischen Khönig Vladislaum volkh geworben, dem Vladislao den Weg in Behem zu uerlegen, doch ward entlich Anno 1474. Zwischen beiden herren frid aufgerichtet, vnd der hungerische Khönig Matthias schrib sich nicht mehr Khönig zu Behem, als er Zuuor gethan hatte. Voregl fol. 574, 584, 588.

Anno 1474. Am tag Petri Paulj vmb 24 Vhr Ist die Statt Iglau durch ein schreckliches Wetter dergleichen Zuuor hie nie erhört worden angezindet vnd mehrer theil der Statt (67 der furnembsten häuser) außbrentt worden, das wetter hat eingeschlagen in der Frauengaßßen (beym Paul Limburger) iezt neben herrn Jacob Paußpärtls hauß (Sein auch vber 20 Menschen im geben, so Von der Brunst eingefallen Vmbkommen. Ex libro Ciuitatis Reip. Iglav.) Iglau durchs Wetter angezindt

CæLItVs Igne JaCet perCVssa IgLaVIa Læsl,
SIC peCCata soLent pLeCtere nostra DII.

Anno 1474 hat König Matthias den Camerzins oder Losung sambt andern gefällen Versetzt für 1000 Ducaten welche nachmals die Stadt ausgelöset, das hat auch Zuuor Marggraff Jobocus gethan, weil aber solches gleichsam einer Dienstbarkheit ehnlich gewesen, hat sich der Ratth bemuhet vnd ein Freyheit das goldene Priuilegium ausgebracht vom König Wladislao Anno 1492 das die Stadt noch die Losung nimmer soll versetzt werden. König versetzt die Losung vnd andere gefäll. das guldene Priuilegium.

Anno 1475 Am tag hyppoliti ist ein menge der heuschreckhen, theil in der grösß eines Sperlings nach Iglau khomen, vnd wo sie nidergefallen, es sey anf wisen, äckhern, gärtten, beseete felder oder Welder, haben sie das grune abgefressen, vnd hatten ein ansehen gleich als ob sie helme auf den kheppen hetten. Heuschrecken Zu Iglau.

Anno 1478. Ist die lange Pruekhen Zu Iglau vor dem Spitlthor vom Johannes Trischer gebauet worden. Lange Brücken Zu Iglau gebaut.

Eodem anno. Ist Zu Iglau ein Comet als ein greßßer WißPaumb am himel gesehen worden, vom tag Fabiani anzurechnen, vier wochen nacheinander geschinen. Comet.

Anno 1479. Alls Mathias Zu hungern vnd Behem Khönig der Statt Iglau Ihre priuilegien confirmirot, hat Er ihnen Zum vberflus auch diese freyheit mitgetheilt, das die Statt forthin iederzeit mit rottem wachs Sigeln sol. Das ansehnliche schöne Priuilegium oder die confirmation lautet in latein mit folgenden wortten. Iglau soll mit rottem wachs Sigeln.

Matthias Dei Gratia Hungariae, Bohemiae, Dalmatiae, Croatiae, Seruiae, Gallitiae, Lodomeriae, Comanae, Bulgar[illegible]esiae et Lucemburgensis Dux, Morauiae et utriusque Lusatiae Marchio. Ad perpetuam rei memoriam. Commendabilis Regum et principum sublimitas cum id potissimum ex officij debito habeat diuinitus in terris, ut pensata fidelium subditorum suorum sincera deuotione et fidelibus seruitijs, illos, qui feruentiori studio solidiorique animi Zelo, suo principi, non perhorrescentes bellorum turbines et fortunae aduersa, semper adhaesere, regalibus virtutibus et magnificet praerogatiuis, atque in partis ab antiquo libertatibus conseruet corroboret et confirmet, scilicet ut eorum animus eo feruentius ad debitae fidei obseruantiam attendatur, quo sic munifica liberalitate regia sese complexos agnouerint.

Sane accedentes in nostrae Maiestatis praesentiam, Prudentes et circumspecti Magister ciuium et Notabiliores Iurati Ciues Ciuitatis nostrae Iglauiensis Marchionatus nostri Morauiae fideles nostri dilectj, in ipsorum ac totius communitatis eiusdem ciuitatis personis, maiestati nostrae humiliter supplicarunt, ut nos de nostra Regia clementia et liberalitate omnes donationes, iura, priuilegia, laudabiles consuetudines ipsius ciuitatis, a diuis felicium recordationum Imperatoribus, Regibus et Illustribus Marchionibus huius marchionatus nostri morauiae nostris praedecessoribus obtentas et collatas atque hactenus inconcusse obseruatas, admittere, approbare, ratificare et confirmare dignaremur. Nos itaque qui ex solita Regiae mansuetudinis bonitate pias semper aures iustis subditorum nostrorum desiderijs et uotis acclinare soliti sumus Attendentes et non immerito animo reuoluentes, quod praefati ciues et communitas nobis, et sacra Regni nostri Hungariae Coronae ab eo tempore quo de fidelitate et fidei integrae obseruantia homagia praestiterunt, nunquam ab obedientia nostra aliorsum declinarunt sed pro nostri gloria, et nominis splendore cuncta fortunae aduersa et bellorum turbines aequanimiter tolerantes, fideliter Maiestati nostrae et constanter obsecuti sunt. Fauore igitur eos regio prosequi uolentes, Omnes donationes, iura, priuilegia, immunitates et praerogatiuas gratiosas, sed et quasuis laudabiles approbatasque et rite obseruatas consuetudines antiquas quibusque ex legitimis diuorum praedecessorum nostrorum Regum et principum praefatorum donationibus, [illegible] quomodolibet hactenus usj sunt et gauisi utuntur et gaudeant, ac si [illegible] praesentibus de uerbo ad uerbum essent inserta et inscripta, uel [illegible]nibus specialis esset mentio articulatim hic expressa saluis [illegible] praefati Regij et Marchionatus Morauiae et aliorum iuribus de [illegible]strae dignitatis potestate: Attendentes et ad id principum, [illegible] procerum regni nostri Hungariae et ipsius Marchionatus [illegible] consilio et assensu quod omnes ipsarum [illegible] capitula et articulos eatenus quatenus rite et legitime [illegible] ipsorum [illegible] [illegible], [illegible] ac eisdem ciuibus et communitati praefatae ciuitatis nostrae Iglauiensis innouamus, perpetuo ualitura confirmamus. Super addentes eadem regia liberalitate, ut deinceps ciuitas ipsa in ampliorem sui splendorem Cera semper Rubea maioribus literis et priuilegijs suis sigillari facere possit et ualeat, praesentis scripti nostrj patricinio mediante. In eius rei testimonium euidens et robur sempiternum præsentes sub appensione sigilli nostri secreti eiusdem duximus concedendas. Datum in ciuitate nostra Olomucensi in festo Beati Laurentij martyris. Anno 1479 Regnorum nostrum Hungariae 22 Bohemiae uero undecimo.

1479. Nachdem Marggraff Jobocus seinem Camerdiener Vicentzen von Iglaw das dorff Hohendorff gegeben, welches Zu der Mehrischen Camer gehörig gewesen vnd nachmals des Vicentzen Erben dasselbe dorff Zu Gemeiner Stadt verkhaufft, hat König Matthias Zu solchem khauff gewilliget vnd daruber ein priuilegium gegeben. Anno 1479. Hohdorff.

Anno 1479. Ist Seuerinus Stadtschreiber alhie worden der ist gestorben im 1513 iahr. Seuerinus Stadtschreiber.

1481. Mein Vhrgroßvatter Steffen Leupoldt gestorben wie sein Testament weiset aetatis anno 63.

SeXagInta aC tres StephanVs VIXIsset Ut annos
EXhaVstVs CVrIs, Jam salVs oCCVbVIt.

Anno 1482. Ist Herr Martin Leupoldt in Ratth genomen worden. Ist hernach StattEltister worden, vnd im 1521 gestorben. Martin Leupoldt

Eodem anno. Ist die Orgl in der Pfarkirchen Neu gebawet worden. Orgl.

Anno 1483. Ist zu Iglau ein großer sterb gewesen, das man des tages bej 50 Personen begraben hatt, vnd sein in der Summa bej 4000 Man gestorben, darauf ein so wolfaile Zeitt erfolget, das ein Strich Khorn vmb 12 groschen meisnisch vnd gersten vmb 18 groschen erkhaufft worden. Grosser sterb Zu Iglau.

Eodem anno. Ist ein grosse anzall Storchen nach Iglau geflogen khomen, also das sie alle hoche Dächer in der Statt bedeckht haben, Alßdan sein sie auf der Spitalerfeld vorm Frauenthor beim Gottesackher geflogen, alda Zwen hauffen gemacht, gegeneinander gekhlappert. Darnach ein ieder Storch Zu seinem hauffen gangen, vnd nachdem sie alle Zusamen getretten, haben sie einen Storch Zurißen, vnd wider hinwegkh geflogen. Dasselbe Jahr hatt Khönig Matthias aus hungern die Statt wien belegert vnd eingenomen. Storchen nach Iglau komen. Die Stadt wien belegert Vnd ein genommen.

Anno 1485. In der fasten, ist die Sonnen also grausamlich verfinstert worden, das Zwischen tag und nacht wenig vnterscheid Zumerckhen gewest. Die sunnen Verfinstert beim Tag

Freytag vor Georgi ist eine viertell Elle hoch ein Schnech gefallen.

Anno 1486. Anfangs der faßnacht sein greffe winde, und der wintter mäßig gewesen, Aber am freytag und Sonabent vor Georgi ist dermaßßen ungewenhlich frost und grimige [illegible] sambt grosßen schne einer viertl eln hoch eingefallen, das man mit schlitten gefahren. Der Eemer ist nachmals sehr lieblich und des getreidts ein oberflus worden. Der wein aber wegen der [illegible] umbgeschlagen.

Der Wein ist gantz umbgeschlagen.

Zwen Könige vergleichen sich zu Iglau.

Eodem anno. Sein in der Statt Iglau Zwen Khönige zusamen khomen, Matthias Khönig aus hungern und Vladislaus Khönig zu Behem. Dieser Khönig Vladislaus war ein guettiger herr und ohn allen argwohn gegen den Khönig Matthiaßen, vertraute sich Ihme, und kham Zu Ihme gen Iglau, ohne alles geleitt, welche Statt damals Khönig Matthias innen hatte. Alda haben beide Khönige die andern strittigen Sachen, welche sie Zu Olmütz Zuvor nicht haben vergleichen können (davon Martin Borekh fol. 587, 588) sonderlich aber wegen der guetter so Zu beiden theillen, im krieg waren eingenomen, entlichen abgehandlet und geschlosßen, das dieselben gueter denen, welcher sie Zuvor gewesen ohne entgeltt wider Zuegestelt wurden, (damit sie nicht mit ihren schaden beiden königen ihre Dienst geleistet hetten, dan ihr Viel unter dem Adel in dem sie bej dem könige treulich gestanden, von dem gegentheil aller ihrer gütter beraubt worden. Es wurden auch die geistlichen guetter den Closterleuten wider Zugestelt. Mehren Slesien Lausitz blib von Matthia dehme Khönig Vladislao und ward Zwischen ihnen verglichen das nach des einen todt der ander beyde königreich erben solte. Borekh fol. 592). Ihre Zusamenkhunfft der khönigen geschah den tag Augustj.

Ist Maximilian der 1. Zum kayser erwelt worden.

Eodem anno 1486. Ist Maxmilian I. des Khayßers Fridrich 3. Sohn in lebens Zeitten seines Vatters Zum Khayser erwehlt worden den 16 februar als sein vater Fridericus 3. 46 Jahr regiert hatte.

MaxIMILIanVs patrI soCIatVr honore: CoLorat
OctaVo bIs VbI FebrVVs orbe poLos.

Anno 1487. Als man zu Gemeiner Stadt ein Neuen Teucht im Spoerern gemacht, und derselbe wismet und grunte ausgetreult, hat [illegible] Quardian im kreuzkloster ein andern teucht schützen lassen, den [illegible] ramer fur sein schaden geben 10 der Sloberniklin 4½ Sch. Ex lib. [illegible] Igl.

Reschütz

Anno 1487, hat könig Matthias bewilligt das die [illegible] Iglaw Reschütz für eigenthumlich haben soll, welches derff Zuvor [illegible] Stadtrichter alhie dem Jacob Pauerhantzl mit willen königs [illegible] [illegible] 1479 verkaufft hat, hernach hat Elisabeth des Pauer [illegible] [illegible] Ius Patrenatus dem Rath geschaft, und wie es dem könig [illegible] heimgefallen, hat es Gemeine Stadt wie gemelt im [illegible] [illegible]

Anno 1490. Ist der hungerische Khönig Matthias gestorben, vnd Wladißlaus laut des vorigen Vertrags hungerischer Khönig werden. Khönig Mathias gestorben.

Anno 1492 hat mein Grosvatter herr Lucas Leupold Zum erstenmal geheurath Zur Jungfrau Barbara hern Egidij Wolffgangs Rahtsburgers Tochter seines alter im 29 Jahr, mit welcher er 2 Töchter gezeuget, Sophie die hern Marcus Sorgenfrey Eltisten Zur ehe genohmen vnd Cunigund des Jacob Albrechts Vettern Albrecht Lederer.

Anno 1492. Im früeling waren vngewehnliche sturmwinde, thetten am gebeu grossen schaden. Am tag Petrj vnd Paulj war ein so grosses wetter mit wind da hat der windt alle die Mühlen vber der Präger Bruckhen ausserhalb des wasserthurms eingeworffen.

1492 hat König Vladislaus die Iglauer Priuilegirt, das hinfern die Stadt sambt dem Cammerzins oder Losung wie es Zuuor vom Marggraffen Jodoco vnd vom König Mathia Anno 1474 geschehen niemanden sol versetzt noch verpfendet werden, das hat kayser Ferdinandus confirmirt 1543.

Anno 1493. 26 Augustj Ist Khayser Fridericus 3. Zu Lyncz gestorben, vnd Zu wien begraben worden, hat 45 Jahr regiert.

DeposIta VIta ponIt FrIDerIChVs habenas,
InClijtVs, Vt paVper SIC qVoqVe Caesar obIt.

Anno 1493 hat Ladislaus Stadtrichter alhie das dorff Lutschen vnd Fusdorff Gemeiner Stadt in die Landtaffl als ihr eigen guth einverleiben lassen. Fusdorff Lutschen

Anno 1495. Ist M. Johan Windisch Rector Scholae gestorben vnd mein Grosvatter Lucas Leupoldt anstat seiner Rector worden, der ist blieben bis ins 1512 iahr, in welchem er in Raith genohmen, vnd an statt seiner herr Martin Winterberger bis 1520 Jahr Rector gewest nach ihme herr hanns der Anno 1525 geheurath wie in selben iahr Zusehen darnach Petrus Zesius dieser Petrus Zesius ist im 1536 iahr in Raith kommen. Rectores Scholae.

Anno 1495. Ist das Camergericht Zu Speyer von Khaiser Maxmiliano primo angerichtet worden.

TeVtonIae eXCeLLens IVrIs fIt spIra trIbVnaL.
OrbIs Vt MaxImILIanVs sCeptra poLIta tenet.

Anno 1497. Ist die Roßmüll in der Behem gassen gebauett worden der Maister ist gewesen Geörg Zimerman. Roßmül gebautt in der Behem gassen.

Anno 1498 hat Dorothea des hern Jan Schenmelzers Tochter die 3 derffer Wilentz Porentz vnd hossaw Zu Gemeiner Stadt verkaufft per 1400 Schock (?) meisnisch, diese dorffer sein im 1501 Jahr wie Vnten verzeichnet in die Landtaffl gelegt worden. Wilang Porentz hossaw gekaufft vor 1400 Pfund.

Iglauer schweren dem könig Vladislao.

Anno 1499, haben die von Iglau dem Khönig Vladißlao geschworen, denn Zuuor das Mehrerlandt laut des vertrags Khönig Mathias in hungern innen gehabt hatt.

Donner vnd Blitzen im Winter.

Anno 1499. Im Januario in der nacht nach S. Antonij ist im khönigreich Behem an villen ortten vill wetterleuchten gespürtt vnd in etlichen khraisen auch donnerschleg gehörtt worden. Nachmals desselben monats hats hefftig geregnet, vnter weilln schne vnd hagel gefallen, vnd wegen dieser vnbestendigkheit vnd vngewöhnlicher Witterung hat man wunderliche Ding deutten vnd Prophezeyen wellen, Aber Gott hats Zum besten geschickht, den nachmals ein großer vberflus von getreid, Wein, vnd allerlei gewechs worden, dergleichen nit balt geschehen.

Neüe klaidüng vnd kranckheit in Beheim.

Eodem anno. Ist in Behem eine neue khlaidung auffkhomen, die Jungen Adels vnd Burgersleütt haben sich von mancherley farben khleiden laßen, nicht anders als wie die herren khuerz vor diesem ihre Narren Zum vnterscheid der verstendigen haben khlaiden laßen. Nachmals ist in das Behemerland ein wunderbarliche vnd Zuuor darinen unerhörte khranckheitt (die francosen genant) eingeschlichen, dieselbe hat sich an den menschen in mancherlei farben, als nemlich rott, weis, schwarz vnd gelb außerhalb gruner farb, erwißen, Sonst sind alle die farben, wie man sie dazumal an den khleidern trüg, daran Zu spüeren gewest. Die Arzte aber Pflegten auf diese gebrechen, grüne Salben Zu schmieren, damit also die Zahl aller farben so woll am leib als an der khleidung erfüllet werden möchten. An dieser khranckheit sein ihrer vill gestorben.

Der Ratth vnd gemein Zu Iglau werden gehn Brün citiert.

Anno 1499. Ist die Gemein Zu Iglau aus beuelh Khönigs Vladißlaj aufs Ratthaus gefordert vnd ettliche des Ratths neben 20. Burgern aus der Gemein nach Brün geschicket worden, Da hatt herr Landtshaubtman ihnen angezeiget aus beuelch des Khönigs, wie sich der Ratth gegen der gemein, vnd herwiderumb die gemein gegen dem Ratth gebürlich verhaltten sollen. Damals sein 4 gemeiner angeordnet gewesen, die anstatt der ganzen gmein, was vonnötten gwesen, einem Ratth füerbracht haben.

Seuerinus Stattschreiber.

Eodem anno (Anno 1479). Ist herr Seuerinus Zum Stattschreiber alhie angenohmen worden (später durchstrichen worden).

Anno 1500. feria 2 post. concep. Mariae. Ist der Ratth Zu Iglau verneuert worden durch herrn Wenzen von Ludaniz vnter Camerern in Mähren.

herr Paull Lidl Eltister.

herr Matthias Spiesser beysizer.

Junge herr Wenz Eberhartl, Procop Milchbrott.

Die Personen so vor diesen ettlich hundert Jahr nacheinander im Ratth gesessen, sein mit viels hie aussen gelassen worden, dieweil die maisten altten geschlechter albereit abgangen, vnd vasst kheine nachkhommen hinter ihnen verlassßen haben.

Anno 1501. Ist das fesst Matthiä am Aschermitwoch gefallen, da hat der Mährische Bischoff Stanißlaus mit willen des Capitls Zu Ollmüz denen von Iglau erlaubet, das sie die wochen Zuuor am Dienstag mögen fassten, der da gefastt hat, der hat 2 Pfening in ein trüchel so in der Pfarrkhirchen gestanden, einlegen müessen.

Fasttag.

Anno 1501. hat Derothea des hans Schönmeltzers eines Burgers Tochter alhie als ein erb das dorff Wilentz, Porentz vnd hossaw welches sie Anno 1498 der Gemeiner Stadt verkhaufft in die Landtaffl einverleiben lassen.

Wilanz, Poranz, hossaw zur Gemeiner Stadt verkhaufft in die Landtaffl einverleibt worden.

Eodem anno. Am tag Mariä himelfarth. Ist ein vnerhörttes grosses wasser gewesen, das khein mensch Zu Iglau gedocht hett, die Iglau ist so gros gewesen, das man nicht gewust, wo das wasser so schnell herkhomen ist.

Groß Wasser in Iglau.

Eodem anno. feria 6 post Concept. Mariae. Ist Zu Iglau der Ratth verneuert worden. Herr Johan Parlirer Eltister (Dieser Parlierer ist im 1503 Jahr gestorben als er im Ratth gewesen 66 Jahr) herr Johan hutter Beysizer. Junge herrn Gregor Schauschselbst. Marcus Pauspertl Tuechmacher.

Alter Rathherr.

Anno 1503. Am abent S. Thomä. Ist der Ratth Zu Iglau verneuert worden. herr Paull Lidl. Eltister. herr Matthias Spiesßer. Beysizer Jungerherr. Jacob Mur.

Eodem anno. Ist zu Iglau im Chreuzkloster ein allgemeiner landtag gehaltten worden, was damals von den Stendten geschlossen worden, findet man im geschriebenen landtschlus.

Landtag zu Iglau im Creutzkloster gehalten worden.

IgLaVIaM VenIVnt proCeres, bona pVbLICa traCtant,

QVa IVs et VIgeat paX genIaLIs ope.

Anno 1504. feria 2 ante Circumcisionis. Ist der Ratth Zu Iglau verneuert worden. hanusch Milchbrott Eltister. Benz Canulator Beysizer. Jungerherr Marcus Pauspärtl (durchstrichen) vide supra 1501.

Anno 1505. Vor Lucia ist der Ratth Zu Iglau verneuertt worden. herr Matthias Spiesser Eltister. her Wenz Parchanter. Beysizer. Jungeherr. Niclas Lydl, Balzer Lederer, Geörg Mazko, Paull Peßcale.

Eodem anno. haben vill ehrliche Burgersleuth Zu Iglau bey 40 Personnen, einen schaz gesuecht bey den rotten grueben bey des Geschelshoff, 14 tag vnd nacht ohne aufhören vleissig gesuecht, aber nichts gefunden, vnd sein vom hören sagen Zu dieser mueheseligen vergeblichen arbeit gebracht worden.

Schazgräber haben nichts gefunden.

1505. Ist mit bewilligung königes Wladislaj das Gericht Zur Iglaw sambt dem Oeden dorff Oetin vnd Ranzer Schrotgelt Saltzhandl der kleinern Mauth vnd allem Zum gericht gehörig von dem Ladislaw Richter des Pilgramerischen geschlecht, so das Richter Ambt von alters erblich gehalten vnd die dörffer als ein Lehen genossen wie dasselbe vom Marggraffen Jodoco ihnen verliehen vnd von allen künfftigen Behemischen königen confirmirt worden Zu Gemeiner Stadt erkhaufft vnd vom könig verwilligt das es die Stadt in die Landtaffl fur eigenthumlich verwehret werden möchte. Zu dem khauff ist der Richter durch ein Testament so im Stadtbuch verwahrt bewogen worden.

Anno 1506. Ist der Rattk vernewert werden. herr Paull Eidl Eltister. herr hannß khirschner Beisitzer. Junge herr. Jacob Schauflichfelbst. Steffan Schweiniczer.

Hülbetzdorff. Anno 1506. hat Burgermeister vnd Ratth das dorff Hilbetzdorff durch Konigs Wladislaj begnadung fur aigen bekommen ist Zuvor ein Lehenguth gewesen.

Zu Iglau das wetter eingeschlagen. Eodem anno. Am S. Jacobs abent zu Iglau, im Closter beym heylligen Chreuz bey der Zwelffbotten vnd Catharina altar das wetter wunderbarlicher weis eingeschlagen, dieselbe

Taghorn auf den Pfarrthurm gemacht. wochen ist das taghorn aufm Pfarrthurm gefertiget worden.

Erste Meß in der Judenschul alhie. Dasselbe Jahr hat man Zu Iglau in der Judenschul angefangen Meß Zulesen am tag Lucia. Daher Zuvermütten das die Juden vmb diese Zeit von hinnen abgeschafft werden.

Anno 1507. Im Advent Ist der Ratth Zu Iglau vernewert worden. herr Wenz Cannlater Eltister. herr Georg von Reich Beisitzer. Jungeherr Wenz Polizer, Wenz Tischler, vnnd Jacob berfenmesser.

Pulverthurn gebauet. Eodem anno. Ist Zu Iglau der Pulverthurn gar gefertigt werden, vnd am tag Margaretha hat sich der Maister mit nahmen Paull der Maurer, vom thurn zu todt gefallen.

Anno 1508. Ist der Ratth Zu Iglau vom herrn Georgen von Wischim vnter Camerern vernewert werden. herr Wenz Parchamer Eltister. herr Johann Lünhuetl Beysitzer. Jungeherr Paull Meßerer, Lorenz Stanfsik.

Brenner werden gerechtfertiget. Eodem anno. Ist ein hierlt sambt seinem Weib vnd Tochter verbrent werden, weil sie mit fewr grossen schaden gethan haben.

Frauenthor gebauet. Eodem anno. Ist das frawenthor gebawet, vnd das andere folgende iahr das geben gar verichtet werden.

Anno 1509. Sanct Elisabetth Ist der Ratth Zu Iglau [illegible] worden. herr Paull Eidl Eltister. herr Martin Panscher [illegible] herr Matthaus khirschner. Matthaus Daumb.

Eodem anno. Jst die Capeln bei der Pfarrkirchen Zu Jglau bey S. Sebastian genannt, gebauet, vnd vom herr Bischoffen Martino Geschl welcher ein Jglauer der gebuert gewesen, geweihet worden, am tag nach Mariä himelfarth.

Capeln bei der Pfarr gebaut.

Dasselbe Johr hat Obgedochter herr Weichbischoff zu Olmüz Martin Geschl des Michl Geschl Sohn sein erste Meß Zu Jglau als in seinem vatterlandt gesungen dominica ante pentecostes.

Weichbischoff Martin Geschl.

1509. hat könig Wladislaus der Stadt Jglaw die begnadung geben das sie von den dörffern Misching, Pierbaumhoff vnd haintzendorff so im Behem liegen aber Zur Losung in Mehrern gehören kheine steuer noch gaben in Behem geben sollen. Diese drey dörffer ligen in Behm geben die losung in Mähren Misching, Pierpaumerhoff vnd handtzendorff.

Anno 1510. feria 2 post Concept Mariae. Jst der Ratth Zu Jglau verneuert worden, herr Wenz Canulator Eltister. herr Geörg von Reisch Beisitzer. Junge herr Lucas Brassentor, Lucas Lutschitzer.

Eodem anno. Jst die Neue Vorstatt vor dem Frauenthor gebauet werden, das erste haus vor dem thor, wen man hinaus gehet, auff der rechten handt hat ein Leinweber, Simon Weber genant gebauet. Die Stürzergassen ist ehe gewest.

Frawen Vorstadt gebawet.

Sturtzergassen gebaut.

Anno 1511. Jst der Rath verneuert worden. herr Wenz Parchanter Eltister. herr Geörg von Reisch Beysitzer. Junge herrn. Andre Beckh. Steffan Schmilauer.

Anno 1511. hat der Ratth dem Leonhard Merbot einen burger alhie die Judenschul vergönt, der sie mit einem beneficio versehen mag, des hat der Ratth die Collatur ihnen behalten.

Judenschul.

Anno 1511 hat Martin Spisser Burger alhie von dem Paul Schmerteschen die kleine Neustifft khaufft per 500 Schock, dieses dorff ist hernach Zu Gemeiner Stadt kommen Anno 1558.

Klein Neustifft.

Anno 1512. Vor Sanct Fabianj Jst der Ratth Zu Jglau verneuert worden. herr Wenz Parchanter Eltister, herr Geörg Matzko Beysitzer. (Dieser Matzko hat Czeusow, Popitz vnd Neustifft gehabt vnd seinem Sohn Augustin 1532 geschafft testamento Jzt nenen sie sich Czizieowsky). Junge herr Gregor Libl, Lucas Leupoldt, Vincencz Schlegl.

Eodem anno. Sambstag nach Elisabeth haben die von Jglau sambt der ganzen gemein, dem herrn Geörg von Ossidlh vnter Cammerern an statt Khönig Ludwigs, der damals nur 6 iahr altt war (des Wladislaj Sohn, der Vatter lebte damals noch.), geschworen, Zuvor hatt man die grosse glockhen leutten, vnd das taghorn treiten laßen.

Jglauer schweren dem vnter Cammerer dem könig ludwig.

Das Jahr hat man Donner vnd Pliz im Wintter gehörtt, vmb Gregorij.

Anno 1513. Sanct Thomä, Ist der Ratth Zu Iglau verneuert worden. herr Martin Leupoldt Eltister. herr Egidius Wolffgang Beysitzer.

Mellzer alltar ist gebaut worden.

Diß Jahr ist der Melzer altar in der Pfarrkhirchen gebawet worden von holz, weiß, vnuergoldt.

Weihung in der Pfarrkirchen die Capelln.

Eodem anno. hat der Weichbischoff Martinus Geschl die grösser neue Capeln Zu S. Jacob geweichet, in dem namen vnd zu ehrn Conceptionis Mariae, Annae, Joachim vnd Josephs, am Montag die 2 altar Egidij vnd Andreas, am Freytag, die neue Capeln vnd altar im frauen Chloster im nahmen S. Anna vnd Elisabeth vnd aller Wittwen.

Die Neue Capelln vnd altar im frauen kloster S. Anna, Elisabeth vnd aller Wittwen.

Herr Andreas Zauner Stadtschreiber.

Eodem anno. Ist herr Seuerinus Stadtschreiber gestorben, welcher im Dienst gewesen 34 Jahr. Nach ihm ist Stadtschreiber worden Andreas Zauner von frauenthal geburtig der ist im 1539 iahr gestorben.

Brunst im Creuzkloster Zu Iglau.

Eodem anno. Sontag nach Vrbani Zwischen 22 Vhr Ist zu Iglau im Chloster beym heylligen Chreuz bey den brüedern Prediger Ordens ein feuer außkhomen, dauon das Chloster, die Creuzergaßßen, Spitlgaßßen, das Spitlthor vnd thurn 2 fuhrwerch, sambt der vorstatt vor dem Spitlthor, vnd also in der Summa in der Statt 60 heuser, in der vorstatt 30 heuser abgebrennt, die Mönchen haben huren (? durchstrichen, darüber geschrieben: Gäste) im Chloster gehabt, vnd khrappen bachen, dardurch das feur außkhomen, da hat man darnach die brueder alle außgetriben, vnd andere des Ordens an ihre statt gesezt. Als 8 tag hernach aus beuelch des Ratths Zu Iglau die Spitlgaßßen geraumbt worden, ist ein schrecklich wetter mit großßem sturmwind khomen, vnd als die leütt in die Spitalkirchen geflohen, hat der wind den einen schilt eingeworffen, auf das gewelb der khirchen, dauon das gewelb eingegangen, vnd bej 16 menschen erschlagen, vnter denen ein Ratthherr gewest Marcus (Pauspertl) Tuechmacher. Drauff König Wladislaus der Stadt die Losung auff 20 iahr Zu erbawung der Stadt nachgelassen.

60 heüser vnd in der Vorstadt 30.

bey 16 menschen Erschlagen.

Losung der Stadt nachgelassen.

Wolfframbs das dorff gekhaufft worden.

Anno 1513 hat ein Ersamer Ratth Wolfframbs mit aller gerechtigkeit khaufft Vom herrn Jan Kobik von Obtaw auff Prusich vmb 2800 Schock meisnisch.

Anno 1514 feria 2 post Conceptionis Mariae Ist der Ratth Zu Iglau verneuert worden. herr Wenz Parchanter Eltister. herr Georg Mayhe Beysitzer.

Theuerung Zu Iglau wegen des Molen.

Eodem anno. War ein stetter wintter vnd grosse theuerung Zu Iglau, wegen großer gefrier hat man nicht mahlen khennen, vill visch in Teuchten sein erstickht, vill Teucht gar außgefroren.

Vnter Camerers begern wieder der Stadt Privilegia.

1514. hat herr Girzik von Wlassim vnter Camerer ein Ersamen Raht zur Iglaw vorm könig Wladislao verklagt das sie [illegible]

61 Schock so Ihr Königkliche Majestät ihm an der Losung einzunehmen verschrieben nicht geben wollen. Darauff der Raht geantwortet, Ihr Majestät habe der Statt die Losung wegen der im 1513 Jahr erlittenen brunst auff 20 Jahr geschenkt. Zu deme so sey die Stadt Priuilegirt, das der könig den Camer Zins noch die Stadt nicht Verschreiben noch VerPfenden khenne: darauff der könig erkent das die Iglauer bej solchem ihrem Priuilegio ewig verbleiben sollen Actum zu Ofen feria 2 ante Luciae 1514. Eben auff den schlus ist Anno 1515 herr Jacob von Scharowa hoffrichter verabschiedet worden Ofen feria 2 ante Luciae 1515.

Anno 1515 feria 2 post Andre. Ist der Ratth Zu Iglau verneuert worden. herr Martin Leupoldt Eltister. herr Geörg von Reisch Beysitzer. Innger herr Michel Freytag.

Das Sechste Jahr hernach ist Martin Leupoldt Eltister (Ad annum 1521) herr Martin Leupoldt gestorben.
gestorben (1521 wie sein Testament weiset).

PraeCLaro patrIae LeVpoLt DeCoratVs honore,
DeLICIas patrIae spernIt et astra SVbIt
(Vel: DIgnus honore senis SpInoso febVS honore
MartInVs senIor regna bona petIt).

Anno 1516. feria 5 post Elisabeth Ist Zu Iglau der Ratth verneuert worden. herr Lucas Leupoldt Eltister. (Auus meus paternus qui ante quadriennium ex Rectore Scholae Senator factus est) herr Johan Sule Beisitzer. Junge herrn M. Johann Pauspärtl, hanß Lerntrog hannß Schindl.

In diesem iahr ist könig Wladislaus gesterben den 13 Martij vnd Zu Stulweissenburg begraben worden hat Behem 45 Jahr Vngern 24 Jahr regirt, aetatis 61. könig Wladislaus gestorben.

Anno 1517. Sonabent vor Andreä Ist der Ratth verneuert worden. herr Geörg Mazkho Eltister. herr Niclaß Lidl Beysitzer. Junger herr Wolffgang Fellenbaum.

Eodem anno. hatt ein Behemischer Edelmann Zachart genant dem Mährerlandt abgesagt, vnd die khaufleüt von Iglau, khauffleütt von Iglau werden beraubt. als Sie auf den Lynczer markht verraiset, Zwischen Pallaun vnd Lobizkhirchen feindlich angegriffen, ihnen die Truhen aufgehauet, khäß, Schmalz, vnd tuech geraubt, das dorf Obergos außgebrennt. Vnd da solches alles die von Iglau fur Khönigen Ferdinandum (Statthalltern Ludouicj des Jungen.) gebracht haben, Ist derselbe Zachart sambt ettliche andern Edleütten gefangen nach Ofen geführt, vnd wegen seines Verbrechens neben seinen gesellen enthaubt worden, Es ist auch denen von Iglau aus befelch Khönigs Ferdinandj ein ergezlichkeit geschehen, vnd von der enthaubten Edleütt güeter, so dem Khönig heimbgefallen, ihnen etwas wegen ihrer erlittenen schäden gereicht vnd verehrt worden.

Anno 1518 feria tertia ante Martinj. Ist der Ratth Zu Iglau verneuert worden. herr Jacob Schaustichselbst Eltister. herr Geörg von Reisch Beysizer. Junge herren. Mattheuß Lydl, Sebastian Spiesßer, Andre Chizmegl. (hans Beschl).

1519 Absager. 1519. Am tag Petrj Paulj hatt herr Arcleb Von Boskowitz Landtshaubtman ein schreiben hieher geschikht, das sich etliche herrn vnd gemein leute Zusamen gerottet willens, der Stadt Iglaw vnd andern Mehrischen Städten, denen sie abgesagt schaden Zuzufugen daher ist offentlich geruffen worden, das sich meniglich vor ihnen fursehe, Sie nicht förderre vnd wo man sie erfragte sol man sie gefengklich annehmen, vnd sich vermöge des Landtfrids verhalten, Die Radlführer sein gewesen herr Sigmund Kasunk, hercules Trczka Casper von Trustorff Thoma von Debroten Jacob Pyech Pes hanuß hansl kütl. der groß hanß Jan lopetzky, Peter Dasowsky Jacob Zlipeltowa, Michl Z Petrusnyho Mikulas Zbrakowa Christoff Zborty Girg Son (?) ꝛc.

Ist Khayser Maximilian gestorben. Anno 1519. 12. Januarij. Ist Khayser Maximilianus I gestorben Zu welß, und ist Zur Neustatt begraben. Regiert. 33 Jahr. Nach Ihm Khayser Carolus 5. ins Regiment khomen.

CLaVIgerIter qVarta patrIs LVX CVrrIt ab aXe,
Caesar Vt è VIVIs MaXIMILIanVs abIt.

Ist Carolus quintus Zum Khayser Erwehlet. Eodem anno. 28. Junij. Ist Carolus quintus des Maximiliani I Enickhl Zum Khayser erwehlt worden, den sein herr Vatter hatte Ihn Zuuor aufm Reichstag Zu Augspurg dem Reich commendirt.

CaroLVs ImperII sortItVr fortIs habenas,
ConsILIo poLLens acer & IngenIo.

Anno 1519. feria 2 post seuerinj. Ist der Ratth Zu Iglau verneuert worden. herr Lucas Leupoldt Eltister. herr Stanißlaus Feyrabent Beysizer. (herr M. Johan Pausperll Richter) Junge herrn, hannß Stubickh, Steffan Harder, Geörg khreßl.

Der dritte Jarmarkt alhie Zugelassen. Anno 1519. Ist vom könig Ludwig zu der Stadt auffnehmen der dritte Jarmarkt Zu den vorigen Zweyen Vergünstigt worden Donnerstag nach Catharina.

Aufruhr Zwischen dem Radt Vnd gemein. Anno 1520. Das Jahr vnd das folgende 1521. Jahr ist der Ratth Zu Iglau (ordentlich) nicht verneuert worden, wegen der aufruhr, so sich diese 2 Jahr, Zwischen dem Ratth vnd der Gemein erhoben, wie balt hernach soll gemeldt werden

Sterb. Sind gestorben 2000. Persohnen. Eodem anno. 1520. Sein Zu Iglau gestorben in der Summa mehr den 2000. Personen.

Groß wasser Zu Iglau. Eodem anno Freytag nach Michaelj 2. stund vor tags ist der Lucas Teücht vor der Statt Iglau mit 13. andern Teuchten, so im selben grundt gegen der Statt sein, aus nachlessigkheitt eines neulich aufgenomenen Fischmaisters abgerissen, danon ein solch gros wasser ins Lederthell vorm Piernizer thor khomen, das es ganze heuser sambt 32. Personen hinweglh geführtt vnd ertrenckht welche Körper man bey S. Johans Pruckhen, vnd dem khleinen Stampff darnach todt gefunden, Vnnd als man frue morgens das thor geöffnet, vnd die leutt aus der Statt retten wollen, war es schon Zu lang gewarttet, vnd der grösste schaden albereith geschehen. hernacher als sich das wasser verloffen, hat man todte Cörper, auch geltt, truhen, kleider, leinwath vnd Pettgewandt gefunden, Daraus dan in der Gemein ein gros murmeln vnd widerwillen wider ein Ratth vnd die Verorndten wasserherren entstanden, als ob durch derselben verwarlosung das vngluckh verursachet worden were. Sambstag hat man die todten Cörper bey 24 Personen in die Statt gebracht, vnd Sontags hernach ehrlich begraben. Da ist bey gehalltener leichbegengnis ein solch iammer vnd wehe klagen gewest, das auch gar wenig aus dem Ratth mit Zu grab gegangen, indem sie sich einer auffruhr besorgtten Bey 4. wochen hernach hatt man einen höfer mit namen Polizer auf seiner hofstatt (welche ieczt hanß haydlerin besizet) vnter einer maur verfallen vnd todt gefunden. Darüber die Gmein mehrers bewogen, sich ins Frauen Chlosster versamlet, alda 4. Gmeiner ihnen Zu Vorstehern geordnet, sich vntereinander verschrieben, vnd verbindtnus wider den Ratth gemacht, auch ein Jedlich handtwerch ihr Pettschier Zuegedruckht. Zu welcher schädlichen rebellion hanß hoffman quardian im frauen Chloster stattlich geholffen, vnd der Gemein geratthen, sie soltten den todten Cörper des Polizers aufs Ratlhaus tragen, den Ratth offentlich beschreien vnd das Recht vber sie anrüeffen. Als solches einem Ratth Zu khundt gethan, haben Sie ettliche aus ihrem Mitl Zu der Gemein in das Chloster geschickht, Sie durch bitt von ihrem füernemen abzuhallten. Die Gmein aber so mehr [illegible]r, als Zu einer einigkheit vnd gehorsam geneiget gewesen, hatt Sich nicht wollen lenckhen laßen, Sondern den Abgesandten vom Ratth Zur antwortt geben, Ihr begern hette nicht statt, Sie sollten nur wider aufs Rathhaus gehen, alda ihrer wartten, iezt ohne Verzug wollten Sie den todten Cörper furs Ratthaus tragen laßen. Welches dan auch geschehen, [illegible] 4. Gmeiner So sie neulich im Chlosster gesezt haben, sein mit sambt der ganczen Gemein Man vnd Weib, Vorstetler vnd ettlich Paurn, auch die ledige handtwerchs Pursch, mit grossem getumel furs Ratlhaus khomen, vnd den todten Khörper dahin gebracht, wie alle drey Rätth versamblet gewesen. Nachmals hatt sich einer aus den 4. Gmeinen vnterstanden. die Ratthstuben ohn erlaubnus aufgethan, den Khopff hinein gesteckt, vnd Zu den andern von der Gemein gesagtt: Sie sein noch alle [illegible], von sie vermeinten, es wurde der Ratth [illegible] [illegible] nicht erwartten. Damach sein [illegible]

Ledertallweck gefürt. 32 Perschonen ertrancken.

Auffrühr der gemein.

Muetwillen der gemein Zu Iglau.

vnd die 4. Gmeiner Zu den herren des Ratths geſagt, Sie ſollten hinaus gehen, des verſtorbenen freundte wollten das Recht wider ein Ratth anrueffen. Vnd als Sie wider hinaus getretten, hat ein Ratth, 4. Perſonnen aus ihrem Mitl Zur Gmein hinaus verordnet, ſie vermahnen vnd bitten laſſen, ſie wolten khein ſolch Will fuernemen, da ein Ratth an etwas ſchuldig, ſo wollte ein Ratth darumben gerecht ſtehen vnd fues halten, es ſey vor Ihrer Khön. Matt., oder wohin die ſach gelangen möchtte: Solches hatt ihnen ein Ratth bey ihren treuen vnd ehren verſprochen. Die Gemein hatt ſich lang nicht wollen leuckhen laſßen, vnd auf ihrem fuernemben beruhet, doch iſt Sie entlich mit groſßer muhe vnd arbeit geſtilt worden, das ſie den todten Zur khirchen tragen vnd begraben lieſßen, haben Znuor ein verſicherung von einem Ratth geforderl, das ſie darumben gerecht ſtehen wollen, Iſt ihnen aber kheine gegeben worden. Nach dieſem iſt die Gemein von tag Zu tag ſpießiger (?) vnd frecher werden vnd hatt ſich des gwalts vnderſtanden, manicherley heimbliche vnd offentliche Zuſamen khunfft wider den Ratth gehaltten, Sigil auf allen handtwerchen aufgericht, von einem Ratth Raittung begertt, ein neuen Ratth geſezt, Jedermau vergunt, wein Zu ſchenckhen, Teucht vnd Dörffer verſezen wollen, vnd ander vnordnung, dauon vill Zuſchreiben were, fuergenemen. Alſo das ein Ratth auſſer der 4. Gemeiner wenig gewaltt gehabt hatt. vnd ein Jeder ſeines gefallens thal, was ihn geluſtet, das hatt gewertt bey anderthalb Jahren, Daher gmeiner Statt groſßer ſchaden geſchehen vnd entſtandten, wie hernacher wirdt gemelt werden im Jahr 1523.

Ein Ratth beſchwertt ſich wider die gmein beym Khönig.

Bey ſolchem lauff vnnd muettwillen der gemein hat die Obrigkheitt ihre Zueflucht Zu Ihrer Khön. Majeſtät haben mueſßen, vnd ihre Abgeſandten dahin geſchickht, die beſchwer alda füergetragen, vnd vmb gnedigiſtes einſehen gebetten. Daranf iſt der

Der Khönig ordnet ein Commiſſion an.

handl auf den herrn vnter Cammerer herrn Wilhalbm Cuna von Cunſtatt, herrn heinrichen von Lomniz auff Meſeritſch vnd andere wie hie vnten vermeldet, gegeben worden, die ſolltten Zwiſchen dem Ratth vnd der Gemein den ſtreitt vergleichen. Die Partheien waren nach [illegible] citirt, vnd als man khlag vnd antwortt vernohmen, iſt erſtlich ſolche vergleichung Zwiſchen dem Ratth vnd der Gemein vor obgedachten herren Commiſſarien wie im nachſtuolgendem 1521 Jahr Zu leſen geſchloſßen vnd aufgerichtet werden.

ConCVtItVr rVptIs Vrbs IgIaVIensIs ab VnDIs
VnDe LeVIs popVLI, CeV notVs, Ira fVrIt.

Handlung der erſten Commiſſion. Anno 1521.

Letha Paaie Tisycyho Pietistoho dwaczateho P[illegible] w Strzedu Po Swatem Jakubu APosstolu Bosim w [illegible] Brnie Namj Wylimem kuuu Z Kunstatu na klasstorze Swyliowsk[illegible] hem Z Lomnicze a na Mezerziczy, Wilimem Z Wienkowa na [illegible] wiczych, Giedrzichem Boruhem Z Dolczewcho na [illegible]

Stala se Smlauwa dobrowolna mezi W Zlateczne OPPatrnosti Panem Purgmistrem a Raddau Miesta Gihlawy a Panj Obczy lehoz Miesta, A to takowa. Zie kdyz se Radda saditi w temz Miestie ma

1. Wegen der Rattsbesetzung. Ty osoby na Raddy saziene magj wybiranj byti Swuly a wiedomim tiech Cztyrz od Obcze wolenych a Przisieznych Czechmistruw Rzemesl.

Item Sladowniku do Raddy wicz sazeno byti nema nez Cztyrzi osoby, a ostatek Zgynych Rzemesl.

2. Vier Gmainer Ambt. Item Obecz Cztyrzj Osoby Zsebe wywolawati magj lydi nestranne, A ty osoby od starssych aby Potwrzenj bylj, A wsseczky Potrzeby obecznj aby na starssy wznasselj, a Pokudzby sprawedliwie bylo A w Potrzebach Obecznich aby starssim Pomoczni bylj tak aby se Ziadnemu wniczie mz krziwda nedela.

3. Raittung des Ratths. Item Pany Starssi Przi obnowenj Raddy w Przitomnosti tiech Cztyrz od Obcze wolenych budau Powinnj Ze wssech duchoduw a Vzitkuw k Miestu Przichazegiczych, y take Z Uutrat a nakladuw Pocziet cziniti. A toto srownanj ma mezj nimi trwati Pokudzby se sami mezj sebau oto ginacze Zgednosteyne wule nesrownali, Aneb kral Geho milost, Zieby to raczil ginaczie oPPatrziti.

4. Wegen des schadens durch das Wasser. Item Yakoz skrze nedbanliwost a neoppatrzenj ffissmeystra gegich stala se Sskoda, zie na Przedmiesti gest nieczo domuw wodau Pobrano a lidy stopeno, Po tom ffissmeystru aby se wssyczknj Ptalj, A budauli gey moczy miti aby gey trestalj yakz se gim Zdati bude A Za tu sskodu kteraz se tau wodau tiem lidem na przedmiesti stala, Pany Starssi Z Penicz Obecznich magj na Wanocze nayprw Przistti Sto kop grossu Pugcziti A. Potom na druhe Wanoczy Potom Rok drahych Sto kop grossu, A ty lyde magj ty Penize Panum Starssym a Obczy Vrucziti, A na tyto cziasy y take zase Zaplatiti, a take Potom na trzeti Wanocze Pocziti Zase Platiti magj pô 25 kopach grossu Czeskych A tak na kazde Wanocze po 25 kopach grossu magj Platit az do Zaplacenj tiech dwu Leth kop grossuw A Pokudz Panum Starssym mozne bude, magj tiem lidem lesem y kamenym k staweny Pomocz Vcziniti.

5. Umbgang und Seelmessen wegen der ertrunkenen. Item do Padesati Leth Porziad Zbychlich na ten den, na ktery se ta Przihoda tau wodau stala, Panij Starssj magj Obchod a Mssy Zadussnj na ty dussc cziniti.

6. Wegen der verschreibungen der Gemein. Item Yakoz Rzemesla niyako Zapisy mezj sebau wzdielalj, takowe Zapisy tomuto nassemu zgednanj nemagj na Przekazku byti. A wicz ZaPisuw takow[illegible] nemagj dielatj nez w lasze a swornosti aby [illegible]wilegiemj wysadniemj kterez od Czys[illegible]

milosti Panuw swych magj se Sprawowali tak yak gsau se Przedkowe gegich czidilj a Zachowawalj.

7. Wegen der Zehrung nach Ofen zum König. Item Autrata kteraz gsau nynj Panij Starssi do Budina gezdicz Vczinilj, gim Prominuta byti ma, A Zase tez, czo gsau Obczy Pugczilj Padesate kop grossuw, to Przj Obczy Zustati ma, Nez gestlj Zio gsau Pany Starssy k krali Geho milosti gezdicz na Padesate kop grossuw wycz Vtratilj, tehdj budau Powinnj tolikez Obczy dodati Z Peniez Obecznich aby gednostcyna Summa na obie stranie byla, A giz od tohoto cziasu autrat bez Potrzebnich wystrzibati se magj.

8. Wegen des Weinschenken. Item Przi Yarmarku Pany Starssi magj swobodny ffreyvnk na Ssenkowanj Win Pausstieti, A takowy ffreyunk teyden Przed Yarmarkem a teyden Po Yarmarku trwatj ma. A gestli Zieby Potom Panj Starssy Z Obecz natom Sskodu tomu Miestu Poznalj to budau moczy Zgednostegne wulo Zmieniti.

9. Aller groll soll aufgehoben sein. Item Wsseczky nechuti a nelibosti, kterez gsau mezj nimj bylj by smo Zdvyhlj a Zdwihame a wnicz obraczime, tak aby gych sobie nynj a na cziasy budauczy wyczc niczim Zlym nespominalj. Toho wsseho Pro Pamiet kazde stranie gednu Smluwu Pod Sekryti swymj sme dalj. Dan a Psan dne a Letha nahorze Psanoho.

Po horzeyssy Smlauwie o Piet Obeczni Artikulo Ziadalj, yakoz Porziad Psanj gsau.

Der Gmein Artickl so sie vom Rathh begeret. Znamenagi se Artikule Przj kterych Obecz Gihlawska Ziada od Starssych swych Zachowana bytj.

1. Item, Aby kazdy Rok Radda obnowena byla s wiedomnj a wůlj Cztyrz wywolenych Z Obcze a Z Przisieznych z Rzemesla.

2. Item Aby wycze nebralj do Raddy Z Rzemesla Sladownickeho gednom Cztyrzi, a ostatek Zgynich Rzemesel, kterziz k obecznemu dobremu gednanj Przihodnj gsau.

3. Item Cztyrzj Z Obcze magj wywolenj byti odewssy Obcze, a mezj nimi Zustati, a ty od Starssich Potwrzenj byti magj.

4. Item Aby kazdy Rok Pocziet se czinil w Przitomnosti [illegible] Cztyrz Z Obcze wywolenych Zewssech duchoduw, kterez k obecz[illegible] Miestu Przichazegj Aby se wiedielo czo kralowska komora Z[illegible]bnauti ma.

5. Item Aby Zachowatj byti moblj wedle Nadanj a Sw[illegible] od knyzial a Margkrabj tohoto Margkrabstwj nam danych, yak[illegible] Miesta wtomto Margkrabstwj, kterez od mnoho cziasu nam Z[illegible] nj gsau.

6. Item Aby Zety, Vgczy Bratrzi a Streyczy [illegible] krwe, w Raddach nebywalj, gako Prwe beywali.

Item Obecznebo Czlowieka tak welmj Pro malau wiecz 7.
netrestaly, yakoz Prwe se stalo Zie kdyz Obeczny Czlowick malo czo
mluwil tehda gsau odnieho Penize brali a do Wiezie wsadilj, a to mezj
sebau rozdielilj Ale wssak gestli Zieby kdo czo Zawinil a neslussnie se
Zachowal aby Zwulj tiech Cztyrz Z Ocze wywolenych slussnie trestan
byl, A ty Penize aby k obecznemu dobremu obraczenj bylj.
Item Aby Obeczneho Czlowieka, kteryzby nocznim cziasem 8.
mlczkem na Vliczy Ssel, aneb w domie byl bez sskody, aby geho Po-
kotau neobtieziowalj, yakoz Prwe se Przihazelo, zie mnohy Przi swem
dobrym Przitelj bezpecznj nebylj, kdyz gsau koho Zastihlj vj grossuw
dati musel, Ato k obecznemu dobremu obraczeno nebywalo, nezlo mezj
sebau rozdielilj a kde Lyde w domie Zawrzenj bywalj tehda gsau Zadu
tam lezlj a dwerzj otwiralj.
Item Take toto obecz Ziada Poniewadz Starssi wedle gych 9.
slybuw geli gsau k kralj Geho milosti bez nassi wule a Wiedomj, a
takowau autratu y krale Geho milosti komory wzalj a wedlj bez Potrzeb-
nie Aby ony to Zaplatili, y czoz obecz Z Krale Geho milosti komory
wypugczila, Zase aby nawratilj a Zaplatilj.
Item dale gest nasse Ziadost, Yakoz Baltazar Jungmayer 10.
nass spolu Obywatel, kteryz przed nas przedstaupil a Mandat krale Geho
milosti Vkazal Poznawssi Zie Proti obecznemu dobremu nenj, aby Zachowan byl.

Od Powied Panuw Starssych.

Des Raths antwort auff der Gemein Articel.

Item Yakoz w Prwnim Artikulj Ziadagj aby S wiedomim
a wolj Cztyrz wywolenych Z Obcze a Przjseznich Czechmi-
straw Rzemesla kazdy Rok Radda obnowena byla. Ktomu 1.
takto Prawime, Zie to wtom Miestie nikda slychano nebylo, by Pak kral
Geho milost anebolj Pan Podkomorzj Raddu obnowil aby kdo giny mimo
Raddu Przisseznu koho wolil Yakoz Pak y listy se Prokazati muzie.
Item k druhemu Artikulj, w kteremz Ziadagj aby gednom 2.
Cztwrtey Osoby Z Rzemesla Sladowniczkeho a ostatek Z ginych Rzemesel
do Raddy bralj Takto Prawime Zie y toho Za Pamietj lidske nebylo,
Wssecky Sedm nebo Osm Sladowniku beywalo, Ato ze dwogj Prziciny
gedine Zie Ziadny Rzemeslnik tak V Prazdnieny byti nemuzie yako Sla-
downik Nebo od Swateho Waczlawa az do Swateho Girzj Piwa warzi,
a Potom kdy leto rzidko kterau warku czinj. Druha Przicina Zie se
ten Porziadek Zachowawal gestli zie se kdo tu osadil a nebo od ginad
Przistiehowal Vmicze Rzemeslo neb neumicze kdoz koliwick, Ziadalli go
Sladowniczlwj wida (konsscle) hodnosti geho, a Zieby se na Potom tomu
Miestu k obecznemu dobremu hoditi mohl kazdeho doprzino a dopu-

3. Item Na trzeti Artikul w kteremz Ziadagj aby Cztyrzj odewssi Obczy wywolilj a Przinych Zustalj a od Starssich Potwrzenj byli, Tato odpowied. Zie gsau toho nynj Pokusylj yaky Ztoho Vzitek Przissel Nam se Zda Zie to Znagj, Nez Prwe wzdyczky Za Pamietj Lidske Cztyrzj Osoby Starssich konsseluw ku Pomoczy obogy aby gim gych wieczy Przj Raddie Pomahalj gednati Przisezuj y s starssymj Zwolilj Protoz nemuziem to Znatj, aby gesstie lepe bylo.

4. Item na Cztwrty Artykul kdez Ziadagj aby kazdy Rok w Przitomnosti tiech Cztyr Z Obcze wywolenich Zewssech duchoduw kterzi k obecznemu Miestu Przislussegj, Pocziet se dawal. Odpowied. Wdyczky wubecz Przedkum nassim y nam wierzilj, Nebo kazdy rok gedny konssele druhym Pod Przisahau a Powinnosti swymj Poczty wydawalj A gesstie Przitom stati minime. Nebo kazdy Znati muzie Zie nicz weysse byti nemuzie nez czo se dobremu na Przisahu geho swierziuge.

5. Item kdez w Patem Artykulj Ziadagj aby wedle Nadany a Swobod od kneyziat a Margkrabuw gich milosti, yako gina Miesta w tomto Margkrabstwj kterez gim od mnoheho cziasu Zadrziany bylj Zachowanj byti mohlj. My newime, yakz se gim swobody a nebolj Nadany kterzby gedno k obecznemu dobremu slauziti mohlj, Ziadrzielj necht ge nam oZnamj.

6. Item Yakoz w Ssestem Artykulj Ziadagj Aby Zety Ygczy Bratrzj a Streyczy sobie Przibuzny krwo w Raddach nebywalj. Odpowied Wssak se tak Zachowawame.

7. Item kdez w Sedmim Artykulj Ziadagj Aby Obeczniho Czlowieka, tak welmi Pro malau wiecz netrestalj Yako Prwe se stalo, Zie kdyz Obeczny Czlowiek malo czo mluwil, Zie sme od nicho Penize bral a do Wiezie w Sladilj a ty Penize mezi sebau rozdielilj. K tomu Prawime, Zie mame Nadany Poniekud yak Pokuty nebolj winny brati mame, A Prawime Zie sme cziasem dobrze menie nezli sme Z Prawa wziti mielj bralj, toby se Prokazati mohlo kdez doteykagj w temz Artykulj, gestli Zieby kde czo Zawinnil a nesslussnie se Zachowal aby Zwule tiech Cztyrz Z Obcze wywolenych slussnie trestan byl, a ty Penize k obecznemu dobremu obraczenj bylj. Odpowed. Poniewadz Przisecznj [illegible] Panu Bohu wssemohauczymu Potom kralj Geho milostj Panu swemu Przisahu czinj chudemu y bohatemu sprawedliwie czinitj ziehy [illegible] tiezka wiecz byla a Poniekud nemozna, aby Zwule tiech Cztyrz [illegible] wieczy rozeznawati mielj, A take y Preto, zie se gych Przi[illegible] seczninj nesrownawa.

8. Item Yakoz w Osmem Artikulj wzpiesel [illegible] yakby se k tiem kterzis w neczy Prace Pirgiek sedagi, [illegible]

chodj, Zachowali mielj. Odpowied. Zie mj dobrze wiedj yaky se krziky a nebolj skody nocznie dalj a take zie gednoho Zamordowalj gessto Podnes newime kdo, Treffi se niekdy Zie Pokogni w domych sedagj, a wegdeucze wen Po Vliczych y Po rinku diwne wieczy strogi kadie y sskopky Przed domy w kterych se woda Pro ohen chowa Przewraczugj lidem sskody czinj, s bubny chodj, lydy leziczy w Pokogich swych Pro takowe krziky, Pokoge Vziti nemohau Zdalj se wtom Zie takowe wieczy mohau trpenj bytj, a obecz to snesti muzie, my Radj bez to Praczy budeme A toto gesstie racztc wiedieti, zie na kratky noczy Pirglok se Zwony dwie hodinie na nocz, A na dlauhy noczy we trzech a nebo we Cztyrech hodynach yakz toho czias. Nam se Zda Zieby se kazdy do toho czasu dosti nasedietj y na Piti mohl.

Item Na dewaty Artykul, Yakoz Prawj Zie sme bez Potrze- 9.
by Autrata wedlj gedaucze k kralj geho milostj, Zadagicze abychom to ZaPlatilj. Odpowied, Zie sme Piet Osob s wulj wssech brzi Radd gedne Pro obeczny dobre, chticz radj abychme Przi starodawnich Rzizenych a dobrych Zwiklostech, gessto Miestu tomu neubywalo nez na lidech na statku y na slawenj, yakoz se to oczyma vidj, Przibeywalo, Zachowawanj bylj Y take Pro niktere Spolusausedy Zsebe sme wyslalj, A nebiedicze wtom Ziadneho sweho Vzitku mage nadiegj k Panu Bohu a k wassim milostem Zie takowu autratu ZaPlatiti Powinnj nebudeme.

Item Na Posledj Yakoz Ziadagj aby Baltazar Przj Mandatu 10.
krale Geho milosti Zachowan byl, Poznawsse Ziebi Proti obecznemu dobremu nebylo, Baltasar dobrye wy kdyz gest Ziadal Sladownicztwj, Zie gest gemu wedle stareho Rzizenj Sladowniczkeho na wulj dano, chtelj Sladownikem aby barwenj nechal, kdez gest ktomu swolil, Y take ustaweno gest od starodawna wtom Miestie Z Rzizeny Aby Ziadny dwogeho Rzemesla nedielal mieloliby se gemu to dopustiti, aby Dwoge Rzemesla dielal Vdielalby w Rzemeskych weliky rozbroy a nassloby se gych Potom wycze kterzj by sobie takowe Mandaty a lysti Zgednalj.

[illegible] 1522 feria 2 post Jacobj. Ist der Ratth Zu Iglau verneuert [illegible] durch herrn Wilhelbm Cuna von Cunstatt Vnter Camerer in Mehrern. [illegible] [illegible]slaus Fehrabent Eltister. Herr Steffan Schweinizer Beysizer. [illegible] Paull Schinawiz. Wenz Loßnizer.

[illegible] anno. Ist Ludouicus der hungerische Khönig des Khöniges Wla[illegible] anno 1516 gestorben). Sohn Zum Behemischen Khönig Zu Prag [illegible]

[illegible]nno. Nachdem die abhandlung So das iüngst [illegible] 1521 Jahr, bey der ersten Commission füergeloffen, [illegible] Statt gebreuch vnd üblichen gewonheitten, auch [illegible] allerdings Zugebulten, hat es khainen fort[illegible]

Handlung der ander Commission Anno 1522.

vnd nichts sonderliches erbauet, dannen hero herr Unter Camerer aus beuelch Irer Khön. Majestät die Commission in dieser Sachen Zu Iglau Zum anderumall fuergenohmen, welche doch nicht in allen Puncten lang gehalten worden, weill es Zum theill wider gemeine Statt vnd derselben aufnehmen gewesen, was bey dieser Commission geschlossen, lauttet in Behemischer sprach wie Volgett.

Ja Wilym Kuna Z Kunstatu a na Policzy Podkomorzj Margkrabstwj Morawskeho Oznamugj timto listem obecznie Przedewssemj kdoz cztien anebo cztauzy slyssan bude Yakoz gsau ruznicze wzniklj mezi Maudrymi a Oppatrnymj Panj Purgmistrem a Raddu Miesta Gihlawy s gedne A Pocztiwymi Muzj wssy Obczy tehoz Miesta s strany druhe. Kdez ya sswrchu Psany Wilym Kuna Podle Porucziebj a rozkazanj krale geho milosti Pana meho milostiweho a Z Powinnosti Aurzadu sweho mage Przi sobie Vrozeny Pany, Pana Gindrzicha Z Lomnicze a na Meziersiczy Pana hynka Z Ludanicz a na Gemniczy A Rytyrzstwa Pana Pana Czelauda Z Palowicz na Budkowie Pana Zygmunda Z Chlebskeho. Ty wssecky ruznicze Przeslyssawsse, a dostatecznie rozwaziwsse s gych obePolnie

1\. Dobrou wulj a na gych na mnie mozno Przestanj, Napred wsseczky wieczy a wsseliyako ruznicze, czeczy a nechutj, kterez gsau Zyakychkolj Prziczin, mezj nimj se Zwiehlj, Zdwiham a w nicz obraczugj a Vznawam, Zie takowa wieczy a gych czeczy Ziadne stranie gych dobre Powiesti ke sskodie negsau a byti nemagj nynj y na cziasy Potomnj. A chczy aby sobie oba Polnie niczym Zlym nespominalj a Zase nezdwihalj, Ato Pod Vwarowanim hniewu a nemilosti krale geho milosti. A dale o Artykule dole Psane mezj nimi takto wypowidam a na Potom Vstanowugj.

Aller widerwillen Zwischen dem Rath vnd der Gmein sol aufgehoben sein.

2\. Item kdyz kolj Radda w temz Mieste obnowena byti ma, magj osoby hodno a na swo Pocztiwosti Zachowalé [illegible] starssich Przisieznich na Przisahu a swiedomj gych, ne [illegible] Przistelstwj any yakou Prczizen, Alo Pro dobre Geho milosti a tohoto Miesta wybranj, a Przedemnau a budouczymj Podkomorzimy gmenowanj a Postawenj byti, a tiech ma wybrano byti, Ssest Z tiech 36 osob [illegible] nich, a Sstest Z Obcze, a mezi tiemj Dwanaczti nema wycze byti [illegible] mesta Sladownickeho nez Cztyry Osoby, a ostatek Zgiaych [illegible]

Der Alte geschworne Rath soll ein neuen Rath wehlen.

3\. Item Radda stara Raddie Nowe kazdy rok Praitom [illegible] kdyz se Radda obnowuge Przi Przitomnosti me, a Bud[illegible] Podkomorzich, aneb dobrcho Rytyrzkeho Czlowieka, [illegible] bych ga anebo Budouczy Podkomorzj na mistie swem Poslal, [illegible] osob Z Obcze, kterez bych ya neb budouczy Podkomorzj k sobie [illegible] magj a Powinnj budou Poczist rzeday Ze wssech duchodu [illegible] a take autrat a wydanj Vczinitj. [illegible]

Der alte Rath soll dem Neuen raittung thun.

Item yakoz Przed niekterym cziasem skrze nedbanliwost a neoppatrnost ssiffmeystra nieczo domu wodau Pobrano a lydj stopeno gest, A Za tu sskodu, kteraz se tiem lidem tou wodau stala, Panj starssj Z Peniez Z Rathauzu magi Sto kop grossu Czieskych Pogziti Przi Swatem Janie Krzitelem neyprw Przisstim, A druhych sto kop grossu Czieskych na Wanocze Przisstj, A ty lyde magj ty Penize Panum Starssym Vrucziti, a na tyto cziasy a takto Ziase Platiti, Od Wanocz neyPrw Przisstych Przes Rok magj to Pietmeczytma kopech grossu Czieskych a do wyplnienj te Summy Zaplatiti. 4. Wegen der Schäden durchs Wasser erlitten.

Item Lozunku kteryz gsau Zadrzielj y tento Lozunk Swatogirzky a Swato Waczlawsky Przissti magj tiem lydem Propusstienj, a Zanie od Starssych Z Peniez Z Rathausu sprawenj byti, Take Pani starssy magj gim furamj lesem a kamenim, Pokudz gim mozne bude, Pomoczny byti.

Item Do Padesati let Porziad Zbiehlych na ten den na kteryz se ta Przihoda wodau stala, Pani starssj magj kopu grossu Czieskych chudym do Sspitalu, aneb kdez gim od tiech kterymz gsau Zieni, dieti a Przatele gegych Zhynuli Vkazano bude, misto obchodu Za dusse gegych datj. 5. An stat der Seelmeß soll man der Armuth 1 fl. gr. geben.

Item Pani Starssy kazdy Rok Podle Aurody toho Roku miru slussnau, czoby se Piwa Za Peniez dawatj mielo Przicziemzby obecz slussnie Zustati mohla Vsaditi magj, a ktomu s Pilnosti Przihledatj, Aby Podle gych Vstanowenj ochzy w tom sprawedliwie se dalo, A na Piwa Zdeyssi nemagj Ziadna od Ziadneho sem wezena bytj. 6. Man soll rechte maß Bier geben.

Item Panj Starssy k lidu obecznemu ke wssem y kazdemu zwlasstie, laskawie okazowati se magj. A lyd Obeczny tez k Starssym, gakozto k Aurzednikum od krale Geho milosti nad timto Miestem Vssazenym Pocstiwie a Powolnie se Zachowati magj, Wssech doteykany, Pomlouwany Postrannych a bourzek, kterez gsau tyto cziasy Przed se bralj, Zanechagicz. Gestli Zieby se Przihodilo, Zieby ktery Obeczny Czlowiek Proti Vstanowenj od starssych czieho dopustil ma od nych neyprwe rzeczy, Po druhe Wiezenim slussnym trestan byti, A Dopustilliby se toho wycze ma Z nieho Wina slussne, tak aby take na statku swem Zahuben nebyl, wzata, a na obecznj dobre obraczena, a na Pocztu Poloziena byti. Gestlj Zieby Pak se Zdalo Obczy, Zie nanie Panj starssy gim neslussnym a mimo sprawedliwe sahagj, nemagj o to Ziadne bourzky cziniti, anj yakou moczy na starssy sahatj nez magj tu obtiznost tou kazdy neb na mac a Podkomorzj budouczy wznesti A ga y budouczy Podko[illegible] Pomoczy krale Geho milosti mame ge wtom Pokud[illegible] 7. Der Rath soll die Gmein lieb haben und die Gmein den Rath ehren.

opatrziti, Aby od starssych Przi sprawedlnosti Drzianj a Zachowanj bylj. Item chtielliby ktery Z Obcze ktercho Z tiech 36 Przisezních Zcziebo winiti. Pani starssy magj gim Prawo osaditi, a ge wyslyssicz mezj nimi sprawedliwy konecz Vcziniti.

Die Gmein soll die Verschreibung und die Petschaften von sich geben.

8. Item Obecz ten Zapis ktery gsau mezj sebou Vczinilj y Pecziell, kterez Czechowe sobie Zdielati dalj, Przedemnau Poloziti magj, A to ma odemne skazieno byti a na Potomnj cziasy obecz takowych Zapisuw mezj sebou dielalj a Peczieti Ziadnych mimo tu kterez toto Miesto od starodawna Vziwa Vziweti nemagj. A gestlj Zieby se toho wycze doPustilj w nemilost a Pokutu kralj Geho milosti VPadnautj magj.

Beim König soll man umb bestetigung dieser Artickel anhalten.

9. Item Ya swrchu Psany Wylim Kuna yakozto Aurzednik komory Geho kralowske milosti A ony oba Polnie Z gednostcyne wule mame to Przi krali geho milosti gednatj Aby geho kralowska milost teto me WeyPowiedj lystem swym Potwrditi raczil, Aby to nynj y na Potomnj cziasy odowssech y od kazdeho w czelosti a neporussitedlnie Zachowano bylo.

Tomu na Potwrzenj ya swrchu Psany Wylim Kuna swau wlastnj Pecziet k tomuto listu a WeyPowiedj Przidawati sem dal, A Pro lepssi gistotu a wiedomost PrziProsyl gsem swrchu gmenowanych Panuw a Wladyk Zie gsau Pecziet a Sekryty swe Podle mne Przitisknouti dalj mnie y sobie a Erbum nassim beze sskody A kazde stranie gedna Czedule toho dana. Stalo se w Giblawie Patek Po Swatem Girzj Leta Panie 1522.

Was gestalt der Rath und die Gemein die Artickel angenohmen haben.

Item k teto WeyPowiedj, kteraz gest mne Wylimem Kuna Z Kunstatu, Podkomorzim Margkrabstwj Morawskeho Przj Przitomnosti Vrozenych Panu Pana Gindrzicha Z Lompnicze na Mozerziczy, Pana bynka Z Ludanicz na Gemniczy, A Vrozenych Wladyk Pana Czelauda Z Palowicz na Budkowie, Pana Zygmunda Z Chlebskeho, mezj Maudrymj a OPPatrnymj Panj Purgmistrem a Radau Miesta Giblawy Z gedne, A mezj Oppatrnymj Muzj wssy Obcy tehoz Miesta strany druhe stala, obie stranie na tento spusob Przi[illegible] pilj gsau a Przistupugj Aby ta WeyPowied kralj Geho milosti ozn[illegible] byla a obie stranie Podle mne Przj kralj Geho milosti skrze [illegible] swe Za Potwrzenj Ziadalj, Podle toho aby kazda strana ne Pok[illegible] anj skrze ktere osoby Postrannj, nez skrze mne Przj kralj Geho [illegible] losti, czo se ginych artikulu, totiz o ty Cztyry Osoby Z Obcze w[illegible] a k starssym Przidane A o wina ssenkowanj dotyczie, gednalj, [illegible] Geho milost wyrozumiegicz te WeyPowiedj a Ziadosti Stars[illegible] Obecznj, bude moczy te WeyPowiedj naPrawiti, Przicziniti [illegible] czo se geho kralowske milosti Zdatj a libiti Bude, a na tom [illegible] Pokud Geho kralowska milost w te WeyPowiedj naPrawiti [illegible] swym Potwrditj raczj, obie strany Przestati, a to na Potomnj czasy Zachowati magj.

Item czo se tiech Cztyrz, kterez Obecz Z sebe wybrati ku Wegen der Vier Gemeiner.
Potrzebie swe chtiti minj, dotyczie, ty od nych wolenj byti magj dotud, dokudzby ta WeyPowied krale Geho milosti stwrzena, a na mistnem konczy Postawena nebyla, A geho kralowska milost ma mocz ty Cztyry Osoby dale y na Potom Zustawiti, aneb go Zsaditj aby gych wycze nebywalo.

Item czo se Wina ssenkowanj dotaycze Na tomto gest Wegen des Weinschenkens.
Zustaweno, aby Obecz ty, kteryz we Zdj w ohradie sedj Vsedlj kdoz Zlo byti muzie, wina ssenkowalj az do Swateho Martina neyprw Przissttiho, Na takowy spusob Aby kazdy kdo gsem do Miesta Wino weze, Z kazdeho Wiedra 3 grossu atto Vngeltu Do Komory krale Geho milosti tiem kterzj ktomu od starssych geden Z Przisieznich druhy Zobcze Vstanowenj budou, sprawil A to Wino aby gemu do Miesta Pusstieno nebylo, Pokudz toho Vngeltu nesprawj. Item Wina kazdy Czwertek od tiech kterzy budau chtiti ssenkowatj naczinana byti magj A to nema dale ssenkowano byty nez do tyhodne, totiz do druheho Cztwrtka A kdyz Druhy Cztwrtek Przigde, magj nowa Wina Poczinata, a ta Zawrzina byti, Nez Zustaloliby komu czo Wina, Druhy teyden Zase bude moczy to Wino otewrziti. Item Wino kdozby naczili chtiel, ma geho we Cztwrtek rano dwa Zeydliku na Rathauz Przinesti, A starssi wezmauce k sobie ty Cztyrzj, kterzyz od obcze wolenj gsau, magj to Wino suditi ne Podle Przatelstwj anj Drahoty Wina ale Podle dobroty. Item kdo Wina nynj Zde magj, kazdy Pod Przisahau Powiedietj ma, a Ztoho, kdyzbykolj naczinano byti mielo, ma se Przedkem Vngelt swrchugmenowany Z kazdeho Wiedra trzj grossu atto Zprawiti. Item gestlj Zloby kdo nePowiediel czo Wina nynj Zde ma, a to by se na nio Potom Prokazatj mohlo, tomu ma to Wino na Obecz wzato, a na Rathauze wyssenkowano bytj, A k tomu ten ma 2 Nediele o Wiezenj sedietj a kazdy grossu bylych na Rathauz do komory krale Geho milosti datj. Item ten Vngelt ty kterziz gey Przigimatj budau, kazdy teyden na Rathause Do truhlicze Poloziti, A Potom Przi obnowowanj Raddy Ztoho Poczet Vdielatj magj. Item Wino ktere kolj sem Prziwezeno a Znieho Vngelt sprawen bude, ma czeychowano byti od tiech dwau, kterziz Vngelt wybirati budau, A kterezby kolj neczeychowano, V toho nalezeno bylo, to wzato, a yak se nahorze Pisse, do komory krale Geho milosti a k obecznemu Dobremu byti ma. Item kterziz gsau kolj tyto czasy od Smlauwy Brnienske wyssenkowalj, ty magj tez Pod Przisahau Powiedieti Przed Starssymj a Przed tiemy Z Obcze Czt[illegible] wyssenkowalj, A take Z kazdeho Wiedra 3 gr[illegible]

Kein geistlicher soll Wein schenken.

witi a datj, a to kynecznie do S. Ducha Przissliho. Item ffararz anj Ziadny Zduchownich a Podruhu a Na Przedmiestj Wina Ziadnoho ssenkowatj nemagj, A gestlj Zieby se ffararz aneb kdo giny toho doPustil, to Wino ma na Obecz wzato, a w Rathauze wyssenkowano byti. A toho Pro lepssy Pamiet kazde stranie odemne gedna Czedule soPsana wyrzezana Pod Sekrytem mym dana. Stalo se w Gihlawie w Patek Po swatem Girzj Letha 1522.

Eodem anno. Am tag Sophiä, ohn gefehr 3 wochen hernach, hat herr Burgermeister Vnd Raith der Stadt alhie folgendes Patent offentlich publiciren vnd nachmals ins Stadtbuch einschreiben lassen, Welches sich mit der Vorigen Abhandlung nicht in allen Puncten Vergleichet, Lautet also:

Patent des Raths Zur Igla Weg der aufruhr der Gemein.

Wir Burgermeister vnd die Geschwornen vnd die gantz Gemein in der Stadt vnd vor der Stadt alhie Zur Igla Thun khundt Vnd offenbar fur Vns Vnd alle Vnsere Nachkommen das an heundt dato in einer Ersamen Versamlung eintrechtigklichen Betracht Vnd beschlossen sein die hernachgeschrieben Articl fur Vns Vnsere Nachkommen Vnd dieser Stadt gemeinen Nutz.

1. Item in dem Ersten Als sich Vmb Sanct Franciscus tag am iahr Vergangen mit Ablaß des Teuchts in der Aw Vieleicht aus Verhengknis des Allmechtigen Gottes durch Wasser in dem Vedertheil an Menschen die ertrankhen sein, an heusern guetlern Vnd andern teuchten ein grosser merklicher schaden begeben hatt. Darumben Zwischen einen Ersamen Raith der Obrigkheit vnd gantzen Ersamen Gemein Viel argwohn, Zwitracht, Vneinigkheit, Verdechtigkheit, grosse auffiegung Vnd Vncosst Vns allen Vnd Gemeiner Stadt Zu schaden erwachsen sein Daruon Viel Zu schreiben wer, Solches alles, wie das geschehen ist biesher, haben wir eintrechtigklichen alle, Kheinen ausgeschlossen, aneinander wie fromen Vnd ehrbaren leutten Zugehueret christlich Vergeben, Also das Zue ewigen Zeitten kheiner Person, es sey aus den Geschwornen, Eltern, oder aus der Gemein, er hette sich halt mit werkhen oder wortten gröblich Vergessen oder Verredt, Zu kheiner Vnehr oder spott gereichen soll, Vnd soll ein ieder darumb an seinen ehren Vnd guetten leimundt Vnuerrukhet bleiben. Wo aber iemandt, er sei aus dem Raith oder aus der Gemein diese sach eusern, Vnd einem was auffheben wolt mit wortten oder werkhen, Ein solcher soll Von den herrn des Raiths geschwornen mit gefengtnis hertigklich gestrafft werden, Vnd darwieder niemandt sein.

2.

Wegen der Rathsuerneuerung.

Item das ist beschlossen, Wen man den Rath Verneuren soll, das die Geschwornen kuesen sollen Erbare Vnd tügliche Personen Von den handtwerchern, doch also: Sie sollen Von den Meltzern 4 Personen erfordern, Vnd die andern 8 Personen nehmen aus den Eltern herrn aus den handtwerchern, Wo aber aus den Eltern herrn nicht soviel hantwercher weren, So soll man aus der Gemein tügliche Vnd Erbare Menner aus den handtwerchern nehmen, Vnd also, das in allen treyen Vättchen nicht mehr den 36 Personen wurden. Vnd das soll also lang bleiben dieweil sich ein Ersame Gemein mit den herrn Geschworen Vnd Eltern mit aller ehrsamkeit fur ein gemeinen nutz nicht anderst Vereinigt.

Item das ist beschlossen Von der Raittung die der gantzen 3.
Ehrsamen Gemein Vnd Gemeiner Stadt Zugehöret, aussethalb
der Losung die Vnserm gnedigen herrn könig in seine Camer
gefelt, das alle iahr der Alte Ratth dem Neuen Raittung geben soll in beiwesen der 4 Gemeiner.

Wegen der Raittung.

Item was die Schädleut betrifft, sollen die Geschworen 4.
Vnd Eltern herrn mit sambt der gantzen Ersamen Gemein Von gemeinem gelt denselben 400 Schock leihen, in solcher gestalt: Zu auff Johannis Baptistä soll man ihnen 200 Schock leihen Vnd darnach auff Weinachten erst kunfftig soll man ihn leihen auch 200 Schock Vnd dieselben 400 Schock sollen sie gnugsam Verbürgen Vnd auff die hernach geschriebene Täge bezahlen. Von den nechstkunfftigen Weinachten Vber ein iahr sollen sie anheben Vnd Zahlen 50 Schock. Darnach alle iahr allweg auf Weinachten sollen sie geben Vnd Zahlen Zu 50 Schock bies Zu Volkomenlicher Bezahlung der obgemelten 400 Schock.

Wegen derer so schaden durchs Wasser erlitten.

Item auch ist Verwilligt fur derselben Menschen Seel die 5.
in dem Wasser Verschieden sein, das man 50 iahr nacheinander alle iahr 1 Schock Von gemeinem gelt soll Armen leutten in das Spital geben, oder wo die freundt der ertrunkhenen Menschen hinzeigen werden.

An stat der Seelmeß 1 Schock der Armuth.

Item Auch ist betracht worden, das Von den Geschwornen 6.
herrn Vnd 4 Gemeinern alle iahr bej Aydespflichtung soll ein [illegible] maß, wieuiel man bier fur 1 Pfennig setzen Vnd geben soll, geordnet werden, darnach die gersten gelten wirt, doch also, das die [illegible] Vnd die Meltzer nicht Verkurtzt wurden. So soll man khein Weiß bier herein fuhren, es sej den einem krankhen oder brechlhafftigen Menschen [illegible] den 2 Emmer Vnd das soll geschehen mit wiessen des herrn [illegible]meisters. Wo aber einer begrieffen wurd, das er Weiß bier Vmb [illegible] geb, die Vbermaß soll man ins Spital geben.

Wegen der Biermaß vnd des weissen Biers.

Item die Geschwornen herrn sollen sich gegen der gantzen 7.
Gemein Vnd gegen iedem insonderheit holdseliglich Vnd gunstigklich in aller lieb Vnd freundtschafft Vnd beistendig erzeigen herwiederumb die Ersamb Gemein Vnd ieder insonderheit sollen sich auch gegen den Geschworen herrn als gegen Khönigliche Majestät [illegible] leutten in aller ehrsamkheit lieb Vnd gehorsam Vnd beistendiglich [illegible] Also mögen wir hinfür Gott Zu lob Vnd Zu Vnserer Seel [illegible] in lieb gunst Vnd belstandt christlichen gegeneinander leben.

Wie sich der Ratth vnd die Gemein gegeneinander verhalten sollen.

8. Item Ob einer eine satzung, ausserhalbter Recht, die Von den Geschworen herrn Vor einen gemeinen Nutz were ausgesetzet werden, Vbertritt, der soll Zum ersten mit wortten, Zum Andern mit Zimlicher gefengknus, Vnd darnach mit gebuerlicher Buß mit geldt gestraffet, Vnd solches gelt auch in die Gemein Raittung gelegt werden.

Vbertretter der Statuten sollen gestrafft werden.

9. Item so ein geschworner oder einer aus den Eltern allein Zwen oder Drej, er sej Eltister Burgermeister oder Richter einem Gemeinen Man etwas thet oder schuldig wer, Derselbig mus Vnd soll ein ieder Vor einem sietzenden Ratth antwortten, in form Vnd maß als ein anderer Gemeiner Man. Wo aber iemandt Von einem sietzenden Ratth mit Vrthl beschwert wurde (da Gott Vor sej) mag sich ein ieder mit Appelliren nach inhalt Vnserer Recht beruffen.

Geschworen solln auch Zu Recht stehen.

Appellation vergürt.

10. Item Vmb groß sorg, muh Vnd Zu Zeitten gefährliches Raisens Vnd Vnsiecherheit leibs Vnd lebens Vnd Versaumnus ihrer Nahrung haben sie diese Zustende. Welches iahr einer in dem Ratth ist, sitzt er Wacht frej. Sie haben auch die Kuettlbäch, die klein Iglaw Vnd den fehrenbach, Wen Zu Zeitten der Burgermeister die Geschwornen Vnd Eltern herrn Von wegen eines gemeinen nutzes Versendet, Vnterweilen das er in denselben Bächen lest fischen, Also haben sie dan ein Collation Vnd Zahlen den Wein Vmb ihr eigen geldt. So haben sie die Zins huener aus den Dörffern. Das sind alle Zustende die ein Ehrsamer Ratth geneußt.

Accidentia des Ratths Zur Iglaw.

Wir Burgermeister vnd Ratth sambt den Eltern beyden Rätthen dieser Stadt Iglaw, haben aus guetwilligkheit der Ersamen Gemein bewilligt, das iezt Zu dem mal die 4 gemeiner bleiben, Vnd hinfuro wen ein Ersamer Ratth Verneuret wirt, wiederumb 4 Erbare Vnd taugliche Personen Von der Ersamen Gemein alhie erwehlet Vnd khuest, Vnd Von den geschwornen herrn bestetiget werden, Vnd denselbigen soll man befelhen der gantzen Gemein notturfft Vnd nutz mit sambt den Geschwornen Schöpffen Zubestetigen Vnd Zubetrachten getreulichen nach ihrer Seel gewiessen Vnd warheit, Vnd was dieselbe 4 Gemeiner, die darzu gelhoren worden, mit sambt den Schöpffen austragen, durch der Stadt nutz willen Vnd der gemein Zu fromen, Das soll kraft haben gleicher weis, als ob die gantze gemein darbej gewesen wer alt vnd iung. Vnd das khombt dauon, das ein iedlich biederman seiner arbeit Vnd notturfft warten Vnd sein Nahrung suchen mus, Vnd das er alzeit des Ratths nicht gewarten mag wen man ihn darzu berufft. Darumben haben dieselben Vier gemeiner die man darzu khuest, krafft Vnd macht sambt den Schöpffen, gleicher weis als ob die gantz Gemein darbej gewesen wer, der Stadt nutz Vnd ehr Zu betrachten, Vnd das soll niemandt wiederreden bej treuen Vnd bei ehren.

Wegen der 4 Gemeiner.

Ihr Ambt.

Item Von wegen des Weinschenken Ist der Geschworen Vnd Eltern herrn bedunkhen, dieweil doch ein Ersame Gemein Vermeint, das sie Viel gemeines nutzes damit erlangen möchten, So soll ein ieder hausgesessener dies auff Weinachten, wer da wil wein schenkhen Vnd als offt er ein Emmer ausgeb, Vnd wie teuer ein Seitl Wein wer, auff ieden Pfennig ein groschen geb, Vnd das khein Vmbgelt genent werd, Vnd das man alle Sambstag auffthet, Vnd ein Seitl Weins Zu handt nach der Frumeß in das Ratthaus Zu kosten brecht, damit man sie wuste Zusetzen, Vnd Zu handt nach dem Weinsetzen das man die Vässer Visier Vnd Zeichnet, damit der Gemein nichts entzogen wirt, Vnd was in einer Wochen nicht ausgeschenket wirt, das man denselben Wein wieder Zuschlag, oder mit willen Vnd wissen derselben die darzu Verordnet wurden, in ein ander Vaßl ablasse, Vnd darnach 8 tag stil halte, Vnd die ander Wochen, ob er wolt, wieder auffthue, auch mit wiessen der Verordneten. Auch soll kheiner ausschenkhen ein Wochen den ein Vaß es sej gros oder klein. So aber iemandt erfunten wurd, der noch wein Vmb geldt gebe, wen andere hetten auffgethan. So Viel man Wein bej ihm fünde, daraus er geb, denselben soll man Zu Gemeiner Stadt nehmen. Dergleichen auch wo einer ein Wein Vmb geldt wurde geben Viel oder wenig, der ihm nicht gesetzt wer, die Vbermaß soll man alle Zu Gemeiner Stadt nehmen. Auch ist den Schädleutten erlaubt hinnen in der Stadt Zu schenkhen, bej welchem hausgesessenen oder freundt er das erlangen mag in der gestalt wie oben begrieffen ist.

Wegen des Wein schenken in der Gmein.

Weinschenckens.

Item Auch ist beschlossen, das man Von Sanct Johannis tag 4 wochen nacheinander in der Gemein mit Weinschenkhen soll still halten, Vnd nur in dem Ratthaus schenkhen, damit die Meltzer auch ihr Bier mögen anwehren.

4 wochen die gemein still hallten mit wein schencken.

Item Vmb die Weinachten sollen sich die Gesch woren herrn mit samb den 4 Gemeinern Vnd allen Geschworen Viermeistern Von den handtwerchern miteinander Von wegen des Wein schenken für einen gemeinen nutz weitter Vergleichen.

Was nu aus diesem Weinschenkhen der Gemein das nechstfolgende 1523 iahr guttes erfolget, soll alda weitleuffig gemeldet werden, Auch wie hernach die 4 Gemeiner gantz Vnd gar abgeschaffet, Auch das Weinschenkhen nur im Ratthaus allein angeordnet worden ist.

Im Radthaus ist das weinschenken allein Verblieben.

Eodem anno 1532. Bald im anfang des iahrs ist der hochwurdige Vnd hochgelehrte herr Paulus Speratus Elephangius Bresbiter Augustanæ diœcesis, Artium decretorumque Doctor Canonicus noui Monasterij WirtZeburgensis, Apostolica et Imperiali authoritatibus Comes Palatij Lateranj subdelegatus (in massen er

Historia Pauli Speratj des ersten Evangelischen Predigers vnd Apostels deren von Iglaw.

Speratus theilt Wappen aus h. Leupolden vnd h. Pausperttln.

ihm solchen titl in den Wappenbriffen, so er meinem Grosvattern herrn Lucas Leupolden Vnd auch dem herrn M. Johan Pauspertl im Monat Martij dieses 1522 Jahrs mit eigener handt geschrieben, gegeben hat, wie allda Zu sehen) mit seinem ehweib Von Wien ohn alles gefahr nach Iglaw khomen Vieleicht willens Von dannen seiner gelegenheit nach weitter Zu Ziehen. Doch hat er nicht gemeldet, Zu Verhüttung ergernis, das es sein Weib sei sondern seine Schwester, den es hat damals khein geistlicher aus Verbott des Babsts sich Verehlichen durffen. Aber dieser fromme herr hat der Lehr Paulj gefolget, das ein ieder Prister mag eines Weibes Man sein, Vnd hat sich hierin des Babsts Verbott wieder die Schrifft nichts anfechten lassen.

Speratus ist verehlicht.

Pfarher Zur Igla gestorben.

Vnd weil dan kurtz Zuuor ehe Doctor Speratus ankommen, der Pfarherr Zur Iglaw Johannes Czerer mit todt abgangen, Vnd die gutten treuhertzigen leut ein Zeit hero khein Predigt aus mangl des Pfarhers gehört haben, hat Doctor Speratus ohne Zweiffel aus sonderbarer göttlicher schieckung begert, man solle ihn allda Predigen lassen, Welches ihm der Ratth Zu Iglaw, weil er Zu gewunschter Zeit khomen, da ihr Prediger gestorben war, hertzlich gern Zugelassen Vnd seine Predigten mit freuden angehöret, die erste Predigt sol er den 5. Juni gehalten haben, Vnnd weil Speratus Vernohmen, das Zwar die Armen leut sein Predigt anhören, aber gleichwol in tieffen irthumben Vnd bäbstischer finsternis steketen, hat er auff mittl gedacht, wie er ihnen den rechten eigentlichen Verstandt der schrifft durch die gnade Gottes bej gemah erklere, Vnd die ketzereien Vnd irrthumbe abschaffe, Vnd ist Zwar anfangs, ehe die leut eines bössern berichtet worden sein, mit in der Procession gangen, Vnd hat auch andere Babstische Ceremonien gehalten, Aber entlich aus Gottes wort seine fleissige Zuhörer treulich Vnterwiesen Vnd den rechten weg Zur Seligkheit aus heiliger schrifft die nicht betriegen khan (hindangesetzet aller menschlich satzungen so der schrifft Zu wieder) gelehret, Viel irthumben aus Vieler hertzen ausgerottet, Vnd in suma das Volkh mehrers theils dahin gebracht, das sie durch die gnade gottes seinen Predigten geglaubet, Vnd sich darnach gerichtet haben.

Speratus begert man soll ihn Predigen lassen.

Die Iglauer hören ihn mit freuden Zu.

Speratus Predigt das Reine wortt gottes.

Speratus Bekherret viel leutt.

König Ludwig will man soll Speratum abschaffen.

Es war aber gleich dieselbe Zeit Ludouicus König Zu Vngern Vnd Beheim, Marggraff Zu Mehrern ꝛc. in der Stadt Prag, allda er kurtz Zuuor gekrönet worden, Dieser König als er Von Sperati Lehr, als die der Babstischen Zu wieder hörete, auch wie das Volkh Zur Iglaw dieselbe mit freuden annehmen Vnd ihnen hoch belieben lassen, besorget er, es möchte weit einreissen, Dem allem Vorzukommen, schrieb er an die Von Iglaw (nach gehaltener beratschlagung mit seinen Rätthen Vnd den geistlichen) folgender gestalt, das sie Speratum Vnsaumig abschaffen solten. Der befelch ist aus dem Behmischen glaubwurdig Verdeutschet, lautet also:

Der Erste befelch könig Ludwigs.

Ludwig von Gottes gnaden Zu hungern vnd Beheimb könig Marggraff Zu Mährern.

Ersame Liebe getreue, Wir werden berichtet, als solte bei euch in der Stadt ein Doctor mit nahmen Paulus Speratus sein, welcher wegen seines Vnordentlichen Predigens Von Wien entwiechen, Vnd dies auff dato, als wir berichtet werden, im Pann ist, Vnd das er in wehrendem Bann, Vnter eurem schutz den gottes dienst Verrichte Vnd Predige, da er doch Von seinen Vorstehern Vermöge der geistlichen Recht, darzu kheine Bewilligung habe, Vber das alles Vernehmen wir, das er den gemeinen Man dahin halte, damit er des Luthers Lehr Vertheidige, auch das er etliche sachen fur sich nehme die Zu erhaltung fried Vnd einigkeit nicht dienen. Darumb befelchen wir Euch als Vnsern Vnterthanen, ernstlich, Vnd ist das Vnsere entliche meinung, das ihr denselben Menschen, der ein frembdling, Vnd sich anderer ortten seinem standt nach nicht Verhaltten, alsbald ohne auffzug fahren lasset Vnd weitter bej euch nicht duldet, bei straff Zuhanden Vnserer Behmischen Cammer 20 Mark goldes. Wie wir dan auch dem Bischoffen Zu Ollmuntz Vnserm getreuen lieben ausfuhrlich Vnd ernstlich schreiben, damit er (bej Vermeidung Vnserer Vngnad) solche leut, sonderlich Zu der Zeit, da Vnterschiedliche Vnerhörtte Ketzereyen in der Christlichen Kirchen auffstehen Vnd sich erheben, in seinem Bistumb nicht dulde.

Das ist Vnser entlicher will Vnd meinung, darnach ihr euch Zu richten. Geben auffm Prager Schloß am tag Jakobj Anno 1522 Vnserer Reiche des Vngerischen Vnd Behmischen im Siebenden iahr.

Ludouicus Rex. manuppr.

König Ludwig schreibt auch an Bischoff in Mährern.

Eben desselben tages ist Von khöniglicher Majestät ein befelch an Stanislaum Bischoffen Zu Olmuntz des inhalts wie Jenen an die Von Iglaw, abgefertiget worden, Darinnen auch der König dem Bischoffen ernstlich befilchet, er solle gemelten Doctorem Paulum Speratum im nahmen des Königs Vor sich citiren oder sonst auffheben lassen ohne allen Verzug, Vnd ihn dies Zu des Königs ankhunfft in Mehrern als ein Vngehorsamen wol Verwahren, das er nicht entweiche. Item er soll kheine Lutherische Bücher in Mehrern Verkauffen lassen. Dergleichen [illegible] wegen der Lutherischen Bücher ist in alle Mährerische Stadt Von [illegible] worden.

Bischoff schreibt gehn Iglaw vmb Speratum.

[illegible] gedachtem herrn Bischoffen Zu Ollmuntz solch [illegible] wegen des Doctoris Sperati Zu kommen, hat [illegible] geschrieben mit folgenden wortten so aus dem beh[illegible] worden.

Den Ersamen weisen herrn Burgermeister Vnd Ratth der Stadt Iglaw Vnsern guetten freundten.

Ersame Weise Liebe Freundt, Es haben Ihre königliche Majestät Vns ein schreiben Zugeschikt, dessen abschrifft hiebei gelegt, Auch ein anderes schreiben so euch Zu lautet. So sein wir kheines andern Bedacht, als Ihrer königlichen Majestät befelch gehorsamlich nachzukommen, Derowegen begeren wir Von euch Zu wiessen, Ob ihr Euch diesem königlichen schreiben gemeß Verhalten, Vnd denselben Pfarherr Paulum Speratum Vns heraus geben Vnd Passieren wollet. Darnach wir Vns Zu richten, Datum kremsier feria 4 post Panthaleonis Anno 1522.

Stanißlaus Von Gottes Genaden Bischoff Zu Ollmuntz.

Antwort herrr von Iglaw.

Auff solches schreiben sambt den einschlussen des Bischoffs, hat der Ratth Zur Iglaw die antwort geben. Sie wollen Ihre königliche Majestät durch ihre gesandten berichten, wie die sachen Sperati an im selbsten bewandt Vnd beschaffen.

Bischoff schreibt denen von Iglaw Zum andermal.

Darauff hat herr Bischoff denen Von Iglaw wieder geschrieben, Das sie den König durch ihre gesandten wegen des Doctors Sperati selbst berichten wollen, wie es Vmb ihn Vnd seine Lehr beschaffen, das stelle er Zu ihrem gefallen, Aber er wolle sich nichts desto weniger dem königlichen befelch gemeß Verhalten (Verstehe das er in wolle lassen auffheben). Er sej des Vertrauens Zu denen Von Iglaw als Zu guetten Vnd bestendigen Christen, sie werden sich seiner bischofflichen hoheit Vnd macht nicht Vnterfangen, Vnd ihm darein khein eingriff thun, sondern dieselbe Viel mehr beschützen da iemandts die Verkleinern wolte, Das schreiben ist datirt Zu Wischaw den tag Vor Bartholomej Anno 1522.

Die von Iglaw schiken ihre gesandten Zum König.

Nach diesem allem, als die Von Iglaw bej ettlichen furnehmen herrn in der sachen Zeitlich ratth gehalten, haben sie entlich ihre gesandten aus Ratth guetter herrn, die ihnen auch ihre Vorschrifften an König Vnd seine furnembste Rätthe Zu mehrer der sachen Beförderung Vnd bösserer expedition mitgetheilt, nach Prag Zum König Vnseumig abgefertiget.

Abgesandte vertredigen Speratum.

Diese Abgesandten haben ihren lieben Prediger Paulum Speratum seiner lehr Vnd lebenshalber, auch das er kheiner Ketzerej Vberwunden, alles möglichen Vnd besten fleises mit grossem eyfer Verteidiget, Vnnd beym König gehorsamst im nahmen der Stadt angehalten, das er ferner bej ihnen den gottesdienst Verrichten Vnnd Predigen möge, Vnnd haben damals gleichwol so Viel erhalten,

Der König last Speratum fort Zur Iglaw Predigen.

das der König auff Intercession ettlicher herrn Vnd seiner Rätthe Auch auff beschehenen bericht der Abgesandten Von Iglaw darein gewilliget, das Speratus das Wort Gottes allda ferner Vnuerhindert Predigen soll.

Ob nu Zwar die Abgesandten mit dieser frolichen bottschafft von Prag verraiset sein, der mainung es werde ein gutten Bestandt haben, hat sich doch das Blatt gar bald wieder gewendet. Den als des Bischoffs bericht Ihrer königlichen Majestät Zukommen, was ihm die von Iglaw auf sein schreiben Zur Antwort geben, item wie durch des Sperati irrige lehr die leut in der Stadt vnd der benachtbarschafft, auch ettliche geistliche Catholische Prister ie lenger ie mehr Verführet vnd auff die Lutherische Keterei gewiesen werden, vnd was daraus fur Vnrath erfolgen wurde, ob nicht Ihre königliche Majestät diesem blutenden Vnglulh Zeitlich steuren vnd wehren selten. Sein Ihre königliche Majestät durch solches des Bischoffs andeutten dahin bewegen werden, das sie noch einen ernsteren befelh als der erste war, denen von Iglaw Zu gefertiget haben des Inhalts: Dieweil abermal beschwer wieder Speratum khommen, so solten sie ihn auff den tag Luciä dieses 1522 iahrs fur den Bischoff in Mährein stellen bei Verlierung aller ihrer Priuilegien vnd Landtguetter. Dieser befelh ist datirt den Freitag nach Briccij Anno 1522. Auff solchen anderen scharfen befelh haben sich der Ratth Zur Iglaw mit ettlichen herrn im landt, so nicht die wenigsten waren auch des Sperati religion Verwandt, beratschlaget, wie der handl ferner anzustellen, damit ihnen vnd ihrem Prediger khein gefahr daraus entstünde. Da ist gerathen worden Weil der befelh des Königs scharff, muste man demselben Zur Verhüttung [illegible] Vngnad vnd benandter straff, gehorsamlich nachkommen, Sie solten aber dahin bedacht sein, das sie Speratum furn Bischoff stellen nach Olmuntz, wen [illegible] der Landtag alda wirt gehalten werden, so hette sich alsdan Speratus weniger gefahr Zu besorgen, weil er in wehrendem landtag Viel guetter freunde, die ihn schutzen vnd befördern khennen, antreffen wirt, Solchem ist der Ratth Zur Iglaw nachkommen, vnd haben ihren herrn Speratum Zum Landtag gestelt, Auch damit er desto siecherer fortkommen khente, hat [illegible] ihm ettliche Rattspersonen alhie Zugegeben, die ihm Zu Olmuntz so [illegible] [illegible]lichen, beistandt leisten solten.

Des Bischoffs bericht wieder Speratum.

Der König schreibt denen von Igla den 2. befelh.

Die von Iglaw stellen Speratum fürn Bischoff.

[illegible] war auch Speratus seines glaubens gewiß vnd nicht erschrokhen [illegible] fur dem Bischoff Zu thun, Allein hat gebetten das er fur [illegible] geschutzet sein. Als nu die Abgesandten mit Sperato nach O[illegible] Bischoff in beisein ettlicher des herrn Sperati Verwandten herrn [illegible] worden hat der herr Bischoff wiederholet, was Ihm [illegible] Majestät befolhen, Darauf Speratus gemeldet, er sey [illegible] Zu antworten, die ihn seiner Lehr halben beschuldigen wurden, [illegible] er scheme sich des Euangelij Ihesu Christi nicht, Darauff hat der Bischoff Viel mit Sperato conferirt, vnd ist entlich damals darbei Verblieben [illegible] herr Bischoff gemeldet, Weil sich niemandt der Zeit findet, [illegible] Speratum beschuldigen oder anklagen wolte, so khenne er ihn

Bischoff conferirt mit Sperato.

Beschaid des Bischoffs.

Der Abgesandten begeren an Bischoff.

nicht Vrtheilen. Auf diesen bescheid haben die Abgesandten der Stadt Iglaw beym herrn Bischoff fleissig angehalten, Nachdem Speratus kheiner Ketzerei Vberzeuget sey, vnd seines glaubens rechenschafft

Antwort des Bischoffs.

Zu thun alzeit bereith Zu sein sich erbiette, der Bischoff wolle ihnen Vergönnen das Speratus lenger Zur Iglaw Predigen

Speratus kombt wieder auff Iglaw.

möchte. Welches der Bischoff nicht Verwilligen wollen. Aber Speratus ist gleichwol von Landtag wieder nach Iglaw gezogen, vnd hat alda wie Zuuor seinem dienst abgewartet, weil es die Stende also fur guth geachtet haben. Weil aber weder Ihre königliche Majestät noch

Derer von Igla begeren an die Stende in Mähren.

der Bischoff nicht Verstatten wolten, das Speratus lenger Zur Iglaw Predigen solt, haben die Abgesandten der Stadt eine Supplication an alle Vier Stende des Marggraffthumb Mährern, als sie aufm Landtag Zu Olmuntz noch Versamlet waren, gestelt, Vnd mit ratth Vbergeben des inhalts:

Nachdem sie auff Vielfeltiges suppliciren vnd sollicitiren bei Ihrer königlichen Majestät vnd dem herrn Bischoffen in Mährern nicht erlangen khennen, das Paulus Speratus ihr Prediger, von dem weder sie noch andere kheine Ketzerei gespueret, lenger bey ihnen möchte geduldet werden, Sie auch die heilige Zeit Vber als auf die instehenden Weinachtfeiertage gottliches worts beraubet sein musten, wo dem Sperato das Predigen eingestelt wurde, Item das die Mönhen Zwar bei ihnen Predigen, die seien aber so Vngeschickt, das Viel aus der gemein, da es ihres beruffs were, das wort gottes bösser erkleren wurden als sie, daher auch Viel des gemeinen Mans aus der Kirchen geloffen, vnd dessen wenig gebössert sein wen man ihnen solche Vngelehrte Mönhen auffgestelt hat. Derenthalben bietten sie als abgesandte, alle Vier Stende des löblichen Marggraffthumbs Mährern, dieweil die Stadt Iglaw nach dem landtfried Zugethan vnnd eingeschlossen, Ihre Gnaden die wollen bey Ihr königlichen Majestät fur die von Iglaw intercediren damit sie bey Ihrer Majestät wieder Zu gnaden angenohmen, vnd Speratus der sich Zur Verhör vnd Verantwortung gern stellen wil Vnter dessen bej ihnen geduldet werden möchte, Es sey auch herrn Sperato nicht entgegen, in beisein aller 4 herrn stende des Marggrafthums Mährern Zu stehen vnd Zu antworten, Auch da er aus der schrifft eines bössern wurde berichtet sein, wolle er gern weichen vnd sich lenkhen lassen. Zur selben Zeit waren die furnembsten Landtofficirer, herr Arcleb von Bosskowitz Landtshaubtman, herr Jan vom Pernstein Obrister Landts Camerer (der Speratum insonderheit lieb hatte) herr Wok Pniowsky Obrister Landtrichter.

Die Mährischen Stende intercediren fur die Iglauer beym König

Auff diese derer von Iglaw supplikation an die herrn Stende, darunter ihr viel herrn vnd Ritterstandes dem Sperato vnd dem Rath Zur Iglaw in Religionssachen (wie aus ihren schreiben Zu sehen) beigefallen, haben alle 4 Stende an König Behmisch intercedirt,

Allerdurchleichtigster König, Genedigster herr, Es haben die von Iglaw bey iezt gehaltenem Landtag Zu Ollmuntz vns Stenden ein Klagschreiben eingeantwortet, das Euer königliche Majestät ihnen ein Vngnediges schreiben Zugeschikt auff Vngrundtlichen bericht, so Euer königlichen Majestät von ihnen furkommen wegen ihres Predigers Pauli Sperati, welcher beschuldiget wirt einer Ketzerey, Sie aber hetten alle Priester in der Stadt befragt des beschuldigten irthumbs, Welche Prister bekennet, das sie aus des Sperati Predigten kheine Ketzerey oder irrthumb nie gemerket, In massen sie (die Prister) solches vor königlicher Majestät oder da man es begerete, bestehen vnd aussagen wolten, Weil nu die Iglauer solches von ihren Pristern gehört, haben sie den Speratum fort Predigen heissen. Als sie aber weiter bey Euer königlichen Majestät Verunglimpfft worden, Ist ihnen ein hefftiges schreiben als das erste Zukommen, das sie Speratum vorn Bischoff stellen sollen bey Verlierung Euer königlichen Majestät Vngnad vnd aller Priuilegien vnd landgueter. Drauff haben sie gemelten Speratum auff Euer königlichen Majestät befelh als gehorsame Vnterthanen fur den Bischoff gestelt, da hat Zwar der Bischoff Viel wort wieder ihn gebraucht, aber Speratus sich erbotten, wo er einiges irrthumbs oder Ketzerey wurde Vberwiesen werden, wolle er darumb gerecht stehen, auch ein abtrag thun vnd wiederruffen. Darauff der Bischoff damals Zum Sperato vnd den abgesandten von Iglaw, welche von der Stadt ihme mit fleis Zugegeben worden, gesagt hat, Weil ihn (Speratum) niemandt anklaget, so khenne er ihn nicht Vrtheilen. Da haben die Abgesandten von Iglaw vnd der Speratus selbsten den Bischoff gebetten, das er ihnen Vergönnen wolle, das wortt Gottes Zur Iglaw ferner Zu Predigen, weil er bereith, iederman, der in beschuldigen wolte, Zu antworten, Welches als wir, Allergnedigster König, von denen von Iglaw, als die mit im landtfried begriffen Vernohmen vnd wol erwogen, haben wir fur billig erkennt, weil sich gedachter Speratus Zur Verhör berufft, das ihm das wort Gottes Zu Predigen billig nicht soll Verbotten sein. In massen wir solches auch dem herrn Bischoffen Vermeldet haben. Darumb langet an Euer königliche Majestät Vnser aller gehorsames bitten, Euer königliche Majestät wolle die Vngnad wieder die von Iglaw ausm hertzen lassen, vnd ihnen solche Vngnädige schreiben ohne ihre schuldt auff der leut Verleimbdung nicht thun, Sondern ihr genedigster König vnd herr Verbleiben. Mögen auch Euer königlichen Majestät nicht bergen, das offt gemelter Doctor Speratus auff iezigem landtag Zwey lange schreiben an alle 4 Stende vnd den herrn Bischoffen geschrieben hat, eins lateinisch, das ander Behmisch, In welchen schreiben wir warlich khein irrthumb oder Ketzerey Vermerket.

Darumb bitten wir Euer königliche Majestät wollen das liebe wort Gottes ohne erkentnis des irrthumbs nicht Verhin[illegible]it Euer königliche Majestät dermal eins vor Gott nicht [illegible] 2c.

Die Iglauer schicken auch ihren bericht dem König.

Neben dieser der herrn Stende Zimlich scharffen intercession hat der Ratth Zur Iglaw auch ihre Verantwortung dem Khönig Ludwig Zugeschickt durch ihre gesandten, welche auch an stat der gantzen gemein also schrifftlich suppliciret haben.

Allerduerchleichtigister König Gnedigster herr, ꝛc. Was betreffen thut Doctorem Paulum Speratum, von welchem Euer königliche Majestät dem Ratth Zur Iglaw beuor geschrieben vnd ernstlich befolhen haben, das man ihn ohne hindernus das wort Gottes Zur Iglaw solle Predigen lassen. Derselbe aber nachmals bey Euer königlichen Majestät höchlich angegeben vnd beschuldiget worden, als solte er wieder die heilige Kirchen, wieder göttliche schrifft vnd gebott, Ketzerey Predigen, Darauf Euer königliche Majestät dem Ratth Zur Iglaw auff bericht der ankleger, derer nahmen wir bies dato noch nicht wiessen, ernste schreiben, darinnen hohe vnd grosse straffen gesetzt, abgehen lassen vnd befolhen, das sie entweder gemelten Doctorem Speratum von sich lassen, oder fur den herrn Bischoffen Zu Ollmuntz Zur Verhör stellen sollen, vnd da er durch beweis der heiligen schrifft Vngerecht befunden wurde, solle er gebuerlih Zu recht gebracht werden.

Hierauff hat der Ratth Zur Iglaw als Euer khöniglichen Majestät treue vnd gehorsame Vnterthanen gemelten Doctorem nicht mit geringen Vnkosten, wie den Stenden in Mährern offentlih bekennt, gestelt, Aber die Ankleger haben sich nie herfur gethan noch gezeiget, wie dan die herrn vnd Vom Adl aus iungstem Landtag Zu Ollmuntz Euer khöniglichen Majestät auff beschehene rattschlagung weitleuffig gnug Zugeschrieben vnd dauon bericht gethan haben, vnd fur vns Indercediret, damit gemelter Doctor bey Vns ferner Verbleiben, vnd das Wortt Gottes frey Vnuerhindert Predigen möchte In massen dan der Ratth Zur Iglaw vnd die gantze gemein Daselbst gern wiessen wolten, was Speratus fur Ketzerey solte gelehrt oder geprediget haben, da er Vberwiesen wurde, solte er ein Abtrag thun, damit die Ketzereien aus der Menschen hertzen ausgerottet sein khenten. Weil dan Allergnedigister König die sach also beschaffen, Ist Vnser als Euer königlichen Majestät gehorsamer Armer einfaltiger Vnterthanen an stat des Ratths vnd der gantzen Gemein Zur Iglaw gehorsames bitten, dieweil auch die Churfursten vnd Fursten des Reichs vnd andere Viel Christliche herrn in gehaltener Versamlung Zu Nurnberg eintrechtigklich beschlossen haben, wie es mit den Predigern des Worts Gottes bies auff ein kunfftiges Concilium gehalten werden soll, als nemlich, das sie Vnterdessen in ihren Predigten frey Vngehindert Verbleiben sollen, wie der Articl solches klar Vermag, Weil auch solher beschlus nu mehr weit ausgebreittet ist, vnd in andern landen, als man höret, die Christen sich nach diesem Articl richten, Euer königliche Majestät geruhen Vnns wegen Vnserer Seelen heil vnd Seligkheit auch allergnedigist Vergönnen, des Doctor Paulus ebnermassen bey Vns Predigen, vnd die leut aus Gottes wort Vnterrichten möge. Das wollen Vmb Euer Khöniglichen Majestät wir mit emsigen gebett Zu gott Vmb gesundt gluckliche Regierung vnd Vberwindung aller feinde hechstes Vermögens Zu verdienen beflieſſen ſein ꝛc.

Euer königlichen Majestät

Treue Vnterthanen

Abgesandte der Stadt Iglaw ꝛc.

Diese Vorantwortung des Ratts hat eben so wenig gewürket als der herrn stende Intercession die wol Zimlih scharff vnd Vieleicht mehr mag geschadet als gefrommet haben, vnd weil der Verleimbder beym König nicht weniger, sondern Viel hefftiger als Zuuor das feuer wieder Speratum auffgeblasen, Auch der Bischoff das seinige darbey fleissig gethan, damit Speratus gedempffet werde, hat entlich der König den dritten vnd letzten Vberaus sehr ernsten befelh an die von Iglaw im Februar des 1523 iahr behmisch ergehen lassen, auff deutsch des inhalts:

Der 3 befelh des Königs.

Ludwig von Gottes gnaden Zu Vngern vnd Beheim König vnd Marggraff Zu Mähreren.

Ersame Getreue Liebe, Als wir Euch Zuuor geschrieben, was Speratum betreffen thut, das wir berichtet sein, wie er Viel Ketzereien wieder die lehr der heiligen Christlichen Kirchen einfuhre vnd Predige, Weil er dan nicht auffhöret, vnd Vns solche Klagen immer fort furkommen, welches wir ihm weder kheinem nicht leiden vnd nachsehen wellen. Derhalben befelhen wir euch ernstlich bei Verlierung leib, lebens vnd aller gnetter, das ihr den Speratum nicht lenger allda bey euch Predigen lasset, sondern ihm das gantz vnd gar einstellet bies auf Vnsern weittern befelh. Daran Volbringt ihr Vnsern ernsten willen, darnach ihr Euch Zu richten, vnd dem nicht anderst thut. Geben auffm Präger Schloß Donnerstag nach Sanct Juliana Anno 1523.

Ludouicus Rex manupp.

Nach diesem letzten scharffen befelh haben die von Iglaw weitter khein ratth noch mittl finden kennen, wie sie ihren herrn Speratum bei sich behielten ohne Verletzung des Königs vnd ihrer selbsten leibes gefahr, vnd weil Speratus vernohmen wie die glekhen wieder ihn gegossen, auch daß er bey der Stadt weiter khein schutz haben khan, (in massen er auch selbst den Rath gebetten, sie solten sich wegen seiner weiter gar nichts einlassen) hat er sich von Iglaw nach Meseritsch begeben vnd ein Zeitlang bei dem Beneschen (Zusatz: Ortat) des herrn henrichen von Lomnitz Pfarherrn alda auffgehalten, Darnach an andere benachtbarte örtter gezogen, bies er entlich Zu Olmuntz auff befelh des Königs gefengklich eingezogen worden.

Speratus Zeucht von Iglaw auffs landt.

Den als König Ludwig nach erhaltener Krönung von Prag wieder nach Ofen hat Ziehen [illegible] Ollmuntz in Mährern Zugezogen, vnnd de[illegible]j allda ankommen

Speratus wird vorm König auffs new verklagt.

Da trat der Bischoff sambt andern Prelaten vor den Khönig, vnd fuhrete Zum Vberflus wieder Speratum (den er ein Ertzketzer nandte) ein schwere Klag, wie er in Deutschlanden mit Ketzereien beflecket, in Mehrern khomen sey vnd in der Stadt Iglaw wieder Gott vnd die Christliche ordnung mancherley erdachte schwermereyen geprediget vnd fast die gantze Stadt befleckt habe. Als König Ludwigen die Klag, dauon er Zuuor albereit viel gehört,

Speratus wirt gefangen.

wieder Zu gemuth gebracht ward, befelh er den Speratum gefengklih einzuziehen vnd wol Zuuerwahren vnd weil er, der Pfaffen furgeben nach, seines irrthumbs Vberzeiget wer, Ward das Vrthl vber

Verurtheilet.

ihn gesprochen Er solt mit feuer verbrennt werden. Aber herr Jan herr von Cunstat vnd herr Wilhelm von Cunstat Vnter-Cammerer in Mehrern, welche auch dieses glaubens waren, theten neben andern herrn

Erlangt gnad.

beim König Ludwig fleissige Vorbitt, das er mit gefengknis 12 wochen lang auffm Ratthaus Zu Olmuntz gestrafft, doch am leben verschonet wurde. Das bewilligt der König mit dem bescheid, das sich Speratus nach ausgang der 12 wochen aus dem landt machen vnd des Predigens enthalten solte.

Der König strafft die von Iglaw mit wortten.

Die von Iglaw aber lies der König als er Zu Olmutz war fur sich fordern, vnd redet ihnen mit ernsten wortten wegen der Verenderten Religion Zue, als die sich von Sperato hetten bethören vnd verfuhren lassen mit bedrawung, ob sie Zum alten glauben nicht wider kheren wurden, wolte er die ganze Stadt wegen dieses furnehmens straffen Boregk fol. 626.

Trostschrifft H. Jan von Bernstein an die von Iglaw.

Bei solcher beschaffenheit derer von Iglaw, die wie die verlorenen Schäfflein ohn einen treuen hirten herein gegangen, haben gleichwol viel grosser herrn im landt sie nicht verlassen vnd ihnen allerseits mit trost vnd ratth beigestanden, Vnter andern aber hat herr Jan herr von Pernstein auff helffenstein ihnen Zugeschrieben. Er wundere sich der scharfen königklichen befelh nichts well viel seltzame bericht dem König Zu ohren khommen, vnd werden solhe befelh von den leuthen ausgebracht die sich der lieben warheit alzeit wiedersetzet haben, wie die Juden Christo. Aber die Warheit vberwinde endlich alles vnd weiche [illegible] dem königlichen befelh nichts, vnd ferner schreibt er, Lieben herrn von [illegible] Die Juden im alten Testament hat nach Knoblech vnd Zwifel [illegible] aber sie haben daruber ein ekl bekommen, Gleichermassen finden sich [illegible] Zeit viel Christen, die an der Warheit, Christi ein graw tragen, [illegible] lieben herrn Weil euch die Warheit offenbar worden, vnd ihr [illegible] angefangen Zu Prüfen, stehet bey der Warheit, damit [illegible] nicht [illegible] wurde, wie der Apostel Paulus von den Galatern geschrieben hat. O Ihr [illegible] Galather, wer hat euch aber bezaubert das ihr [illegible] nicht glaubet, kheret euch nicht wieder Zu dem Zeichen, daraus ihr Zum theil ausgeschritten seit ꝛc.

Es hat aber der vnschuldige Speratus in den 12 wochen, die er Zu Ollmuntz auffm Rathaus gefengklich gehalten worden, viel vnd offtmals nach Iglaw geschrieben allerley schöne tröstliche Epifteln, die kurtz halber hie ausgelassen sein, Auch hat er in wehrender gefengknis ein schönes deutsches Lied gemacht, dessen anfang Es ist das heil Vnns khomen her, Welches noch bey Vnser Kirchen alhie Zum offtern gesungen wirt. Speratus mus 12 wochen gefangen liegen.

Da nu herr Doctor Paulus Speratus auff Vorbitt ettlicher Landtherrn seiner gefengknis ist entlediget worden, hat er dem König Zusagen muessen Zuschreiben wo er kunfftig anzutreffen sein möchte, damit er wen er gefordert wurde, er Zur Verantwortung stehe vnd bereith sey. Was gestalt er dem gefengknis los worden.

Nach solhem gelubd vnd Zusag ist Doktor Speratus aus seiner gefengknis von Olmuntz nach Iglaw gezogen vnd hat allda seinen traurigen vnd schmertzlichen Abschied genohmen, Alsdan ist er auff Prag vnd also fortan bies auff Wittenberg gezogen. Als er Zur Iglaw sein Abschied genohmen, vnd wol vermerkt, das vieler hertzen darob hoch bekummert sein hat er in gantzer Versamlung des Raths vnd der Gemein vnter andern auch dieses gemeldet, Ersame Weise herrn, vnd auch Ersame lieb aus der Gemein. Ich bitt euch ihr wollet khein bekummernus haben wegen meines abschieds, den ich hoffe Zu Gott vnd ettlich meinen guten herrn vnd befreundten auffm Landt alhie, das dieselben also in der sachen meinethalben werden handlen, das ich, so Gott wil, mit lieb gunst vnd ehren mitler Zeit wiederumb alhie werde Predigen, nur legt euch nicht in haudl, halt still, das ihr nicht in leibesgefahr khombt, last mich vnd andere in der sachen handlen, wir wollen nicht feiren, sondern als viel sich geziemet darin thun, Versehen Vns Gott, dessen werkh es ist, wirt alles wol schiekhen. Speratus Zeucht aus dem gefengknis nach Iglaw. Nimbt alda Vrlaub. Zeucht nach Wittenberg.

Als er nu nach seinem Abschied nach Prag khomen, hat er an den Rath Zur Iglaw geschikt ein Scatl mit Vorschriften vom hertzog Carl an König Ludwig dann an die Königin, an herrn Marggraffen, auch an herrn Bischoffen von Watzen, die befelh er dem herrn Jan von Pernstein ebstes Zuzuschikhen. Darneben ermahnet er sie, sie wolten seines Vrlaubnehmens vnd seiner Vermahnung ingedenkeh sein, dauon wolle er nicht eines herleins breit weichen ꝛc. das solten sie auch thun, Das schreiben ist datirt Prag Michaelis des 1523. Damals schickt ihnen Speratus ein Diaconum mit nahmen Johannes. Schreibt von Prag aus.

Als nu H. Speratus im 1523 Ja[illegible] Wittenberg ankommen, hat er von dan[illegible] Speratus schreibt von Wittenberg [illegible] Iglaw.

Allen vnd ieden fromen Christen Zu der Igla seinen lieben brueder in Christo.

Das schreiben ist weitleuffig ettlich bogen lang ohn gefehr des inhalts: Ich hoffe Christus wirt euch seinen geist mittheilen, damit ihr erkennet, wie ichs am allerbösten mit euch meine, Ob sichs schon begeben wirt das sich an meiner lehr viel ergern werden, khan ichs doch nicht Vnterwege lassen vmb dieser willen die sich dauon bössern werden, vnd eines kunfftigen noch grossern Vnfals Zuuermeiden hat Christus die ganze weldt sollen Selig machen, so hat er darneben viel tausendt ergern muessen, hette er diese ergernis meiden wollen, so hette er nichts ausrichten mögen. Doch ergere sich wer da wolle, ich weis vnd bins gewies, das sich hie niemandt ergern khan oder mag, den der noch khein Christ ist, sondern Verstokter dan die Juden, denen der gecreutzigte ein ergernis ist, gottloser den die blinden heiden, deren er ist ein Thorheit worden. Dieweil ich nu vernim, das ihr euch mit einem andern Euangelischen Bischoff versehen habt, bin ich von hertzen fro (dieser ist Simon Schneeweiß, wie nach ausgang des Sperati historien soll gemeldet werden) vnd dankhe Gott, der euch solchen geist geben vnd verliehen hat nach einem solchen Euangelischen hirten Zutrachten, vnd weil das der willen gottes gewesen ist, so stehe ich meines Bistumbs willigklich ab, weis auch das ich mich hinfuro für euren Bischoff nicht halten soll, wie ich mich bies hero geachtet hab vnd gewesen bin, da ihr sonst niemandt gehabt habt der euch in dem wort furstehen khunte oder wolt, wie ihr den iezund Versehen seit. Denselben befelche ich euch, vnd euch ihm, vnd mich euch, nicht als ein Bischoff, sondern als ein glied Christi. Last euch meinen bruder Johannem befolchen sein, den ich euch gelassen, das er euer Diacon oder Rector sey fur mich durfft ihr khein sorg tragen, den es hat mich der hochgeborn vnd durchleuchtig Furst vnd Christliche herr hochmeister aus Preussen als er hie Zu Wittenberg war, den 1. Aduents Sontag in seinem furstenthumb das Predigambt Zuuersehen erfordert, den Dienst hab ich angenohmen der gestalt, Wo ich nicht nach Iglaw solte begert werden, vnd wo ihr bey euch befindet, das ich euch nutzlich bin, wil ich alle stundt, wen ihrs begeret, Zu Euch komen, vnd wil eurentwegen nicht allein den standt, darin ich iezt bin, lassen Sondern noch ein mehrers, Den ich hab alle armuth vnnd noth nu schier wohl gewohnet, Doch was ihr thut mit weisem Ratth vnd in der furcht Gottes nicht in eigner Vermessenheit, sondern in aller demuth vnd bruederlichen einigkeit. Doch wen ich kheme, wolte ich die Misbreuche im heiligen Sacrament, den offentlichen Wucher vnd andere Vnordnung nicht gestatten, Den was were es, das Euangelium Predigen, vnd alle miesbreuche, als fruchte des Vnglaubens im alten wesen Verbleiben lassen Doch wollen wir das wenigste neues anrichten ohne das lautere klare wort Gottes. Vor allen dingen khente ich nicht leiden, das ein falsche lehr offentlich solte eingefuhrt, wie bieshero die Mönchen gethan, Gott vergebe ihnens, vnd wolle sie erleuchten, Ich muste darwieder sturmen mit allen krefften vnd Vermögen, so lang bies allein das Wortt Gottes bey euch in sein Regiment vnd ehr eingesetzt wurde, Den es geht schwer Zu, Wo Antichristi lehr neben der lehr Christi offentlich gehöhrt wirt, Ich hoffe aber, ihr seit so weit gegrundet in dem Euangelio, das ihr diese vnd andere Verdamliche Mißbreuche selbst werdet mit der Zeit ablegen ob ich schon nimmer Zu Euch wieder kommen solt.

Ferner rhumet Speratus in dieser Epistl den Ehstandt der Prister, wie er den selbst Weib vnd khindt gehabt hat, vnd schreibt also: Weiter so frag ich euch was ist euch doch an mir im ehlichen standt abgangen? Was habt ihr dadurch im Wort gottes mengl empfangen? hab ich mich ie dasselbe lassen hindern? hab ich mich nicht Weib vnd khindt von euretwegen Verziehen, Verlaugnet vnd enteussert, damit ihr im anfang nicht geergert werdet? Wolan wer sich weiter ergert, der gibt Zuuerstehen, das er von der Weldt ist, Ich bin euretwegen in todt Zugehen bereith gewest, wer wolts Vnter Euch thun? vnd ob sich schon iemandt finden möchte, welchem wurde darzu sein hausfrau willigen? Das sie angst armuth vnd alle gefehrligkheit Vber sich nehmen solte? wie dan mein gemahl vnd ich vmb eurentwegen gethan haben geduldig vnd willig, vnd noch thun wolten bies in den todt, wen es ie der willen Gottes wer, euer nutz vnd Seligkheit, O wie sueß solt es Vns sein, wen mir Euch mit vnserm Zeitlichen vnnd leiblichen schaden vor geistlichem Vnfaal Verhutten möchten, Wollet ihr mich wieder haben so schreibet dem Fursten in Preussen vnd mir auffs ehste, khunt ihr aber mein gerathen, wil ich dennoch euer williger verbleiben, Der Furst ist iezt Zu Nurnberg, hats mit mir Verlassen, da ich nicht wieder Zu Euch kheme, will er mich auff dem heimzug mit sich in Preussen nehmen. Datum Wittenberg den 25. Jan. Anno 1524.

Kurtz hernach hat Speratus ein anderes schreiben nach Iglaw geschickt, darin er begert Zu wiessen, Ob sie ihn fort Vociren wollen oder nicht. Vnter andern schreibt er daselbst: Erzeugt doch auch ein solch Christlich hertz gegen mir wie ich gegen Euch, Wen furchtet ihr? Warumb wolt ihr gott noch weitter versuchen, vnd die weldt mehr furchten den ihn? Zweiffelt ihr noch, ob ich das Euangelium gepredigt? Sehet ihr noch nicht der Papisten Vngerechtigkheit? Wil es noch nicht in Euch, das es bässer ist mit einem aug, mit einer handt vnd fues in himel gehen, den gerad vnd gesundt mit allen gliedern in abgrundt der hellen? Nicht nicht lieben Bruedern, Sondern trettet Zum Creutz herzu, lest alles Vnglueckh khemen, gott wirt wol heraus [illegible] Wen die furcht dieser weldt vor Vngluckh helffen khente, [illegible] Ihr sehet aber, das Gott vber nacht vngluckh schi[illegible] Wir habens ia ent-

Anderes schreiben Sperati.

funden, wir sind durch feuer vnd wasser gangen, vnd die handt des herren hat Vns erhalten. Das sprich ich, Man sey getrost Christen, oder lasse es gar Vnterwegen. So weis man doch, welche khinder Gottes sein oder des teuffels Ottergezicht, Mit den leutten die weder Warm noch kalt sein, weis man sich gar nicht Zu halten, Gedenkhet aus was geist ich rede, vnd furchtet euch dafur, Das Vbrige leset in dem Buchlein, das ihr hiemit empfahen werdet, Euch vnd der Gemein Zugeschrieben Amen.

(Zusatz von späterer Hand: 1524. Hat Speratus der Gemein Zur Iglaw ein buchlein herrn Lutheri (Ein weis Christlichs Meß zu halten) zugeschickt neben einem trostschreiben, das ist im 7 Wittenbergischen tomo Lutheri fol. 362 zu lesen).

Auff diese 2 schreiben, die bald nacheinander kommen sein, hat der Ratth Zur antwort geben wie folget:

Der Iglauer schreiben an Speratum. Dem Ehrwürdigen herrn Doctorj Paulo Sperato ietzt Zu Wittenberg vnserm Apostl vnd lieben Brudern in Christo.

Gnad vnd fried in Christo Jhesu, Würdiger herr Doctor vnd Bruder. Euer würden schreiben vns durch Bruder Hansen hadmer Vberantwortet, haben wir seines inhalts vernohmen, Daruber mit den namhafftigsten aus der gemein gnugsam geredt, Dergleichen an manchen ortten ratth gehalten, Wir nehmen Gott Zu einem Zeugen, das wir Euer Wurd von hertzen gern haben wolten, aber Zu dem mal khennen wir nicht merkhen, das ihr vnd auch wir möchten gegen denen die wieder das heilig wort Gottes sein, gehandthabt werden, Den auch Viel auff dem landt, die Vormals neben Euer Wurd vnd Vnns gestanden, sehr furchtig worden sein, von welchen wir khein trost gewarten, Darumben solten wir Euer Wurd sambt vns in gefährligkeit fuhren, wollen es iezo Gott dem Allmechtigen befelchen, hat sein gottliche Maiestet durch sein gnad Euer wurd vormals, vns gantz vngeba[illegible] hieher verfügt, Zweiffelt vns nicht, sein Göttlicher wil wirt noch an [illegible] geschehen. Demnach muessen wir mit schweren gemuth Gott den Allmechtigen lassen walten, vnd Euer Wurd des glubds halber Zwar frey sag[illegible], Jedoch so es sich etwan Zutrüge, das wir eines Apostels vnd Bischoffs halber verweist wurden, Ist vnser Zuuersicht Zu Gott, das Euer [illegible] vnns nicht verlassen werden Der Gott der vns sein Ewiges wort [illegible] Euer Wurd geoffenbaret hat Zu lob vnd Preis seinem göttlichen [illegible] vnd vnserer Seligkeit, Der wolle erfuellen was er in vns angef[illegible] Amen. Datum Iglaw feria 2 Trinitatis Anno 1524. [illegible]

Burgermeister Richter vnd Rath [illegible]

Als nu Speratus aus der Antwort des Raths [illegible]

hat er den 27. Oktober des 1524 abermal nach Iglaw geschrieben, Da er eintrechtigklich von denen von Iglaw begeret wurde, wolle er es noch auff die Barmhertzigkeit Gottes mit ihnen wagen vnd ihr Pfarher werden, Sie solten ihm ihr gemuth erkleren, Auch hat er sonsten viel schreiben hieher geschrieben, daraus clar Zuuernehmen, sein hertz sinn vnd gedankhen haben alzeit nach Iglaw gestanden, In einem schreiben meldet er, Das er nechst Gott durch Vorbitt der Mehrerischen herrn vnd derer von Iglaw (die es insonderheit viel gefahr Zehrung vnd sorgfeltigkeit gekhostet habe) vom todt Zu Olmuntz sey errettet worden, Darumb wolte ers gern vmb die Mährer mit seinen Predigten nach der gnade Gottes verdienen. Actum Anno 1527. Schreiben Speratj.

Im 1527 Jahr den 15. Februar hatt herr Speratus neben einem sehr tröstlichen sendschreiben dem Ratth alhie ein schöne Auslegung des 37. Psalms Zugeschikht vnd im schreiben befelchen, das der Stadtschreiber (damals Andreas) einem ieden vnter den Rattherrn ein exemplar Zustellen soll Welcher Vatterlichen vnd treuhertzigen affection auch der Verehrung halber, hat sich der Ratth gebuerlich neben einem geschenklein bedankhet.

Anno 1530 hat Speratus den 8. Augusti kurtz Zuuor ehe er Bischoff Zu Pomezan worden, dem Christoff Awitzl Pfarherr in Iglaw Zugeschrieben. Er wolle nicht Zerbrechen, was er an der gemein gottes alhie erbauet hat, Den er hat Vernohmen, das gedachter Awitzl viel miesbrauche so Speratus abgebracht, in die Kirch wieder eingefuhrt hat, Auch tröstet er die Iglauer, Ob sie schon der Zeit reine Euangelische Prediger entperen mussen So werde sie Gott, wo sie ihm darumb Vertrauen, erhalten wie den Daniel Zu Babilonien vnd den Loth Zu Sodoma, Er ob er schon Bischoff sey, wolte sein Bistumb verlassen, vnd Zur Iglaw Prediger sein, wen es anderst Gottes willen were ꝛc. Christoff Awitzl Pfarher Zur Iglaw wirt vom Sperato gestrafft.

Anno 1531 den 28. September hat Speratus Bischoff Zu Pomezan in Preussen auff Marienwerder abermal ein sehr tröstlich vnd geistreiches schreiben hieher abgefertiget, vnd die gemein alhie Zur bestendigkeit des glaubens mit grossen eufer vermahnet, Darauff ihm der Ratth Zur Antwort geben, Das sie sich seiner Vatterlichen treuhertzigen warnung hohlich bedankhen, auch seiner Predigten allezeit ingedenkh sein vnd daraus ihrer Seelen trost in allen Vorstehenden anfechtungen vnd gefehrligkeitten schöpffen wollen.

Dieser hochwürdige vnd vnser erster Euangelischer Lehrer Doctor Paulus Speratus ist nachmals im 1575 iahr als ein Bischoff Zu Pomezan in Preussen bey guettem alter, in wahrer erkentnis des herrn (von späterer Hand: an) seliglich entschlaffen Dem Gott [illegible] erwehlten am iungsten tag ein froliche Auffersiehung [illegible] wolle Amen, Das iahr seines Todes ist [illegible] Speratus gestorben.

DeſVnCtVs CVrIs graVIbVs SperatVs et annIs
In ChrIsto plaCIDo fIne solVtVs obIt.
Concordat cum anno currente 1548.

Anno 1523 feria 2 post Jacobj Ist der Ratth Zur Iglaw vernewert worden: herr Jacob Schausichselbst. Eltister. herr Magister Johan Pausperll. Beisitzer. Junge herrn: Augustin Matern, Caspar Andrazko, Martin Pfarherr, Wolff Lezelter.

Simon Schneeweis Pfarherr Zur Iglaw.

Eodem anno. Nachdem herr Doctor Paulus Speratus Pfarherr alhie, wie oben vermeldet sein dienst hat lassen muessen, Ist an seiner stat herr Simon Schneeweis zum Pfarherr angenohmen worden.

Pfarherr heurathet.

Dieser hat hernach im 1526 iahr den 13. Januarij hochzeit gehalten mit des Simon Ludl Meltzers Tochter einer Jungfrauen die er geehlichet, Den hat hanß Schuelmeister vnd Prediger alhie, dessen im 1525 iahr gedacht wirt copulirt, Als aber solche heurath dieser geistlichen Person der gemein damals, sonderlich den handtwerchern frembd vnd seltzam furkommen, sein viel Zechen mit Verwilligung des Raths Zusamenkommen, vnd aus dem handl reden wellen, Vnterdessen ist beim Creutzkloster ein feuer auffgangen, Das hat die handlung Zersteret, ist auch hernacher also verblieben. (Von späterer Hand: Ille ignis erat moralis et non phisicus quia in nullis monumentis de eo fit mentio).

Grosse brunst.

Eodem anno 1523. Montag vor Pfingsten ist ein schreckliche Brunst alhie entstanden, dadurch die gantze Stadt verderbet worden, Den als im 1522 iahr oben ist gemeldet worden, demnach es Zwischen dem Raith vnd der Gemein Zu Verhuttung mehrer auffruhr ist vergliechen worden, das man in der Gemein Wein schenkhen soll, dies man sich eines anderen derenthalben nicht vergleichet, Da sein ettliche Weiber huetterin Zu einem Burger mit nahmen Marcus Farkasch einem hutter, so damals ein guetten Vngrischen Girger Wein geschenkt hat, Zum Frustukh gangen mit andern Weiber der Tuchmacher, allda haben sie sich vol gesoffen, Sein hernach ins bad gegangen, haben Mans fæmoralia angelegt, vornen

Die Weiber haben fæmoralia angelegt.

ober die knue Spiegeln gehengt, die Beltze vmbgekhert die fues in die Ermeln gesteKt, vnd andere vppige vnzüchtige sachen fur die handt genohmen, daruber die liebe Jugendt sehr ist geergert worden, Nach dem bad haben sie beym Beheimthor das ander haus von der Roßmuel bey einem Tuchmacher ein Tantz gehalten, Krappen Bachen, vnd weil sie alls tolle vnd volle leut der Butter vnd des feuers wenig in acht genohmen, Ist ein schröckliches feuer auffgangen, welches die gantze Stadt Iglaw sambt den Khirchen, glokhen vnd thurmen ausgebrent, Es soll sich dieselbe Tuchmacherin toll vnd voll auff die Bankh gelegt haben, vnd ihrem Magdlein befolhen sie soll ein krug wasser Zum feuer setzen, Weil aber der krug mit wasser dem kleinen Dienstmagdlein Zu schwer gewest, hat sie Zwar nit gern, aus dem krug wasser in die Butter gegossen, daher das schredliche feuer entstanden, darzu dan der grosse windt so damals gewesen, geholffen hat, Ist also die gantze Stadt (ausserhalb des Creutzklosters vnd ettlich wenig kleiner heuser hinter der Pfarr, auch ausser der vntern Roßmuel, des henkhers vnd hurenheusleins so geblieben) gar ausgebrent, vnd sein im feuer bey 22 Personen vmbkommen, vnd wie der Chor in der Pfarkirchen eingefallen, hats 3 Personen erschlagen, Da hat sich viel Volkh aus der Stadt in die nechstvmbliegende Dörffer begeben, weil es vor dem Regen vnd kalten Vngewitter in der brandtstat nicht sicher gewesen, viel aus den handtwerchern haben sich gar hinweckh gezogen, theils auff Meseritsch, Brod, Teltsch, Neuhaus ꝛc. War also damals gar ein trauriger vnd kleglicher Zustandt der Stadt alhie, vnnd sein alle hantierungen gelegen. Es haben sich aber die leut vnsaumig bald nach der brunst beworben vnd mit hilff guetter leut die Stadt wieder erbauet, vnd ist Zuuerwundern, wie man in so kurtzer Zeit die Stadt wieder erbauet, Man hat aber auf 6 vnd 7 meilen werkleut die menge hergebracht auch Schindl vnd andere Zugehör von Zlawings Neuhaus Neustadtl verschafft, iedoch alles vmb die topfelt geldt, vnd weil man die kurze Zeit vorm Winter nicht viel stuben hat machen khennen, haben die leut ihnen ofen in die gewelber vnd kammern machen lassen, darin sie sich den winter vber enthalten, vmb Martini wahren fast alle heuser am Ring wieder gedekt, auch viel in den gassen, Zu desto besser vnd forderlicher erbawung der Stadt hat König Ludwig der Stadt die Losung auf 20 iahr nachgelassen. Zur selben Zeit ist Doctor Paulus Speratus noch Zu Olmuntz gefengklich gesessen, da haben viel der Babstischen gesagt, Gott habe vber die Stadt die brunst verhangen, weil die Inwohner ihren glauben geendert hetten Solche gedankhen sein Zohl frei, es mags glauben wem es gefelt. (Zus. v. spät. Hand: Es ist gar nicht Zu Zweiflen das Gott wegen der Gottlosen Neu- eingeführten lehr gestraffet, währen die Leith beym Catholischen glauben geblieben, Hätten sie sich niemahlen vnterstanden dergleichen ausgelassenheiten Zuverüben, Ist also dieses als ein Straff gottes wegen veränderten glauben anzusehen. Währe es ein Universal verhängnus gewesen, währe das Creutz Closter vnd Kirchen nicht stehen geblieben, allwo noch damahlen wie allezeit, der allein Seeligmachende Catholische Glauben geprediget, gelehret vnd erhalten worden).

22 Perschonen Vmbkommen.

Losung der Stadt nachgelassen wegen der brunst auf 20 iahr.

Nach dieser schreklichen brunst, die durch das Gemeine

Neue auffruhr

hat die Gemein auch vnsträfflich sein wollen, der meinung, weil sie Anno 1520 bey dem Ratth so viel mit schnarchen erhalten, das es ihnen fast nach ihrem willen hat gehen muessen. Sie woltens iezt auch wol er-

Der Ratth beschwert sich beim König Ludwig.

halten. Weil sich dan die sach Zu kheinem friede vnd erbauung sondern Zu Verderbung der Stadt anlies, hat herr Burgermaister vnd die herrn Geschwornen nicht lenger Zusehen khennen, Sondern haben Zur Beschützung ihrer Priuilegien (welche ihnen gleichwol in der Brunst Gott lob, vnuersehret geblieben) sich wieder die Auffruhrische vnd hochmutige Gemein beim König hochlichen beschweret vnd nach der lenge allda erzehlt, was sich fur ein kleglicher faal, Begeben, vnd das derselbe durch nichts anders als durch der Gemein Vnbändigkheit vnd eignen willen, in dem sie den Ratth als ihre Obrigkeit gering achten, entstanden sey vnd sonderlich habe die Vnordnung wegen des Weinschenkens in der Gemein die brunst verursachet, Darneben vmb abschaffung der Vnordnung vnd vmb ein gebuerliches gnediges einsehen gebetten.

König schikt ein Gesandten nach Iglaw.

Als nu König Ludwig die böse Zeitung vnd des Ratths beschwer vernohmen auch wie die Gemein (vngeachtet der vorigen Commissionen) wieder in ihren vorigen Vngehorsam schreitten wolten, hat Ihre königliche Majestät einen seiner herren vnnd Rätthe. Den Gestrengen Ssibrzid z Boboluſk nach Iglaw abgefertiget, mit einem verfertigten befelch an sie, was sein Verrichtung sein soll, vnd wie sich die gemein gegen ihme vnd ihrer Obrigkeit erzeigen solle. Als dieser

Der königliche Gesandte wird verachtet.

herr im nahmen des Königs hieher kommen vnnd den befelh seines herrn gewiesen, hat die Gmein denselben befelh mit gewalt Zu sich genohmen vnd nicht dem Ratth wieder einhendigen wollen Was auch der Abgesandte (als der :le Gemein vnrecht befand) wieder die Gemein redete, der meinung Zwischen beiden theilen einigkeit vnnd guettes vernehmen auffzurichten, damit Ihre königkliche Majestät derenthalben nicht durfften behelliget werden, hat es nichts golten vnd war seine red bey der Gmein veracht, Sein bildnis am Pranger Zu merklichen grossen spott gemahlet, mit dieser Uiberschrift: Dies ist der Meltzer König ꝛc. Auch im seinem abzug haben ettliche Weiber mit fingern auff ihn gewiesen vnd laut geschrien, Dies ist der Meltzer König, hat also der gutte herr Vnuerrichter sachen vnd spöttisch abgeferliget wieder nach Ofen reitten mueßen.

Der König cltlert die Partheien für sich.

Wie nu König Ludwig vernohmen was seinem Commissario fur ein grosser despect vnd Vnehr Zugezogen worden, vnd wie er gantz Vnuerrichter sachen hatte von Iglaw abscheiden muessen, darneben aber besorgete, da der mutwill nicht Zeitlich gestillet wurde, es möchte einen kleglichen ausgang gewinnen, haben Ihre königliche Majestat befolhen, es solten ettliche aus den Geschwornen des Ratths vnd ettliche aus der Gemein nach Ofen in Vngern für Ihrer königlichen Majestät eigene Person erscheinen, vnd alda eines rechtlichen anspruches erwarten. Diesem Zu gehorsamer folge hat der Ratth Zur Iglaw (anno 1524). Sechs Personen vnd die Gemein 4 Personen nach Ofen abgefertiget, (Zusatz von spät. Hand: Jacob Schausichselber, Lucas Leupoldt, Stanislaw Feierabendt, Johan Geschl, Sebastian Spisser, Wenczeslaus Riemertheim vnd Augustinus Matern).

Die Partheien stellen sich gehn Ofen.

(dto. Zusatz bis gefordert:) 1. Das sie ihnen 4 Gemeiner ohn consens des Rahts gesetzt welche die Gemeln fodert wen sie wil 2. Petschir auff allen hanntwerkhen machen lassen 3. Verbindtnis damit besigelt 4. Noch 24 den 4 Gemeinen Zu geben 5. selbst den Raht verneuert 6. Raittung vom Raht genohmen 7. Priuilegia gelesen 8. Offt rath gehalten 9. Ein todte leich die ertrunckhen furs Rathhaus getragen 10. den Raht Mörder gescholten 11. dem Raht verbotten aus der Stadt nicht zuuerreisen welches sie aber gethan 12. Ihre beschwer neben des Rahts nicht haben dem König daruber Zuerkhennen Zu schickhen wollen 13. des Königs Mandat dem Raht verhalten, es sey wider Gott ehr vnd recht ausgebracht 14. haben 2 Rahts Personen 14 tag gefenklich gehalten, ehe sie etwas beschuldigel worden 15. die Losung des Königs den Lederern so durchs wasser schaden gelitten erlassen auff 10 Jahr 16. freyen Weinschankh aufgerichtet 17. herrn Lucasen ohn alle Vrsach des Rahts entsetzt der doch dem König vnd vns sehr furtreglich 18. Wollen fur gericht nicht erscheinen 19. Pasquil wider den Raht gesungen 20. Wider setzen sich des Rahts schlus 21. das Wolff hopfenmesser Zum Richter gesagt er were des galgens werth 22. Prokisch Niderl vnd hans Schönthan in alle heuser geloffen vnd gefragt, wer es mit der Gemein halten wil, 23. haben Zur Zusamenkunfft die glockhen leitten lassen bei verlust der ehren vnd des handtwerkhs wer nit erscheint 24. die hutter so im Raht gewesen bei verlust des handtwerkh Zu ihrer Zusamenkunfft gefodert rc). Da ihnen die stund Zur verhör vor Ihr königliche Majestät in beisein vieler herrschafft so darzu vom König mit fleis berussen worden, ernennet ward, hat auff des Ratths theil herr Lucas Leupoldt damals des Alten Ratths Eltister die klag an stat der herrn gefuhrt Auff der Gemein theil aber des Veranken Sohn ein Edelman geantwortet. Sonsten ist auch der Gemein sehr beigestanden herr Wilhelm Cuna von Cunstadt vnter Cammerer des Marggraffthumb Mähren, denen er auch in der andern Verhör im anfang das wort gefuhret vnd hette gern dem Ratth ein Vngnad beim König Zuziehen helffen, wo sie sich nicht rechtlich hetten wiessen Zuuerantworten. Aber entlich hat dieser herr Vnter Cammerer der königlichen erkentnis vnd des Sentenz (weil er gemerkt wie er lauten mochte) nicht erwartet, vnd ist Zeitlich von Ofen beiseits gezogen. Als aber klag vnd antwort vor Ihrer königlichen Majestät notturfftigklich einkommen, vnd beide Partheien Zu rechtlicher königklicher erkentnis geschlossen hatten Ist der ganze handl von Ihr Majestät vnd den herrn Ratthen in erwegung

Grauamina des Rahts wieder die Gemeln den gesandten mitgegeben.

genohmen worden, Auch haben Ihre Majestät nach Brun bösseres berichts halber geschrieben, was Zuuor anno 1521 vnd wegen der ersten Auffruhr von den Commissarien gehandlet worden Zuerkundigen. In wehrender rattschlagung hat des königs Narr vermerkhen khennen das die herrn Räthe die Gemein Zur Iglaw vnrecht befinden, darumb ist er alsbald (als man seiner im rath nicht wahr genohmen) hinaus gangen an dem ort alda die Partheien gestanden, vnd gefragt Welche aus der Gemein sein, Als man ihms gewiesen, Soll er Behemisch gesagt haben, Ihr Narrn was habt ihr gethan, ich wolt fur euer Recht nicht ein hundtsdreckh geben. Daruber den Abgesandten vnd beistenden der Gemein das hertz entfallen, in dem sie gehofft auff vieler beschehene Vertröstung ein gnediges Vrthl Zuerwarten. Als nu die sachen gnugsam ist ventilirt worden, Ist entlich der khönigkliche ausspruch ergangen in Behmischer sprach mit folgenden wortten.

Sentenz des Königs.

Wtey Przj mezj Purgmistrem a konssely Miesta Gihlawy Zgedne, A Obczy tehoz Miesta druhe Yakoz gest Zialoba Vczinena od konssel Zie obecz Proti nim se Zdwihla, yakozto Proti Aurzednikum krale geho milosti Schuzeny a Zawazky y Zapisy, w kterychz Zawazczych y ZaPisych gsaucze, moczy swu konssely S sedilij a Zase gino kterzj se gim libilj wsadilj, Cztyry Starssy Z obcze wolilj, a ginych Cztyr meczytma: ty aby wssyczknj Miesto y konssely sprawowalj, Mandat krale Geho milosti Zlechczilj, ten konsselmu moczznie wzalj, Prawicz zie ten Mandat gest Proti Bohu y Proti sprawedlnosti, Posla krale Geho milosti Statecznehо Zibrzida Z Bobolust Zlechczilj, na Pranierž gey malowati dalj, nad nim napsalj zie gest to kral Sudownikuw, A gino Mnohe wieczy nanie Zialugicz Pokazowalj, Zie Poczty odnych duchoduw Miestskych Proti swobodem a starodawnym Zwyklostem miti chtielj, a na Lozunku swewolnie sedalj, kdez obecz toho nicziemz neodwedla any sprawili se mohla. Tu Neyjasniegssy kniže a Pan Pan Ludwik Vhersky Cziesky kral Margkrabie Morawsky etc. magicz Przi sobie Raddu Cyzarzku a Arcziknyzieti Rakauskeho gych [illegible] A Pany Biskupy knyziata, Pany Rytyrzstwo Z kralowstwj Vherskeho Czieskeho Margkrabstwj Morawskeho knyzietstwj Slezskeho Raddy Geho kralowske milosti tak otom wypowidati raczy, Poniewadz giz Psana Obecz Przedkem wysocze Proti Geho milosti kralowske dustogenstwj [illegible] Vczinilj, A Geho kralowske milosti Aurzednikum se sprotiwilj zie Geho milosti kralowska ge w trestanj swe a w kazen brati raczy A Przitom aby se na budauczy cziasy a wiecznie toho wicz nedopausstieli, Ty Cztyry Osoby y tiech Cztyrmeczytma aby Zsadilj w Poczty [illegible] se Proti starobyemu obycziegj newkladalj, a Mandatem Geho kralowske milosti Vsazenym, kteryz Geho kralowska milost Znowu [illegible] raczy se sprawowalj W moczznost Geho milosti kralowske [illegible] nynj y na budauczy cziasy wycze se ne wkladalj Pod Pokutu Ztraczenim czti hrdla y statku. Nez czo se ginych nesnazy, kterez mezj nimj gsau, dotyczie, ktere se newztahugj na dustogenstwj krale Geho milostj ty giste Geho kralowska milost raczi dati mezj nymi Przeslysseti a srownati skrze komissarze, kterzj od Geho milosti kralowske przi tomto Obecznimu Sniemu w Margkrabstwj Morawskem zrzizenj budau. Nez czo se dotyczie tiech Osob konsselskych kterez gsau ony Zaurzadu Zsadil takowe Zsazenj wypowidame, Zie gim any ditkam gych Sskodne na Pocztiwostech gych nenj, byti nema na wieczne cziasy, A zase skrze Podkomorziho nasseho na ta mista Przi obnowenj Raddy wsazenj byti magj. Take Pecziettity wsseczky, kterymi Zapisy Proti konsselmu Pecziettilj Aby Przed konssely na Rathauze Polozilj, Ty Pecziety y takowe Zapisy kterymi se zapsalj, magj skazienj byti, A takto mili a Przisnie Przikazowati raczime, Aby se Przi starodawnim starem dobrem rzadu a Obycziegj Podle Prwnych Weysad tehoz Miesta Gihlawy Zachowalj, gmielj a drzielj Pod Pokutu nahorze Psanu. Tomu na swiedomj Sekret nass kralowsky Przitisknauti sme rozkazalj. Dan na Budinie w Pondielj Przed Swatymj Ssimonem a Judu Letha Bozyho Patnacztisteho Cztyradwaczciateho, kralowstwj nassych Vhorskeho a Czieskeho dewateho. Tento Weypis dan gest Z rozkazanj krale Geho milosti pod Sekretem Prstena Gebo kralowske milostj etc.

(Späterer Zusatz bis Augustinus: Der Abgesandten schreiben von Ofen.

Denen Ehrsamen vnd Weisen herrn Burgermeister vnd Raht der Stadt Iglaw, vnsern besonders lieben herrn vnd Freunden.

Ersam Weise herrn besonder lieben freundt vnser willige dinst beuor Ehrsam Weise aller gesundt langes leben vnd alles guts Zuhören, war vns ein sonder freud. Fuegen Ehrsam Weise Zu wissen wie wir am Freitag ausgefahren sein wir am Dienstag darnach vmb Vesperzeit gehn Ofen ankommen, vnd Zuhandt am donerstag ehe die von der Gmein, vor königliche Majestät, die Königin Ihr Gnaden in Beiwesen Kayserlicher Majestät Orators, Marggraffen Georgen, herr Scharlan, durch herrn Ertzbischoffen von Gran, kommen die Vnterthenigkeit vnd grus Ihrer königlichen Majestät von Ehrsamen Weisen gesagt Solches sein königliche Majestät mit sambt der königin Ihr Gnaden gnediglich angenohmen hat, darnach sein viel herrn vnd Botschafften Zu Zegen, das wir allererst von dem nechsten Freitag vber 8 tag mit der Gmein fur königliche Majestät vnd seine Räthe furgefordert, daselbst haben wir vnser sach angefangen vnd gesagt; Wie ettliche von der Gmein das Mandat so vns Sein königliche Majestät gnediglich Zu beschützung vnserer Priuilegien vnd Freyheit mit getheilt, auch vns als seine getreue Ambtleut Veracht, Verschlagen, Zu ihren henden genohmen, vnd noch bies auf heundt bey ihren handen haben, bitten Euere Königliche Majestät wollen ihnen verschaffen dasselb auffzulegen, darnach was wir weiter Zu ihnen Zusprechen haben verhalten wir vns. Zu derselben Zeit war niemandt neben der Gmein, den der Jung Veranfha. Da sprach der frem Merth Riemer von der Gmein; Gnediger hochgeborner könig, Wir haben vnsere Articl vnd alle klag bei dem herrn Vnter Camerer, der wirt Vieleicht noch heundt kommen bitten Euer Königliche Majestät wolt lassen verzihen vntz das er kombt. Also ward die sach dies nach Mittag auff der halben Vhr vmb 3 verschoben. Zu derselben stund kham der herr Vnter Camerer, da fingen wir wiederumb wie im anfang Vnser sach Zufuhren, da redet herr Vnter Camerer fur sie, vnd fing an von seiner sach vnd bericht von der Vergleichung die er Zwischen vnser mit beyder theil gutten willen gemacht hette, Zureden mit vielen wortten, vnd wolt vns aus vnser meinung fuhren vnd sagt, er wolt all seine sach gnugsam furbringen, damit man verstehen wurd, das wir gutwillig aus dem Mandat getretten sein, vnd ihm alle sach Zu handen geben, vnd solche schreiben wurden ihm auff seinem Wagen hernach kommen. Gaben wir Zur antwort: Allergnedigster König, Euer Königlichen Majestät ist in frischer gedechtnis, das Euer Königliche Majestät vns mit der Gmein, vnd nicht mit herrn Vnter Camerer ein tag gelegt, wie dan vnser Credentzbrieff ausweiset, darumb verhoffen wir ihm nicht Zu antworten, Wir bitten noch wie Zuuor, Euer Königliche Majestät wolle verschaffen das Mandat auffzulegen. Da ward erkant vnd geschafft. Man sol das Mandat aufflegen vnd ob sie was haben zu klagen, man wolle sie darnach auch hören: Also ist die sach aber verschoben, vnd wissen nicht wan sie Zu ort kombt, Wir haben vernohmen, wie der herr Vnter Camerer mit seinen Mithelffern fleis hat, wie er die sach gern wieder anheim schub, Aber wir haben gutten trost vnd Zweifeln nicht wir werden die sach ob Gott will, hie zu gutten orth bringen Datum Dominica post Cunigundis Zu Ofen Anno 1524.

Jacob Schausichselber, Lucas Leupoldt, Stantzl Feierabent, hans Geschl, Sebastian Spisser, Wenceslaus vnd Augustinus).

Abgesandte der Gemein werden in gefengknis geworffen.

Nach gesprochenem Sentenz hat Ihre königliche Majestät alsbald befolhen, die vier abgesandten aus der Gmein in den Schinkenthurn gefengklich einzuziehen. Diese sein gewesen, Marth Riemer, Bastl Wachauff, Simon Töpfer vnd der Eyserne Mandl, Dieser Eyserne Mandl ist Zwar von der Gmein mit fleis nicht gekueset worden, Sondern weil derselbe dem Rath offt spottisch hönisch vnd viel Vnwarhafftiges Zugemessen, ehe sie Nach Ofen verreiset sein, hat ihm der Ratth befolhen mit Zu Ziehen, vnd sich vorm König Zu verantworten, Ist aber eben bestanden wie die andern Drey. Vnd weil dan Ihr königliche Majestät sonderlich Zu hertzen genohmen, den spott vnd schmach so seinem Abgesandten herrn Esibrzlo Z Bobolusk von der auff-

Blutvrthl derselben.

ruhrischen Gmein Zur Iglaw wiederfahren, Item, das die Gemein den Ratth als seine Ambtleut vnd ihre Vorgesetzte Obrigkeit so verächtlich gehalten, hat Ihr Majestät das nicht anderst gedeutet, als ob solcher Despect Ihr Majestät selbsten wiederfahren were, Darumb dan das Vrthl vber die vier abgesandte ergangen, Man solte sie am leben andern Zum exempl straffen, damit die Gmein dadurch in bössserm Zwang gehalten werde, vnd ihrer Obrigkheit mit gebuerlichem gehorsam sich erzeigeten, Es waren aber gleich Zur selben Zeit Abgesandte beim König aus allen Mährerischen Städten Zu Ofen ankommen, Dieselben als sie von dem Iglauerischen Zustandt vnd der gefangenen straff Gehört, (welche gefangene an die Gesandten supplicirt vnd vmb intercession beim König Zuthun gebetten) haben sie sich ihrer erbarmet, vnd neben den Abgesandten des Ratths Zur Iglaw beim König fur ihr leben gebetten, vnd ob sie Zwar der König anfangs ihrer gehorsamen Vnterthenigen bitt nicht gewehren wollen, So haben doch entlich Ihr Majestät auch auf intercession ettlicher herrn vnd vom Adl, ihnen das leben gefriestet, Doch sein sie bey 8 wochen im Schinkenthurn mit strenger vnd harter gefengknis gehalten worden, vnd wie sie hernach der gefengknis los worden, soll bald gemeldet werden.

Gnad den gefangenen Gmeinen wiederfahren.

Als nu die Abgesandten des Ratths (welche aus allen dreyen Stätten waren) ihre sach Gott lob glucklich verrichtet, vnnd aus befelh des Königs wieder nach haus Ziehen solten haben sie besorget, weil die Gesandten der Gmein nicht khenten mit raisen, sondern musten in der Verhafftung verbleiben, es wurde Zu ihrer (des Ratths) anheimkunfft neue Zwitracht entstehen, vnd sie ihres lebens nicht gesiechert sein. Derhalben hetten sie bey königlicher Majestät gehorsamst angelanget, das ihr Majestät [illegible] das Mandat so Zuuor in der ersten auffruhr ergangen, (wie sich die Gmein gegen den Ratth verhalten soll) gnedigst wolte renouiren vnd verneuern lassen, Dan die Gmein hatte ihnen (wie oben gemeldt), solches Mandat mit gwalt genohmen, Auch das sie siecher gleid fur der Gmein haben khenten, Auff solches der Abgesandten billiches begehrn hat König Ludwig befolhen dasselbe Mandat Zu Renouiren.

Abgesandte des Ratths bitten vmb ein Mandat an die Gmein vnd vmb siecher gleid.

Der König verwilligt es.

Wir Ludwig von Gottes Gnaden Zu hungern vnd Beheimb König Marggraff Zu Mähren rc.

Mandat des Königs an die Gemein Zur Iglaw

Bekennen hiemit diesem Vnserm offenen brieff, vnd thun khundt vor menigklich, das wir von den Fursichtigen Burgermeister vnd Ratthmannen der Stadt Iglaw durch ihre gesandten vnsere liebe getreuen gebetten vnd angelanget vmb ein Mandat, So vormals Zwischen ihn vnd der Gemein durch irrige vnd Zwitrechtige sachen verursacht, schrifftlich ausgeben, wiederumb Verneuern vnd genedigklich bestetigen, auch von [illegible] lassen, wie hernach folget:

Wir Ludwig 2c. Embietten den Ersamen Vnsern lieben getreuen der gantzen Gemein Vnser Stadt Iglaw, Vnser königkliche gnad vnd gutts, Lieben Getreuen, Wir haben durch viel glaubwurdig Personen, auch von den Sendbotten vnserer Stätte aus Mährern, vnd letzt am iungsten von ettlichen des Alten Raths geschwornen vnsern lieben getreuen, welche auff vnser begeren, so wie durch die Sendbotten von Olmuntz gethan, Zu vns geschickt worden grundtlich Vnterricht empfangen, Wie sich durch ablassen eines gemeinen teuchts eines Fischmeister oder Vieleicht aus Verhengknis Gottes mit Wasser an Menschen, heusern guettern vnd andern Teuchten, ein merklicher schaden begeben hat, vnd ihr euch darumben wieder Vnsere Ratthgenossen Vnserer Stadt, welchen allenthalben aus Vnsern gwalt, bey Aydspflichtung Zu regiren, recht zu sprechen auch ordnung Zu machen befolhen ist, erhoben vnd wiedersetzt, die Stadtleut mit ettlichen andern Vnsern Geschwornen vnuerschuldter sachen beschuldigen vnd ihrer ehr entsetzen wollen, von allen handtwerchern Sigill aufgericht, Verschreibung gemacht, samentlich vier Gemeiner vund 24 von der gemein (vormals nie erhört) erkuest vnd auffgeworffen, auch Vnsers königklichen gewalts, der euch nicht gegeben noch befolhen ist, gewaltigklich vnterstanden, den ratth Zuuerneuern, raittung genohmen, Priuilegia, die nur allein Vnsern Geschwornen vertrauet worden, lesen vnd hören lassen, vnd mancherley besamlung gehabt vnd nach eurem bedunkhen geratschlaget 2c.

Verbrechen der Gmein Zur Iglaw auffgerufft.

Solches wir nicht Vnbillich als euer herr vnnd König, Vns hoch vnd vast Zu hertzen genohmen haben, ist Vns auch von euch nicht gedacht gewesen.

Ursacher dieser Auffruhr.

Wie dem allen, khennen wir wol ergrunitten, das solcher auffruhr, Vneinigkeit, Zwitracht, Zersternis eines gemeinen fridens vnd nutzes, nicht allein die Schadleut aus der Vorstadt, Sondern aus eurem mittl auch ettliche Personen in der Stadt anfenger vnd regierer sein, vnd Vernehmen, das Vieleicht von einer Stadt in die Ander durch ettliche Personen solcher Verbundtnis, auffruhr vnd wiedersetzung Vnserer geschworen abschrifften getragen worden, Wollen ernstlich vnd fleissig durch Vnsere Ambtleut nachforschen, dieselben vnd solche am leib vnd an guett straffen vnd gantz verdichten lassen dan wir nichts schädlichers in Vnseren Stedten, wan solche auffruhr, wiederwertigkeiten vnd Zertrennungen der Gemein darinnen befinden, Welches Vns nicht wenig, sondern fast vnd auff das höchst befrembden wil, Gebietten auch deshalben hiemit ernstlich, vnd wollen, auff das ihr in angesicht dies brieffs bey gehorsam vnd treuen, damit ihr Vns als Erbherrn verpflichtet seit, Zuhandt ohn alle wiederred Vnseren Geschwornen vnd den Ratthgenossen alle New auffgerichte Sigill mit sambt der Verschreibung auffzulegen vnd Zu ihren henden verreichen, vnd hinfuro kheine gemeine Versamlung, noch auff kheinem handtwerch souderlich

Zusamenkunfft der handtwercher verbotten.

Zusamenkommen noch gesprech mehr halten, es geschehe dan, mit willen vnd wiessen des Burgermeisters vnd Raths vnd in beisein ettlicher geschwornen oder Ratthgenossen, welche darzu verordnet wurden, vnd als die beschedigten leut mit sambt ettlichen ihren beistenden Vnsere Geschworne mit wortten geschmecht vnd geletzt, vnschuldig angesprochen, nachdem der Fischmeister solches Verwarloset oder Vieleicht aus Verhengknis Gottes, vnd nicht aus ihrem willen geschehen vnd mit sambt ihnen ettliche auch nicht kleinen schaden genohmen, haben wir mit Vnserm Ratth erkennt vnd gebietten ihnen ein gebuerlich abtrag Zu thun, vnd hinfur solches schadens halben vnangesprochen lassen, Den wo Vnsere Geschworen, so aus Vnserm gwalt eingesetzt, geschmeht vnd gelestert werden, achten wir nicht anderst als wer es Vns geschehen, Wollen auch vnd gebietten kunfftigklich das ihr Euch nu hinfur allenthalben gegen dem Burgermeister Richter vnd Geschwornen vnd auch Ratthsgenossen, wie von alter, also gehorsamlich verhaltet, damit sie Vnsere Cammer vnd Euch allenthalben nach inhalt der Priuilegien, statuten, vnd alter herkommener löblichen gewonheit, wie bieshero als eure Vorgeher, siecher regieren, vnd dem Armen als dem Reichen die gerechtigkeit nach Aydes Verpflichtung mittheilen möchten, Auch haben wir aus Vnserm gewaldt den Ratth nach altem herkommen in aller form vnd maß wie vor, wiederumb ordentlich Zusetzen befolhen, vnd gedenkt furbaß nimmer in Vnser khöniglichen Majestät herrschafft vnd gwalt Zu greiffen, damit nicht in kunfftigen Zeiten Gemeiner Stadt vor menigklich schandt vnd spott Zu gemessen wurde.

Der Obrigkeit abtrag Zuthun.

Gehorsam der Obrigkeit Zu leisten.

Rattsverneuerung nach altem gebrauch.

Wollen auch vnd gebietten bey Verlust Vnserer khöniglich gnaden, diesen Sendbotten, so auff Vnser begeren von den Ratthgenossen vor Vnser erschienen sein, allenthalben mit wortten vnd auch mit werken in guetter siecherheit Zufrid stellen, Das ist alles Vnser ernstlich gebott, Wo sich aber iemandts auff solche obangezeigte Articl einen oder mehr anderst den wir gebietten vnd schaffen, halten wurde, einen solchen wollen wir als einen Vngehorsamen mit Vnsern Vngnaden an leib vnd an guth strafen. Darnach wiesset euch Zurichten.

Siecher gleid der Abgesandten des Raths.

Wo dan wir angesehen ihr Zimlich bitt auch begeren, wollen wir hiemit in krafft dies Vnseres brieffs obgeschriebenes Mandat in allem seinem inhalt, Puncten, clauseln, articeln, verneuert bestetiget confirmirt haben, gebiettend auff das die gantz Gemein der Stadt Iglaw laut vnd in halt obbegrieffenen Mandats gehorsamlich vnd willig sich verhalte gegen ihren Burgermeistern vnd Ratthmannen bey Verlust leib vnd gutts.

Des Zu vrkhundt mit Vnserm königklichen auffgedruktem Sigil verfertiget. Datum Zu Ofen den Mittwochen Sanct Simonis Judä Nach Christi Geburth Tausendt fünffhundert vnd vier vnd Zwainzigi[illegible] Reiche Vngrischen vnd Behemischen im Neundten iahr ꝛc.

Abgesandte des Raths raisen wieder heim.

Nach solchem erlangten Mandat des Königs sein die Abgesandten aller drey Rätthe von Iglaw, als sie ettlich wochen Zu Ofen Zugebracht, wieder nach haus verraiset, vnnd das Mandat, sowol auch den Sentenz (dessen Ihr Majestät zwei Exemplaria hat verfertigen lassen). Der Gemein Vorgehalten. (Zusatz bis gefahren: Zumerkhen Als die Abgesandten zu Pirnitz ankommen, sein sie vom Raht gewarnet worden die Gmein browet ihnen Ob der Gmein Abgesandte nicht mit ihnen nach haus kommen, sollen des Rahts Gesandte Vbl empfangen werden vnd ob einer aus den gesandten der Gemein die man Zu Ofen gefenklich helt vmbkombt, so müßen aus den Rath 20 dagegen sterben, darauff haben sie nicht bald in die Stadt raisen wollen, sondern herrn hansen Geschl vnd herrn Sebastian Spisser hinein geschickt, welche der Gmein die verrichtung Zu Ofen angezeigt, vnd des Königs Mandat wegen sicher glaid so ihnen gegeben worden verlesen, darauff die Gmein durch Marcusen Reindler antwotten laßen: die Relation vergleicht sich nicht mit dem Bericht vnseres Sendbotens des Veranka Sohn des Königs Mandat verwerffen wir nicht, lassens in seinem werth stehen, Wir wollen izt gehn Brun schickhen alda freundt vnd feind anruffen vmb erledigung Vnserer Zu Ofen gefangenen Sendbotten wen dieselben ledig werden wollen wir euch ein antwort geben: Drauff sagt herr Spisser: des Veranka Sohn ist khein Sendbot gewesen, es wirds der Gmein Credentzbriff nicht ausweisen, vnd herr Geschl sagt: Es sein 24 stund in tag vnd nacht sie sollen sich bedenkhen morgen oder Erichtag eine Antwort geben, sonst musten sie es dem König oder seinem Sendbotten Zu Brün anzeigen. Drauff sich die Gmein Zu ruhe begeben, vnd sein des Rahts gesandte von Pirnitz sicher in die Stadt gefahren).

Vermög des Königs Vrthl vnd Patent.

Auch hernach hat der Ratth die vier Gemeiner abgesetzt, das Weinschenkhen in der Gmein eingestelt, vnd ist nur im Ratthaus Wein Zu schenckhen angeordnet worden, In massen solche Freiheit auff des Ratths suppliciren auch von iezt regierenden Römischen Kaisern Rudolpho 2 allergnedigist ist confirmiret vnd in einem sonderlichen Priuilegio Anno 1581 gar statlich bestetiget worden. Es hat auch der Ratth andere vnzehliche Vnordnung, so durch der gmein Vneinigkeit vnd Zwitracht bey der Stadt eingeriessen, gentzlich abgeschafft, vnd das regiment in bössere Ordnung als vorhin verfaßt.

Abgesandte der Gmein werden der gefengknis loß.

Sagen Zu gehorsam Zu sein.

Ettlich Viel wochen hernach sein der Gemein Abgesandte auch ihrer schweren gefengknis erlediget worden, mit den beding, das sie an stat der gantzen gemein haben Zusagen muessen, sich kunfftig weder wieder Ihre königkliche Majestät noch wieder den Rath als ihre ordentliche Obrigkeit auffruhrisch oder Vngehorsam Zuer Zeigen, sondern allen schuldigen gehorsam vnd gebuerliche reuerenz Zu erzeigen. Sein also auff borgschafft heraus gelassen worden, Aber dem Eisernen Mandl ward aufferlegt, weil er dem Rath geschmehet, demselben ein rechtlichen Ab-

Ehe aber die gefangenen aus der Gmein sein ledig worden, hat Ihr königliche Majestät befolhen ihnen ein offentliches Mandat an die handtwercher der Stadt Iglaw verfertiget mit Zutheilen warumb diese 4 Personen gefengklich gehalten worden, was sie Verwürkt und warumb ihnen gnad wiederfahren, Auch wie sie sich kunfftig gegen ihrer Obrigkeit verhalten sollen, Lautet also: Königliche Best. Warten der gefangenen aus der Gmein.

Wir Ludwig ꝛc. Embietten allen Geschwornen handtwerchmeistern Unserer Stadt Iglaw, Unsern getreuen Lieben Unser khönigliche gnad und alles gutts.

Lieben Getreuen, Euch ist Unuerborgen, das wir Zeuger eure Mitwoner umb empörung wieder einen Ratth und Unser Geschwornen, auch und etliche neue auffgerichte pinde in gefengknis genommen, und des willens, sie dermassen Zu straffen, das sich alle andere hinfur daran stossen sollen, So haben wir doch bewogen den bericht, den wir von Unsern geschikten die wir iungst Zu Brunn gehabt, empfangen, wie ein endtliche einigung gemacht, Auch angesehen ihre fleissige Vorbitt, desgleichen die bitth so die geschikten der 4 Stende aus Mähreru iezund an Uns gethan, und sie gnediglich ausgegeben. Gebietten demnach Euch derhalben ernstlich und wollen, das ihr euch alle sambtlich und sonderlich hinfur Unsers Vorigen Mandats und befehls verhaltet, und in kheinerley weis wieder einen Ratth und Geschwornen, als von Uns Euch gesetzten obrigkheiten empöret, noch wiedersetzet, Auch kheine Neue pinnde auffrichtet, sondern Euch alles gehorsambs, wie vor alters, gegen einem Ratth und geschwornen erfinden lasset.

Wo ihr aber hinfur Euch einigerley Ungehorsambs anmasset, und Unser, als eures Königs und Erbherrn vorig vnnd ietzig gebott Verachtet, Wollen Wir Uns dermassen gegen Euch, wie sich auff Ungehorsame erheischt, mit [illegible]chlessiger ernster und harter straff erzeigen. Wir wollen auch, das ein [illegible] geschworner handwerchsmeister diesen Unsern befelh seinem handtwerch treulich eröffne, und nach Verlesung dieses Mandats einem Ratth und Geschwornen Zu ihren henden Uberantworte, hierinnen khein anders thut bey [illegible] Unserer Ungnad Datum Ofen Sentag Nach Luciä Anno 1524.

Ludouicus Rex. manuppr.

[illegible] Nach diesem allem ist wieder frid und einigkeit bey der Stadt an[illegible] worden, und haben die gemein den Ratth mehrers als Zuuor re[illegible], und gehorsam gewesen. An stat der Vier Gemeiner [illegible], die der Gemein notturfft hetten furtragen sollen, sein die Rätthe die alten herrn (wie Vor alters) geblieben, Von dieser schädlichen [illegible]ist auch von der Auffruhr vnnd empörung sein nachfolgende distichs, so [illegible] Jahrzahl begreiffen, gemacht [illegible] Alte herrn an stat der Gemein.

FæMIneo perIt [illegible]

In CIneres; fVros [illegible]

Aliud.

IgLaVIæ Contra pLebs sCrIptos efferæ Patres
PerfVrIt, at faCIl præMIa JVsta CapIt. B. S.

Anno 1524. Am Sanct Clemens tag ist der Ratth Zur Iglaw verneuert worden.

Der Czizïowsken geschlecht.

herr Georg Matzko Eltister (Beisatz: des Girg Matzkes Sohn herr Paul hat Zeisaw gehalten, heist Behemisch Czyziow. Von dem kommen herr das geschlecht der Edleut Czyziowsky genaudt vide supra anno 1512). herr Niclas Lidl Beisitzer. herr Stanislaus Feyerabendt Richter. Junge herrn: Michl Stutz, Simon Seisenbekh.

Deutsche Tauff angeordnet.

Eodem anno hat man in der Pfarrkirchen alhie angefangen deutsch Zu tauffen, den Zuuor haben die Pfaffen die tauff lateinisch, wie an andern ortten noch gebreuchlich, verrichtet, vnd haben die Geuaters leut den wenigsten theil dauon vernehmen khennen.

Prior beym heiligen Creutz stilt kirchen clenodien.

Eodem anno hat Jakob Prior beim heiligen Creutz ohne wissen vnd willen des Conuents ettliche kirchen kleinoter gestolen, die hat der Ratth Zur Iglaw Zeitlich erfragt, vnd wieder Zum kloster geben, Darumben den Ratth Prior Veit sambt seinem Conuent quittirt hat vnd der Vorsichtigkheit halben fleißig gedankt Actum feria 6 post Egidii 1524. Zuuor hat ein Mönch dergleichen Clenodien gestolen vnd in Kuttenberg abgetragen, Sinder Zeit hat mans bösser verwahrt vnd den Mönchen nicht mehr getrauet Item anno 1565.

Anno 1525 feria 2 post Martini Ist der Ratth Zu Iglaw verneuert worden.

herr Stanißlaus Feierabent Eltister. herr Steffan Schweinitzer Beisitzer. herr Johan Geschl Richter. Junge herrn: Martin Winterberger, Baltzer Jungmaier, Augustin Segenschmid.

Ein Pfaff heurathet Zur Nonnen auß dem Kloster Frauenthall.

Eodem anno hatt herr hannß ein Geistliche Person oder Prister alhie geheurathet, welches Vor nie erhört gewesen, vnd hat eine Nonnen aus dem Kloster Frauenthall Zur ehe genohmen vnd hieher nach Iglaw gebracht. Dieser ist das nechstfolgende iahr

Rector Scholæ.

Prediger vnd Schulmeister alhie worden, hat auch den herrn

Pfarher heurathet auch.

Simon Schneeweis Pfarherrn alhie das folgende 1526 iahr (welcher auch geheurathet) Zur ehe gegeben, Dauon im 1523 iahr Vorn etwas ist gemeldet worden.

Meß wirt deutsch gehalten.

Communion vnter Zweyerley gestalt.

Eodem anno hat man das Ambt der Meß deutsch alhie Zu singen angefangen, Auch hat man ohne schwer das heilige Sacrament des Altars vnter Zweyerley gestaldt den communicanten ausgespendet, Welches man Zu Sperati Zeitten nicht so frey hatte thun dörffen, vnd von der Zeit an das Bebstische irrthumb hie bey gemach gefallen vnd abgebracht worden.

Kurtz Zuuor ist Zwischen den Lutherischen vnnd Bäbstischen Predigern ein streit in Religionssachen entstanden. Die Babstischen haben sich wieder die Lutherischen beschwert, in folgenden articeln 1. Das die Lutherischen die beucht Verbitten 2. Das man das Sacrament des Altars Vnter einerley gestalt nicht nehmen soll vnd wer es Vnter einer gestalt empfahe, der nehme es ihm mit Juda dem Verräther Zur Verdamnis Item Wen einer Vnter einerley gestalt das Abendmal empfinge, sey es so Viel als wen einer ein Rattich schlikete 3. Wen der Bruder im Kloster Meß lesen wil, so khomme der Lutherische Prediger, vnd leschet die lichter auffm Altar aus, vnd geust wasser vnd Wein, damit er wandlen soll, hinter den Altar. Drauff haben sich die Lutherischen Verantwortet, vnd ist der handl drauff also etwas gestillet worden. Streit der Babstischen vnd Lutherischen Prediger Zur Iglaw.

Es hat sich aber damals ein Verwegens gesindl gefunden, die sein mit gwalt ins Kloster geloffen vber die Mönchen, haben dieselben Verwundet vnd jämmerlich Zerhawet, doch am leben hats ihnen nicht geschadet, Aus was anfuhrung solches geschah oder was sie mag darzu verursachet haben, ist Vnbewust, Als solches fur den König Ludwig kommen, hat er die theter vmb geldt gestrafft, vnd das straffgeldt ettlichen seiner Rätthe geschenket, Weil sichs aber mit erlegung der straff verzogen, hat König Ludwig befolhen man soll die theter darzu halten, das sie die straff geben, oder soll sie fur Ihre königliche Majestät stellen, wen man ihnen Zeit vnd tag bestimmen wurde darauff hat man die sach gemittelt, das der König Zufriden gewesen. Mönchen werden verwundet. Der König befihlt man soll sie straffen die theter.

Eodem anno 1525. Donnerstag nach Sanct Georgü bei 2 stunden Vor tags Ist bey einem Beken in der Spitlgassen im dritten haus oberhalb des Spitals ein feuer auffgangen, Dauon fast die ganze Spitlgassen, Creutzergassen sambt dem Kloster so mit einem hohen vnd schönen Ziglbach gedekt gewest, auch 2 Preuheuser Verbrendt, Es ist auch der Vorder schilt am Kloster vnd ein theil am gewelb eingefallen, vnd neben dem haus, da das feuer auskommen, sein einer armen Frauen drey Khinder Verbrent, mit dem Vierten ist sie dem feuer khaum entwiechen. Der heuser sein in der Summa abgebrandt 60, vnd wo man in der nachtbarschafft die Dächer nicht Zeitlich hette abgeschlagen, also das das feuer nit so leucht hatt fangen khennen, were Vieleicht wol die gantze Statt abermalen ausgebrennt, den es soll ein grosser windt vnd warmes wetter damals gewesen sein. Brunst in der Spitlgassen. Einer Armen frawen drey Kinder Verbrendt.

Eodem anno haben die Rosen bey 14 tagen vor Michaelis Zum andermal in einem Sommer gebluet. Rosen blüen Zum andermal.

Eodem anno. Sambstag vor Weinach[illegible] angefangen im Ratthaus allein Wein Zu [illegible] Ihr khönigliche Majestät also befolhen, [illegible] Das Wein[illegible] [illegible]en ins [illegible]aus ge[illegible]men.

schenkens Zu Verhuttung dergleichen gefahr so anno 1523 daraus entstanden, gentzlich soll muessig gehen.

Bauren auffruhr. Eodem anno Ist nicht allein im Schweitzer landt, sondern auch in Behmen ein Bauren Auffruhr wieder ihre herrn entstanden, vnd haben sich ettlich hundert Behmische bauren Zwischen Glotta vnd Tehß versamlet, Sein aber Zeitlich gestilt werden Wo das nicht geschehen were, hetten sich viel Mehrische bauren, die auf den ausgang der Behmischen gewartet haben, ebnermassen auffruhrisch erzeiget Ihr beschwer war, das sie von Ihrer Obrigkeit mit gaben vnd Robotten Zu hart bedruckt würden, hierin war darnach gemittelt, das sich die arme leut wieder Zu frid geben.

Anno 1525. Donerstag nach Pfingsten hat mein Grosvatter herr Lucas Leupoldt Zum andermalen geheurath Zur fraw Barbara einer Gebornen Pilgramerin, herrn Niclas Vicenzen Ratthsbürgers alhie hinterlassenen wittib, mit welcher er ein einiges kind meinen Vattern herrn hans Leupolt gezeuget.

ALtra paCta thorI SeaLo ConfeCtVs Inibat
LVCas et VIDVo Barbara sponsa Data est.

Anno 1526 Ist der Ratth verneuret werden. herr Lucas Leupoldt Eltister. herr Paul Pesoale (Beinam: Likl) Beisitzer. herr Sebastian [illegible] Richter. Junger herr: Andre Michlho.

Geschlecht derer 3 Radostin. Von diesen Michlischen khemet herr das Adeliche geschlecht derer von Radostin.

3 Khinder geboren. Eodem anno Freitag vor Reminiscere hat man einem Zimmerman Der Spitlther hanuß genandt 3 Khinder getaufft ein Sohn vnd 2 Töchter, welche sein Weib Zu einer Zeit miteinander [illegible] nendt geboren.

[illegible] Eodem anno. Ist die Procession ins Frauenkloster, [illegible] Anno 1402 gemeldet werden, abkommen. Den es ist ein [illegible] gewonheit gewesen, von dem obbemelten 1402 Jahr anzurechnen, ([illegible] chem iahr der Sedel die Stadt Iglaw oberfallen, vnd mit seinem [illegible] bey nechtlicher weil allbereit in den Stadtgraben beym Frauenkloster [illegible] men, aber von den Inwohnern der Stadt ritterlich abgetrieben [illegible] im 1402 iahr [illegible] geschehen) das man nach [illegible] wider den Sedel, [illegible] am Sontag Reminiscere vnd den [illegible] nach ein Procession angestelt, der gehaldt, von der Pfarrkirchen [illegible] Schwegert mit allen Priestern, denen ein grosse anzahl [illegible] allen München vom heiligen Creutz, welcher damals des 12 oder 14 [illegible] Jünn mit Pfeiffen von [illegible] Dörfern auch [illegible] vnd [illegible] oder den Weg in das Frauenkloster gangen [illegible] der [illegible] Burgermaister der Ratth sammt der [illegible] Jung vnd Alt, Frawen vnd Jungfrawen, die haben [illegible] vnd Fahnen getragen, vnd mit grossem gepreng vnd vielen ceremonien im Frauenkloster die Vesper gesungen. Da hat auch ein ieder Prister ein Meß gehalten Zur Danksagung der Jungfrauen Maria, die damals in der belegerung die Stadt vor den feinden soll im Frauenkloster beschutzet haben, Wie die Mönchen das Arme Volkh darzu beredt vnnd gelehrt haben. Fur solche muh der Prister hat man einem iedem fur eine Meß 7 dr. geben vnd 1 Karpffen, Den Montag hernach hat man frue wieder die Procession gehalten, vnd im Kloster Meß gelesen auch geprediget was sich vor der Zeit mit der belegerung Zugetragen. Zu diesen Solenniteten ist Viel benachbartes Volkh hieher kommen vnd Zu öpffer gangen, Das hat den Pfaffen ihren Seckl gespickt, darumb hetten sie gewunscht es weren Viel Reminiscere im iahr gewesen Zu bösserer Proviantirung ihrer Kuchen. Nach Verrichter sachen ist man wieder in die Pfarkirchen gangen. (Von spät. Hand: Ecce wie mildhertzig vnd Christlich der Lutheraner von Allmosen schreibet Scilicet) Aber dieses 1526 Jahr (als der hochwurdige Paulus Speratus 4 iahr Zuuor die Kirchen alhie reformirt) ist diese Procession gefallen. Damit es aber nicht ein iahr gantz vnd gar abgebracht werde, hat man dies iahr angefangen an stat des Vmbgangs nur schlecht mit schulern vnd ettlichen Burgern die Vesper an gemeltem Sontag Reminiscere im Frauenkloster Zu singen, vnd weil die Messen eingestelt worden, hat man den Mönchen kheine Karpffen vnnd khein geldt gegeben, Sondern der Armuth ins Spital vnd Siechhoff hat der Ratth befolhen iährlich vmb diese Zeit ettlich Karpffen auszutheilen, die es mehrers bedurfften als die Pfaffen. Als nu in diesem 1526 iahr Sontag Reminiscere der Pfarherr im Frauenkloster hat angefangen Zu Predigen, hat sich ein Vngestimmer Windt Plötzlich erhoben, ein stukh vom schilt von dem Alten Schlaffhaus des Klosters abgeworffen, vnnd auff dem Neugedekten Schlaffhaus das Schindldach Zerriessen, dadurch ein grosses schröken vnter die leut khomen, das Viel, (Zusatz von spät. Hand: besorgten sich es möchte die kyrchen einfallen) sonderlich der Catholischen aus der Kirchen geloffen, besorgend es möchte die Kirchen gar einfallen. Auch hat der Windt ein Schindldach vom Neuen Pfarthurn auff das Kirchendach, vnd entlich gar auf den Freudhoff geworffen, von der Capelln gegen dem Pfarhoff Zwey Dächer abgeriessen, vnd sonsten an heusern in der Stadt, so wol in den nechsten Dörffern vnd Walden schaden gethan, Dieser Vngestimme Windt hat nicht Vber eine halbe stundt gewehret, Das haben die Babstischen allso gedeutet, Als were das Wetter ein straff von Gott vnd der Jungfrauen Maria, (späterer Zusatz: Ohne Zweifl), weil der Pfarherr sambt der Burgerschafft die Procession, wie Vor alters, nicht [illegible] der Meß abgebracht hat.

Die [illegible] also ausgeleget, der Teuffl habe den Vng[illegible]ust, das durch die Abgebrachte Meß vnd [illegible] wurde geschmellert werden, Entlich nach ettlich iahren hernach, ist auch die Vesper am tag Reminiscere gar eingestelt vnd abrogirt worden.

Sonsten ist die Belegerung der Stadt beim hohen Altar im Frauenkloster abgemahlet, vnd darbey mit guldenen Buchstaben geschrieben allso:

Der feindt hat ein einfall beym Frawnkloster getahn.

Anno 1402 Am Sontag Reminiscere Zu Mitternacht, khamen die feindt alhie in di: Stadt mit grossen listen vnd starkher macht, vnd gewunnen Vns an beide Mauren, vnd auch dies Kloster, da halff vnns Gott vnd vnser Liebe Fraw, das wir die feindt Vberwunden, das sie wieder aus Vber die Mauer fielen vnd brachen den Halß, vnnd Viel wurden ihr erschlagen vnnd gefangen, Vnnd der Vnnsern Vier Vergungen, hamermeister, Vlman Ruedl, Kuntz Wagner, Walter Pinter, Den gnad Gott mit Vnns Amen.

Das Vbrige hieher gehörig findet man oben im offt gemelten 1402 Jahre 2c.

hutter brechen ihre stüel im kloster aus.

Eodem anno 1526. Am Ostermontag haben die huettergesellen ihre Stuel in dem Kloster beym heiligen Creutz ausgebrochen vnd in die Pfarkirchen getragen vnd gefuhrt, allda auffgerichtet, Auch haben sie ihre handtwerchstaffel genohmen vnd in der Pfarkirchen auffgestellet.

Pinter brechen ihre Stuel auch aus im kloster.

Eodem anno 1526. Als die Pinter Vernohmen, wie die hutter ihr Stuel ausgebrochen hetten im Creutzkloster, alda sie ihre Bruderschafft gehabt, haben sie ebner massen ihre Stuel im Frauenkloster hinwekh getragen, desselben tags vmb 20 Vhr, vnd in der Pfarkirchen angerichtet.

Brunst beym Vnuerdorben.

Eodem anno. Acht tag hernach ist am Vntern Platz Zwischen dem Freitag vnd Vnuerdorben ein feuer auffgangen in Ställen im hoff, vnd sein 4 heuser abgebrandt, Nemlich der Riedelin Ekhaus (iezt Jakob Dornkreils) Freitags haus, herrn Lukas Leupoldts vnd Vnuerdorbens heuser, Sein bey dem Freitag im Stall Verbrennt 4 Roß, 3 Kue vnd 1 Pauer, Man hat nach fleissiger nachforschung nicht mehr erfahren kennen wo das feuer auskomen, allein auff die Vnuerdorbin sein Vermuttungen gewest sie habe das Feuer Verursachet, weil man gesehen, das ihr gsindt kholen aus dem Prewhaus getragen hat.

Brunst vorm Pirnitzthor.

Eodem anno. Montag vor Jakobh Ist bey dem Patzal Wagner vorm Pirnitzthor ein feuer auffgangen, da ist sein vnd des Guttsmus höffe gar abgebrendt.

Wetter.

Eodem anno hat das Wetter vorm Spitlthor bey einem höfer Rauscher genandt eingeschlagen vnnd den Stadl abgebrent.

König Ludwig gestorben.

Eodem anno. Als König Ludwig im gemeß in Vngern Vmbkommen, vnd Mähren ohn einen Marggrafen war, Ist am tag Matthai die Landtschafft in Mehrern, Zu Brün Zusamenkommen, Da hat man den herrn Jan herrn von Pernstein Zum Landtshaubtman erwehlt, der das landt anstat des Königs bies das ein Anderer Furst erwehlet wurde regieren solt.

Eodem anno hat am tag Francisci ein Pfarher von der Wies, Blasius genandt, geheurathet, Zur Anna des Ambrosi Tuchmachers Tochter, darzu haben ihm Ursach geben die 2 Geistlich, so vor ihm hie geheurathet haben.

Pfaff heurathet.

Eodem anno Ist nach absterben Königs Ludouici Ferdinandus Ertzhertzog in Oesterreich des Kayser Carolj Quintj Bruder, Zum König in Beheimb vnnd Marggraffen in Mährern angenohmen worden. Ist Zuvor Vngrischer König worden Anno 1525.

Ferdinandus Behmischer König worden.

Es haben aber alle 4 Stende Zu Ihrer königlichen Majestät nach Wien abgefertiget den Mitwoch vor Luciä folgende Personen so mit 250 Pferdten ein geritten neben denen von Stedten auff dreyen Wagen. An stat der Prelaten der Mährerische Bischoff Stanislaus, Bischoff Zu Olmuntz, herrn standes 6 Personen: herr Jan von Pernstein Landtshaubtman, herr Arcleb von Boskowitz Obrister LandtsCammerer herr heinrich von Lomnitz auff Meseritsch, herr Wilhelm Cuna von Cunstat vnter Cammerer, herr Jan von Zierotin herr Jan von Kunowitz auff Vngrisch Brod. Aus denen von Adl auch 6 Personen: Als herr Bohusse Zwolsky, herr hinek Zwolsky, herr Zibrzid Boboluský, herr Bohusse Rubssiczky, herr Jan Dubczjansky vnnd herr Jan Kehowsky.

Mährerische Abgesandte Zum Ferdinando wegen der Wahl.

Aus den Städten von Olmuntz, Mikulas Meltzer vnd Wakrle, Von Brun hans krigs Petrzik vnd Merth hiekl. Von Znaym Wazlaw hrziczka Stadtschreiber, Von Iglaw hannß Schindl. Von hradisch Nikolaus Zkramele Stadtschreiber, Von Neustadt, Jan Ausowsky.

Freitag nach Lucia haben diese Mehrerische Abgesandten Zu Wien in der Burgk vor Ihrer königlichen Majestät in beisein der Königin Audientz gehabt vnd als Ihre königliche Majestät sambt der Königin in ihrer Majestät gesessen, hat herr Jan herr von Pernstein im nahmen aller 4 stende das werth gefuhrt, vnd den König Ferdinandum fur ihren herrn in Behmischer sprach (sietzend) angenohmen. Nach Verbrachter Oration hat Doctor Wazlaw das auff lateinisch Verdolmetschet, der hinter dem herrn von Pernstein gestanden, Der König Ferdinandus der Behmischen sprach nicht khündig gewesen. Darauff hat der Bischoff von Trident im Nahmen Ihrer königlichen Majestät geantwortet.

Nehmen Ferdinandum für ihren herrn an.

Den nechsten Sontag hernach hat der König die Mährerischen gesandten Zum frumal eingeladen vnd sein die gesandten alle an einer Taffl mit dem König vnd der Königin gesessen, da hat man ihnen in einer Summa auffgetragen 185 schuesseln mit herlichen speisen,

Der König hatt die Gesandten Zu Gast.

Auch hat es an statlicher Musica nicht gemangelt. Den andern tag hernach hat der Bischoff von Trient die Abgesandten auch Zu gast geladen.

Neuer Unter-Cammerer.

Anno 1527 feria 4 ante Lucie Ist der Ratth Verneuert worden Zur Iglaw durch herrn Jan Von Kunowitz auff Vngrischen Brod Unter Cammerer des Marggraffthumbs Mährern.

herr Jacob Schausichselber Eltister. herr Wolff Fellenbaum Beisitzer. herr Johan Schindl Richter, Junger herr: Valten Mehensath.

König Ferdinand kombt gehn Iglaw mit der Königin.

Eodem anno. Ehe noch der Ratth verneuert worren, ist König Ferdinandus mit seinem gemahl Zu ende des Jenners von Wien zum ersten ausgereiset in Mehrern, vnd hat seinen weg auff Znahym, Budwitz, Pirnitz vnd Iglaw genehmen, von dannen er hernacher Zur Krönung in Beheimb gezogen. Als er nu Vmb Vesperzeit Zur Iglaw hat ankommen sollen (Montag vor Mariä Reinigung, das ist den 29. tag Januarü des 1527 iahrs) Sein Ihrer königlichen Majestät aus Verordnung

Wirt statlich angenohmen vom Rath Zur Iglaw.

des Ratths alhie entgegen gezogen 8 Rattspersonen mit ettlichen aus der Gmein bey 24 Pferdt wol geputzt in harnisch, vnd bey 100 Knecht mit einem fandlein Zu fues, Als sie nu nahend bies gehn Prisnikh khommen, sein die 8 Rattspersonen von den Rossen abgestiegen Ihrem König vnd der Königin entgegen gangen, Da hat ihnen König Ferdinandus die handt gebotten. Drauff hat herr Lucas Leupoldt damals StadtEltister vnd Burgermeister (wie in seinem buchlein verzeichnet) im nahmen der gantzen Stadt Ihre königlichen Majestät sambt deroselben gemahl der Königin Anna Lateinisch empfangen, Nach Verrichter sachen ist der König mit seinem gemahl vnd seinem hoffgesind auch mit 13 Jungfrauen als der Königin Frauen-

Losament des Königs vnd der Königin.

Zimmer in die Stadt geritten, in schwartzer khleidung, Des Königes Losament ist gewesen ins Kandlers haus am eckh da man in die Frauengassen gehet, Der Königin aber in des Lerntrogs (iezt Herrn Girzik Schmilauers) haus gegenuber, vnd ein höltzern gang gemacht vber die Frauengassen das man aus einem haus in das ander hat gehen khennen.

König wirt von der Behmischen Landtschafft empfangen.

Den dritten tag als den Mitwoch hernach ist der König sambt seinem gemahl vnd hoffgesind von Iglaw wieder ausgeritten neben der Königin Zur linkhen handt, Dessen hat die Behmische landschafft gewartet in der Vorstat alhie bei der Langen brukhen als auff der Behmischen granitz, Als nu der Khönig dahin khommen, Sein die Behmischen Abgesandten herrn vnd Ritterstandes in grosser anzahl dem König entgegen vber die Brukhen ins Mehrerlandt gangen, Ihrer königlichen Majestät vnd der Königin die handt gebotten, Darnach vor dem König wieder vber die brukhen an die Behmische granitzen gangen, denen der König gefolget, vnd enhelt der brukhen hat der König mit seinem gemahl auf der Wiesen gehalten, Da ist Ihr Majestät von dem herrn N. von Schelnberg an stat der gantzen Behmischen landtschafft empfangen worden auff der gewelten Wiesen so damals Ludwig Pauspertls gewesen, vnd daher die Königswiesen genant worden. (Ettliche wollen, er soll bei St. Georgen am Pley sein empfangen worden, Behmisch, vnd Doctor Watzlaw N. soll die Oration in latein Verdolmetschet haben). Nach Verbrachter Oration hat der König den Behmen das Jurament gethan an dem ortt da iezt der Stein (Königsstein genandt) hernach ist auffgerichtet worden, Das Jurament hat herr von Schelnberg Ihrer königlichen Majestät Vorgelesen lateinisch, Vnterdessen hat Königin Anna neben ihrem herrn fort Zu roß gehalten, aber der König hat stehend vnd mit entblöstem haubt geschworen. Nach Verbrachten Ayd hat man die hierdrummel geschlagen vnd geblasen, vnd ist der König mit der Behmischen Landtschafft desselben tages noch bies gehn DeutschenBrod, allda das nachtlager bestelt ward, geritten, Die Krönung ist Zu Prag gehalten worden den 24. Februarii dieses 1527 Jahrs in der Schloskirchen. An dem ortt aber da der König Ferdinandus geschworen hat Anno 1563 der Ratth alhie Zur ewigen gedechtnis ein Marmelstein auffrichten lassen (welchen man, wie oben gemeldt den Königsstein nennet) darauff dieser Vergoldte [illegible].

Jurament des Königs.

Krönung Zu Prag.

Königstein Zur Iglaw.

3.. In perpetuam rei memoriam. Ferdinandus Primus Romanorum Im[illegible] Augustus, Hungariae Bohemiae Rex, Infans Hispaniae, Archidux [illegible] Marchio Morauiae. In regem designatus Bohemiae dictæ Bo[illegible] regno hoc in loco juramentum praestitit mensis Januarii die 30. [illegible] 1527. Obdormiuit in Domino Pater Patriae Viennae Pan[illegible] 25. mensis Julii Anno 1563. Regnorum Romani 34, aetatis suae [illegible] anima Deo in sempiternum viuat. Senatus populusque Igla[illegible] ergo fieri fecit.

[illegible] Dieser stein ist allererst im 1563 iahr nach absterben dieses Königs [illegible] worden.

[illegible] anno. 1527. Dienstag vor Matthiä hat man einen [illegible] alhie Fruauff genandt bei des Simon Meltzers Weib [illegible] Burgerin in einer Alten Pergkgruben hinter der Zieglhütten in [illegible] begriffen Als aber der Mönch ins Kloster gewiechen, der meinung er werde alda als in einem gefreyten ortt siecher sein Ist aus befelh des Raths der Stadtrichter ins Kloster kommen, vnd hat den Mönchen mit [illegible]ist gefangen, in eysen geschlagen, vnd also ein kurtze Zeit im Kloster gefengklich gehalten, hernach hat der Richter neben Zweyen Geschwornen des Ratths den Geistlichen eybrecher durch [illegible] Schergen Zum thor hinaus be[illegible]let, vnd der Stadt Verwiesen, Die [illegible] Ehman auff Vor[illegible]tt der freundt vnnd aus barmhertz[illegible], [illegible]ch in bedenkung der Khinder so [illegible]

Mönch ein ehebrecher.

SaLVa paraCLIta fIVnt VbI nasCItVr Infans
Chara PatrIs SoboLes gratVs hoMo PatrIæ.

Anno 1528 feria 6 post Elisabeth Ist der Ratth alhie Berneuert worden. herr Matthes Lidl Eltister. herr hannß Geschl Beisitzer. herr Sebastian Spisser Richter. Junge herrn: Michl hadmer, Marcus Reindler vnnd Bartl Tischler.

(Proavus meus maternus) M. Pausperll gestorben.

Eodem anno Ist herr M. Johan Pausperll meines Groß-Vattern Vatter von der Mutter gestorben, ist ihm Ratth gewesen 12 iahr, seines alters.

Non genVs et VIrtVs non DoCta paLLaDIs artes
InerVare neCIs teLa reCepta VaLent.

Mönch ein ehebrecher.

Eodem anno hat sich ein Mönch im Frauenkloster mit des Langsimens Weibes Mutter schwester in Vnzucht eingelassen, vnd als sie beide im Kloster sein Versperrt worden vnd man das gericht angeflohen, Sein sie beide, ehe der Richter kommen, ausgebrochen vnd mit einander entwiechen.

Eodem anno Vmb Maria geburth haben die Rosen Zum andermal getragen.

Ferdinandi Töchterlein hieher kommen.

Eodem anno hat man des Königs Ferdinandi iungste Tochter Frewlein Anna bey 8 wochen alt in einer Senfften hieher gebracht, vnd von dannen auff Wien getragen mit ihrer Seigahm.

Brunst in der Trebergassen.

Eodem anno Dienstag nach Creutztag Ist in der Trebergassen bey einem Burger Kabansky genant, ein feuer auffgangen, Dauon sein 5 heuser bies an den hoff des Prewhauses abgebrant.

Brunst vorm Pirnitzthor.

Eodem anno Montag nach Nicolai Ist ein feuer auskommen bey dem Kuliczku einem Töpffer vor Pirnitzthor, Das ist geschehen aus Vnuorsichtigkheit seiner Dienstmagdt, Den als dieselbe mit blossem licht auff den boden gegangen, vnnd dem Vieh Futter nehmen wollen, hat sich das hew entzündet, Dauon ist gleichwol nur des Töpffers haus aufgebrennt vnd bey der nachtbarschafft khein sonderlicher schaden geschehen.

Apotheken khaufft worden.

Eodem anno hat hieronimus Apotheker einem Ersamen Ratth sein Apotheka mit allen was damals vorhanden gewest verkaufft pro 105 fl. R.

Anno 1529 feria 4 post Omnium Sanctorum Ist der Ratth alhie Berneuert worden. herr Lucas Leupoldt Eltister. herr Ambrosi Kirschner Beisitzer. herr Wolff Fellenbaum Richter. Junge herrn: Jacob Pesserl Lucas Stubilkh Andre Fistritzer.

Ein Weib ermordet ihren Ehman.

Eodem anno hat sich ein schröklicher faal alhie Zugetragen, Beym Frauenthor hat ein Blattner gewohnet, dessen gesell mit der Meisterin ein heimlich Vernehmen gehabt, Darumb haben sie beide auff mittl gedacht, wie sie den Meister khenten belseits raumen, vnd als er bey nächtlicher weil in seiner werkstadt gesessen, sich kheines argen Versehen, ist der gsell mit sambt der Meisterin hinterwerts hinzu gangen, vnd haben den guetten Alten erschlagen, Darnach den todten Cörper in Keller geschlepfft vnd ein wenig eingegraben, auch stroh auff ihn gelegt vnd oben auff das stroh haben sie epffeln geschuttet vnd sein also des morgens frue beides der gsell vnnd die Meisterin miteinander dauon gelauffen vnd haben das haus offen stehen lassen, Als die Nachbarn gesehen, das des Blatners haus tag vnd nacht offen stehet, vnd niemandts aus noch eingehet, haben sie es dem Raith angemeldet, Der Raith hat alsbald verordnet, die die gemäch geoffnet, Zusehen, was sich etwa fur ein faal möchte begeben haben, Als man nirgends nichts gefunden im haus oben, Sein die Personen in Keller gangen, Da haben sie entlich nach Vielem suchen den entleibten Plattner vnterm stroh gefunden. Darauff hat die Obrigkheit alsbald Vnsaumig Zu Roß vnnd fues Personen auff alle Vmbliegende strassen ausgesendet die Merderischen leut Zuerforschen, Entlich hat man sie Zu Mehrerischen Budwitz angetroffen vnd gefengklich einziehen lassen. hernachmals sein die theter mit bewilligung des herrn auff Pirnitz (dem Budwitz Zugehört) aus der gefengknis genommen vnd nach Iglaw gebracht worden, vnd als sie in der strengen frag die schröllliche that beide bekennt haben, Sein sie also gestrafft worden, Man hat sie beide auff ein Mistwagen gesetzt vnd in der Stadt herumb gefuhrt, an dem ortt da sie die that begangen vnd sonst mehr hat man sie beide mit gluenden Zangen geriessen, Darnach Zum galgen hinaus gefuhrt, das Weib bey dem galgen lebendig begraben vnd ein Pflok durch sie geschlagen, Den gsellen aber hat man auffs Rad geschlagen. Dergleichen exempl das ein ehlich Weib ihren Man hette erschlagen, ist Vor nie alhie erhört worden.

Eodem anno Sambstag nach Matthäi hat der Turkische Kaiser die haubtstat Wien in Oesterreich belegert, mit Zweymalhundert Tausendt Man. Es ist aber dem Turken diese gelegenheit gegeben worden, das er ohne muh vnd schlechte Vnkosten fur Wien hat khommen khennen, Ettliche aus den Vngrischen herrn haben den Johan Weiwoda (nach absterben Königs Ludouici) Zu ihrem König erwehlet vnd haben wollen, Andere den König Ferdinandum vnd weil sie beide wieder einander Zu feld gezogen, der Jan Weiwoda aber dem König Ferdinando (als der von seinem Brudern Carolo quinto Römischen Kaiser stattliche hilff Zu gewarten gehabt) were Zu schwach gewesen, hat er den Turkhen Zu hilff genohmen, der hat siechern Paß gehabt, vnd also die Stadt belegert. Doch ist er Vnuerrichter sachen nach ettlichen Wochen wiederumb abgezogen vnd mit rauben morden vnd brennen grossen schaden gethan, von dieser belegerung ist im Sleidano weitleuffig Zu lesen Als nu der Turkh wieder abgezogen, Turkh belegert Wien.

ist aus befelh des Königs Ferdinandj ein grosses Silbernes Bild Sanct Steffan genandt Vermuntzt, vnd eitl Sechskreutzer auf einen Vierecklichten form draus gemacht worden. Drauff ist gepräget worden Turkh belegert Wien auff der einen seiten, vnd auff der andern die Jahreszahl 1529. Ettliche haben nur einen schlag.

Mährerische hilff in die Wienerische belegerung.

In wehrender belegerung hat die Mehrerische landtschafft Zu hilff geschikt den funfften Man. Auch ist ein ieder herr vnd von Adl selbst Persönlich auffgezogen, weil ihr herr König Ferdinandus selbst im Feld lag, Das Volkh war bey 3000 Man, die sein aber nicht weitter gezogen als gehn hollabrun, allda sie bey 14 tagen in Zweyen Vnterschiedlichen legern geblieben.

Die Olmuntzer haben geschikt 5 stukh geschutz mit Kraut vnd lott, iedes stukh hat nur ein Roß gefuhrt.

Die Brunner auch 5 stukh.

Die Znaymer 3 stukh.

Die Stadt alhie 3 stukh vnd 25 Knecht, 2 heerwagen, Ihre haubtleut waren herr Girzik Matzko vnd Vincentz Schlegl. Ihr Monatsold 16 fl. R. einem iedern Knecht 4 fl. R. 24 w. gr. fur ein fl. gerechnet. Die hradischer vnd Neustedter, jede stat 2 stukh.

Behmische hilff.

Die Behmische Landtschafft hat damals bey 4000 Man Zu hilff geschikt, die sein aber nicht weiter gezogen, als bis gehn Znaym, Es haben auch Viel vnter ihnen dem Turkhen nicht getrauet, vnd gedacht, Weit ist guth fürn schus, die sein theils alhie Zur Iglaw ein theil Zu Poln geblieben vnd allda auff khundschafft gewartet.

Pfarher alhie gestorben.

Eodem anno Ist herr Christoff Awitzl Pfarrherr Zur Iglaw gestorben, dem hat succedirt Martin heusler, welcher Anno 1531 vnd 1533 mit dem Raht gestritten, wie in denselben Jahren Zu lesen.

Anno 1530 Sabbathe post Vrsula Ist der Ratth alhie verneuert worden. herr Wolff Fellenbaum Eltister. herr hannß Schindl Beisitzer. herr Stanislaus Feyerabent Richter. Junge herrn: hans Pilgramer, Wolff Gastgeb.

Ferdinandus wirt Römischer König.

Eodem anno Ist König Ferdinandus auff Vorbitt seines herrn Brudern Caroli quinti des Römischen Kaisers, Zum Römischen König erwehlet worden.

Augspurgische Confession vbergeben.

Eodem anno haben die Protestirenden Euangelischen Reichsfursten Ihrer kayserlichen Majestät die Augspurgische Confession als ihre glaubensbekentnis auffm Reichstag vbergeben, vnd gebetten darbey geschutzt Zu werden.

Anno 1531 Die Lucae Ist der Ratth alhie verneuert worden: herr Matthes Libl Eltister. herr hans Geschl Beisitzer. herr Stanislaus Feyerabent Richter. Junge herrn: Veit Fleischakher, Thomas Oedenhofer.

Eodem anno Vmb Ostern ist König Ferdinandus von Brun aus in einem tag bies gehn Iglaw geritten, vnd ist alhie Vbernacht geblieben. König Ferdinand hieher kommen.

Eodem anno Den 13. Julij Ist König Ferdinandus wieder hieher kommen, vnnd hat hie im Creutzkloster mit den Mährerischen Stenden ein Gemeinen Landtag gehalten, Den 4. Augustj ist der König nach geschlossenem Landtag wieder hiuwekh geritten. König halt ein Landtag alhie.

Eodem anno hat man vor Weinachten alhie geakhert, weil ein warmes wetter ohne schnee gewesen dessen damals khein Mensch gedacht, Ist aber hernacher grosse kelten eingefallen vnd guetter Schlittenweg erfolget. Das iahr war ein so grosser mangl am lieben getreid, das Viel Volkh hie herumb hungers gestorben, Ein strich khorn hat hie golten 2 ß 6 w. gr. Welches damals Vor nie erhört gewesen habern pr. 1$^1/_2$ ß gersten teurer als 1 ß. Der Waitz pr. 2$^1/_2$ ß. Hernach vmb Michaelis hat man ein Cometen am himel gesehen gegen Vntergang der Sonnen, welcher gewehret bey 4 wochen. Warmer Früling. Teurung. Comet.

Eodem anno Ist Zwischen dem Ratth Zur Iglaw vnd ihrem Pfarherr Martin heusler ein streit entstanden, in dem ihm der Ratth schuldt gegeben, das er sich in Vielen articeln tieff vnd größlich wieder den Christlichen glauben einliesse, welches er nicht verantworten kenne, vnd darzu der Ratth auch nicht schweigen solle. Herentgegen hat der Pfarherr seine Verantwortung König Ferdinando Zugeschickt vnd Vmb schutz gebetten. Da hat König Ferdinandus beide Partheien fur sich nach Olmuntz citirt neben seinen Retthen Zuverhören, Ehe aber der bestimbte tag herbey kommen, hat der König befolhen, den gemelten Pfarherrn Zuuersiechern, das er vor der Zeit nicht entweiche, Welches geschehen, Was aber ferner mit gedachtem Pfarhern sich Verlauffen, ist mit wenigem im 1533 iahr Vnten verzeichnet. Streit Zwischen dem Ratth vnd ihrem Pfarherrn. Sucht schutz beim König.

Eodem anno Den 17. December Ist mein Grosvatter herr Lucas Leupoldt gewesener Ratts-Eltister alhie gestorben, dessen herr M. Bernhardus Sturmius in seinen Eteostichis also gedenket: Lucas Leopolius Senator Primanus Reip. Iglauiensis, Johannis Pater uir eloquentia doctrina egregius, de Patria sua & Republica grauissimis temporibus praeclare meritus obiit anno 1531. Herr Lucas Leupoldt gestorben.

Pro stVDIoqVe PIo LVCa, fIDoqVe Laboro
IgLa LeopoLIo patrIa bVsta LoCat.

Herr Lucas Leupoldt hat nach seiner Verlassen ein einigen sohn, hans Leupolden meinen Vattern, welcher im 1527 iahr herr hanns Leupoldt geboren.

geboren worden, Dessen obgedachter herr Sturmius in gemelten buch gedenket.

Johannes Leopolius Lucae filius Senator Primarius vereque columna patriae suae Iglauiae, patre dignus filius, nascitur Iglauiae Anno 1527.

Astra LeopoLIVs tItanIs spLenDIDa CernIt
PLangIt et In CVnIs, nobILIs IgLa tVIs.

Aliud.

Igla LeopoLIo CVnas: at LeVCorIs artes
Ora VIro graVItas patrIa sCeptra DeDIt.

Ist hernach gestorben im 1584 Jahr, wie Vnten gemeldet wirt in beruertem Jahr, als er im Ratth gewesen 30 Jahr, seines Alters 57 Jahr.

Anno 1532 Ist der Ratth am tag Dionisii Verneuret worden: herr Jacob Schausichselber Eltister. herr hannß Schindl Beisitzer. herr hans Geschl Richter. Junger herr: Augustin Matzko, Ambrosi Binter.

Durrer Sommer. Eodem anno Ist ein durrer vnd trockener Sommer gewest allso das von Mitfasten bies auff Johannis khaum so Viel geregnet, das es den staub eingenetzet hette, vnd war das Traid anzusehen, als wen es alles Verbrendt were, Darueber die leut Zimlich kleinmutig worden, Aber Montag nach Procopii hat es geregnet 4 tag nacheinander, davon des getreudes ein genuegen worden. Doch ist die gersten

Teure gersten. Zu 80, 85 gr. auch Zu 1½ ß Verkhaufft worden, Aus der Vrsachen, Weil ettliche Meltzer in die Dörffer herumb geloffen, die gersten auskhaufft, der meinung sie möchten nicht ein notturfft auff dem Markt erwarten, Aber nach der fasten vnd vmb Ostern ist die gersten wolfeiler worden.

Comet. Eodem anno hat man 3 wochen nacheinander einen Cometen am himel gesehen.

Sterb. Eodem anno Sein hie Zur Iglaw von S. Bartholomäi bies Zur Vasten 925 Personen gestorben, vnd von der Fasten bies auff Georgii 152 Personen in der erst teglich Zu 6, 8, 10 darnach auch Zu 16 vnnd 17 Personen.

Kriegshilff derer von Iglaw. Eodem anno haben die von Iglaw dem König Ferdinando wieder den Turkhen hilff bewilliget vnnd geschikt 5 Reutter, 42 fuesknecht, vnd .8 Falkonetlein, Ihr haubtman hans Saiffensieder, Puchsenmeister Sebald Sattler vnd Lewald huetter.

Apotekh. Eodem anno Ist Wolff Senkentaler Apotekher alhie gestorben.

LangPirnitz zur Stadt erkhaufft worden. Eodem anno hat herr Girzik . Dobrotsky haubtman auf Teltsch das halbe dorff LangPirnitz verkhaufft zu Gemeiner Stadt pr. 1900 Scheck das andere halbe dorff hat Valentin Prazial ein Burger alhie dem Ratth verkhaufft im 1542 Jahr pr. 2400 Schock dieser Prazial hat Zuuor Anno 1538 solches halbes dorff vom herrn Erasmo von Wol-

Anno 1533 Sabatho ante Wenceslai Ist der Ratth alhie Verneuert worden: herr Wolff Fellenbaum Eltister. herr Martin Winterberger Beisitzer. herr Wolff Fellenbaum Richter (verwischt). Junge herrn: hans Eysenmagen, Girg Peter Lederer vnd Girg Puiwaner.

Eodem anno Freitag Vor Matthiä, hat sich ein sehr grosser Vngestimmer windt erhoben, den schilt am Creutzkloster niedergeworffen, Vier Creutzgewelber eingeriessen, das dach von der Kirchen gantz vnd gar abgeworffen. Grosser Windt.

Eodem anno Donnerstag nach Georgii in der Nacht ist ein schröckliches Wetter entstanden, mit grossem sturmwindt, donnerschläge vnd regen dergleichen nicht bald erhöret worden. Bald hernach als den Sonabent Vor CreutzErfindung ist ein Wolkenbruch niedergangen, hat Zu Stonern 8 Teucht sambt dem Rantzer Teucht abgeriessen, vnd in demselben grundt grossen schaden gethan, Auch hat das Wetter bey hösen 12 Kinder im Feld erschlagen. Item ein Comet ist 6 wochen am himel erschienen vnnd es war dieses iahr das liebe getreyd Zimlich gerathen, so ist es doch am khauff so teuer worden, das man den Metzen vmb 80 auch entlich vmb 100 kleine gr. hat Zahlen muessen. Wetter vnd donner. Wolkenbruch. Comet. Teurung.

Eodem anno Ist ein Turkische bottschafft Zum König Ferdinando nach Wien ankommen in der Fasnacht, vnd hat mit dem König friedstractation gehalten vnd geschlossen, Welcher gleichwol nicht lang ist gehalten worden. Vide Sleidanum. Turkische bottschafft.

Eodem anno hat der Ratth Zur Iglaw ihren Pfarherrn Martin heusler aus der possession der Pfarr getrieben vnd ab geschafft, Darauff gedachter heusler an König Ferdinandum supplicirt bittend, das er in die Pfarr von dem Ratth wieder möchte gelassen werden, Auch das er Zu dem, was ihm der Ratth genomen, wieder möchte befördert werden. Darauff hat König Ferdinandus denen von Iglaw geschrieben folgender gestalt: Der Rath Zur Igla vertreibt ihren Pfarherrn.

Ersame Liebe getreuen, Wir Vbersenden Euch hiemit ein Supplication, so Vns Martinus heusler Pfarherr Zu der Iglaw Vnterthenigist Zugestelt, vnd vmb Vnsere gnedige einsehung demutig gebetten, Nu haben wir derhalben Vnsern Vnter Cammerer in Mährern aufferlegt vnd befolhen Zwischen euch vnd ihme Zu handlen, Vnns ist aber von gedachtem Vnsern Vnter Cammerer noch nicht Zu kommen, was er darinnen ausgericht vnd gehandlet, Nichts weniger ist an Euch Vnser befelh, das ihr gedachten Pfarherr, so fer ihr nicht sonder rechtmessig gnugsam einred vnd Vrsachen habt, wiederumb in die possession der Pfar einkommen, das ienige so Zu der Pfarr gehörig, Zustellen vnd erfolgen lasset Daran Verbringt ihr Vnsern ernstlichen will vnd meinung. Geben in Vnser Stadt Wien den 13. Oktober Anno 1553.

Ferdinandus.

Hierauff hat derRatth den König berichtet was der gemelte Pfarherr fur ein gsell gewesen, vnd warumb er der Pfarr von ihnen entsetzet sei.

Der Ratth bestelt vnd entsetzt den Pfarrer.

Es hat gedachter Martin Pfarherr nicht nachgelassen vnd an den Ratth alhie Freitag vor Martini wieder suppliciret, das er in sein possess khommen, vnd ohne fernere bemuhung des Königs nach Iglaw siecher raisen dörffe, den weil er Zur Iglaw vertrieben worden, hat er sich Zu Soher auffgehalten, Darauff ihm der Ratth geantwortet, Ob er sich dem gemeß verhalten wil was sie ihm vorgeschrieben, vnd warbei es in beisein guetter leut verblieben, wollen sie ihm alsdan ein antwort auff sein begeren erfolgen lassen, Welches dem Pfarrer nicht annehmlich. Entlich hat er sich nach Prag begeben, an vielen ortten vergebliche Intercession gebetten vnd allda beim herrn Vice Canzler (der auch für ihn intercedirt) hat er sich erbotten, er wolle Zwar von der Pfarr Zur Iglaw lassen, wen er nur bies auff Weinachten seine Wohnung allda haben khente, Vnter dessen möchte er sich vmb ein andere gelegenheit bekummern Da hat wolgedachter herr Vice Cantzler Zum andermal fur ihn Intercedirt, weil er demutiger sei als Zuuor, sie wollen ihn doch so lang es dem Rath gefellig, wieder auffnehmen, Das schreiben des herrn Girzik Ziabka Vnter Cammerers (richtig Vicekanzlers) ist datirt Prag Sontag Nach Trium Regum Anno 1534. vide 1537.

König Ferdinand Zur Iglaw durchgeritten.

Eodem anno den 26. November Ist König Ferdinandus sambt seinem gemahl Zur Iglaw durchgeritten, Des Ratths gesandten haben Ihr Mayjestät den tag Zuuor Zu Pirnitz, alda er vber nacht gelegen, empfangen vnd gebetten, Ihr Mayjestät wolle Zur Iglaw das nachtleger halten, weil sie Vernohmen, das man Zu deutschen Brod Ihr Mayjestät hoffet, Da hat der König durch seinen Marschalken antworten lassen, Zu diesem Mal hetten sie beschlossen, Zu deutschen Brod das nachtleger Zu halten, Aber er sei dennoch Ihr Gnediger König 2c. Sein allso die gesandten wieder Zurukh gefahren, vnd war Zuuermutten, der König habe sich des sterbens halber befurchtet, weil das nechst vergangene iahr vber Tausendt Menschen alhie gestorben sein. Ist also königliche Mayestät sambt der königinn vnd dem ganzem hoffgesind Zeitlich hier durch geritten desselben tags bies auff Teutschen Brod, vnd hernach bis auff Prag.

Stonern Zur Stadt erkhaufft worden.

Eodem anno hat herr Cztibor vnd Jan Rantirzj (nach Wolny VI. 41 Raubić) von hlawatecz Vettern den Markt Stonern mit der Pfarr vnd aller gerechtigkheit dem Ratth Zur Iglaw verkhaufft vmb 9000 Schock.

Ebitzdorff.

Eodem anno Ist Ebitzdorff vom herr Jan Smrczensky Zu Gemeiner Stadt erkhaufft worden.

Anno 1534 am tag Seuerini Ist der Ratth alhie verneuret worden: herr hannß Schindl Eltister. herr hannß Geschl Beisitzer. Junge herrn: Niclas Kitzmegl, Paul Meltzer.

Eodem anno Ist Zur Iglaw der Metzen khorn gewest pr. 2 ... der Waitzen pr. 3 .... Da hat der Ratth den Traidkasten den Burgern eröffnet, vnd den Metzen Khorn vmb 50 w. gr. geben, dadurch gleichwol erhalten, das es hie hernacher wolfeiler worden als in der nachtbarschafft. Der Wein ist guth gerathen. Teurung.

Eodem anno hat es vmb Philippi Jacobi Zu end des Aprils so sehr geschneyet, das der schnee an ettlich ortten eines halben Knües dikh gelegen, der hat das getreud sehr niedergedrukt vnd schaden daran gethan. Damals hat Zu Wien ein Muth Waitzes Meel gegolten 45 fl., khorn 35 fl. R. Schnee.

Eodem anno hat eines huetters Magdt Sophia in der Creutzergassen bei einem Nachtbarn mit nahmen haintz Tuchmacher glüende kolen auffn boden gelegt in ein betth vnter das stroh, Als es aber brennend worden, hat sich ohn alles gefehr bald im anfang ein kleines Magdlein auff den boden gefunden, vnd ein geschrei gemacht, rettung geschrieren. Ist allso das feuer durch Zeitliche rettung ohne sonderlichen schaden geleschet worden. Die thetterin hat man hernach bei der Langen brukhen Verbrennt. Brunst.

Eodem anno Freitag vor Creutztag im herbst Ist bei dem Thoman Mischinger ein feuer auskommen neben dem Ratthaus, Sein 5 heuser abgebrent, Nemlich das Ratthaus, des Stubikhen, herrn Steffan Schmilauers haus sambt dem Inhaus vnd Johannis Andree haus. Im Ratthaus ist gleichwol Gottlob khein sonderlicher grosser schaden geschehen. Brunst.

Anno 1535 Am tag Seuerini Ist der Ratth Zur Iglaw verneuret worden: herr Martin Winterberger Eltister. herr hannß Lerntrog Beisitzer. Junger herr: Erasmus Strohofer. (Von diesen Lerntrogisch khommen her die von Adl so sich schreiben die Poltzerischen Z Sparazowa). Poltzarisch Geschlecht.

Eodem anno Ist Zu Znahm ein Landtag gehalten worden in gegenwarth Königes Ferdinandi, Dahin ist auch die Turkische bottschafft Zum König ankommen 6 Personen auff einem Wagen, Den 4 Martii hat ihnen der König 300 Man entgegen geschikt, die sie angenohmen vnd in die Stadt Znahm begleittet haben. Den 5. Martii ist der Turkische gesandte mit des Königs gleid auff die Burgk Zu Znaim geritten, sein Werbung in der Audienz furgebracht vnd also verabschiedet worden, das er Zu Wien des Königs Resolution erwarten soll. Also ist die bottschafft den 5 Martii von Znaim wieder auf Wien verrukhet. Landtag Zu Znahm. Turkische Bottschafft.

Eodem anno herr Andre Fistritzer gestorben, im Rath gewesen 6 iahr.

Anno 1536 am tag Lucä Ist der Ratth verneuret worden: herr Wolff Fellenbaum Eltister. herr Paul Schinabitz Beisitzer. herr hans Geschl Richter. Junge herrn: Peter Zosauer, hans Pausspertl.

Eodem anno Ist herr Simon Ne[illegible]aus Oesterreich geburtig Zum Pfarherrn albi[illegible] Pfarherr Zur Iglaw.

hat im Pfarhoff gewohnet, vnd im dienst gewest 18 iahr, den im 1554 iahr ist er gestorben, wie sein Epitaphium in der Pfarkirchen bei der Sacristei ausweiset dessen author Johannes Tapinaeus Rector Scholae.

Schrittes erkaufft

Eodem anno Ist das Behmische guet Schrittes sambt ettlichen dorffern Zu gemeiner Stadt alhie erkhaufft worden von Herrn Jan Treзka pr. 11 tausendt fl.

herrn Andres Zawnern Stadtschreiber eingang aus seinem haus ins Ratthaus gebawet worden.

Eodem anno Als herr Andreas Stadtschreiber (so anno 1513 den dienst nach Herrn Seuerini todt angetretten) ein haus in der Nonnengassen gekhaufft hat, vnd er nu mehr Zimlich bey iahren vnd im dienst bei 23 iahren gewest, hat ihm der Ratth ein gang aus der Nonnengassen ins Ratthaus machen lassen, damit er desto leichter Zu seinem dienst gehen kennen, Ist hernach Anno 1539 gestorben, vnd nach ihm herr Leonhart Trenkher Stadtschreiber werden, wie Vnten soll gemeldet werden.

Traidhaus im Frauenkloster.

Eodem anno Ist Gemeiner Stadt Traidhaus im Frauenkloster mit consens des Prouincial vnd Conuents daselbsten auff Gemeiner Stadt Vnkosten erbawet worden.

Anno 1537 Sabbatho post Omnium Sanctorum Ist der Ratth alhie Verneuert worden: herr hans Schindl Eltister. herr hannß Lerntrog Beisitzer. herr Marcus Reindler Richter. Junge herrn: hans Kaudler, Wolff Paumgartl vnd Marcus Saltzenbrodt.

Pastey beym Pirnitzthor.

Eodem anno den 18. Iulii Ist der grundt bei Pirnitzthor gelegt worden, vnd hat man das Eyserne thor oder die grosse Pasteyen angefangen Zu bawen.

Durchzug des Behmischen krigsvolks.

Eodem anno den 17. Junii Ist Graff Albrecht Schlikh der Behmischen Landtschafft Obrister Vber 1000 Pfert vnd 4000 knecht, hieher kommen, welche die Behmen auff 6 Monatlang wieder den Turken im Feld Zu halten bewilliget, Es sein aber mit dem Obristen nicht mehr als 200 Reutter vnd 2 Fendlein knecht hie gelegen, die andern sein einen andern weg durch Mehrern gezogen.

Befelh wegen Martin heusleers.

Eodem anno Donnerstag vor Laurentii Ist ein befelh von König Ferdinando an den Ratth hieher kommen, man soll den Martin heusler Pfarherr alhie von welchem oben im 1533 iahr gemeldet worden, nach Prag fur den König stellen, weil er sich seinem Ambt gemeß nicht verhalten. Als man ihn fodern lassen, hat er sich absentirt, vnd hernacher nicht weitter alhie finden lassen. Also sein die von Iglaw des bösen Mans mit dieser gelegenheit loß worden.

Kirchen kleinoder von Kuttenberg alhie deponirt.

Eodem anno An aller Seelentag hat der Ratth Zur Iglaw dem Abten von Sedlitz bei Kuttenberg gelegen ettliche Kirchen Clenodien vnd Priuilegia ꝛc. so ihre Vorfahren Zu Zischka Zeiten im Behmischen Krieg hieher geflehnet vnnd auff Zuheben geben, aus befelh

Königes Ferdinandi wiederumb völlig Zugestelt, Darumben dan der Abbt vnd das ganze Conuent daselbst den Ratth alhie quittirt haben. Weil aber die Recognitio derer von Iglaw im Kloster bei Kuttenberg verblieben, Ist kunfftig Anno 1601 ein neue anforderung an die von Iglaw geschehen, als ob sie solche Clenodien noch hinter sich hetten, Daher Commissionen angestelt worden vnd viel Vnkosten auffgeloffen. Als man aber die quittung alhie gefunden, ist der handl gestilt worden, Wie dauon Vnten im 1601 Jahr soll gemeldet werden.

Anno 1538 Am tag Martini Ist der Ratth alhie verneuret worden: herr Martin Winterberger Eltister. herr hannß Geschl Beisitzer. Junge herrn: Jakob Kramer, Bartl Brimsleber.

Schepsenbrunst.

Eodem anno Dienstag nach Palmarum Ist alhie in der Spitlgassen beim Scheps Riemer (iezt neben Michl Stubikhen haus) ein feuer durch nachlessigkeit auskommen den der gemelte Scheps Riemer hat 3 Eimer Wein von Poln hieber geführt vnd mit stroh verdekt das man es nicht khennen soll, Als sie nu beide Vatter vnd sohn bei nechtlicher weil das stroh bei einem guetten starkhen Rausch in stall getragen, vnd den Wein heimlich in Keller abladen wollen, Ist ein feuer im stroh auffgangen, vnd sein dauon die ganze Spitlgassen ausserhalb 2 heuser, item am Ring 6 heuser, 2 breuheuser auch die Creutzergassen vnd etwas in der Trebergassen ausgebrent sein drei Personen im feuer erstikt, auch ist sonsten am vieh grosser schaden geschehen, Der wirth Zum haus, durch dessen nachlessigkeit das feuer ins stroh kommen, ist entloffen. Seine glaubiger haben den Wein wieder nach Poln verkhaufft. Als nu der khauffer den auffgeladenen Wein hinwekh fuhren wollen, ist das Vassl vom Wagen gefallen, Zerbrochen, vnd der Wein aller ausgerunnen, Also daß es gar Vnglükselig mit dem Wein sich Verloffen, vnd weder der erste noch der andere khauffer denselben genossen.

Andere brunst durch eines Knaben von 11 iahren muttwillen.

Eodem anno Montag nach Francisci, hat ein knab bey 11 iahren des Puklichten Merth Preumeisters Sohn in der Creutzergassen bei einem Tuchmacher N. Losnitzer ein feuer oder feurige kohlen in sein betth Vntern Dach ins stroh gelegt, da das betth gebrent, Ist ohn alles gefehr die hauswirthin auff den boden gangen vnd dem Knaben betten wollen vnd als sie das feuer ersehen vnd vmb rettung geschrien, ist es gedempffet vnd ohne schaden geleschet worden, Der Knab der Verdechtig war, als man ihn ob er an der that schuldig befragt, hat die flucht geben Zu seinem Vatter dem Preumeister, Da ward er gefenglich angenommen, vnd bekhent die that alsbald, mit furwendung er hette darumb das feuer gelegt, weil ihn sein mutter gestrichen vnd in dienst, daraus er entloffen, getrieben hat, Zu dem, so hette ihn sein fraw die Losnitzerin hart gehalten vnd geschlagen, So habe er das feuer gelegt, ob er dadurch khente seines

Dieser Jung ist bey dem Pranger mit dem Schwert gericht worden.

dienſts loß werden. Drei wochen hernach iſt dieſer iung mit dem ſchwert beim Pranger gerichtet worden, Wen man ſeiner iugendt nicht geſchonet hette, wer er mit feuer verbrent worden.

Roßmuel vor feuer verwahrt.

Eodem anno Iſt die Roßmuel vor feuer böſſer verwahret worden, weil ſich der brunſten in wenig iahren Viel begeben, vnd gleichwol alle ohne ſchaden der Muel abgangen. Zu Verhuttung kunfftiger gefahr ſein Viel Vnkoſten darauff gewendet werden, das ſie vor feuer deſto böſſer geſiechert ſei.

Waitzenbier.

Eodem anno Weil an gerſten mangl eingefallen hat man Waitzen bier gebrauet von Michaelis bies auff Georgii, Wer aber Waitzen vnter gerſten gemenget vnd gebrauet hat, der hat Zur ſtraff den ganzen Winter des Bierpreuens muſſen mueſſig gehen.

wer da gersten vnter den Waitz gemengt hat missen deß Brevens missig gehn.

Vnterschreiber.

Eodem anno Iſt dem Alten herrn Andreas Zauner Stadtſchreiber alhie, ein Vnterſchreiber Zugegeben worden Eraſmus des Ludwig Rädls ſohn, Sein iährliche beſoldung 16 ß, vnd da er wurde fleiſſig ſein, ſoll ihm noch 2 ß gegeben werden.

Anno 1539 feria 6 post Martini Iſt der Ratth verneuert worden: herr Wolff Fellenbaum Eltiſter. herr Paul Schinabitz Beiſitzer. Junger herrn: Jacob Lidl Melchior vnd Thomas Miſchinger.

Fruchtbares iahr.

Eodem anno Iſt ein ſehr fruchtbares iahr geweſen, alſo, das allerlei getreud, Wein, Obſt vnd Zugemüſe gar ein guette Fülle gewachſen.

Stadtschreiber gestorben.

Eodem anno Iſt herr Andreas Zauner vom Frauenthal geburtig, welcher von Anno 1513 bies hieher Stadtſchreiber geweſen, geſtorben in Zimlichem alter, der auch Zu Zeit der Auffruhr Anno 1520 vnd nach der groſſen brunſt Anno 1523 viel wiederwertiges neben andern hat muſſen ausſtehen, Nach ihm iſt herr Leonhard Trenkher Stadtſchreiber worden.

Stadtsigil verloren worden.

Bei dieſem Ratth hat herr Paul Schinabitz Anno 1540 am tag Wenceslai das kleiner Stadtſigil verloren ſambt dem Sammeten beutl vnnd als ohn gefehr bei 2 Monden hernach der Ratth hatt ſollen verneuert werden, haben die Neuen Ratthsgeſchwornen nicht ehe das Ambt auff ſich nehmen wollen, auch das Jurament nicht geleiſtet, bies ihnen der Vorſitzende Ratth verſprochen (weil durch ihren Burgermeiſter das Sigil verloren worden) da einige gefahr hieraus Zu beſorgen, das ſie es verantworten vnd darumb gerecht ſtehen wollen ohne entgelt der Newgewehlten Ratthsperſonen, Welches ihnen Zugeſagt worden, Es hat aber herr Vnter Cammerer, dem der Ratth dieſen faal wegen des verlornen Sigils geklaget vnd vmb Rath erſuchet, fur notwendig geachtet, Man ſolte es bei der Landtaffl anbringen vnd begeren, damit ſolcher Verluſt in das Landt-

Register einuerleibet werde, Zu dem ende, Ob iemandts damit sigilliren wurde, das solches krafftlos vnd der Stadt ohne schaden sey. Welches auch hernach Anno 1541 geschehen Zu Brun auffm Landtag.

Nach diesem hat der Ratth Zur Iglaw in dem Neuen Sigill ettliche Buchstaben endern lassen, damit man das alte Sigil, ob es iemandt gebrauchen wurde, Von dem Neuen Vnterscheiden khenne. Dem Schinobitzer aber war seine gantze nahrung im arrest, wo ia irgents ein gefahr der Stadt daraus entstunde, das man sich an ihm vnd seinem guett erholen khente. Ein Zeit lang hernach hat der Burgermeister das verlorne Sigill nach fleissiger nachforschung Zu Datschitz wieder erfragt.

Anno 1540 am tag Elisabeth Ist der Ratth alhie verneuret worden: herr hans Schindl Eltister. herr hans Lerntrog Beisitzer. herr Johan Kandler Richter. Junger herr: hanns Schneider.

Eodem anno Mitwoch nach Palmarum Ist ein grosse *Finsternus.*
finsternus der Sonnen alhie gesehen worden, allso das man des tags Zur arbeit khaum hat sehen khennen hat gewehret 2 stund lang.

Eodem anno War ein so duerrer vnd trockener Sommer *Duerrer Sommer*
das man das getreud vor S. Peterstag alhie abgeschnitten vnd eingeerdnet, welches Zuuor Vnerhörtt gewesen. Am Wasser war hie grosser mangel, darumb hat man das Maltz Zum bierbrauen auff der Roßmuel mahlen muessen, vnnd hat von Ostern bies auff Weinachten nicht so Viel geregnet, das es das erdtreich 2 finger tieff eingewaichet hette, So ist weder Kraut, rueben, Zwifel noch ander hausnotturfft nicht gewachsen, daher das fleisch vnd andere Victualien zimlich teuer worden.

Des Weins aber war ein solche menge gerathen, das man *Guette Wein.*
nicht Vaß ein genuegen haben kennen, Viel Zu Wien vnd anderer ortten haben aus mangl der Vaß die Wein hinwekh geschenkt, Andere haben ihre Alte Wein bei nächtlicher weil auff die gassen ausgegossen, vnd den Neuen guetten köstlichen Most darein gefüllet, Ettliche haben gar nicht lesen kennen, weil sie khein Vas Zu khauffen gehabt, Ein Zehen Emer Wein Zu Wien vmb 2 fl. R.

Eodem anno Ist die Papiermuel im Altenberg gebauet *Papiermuel.*
worden.

Item das Getreud haus im Frauenkloster so Anno 1536 *Traidthaus im Frauenkloster.*
von Ratth alhie angefangen worden in diesem iahr gar ausgebaut worden. Auch ist die Pfarkirchen mit Zigeln gedeket worden.

Eodem anno. Demnach sich das handtwerch der Tuchmacher beschwert, wie sie an Reemen ein grossen abgangk hetten, *Reemen der Tuchmacher.*
vnd dadurch ihre arbeit vnd die khauffleut nicht fördern khennen, hat ihnen der Ratth alhie vergönt den Spitlgarten Zu 24 Reemen da allzeit 2 Tuch-

macher eine Reem haben vnd genuessen sollen vnter iährlichem Zins, nach des Ratts erkentnis. Actum 18. Dezember 1540.

Stadtschreiber in Iglaw.

Eodem anno. Ist herr Leonhard Trenkher Zum deutschen Stadtschreiber alhie auffgenohmen worden an stat des Verstorbenen herrn Andreä Brisnikh. Ist im dienst gewest 30 iahr vnd im 1571 gestorben.

Anno 1541 feria post Leonhardi Ist der Ratth alhie verneuret worden: herr Martin Winterberger Eltister. herr hannß Geschl Beisitzer. herr Andre Kitzmegl Richter. Junger herr: Bartl Lang.

Sterb.

Eodem anno. Ist vmb Weinachten ein Zimlicher sterb oder pestis entstanden, sein fast teglich bei 25 Personen vmbkommen, die seuch haben inficirte von Wien vnd Znaim hergebracht.

Windt.

Eodem anno. Den 2. Februari Ist ein grosser windt gewesen, hat das dach von der Pfarkirchen abgeworfen, ettliche andere decher Zerriessen, das erdtreich mit sambt der saat ausgeriessen vnd sonsten grossen schaden gethan, Dieser windt hat 3 tag nacheinander gewehret.

Ofen belegert

Eodem anno. Als Johannes Weiwoda welchen ettliche Zum Vngrischen König Anno 1526 erwehlet gestorben, vnd seine verlassene Wittib neben einem Mönchen vnd des Weiwoda khindern die Vestung Ofen fort innegehabt, hat König Ferdinandus mit starkher macht die Stadt Ofen belegert, der hoffnung weil er dieselbe anno 1525 nicht gewunnen, es solte iezt geschehen. Des Volks darfur soll bei 20 Tausendt gewesen sein, Es ist aber so Vngluckselig abgangen, das wenig der Vnsrigen dauon kommen sein. Dem Mönchen vnd des Weiwoda Wittib der königin sein die Turkhen starkh Zu hilff kommen. Die Mehrerische Landtschaft hat geschikt 3000 knecht, sein die meisten vor Ofen blieben, Von hinnen ist der Zehende Man dienstag vor Maria Geburth hinabgezogen benentlichen 26 Personen, 2 Reutter vnd 6 feldstücklein, die solten neben den andern Mehrerischen vnd Oesterreichischen nach gehaltener haubtschlacht die Vnsrigen im leger retten, sein aber Zu langsam khommen vnd ist das iahr vor Ofen ein grosser schad vnd spott den Vnsrigen begegnet, die Vnuerrichter sachen mit schaden haben Zurukh Ziehen muessen.

Von Iglaw der Zehende Man fortgeschikt.

Stadtmauer vor Spitlthor.

Eodem anno hat man vor Spitlthor auff dem Waal, da Zuuor ein Zaun gewest, angefangen ein Mauer Zu bauen, den Zuuor nur ein geflochtener Zaun darumb gewest, vnd hinter demselben der Waal.

Ambtman auf Schrittes. besoldung.

Eodem anno Ist Jacob Lederer Ambtman auff Schrittens, welches guet 5 iahr Zuuor Zu Gemeiner Stadt ist erkhaufft worden, verordnet. Sein iährliche besoldung 8 ſſß.

Schausichselber gestorben.

Eodem anno. Ist herr hans Schausichselber meiner Grosmutter, hedwig Pauspertlin, Bruder gestorben.

Anno 1542 feria 5 post Galli Ist der Ratth verneuret worden: herr Wolff Fellenbaum Eltister. herr Paul Schinabitz Beisitzer. herr Vincentz Schlegl Richter. Junge herrn: Frantz Lidl, Augustin Reindler, Marcus Sorgenfrey, Nicl Seidenmeltzer.

kalter Sommer.

Eodem anno Ist ein sehr kalter Sommer gewest, der-gleichen man hie Vor nie gedacht, Am heiligen Pfingstabendt hat es hie dikh eyß gefroren, die Obstbaume haben sehr langsam gebluet, vnnd ist des ge-treudes wenig doch nicht teuer worden, ein strich khorn Ist 13 w. gr. Der Wein ist sauer gerathen vnd gar wenig gewachsen.

kriegshilff in Vngern.

Eodem anno hat König Ferdinandus sambt der Reichs-hilff vnd seiner leuder bey 70 Tausendt Man wieder den Turken in Vngern auffgebracht, verhoffent, weil ihnen das gluckh das vergangene iahr Vbl angeschlagen, sie wellen das iahr mit grosserer Summa den feindt dempffen. Man sagt es sey mit der Vngern vnd ander hilff bei 100 Tausendt man dies iahr fur Pest kommen, Sein aber nur 8 tag fur Pest gelegen, vnd wie sie 3 sturm darfur verloren sein sie wieder abzogen. Sein im leger vnd im Abzug mehr den 20 Tausendt man gestorben.

hewrecher Zur Iglaw. bey Spieteltbor 232 Perschnen, frauenthorr 226 Perschnen, Pirnitz tohr 35 Persohnen.

Eodem anno Nachdem 2 iahr her ein grosser mangl am futter gewest wegen des duerren Sommers, allso das viel Vieh hungers gestorben, hat man alhie Zur Iglaw dieses iahr das hew mit grossern fleis samlen lassen, Montag nach Jakobi hat man heurecher gezehlt als sie Zu abents in die Stadt gangen, Vom Spill-thor 232 ausserhalb der Vorstedter, Zu Frauenthor 215, Zu Pirnitzthor 35 Personen.

wie Viell fuder Hay sindt herein gefürt worden Spieteltohr 92 Frauentohr 35 Pirnitztohr 5

Des andern tags hernach hat man hew in die Stadt herein gefuhrt, Zu Spillthor 92 fuder, Zu Frauenthor 35 fuder, Zu Pirnitzthor 5 fuder haben sich also die Leut mit futterey bösser als Zuuor versehen, damit sie ihr Vieh, wen dergleichen duerre Sommer einfielen, desto leichter erhalten kenten.

Mönchen hengen ihren fuhrknecht.

Eodem anno haben ettliche Mönchen Zu Olmuntz fran-ciscaner ordens ihren fuhrknecht selbst gemarttert gebreut, vnd wie ein Vbeltheter gepeiniget, auch entlich gar auffgehangen, Aus Vrsachen, das er ihnen den habern doch auff ihre Roß, mehr als sich gebueret, ge-stelen hat.

hewschreken.

Eodem anno Ist in Beheim im Satzerkreis ein grosse menge der hewschreken geflogen, haben alles gruenes abgefressen, die Kraut-hingl abgenaget, Dauon nachmals ein grausamer gestankh den man von ferne gerochen, entstanden. Der hewschreken sein auch in die gegend hie herumb, doch in kleiner Zall kommen als in Beheimb xc.

Anno 1543 feria 3 ante Francisci Ist der [illegible] verneuret wor-den: herr hans Schindl Eltister. herr hans [illegible] herr hans Eysenmagen Richter. Junger herr: Peter [illegible]

Ambtman auff Stoneern.

Eodem anno Iſt herr Peter Opult Zum Ambtman der Mähreriſchen guetter angenommen worden, Sein Jährliche beſoldung 50 ſſ.

Belernungen Zur Iglaw abkommen.

Eodem anno Sein die Belernungen, welche ettliche Behmiſche Stedt hie in rechtsſachen genohmen, bey gemach abgeſchafft vnd eingeſtelt worden. Den weil ſich ſonderlich die von Czaſlaw vnd Colin (die von alters her ihre belernung hie geholet) die Belernungen ſo ihnen hie mitgetheilt worden, nicht gemeß Verhalten, ſtoltz vnd Vbermütige einreden hilten, alſo das es dem Ratth alhie mehr muh den nutz geſchaffet, in dem ſie die ſachen Behmiſch hieher geſchikt, die erſt haben mueſſen verdeutſchet vnd darnach beratſchlaget werden, Derowegen iſts bei allen 3 Räthen verblieben, das man genandten beiden Stedten ſo wol auch andern kunfftig kheine belernung oder Information Juris mittheilen ſoll. Deſſen haben ſich die Behmiſchen Stedte beim König Ferdinando beſchwert, Da hat der König ein Commiſſion nach Iglaw verordnet, War vnter den Commiſſarien auch herr Jan von Pernſtein, Weil ſich aber die Commiſſion etwas Zu lang verzogen, vnd die guetten leut in Rechtsſachen khein guetten rath haben kennen, Sein ſie durch ihre geſandten hieher kommen, vnd gebetten, man welle ſie ferner rahtslos nicht laſſen ſie ſeyen des erbittens, ſich ferner Vnſern Rechten nach Zuuerhalten, vnd aller gebuer gegen der Stadt Iglaw ſich Zuerzeigen. Den abgeſandten hat der Ratth alhie damals kheine antwort geben laſſen, ſondern den handl auff ein andere Zeit, da ſie ferner anhalten ſolten, verſchoben, Nachmals weil ſie ſolches mehr bittlich vnd demutig erſucht iſts ihnen Zugeſagt worden, ferner ſie Zu belernen doch in der geſtalt, Weil ſich die Rechtsſachen Zur Iglaw auch ie mehr vnd mehr heuffen vnd ſie mit den ihrigen gnug Zu ſchaffen haben. So ſollen ſie kunfftige von iedern Vrthl 2 ſſ dem Stadtſchreiber alhie geben, da ſie Zuuor nur 1 ſſ gegeben hatten, Welches ſich Zwar angenohmen, Aber ſieder der Zeit ſein gar wenig Rechtsbelernung hie genommen worden, Weil Zumal die khönigkliche Apellation in Beheim auffkommen, dahin ſich die Stedte beruffen khennen.

Groſs Wetter.

Eodem anno Am tag Alexii Iſt alhie ein ſchröckliches Wetter mit gruppen vnd groſſem windt geweſen hat den Spitl vnd Pirnitzthurn Zerrieſſen, die Zigeln herab gerieſſen, ettliche Paſteyen Zerbrochen, Städl eingeworffen, ein ſtuben gar vmbgekeret, das getreyd auffm feld auff anderthalb meil weges verderbet vnd Zerſchlagen, ein fuhr hew Vber vnd Vber geſtürzet, viel Plankhen an gärtten eingerieſſen vnnd ſonſten merkklichen ſchaden gethan.

Turkenkrieg.

Bald hernach iſt der Turkiſche Kaiſer mit starkher macht gehn Ofen kommen, Gran, Weiſſenburg vnd andere Veſtungen eingenohmen, Denen iſt König Ferdinandus entgegen gezogen, doch haben die Behmen nicht weitter als gehn Preßpurg Ziehen wollen, Vber die hiegen Reutter ist Nicolaus Seidenmeltzer haubtman bestelt gewest. Sein abermal Vnuerrichter sachen anheim kommen.

Anno 1544 feria 4 ante Galli Ist der Ratth verneuret worden: herr Martin Winterberger Eltister. herr hans Geschl Beisitzer. herr Vincentius Schlegl Richter.

Eodem anno Sein Zu Strasnitz auff einer grossen Wie- Hewschrecken.
sen, die bei 150 fuder hew tragt, eine vnzehliche Summa der hëuschrecken niedergefallen, haben das gras so weit abgefressen, das man khaum ein einige fuder hew hatte machen khennen, Von dannen haben sie sich in drey theil getheilt, Ein theil ist in Oesterreich, das andere in Schlesien, das dritte in Mährern geflogen erstlich auff Eubantschütz, Von dannen den andern tag als Freitag vor Laurentii auff Trebitsch, da haben sie das treid vnd gras abgefressen, vnd hats das Volkh mit Kesseln vnd eysenklangkh abtreiben mussen. Darnach haben sie sich vmb Stonern vnd Lang Pirnitz gelegert wie ein diker Nebl oder Rauch anzusehen, so dikh das sie der Sonnenschein verdekt haben, man hat sie an ihrem rauschen Zimlich weit gehöret vnd hinten am hals haben sie gleichsam Mönchskutten gehabt, Von dannen sein sie weiter in Beheimb geflogen. Die haben ohne Zweiffl den Sachsenkrieg so Anno 1546 sich angefangen, in welchem der Churfürst Johan Fribrich gefangen worden, angedeuttet.

Eodem anno. Sein vier Finsternussen gewesen 3 der Finsternus.
Monden, die Vierte an der Sonnen, Donnerstag vor Pauli Bekherung, welche ein gutte stundt gewehret hat, die leut so auff der gassen alhie gangen, sein vor furcht heimgeloffen, vnd haben nicht anderst vermeint, als kheme der iungste tag, den es war dermassen finster, das die leut Zu ihrer arbeit beim tag haben lichter anzünden muessen. Ist gewesen Zwischen 15 vnd 16 Vhr vmb Mittag.

Eodem anno In der Christnacht ist Zu Ebetzdorff ein Wundergeburth.
halbe meil von der Stadt ein Khind geboren worden mit 2 heubtern vnd 2 angesichten nebeneinander, vnd iede seiten der 2 angesichter ein ohr, das [illegible] der stirn Zwischen beiden angesichtern, oberhalb der stirn einen [illegible] stram wie ein Jungfraw Pertl, auff den heubtern vmb vnd vmb [illegible] ein hauben oder blasen voller blut, ein kurtzen hals, 2 hendt, 2 [illegible] 4 augen, Am rukhen hat es gehabt gantz hinab ein rotten streim blu- [illegible] finger breit, hat aber nicht gar lang gelebet.

[illegible] anno Ist dem M. Georgio Medico, welcher in der Georgius Medicus.
[illegible] gewohnet hat, (iezt neben der Garkuchen) ein besol- [illegible] gemacht worden, weil er die khrankhen fleissig besucht [illegible] [illegible] gleichwol khein bestalter Physicus hie gewesen.

Stadtschreiber.

Eodem anno Sontag vor Pauli Ist herr Johan Strabach von Pernstorff Zum Behmischen Stadtschreiber alhie auffgenohmen worden.

Königs consens zur Rahtsuerneuerung weil damals der herr Vnter Cammerer gestorben.

Anno 1545 feria 4 post Thomæ Ist der Ratth alhie verneuert worden aus Bewilligung König Ferdinandi weil damals herr Vnter Cammerer gestorben. herr Wolff Fellenbaum Eltister. herr Paul Schinabitz Beisitzer. herr Johan Geschl Richter. Junge herrn Siluester Dreyeker, Sebastian Sule.

Czeusaw Neustifft Popitz.

Eodem anno hat herr Augustin Matzko von Czeusaw auff Patlaun (Battelau), die dörffer Czeusaw, klein Neustifft vnd Popitz dem herrn Peter Schmilauer verkhaufft pr. 5700 Schock. Von dem sein sie Zu Gemeiner Stadt khaufft werden Anno 1558 pr. 5800 Schock.

Klein Thurn.

Eodem anno hat man den grössern Pfarthurn angefangen zu bauen, Weil er aber hat begunt einzubrechen (den er war mit dem gemauer so hoch, als an dem andern thurn des thurners stüblein) hat man ihn Anno 1561 wieder abgetragen, vnd niederer als den andern thurn darauff der Turner wohnet gemacht (späterer Zusatz: damals ist auch der Saal im Rathaus gewelbet worden).

der sall im Radthauß gewelbet worden.

Kasten.

Eodem anno Ist der Wasserkasten am Vntern Platz gebauet worden, Item das gewelb vber dem Saal auffm Ratthaus.

Eyß vmb Bartholomäi.

Eodem anno hats am Sontag nach Bartholomäi Eyß alhie gefroren, sein auch vmb dieselbe Zeit grosse raiff gefallen.

Belernung nach Colin versagt.

Eodem anno haben die von Iglaw denen von Colin nicht mehr Belernung gegeben weil sie sich beschwert als wern die hiege belernung tunkel vnd vndeutlich haben Vrlaub genomben, die ihnen gern gelassen worden.

His verbis.

Poniwadz smo Prwo was w takowych wieczech Ziadostiwj nebyli z gesstio negsme. Actum w Gihlawie w Pondielj po Swatem Diwissi 1545.

Neuer Unter-Cammerer.

Anno 1546 feria 3 post Luciae Ist der Ratth alhie verneuert worden durch herrn Przemisl von Witzkow Vnter-Cammerern in Mährern. herr hanß Schindl Eltister. herr hanß Lerntrog Beisitzer. herr Paul Schinabitz Richter. (Junger herr: Peter Pauspertl mein auus maternus, später durchstrichen worden).

Einerlei Maß im Landt.

Eodem anno Ist auffm Landtag Zu Olmuntz von allen 4 Stenden beschlossen worden, das einerley maß in gantz Mährern sein soll, vnd sein die Strich, daran man Zuuor das Traid gemessen, abgeschafft worden. Item das Sommertraid soll man khaufft messen, vnd das Wintertraid gestriechen.

Eodem anno Ist der Martin Luther den 18. Februar Zu Eisleben in seinem Vatterlandt seligklich (späterer Zusatz: Scilicet) entschlaffen, (Zusatz von spät. Hand: vndt in der Höll Begraben worden, deme auch die Teuffien in Vnterschiedlicher gestalten als schwartze Vögeln Zum grab Begleitet, woraus seyn Vnseeliges Endt genugsamb am tag gegeben), hat vor seinem end vnter andern auch von diesem Prophecehet (Zusatz von spät. Hand: O Vortrefflicher Prophet!), es werde nach seinem absterben alsbald ein Krieg wegen der lieben glaubensbekentnis entstehen, Welches auch geschehen, wie bald hernach soll gesagt werden: D. Luther gestorben.

TroIVgenæ reLegVnt VbI festa feraLIa: CurrVs
IsraeL CVstos, DIVe LVthere, CaDIs.

Aliud.

SanCtVs et aLtILoqVVs Vates obIt, aLter ELIas
DVLCIa qVIqVe DeI Verba sonabat oLor. B. S.

Ist Zu Wittenberg in der Schloskirchen begraben worden den 22. Februar.

Festa CaLVnt VbI PapICoLæ CatheDraLIa Petri
PrIVatVs VIta IVsta LVtherVs aDIt.

(Zusatz von spät. Hand: Cruciatur ubi est, Laudatur ubi non est).

Anno 1547 feria 4 post Nicolai Ist der Ratth alhie verneuert worden: herr Martin Winterberger Eltister. herr hanß Geschl Beisitzer. herr Lucas Stubikh Richter. Junge herrn: Andre Losnitzer, hans Dauid vnd Matthes Andraczko.

Was das Vergangene 1546 iahr bald nach absterben des gottseligen (Zusatz von späterer Hand: losen Schelm) herrn Lutheri fur ein Krieg Zwischen Kaiser Carolo quinto vnd den Churfursten von Sachsen entstanden, wegen der Religion, Auch wie der Kaiser den Churfursten Vberzogen, vnd gefangen genohmeen, ꝛc. Ist im Sleidano weitleuffig Zu lesen. Kayser bekriegt den Curfursten aus Sachsen. Als nu Vnser König Ferdinandus seinem brudern Carolo mit einer ansehlichen hilff beispringen wolte, vnd die Behmischen Stende darumb ersucht hat, haben dieselben wieder den Churfursten nicht kriegen wollen (Zusatz von [illegible] Hand: weilen sie auch die lutterische lehr gehabt), mit furwendung, es [illegible] die vralte Verbundtnis der Behmen mit dem haus Sachsen, [illegible] die meisten herrn, von Adl vnd Stedte im Königreich [illegible] mit einander verbunden, ihrem König disfals nicht Zu [illegible] weil es wieder ihre alte Verbundtnis ist, vnd vmb die Religion Zu [illegible] vnd weil die Stadt Iglaw auch ettliche wenig Landguetter in Beh[illegible] als Schrittes mit seiner Zugehör, so sie allererst kurtz Zuuor [illegible] Zur Stadt gekhaufft, Ist ihuen gleichfals von den Behmischen [illegible] General Mandat Zu kommen, das ein ieder so Lan[illegible] [illegible] Verlierung desselben sich darzu bekennen vnd [illegible] Warumb die Iglauer dadurch Zu schaden kommen.

(den Stenden) fur einen Man stehen soll. Da haben die von Iglaw entlich aus furcht, das sie vmb ihr neuerkhaufftes guttlein nicht khemen, neben den Stenden gesiegelt vnd sich so weit verbunden, neben ihnen Zu stehen, Ob sie wieder den König nichts wurden furnehmen. (Zusatz von späterer Hand: Man siehet gleich was ein Lutheraner schreibet, nicht aus Forcht das Gutt zu verliehren, sondern weilen die Rathmänner Luther verschwohren, haben sie sich mit denen Lutheranern Verbunden. Sie hetten ihre gütter durch den Kayser nicht verlohren, weren sie demselben treu verblieben). Als sich aber der streit so weit einliesse, das der Churfurst das 1547 iahr gefangen worden, vnd der König die Beheim beschuldigte, als die wieder ihn dem Churfursten beipflichtet hetten, vnter welchen auch die Stadt alhie gerechnet ward, sein die Beheimb nach erörtterung des Sachsenkriegs theils am leben, ein theil an gelt vnd guettern gestrafft worden. (späterer Zusatz: gar recht geschehen). Wie man gegen die von Iglaw mit der straff Verfahren ist vnten im 1549 iahr Zu lesen.

Brukhen bey S. Johanns. Eodem anno Ist die Steinerne brukhen vor Spitlther bei Sanct Johannis vber die Igl gebawet worden.

Blutschandt. Eodem anno hat ihm ein Meltzer in der Creutzergassen mit nahmen Schellenkegl ein iunges Weib Zur ehe genehmen in seinem alter, mit dieser hat sein Sohn noch Zu lebzeiten seines Vattern in Vnehren gelebt, vnd als der Valter gestorben, vnd der Stieffsohn mit seiner mutter also gehauset, das sie von ihm Schwanger worden, sein sie beide miteinander entwiechen.

5 Khinder geboren in Einen iahr. Eodem anno hat Lucas Suchentrunkhin ein Burgerin alhie in der Spitlgassen 5 khinder in einem iahr geboren (späterer Zusatz: von einem Weib) 2 sein todt auff die weldt khommen, vnd hernach vmb Martini ehe das iahr herumb kham, hat sie wieder 3 geboren lebendig, haben aber nicht sehr lang gelebet.

Eodem anno Ist herr Wolff Fellenbaum Ratts-Eltister gestorben, als er im ratth gelebet 30 iahr.

FIt CIner et CLaVDIt VoLfgangVs fata: VerenDVs
Et prIsCIs CanIs et graVItate Senex.

Anno 1548 feria 5 ante Simonis Ist der Ratth alhie verneuert worden. herr Paul Schinabitz Eltister. herr Augustin Reindler Beisitzer. herr Johan Pauspertl Richter. Junger herr: hans halh.

Blutschandt. Dies iahr hat ein bauer von Dobrons sein leibliche Schwester beschlaffen, vnd als man der That gewies war, hat man das Vrthl vber ihn auffm Saal im Ratthaus offentlich gefelt vnd ausgesprochen das man ihn mit dem schwert richten soll.

Barrabas 1. brannt. Eodem anno Montag vor himmelfarth Christi haben Zwen böse buben Veit Barrabas vnd Wölffl ein Pintergsell alhie in der Frauengassen gegen dem Traidhaus vber bei einem burger das ander haus am thor ein feuer gelegt, welches Zwischen 15 vnd 16 Vhr auffgangen, Es war damals ein grosser Windt, so hat es auch den gantzen tag geregnet, vnd sein gleichwol 5 heuser vnd 3 Meltzheuser abgebrandt. Wer an diesem feuer schuldig, hat man damals nicht eigentlich erfahren kennen, vnd die Wirth im Verdacht gehabt, als solte durch ihre nachlessigkeit das feuer entstanden sein bies man entlich auff den grundt kommen ist.

Den Freitag vor Pfingsten, in der dritten Wochen nach Barrabas 2.
dieser brunst, hat Veit Barrabas mit wiessen seines gesellen brunst.
ein anderes feuer gelegt beim Theodor Freitag am vntern Ring in einem Stall gegen dem Preuhaus vber, welches vmb 20 Vhr auffgangen, Da war ein grosser windt vnd treckenes wetter, Darumb sein bei 25 heuser in der nachtbarschafft bies ans Pirnitzthor abgebrent, Sonsten hat man bei 40 Dächer abgeschlagen vnd auff denselben dem feuer das es nicht weitter vber, handt nehme, gewehret. Als nu der Ratth alhie wegen des Theters viel vnnd mancherlei nachforschung gehabt, hat sich entlich der rechte theter mit seiner vnbestendigen rede Zu Budwitz in Mährern selbst verdächtig gemacht, Darumb ist er allda gefengklich eingelegt worden vnd als man ihn von dannen mit bewilligung der Obrigkeit nach Iglaw gefuhrt hat, hat er ohne Marter frei bekent, es habe einer, den er nicht khennet, seinem gesellen 9 Taler hinter Prag gegeben, das er ettliche dingen soll welche die königkliche Stedte in Beheim vnd Mährern verbrenneten, Nach solcher Verrichtung solte ihnen Zu Letsch oder Numburg in Beheimb ihrer bemuhung gutter lohn erfolgen. Das hat er auch in der Peinlichen frag gestanden, Ist sonsten ein fuhrknecht gewest, vnd hat sich mit seinem weib ettlich viel iahr als ein taglohner hie enthalten. Sein straff war diese: Erstlich hat man Warabaß gericht
ihn vorm Ratthaus mit glüenden Zangen gerissen an beiden wegen des feuers.
Brüsten, Darnach hat man ihn in die Frauengassen gefuhrt fur das Thoma Meltzers haus, allda er mit seinen gesellen das erste feuer gelegt hat, vnd sein ihm an der einen handt die finger mit glüenden Zangen abgezwickt worden, Von dannen hat man ihn an vnterm Ring fur des Freitags thür geführt, da er das ander feuer gelegt hat, da sein ihm von der andern handt die finger abgeriessen worden. Entlich hat man ihn bei dem galgen an ein Sail gebunden ein feuer vmb ihn herumb gemacht, er selbst ist an ein Sail an Pfloth angebunden gewest, da hat er herumb lauffen mussen bis er entlich von der hitz verschmachtet ins feuer gefallen vnd Zu aschen verbrent worden ist. Sein gesellen der ein Pinter seines handtwerchs gewesen sein soll, hat man nicht erforschen kennen.

Eodem anno haben vnsere khauffleut Jacobi auffm krembser Bartels Weib.
Markt ein Weib gesehen, welches ein langen schwartzen bart gehabt, 1½ Virtl elen lang ihres alters bei 24 iahren. Das ist Zur Verwunderung

dem König Ferdinando nach Wien gefuhrt worden, der hat sie nakend vnd blos abconterfeyen lassen.

Solawitz. Eodem anno hat herr Mila von Bramnowitz vnd hans Batelowsky Zprosticho dem herrn Augustin Segenschmid Burgern alhie das dorff Solowitz sambt dem hoff vnd mit aller gerechtigkheit verkhaufft 1450 Schock pr. 70 gr. gerechnet. Die Segenschmidischen habens hernach Zu Gemeiner Stadt verkhaufft im 1562 Jahr pr. 2100 Schock.

Anno 1549 feria 5 post Michaelis Ist der Ratth verneuert worden: herr hannß Schindl Eltister. herr hannß Peltzer Beisitzer. herr Lucas Stubikh Richter. Junger herr: Mathes Rauscher.

3 Sonnen. Eodem anno hat man alhie vnd an andern ortten 3 Sonnen vmb 2 Regenbogen am tag Fabianj gesehen.

Ambtman auf Steuern. Eodem anno Ist Baltzer Jungmaier Zum Ambtman der Mähretischen guetter auffgenohmen worden, Sein iahrgelt 20 Schock. Alle wochen 1 Metzen habern, 30 schütt stroh, holtz in notturfft.

Straff derer von Iglaw wegen des Churfürsten von Sachsen. Eodem anno Donnerstag nach Galli hat König Ferdinandus den Ratth von Iglaw nach Prag citirt nemlich 8 Personen aus den Geschwornen, vnd 8 aus den Eltern herrn. Als sie nach Prag kommen, haben sie sich bei dem Obristen herrn Cantzler dem Fürsten von Plawen rc. angemeldet, das sie auff Jhrer königlichen Majestät befelh sich als gehorsame Vnterthanen eingestelt. Die Abgesandten sein gewesen, aus den Geschworen des Ratths: hans Schindl, Valten Mohensakh, Augustin Segenschmid, hans Kandler, Marcus Saltzenbrodt, hans Lerntreg, Bartl Brimsleber vnd hans Pauspertl der Zeit Stadtrichter.

Aus den Eltern herrn an stat der Gemein sein abgesandt worden Martin Winterberger, Paul Schinabitz, hans Geschl, hans Eysenmagen, Jacob Kramer, Jacob Ludl, Augustin Reindler, Peter hammermeister.

Als sich nu diese 16 Personen fur Jhre furstl. Gnaden den herrn Obristen Cantzler gestelt vnd angemeldet, hat ihnen der herr Cantzler mit Centnerwortten furgehalten, wie sich die Stadt Iglaw gegen ihrem herrn vnd König in ettlichen articeln bei nechst geschehenen Deutschen Krieg wieder den Johan Fridrich Churfursten Vota Sachsen, sehr tieff vergrieffen, hefftig gesündiget, vnd dadurch königliche Vngnad verdienet hetten, dieweil sie nicht allein mit den Auffruhrischen Behem in Rattschlägen gewest, sondern auch neben ihnen wieder ihren König gesiegelt, vnd daher mit dem gewesenen Churfürsten wieder den König verbundtnis gemacht rc.

Darauff die Abgesandten ihre entschuldigung gefuhret, Sie weren ohne grundt bei Jhrer königlichen Majestät verunglumpfft worden, sie seien dessen Vnschuldig, bitten, man wolle ihnen den Verleimbder namhafft machen, damit sie sich aus dem Verdacht fuhren khenten, sie weren nie der meinung gewest, wieder ihren König etwas Zur Vngebuer furzunehmen, Sondern hetten alles gethan, was damals der König durch seine publicirte Patent begert vnd befolhen hat, auch ihre Reutter vnd Knecht neben andern dies gehn Meissen geschikt. Weil aber in einem bekentnis betreff befunden worden, das das Datum ehe geschrieben gestanden als der brieff hat sollen ausgehen, sein die von Iglaw dadurch in Verdacht khommen, an welchem ihr Stadtschreiber, wie sie furgeben, schuldig soll gewesen sein. Daher ist nach beratschlagung des handls denen von Iglaw der bescheid erfolget durch den Obristen herrn Cantzler: Ihre königliche Majestät hetten ihr einwenden in notturfftige beratschlagung gezogen vnd neben seinen Räthen so viel befunden, das sie neben andern sich wieder Ihr königliche Majestät Vngehorsam erzeiget hetten, Darumb sollen sie aller ihrer Landtguetter dem König Verfallen sein. Da haben sich die Abgesandten so viel beim herrn Obristen Cantzler bemuhet vnd durch bitt erhalten, das ihnen ihre landtguetter geblieben, doch Zur straff haben sie 25 Tausendt Taler geben muessen, Auff Trium Regum nechstkunfftig 15 Tausendt, Georgii hernach 10,000 Taler. Item von iedem Vaß bier haben sie 1 w. gr. mehr geben muessen als andere Mehrerische Stedte, Welches man den Erblichen biergroschen genennet hat, Der ist hernach Anno 1575 wieder abgebracht worden wie Vnten im selbigen iahr Zu finden. Wie nu die von Iglaw die straff abgefuhret, Vnangesehen, sie sich entschuldiget, daß sie Vnschuldig, hat sie hernach König Ferdinandus gnugsam versichert, das solches weder ihnen noch ihren Nachkommen Zu kheinem nachtheil oder spott gedeuen, auch an ihren ehren Vnschädlich sein soll.

Die von Iglaw haben mussen straff geben wegen ihrer Behmischen gutter 25 Tausendt gulden.

Anno 1550 feria post Cucis exaltationem Ist der Ratth verneuert worden: herr Martin Winterberger Eltister. herr hannß Geschl, Beisitzer. herr Nicl Seidenneltzer Richter. Junger herr: Veit Ambrosii.

Eodem anno Am heiligen Pfingstag hat sich vnter der Predigt ein gerumpl vnd tumult auff dem gewelb der Pfarkirchen erhoben, darob das Volkh an der Predigt erschroken vermeinend es falle der Pfarthurn ein. Darumb lieff das Volkh hauffenweis aus der Kirchen, eins fiel Vber das ander, alle thür waren den leutten Zu eng, ein ieder wolte der erste aus der Kirchen sein, den Weibern wurden ihre Kirschen [illegible] Zerriessen vnd als man auff der Kirchen sahe was sich begeben, [illegible] nur ettlich wenig Dachziegeln von einander gefallen, hat also der [illegible] an diesem hohen Festtag auch sein Spiel haben wollen.

Tumult in der Pfarkirchen vnter der Predigt.

Eodem anno Montag nach Martini Ist Andreas Brisnikh [illegible] Stadtschreiber Zu Trebitsch, fur einen Stadtschreiber [illegible] worden, Dieser ist nicht gar 2 Jahr im dienst geblieben [illegible] seinem Ambt gemes nicht Verhalten.

Stadtschreiber alhie.

[illegible] Den 23. Martii hats Zu klauenfurth in [illegible] Khorn geregnet, eine Meil wegs [illegible]

Khorn geregnet.

ettlichen ortten einer Zwerchen handt bikh gelegen, ettliches braun ettliches weis, Ist Vielen leutten fur ein Wunderwerkh Zugeschikt worden, Es ist aber ein schönes guttes brott daraus gerathen.

Eodem anno vmb Fronleichnambstag haben die Aepfflbaume alhie Zum andermal gebluet.

Kleine Fleischbänkhe. Eodem anno hat man die kleinen Fleischbenkhe neben herrn Doctor Nucarti haus gebauet an der Zahl 6, vnd im 1561 Jahr hat der Rath noch 2 benkhe darzu bewilliget. Sein abgebrochen worden Anno 1622.

Wunderthat. Eodem anno Sonabendt vor Trinitatis hat sich ein altes Weib an ihrem schleyer bei der Gleichsnerin erhenkt, derselben Man ist ettlich iahr Zuuor enthaubtet worden, Von derselben Zeit an soll ihr der Teuffl immer im sinne gelegen sein, sie solle sich henkhen, welches sie auch Volbracht. Als nu ihre Wirthin die Gleichsnerin solches erfahren, hat sie aus einfalt gedacht, die that Zuuerschweigen, vnd das Weib ablösen, auch heimlicher weis auffn Freydhoff begraben lassen, daher ist Zum öfftern ein gedummer vnd sturmwindt gehöret worden, Innerhalb 4 wochen als man etwas erfahren, ist das Weib wieder ausgegraben worden, ihr leib war noch gar warm vnd hat blut von sich gegeben, welches mein herr Vatter vnd Viel mehr gesehen (Zusatz: Ex annalibus Domini Parentis).

Anno 1551 feria 4 post Luciae Ist der Rath verneuert worden: herr hannß Geschl Eltister. herr Augustin Reindler Beisitzer. herr Augustin Segenschmidt Richter. Junger herr: Girg Pesserl.

Teurung. Eodem anno Ist das getreid in teurenr khauff alhie gewest, der Metzen khorn vmb 3 Schock vnd etwas teurer, der Waitz fast in dem Werth.

Johannis Brunst. Eodem anno den 7. Augusti Ist Zwischen 19 vnd 20 Vhr bei dem Nicl Finsterburger des Jahannisen sohn vntern Lauben ein feuer auskommen hinten auff der stallung (damals sein an der Zeil beim Ratthaus lauben gewest). Da ist von des herrn Augustin Schmilauers vnd Valten Mohensaks (izt Fausigros) heusern anzurechnen die gantze Zeil sambt dem Ratthaus, item die Nonnengassen, Creutzergassen, Spitlgassen, das Spital, des Schönthans thurm im gasslein an der Stadtmauer, der Spitlthurn sambt der brukhen vnd ein theils der Spitlvorstadt verbrendt vnd sein allenthalben bei 150 heuser durchs feuer verderbet worden, vnd Zehen Person erstikt.

Donner brunst. Den nechsten Sonabent hernach ist in der Nacht ein [illegible]liches wetter kommen das hat gegen morgen bei der herrn Lucas [illegible] Wittib (meiner Großmutter) am vntern Ring Zwischen Andre [illegible] Thoman Vnuerdorbens heusern angezündet im dach des [illegible], es aber Gott lob, bald wieder ist gelescht worden, hat es [illegible] schaden gethan.

Durch die grosse Johannsbrunst ist der Ratth alhie verursachet, bei ihrer königlichen Majestät vmb ergetzligkeit dieses erlittenen schadens Zu sollicitiren, Sonderlich weil sie das vergangene iahr wegen der straff sehr Zu schaden kommen, vnd sonsten Vielmals durch brunste verarmet worden. Solch ihr bitt hat König Ferdinandus behertziget, vnd der Stadt den halben theil des biergelds auff 6 iahr lang nacheinander nachgesehen, Welches gelt sie Zu auffbawung der Stadt gewendet haben. Begnadung Königs Ferdinandi.

Eodem anno Bald nach dieser Johannisbrunst als man die meisten heuser wieder gedekt hat, ist in des obgedachten Niclas Finsterburgers behausung in der stallung an dem vorigen ortt wiederumb ein feuer auffgangen im grummet, welches gleichwol bald ersehen vnd geleschet worden ist. Diese andere brunst hat allerlei nachdenken verursachet, vnd weil dadurch die Wirthin sambt ihrem Magdlein (so bei 14 iahren alt gewesen von Soher geburtig) verdechtig worden, Sein sie beide auffs Ratthaus beschiket vnd gefengklich gesetzt worden, In gehaltener examination hat sich die Wirthin hoch entschuldiget, sie sey Vnschuldig an dieser brunst, wiesse auch nicht woher sie entstanden, Das Magdlein aber hat entlich bekent, sie habe beide feuer gelegt aus der einigen Vrsachen, das sie ihr herr der Niel Finsterburger mit einer schindl geschlagen, Als der Wirth darumb Zu rede gestelt worden hat ers gestanden, mit meldung, dieweil damals ein grosser Windt gewesen vnd der Ratth bei straff habe rueffen lassen, man solle khein feuer anmachen bies sich der windt leget, habe er solches seinem gesind verbotten vnd sey daruber ausgangen, Als er aber wieder heimkommen vnd ein feuer in der Kuchen gesehen, habe er das Vngehorsame Magdlein mit der Schindl geschlagen Daher sie sich nu mehr Zum andermal gerochen. Als solches der Ratth wahr befunden, ist das boshafftige Magdlein andern iungen leutten Zum exempl mit feuer Verbrennt worden. Die ander Johannisbrunst. das maidell ist Verbrendt worden wegen des feyers das sie gelegt Hatt.

Eodem anno Nicht sehr lang darnach ist im Zwinger bei Pirnitzthor bei der nacht wieder ein feuer auffgegangen in einer kalchhuetten, das hat sich vom Kalch entzundet, Weil aber der Wechter Zeitlich gesturmet, ists ohne schaden gedempffet worden, Darnach als man nachforschung gehalten, hat sichs befunden, das der Kalchableschar vngeleschten Kalch an die bretter in der huetten geschüttet hat, vnd hat geleschten Kalch oben darauff gethan, daher sich der Kalch erhiczet vnd entlich gar brennend worden. Das dritte feuer.

Eodem anno Am Pfingstmontag Ist das dorff Wolframbs ausserhalb 6 heuser gantz vnnd gar ausgebrennt. Brunst Zu Wolframbs.

Eodem anno Den 19. Dezember als König Ferdinandus nach Prag von Wien geritten vnd Zu Pirnitz vber nacht gelegen, ward ihm gesagt das es Zur Iglaw hefftig sterbe, Darumb wolt er König Ferdinand reitt neben der Stadt ab.

allda nicht einkheren, Des andern tags frue hat der Ratth nach Pirnitz Zum König abgefertiget, nemlich herrn Martin Winterberger, herrn hans Schindl, herrn Augustin Reindler vnd Niclas Seidenmeltzer, die solten Ihr Majestät empfahen vnd sonsten der Stadt notturfften furtragen, Als sie aber am wege Pfaffenwäldlein. beim Pfaffenwäldlein gefahren, haben ihnen 4 des Königs Reutter begegnet vnd gefragt, Ob der Burgermeister von Iglaw vnter ihnen were, Da sie sagten Ja er sei da, Sagt der eine Reutter, Ihr königliche Majestät hetten befolhen sie solten wieder Vmbkeren die Stadt Zuschliessen lassen, damit khein hoffgesind hinein kheme, es soll auch niemandt aus der Stadt von der Burgerschafft gelassen werden bei leibes straff so lang bies der König furuber reittet, Item er hette befelh so lang vor dem thor Zu warten bies Ihr Majestät furuber rietten Dem befelh nach haben sich die abgesandten verhalten. Als aber der König Zur Stadt kommen, sein Viel leut auff den Mauren gestanden, vnd Zugesehen seinem Durchzug, Ihr Majestät aber haben die Nasen Zu gehalten, damit ihn nicht ein inficirte lufft anwehen khente.

Was aber die sterben betrifftt, hat es Zwar gestorben aber nicht sehr, vnd ist das geschrei Viel grösser ans Königshoff dauon gewesen als es an im selbsten wahr war.

Teurung. Ein Metzen khorn 1 fl 3 w. (gr.) haber 10 w. (gr.) Gerste 1 fl Weitz 1 fl.

Anno 1551 Montag nach Nicolaj hat mein Vatter herr hans Leupoldt Zum erstenmal geheurath (als er von Wittenberg nach haus von seiner Mutter beruffen worden) Zur Jungfraw Vrsula herrn Andre Michalkes tochter, seines alters 24 iahr.

Annos IngressVs qVatVor fVIt atqVe VIgIntI
JanVs VbI pepigIt fœDera prIMa thorI.

Anno 1552 feria 3 ante Catharina Ist der Ratth verneuret worden: herr hans Schindl Eltister. herr hans Pauspertl Beisitzer. herr Marcus Sorgenfrei Richter. Junge herrn: Matthes Gruen, Frantz Krumb.

Teurung vnd wolfaile Zeit. Eodem anno Ist ein Mezen khorn pr. 1 fl 4 gr. gewest, bald hernach hat man den Mezen Zu Znaym vmb 6 w. gr. gekhaufft.

Mönch erstochen worden. Eodem anno Ist Bruder Paul ein Mönch alhie erstochen worden.

1552 10. August Ist meines Vattern hans Leupolden erstes weib in Kindsnötten gestorben.

SextILIs ter terna DIes CLarebat et Vna
VrsVla qVa posVIt VInCVLa DIrae neCIs.

Schlittweg vmb Ostern. Anno 1553 Ist vmb Ostern ein schnee gefallen gutter schlittweg worden, das man alle notturfft auffm Schlitten in

die Stadt hat füren kennen hat aber nicht lang gewehret, In der Marterwochen hat man allererst angefangen Zu akhern.

Eodem anno Ist der Wein in Oesterreich wol gerathen, Zäche Wein.
vmb Weinachten aber sein die Wein so Zäch worden, das sie vor Zächigkeit
aus dem Vaß nicht haben rinnen mögen.

Eodem anno Ist Peter Opelt Ambtman der Stadtguetter Ambtman.
gestorben.

1553 vmb Johannis hat mein Vatter herr hans Leupolt Zum andermal geheurath Zur Jungfraw Vrsula des herrn Peter Pauspertls von
Drachenthal Ratthsbürgers alhie ehliche tochter.

ALtera sVrrIpItVr thaLaMo LICet VrsVLa fato
ALtera fIt ConIVnx VrsVLa Jane tIbI.

Anno 1554 Sabatho post Omnium Sanctorum 3. November Ist der
Ratth alhie verneuert worden: herr hanß Geschl Eltister. herr Augustin
Reindler Beisitzer herr Nicl Seidenmeltzer Richter. Junger herr: hannß
Leupoldt mein Vatter aetatis ad 27.

Tertia ConsVrgIt CanI LVx alba NoVeMbrIs
RIte LeopoLIVs sVsCIpIt VrbIs onVs.

Eodem anno Donnerstag nach dem Neuen iahr Ist Lau- Stadtschreiber.
rentius Reindler Zum Behmischen Stadtschreiber alhie auffgenohmen worden.

Eodem anno Ist herr Simon Neuman Pfarherr alhie Pfarher ge-
von Stein aus Oesterreich geburtig gestorben seines alters 40 storben.
iahr, hat den Kirchendienst alhie versehen 18 iahr. An dessen stell ist hernach anno 1556 herr M. Albertus Cruciger vom Raht vocirt worden, wie
Vnten soll gemeldet werden.

Eodem anno Dienstag nach quasimodo Sein 2 leibliche Teuffl erwurgt
brueder des herrn Kransteusky Vnterthanen von Augezd bei der einen bauren.
Nacht aus dem Bierhaus gangen, vnd als sie einen trachen haben fliegen
sehen, hat der eine brueder gesagt, Teuffl bistu böß, so gehe her vnd ring
mit mir? Der ander bruder aber hat Darumb gestrafft, er solle mit dem
Teuffl Zufriden sein. In dem nahet sich der Teuffl Zu ihnen Verwandelt
in eines Menschen gestalt, da wolten die 2 brueder fliehen, Aber der Teuffl
erwischt den einen, der ihn Zum ringen begert hat, vnd erwurget ihn an
der stell.

Eodem anno Mitwoch vor Katharina hat König Ferdi- Prediger sollen
nandus ein befelh nach Iglaw geschikt vnd in gantz Mehrern das ihnen Bärth ab-
[illegible] die Priester vnter einer vnd beiderlei gestalt alle sollen die Bärth ab- scheren lassen.
scheren lassen vnd lange Kleider tragen, Solches hat der Abt von Soher
[illegible] aufgebracht. Drauff haben sie sich alle ([illegible] Melchior
[illegible] Zum Renzer) bescheren lassen.

Anno 1555 feria 5 post Dionisii Ist der Ratth verneuert worden her hannß Schindl Eltister. herr hans Pausperll Beisitzer. herr Peter Zesauer Richter. Junge herrn: Andre Glenkh, Martin Schmittner.

Roß falt in Brunnen.

Eodem anno Freitag vor Trium Regum Ist einem fuhrman beim Theodor Freitag am vutern Platz ein Roß heubtling in brunnen gefallen, der war 6 Klaffter tieff, Da ist man an einer laiter hinabgestiegen, vnd dem Roß an die hintern fueß ein Sail gelegt vnd also lebendig heraus gezogen. Der Fuhrman ist mit dem Roß noch denselben tag hinwekh gefahren, Der kummet vnd Sail haben vieleicht geholffen, das es beim leben geblieben, item das khein wasser im brunnen gewest.

Zauberin.

Eodem anno Am tag Vincula Petri Ist ein Weibsperson alhie ausgestriechen worden, welche guetwillig bekennt sie habe den teuffl im glas, item sie fahre mit ihm iährlich 3 mal in die heel, hat auch Viel leut mit ihrem Waarsagen betrogen.

Ehbrecherin.

Eodem anno Am tag Margaretha Ist Anna des Weissen tochter von der Stadt geurlaubet worden, das sie sich mit 7 Ehmennern vnd anderer ledigen Pursch in Vnzucht eingelassen, die Menner sein vmb geldt vnd mit gefengknis oder haben die straff absitzen mueßen.

Tuchmacher Zu Budwitz vnd Trisch anfang.

Als etliche Tuchmacher alhie einen krummen vnd laamen Ochsen von dem hirten erkhaufft vnter sich getheilt vnd verzehrt hatten, Sein sie fur Vntuchtig erkent vnd vom handtwerch gestossen, auch der Stadt verwiesen worden, Die haben sich theils nach Trisch, andere nach Budwitz begeben, vnd alda das handtwerkh getrieben. Sollen die ersten Tuchmacher allda gewesen sein. Ex annalibus Joh. Leopolii.

Sacrament vnter beiderlei gestalten vom Abten ausgetheilt.

Eodem anno hat König Ferdinand durch den herrn vnter Cämmerer bericht begert ob der hiege Abt Martin Straletzki das Sakrament vnter beiderlei gestalt austheile da er doch Catholisch ist, vnd ob bei vnser Kirchen ein solcher brauch sei. Darauff der Ratth berichtet, das nicht allein er, sondern andere vor ihm viel lange iahr sich also bei der Communion verhalten was darauff erfolgt ist im 1556 Jahr.

1556 den 20. Martii hat das hantwerkh der Wagner einen ihres handtwerkhs mit nahmen hans Gamling beklagt, das er ein hering gegessen, von denen, welche der henkher als Vntuchtige ware verbrenen hat solen, vnd weil er die that bekent, hat ihn daz hantwerkh weiter nicht dulden noch fördern wollen. Ex annalibus parentis.

Anno 1556 Am tag Michaelis Ist der Ratth alhie verneuert worden: herr Martin Winterberger Eltister. herr Johan Eysenwagen Beisitzer. herr Andreas Losnitzer Richter. Junge herrn: Augustin Schmilauer, Matthes Letzelter vnnd Vallen Abentheuer.

Eodem anno Ist Martin Stralitzky Pfarherr Zur Iglaw worden, Dieser hat 2 mal der gemein alhie das hochwurdige Sacrament vnter beiderlei gestalt gereicht. Vnnd nach absterben seines Prelaten ist er Abbt Zu Selaw worden, doch hat er die Confirmation vber bemelte Abbtei vom König Ferdinando mit grosser muh vnd vieler werbung bekommen. Vnd als König Ferdinandus berichtet worden, das der New erkhorne Abbt die Communion sub utraque gehalten, ist er fur den König citirt worden Von seinem Verbrechen (wie sie es Vermeintten) rechenschafft Zu thun. Doch ist entlich die sach dahin kommen, das gemelter Abbt Martinus dem Weihbischoff Zu Sober gebeuchtet, er habe Vnrecht gethan, das er das Vollkh vnter beiderlei gestalt communicirt hat, solhes sei ihm auch sehr laid, hiedurch hat er die Absolution erlanget, vnd ist Zu gedachter Abbtei confirmiret worden. Doch weil er die leut sub utraque communicirt, hat in der der Weihbischoff gleichwol nicht coroniren noch infuliren wollen in der Pfarkirchen sondern im Creutzkloster. Vnd weil sich diese pompa verzogen, hat der Neue Abbt Martinus die Communion in der Pfarkirchen von dem hohen Altar, allda sie bei 30 iahren Zuuor gehalten worden, auff S. Barbara Altar transferirt vnd verordnet, Weil dan solche neurung dem Ratth mißgefallen, sein Zu ihm geschikt worden herr Martin Winterberger, herr Valten Mohensakh vnd herr Augustin Reindler, Zuerkundigen, warumb er solche neurung furnehme. Da hat der Abbt Zur Antwort geben, Er sei Darumb beim König Verunglimpfft worden, daß er es Zuuor Vnterlassen, Doch weil es dem Ratth also gefallt, so welle er Verordnen die Communion wieder auff dem hohen altar Zu halten, Da hat ihn Martin Winterberger gefragt, Obs billicher sei, das die Communion sub utraque so ein göttliche ordnung der Meß so ein Menschenfindlein weichen soll? Ist hernach die Communion am Neuen iahrstag dieses 1556 iahrs wieder auff dem hohen Altar wie bishero gehalten worden. Pfarher Zur Iglaw wirt Abbt.

Eodem anno Ist Abbt Martinus den 2. Sontag post Epiphanias von Wenceslao suffraganco Olomucensi vnd Methudio Abbten Zu Prukh im Creutzkloster Zur Iglaw Bäbstischen brauch nach gekrönet worden vnd hat das Sacrament vnter einerlei gestalt empfangen. Vnd am tag Lichtmeß hat er Vnter der Infell die Meß gesungen. Abbt wirt gekrönet.

Eodem anno hat ein Ersamer Ratth alhie den herrn M. Petrum Zasium vnd meinen Vattern herrn hansen Leupolden (durchstrichen: mit wissen vnd willen des Abbts) vmb einen Euangelischen Prediger abgefertiget, vnd weil sie in der nachtbarschafft von kheinem tauglichen gewust, sein sie auff Wittenberg gezogen, vnd im nahmen des Ratths beim herrn philippo Melanchthone (dem der Abbt Martinus etliche Iglaurische Käß durch sie Verehret) vmb ein gelehrte vnd taugliche Person geworben, Als herr philippus Melanchton das Credentzschreiben des Ratths Zur Iglaw gelesen vnd vernohmen, auch die [illegible] M. Albertus Creutziger Prediger Zur Iglaw.

sandten ihre mundtliche notturfft furgebracht, hat er sie Zum frumahl eingeladen, mit meldung, er wolle nach gehaltener Malzeit nach dem M. Alberto Creutziger (den hans Leupoldt dem Raath alhie Zuuor commendirt) schikhen, vnd wegen der Vocation vnd bestallung weiter handlen, Welches auch geschehen, Weil aber herr Albertus noch ein iunger Man gewesen, haben die abgesandten vermeldet, sie hetten Zwar befelh nach einem Alten erfahrnen Man Zutrachten, doch weil er dem herrn Philippo so wol auch seinem Ayden Casparo Peucero Doctori gefiel, auch sie die Abgesandten seine Predigten in der Schloskirchen angehöret vnd ihnen belieben liessen, wolten sie mit ihm seiner bestallung halber schliessen, Darauff herr Melanchthon lachend soll Zur Antwort geben haben, Lieben herrn, Ist der M. Cruciger euch Zu iung so nembt mich fur euren Prediger an, Aber ich hoffe ihr werdet mit ihm Versehen sein. Drauff haben die Abgesandten mit herrn Crucigero entlich geschlossen, vnd vom herrn philippo Vrlaub genohmen.

Als nu gedachter her M. Albertus Cruciger alhie Zur Iglaw ankommen, vnd seinen Kirchendienst angetretten vnd geprediget hat, ist er gantzer gemeiner Stadt ausser ettlich weniger, sehr lieb vnd angenehm gewesen, vnd haben seinen Predigten mit sonderer andacht vnd fleis Zugehöret.

M. Albertus Predigt wieder die Meß. Nu ist Zwar bei seiner bestallung durch die Abgesandten auch dieses vermeldet worden, das bei der Kirchen alhie das Ambt der Meß nach Bebstischer weiß gehalten werde, doch wenig der Burger khemen darzu, vnd were Zu hoffen, es wurde in Kurtz dieser irrthumb ausgerottet werden, Er solle nur anfangs, ehe die leut, so noch der Meß bei Pflichten, eines bössern Werden vnterrichtet sein, glumpfflich procediren vnd die Meß nicht so hart anfechten Aber der gutte eufrige herr Cruciger gedachte vnd befand bei sich, das er solches ambts vnd gewiessens halber nicht thun khente. Darumb hat er ohn alle schew auff offener Cantzel das Ambt der Meß die höchste Abgötterei genennet vnnd die so der Meß beiwohnen, Auch die so Zur Meß singen vnd dieselbe dadurch befördern vnnd fortpflantzen, verfluchet vnd Vermaledeiet, mit fernerer meldung, das der fluch so Vber die Abgötter ergehet, denen wiederfahren wirt so die Abgötterei befördern, hat auch in ettlich Predigten weitleufftig ausgefuhret, das die Meß

Joh. Tapinæus Rector Scholæ will Zur Meß nimmer singen lassen. ein solch Abgöttisch wesen sei. Als solches Johannes Tapinæus derselben Zeit Rector Scholæ angehöret vnd in sein gewiessen gegangen, hat er sich samt seinen Atiuuanten vnd astanten in die 20 Personen des Fluchs angenohmen, vnd haben Zur Meß nimmer singen wollen, Als der Abbt sowol auch der Rath [illegible]

Werden furn Rath beschikt. wo dieses geschrei furn König Ferdinandum kheme, es [illegible] nicht allein ihnen, sondern gantzer gemeiner Stadt gefahr daraus [illegible] weil hierinnen auch Ihre königliche Majestät angetastet werden, [illegible] den Crucigerum sowol auch den Rectorem vnd seine Discipeln [illegible] haus erfordert vnd erstlich dem herrn Crucigero mit glumpfflichen gutten worten angezeiget, er wolle doch leiser mit der sach vmbgehen, sich im Scalirn messigen, vnd die Bebstischen nicht so ohn allen schew verdamnmen, Man wiesse ia wol, das die Meß von Gott nicht gebotten, vnd ein Menschen gedicht sei, daher khommen wenig burger darzu, Doch khenne man sie so schnell nicht abschaffen, er soll der Zeit vnd gelegenheit wahr nehmen, vnd den handl selbst bösser erwegen vnd beratschlagen. Darauff hat Zwar herr Cruciger Zugesagt gelinder Zu Predigen, Aber er hats nicht gethan, sondern ward ie lenger ie hefftiger vnd wolte Kurtz vmb man solte die Meß straks abschaffen vnd aus der Kirchen ausrotten, sonst khente er nicht lenger im dienst bleiben, Zu dem hat auch gedachter herr Cruciger am Neuen Iahrstag (ettliche setzen am Christtag) die bilder vom Altar abgeworffen vnd gestürmet &c. den Caplanen das Buch in der Vesper Zugeschlagen, vnd in beisein herrn hansen Eisenwagens vnd Andre Losnitzers ins maul schlagen wollen, Welches er seinem eyfer Zugeschrieben. So sein auch die studenten auff sein anfuhrung Zur Meß nicht mehr khommen Zu administriren, Welche als sie neben ihrem Rectore furgefodert, vnd von ihrem furnehmen sowol als herr Cruciger nicht abzufuhren waren, vnd sich beiderseits mit schrifften der Propheten vnd Aposteln Verteidigten (3 Reg. 18. Actor. 7 de Stephano. Actor. 17 de Paulo. Psalmo 82). Ist nach gehaltener rattschlagung der bescheid erfolget. Erstlich was den herrn Crucigerum betrifft Weil der von seinem Intent nit abstehen wil, soll er des diensts muessig gehen. Darauff ward herr Cruciger hefftig ergrimmet, redet schmehlich vnd spottisch dauon nicht Zuschreiben, Dem ward geantwortet, Lieber herr Magister Eben der gestalt hat Zuinglius vnd Johannes Leidensis vnter dem praetext des Euangelii auffruhr erweket vnd gleichwie ihr mit euren schenden vnd lastern izt vnd Zuuor gethan. Haec Mart. Nouillianus Senior 30. Decemb. 1557.

Cruciger vnd Rector sambt den Adolescenten werden verurlaubet.

Ebnermassen ist der Rector Joh. Tapinaeus seines dienstes entsetzet worden, hat Zu Kuttenberg den Stadtschreiberdienst angenohmen, uido fol. sequenti, Im Rectorat hat ihm succedirt Wenceslaus Mathusius.

Rectores Scholae.

1556 Ist das thürml auff dem Ratthaus, darin iezt die halbe Vhr steht, gebawet worden, wie die Zettl im knopff es weiset.

Anno 1557 Sonabendt nach Egidii Ist der Ratth verneuret worden: herr hans Geschl Eltister. herr Augustin Reindler Beisitzer. herr Veit Ambrosi Richter. Junge herr herrn: Ambrosi Matern, Girg hedmer.

Eodem anno Als die Adolescenten Zur Meß nicht singen, auch von ihrem furnehmen nicht weichen wolten sein sie in gefengknis gelegt worden sambt ihrem Rectore Scholae Johanno Tapinaeo. Da solches M. Cruciger erfahren ist er grimmig auffs Ratthaus geloffen, den Ratth darumb hart vnd grob Zugeredet, Aber als er nichts richten kennen, roh oder sie geschrien, Da ist sowol der Cruciger als der Rector vnd Adolescenten das sie alsbald ihres diensts sollen muessig gehen proscribirt vnd relegirt worden, Es sein aber ettliche der Relegirten adolescenten nicht weit von der Stadt wieder vmbgekheret, In die Stadt kommen, vnd Zugesagt, Zur Meß wie Vorhin Zu singen. Der Rector ist auf sein bitt bei der Stadt gelitten werden, doch soll er seines schuldiensts muessig gehen, vnd da er sich sonsten wieder die Meß wie Cruciger einlassen wurde, sol er Verkhauffen vnd die Stadt raumen, Dieser ist hernach Stadtschreiber Zu Kuttenberg worden, von dannen er gar Viel schöner Episteln an meinen Vattern, so noch Vor-

Abbt ein heichler.

handen, in latein geschrieben. Es hat aber der Abbt Martinus damals gemeldet, er welle darumb nicht gestatten, das man in der Meß etwas endern soll, damit der gemeine Man nicht spreche, Magister Cruciger von Wittenberg habe reformiret, er were sonsten nicht sehr darwieder ob man

hans Leupoldt redet wieder die Meß.

ein enderung bei gemach furnehmen wolte. Als wegen des herrn Crucigeri geratschlaget worden, das er wegen seines Vnzimlichen eufers hie nicht kente geduldet werden, Zumal weil er in die Meß Zu sehr vnd Zu Vnzeitlich inuehire, Ist herr hans Leupoldt herfurgefahren, den Crucigerum disfalls Vertendiget, das er recht lehre, die Meß sei ein Abgötterei, solches were aus der schrifft Zuerweisen; vnd da herr Cruciger den irrthumb verblumlen vnd verkleinern wolte, were er khein Rechter Seelen hirt, sondern ein stummer hundt der nicht bellen darff wen der Wolff kombt Man solle die Warheit nicht verschweigen, auch den leutten ihre sünde entdekhen vnd Zur bekherung von irrthumb abweisen, sonsten wurde Gott der Verfuhrten blut von der Prediger hende fodern ɔc. Solche reden waren sonderlich den alten nicht annehmlich die noch ein stukh von der Meß vnuerdawet hatten, darumb ward hans Leupoldt wegen solcher reden vnd das er

Wirt gestrafft.

den verurlaubten Crucigerum vertaidiget vnd beim Sentenz nicht sitzen wollen, gestraffet. Da nu Cruciger hat von hinnen verraisen sollen, war in der Gemein verbotten, es solte ihm niemandt das glaib geben, den weil er in seinen reden eufrig war Zubesorgen, er möchte das Volkh Zur auffruhr bewegen, Es habens aber ihr Viel aus der Burgerschafft dennoch nicht Vnterlassen, vnd ihn beleitet, Da hat er Zu S. Johans auffm berg sein traurig Valet genohmen vnd von hinnen abgeschieden. Ettliche die wider des Raths verbott hinaus gangen sein mit gefengknis gestrafft worden.

M. Cruciger valedicirt seinen gutten freunden.

Desselben tages aber als herr Caspar Cruciger verraisen wollen, welches war der 11. Januarii hat er Zuuor seine [illegible]theter vnd liebste freundt durch ein kegliche oration beim herrn [illegible] krumb valedicirt vnd gesegnet, Dabei auch Zum offtern gemeldet, das [illegible] hette ihm gwalt vnd Vnrecht gethan, daß er wegen seines [illegible] bekommen er wolle es an dem ortt Verteidigen da sichs [illegible] ihm hans Leupoldt Zugeredt, er solle es Gott befelhen, weil geschrieben stehet Mihi uindicta et ego retribuam. Ist also herr M. Albertus Cruciger gemelten 11. Jannuarii von hinnen nach Prag vnd also dies nach Wittenberg verraiset (Zusatz:) hat in abraisen hinter der langen brukh vor Spitlthor ein Predigt gethan das die Gmein seiner lehr vnd das er khein auffruhr erwekt, Zeugen sein sollen, hat in die Meß inuehirt vnd den Rath höhlich taxirt, sollen bei 200 Menschen dabei gewesen sein.

Zeucht nach Wittenberg.

L. Reindler.

Der Abbt vnd der Ratth schreibt an Philippum Melanchthonem wegen Crucigeri 24. Jannarii 1557.

Nach seinem Abzug hat der herr Abbt Martinus vnd der Ratth alhie fur notwendig geachtet, sich beim herrn Philippo Melanchthone schrifftlich Zuentschuldigen, das nicht sie sondern herr Cruciger selbst wegen seines Vnzeitigen eufers die einige Vrsach sei seines abschiedes, darinnen auch vermeldet ward wie er bald anfangs seines Predigambts gedonnert bilder gesturmet ꝛc. Vnd ist diese entschuldigung dem herrn Philippo derhalben Zugeschrieben worden, damit wen man kunfftig anderer gelehrter leut von Wittenberg bedurffte, dieses factum der Stadt alhie Vnschädlich sei. Darauff hat herr Philippus dem botten von Iglaw khein schriefftliche Versiegelte antwort sondern nur schlecht ein offene Kundschafft in latein mitgetheilt mit folgenden worten: Hic nuncius Iglauiensis exhibuit mihi literas ab Abbate et a Senatu missas de expulso Concionatore Alberto, quem quidem ipsae literae significant eo tantum expulsum esse quia idolorum cultum taxauit. Cum igitur recte docuerit Albertus, et honeste uixerit & nullas seditiones mouerit, doleo Ecclesiam eius loci orbatam esse voce pij Concionatoris. Doleo etiam non solum de ipso concionatore, sed et de Scholasticis piis honestis et bene eruditis asperiora decreta ibi facta esse. Et oro Filium Dej Dominum Nostrum Jhesum Christum, ut nostras Ecclesias gubernet et protegat, nec sinat noticiam & inuocationem Dej extingui, ac ut reprimat Sophistas Turcos et omnes inimicos veritatis. Videmus horribiliter ruere Europæ imperia, harum ruinarum causas cogitare sapientes Viros oportebat, Punit enim Deus Idolorum cultus et alia peccata ac ut pœnæ mitigarentur, ad Filium Dej Dominum nostrum Jhesum Christum Mediatorem confugere nos omnes oportebat, Ideo et reuerenter audiendj erant recte docentes. Haec cogitent etiam Iglauienses qui taxari Idolorum cultus [illegible], et recte docenti Concionatori et pijs Scholasticis tam duri [illegible].

Herr Philippus Melanchthon fertiget nur mit einer Kundtschafft den botten ab.

Philippus Melanchthon.

Kundschafft wirt verhalten.

[illegible] Diese kundtschafft ist von dem botten dem herrn Martin [illegible] demals Eltisten Zugestelt aber im Ratth nicht [illegible], den es war Zu besorgen, da es der Gmein offenbar wurde, [illegible] Philippus Zur antwort schreibet, es möchte wieder ettliche, vnd [illegible] gedachten Eltisten, der an dem Abschied mehrerstheils

Caspari Cruci-geri schreiben an Ratth 26. Martii 1557.

Vrsacher gewesen sein soll, ein auffruhr erwekt werden. Es hat auch herr M. Albertus Cruciger den 26. Martii ein absonderliches Sendschreiben an Ratth alhie geschrieben darinnen er in gemein den Ratth, insonderheit aber herrn Martin Winterberger Eltisten, herrn Augustin Reindler, herrn hansen Eisenwagen vnd herrn Andre Losnitzer sehr tarirt vnd angetastet, Ihnen auch 3 traktetlein gedrukt darinnen Vrsach seines Abschiedes furgewendet, Zugeschikt, welche allererst im Julio dem Ratth sein Vberantwortet worden, Darnach ist auch ein Lied von diesem handl alhie Zur Iglaw gesungen worden, darinnen der ganze streitt begrieffen, hebt sich an: Merk auff Abbt du stoltzer Man, mit deinen Rattsgenossen &c. Mehrers von diesem Zu schreiben ist odiosum.

Cometen.

Eodem anno Sein 2 Cometen gesehen worden. So ist

Duerrer Sommer.

auch ein duerrer Sommer gewest das es nicht so Viel geregnet das dadurch 2 finger dikh das erdtreich were genetzet worden, Da hat man auff der Roßmuel malen muessen, Die Tuchmacher haben ihre Tuch Zu Poln, Meseritsch vnd Trisch walken lassen. Darauff ist hernach

Kalter Winter.

ein so kalter Winter erfolget, vnd hat gewehret von Martini bies auff Mitfasten, das die Bauren ihre strohdächer haben abreissen muessen vnd dem Vieh das futter daruon geben. Viel Vieh ist vor hunger gestorben vnd hat ein fuder hew nicht die grösste 6 ß gegolten.

7 Wilde schwein geschlagen worden.

Eodem anno haben die herrn von Iglaw auff Gemeiner Stadt Wälde gegen Pukaw 7 wilde schwein auff ein mal schlahen lassen Ist Zuuor nie gedacht worden.

Wetter eingeschlagen.

Eodem anno hat das Wetter beim Wolff Geschl durch Zwey gewelber eingeschlagen, aber Gott lob kheinen schaden gethan.

herr M. Albertus Cruciger schreibt an herrn hans Leupoldt.

Eodem anno Als Cruciger nach Wittenberg kommen, vnd bald hernach Zu Waldsassen Superintendens worden, hat er an meinen Vattern geschrieben folgender gestalt: Salutem in Christo. Scripsi hactenus ad uos saepius, sed a nemine, praeterquam nunc a te, optime Johannes & a Matthia Lidl literas recepi. Ter scripsi Jacobo Kramer aliquoties Compatri meo & aliis, miror cur tam diu nihil respondeant. Ecclesiae vestrae statum optarim feliciorem esse, sed quia Deus sic hypocritas punire vult, pii interim sese verbo, quod Nobis aeternus Dei filius ex sinu Patris reuelauit, sustentent, & fugiant idola, Videmus iam plurimis fatalibus poenis mundum exerceri propter idolatricos cultus, sed restat cruciatus gehennae ignis pertinaciter veritati reluctantibus, quorum ne efficiamur socii omni conatu annitendum est, nec ullis tormentis, nedum minis ab agnita veritate desciscendum. Hac breuiter: plura scribam cum plus ocii habuero. Tuas vero literas, quae me de statu Ecclesiae Iglaviensis plenius erudiant, auide expecto. Compatrem meum. Johannem

Freisichselbst cum Coniuge, postquam meo nomine salutaueri, admonebis etiam ut rescribat. Item quoque Johannem Miropolum et alios amicos. Bene Vale. Ex Eremo Waldsassen 13. Septembris Anno 1557.

M. Albertus Cruciger,
Superintendens in Waldsassen.

Dergleichen vnd andere Viel schreiben sein kurtz halber hie mit fleis außgelassen, sondlich weil in ettlichen personalia eingemenget worden.

Eodem anno Ist an stat des herrn M. Alberti Crucigers ein anderer Pfarherr (späterer Zusatz: herr Vlrich) alhie angenohmen worden, der war weder kalt noch warm hat geprediget was dem Abten vnd ettlichen halb Bäbstischen gefellig gewesen vnd wolt gleich wol die Euangelischen auch Zu freunden behalten. Am Sontag Judica hat er Zu spott dem herrn Crucigero geprediget: Die Meß gibt nichts, sie nimbt nichts, mir ist befolhen, das Euangelium Zu Predigen vnd nicht den Babst Zu schenden vnd Zuuerdammen, wie mein Antecessor gethan hat, Der Babst thut der Religion nichts, der König auch nichts, Durch diese reden hat er Viel geergert das sie gezweiffelt ob Cruciger recht die Meß verdammet oder nicht, ettliche sein in ihrem Babstischen irrthumb gesterket, andere von dem rechten weg der Warheit, durch ihn abgefuhret worden. Desgleichen hat auch Johannes Straminger damals Pfarherr Zum Kantzer wieder den abwesenden herrn Crucigerum Viel hönische schmekarten auffgeworffen, vnd war doch hinter ihm nicht mehr den Prechtige wort vnd keiner Verstandt ein rechtes Rohr das vom Windt hin vnd her gewehet wirt.

Pfarherr Zur Iglau ein heuchler.

Pfarher Zum Kantzer schmehet Crucigerum.

Eodem anno Ist herr Simon Schönwald (späterer Zusatz: Von Kotnitz geburtig) Zum Prediger allhie auffgenohmen worden, dieser hat hernach allzeit die ander stell in dem Pfardienst gehabt, Ist im dienst geblieben bies in das 1591 Jahr, allda er gestorben.

herr Simon Schönwald Prediger alhie.

Den 28. Mai Ist mein Grosmutter von Vattern Frau Barbara Leupoldin ein geborne Pilgramerin gestorben, als sie nach absterben meines Grosvattern Lucas Leupolden 26 iahr im Witiibstandt gelebet.

MaIVs VICena et bls qVarta LVCe refVLslt
OCCVbVIt PatrIs Barbara qVa GenetrIx.

Anno 1558 am tag Laurenti Ist der Rath alhie verneuret worden herr hanß Schindl Eltister. herr hanß Pausperll Beisitzer. herr Marcus Sorgenfrei Richter. Junger herr: Martin Fellenbaum.

Eodem anno den 21. September Ist Carolus quintus Römischer Kaiser in Spanien in einem Kloster Toleto gestorben. Als er bei 2 iahren Zuuor das Regiment den Churfursten Vbergeben vnd anstat seiner sein herr Bruder Ferdinandus Böhmischer König Zum Kaiser erwehlet worden, hat Regirt 29 iahr, von seinem Regiment lies Sleidanum.

Kayser Carl gestorben.

Ferdinandus Römischer Kayser.

CarLVs ALexanDro par aVsIs qVIntVs, et oras
HerCVLeas Late notVs aD VsqVe Iacet.

Eodem anno Ist herr Jacob Lidl gestorben.

Abbt wirt verloren.

Eodem anno Ist Abbt Martin Stralitzky Sontag nach Catharina vmb Mittag verloren, vnd darnach vmb 2 Vhr in der Nacht Zwischen Scherlus vnd Misching gefunden worden.

Eodem anno haben die Wurm das Kraut auffm Feld alles abgefressen vnd sonsten schaden gethan.

Peranauer brukhen.

Eodem anno Ist ein Steinerne brukhen, so man die Peranauer brukhen nennet, gebauet, vnd das folgende iahr verfertiget worden.

Newe freudhoff.

Eodem anno Ist der Gottsakher oder Neue freudhoff vorm Frauenthor bei der heiligen Dreifaltigkheit gebawet vnd das nechstfolgende iahr verfertiget werden. Weil man wegen der menge der abgestorbenen nimmer raum gehabt in der Stadt Zu begraben. Das erste khindt, so dahin den 12. September 1559 begraben werden, ist eines Tuchmachers Matthias Arnolds gewesen, Man hat aber den Kirchhoff auff Babstische weis nicht geweihet, Weil man von dergleichen ceremonien nicht Viel mehr gehalten.

HIC LeCtVs strVItVr VItaLi MVnere fVnCtIs
CorporIbVs, possInt Vt reqVIete frVI.

herr Paul Schinabitz ein Edlman worden.

Eodem anno Montag nach Reminiscere Ist herr Paul Schinabitz gewesener Burger vnd Rattsuerwandter alhie fur sein Person in Ritterstandt im Landtag Zu Brün auffgenohmen worden, Dies iahr haben die Schönabitzer ihr Wappen erlangt (Zusatz: das iahr Zuuor hat er seine Dienstmagdt impregnirt, vnd 50 M. straff geben müssen Vnangesehen herr Landtshaubtman herr Vnter Cammerer fur ihn Intercedirt, daher er sich im standt auffnehmen lassen. Laur. Reindler).

Wappen der Schinabitzer.

Ratthaus gemahlet.

Eodem anno hat man das Ratthaus alhie gemahlet, verordnete darzu die das gemehl angeben herr Martin Winterberger herr hans Leupoldt, herr Leonhard Trenkher herr Laurentius Reindler beide Stadtschreiber.

Zeusaw, Klein Neustifft, Popitz Zu Gem. Stadt erkhaufft.

Anno 1558 Ist Czeusaw klein Neustifft vnd Popitz von herrn Peter Schmilauer, (der es anno 1545 wie oben im selben iahr Verzeichnet, von den Matzkischen erkhaufft) Zu Gemeiner Stadt vmb 5800 ß meisnisch verkhaufft vnd das nachfolgende iahr von seinem Sohn hansen in die Landtaffl gegeben worden.

Anno 1550 feria 4 ante Laurentii Ist der Rath alhie verneuret worden: herr hannß Eysenwagen Eltister. herr Veit Ambrosi Beisitzer. herr hans hakh Richter. Junge herrn: Lorentz Stubikh, Simon Oesterreicher.

Roßmuel im Creutzkloster.

Eodem anno Ist die Roßmuel beym heiligen Creutz gebawet vnd das folgende iahr verfertiget worden, vnd den dienstag herr Martin Winterberger gestorben.

Eodem anno den 30. October Ist herr Martin Winterberger RattsEltister gestorben, dieser ist Zuuor ehe er in Ratth kommen, Rector Scholae alhie gewest.

PatronVM SchoLa Docta DoLet, DoLet Igla parenteM
Martlno fatl VIs VbI DIra noCet.

Pfarthurn mit Kupfer gedekt.

Eodem anno Mense Julio hat man den Pfarthurn da der Turner wohnet mit Kupffer gedekhet, dem Kupfferschmied von einem Centner Zudekhen geben 4 ƒ, Die Arbeit ist im 1560 Jahr volendet worden.

Zimmer fur einen Medicum.

Eodem anno hat man fur ein Stadtphysicum ein Losament in der Judenschul gebawet neben der Garkuchen. Item ein anderes Losament fur die Stadt Ahm.

heuslein am Frauen vnd Creutzklster.

Eodem anno Sein von einem Ersamen Ratth alhie etliche kleine heuslein am frauenklester fur kleine handtwerchsleut gebawet worden, desgleichen auch 2 heuslein vnd den Schröttern ein stall Zu ihrem Reß an Creutzklester gegen der Badstuben, Diese heuslein Verlast der Ratth vnter iährlichem Zins Zu beförderung der Armen handtwerchsleut, die nicht des Vermögens heuser Zu khauffen.

Eodem anno Ist von dem Rath alhie den Mönchen beim heiligen Creutz im garten ein heuslein gebauet worden fur das heusl, das man ihnen im Klosterhoff hat abgebrochen, damit man leichter Zur Roßmuel fahren khente.

Doctor hanstein Medicus.

Eodem anno Ist herr Doctor Thomas hanstein Zu einem Stadt Medico alhie auffgenohmen worden, Sein iährlich besoldung 80 fl. R. das ander iahr 100 fl. R. Dieser ist hernach anno 1562 von hinnen nach Gratz in Steuermarkt gezogen, vnd des herrn Caroli Ertzhertzogen Zu Oesterreich Leibmedicus worden, Wie Viel schreiben, so er an meinen Vattern hans Leupolden von dannen geschrieben, ausweisen.

Anno 1560 feria 5 ante Laurentii Ist der Ratth verneuert worden: herr hanß Geschl Eltister. herr hanß Pauspertl Beisitzer. herr Veit Ambrosii Richter. Junge herrn: Wolff Jankho, Augustin Wagner.

[illegible] anno Ist ein sehr warmer Sommer gewest, darauff das folgende [illegible] ein grosse kelten erfolget.

Rector Scholæ.

[illegible] herr Wenceslaus Mathusius Rector Scholæ (gestorben [illegible]

Waldenser.

[illegible] mit Reindler's Hand bis 1561:) Nachdem herr Peter Zosauer, [illegible], Jacob Schimko, Peter Belh vnd Steffan Dobroner wieder [illegible] verbott des Ratths heimliche Zusammenkunfft [illegible] vnd in heusern Predigen wolten, sein [illegible] vnter 100 ƒ, das sie dessen [illegible] Sonabendt vor Michaelis A[illegible]

Heuslein am Frauenkloster.

Eodem anno Sein 2 heuslein am Frauenkloster mit consens des Quardians vnd ratification des Provincialen von Gemeiner Stadt erbawet worden.

Neuzedl.

Eodem anno Ist Newzetl das dorff dem herrn von Teltsch verkhaufft worden.

Spill Reemen.

Item sein die 30 Spill reemen erbawt worden, die sol man am zins hinlassen, die Vrsach des gebewdes ist, weil ettliche auff ihren grunden vorm thor haben Reemen bauen wollen, daz hat der Ratth nicht gestanden. Vide Pall von Reemen.

Anno 1561 feria 6 ante Laurentii Ist der Ratth alhie verneuert worden. herr hans Schindl Eltister. herr Valten Mohensakh Beisitzer. herr Frantz Krumb Richter. Junge herrn: Daniel Neumaier, Alexius Reindler.

M. Eberhart Rector Scholae.

Als Johannes Topineus Rector der Lateinischen schul im Verwiechenen 1557 iahr, wegen der Meß, wie oben vermeldet, seines diensts ist entsetzet worden, Ist die Jugendt alhie mit schlechten Präceptoren versehen gewest, bies auff dieses 1561 iahr, in welchem herr M. Matthias Eberhard ein hieges Stadtkhindt durch commendation herrn hansen Leupoldts meines Vattern, von Wittenberg Zum Rectore hieher ist Vocirt worden, Ist auch hernach Schuel vnd Kirchen Gott lob, ie lenger ie mehr mit reinen dienern des Worts Gottes auff treuhertzige Vorsorg der Obrigkeit versehen worden, vnd die Vbrigen Misbreuche in der Kirchen abgebracht.

Das Vocationschreiben lautet also:

Vocationsschreiben M. Eberharden.

Vnsern freundtlichen grus in gutten willen Zuvor Besonder Lieber, Vns hat der Ehrsam Johannes Leopoldt Vnser Rattsfreundt euer gemuth vnd begeren so Viel er aus eurem schreiben vernohmen anbracht, wie euch ander enden ein schuldienst angetragen werde, doch das ihr disfals eurem Vatterlandt lieber Zu dienen geneigt weret, begerend Euch solchen dienst vnd Condition fur einem andern Zuvergunstigen. Vnd dieweil den wir Vnter andern gemeines nutzes sorgan vns nicht wenig sondern Viel anliegen lassen, damit die Jugendt förderlich Zur ehre Gottes gefuhrt vnd in gutten kunsten aufferzogen werden möchte vnd ihr Vns hierzu fur tüglich berhumbt werdet, Vns auch an eurer trew vnd fleis, so bei der Iugendt erfodert wirt, nicht Zweiffelt, So Vociren wir Euch hiemit hieher Zu mehr bemelten dienst, in denselben auff Michaelis nechst einzutretten vnnd euch dessen Zu Vnterfahen. hiemit ꝛc. 11. Februar 1561.

König Ferdinand reitt durch die Stadt.

Eodem anno den 19. September Ist König Ferdinandus mit seinem Sohn Ertzhertzogen Carolo von Wien hieher kommen, vnd durch die Stadt desselben tags bies gehn Deutschen Brod geritten.

Grosse Kelte.

Eodem anno Ist ein sehr kalter Winter gewest, also das Viel Visch in den lebendigen Wassern, die sehr ausgefroren, erstiket sein, Dergleichen hie bei Menschen gedenkhen nicht geschehen.

Eodem anno hat herr Jaroslaw Treczka dem handtwerch der Tuchmacher bewilliget, in des Blaschkos wiesen Zu Rauhenekh ein Weer ein Zuschlagen Zu mehrer befőrderung ihres handtwerchs, dafur haben sie ihm geben sollen 120 Ducaten oder 186 Taler. Tuchmacher Weer. Zu rauchenekh.

Eodem anno vmb Bartholomäi Ist Benedict Fellenbaum ein Vngerathener Burgers sohn mit dem Schwert gerichtet worden, weil er sich in diebstal Vnableslich Vertieffet, Dieser ist ettlich Jahr Zuuor ein solcher Prasser gewesen, das er in Jahresfrist bei 3000 fl. Verpankhatiret hat, Darumb ist er aus befelh Königes Ferdinandi ein Zeitlang gefengklich vnd vermauret gesessen, Darnach als er aus königklichem befelh durch sein suppliciren der gefengknis loß worden, vnd als er nicht mehr Zu Zehren gehabt, hat er sich in Diebstall eingelassen, sich auch fur ein Priester ausgeben, Zu Mielawitz vnd Schlapantz meß gesungen vnd allda die einfeltigen leut copuliret, vnd Zu Wien (Igl. Kreis?) communiciret, Als solches dem König solte Zu khundt gethan werden, hat er gebetten man wolle es Verschweigen er wolle der Stadt Iglaw ohne das muessig gehen das ward dem herrn Vnter Cammerer angedeutet, der bewilligt darzu, das er möchte der gestalt loß werden, ob er die Stadt raumen wil, Als er loß worden, wolte er der Stadt alhie nicht muessig gehen sondern hat sich gegen dem herrn Eltisten vnd Richter sehr Vngebuerlich vnd Vnbescheiden verhaltent Drauff ist er wieder in gefengkliche Verhafftung genohmen worden, vnd hat sich in der gefengknis desselben tages aus Verzweifflung mit nesteln vnd bandlein, so er Zusammenknüpfft erhengen wollen, Aber der gerichtsdiener ist gleich darzu kommen, vnd dem leidigen faal gesteuret. Solches als es dem herrn Vnter Cammerer wieder Zugeschrieben worden, vnd sein vorige Verbrechen ihm alle auffgesucht wurden, auch khein bösserung bei ihm Zu hoffen, ist er gemartert worden vnd als er im Marterkeller besprochen worden Viel böser thaten bekandt, darnach bald desselben tages mit dem schwert gerichtet, vor seinem Ende hat er sonderlich die Jungen leut Zum gehorsam der Eltern vnd obrigkeit fleissig vermahnet, damit sie nicht auch in dergleichen straff gerathen, hat sich auch selbst mit Gottes wort sehr [illegible], der hoffnung er sei in Christlicher buß gestorben, weil ihm sein [illegible] hertzlich leid gewesen vnd vmb Gnad Zu Gott fleissig gebeten hat. Benedict Fellenbaum gericht worden ein vngerathener Burgerssohn.

[illegible] anno Sambstag vor Galli Ist Wenty Rössl ein [illegible] von Trautenaw geburtig im Creutzklostergang bei der nacht [illegible] begriessen worden, darein man neulicher Zeit eines bürgers [illegible] hatte, welchen der Lose mensch ausgegraben vnd beraubet vnd [illegible] verscharret. Nu hat man Zur selben Zeit wie Unten sal [illegible] Lateinische Schul gebauet, daher haben die [illegible] Unterdessen im Creutzkloster auffgehalten, [illegible] Tottenraubér sein die Knaben dahin in die schul gangen, Dieselben adolescenten hat der Prior beim Creutzkloster vmb hilff angeruffen, das sie den Todtenrauber sollen fangen helffen haben also den buben mit Ketten gebunden vnd verwahret auch den Kirchenvattern angezeiget was sich verloffen, Die Kirchen Vätter sein bei der nacht Zum StadtEltisten herrn hans Schindl gegangen den handl erzehlet, Der Eltist ist mit dem Schergen selbst ins Kloster gangen bei der nacht den theter mit fessern wol verwahren lassen vnd mit 3 burgersleuten bewachten, Den morgen hernach ist herr Stadtrichter mit ettlichen geschworen des Raths ins Kloster gangen, von Mönchen begert, derer damals 2 gewesen, Weil der Dieb die freyung gebrochen vnd geraubet, man soll ihnen heraus geben, Dessen hat sich der Prior gewegert, mit meldung, da man den theter Vmbs leben brechte khente er der Prior hernach khein meß singen, weil sie ihn gegrieffen vnd gleichsam Vrsacher seines todtes sein wurden, das sei wieder ihre Canones. Als nu der Richter mit den Geschwornen Vnuerrichter sachen wieder ins Ratthaus gangen haben die Mönchen den Vbeltheter strals loß gelassen, der ist alsbald in der still Zum Spitlthor hinaus gegangen vnd entwiechen. Als ihm aber aus befelh der Obrigkeit nachgestellet worden Ist der Bub Zu Wolframbs im Gericht betretten vnd gefengklich hieher gebracht worden. Der hat in der Peinlichen frag bekennt, er habe Zuuor an Vnterschiedlichen orten bei der Pfarkirchen, im Frauenkloster, Creutzkloster vnd neuen freudhoff die todten beraubet, Auch hat er des Benedict Fellenbaum so kurtz Zuuor enthaubtet worden, nicht gescheuet vnd ihn ebnermassen spolirt. Den 18. October ist dieser Vbltheter sambt allen geraubten Kleidern vnd der truhen mit feuer Verbrent worden.

Solawitz erkaufft worden. Eodem anno. Ist das dorff Solawitz von des Augustini Segenschmids furmunden vmb 2100 ß Zu Gemeiner Stadt verkhaufft wordn, im khauff stehn Jacob vnd Elias Segenschmid fur sich vnd anstat ihrer vnmundigen Bruder Girg vnd Daniel, Ist in die landttaffl einkommen im 1563 Jahr.

Lateinische Schul gebauet. Eodem anno hat der Raht die Alte bawfellige Lateinische Schuel alhie abgebrochen vnd von grundt auff gewelbet vnd grosser erbawet Ist im 1562 Jahr verfertiget worden Vnter dessen sein die Schuler im Creutzkloster in die schul gangen. Sambstag vor Martini sein die schuler sambt ihren praeceptoribus in die Pfarkirchen in einer Procession gangen allda Vesper vnd Te Deum Laudamus gesungen, Nachmals sein sie sambtlichen groß vnd klein in die Neugebawte schul ein iedlicher in seine Wohnung gegangen, vnd ihrem studieren abgewartet.

Teurung. Eodem anno Ist ein duerrer Sommer gewesen, das getraid Vbl gerathen, Da hat der Rath den Burgern so eines geringen Vermögens, traid austheilen lassen vmb leidliche bezahlung, das sie sich des hungers

Kleín Pfarthurn gedekt.

Eodem anno hat man den kleinern thurm mit Kupffer gedekt, Dieser ist Zuuor höher gewest als der ander thurm, weil er aber bawfellig worden, hat man ihn Anno 1545 abtragen muessen.

Neuer Unter-Cammerer.

Anno 1562 feria 5 post Nicolai Ist der Ratth Zur Iglaw verneuret worden, dies iahr herr Vnter-Cammerer worden Albrecht Czernohorzky. herr Veit Ambrosii Eltister. herr hans Dauid Beisitzer. herr hans Leupoldt Richter. Junge herrn: Lucas Schinabitz, Maithes Dornkreil, Paul Lederer, Clement Krebs.

D. Martinus Mylius Medicus alhie.

Eodem anno vmb Bartholomei Ist herr Martinus Mylius Medicinae Doctor Zu einem Stadtphysico alhie angenohmen worden. Sein iährliche besoldung 100 fl. R. Zimmer vnd holtz frey.

Predicanten heuser gebawet.

Eodem anno hat ein Ersamer Ratth vom Veit Michalko eber ein lede stallung khaufft, vnd daraus 2 heuser fur die Predicanten nahend bei der Kirchen gebawet, Sein das nechste iahr gefertiget worden.

2 heuslein vorm Pirnitzthor.

Eodem anno Sein 2 kleine heuslein nechst vorm Pirnitzthor fur arme handtwerchsleut gebawet worden.

Teurung.

Eodem anno Ist abermal teurung alhie vnd in Vmbliegenden landen gewest, da hat der Ratth der Gemein alhie auch frembden armen leutten traid Verkhauffen lassen, den Metzen pr. 30 kleine gr. Sein 8 Tausendt mezen den armen leutten Vergönnet worden.

Gros Sterb.

Eodem anno vmb Pfingsten hats alhie angefangen Zu sterben, erstlich teglich Zu 4 vnd 5 Personen vmb Jacobi Zu 16, 17 Personen, Bartholomei Zu 42 Personen, bald hernach auch Zu 53 Personen ein tag, hat gewehret 8 wochen bies auff Michaelis Zu 40, 49 vnd 52 Personen hernach hat die Seuch abgelassen bei gemach bies auffs newe iahr, da es gar auffgehört Zu sterben. Sein in der Zeit bei 4000 Menschen gestorben.

2 Luxen gefangen.

Eodem anno Sonabendt vorm Christag hat man auffm Solawitzer wald 2 Luxen gefangen, welches vor nie erhört gewesen, die sein dem herrn Obristen Landts Cammerer herrn Zachariasen herrn von Neuhaus auff Teltsch auff sein fleissig begern verehret worden.

Behmischer König Maximilian.

Eodem anno Ist Ertzhertzog Maximilian des Kaysers Ferdinandi Sohn Zum Behmischen König erwehlet vnd gekrenet worden den 20. Septembris, (Zusatz von Kreindler:) Item den 24. Nouembris er Zu frankfurt am Mayn Römischer König worden. Als dem Rath alhie solche erwehlung am Abent Luciä Zu kundt gethan, hat man Sontag hernach solches von der Canzl publicirt, nach essens mit allen glokhen geleitet vnd freudenschusse vorm frawenthor gethan das ist in allen Mehrischen Städten geschehen.

Windtmuel. Stampff.

Eodem anno hat man die Windtmuel hinter der Ziglhütten Item die Stampff Zu Fusdorff gebauet.

Vngehorsam khind Straf.

Eodem anno hat man den hans Studnitzer das er sein mutter ein hur vnd Diebin gescholten, enthaubtet.

Turkische bottschafft.

Eodem anno Im Junio ist ein Turkische Bottschaft nach Prag vnd im Nouember ein andere noch ansehnlichere gehn frankfurt ankommen, vnd vmb beständigen fried geworben.

Nottzuchtigung.

Eodem anno Sonabendt vor Fasnacht, hat ein Weib Benedict Mautnerin genandt, ein Magdlein bei 12 iahren in die Stadt vmb Saiffen geschikt, da ist dies Magdlein Verloren worden vnd hat niemandt gewust wohin es kommen, hernacher Montag vor Mitifasten hat man des Magdleins Mantl bei einem Welschen Maurer gefunden, der berichtet, er hette den Mantl bei der Muel Langen Wandt gefunden, Da ist des Magdleins mutter mit ihren befreundten Zur Muel gangen, das Magdlein Zu suchen, Entlich haben sie es im Wasser todt gefunden, dem war die gurgl abgeschnitten, das haubt Zerstochen vnd an ihrem Weiblichen glied der Vulua Zerschnitten, Daher als man den Welschen Maurer Verdacht, hat man doch kheinen argwohn Viel weniger die that auff ihn darbringen kennen, Das Magdlein ward ehrlich begraben, hernach im 1566 iahr hat man den Rechten theter 6 meil hinter Prag gerichtet, der hies N. Meltzer, der hat in der Marter bekennet, das er mit dem Magdlein Vnzucht getrieben vnd dasselbe darnach iammerlich Vmbgebracht hat.

Ratthern gestorben.

Eodem anno Ist herr Greger hadmer, herr Wolff Paumgartl, herr hans halb, herr Alexius Reindler vnd herr Valten Abentheuer an der Seuch gestorben. (Zusatz von Reindler:) Item Matthes Rauscher, Erasmus Strohofer.

Losung der Stadt versetzet werden sollen.

Eodem anno hat Kayser Ferdinandus ein schreiben an die von Iglaw geschikt, inhalts, das ihr Majestät dem Matthesen Gruen den Cammerzins auff 30 iahr versetzt, weil er Ihr Majestät 8000 fl. gelliehen, Da haben die herrn von Iglaw in ihren Priuilegien eines gefunden dessen Datum Prag am Pfingstdienstag des 1543 iahrs, in welchem Ihr Majestät das Priuilegium Königes Wladislai confirmirt, das man den Cammerzins sowol auch die Stadt Iglaw niemandt Versetzen noch Verschreiben soll, Item hat man dergleichen 2 sententz so anno 1514 vnd 1546 ergangen auffgesucht, vnd durch abgesandte des Ratths den herrn Vnter Cammerer vmb Ratth hierinnen ersucht der hat befolhen den Handl supplicando an ihn Zu stellen welches geschehen, Dieselbe supplication hat herr Vnter Cammer neben seiner intercession Ihr Majestät gehn Inspruk vberschikt, vnd weil sich der handl bies ins 1564 iahr verzogen, Vnterdessen aber herr Matthes Gruen laut seiner Versiecherung den Cammerzins oder Losung haben wollen, Die von Iglaw aber vermög ihrer rechte nicht erkannten schuldig Zu sein denselben iemandts anders als dem König oder aus des Königs befelh dem herrn Vnter Cammerer Zu reichen, Sein etliche

Personen von Ertzhertzogen Ferdinandum als des Königs Stadthalter nach Prag citirt worden aber auch nicht beschlossen worden, Entlich im 1564 Jahr in der Fastnacht als der handl vom herrn Jan Zda nsth Ihr kayserlichen Majestät furgetragen worden, Ist von Ihr Majestät der bescheid erfolget, das derer von Iglaw Verschreibung die auff den herrn Gruen gestelt war, cassiret, vnd auff den herrn Vnter Cammerer verendert soll werden. Sein also die von Iglaw auch wieder den von Ihr Majestät verfertigten schein vnd Versicherung, als sie ihre Priuilegia angezogen, bei denselben von Ihr kayserlichen Majestät geschutzet worden, das sie nemlich den Cammerzins noch die Stadt niemandt macht soll haben Zuuerpfenden oder Zuuersetzen. Dieser handl hat sich hernach nach absterben Kaysers Ferdinandi auffs new gespunnen, bei Kayser Maximiliano vnd furgegeben worden es sei in der Canzlei geirret, Ihr Majestät khente der ersten handlung nichts Zu wieder thun Ist entlich Zur ablösung des Cammerzinses khommen.

Eodem anno Nachdem herr M. Albertus Cruciger, von welchem oben im 1556 vnd 57 iahr meldung geschehen, in die Bäbstische Meß hart inuehiret, das sie der gröste grewel sei wieder das Verdienst Christi, vnd Christum wieder auffs new creutzige, darumben dan Gott mit dem Turken vnd andern Plagen so hefftig straffe, Ist den 19. Sontag nach Trinitatis des gemelten 1556 iahrs die Meß vor der Predigt Zu Volenden angefangen werden, vnd nach gehaltener Predigt ist die Communion erfolget, Weiter hats der gutte herr Creutziger nicht bringen khennen, wie er dan ehe daruber ist Verurlaubet worden, als im 1557 iahr oben Zu lesen. *Bäbstische Meß gar abgebracht.*

Nu sein in diesem 1562 iahr vmb Ostern hieher nach Iglaw khommen herr Samuel hebelius so von Dantzig vertrieben worden vnd Melchior Gans, vnd ist herr Samuel Pfarherr Zu Wolframbs vnd hernach im Frauenkloster Prediger worden. Weil Vns aber Gott der Allmechtige mit straff der Pestilentz dieses iahr sehr heimgesucht, in dem bei 4000 Man gestorben, Ist ein Ersamer Ratth verursachet mit herrn Abbten Zu reden, weil die Kirchen im Frauenkloster, da herr Samuel geprediget, klein, vnd der Zulauff des Volks groß, vnd wen sie so eng Zusammen stehen einer von den andern möchte inficirt werden vnd die Pest hefftiger Vberhandt nehmen, der herr Abbt wolle Zulassen, das herr Samuel bisweilen in der Pfarkirchen neben herrn Simon Schönwald, der ein Ordinarius Prediger der Pfarkirchen gewest sein Predigambt fuhren vnd bei der Communion handtreichung thun möchte. Nu war aber herr Samuel bei ermeltem herrn Abbten vnd Predicanten herrn Simon in den argw[illegible] als solt er ein Flacianer sein auch die Zwinglisch[illegible], weil er geprediget Du schreiest wieder die Zwingler, Zei[illegible]thumb nicht an, Darumb hat herr Abbt *herr Samuel Hebelius vnd Melchior Gans Prediger alhie.* *herr Samuel wirt fur ein flacianer gehalten.*

auff dem Ratthaus in beisein herrn Simons vnd aller drei Rätthe, als man wegen des herrn Samuels mit ihnen gehandlet, offentlich geredet, Er wolle das die Pfarkirchen regirt vnd gehalten werde nach laut der Augspurgischen Confession die Anno 1530 dem Kaiser Carl ist Vberreicht werden, Auch were es gutth das alle Predicanten vnd Pfarherr Vnter derer von Iglaw Iurisdiction Zusammen gefodert ein freundtlich gesprech miteinander hielten, wegen der Religion, damit man wiesse was ein ieder fur ein lehr fuhre, vnd ein nutzliche reformation fur genohmen werden möchte, Item er sei auch der Augspurgischen Confession Zugethan, Sonsten sei es ihm nicht Zu wieder das herr Samuel hebelius in der Pfarkirchen neben seinem Ordinario herrn Simon Schönwald Predige.

Abbt der Augspurgischen Confession.

Colloquium wegen der Religion angestelt.

Auff solches des herrn Abbten freundtliche bewilligung ist mit seinem consens ein tag Zu solchem colloquio bestimmet worden der Montag nach Aller heiligen.

Personen beym Colloquio.

Als der bestimbte tag herbei khommen, sein Zum herrn Abbten erschienen aus den Geistlichen herr Samuel hebelius, herr hans Maler Pfarher Zu Stonern, herr Matthes Morchiter Pfarherr Zu Wilantz, herr Andre Cupitz Pfarher Zum Rantzer herr Melchior Schell Pfarherr Zu Scherlus, vnd herr Simon Schönwald bestelter Euangelischer Prediger in der Pfarkirchen, Aus dem Ratth sein Verordnet worden, herr hannß Schindl Eltister, herr Peter Zosauer, herr Veit Ambrosii, herr Marcus Sorgenfrei, herr hans Leupoldt, herr Laurentius Reindler.

herr Peter Zosauers Oration.

Als nu ietz gedachte Personen im Pfarhoff Zusamen khommen, hat nach beschehener Session herr Peter Zosauer (so Zuuor Rector Scholae gewest) in einer Lateinischen Oration erzehlet: Wo man die ehre Gottes vnd ausbreittuug seines heiligen Euangelii, ausrottung der Abgöttereien grewel vnd misbreuche so in die Kirchen eingeschlichen, furnehmen wil, Das allweg hierinnen der Teuffl weil es seinem Reich Zu nachtheil geschibt, hinderung thut das es kheinen wurklichen fortgang gewinne Welches aus Vielen historien, vnd sonderlich was neulicher Zeit alhie geschehen, abzunehmen. Weil aber der Allmechtige Gott an ietzo dem Teuffl gewehret, des herrn Abbtens vnd eines Ersamen Ratths hertz dahin gewendet vnd gefuhret hat, das auff heutigen tag ein freundtlich colloquium vnd Unterredung in glaubenssachen solle gehalten werden, damit die diener Gottliches Werts ohne spaltung eintrechtig laut der Augspurgischen Confession ihr [illegible] ambt fuhren vnd die Misbreuche abgeschafft werden möchten, Derhalben [illegible] ein Ersamer Ratth gegenwertige Personen Zusamenberuffen vnd [illegible] Zu aduitoren neben dem herrn Abbten verordnet.

Antwort herrn Abbtens.

Drauff hat herr Abbt geantwortet, Was [illegible] trifft sei er Zwar wol geneigt, das nicht [illegible] spurgischen Confession sondern auch nach dem locis [illegible]

Melanchthonis die Kirchen alhie regiret werde, Weil er aber ein Prelat vnd Abbt sei, were ihm nicht möglich Zu solchem Zu bewilligen, weil daraus von der kaiserlichen Majestät auch von Diocaesiano ihm ein grosse gefahr Zugewarten sein wurde, Man möchte wol etwas in der Kirche bleiben lassen, damit nicht etwa ein ergers darans entstunde, doch solle man Zu Ihr Majestät suppliciren, er verhoffe man wurde solches erlangen.

Auff solches hat herr Samuel hebelius in latein geantwortet, Der herr Abbt hat dreierlei Proponirt, Erstlich von der Augspurgischen Confession, 2 von der gefahr 3 von den Kirchenceremonien. Inhalt herrn Samuel Predicanten.

Was die Augspurgische Confession anlanget, sein sie alle in dem Articl miteinander Vergliechen vnd nehmen dieselbe Confession an, weil sie in heiliger schrifft gegrundet, wollen sich auch derselben im lehren vnnd Predigen gemeß Verhalten.

Furs ander, was die gefahr betrifft, Wer dieselbe hie nicht Zubesorgen, den sie solches vor der Römischen kayserlichen Majestät oder wo es die noth erfordern wurde, wol wusten Zuuerantworten, Weil man auch an andern ortten die Precession vnd Meß abgeschaffet, vnd es weren allda befelh von Ihr Mayjestät khommen man solle die mutation also anstellen, damit nicht irgents ein tumult oder empörung daraus erfolge. So wurde Ihr kays. Mayjestät Verhoffentlich wol Zu friden sein, wen man Ihr Majestät berichtete, daß nicht die gantze Meß hiedurch auffgehoben, sondern nur die Abusus vnd Misbreuche abgeschaffet vnd auffgehoben würden.

Furs dritte Was die Adiaphora vnd Kirchenceremonien betrifft Sey ein Vnterschied Zwischen den Ceremonien vnd falschen gottesdiensten, Sie wollen alle die Ceremonien so dem wort Gottes gemeß, Zu Verhüttung ergernis gern halten, allein die falschen gottesdienst musten abrogiret werden, die khenten sie ohne Verletzung ihres gewiessens nicht dulden.

Auff dies furbringen haben die Abgesandte Ratthspersonen melden lassen, Dieweil sie Vernohmen, was Vom herrn Abbten auch den herrn Predicanten vnnd Pfarherrn nach der lenge erzehlet worden So sei ihnen nicht Vnuerborgen, das in dem gestrigen Euangelio gemeldet Gebt dem Kayser was des Kaysers ist vnd Gott was Gottes ist, Wirt man sich dem nach Verhalten, so thut man nicht Vnrecht, vnd obschon ein gefahr Zu besorgen, so muß doch bekannt sein vnd heissen, Wer nicht bekennet vor dem Menschen, den wil ich bekennen vor meinem himlischen Vatter, Wer mich aber Verlaugnet, den wil ich Verlaugnen vor meinem Vatter der im himel ist, Item mit dem hertzen glaubet man Zur gerechtigkeit, vnd wer mit dem Mund bekennt der wirdt selig, Item die Kirch ist dem lieben Creutz vnterworffen, vnd das gericht hebt sich an von dem haus des herrn Item selig die vmb gerechtigkeit willen verfolget werden, den das himmelreich ist ihr Matthäi 5. Vnnd dieweil man vernimbt, das die Meß nicht auff- Abgesandte des Ratts antworten.

gehoben, sondern die Abusus hindangesetzt werden, wirt es mit weniger gefahr, sonderlich weil die herrn Predicanten solches Zuuerantworten verwilligen, geschehen kennen, Was Ihre kays. Majestät als Vnser allergnedigiste Obrigkeit betrifft, da etwas wieder dieselbe vnd seine Person oder Maiestät furgenohmen werden solte, wolten wir in kheinem Rattschlag darbei sitzen, stunde Vns auch nicht Zuuerantworten, Das wir aber dieselbe Vber Gott setzen, vnd Ihr Majestät geben solten was Gott einig vnd allein gebuert, nemlich der Seelen heil vnd seligkeit vertrauen, wer etwas Zu Viel gehandlet vnd gegen Gott Vnuerantwortlich Ihr Majestät auch solches nicht begeren, vnd weil es hie nur vmb ein kleines Zu thun, vnd Vnser leben ohne das allem Vngluckh vnd muhseligkeit Vnterworffen, das ewige aber diesem Vergengklichen weit vorzusetzen, bitten wir den herrn Abbten er wolle sich sein bedenkhen nicht anfechten lassen, vnd darein bewilligen, damit solcher grewel der Meß, so dem Verdienst Christi entgegen, abgeschafft wurde, Vnd weil auch aus des herrn Samuels gestrigen Predigt offenbar, das er des furnehmens gewesen, das Ambt sambt deutschen Collecten selbst Zu halten, wurde ihm ein Ersamer Ratth khein eingrieff thun, den er wisse sich seiner Vocation vnd beruffs wol Zuuerhalten.

Artiel von der Meß in der Außspurgischen Confession gelesen worden.

Nach diesem ist der Artiel von der Meß aus der Augspurgischen Confession von herrn Samuel verlesen worden, vnd nach ablesung des articls haben die herrn Predicanten sowol als die Abgesandten des Ratths gebetten, der herr Abbt wolle es bei diesem articl in Vnser Kirch alhie auch verbleiben lassen Welches herr Abbt bewilliget mit dem bescheid, ob es der Ratth neben ihm im faal der noth Verantworten wolte, Welches die Rattsgesandten in Bedacht genohmen, doch hat entlich der Abbt ohn beding diesen articl angenohmen, das man nemlich die Meß inhalt der Augspurgischen Confession halten soll. Weil aber damals ein Caplan alhie Lazarus genandt diese des herrn Abbten bewilligung nicht gerne eingehen wollen, Item als man herrn Leonhard Trenkhers hausfraw Zur erden bestattet vnd die andern herrn Predicanten alle ohne Chorrockh mit der leich gangen, hat der Caplan Lazarus im Chorrockh gehen wollen, Darauff die Predicanten sich auff offenem Platz wieder den Caplan beschwert gegen den Ratthspersonen so mit Zur begrebnis gangen, da ist der Caplan Zu Verhüttung weiterung damals abgeschaffet worden vnd hat hernach bewilliget den Canonem der Meß vnd ander gottloß ding Zu meiden vnd dauon abzustehen.

Caplan widerspenstig.

Ohrenbeicht angestellt worden.

Als nu der Artiel wegen der Meß verrichtet, haben die Rattsgesandten ferner vermeldet, Es muesse mit der Absolution auch anderst vnd ordentlicher gehalten werden, den die Absolution solt sein ein application des Verdiensts vnd der Wolthaten Christi einer iedern Person insonderheit vnd in indiuiduo, den es stehet: Dir sind deine Sunde vergeben.

In massen auch herr Simon Schönwald im anfang seines ministerii solches ins werkh Zurichten willens gewesen, Doch weil er nur allein, vnd kheinen adjuncten in der sachen gehabt, were er den handl furzunehmen Zu schwach gewest, Darauff herr Samuel geantwortet, das sie solches auch ins werkh bringen wollen, ist auch alsbald geschehen.

Disciplin der geistlichen.

Vber das ist auch dauon gehandelt worden, das bei den geistlichen ein bössere disciplin in euserlichem leben anzustellen, Es sei neulich Andreas Cupitz Pfarherr Zum Rantzer mit beschwer fur die Obrigkeit khommen, als solten ihn die bauren von der Duerr vnd Rantzer mit steinen geworffen haben, So hat sichs nach fleissiger des Ratths nachforschung gwis befunden, das der gutte Pfarherr sich Zur Duerr mit den Pauren so redlich bezechet, das er in toller vnd voller weis der gassen Zur Duerr gefehlet vnd vber ein steinhauffen selbst gefallen, Weil den durch dergleichen böse exempl die gmein sehr geergert wirt, Ist damals beschlossen, das die geistlichen alhie nicht allein mit rechter in Gottes wort gegrundter lehr sondern auch in Vnsträfflichem wandl vnd gutten exempeln der Gmein treulich vor sein sollen, den wie sie ihr Viel durch das wahre Wort des herrn Zum rechten glauben bringen kennen, vnd durch ihr gutten eiserlichen wandl andere Zur tugendt anreitzen, Also khennen sie auch durch falsche lehr viel verfuhren, vnd durch ein ergerliches leben khan ein Pfarherr viel hundert Pfarkhinder, die nach ihrem Vorgeher sich gemeinigklich richten Zu allerlei laster bewegen.

Historia vom Pfarherrn Zu Rantzer.

Beschluß dieses colloquii.

Nach dieser handlung sein die geistlichen sambt dem herrn Abbten auffs Rattbaus geladen worden Zum Abendtessen, Weil aber herr Abt krankheit halber nicht erscheinen kennen, ist ihm ein honorantzen in Pfarhoff geschikt worden. Als man in der Rattsstuben mit den geistlichen Zu tisch gesessen, hat herr Samuel Predikant das Benedicite gesprochen, hernach sein sie alle frölich vnd gutter ding gewest, das Vnser herr Gott ihrem sehnlichem Verlangen mit gnaden ein genugen gethan, vnd die Meß abgebracht worden, Nach gehaltener Collatien hat herr Samuel das Gratias gesprochen, vnd herr Simon Schönwald angefangen Zu singen: Dankhet dem herrn ꝛc. Da haben alle beiwesende mit freuden gesungen vnd gott wegen seiner wohlthat gerhumet.

Collation.

Meß wie sie gehalten worden.

Eodem anno. Den 4. Nouember hat Caplan Lazarus die Meß Lateinisch gesungen bies auff das Sanctus vnd die Elevation vnd Canonen ausgelassen, Zur selben Zeit ist dafur die Litaney deutsch gefigurirt worden, vnd vom herrn Predicanten Simon Schönwald die Meß mit einer deutschen Collecten beschlossen. Nach diesem hat gedachter herr Simon gepredigt, vnd im beschlus gemeldet, das nu Gott lob der grewel der Meß, welches Viel hertzen vnlengst sehnlich von gott gebetten, hinwekh gethan ist, Man soll sich nu fleissiger Zur Kirchen halten, vnd der Mönchen

Kirchen sollen sie hinfuro nicht mehr besuchen, Es soll auch den nechsten Sonabendt die Priuat Beucht vnd Absolution Zuhalten angefangen werden. So hat auch herr Samuel den 6. Nouember im Frauenkloster Gott offentlich Zu dankhen das Volkh vermahnet, weil die Meß abgebracht sei, Item hat er das Volkh wegen der Bilder Vnterwiesen, Welcher gestalt Christenbilder vnd gemehl haben mögen, hat auch das Volkh Zu bösserung des lebens Vermahnet, damit das liebe Euangelium wegen ihrer Sunde nicht gelestert werde, vnd gott dasselbe von Vns nicht wieder entziehe ꝛc. Sontag hernach als den 8. Nouember hat herr Simon die Lateinische Meß bies auff das Patrem in einem Rottsammetten Meßgewandt gesungen, hernach sein deutsche Psalmen gesungen worden, herr Samuel hat gepredigel, vnd nach gehaltener Predigt hat herr Simon ferner dir Praefation gesungen, darauff das Sanctus erfolget alles figurirt, Nach diesem herr Samuel ein Vermanung an die Communicanten beim Altar gethan, herr Simon das Vatter Vnser, vnd die Wort der Einsetzung des herrn Nachtmal deutsch gesungen, Darauff Zum ersten mal 21 Mannspersonen vnd 18 weiber communiciret, herr Samuel hat den Leib vnd herr Simon das blut Christi geweiht, vnter der Communion hat man deutsche Lieder vom Nachtmal des herrn gesungen, Nach der Communion hat herr Simon die gewehnliche collect gesagt, vnd mit dem Segen Numerorum 6 cap. Der herr segne euch vnd behutte Euch ꝛc. beschlossen. Nach essens hat herr Simon auch ein Predigt gethan, vnd gleichfals den handl was im Colloquio vergliechen worden erzehlet, vnd das Volkh was nöttig gewesen, Vnterrichtet. Confirma hoc Deus qui operatus es in nobis, ad nominis tui gloriam et nostram Salutem Amen.

Wappen der Stubilhischen. In dem iahr ist den Stubilischen vom Kayser Ferdinando ein Wappenbrieff, dessen sie sich noch gebrauchen gegeben worden.

Anno 1563 feria 5 ante Circumcisionis Ist allererst der Ratth alhie verneuert worden, wegen der Infection so lang damit Verzogen.

Neuer Vnter Cammerer. Neuer Vnter Cammerer Jan Zdansky, welcher auch das nechstfolgende iahr am Sontag Laetare gestorben.

herr hans Pauspertl Eltister. herr Marcus Sorgenfrei Beisitzer. herr hannß Dauid Richter. Junge herrn: Wolff Schindl, Victorin Geschl, Greger Faustgros, Andre Wellner.

herr Samuel Hoballus Prediger alhie. Eodem anno Am Neuen Jahrstag ist herr Samuel Hobelius Zu einem Predigen in die Pfarkirchen neben herrn Simon Schönwald auff des Ratths bestallung angenohmen worden, Sein iährliche besoldung 100 fl, freye herberg, 20 Klaffter holtz hat also herr Samuel so Zuuor im Frauenkloster geprediget, in der Pfarkirchen die erste stell, herr Simon Schönwald die ander, vnd der Caplan Lazarus die dritte stell gehalten.

herr Predicant heurathet.

Eodem anno Sonabend nach Trium Regum hat herr Simon Schönwald Prediger alhie Zu der Frauen Anna herrn hansen halens hinterlassenen Wittib geheurathet, vnd ist von herrn Samuel in beisein ein grossen menge Volks copulirt worden.

Viel heuratthen nach dem grossen Sterben.

Nachdem das Vergangene iahr 4000 Man alhie durch die Infection oder Pest hinwekh geraffet waren, Ist dies 1563 iahr, sonderlich in der fastnacht ein Vnerhörttes heurathen angangen, das man fast alle Sontag (ausser der Lectur) in die 20 Paar newe Ehleutt von der Cantzl verkundet vnd copulirt hatt.

Verbotterne heurath.

Eodem anno Als Valten Schindl das iungst verschienene 1562 iahr mit todt abgangen, hat seiner Schwester Sohn hans halh Zu seiner des Valten Schindels hinterlassenen Wittib Justina lieb gewonnen vnd sie ehlichen wollen, Als solches an die herrn Predicanten alhie khommen, haben sie den 3. Februar einem Ersamen Rath ihr consilium in schrifften vberantwortet, das die heurath wegen sipschafft verbotten sei mit ernster Vermanung die blutschanden Zu meiden vnd nicht Zu Zulassen mit erzehlung vieler exempl der straffen so aus dergleichen copulation erfolget, Solches consilium ist den Interessirten vorm Rath abgelesen, daneben auch die heurath eingestelt worden bies auff weittern bescheid. Aber hanns halh hat Vngeachtet der herrn Verbott, den Dechant von Teltsch Veit genandt, hieher gebracht, vnd sich am sontag Esto mihi wieder des Raths protestation so durch herrn hans Leupolden als der Zeit Stadtrichtern geschehen, copuliren lassen. Darauff hans halh geantwortet Er wolle es bei der kays. Mayjestät wiessen Zuverantworten, es sei nur ein Schwägerschafft, die herrn Predicanten hetten diese ehe nur aus haß vnd neid hindern wollen, hat also der Catholische Pfaff von Teltsch geldt genohmen vnd die heurath Zugeben, Vnangesehen, das solches in ihrem Jure Canonico ausdruklich verbotten cap. non debet ex de consang. & affinit. Nam primum genus affinitatis habet prohibitionem. Darumb khan das Weib Zu dem nicht heurathen, der ihren verstorbenrn Man bis ins Vierte glied mit blutsfreundtschafft verwandt ist vnd also E contra. So ist ia hans halh dem Valten Schindl im andern grad vngleicher linien verwandt. Darumb die Ehe billich ist verbotten worden. Sed haec prohibitio personas junctas non egreditur, daher khennen 2 brueder wol Zwo Schwestern nehmen.

Ertzhertzog Ferdinand hieher kommen.

Eodem anno den 5. May Ist Ferdinandus Ertzherzog Zu Oesterreich von Wien aus mit 24 Kutschen hieher kommen, vnd vor Pirnitzthor empfangen worden, durch herrn hans Schindl, herrn hans Pauspertl, herrn Veit Ambrosi, herrn Marcus Sorgenfrei, herrn hans Dauid, herrn Jacob Kramer vnd herrn Laurentio Reindler.

Schreiben herrn Creutzigers an hans Lempoldt darin er begert den Kirchendienst alhie, daraus er anno 1557 vertrieben worden.

Clarissimo Viro Pietate et Virtute praestanti Dn. Johanni Leopold Ciui et senatori Ciuitatis Iglauiæ, amico suo carissimo.

Salutem in Christo. Quoties ipse mecum reputo, Cariss. Johannes, id quod sæpenumero fieri solet, qua Dei prouidentia ad ministerium Euangelij vocatus sum, simul in memoriam venit, qua atrocitate Sathan piis meis conatibus restiterit. Tum quidem Deo aeterno patri Saluatoris nostri Jhesu Christi toto pectore gratias ago, qui me indignum ad hoc summum munus selegerit, et contra uirulentos morsus Sathanæ clementer defenderit. Veris quoque gemitibus praecor, ne Spiritum suum Sanctum a me auferat, sed spiritu principali me confirmet, ut aliqua illi per me grata fiant, quoadusque hac uita feliciter peracta hereditatem mihi tribuat uitæ æternae.

Hisce cogitationibus quotiescunque animum refocillo, toties quoquo deploro tempus visitationis vestrae, cum Sathan Euangelij cursum, me in exilium pulso impediuit. Sed consolatur me dulcissima uox Esaiae 55 cap. Vbi Deus inquit, Verbum meum quod egredictur de ore meo, non reuertetur ad me vacuum sed faciet quidcunque volui, et prosperabitur in his ad quae misi illud. Hinc etenim Apostolus excitat studium & diligentiam docendi i Cor-is, (in Corde?) cum dicit ὁ κοπος ὑμων υκ ἐστι κενος ἐν κυριω. Sustentor itaque hac spe, certamque concepi fiduciam Deum adesse meo ministerio & gubernare euentus, Scio enim qua non est hominis uia eius nec uiri est ut ambulet & dirigat gressus suos neque dubito quin et in vestra Vrbe Deus per meum ministerium efficax fuerit quantumuis breui temporis spacio illic Euangelij tubam sonuerim. Tametsi autem tanta acerbitate odij quorundum Magnatum apud uos ab officio legitimæ vocationis amotus sum, ut uix spes aliqua esse possit, illis viuentibus me reuocari! tamen cum sciam Cor Regis in manu Dei esse, & temporis longinquitatem multum adimere virulentis consiliis ac lenire odij acerbitatem, non potui intermittere, quin tibi praesertim Carissime Johannes, quem verae et sincerae pietatis studiosissimum cognoui mentem meam aperirem. Tute scis mi Johannes, qua authoritate mihi commissum sit ministerium docendi Euangelij in Vestra urbe, quando id tu una cum Petro Zossauer nomine incliti senatus vestri a Reuerendo Viro Dn. Philippo Melanchthone Sanctae memoriae et ab Ecclesia Witebergensi expetiuistis. Ea mihi religio semper versatur ob oculos, Et quoniam testimonium meae ordinationis et primaeuae vocationis ad Vrbem Iglauiam dispositum est non abnego, si legitime denuo vocatus fuero, quantum in me est, diuino adiutus Spiritu, Ecclesiam Iglauiensem docendo Euangelium Christi aedificare, Meam itaque uobis offero operam, ut sim inexcusabilis in die extremi iudicij. Nam licet ex nulla petulantia, meam stationem apud uos olim deseruerim, sed coactus discesserim, ideoque salua fruor conscientia coram Deo, Possent tamen aliqui ex vobis praetexere suam innocentiam, aliqui vero, si forte ad pœnitentiam conuersi suam ignorantiam et dicere: Si sciuissent me non alienatum esse ab ipsis ob contumeliam meo ministerio illatam, se deferuescente ira rursus me adscituros fuisse. Quare palam testor et hoc scripto testatum relinquo, me paratum et promptum esse Christo auspice, si legitime vocatus fuero, redeundi ad vos et continuandi ministerium Euangelii. Quam meam protestastionem vel si visum fuerit, totum hoc scriptum, data occasione, Sacro Senatuj Vestro mi Johannes ut indices rogo. Quod si ad extremum me repellitis, sanguinem certe vestrum ex manibus meis Deus non requiret. Septimus iam agitur annus ab eo, quo a vobis migraui: hoc toto septennio, respectu vestri exulans quieui: nolui enim excitare carbones in animis prius irritatis. Nunc vero, quia arbitror violentos motus successu temporis nonnihil sedatos esse meam vobis sententiam aperui, quae in nouissimo Die de mea erga uos voluntate testimonium perhibebit. Me denique tantus quantus sum Deo omnipotenti commendo, et per Jhesum Christum ex intimis penetralibus cordis gemo, ut me faciat vas misericordiae et organon salutare mihi et aliis. Te quoque et uniuersam Ecclesiam Iglauiensem sub tutela alarum suarum protegat Deus oro. Bene et feliciter vale cum Coniuge et liberis.

Leutschouiae X. Cal. Maij Anno 1563.

M. Albertus Cruciger,
Ecclesiastes.

Das schreiben ist im Ratth verlesen worden.

Solches schreiben hat mein Vatter hans Leupoldt im Ratth mit ihrem willen, Verlesen, vnd daneben intercedirt fur den herrn Crucigerum das er möchte wieder hieher vocirt werden. Weil man aber derselben Zeit mit Predigern Gott lob, Versehen gewest, die der Augspurgischen Confession verwandt, weil auch dem Ratth nicht Unbewust, wie Cruciger die Zeit seines Kirchendienstes alhie zimlich scharff vnd schmehlich im ersten anfang gewesen, hat der Ratth dem hans Leupolden befolhen auff das schreiben Zu antworten, Es sei die Kirchen Zur Iglaw mit Predigern versehen. Darauff hat herr hans Leupoldt dem Crucigero Zur antwort geschrieben wie folget:

Antwort auff das schreiben.

Accepi literas tuas Clarissime et Venerande Dn. Alberte, quae X Calend. Maij currentis annj datae erant, mihique lectu et gratae et iucundae fuerunt, ad quas dudum respondissem, si tabellio contigisset idoneus. Et quanquam in illis memoria repetis atrocia Diabolorum impedimenta, quae ministerio tuo cum apud nos tum alibi maxime obuenerant, [illegible] partim conscius sum, et quae mihi, ut nosti, [illegible] fuerunt: Tamen vicissim me consolatur singu[illegible] quam erga Ecclesiam nostram us-

quodum geris, et quod oblitus omnium iniuriarum parat
dire, qui te suis finibus, impellente Diabolo, profligaru
cis, testaris te Spiritu Christi ferri, qui vult ut suo exe
oretur eisque ab offensis benefiat, ideo mihi tuae literae fu
quae has Christi et Apostolorum virtutes prae se ferebant,
tus non fuit mihi visum, ut haec Epistola Candoris tui erga
testis apud me delitesceret, sed publico in senatu
tiente, pellegeretur, si forte cognita tua voluntate, host
ritatis agnitionem et pœnitentiam flecterentur qui ad
exasperatas aduersus te tuumque ministerium mentes
ergo ut publice recitaretur. Sed a Senatu hoc responsi retuli
nistris Verbi hoc tempore prouisam esse. Mihi vero cu
ditus tuus fuisset acceptissimus, qui te tuamque in doc
et in taxandis falsis cultibus et erroribus seueritatem
cepimus, hac ipsa reprehensione a multis falsis opinionibus li
fuit labor tuus, quantumuis breuis, omnino irritus, relicti
animis qui veritatem agnoscebant aculei, quibus comp
abrogationem ardentissimis votis a Deo petierunt et
modo impetrarunt. Egit tum temporis concionatorem in
ginis, ut vocant, Samuel Hebelius vir pius et papisticae
sus Compater meus Clarissimus, qui pp. παῤῥησιαν cu
Viri Dantisco Prussiae pulsus, ad nos cum Melchiore
nosti, et quem tam Prussiae quoque taedet, venit, Is a
a populo auidissimo audiebatur. Et quia tum pestis hic
rat, nec templi in dicto monasterio angustia omnes Au
vocatus est Abbas in curiam, rogatusque ut suum sugg
quem propter pietatem oderat, concederet, ne plebs in illa
condensata lue pestifera et contagiosa magis magisque
bas nescio quo impetu motus non tantum in hoc con
protestatus est, Se Socium esse Augustanae confessio
iuxta normam eius confessionis Ecclesia nostra instituatur,
mandato senatus omnes parrochi pagani Jurisdictioni
dicta die conueniant, velle se cum illis de doctrina et ceremo
disserere. Promisit senatus (quamuis nonnulli aliquod
timebant, quam doli suspitionem illorum animis exem
eo rectius promoueretur), dicta est dies, conuenerunt
uix ac ne uix quidem promissioni suae, cuius eum

quedum geris, et quod oblitus omnium iniuriarum paratus sis ad eos redire, qui te suis finibus, impellente Diabolo, profligarunt: Quia hoc facis, testaris te Spiritu Christi ferri, qui vult ut suo exemplo pro inimicis oretur eisque ab offensis benefiat, ideo mihi tuae literae fuerunt iucundiores quae has Christi et Apostolorum virtutes prae se ferebant. Hac causa motus non fuit mihi visum, ut haec Epistola Candoris tui erga Patriam nostram testis apud me delitesceret, sed publico in senatu etiam te consentiente, pellegeretur, si forte cognita tua voluntate, hostes residui ad veritatis agnitionem et pœnitentiam flecterentur qui adhuc vulneratas et exasperatas aduersus te tuumque ministerium mentes haberent. Effeci ergo ut publice recitaretur. Sed a Senatu hoc responsi retuli, Ecclesiam ministris Verbi hoc tempore prouisam esse. Mihi vero cum multis piis reditus tuus fuisset acceptissimus, qui te tuamque in doctrina puritatem, et in taxandis falsis cultibus et erroribus seueritatem amauimus et recepimus, hac ipsa reprachensione a multis falsis opinionibus liberati. Non igitur fuit labor tuus, quantumuis breuis, omnino irritus, relicti sunt in piorum animis qui veritatem agnoscebant aculei, quibus compuncti Idololatriae abrogationem ardentissimis votis a Deo petierunt et mirabili facilique modo impetrarunt. Egit tum temporis concionatorem in aede Diui Virginis, ut vocant, Samuel Hebelius vir pius et papisticae factionis infensus Compater meus Clarissimus, qui pp. παρρησιαν cuiusdam Primarij Viri Dantisco Prussiae pulsus, ad nos cum Melchiore Ganza quem tu nosti, et quem tam Prussiae quoque taedet, venit, Is a senatu receptus a populo auidissime audiebatur. Et quia tum pestis hic grassari caeperat, nec templi in dicto monasterio angustia omnes Auditores capiebat, vocatus est Abbas in curiam, rogatusque ut suum suggestum Samueli, quem propter pietatem oderat, concederet, ne plebs in illa templi angustia condensata lue pestifera et contagiosa magis magisque inficeretur. Abbas nescio quo impetu motus non tantum in hoc consensit, sed etiam protestatus est, Se Socium esse Augustanae confessionis et velle, ut iuxta normam eius confessionis Ecclesia nostra instituatur, cupere quoque, ut mandato senatus omnes parrochi pagani Jurisdictioni nostrae subiecti dicta die conueniant, velle se cum illis de doctrina et ceremonijs Ecclesiasticis disserere. Promisit senatus (quamuis nonnulli aliquod doli subesse existimabant, quam doli suspitionem illorum animis exemi, ut Gloria Dei eo rectius promoueretur), dicta est dies, conuenerunt pastores, Sed Abbas uix ac ne uix quidem promissioni suae, cuius eum iam [illegible], stetit tamen. Et in conuentu primo de missae abominatione [illegible] Abbas tandem missae abrogationem permisit. Deinde Principis [illegible] ipsius consensu introducta est. Pro quibus beneficiis gloria sit [illegible] tamque memorabilis mutationis initium et quasi fundamentum iactum est tuis seueris comminationibus Irae Dej aduersus idololatras. Non fuit igitur Clariss. Vir., labor tuus frustraneus, nec exilium tuum Inane spectaculum, sed hos fructus genuit quos iam breuiter attigi, quamuis nostri sine persecutione obtemperare debebant tibi recte docenti, sed Diaboli saeuitia illis restitit. O, der Böſewicht, Er hat ia das gutte werkh ettlich iahr auffgezogen, doch nicht gar auffheben khennen. Vere itaque opto, ut te Deus reducat ad repurgationem et aedificationem quae in Ecclesia est reliqua et necessaria, quam spero adhuc te authore futurum, Sin alia est Dei uoluntas, nostros excitet, ut id salubriter perficiant. Vale et pro Ecclesia nostra, ne in illa fides deficiat praeces fundito. Dabantur Iglauiae in festo Johannis Euangelistae Anno 1563.

Johannes Leupoldt.

Auff dieſes ſchreiben hat herr Cruciger ein anderes an herrn hanſen Leupolden geſchrieben, darinnen er der Stadt gratulirt, das die Meß iſt abgebracht worden.

Clarissimo Viro, uirtute dignitate et pietate praestanti Dn. Johanni Leopold Viro Consulari in urbe Iglauia amico et fratri Carissimo.

Gratiam et pacem a Deo patre per Dominum et Vnicum Saluatorem nostrum Jhesum Christum.

Binas hoc anno a te Vir Clarissime et frater carissime accepi literas quibus respondes ad mea interrogata anno abhinc elapso ad te perscripta. Et quidem utrasque tuas Epistolas magna cum voluptate legi, refertae enim erant pietatis erga me et beneuolentiae Studio, Neque mihi tantum incussit moerorem, quod intellexi quosdam adhuc mordicus retinere aduersus me et meum ministerium exulceratas mentes, quam quae me exhilarabit dulcissima commemoratio tua, qua recenses, prosperum in abrogatione Missae successum.

Atque utinam Abbas serio se socium (ut scribis cum verbis hoc prae se tulisse) Augustanae Confessionis non istius, quae per Sphingen Interim conflata, sed eius quae exhibita est anno salutiferi partus 1530 Imperatori Carolo uniuersarum rite reformatarum Ecclesiarum consensu re ipsa absque simulatione perhiberet. Haec si illi cordi est confessio, nunquam [illegible] committeret, ut vestra parrochia ipsius veterno deformaretur, [illegible] pastoratum vestrae Ecclesiae libenter alteri cederet siquidem intel[illegible] bona conscientia, ut que fundamentum doctrinae propheticae et Apo[illegible], in administratione hujus Ecclesiastici muneris versari non posse [illegible] quoque iudicium Dei et poenas aeternas quas minatur filius Dei [illegible] posset priuatus et ab officio ministerij Ecclesiastici seiunctus. [illegible] tranquillam et piam aut iis sumtibus, quos corrasit ab eo [illegible] vestrae Parrochiae prouentus accepit, aut si illi non [illegible] ciant. annuo salario ex publicis reditibus ei prospici utilius. Et magis pium esset, quam tanto tempore cum multorum piorum gemitu & non leui dispendio egere animarum conuenienti pastore. Sed quoquo modo res se habet de Abbate, Ego toto pectore gratulor Ecclesiae vestrae emendationem ac praecor Deum, ut hanc emendationem firmam esse iubeat, et abolitis etiam reliquis abusibus verbi puritatem et ritus verbo consentientes per ministerium salutarium organorum instituere, et instituta promouere ac conseruare dignetur ad sui nominis gloriam et ad plurimorum salutem. Quod ad me attinet propter, grauissimas causas in ea adhuc sum sententia, quam tibi Suauissime frater proximis literis significaui, et perplacet, quod illae in consessu vestri Senatus prolectae sint, perhibebunt enim mihi testimonium etiam coram iusto iudice Christo in extremo die de mea erga uos voluntate. At quod hortaris, ut paulatim ad uos propinquius accedam, unde postea in possessionem vestrae parochiae facilius perducerer, agnosco tuum φιλοστοργεῖν sed absque legitima vocatione, cui si mihi oblata fuerit, parere non recuso, me de loco, in quo sum mouere, et familiam non necessariis onerare migrationibus mihi non esse integrum ipse iudicare potes. Licet enim subinde Turcicis incursionibus nostri vexentur, atque nunc etiam nobis Turcica rabies extremum minatur exitium, tamen in hac mea statione, in quam me Deus locauit, mihi manendum censeo, donec ex ea me Deus in aliam auocet. In tuas vero et Ecclesiae vestrae praeces me unice commendo, uestri in meis praecibus perpetuo sum memor. Saluto quoque vestros pios ministros vestrae Ecclesiae osculo sancto reuerenter. Bene et feliciter vale cum coniuge et liberis, atque fraternam conjunctionem nostram ut creberrimis literis foueas te etiam atque etiam rogo. Ego quibus potero officijs meam erga te gratitudinem, Vir Clarissime declarabo. Iterum atque iterum vale. Data Leutschouiae Cal. Maij Anno 1564.

M. Albertus Cruciger
Euangelij Minister.

Traibboden auff der Schuel. Eodem anno 1563 hat man den Traibboden auff der Lateinischen Schul, so vor 2 iahren gebauet worden dem [illegible] werch der Fleischakher am Zins hingelassen iährlich 2 fl. [illegible]

Gros glokhen gegossen. Eodem anno Am tag Michaelis umb 17 Uhr hat [illegible] Briccius burger und Kandler der Neuen Stadt Prag [illegible] Zwinger beym Frauenthor die grosse glokhen gegossen, hat gewogen [illegible] Centner, Beym giessen sein gewesen die herrn Predicanten, [illegible] Raths und viel Personen aus der Gemein, vor und nach [illegible] man knieend gebettet, darnach Te deum Laudamus deutsch [illegible] Sei lob und Preis xc. gesungen, Von iedern Centner [illegible] geben worden 2 fl., Und hat die glokhen in [illegible] das was von gemeiner Stadt darzu ist gegeben worden als bei 24 Centner Pichsen, Glokhenspeis ist vberblieben 21 Centner, Daraus hat man das folgende iahr gegossen ein scheln auffm Spitlthurn vnd Pfarthurn so die Viertl schlacht, Item ein glokhen auffm Neuen freudhoff. Der meister dieser 3 stukh ist gewesen Girg Gleichsner.

Allerlei kleine glokhen gegossen.

Die glokhen auffm Neuen freudhoff wigt 6 Centner 30 Pfund, Die scheln auffm Spitlthurn 3 Centner 31 Pfund, Die scheln auffm Pfarthurn so die Viertl schlegt 2 Centner 33 Pfund. Die grosse glokhen ist Zum erstenmal am tag Aller heiligen geleittet worden, welche Zuuor Montag vor Simonis Judä mehr den durch 100 Personen aus dem Zwinger in die Pfarkirchen ist gezogen worden, vnd des Thoma Matthiaschen Tuchmachers khindt hat man Zum ersten vnd vmb sonst damit ausgeleittet.

Neben freydthoff wegt 6 Zentner 30 Pfund auffen Spietelthurn 3 Zentner 31 Pfund auf dem Pfarthurn so die Viertell schlegt 2 Zenten 31 Pfund.

Den andern tag nach aller heiligen hat ihr ein krankhe Baderin Susanna ins Spitzers Badstuben noch in ihrem leben mit der grossen glokhen ausleiten lassen, Sie ist vnter der thuer in einem stull gesessen vnd dem geleith Zugehöret.

Baderin last ihr in lebzeitten ausleitten.

Eodem anno Ist herr hans Geschl StadtEltister gestorben am abendt Michaelis.

Rattherrn gestorben.

ExhaVstVs CVrIs patriæ MVLtoqVe Laboro
GöscheLIVs sVperI VIVIt In arCo poLI.

Auch ist herr Peter Zosauer und Barl Brimsleber gestorben.

Eodem anno Freitag vor Thomae Ist herr Martin Abbt von Selaw in seiner krankheit alhie aus seiner stuben in den Zwinger oder Stadtgraben gefallen, doch am leben khein schaden genohmen.

Abbt falt in Zwinger.

Eodem anno den 18. Nouember Ist Maximilianus Behmischer König Zu Olmuntz auffm Landtag eingeritten, allda ers von allen 4 stenden Zu einem Marggraffen in Mährern angenohmen worden. Bei demselben einritt hat sich der herrn vnd Ritterstandt statlich sehen lassen, Aus den kaiserlichen Steden sein Reutter geschikt worden von Olmuntz 60. von Brun 20, von Znaym 15, von Iglaw 11, von hradischt 8 vnd von der Neustadt 6. Reutter derer von Iglaw sein gewesen Matthes Reindler, Matthes Lidl, Matthes Krumb, Daniel Wulikh (Stubikh?), Caspar Schinabitz, Jane Schmilauer, Abraham hartberger, Caspar Delll rc. Die Olmutzer haben auch Ihr Majestät Zu ehren 4 fandl wolgeputzter Knecht auff ein halbe meil entgegen geschikt. Darnach sein die Landtherrn ihr Majestät Zu fus entgegen gangen vnter das mittere hiltzerne thor. Da auch die thumherrn mit dem himel neben andern geistlichen Ihrer Majestät gewartet vnd dies in die Kirch Zur Meß begleittet, Zuuor aber sein die furnembsten aus den Stenden neben dem Bischoff Ihr Majestät auf ein meil wegs gegen Proßnitz entgegen gezogen vnd Ihr Majestät allda empfangen rc. Nach gethar

König Maximilian Marggraff in Mährern

Aydspflicht vnd Confirmation der LandesPrivilegien ꝛc. haben die kayserlichen Stedte sambtlich Ihrer königlichen Majestät ein Verehrung präsentiret nemlich 2 grosse schön Vbergoldte Kepffe oder Pecher per 200 fl. mit 800 Ducaten Vngrisch. Das geschenkh hat herr Bohusse Kokorzißky kayserlicher Procurator in Mährern neben glueckswunschung in Behmischer sprach offerirt im nahmen der Stedte Welches Ihr Majestät in grossen gnaden angenohmen mit gnediger erbittung solches nicht allein fur sein Person, sondern in faal der noth bei seinem herrn Vattern Kaysern Ferdinando in gnaden Zu gedenkhen. Zu solchem geschenkh haben contribuirt

Verehrung der Stedte dem König geschehen.

Olmuntz 400 Schock			11 Schock 40 gr.
Brunn 350 Schock			9 Schock
Znaym 235 Schock	}	darnach 2 vice	8 Schock
Iglaw 235 Schock			8 Schock
hradischt 180 Schock			6 Schock
Neustadt 100 Schock			3 Schock
		Summa	1545 Schock 40 gr.

Auff die Kleider vnd andere rüstung so Zu ehren Ihrer königlichen Majestät gebraucht worden, ist alhie auffgangen 124 Schock 42 gr. Mehr ist auff Rais vnd Zu Olmuntz verzehrt worden 120 Schock 26 gr. hat also mit der Verehrung dieser einzug die Stadt Iglaw gekostet 488 Schock 8 gr. Die Reutmäntl vnd huet hat man den Reuttern Zur gedechtnis geschenket hat ieder Person kleid gestanden bei 24 Schock.

Seltzames iahr.

Eodem anno Ist gar ein nasser Sommer gewesen allso das Viel getreud auffm Feld ausgewachsen Der Wein ist sauer worden vnd roh blieben. Im Dezember war das ganze Monat so warme Zeit als were es vmb Ostern, vmb Nicolai hat man in Beheim vmb Colin Weitz gesert Vmb Lucia alhie geakhert, Sontag vor Thomä sein ettlich Regenbogen gesehen worden.

ist die Pfarrkirchen in der grossen Pfarrkirchen gepautt worden.

(Zusatz von späterer Hand: Dies iahr ist die Parkirchen der herrn gebawet.

Anno 1564 Ist der Raith alhie nicht verneuert worden, weil herr Vnter Cammerer gestorben, auch Kaiser Ferdinandus mit todt abgangen.

Kaiser Ferdinand gestorben.

Kaiser Ferdinandus ist gestorben Zu Wien in Oesterreich den 25. Juli am tag Jacobi den hat der Raith alhie in trauer Kleidern geklaget bis auf Weinachten.

ILLVstrIs CVrIs graVIbVs FernanDVs et annIs
FVnCtVs JaCobI LVX VbI spLenDet, obIt.

Maxmilian Römischer Kayser.

Noch in lebzeiten dieses Kaisers ist sein Sohn Maximilianus von den Churfursten einhellig Zum Kaiser erwehlet worden.

ÆMILIVs Cæsar patrIs et CapIt orbIs habenas
Par faCtIs sanCta reLLIgIone patrI.

Eodem anno hat ein Vnruwiger Tuchscherer alhie Blasius Gilkho genandt einen Ersamen Ratth sambt den Geschwornen Meistern der Tuchmacher gehn Brun auffn Landtag geladen vnd war furnemlich vmn die Trischer Tuch Zuthun wie in den acten weitleufftig Zu sehen, Weil er aber Vngerecht vnd den Ratth gleichwol injuriret hat, ist er mit schaden vnd spott abgefertiget worden, vnd hat dem Ratth ein offentlichen Abtrag thun muessen.

Blasi Gilko ein unruwiger burger.

Eodem anno hat man eines Kramers hans Kreners Weib, so sich mit ihrem schreiber in ehbruch eingelassen vnd in der gefengknis auff Viel burger bekennt die mit ihr Vnzucht getrieben, mit rutten am Pranger gestriechen, vnd der Stadt Zu ewigen Zeitten verwiesen, Die Burger so mit ihr Vnzucht getrieben, ist ein ieder vmb 40 Schock gestrafft worden, auch hat man vnter denselben ettliche Tuchmacher, so Ambter gehabt, derselben entsetzet, vnd ist die gemeine saag gewest, es sollen 40 Personen ehmenner vnd iunge gsellen mit der Vnzuchtigen Veil das werkh der Vnzucht getrieben haben.

Ehbrecherin des Kreners Weib.

Eodem anno Sein gestorben, herr Girg Pesserl, herr Augustin Wagner, herr Wolff Geschl.

Rattherrn gestorben.

Eodem anno hat man bei klein Neustifft auff einer Saat ein Trappen geschossen, der eines Adlers geschlecht sein soll pygargus genandt, war mit ausgespanten Fliegeln einer klaffter weit, Am fasching Sontag hat ihn der Ratth gegessen. Dergleichen Vogl ist Zuuorhie nicht gesehen worden.

Trapp geschossen.

Eodem anno Ist die Venetische vnd Ferrarische bottschafft hieher khommen, von dannen Zu Ihr Majestät verraiset.

Venedische bottschafft.

Eodem anno Sein alhie meister des Tuchmacherhandtwerchs gewesen 448.

Im 1570 iahr, da der dreissigist gr. Zum ersten ergangen sein gewest, meister 500, hernach ie lenger ie mehr bies in die 700.

Zahl der Tuchmacher 448. hernacher 500. nach hernach 700.

Dieses iahr haben die Reindlerischen ihren Wappenbrieff bekommen.

Wappen der Reindler.

Anno 1565 feria 3 post Inuocauit Ist der Ratth Zur Iglaw verneuert worden.

Neuer Vnter Cammerer nach herrn Jan Zdanskh todt ist worden herr Theodoricus von Cunowitz herr auf vngrischen Brod.

Neuer Vnter Cammerer.

herr hannß Schindl Eltister. herr Peter Panspertl Beisitzer. herr frantz krumb Richter. Iunge herrn: Andre Mohensackh, Matthes Lidl, Procop höfer, Ieronim Rotth.

Eodem anno Als herr Augustin Wagners Weib sich in [illegible] hurerei vnd ehebruch eingelassen, vnd der Man sie besch[illegible] drauff ist sie Zu ewigen Zeitten auff 20 meil weges von [illegible]

Verlust ihres lebens da sie wieder kheme geurlaubet worden vnd der theter Lucas Prait auff 15 iahr.

Tuchmacher Versamlung wegen der Reemen.

Eodem anno haben sich bei 40 Tuchmacher in des Jacobs Peherls haus heimlich versamlet, vnd ein Vnterredung gehalten, wie sie selbst wolten Reemen bawen lassen, die sein mit gefengknis gestrafft vnd der wirth der die versamlung Zugelassen vnter 50 Schock ausgeborgt worden.

Mönch stilt ein Meßgewandt.

Eodem anno hat Bruder Sixtus quardian in Frawenkloster Zu dem gewelb auff der Sacristeu darein die Kirchvatter aus befelh des Prouincialn Valentini Christiani de Cingulo ettlich Meßgewandt vnd Ornat verschlossen schlissel machen lassen, das gewölb heimlich eröffnet ein Meßgewandt Zertrent, ihm selbst ein kleid daraus gemacht, den geistlichen ornat in weltlichen brauch verwandlet, der Burger stuel im Kloster ausgebrochen der ist alsbald von gedachtem Prouincial abgeschafft vnd ein anderer an seine stell geschickt worden. Etwas dergleichen ist Anno 1524 auch geschehen wie oben im selben Jahr Zulesen.

Anno 1566 feria 6 ante Mathiae Ist der Ratth alhie verneuert worden. herr Veit Ambrosij Eltister. herr hans David Beisitzer. herr hans Leupoldt Richter. Junge herrn: Jeremias Mauerbach, Sebastian kröll.

Musterung Zur Iglaw.

Eodem anno Sonabendt nach Procopii hat Kayser Maximilian ein Musterung nach Iglaw gelegt, also das den 20. Julii vnter dem Obristen herrn Andre Teuffl freyherrn Zu Gundersdorff Tausendt Reutter solten gemustert werden, sein von dem 10. Julii angezogen, vnd am tag Jacobi als den 25. Julii sein 2 fahnen Reutter gemustert worden Montag nach Jacobi wieder ein fahn. Der vierte fahn, vber welches herr [illegible] Mralesch Rittmeister gewesen ist nicht khommen, sondern in Sachsen verhalten worden. Die musterung ist bei den Rotten grueben gegen Altenberg gehalten worden. Da hat herr Obrister begert, man welle ihm drei Ratts-Personen Zugeben wegen allerlei furfallender handlungen, damit er nicht alzeit den Burgermeister behelligen durffe, Sein verordnet worden herr hanuß Pausperll, herr hans David vnd herr Lorentz Reindler. Stadtschreiber. Dies Volkh ist nach Sigel in Ober Vngern gebraucht worden, welche festung der Turkh den 29. Augusti eingenohmen, in welcher der streitbare held Niclas

Römische vnd Turkische Kaiser im Feldzug.

Graff von Serin Obrister ritterlich vmbkommen, Auch der Turkische Kaiser im Feldlager kurtz Zuuor gestorben, [illegible] ist selbst Persönlich im Feld gewesen, aber Vnuerrichter sachen [illegible]

TVrCICVs expVgnat SIgetI Castra TyrannVs

DVX noster faeDIs oCCVbVItqVe GeIIs.

heilliger Brun Zur Iglaw.

Eodem anno hat sich eines Wassers [illegible] geoffenbaret aus einem Stollern [illegible] der [illegible] halb der Goldtmuel welche iezt [illegible]

Erhard Peranauer in der Belegerung der Statt Wien Anno 1529 ein schaden vnnd offenen fues bekommen, vnd kheine fruchtbarliche remedia bies auff dieses 1566 iahr nicht erlangen mögen, hat er ihm dieses wasser aus dem brunn wermen lassen vnd die fueß darein gesetzt, auch dauon gesundt vnd gantz frisch worden, Dieses wasser ist dadurch in solchen beruff khommen, das es Viel leut gebrauchet vnd heilsam genossen haben. In herbst dieses iahrs sein mehr den 100 Personen des mehrerntheils frembde gebrechliche Personen bei diesem brunnen gewesen, die haben fast alle bösserung befunden.

Dieses wasser ist so heilsam gewest das Viell leydt daran findt gesundt werden.

Sindt auch Schöden gehellt worden.

Eodem anno Ist alhie vnd in der nachbarschafft ein seltzame Krankheit entstanden, Sein viel leut an der haubtkrankheit lange Zeit gelegen ettliche dadurch närrisch vnd sinnloß worden, aber dennoch wieder Zurecht kommen, ettliche sein daran gar gestorben, hat gewehret von Michaelis bies auf Georgii des nechstkunfftigen iahrs, fast dergleichen krankheit soll hernach im 1571 iahr gewesen sein.

Seltzame krankheitt.

Eodem anno Ist mein Grosvatter von der Mutter herr Peter Pauspertl gestorben den 26. Februar ist im Ratth gewesen 23 iahr.

herr Peter Pauspertl gestorben.

SeXta rVbens FebrVI LVX et VICena MICabat
SoLVIt VbI PetrVs pacta seVera neCI. B. S.

Eodem anno Ist herr M. Albertus Cruciger hieher kommen, vnd sowol mundtlich als schrifftlich bei dem Ratth vnd ettlichen die ihm Verwandt angehalten, das er Zum kirchendienst, dauon er anno 1557 gestossen werden, wieder bestelt werden möchte Worinnen er den Ratth in seinem publico scripto vnd sonsten Zu nahe gehandlet, wolle er depreciren vnd abbietten, auch kunfftig glumpfflicher sich erzeigen, Wie er dan derenthalber gar viel Lateinische schreiben an meinen Vattern herrn hansen Leupolden geschrieben vnd grössere modestiam darinnen polliciret hat, Weil aber damals khein stell lehr gestanden, man auch nicht Vrsach gehabt einen aus den bestalten Kirchendienern Zu entsetzen, hat sein begeren nicht statt finden kennen. Doch hat ihm der Ratth alhie 8 Ducaten verehrt vnd mit gutten willen von sich gelassen. Actum 4. September 1566.

M Albertus Cruciger begert wieder dienst alhie.

Eodem anno Mitwoch nach Pfingsten als hannß Grameser Fleischalher seiner notturfft nach gehn der Gosel gehen wollen, hat ihm frue Vor tags einer mit nahmen Balten Windisch begegnet, der hat ein todten Menschen vnter den Ichsen getragen, vnd bei der Weissen Faal in die Pergkgruben geworffen. Eben desselben tages ist ein Oculist oder Steinschneider Michl Schnell alhie verloren werden, man nachforschung gehalten hat der obgedachte Fleisch… Ratth, was er frue Vor tags gesehen, Drauff ist … Pergknap sambt seinen Pergkgesellen gefengklich ein…

Todschlag. Bei der Weissen Hall gefunden.

der Windisch die that hefftig gelaugnet hat der Fleischalher entlich auff ihn dargethan, das er vor 20 iahren Zu Annaberg in Meissen ist vom galgen abgebetten worden, Auff diesen Verdacht als die sach bei Ihr Majestät ist belernet worden, ist Windisch Peinlich befragt worden, Da hat er in der Marter bekennt, es sei der Oculist bei ihm auff der bankh gelegen vnd habe geschlaffen, den hette er mit einer hakhen erschlagen, Nach diesem hat man bei 3 wochen in der Weissen Haal wasser geschepffet vnd den todten Kerper gesucht, man hat aber das wasser wegen seines starkhen ganges nicht geweltigen kennen, Vber das hat sich Windisch ein mal aus der gefengknis gebrechen, den henkher vnd schergen mit dem Messer erstechen wollen Verhoffend darnach Zu entrinnen. Als sie ihm aber Zu mechtig worden vnd in Verhafftung wieder gebracht, Ist er der Windisch bald hernach mit dem Rad vom leben Zum todt gebracht worden. Actum Sonabendt nach Laurentii des 1567 iahrs.

Streit Zwischen dem Stadtmedico vnd dem Behmischen Prediger wegen der Cur.

Eodem anno Ist Zwischen herrn Doctore Martino Mylio Stadtphysico vnd herrn M. Simon Leua Behmischen Prediger ein streit wegen der Cur der patienten alhie entstanden, Doctor Milius hat dem Simon Leua nicht Vergönnen wellen das er die Patienten alhie curiren soll, weil es nicht seines beruffs, vnd dem herrn Doctori an seinen gebuerenden accidentien schädlich. Simon Leua vermeint, weil er ein Magister philosophiae sei vnd in der Medicina auch etwas erfahren hette, man khenne ihm solche praxin nicht einstellen. Entgegen hat sich Doctor Mylius mit dem geschützet, das er vnd sonst khein anderer bestalter Medicus sei, Item ein Promotus Doctor. Entgegen hette der Magister nicht allein kheine bestallung, sondern er habe auch nicht darumb Zu weisen, weil er ein Magister, das er darumb practiciren dörffte. Als sich aber Simon Leua nicht wolte lenkhen lassen, hat Doctor Mylius an herrn hansen Leupolden der Zeit Stadtrichtern geschrieben vnd gebetten, er wolle dareb sein, das dem Magister Simon die Praxis eingestelt werde, sonst muste er den Magister vorm Ratth verklagen, vnd da ihm khein ausrichtung geschehe, wolte er Viel lieber sein dienst auffkunden als der gestalt hie bleiben, hat auch gemelter Doctor daneben ein höhnisches schreiben an M. Simon lautend beigelegt, wie beide hernach folgen.

Schreiben an hans Leupold doctoris Mylii.

Prudentissimo Viro pietate doctrina et uirtute praestanti Dn. Johanni Leopoldo Judici Reip. Igl. dignissimo et compatri carissimo.

Prudentissime Vir, Compater Carissime, quanta pericula ingenia polipragmonica Ecclesiæ et Reipublicae intulerint, notius est quam ut pluribus exemplis a me demonstrari debeat. Potissimum autem in docentibus hic morbus pestilentissimus censetur, nam et propriam illorum conscientiam laedit, et auditoribus haud vulgare scandalum praebet, Sed plaerunque αυτοδιδακτοι και φιλαυτοι exiguo tempore in Academijs versati id genus uitij incurrunt Απραιμοσινη enim est herba, ut venuste ludit plato, nascens in Academia et doctrina assuefacit nos ad modestiam, qua canemus, ne ingeramus nos alienis et non necessariis negotiis. Id si perpenderet vicinus meus, medicaster ille parvulus, haud absque iudicio in meam irrumperet vocationem, et sponte medicus nasceretur ex libello uno atque altero nummulo coemto. Ego autem ne officium boni uiri desererc uiderer, primo familiariter ipsum ab incepto dehortari uolui, cuius admonitionis exemplar Tuæ Prudentiæ transmitto, ut nonnihil Tuæ Prud. intercedat authoritas, cuius consilio tempore pestifero huc reuersus sum. Sin perget in medendi munere, actionem coram senatu instituam, qui nisi caucbit, uti non dubito, potius loco cessurus sum conditionemque resignabo. Sed uideat sane, ne tandem de ipso Prouerbio dicatur: Camelus appetens cornua amisit etiam aures. Legato Milesio qui in Spartana Ciuitate volebat habere delitias Jonicas, dictum est a Spartanis, Domi, Milesi, exercelo: et iussus est discedere. Sic profecto studiose cauendum est a magistratu, ne curiositas Ceu pestis altius in Rep. radices agat. Possem plura huc adducere, sed Tuæ Prud. onere Reip. grauato molestus esse nolo, Maiorem in modum petens, ne p. Tua mihi quod uitio vertat, & Dn. Magistrum Simonem ab hoc instituto retrahere annitatur. Valeat in Christo felicissime una cum Coniuge & liberis meque ut compatrem amare pergat.

T. P. Studiosiss.

Martinus Mylius D.

Das schreiben so herr Doctor Milius an M. Simon Behmischen Barbiger geschrieben, das er ihm in der Praxi thein eingrieff thun soll, lautet allso:

Prudenter Hesiodus inquit: ἔμμορε τῆς τιμῆς ὅς ἔμμορε Χοιτονος

Prognostica indagare potes, multo minus sine Anatomes cognitione in locorum affectorum noticiam deuenies. pulsuum differentias, quae sunt omnium difficillimae si callere te opinaris falleris. Quantum ad curationem attinet, incognita simplicium facultate et natura, nullum secundum Canones ex ratione profectos compositum inuenies, nec malitiam quorundam simplicium corriges, aut vires intendes atque ad certum membrum diriges. Sed fortassis Medicus euasisti αὐτοδίδακτος spacio bimestri ut Amethodici et thessalioni καὶ ἐκ βιβλίου κυβερνήτης. Quod si concedam, tamen nec habita ratione temperamenti aut aetatis, aut sexus, aut temporis anni, aut vitae generis, aut consuetudinis aliarumque infinitarum circumstantiarum omnes uno calcipodio, more prorsus empyrico, calceabis. Tuam igitur conscientiam testor, an artem quam non nosti, possis aut debeas exercere. Diuus Paulus pluribus in locis πολυπραγμοσύνην damnat, a qua tuos etiam auditores deberes dehortari, sed eandem du ipse incurris, Profecto ἄλλος πολίτης πρὸς ἄλλην πόλιν τεταγμένος ut Plato citat ex Aeschilo. Aliud est sceptrum aliud plectrum, aliud concionari aliud medicarj. An parui facis in medendo subiecti nobilitatem quod est corpus humanum? in quo si quis error committatur, damnum resarciri nullomodo potest? Spartam ergo quam nactus es hanc orna, nec alienae vocationi de immisceto, neque unum pedem habeas in suggesto, alterum in Rep., sed mandatum officium, quod ἀπραγμοσύνην requirit, studiose ad gloriam Nominis diuini et Ecclesiae aedificationem exequaris, intraque limites officij et muneris tui maneto. Quod si feceris, me pristina beneuolentia deuincies, Sin neglexeris, ita ut aequum est in te animaduertetur, coramque toto senatu huius tui propositi causae erunt exponendae. Haec breuibus hoc tempore, quantum officij mej ratio vinculumque vicinitatis et familiaritatis postulat, monere volui, Vale.

Mart. Mylius Doctor.

Dieser handl ist hernach verglichen worden, das sich herr Magister verwilliget, dem herrn Doctori wen er hie ist, khein eingrieff in sein [illegible] zu thun.

Anno 1567 feria 5 ante Reminiscere Ist der Rath [illegible] worden: herr hanß Pauspertl Eltister. herr Marcus [illegible] herr Daniel Neumaier Richter. Junge herrn: Girg Pernfus, [illegible] mer, Mathes hadmer.

Neuer Unter-Cammerer. Eodem anno Als herr Dietrich von [illegible] Ist Unter Cammerer worden herr Joachim [illegible]

Johan Friderich hertzog zu Sachsen wirt hie gefangen durchgefüret. Eodem anno Nachdem hertzog Johan Friderich [illegible] in Duringen ettliche des Reichs Achter [illegible] GrumPach mit seinen gesellen bei sich [illegible] des Reichs willen aufgehalten, und gefördert, [illegible] fursten Augusto befolhen, die Vestung Zu Gottaw Grimmenstein genandt, Zu belegern vnd den fursten gefangen Zu nehmen, Welches geschehen, Da dan die schöne Vestung dergleichen nicht bald Zufinden vom Augusto Chur-fursten Zu Sachsen ist gesprenget vnd in grundt verderbet worden, Der furst ward gefangen, vnd die ihn Zu dem handl Vnter seinen Ratthen verursachet, sein mit dem schwert gerichtet worden Dauon Sleidanus weitleufftig. Dieser gefangene furst ist aus befelh des Kaisers in Oesterreich gefuhrt worden, vnd den Sonabendt vor Veitstag hat man ihn hieher gebracht, da er Vber nacht geherberget, hie hat ihn die Mährerische Landtschafft angenohmen vnd in Oesterreich beleittet.

Radt mit dem schwerdt gerichtet worden.

Eodem anno Donnerstag hernach sein in der Spitlgassen in des Merth Relsingers haus 3 gewelber so vom grundt auff new gewelbet werden, eingangen, von dem gerüst 10 Maurer sambt dem Wirth herab gefallen, Doch ist kheinem vnter den Maurern schaden geschehen, Allein der Wirth ist Zimlich doch nicht tödtlich Verwundet worden.

Gebew gehet ein.

Eodem anno Ist herr Bartl Lang ein Ratth gestorben. (durchstrichen: herr Samuel hebelius von hinnen nach Schweinitz gezogen vnd anstat seiner herr Esaias Tribauer Prediger worden im 1568.)

Anno 1568 Vigilia Circumcisionis Domini Ist der Ratth alhie verneuert worden: herr Marcus Sorgenfrei Eltister. herr Frantz Krumb Beisitzer. herr Jacob Kramer Richter.

Zwo Rattsuernewrung in einem lahr.

Eodem anno feria 4 ante Martini Ist der Ratth wieder verneuert worden: herr Veit Ambrosli Eltister. herr hans Dauid Beisitzer. herr Mattheß Lezelter Richter. Junge herrn: Lucas Schindl, hans Fistritzer.

Als Abbt Martinus Stralitzky das Verschienene 1567 iahr im herbst gestorben vnd khein bruder seines Conuents mehr Vorhanden gewesen, hat der Ratth Zur Iglaw aus Christlicher Vorsorg khein bössere vnd bequemere gelegenheit Zu sein gedacht die Collatur der Pfarkirchen bei Ihrer kaiserlichen Majestät Zuerlangen als damals, haben derowegen Vnsaumig bald nach absterben gedachtes Abten von Selaw, herrn Andre Glenkhen, herrn hans Leupolden vnd herrn Lorentz Reindler Zum herrn Vnter Cammerer nach Brun verordnet vmb die bemelte Collatur Zu werben. hierauff sein die handlungen Ihrer kayserlichen Majestät furgetragen worden welche sich so lang verzogen, das entlich Ihr Majestät Inuentarien der Abbtey einkommen, dergleichen auch der Pfarr Zur Iglaw einkommen begert hat, welche Ihr Majestät dieses 1568 auff Trium Regum von Olmuntz aus sein Vbersendet worden. Bald hernach auff Pauli haben die von Iglaw Zu Ihrer kayserlichen Majestät nach Wien verordnet den herrn hansen Leupoldt vnd herrn Lorentz Reindler vmb bemelte Collatur ferner gehorsamst Zu sollicitiren. Da haben Ihre kayserliche Majestät von herrn Wilhelm Bischoffen Zu Olmuntz,

Werbung derer von Iglaw vmb die collatur der Pfarkirchen.

Vide infra 1619 wie die Collatur der Kirch sambt dem einkommen erlangt worden.

herrn Landtshaubtman herrn Cantzlern vnd herrn Vnter Cammerer ferneren bericht begert, Ob Ihr Majestät denen von Iglaw gemelte Collatur lassen, oder ob dieselbe bei gedachter Selawerischen Abbtey noch verbleiben soll. Welche als sie Ihrer kayserlichen Majestät ihren bericht gethan, Ist hernach von Ihrer Majestät dem Ratth Zur Iglaw Mitwoch nach Inuentionis Crucis von Wien aus ein schreiben geschehen, Das Ihr Majestät aus gnugsamen Vrsachen solche Collatur von gemelter Abbtey nicht Zu wenden vermeinen, sondern bei derselben verbleiben lassen wolle, Doch habe Ihr Kayserliche Majestät dem verordneten Abbten befolhen das er denen von Iglaw, weil man aus Zulassung Babstlicher heiligkheit in diesen landen sub utraque communicire, in der Kirchen kheine einige hinderung noch Vberlast Zufuege,

Newre Abbt Zu Selaw.

Auff solches ist herr Caspar Probst von New Reisch vnd verordneter Abbt von Selaw Mitwoch vor Pfingsten gehn Iglaw kommen, Da ist ihm die Pfarr sambt derselben Zugehör abgetretten vnd aller sachen raittung gethan worden.

Wil die Meß Zur Iglaw wieder auffbringen.

Im September hernach hat sich der Newe Abbt Vnterstanden, die Meß in der Pfarkirchen alhie wieder einzufuhren, Ist aber von seinem furnehmen bald abgefuhrt worden vnd ob er sich Zwar anderer neurungen Vnterfangen hat er doch nichts richten khennen, sondern hats bei dem wie es in der Kirchen bishero Verhalten worden, mussen verbleiben lassen, Doch hat es die herrn des Ratts nicht wenig muh gekostet, ehe sie den Abten darzu bracht haben. Den es gelt sonst gmeinigklich wie das alte Sprichwort: Neuer König, Neues gsetz.

Kayser halt mit einem Lutherischen Professorn herrn Ratth wegen der Religion.

Eodem anno hat Kayser Maximilianus Secundus den herrn Joachimum Camerarium furnembsten Professorem der Vniuersitet Zu Leipzig nach Wien gefodert wegen der Religion sich mit Ihme allda Zu Vnterreden, Dieser ist ettlich wochen Zu Wien geblieben, vnd als er vmb Martini wieder im Zuruckh raisen hieher kommen, hat ihm der Ratth alhie durch herrn hansen Leupolden vnd herrn Lorentz Reindler, als die beide seine discipuli gewesen, ein ansehliche Verehrung ins Ober gasthans geschickt. Bald hernach ist auch herr David Chytreus Professor hie durch nach Wien gezogen, Der hat sich auch 2 tage, sowol als herr Camerarius alhie auffgehalten.

Streit Zwischen den gelehrten.

Eodem anno Ist Zwischen herrn M. Matthia Eberhard Rectore Scholae vnd M. Simon Leua Behmischen Prediger streit entstanden, hat einer den andern injurirt, vnd dadurch die Obrigkheit offt vnd Vielmals behelliget, Entlich ist der streit verglichen worden, das einer dem andern ein abtrag gethan mit folgenden worten, Cum te ex ira verbis offenderim, nihil mali de te uxoreque tua scio. Darauf M. Simon Leua geantwortet, Cum nihil mali de me uxoreque mea scias ego quoque nihil mali de te scio. Ist darnach beiden befolhen worden freundtlich vnd friedlich miteinander Zu leben.

Eodem anno Ist herr hans Schindl StadtEltister gestorben. welcher bei 50 iahren gemeiner Stadt treulich gedienet. herr hans Schindl gestorben

ExhaVstVs graVIbVs CVrIs annIsqVe Johannes
MortVVs hIC reCVbat: spIrItVs astra CoLIt.

Eodem anno hat ein schwangeres Weib ihrer Wirthin aus armuth vnd Vnuermögligkheit ein Kuebl butter gestolen, Schwangeres Weib ermordet ihr leibesfrucht Als die Wirthin solches erfahren hat sie der schwangeren frauen Vrlaub aufm haus gegeben, sambt ihrem Man, der Man, so an dem Vnschuldig, hat darueber sein Weib geschlagen vnd von sich geiaget, Vngeachtet das sie hoch schwanger, Als nu das Arme Weib niemandt herbergen wollen hat si entlich aus Verzweifflung ein Messer genommen, sich damit in iede seitten 4 mal gestochen vnd das arme Vnschuldige Khindt mit 3 stichen getroffen, Als sie sich nu so Vbl Zugerichtet, vnd von einem ortt Zum andern gangen, nirgents nicht lang geblieben, hat sie entlich bei einem vorm Spitlthor Mihko am Steeg genandt, da sie aus erbarmung beherbergt worden, das Khindt Zur weldt geboren, welches Zwar noch lebendig gewesen, aber ehe es Zur tauff khommen, Vnterweges gestorben, Lezlich hat sie bekent, das sie ihr Khindt vnd sich selbst aus armuth habe ermorden wollen, wens Gott nicht Verhüttet hette. Drauff ist sie von der Obrigkheit alhie gefänglich eingezogen worden, doch hat sie die that ohne schew bekant, vnd als man bei Rechtserfahrnen rath geholet, Ob sie dadurch ihr leben verwurkt, weil sie ein Mörderin ihres eigenen Khindes gewesen Ist die belernung erfolget, Man solle ihr das leben fristen vnd von der Stadt Zu ewigen Zeiten verurlauben Welches geschehen.

Anno 1569 feria 5 ante Galli Ist der Ratth alhie verneuert worden. herr hannß Pauspertl Eltister. herr hannß Leupoldt Beisitzer. herr Daniel Neumaier Richter.

Es haben Burgermeister vnnd Ratth der Stadt Meseritsch sowol als andere viel Stedte im Königreich Beheimb von alters Darumb denen von Meseritsch belernung versagt worden. hero ihr recht vnd belernung alhie Vmb die gebuer genommen, Wie es aber Dauon in Behmischen Stedten kommen, ist Zum theil oben im 1543 gedacht worden, Die von Meseritsch aber haben das Recht also verschertzet, Im 1564 Jahr hat sich vor ihrem gericht ein rechtshandl erhoben wegen einer Erbschafft Zwischen Thoman Kirschner von Domaschin aus Beheimb an stat seines Weibs Ludmilla vnd Anna Stinin von Meseritsch ihrer Stiffmutter an stat der iungen Khinder, Da haben die Meseritscher vmb belernung hieher geschikt. Als sichs aber in den Acten vnd beigelegten schrifften befunden, das die von Meseritsch solche begabungen vnd freyheiten haben, Der mit der stadt nicht hebt noch legt soll nicht erben, Entgegen aber Thoman Kirschner bewiesen, das sein hausfraw bei der Erbschafft in der Heuraths Abred ist behalten worden, Ist nach fleissiger erwegung das erfolget: Dieweil die von Meseritsch Priuilegia vnd begabungen haben, welche den Priuilegien freyheiten vnd Rechten der Stadt Iglaw Zu wider sein, Item Weil (durchstrichen: die von Meseritsch) in einer andern handlung Zwischen Catharina Morawkin vnd Wentz Zigler nach hie ergangenen sententz sich Catharina auff die Apellation des Königreichs beheim referirt hat, vnd es hie Ihre kays. Majestät hoheit vnd ordnung wegen der Apellation angehen wil, von welchen der Meseritscher Priuilegien derer von Iglaw Vorfahrer noch sie nicht gewust, Derhalben wolle es ihnen nicht gebueren, kunfftiger Zeit Vrthl vnd Vnterweisung Zu geben, weil es auch entweder der Stadt Iglaw oder denen von Meseritsch an ihren Priuilegien vnd Rechten Zu schaden vnd nachtheil gebeuen möchte. Wurden sich derentwegen in dieser vnd andern handlungen ihren begabungen gemeß Zuuerhalten wiessen, Solches ist geschrieben im 1567 iahr Sabb. post. Matthiae.

Nach diesen ergangenen Abschied haben die von Meseritsch durch schreiben vnd Abgesandte des Raths vnd der gmein Zum offtern ersucht, das sie wiederumb Zum rechten alhie auffgenohmen würden, vnd ob gleich ihre Priuilegia der Stadt Iglaw Priuilegien vnd rechten Zu wieder weren, So wollten sie sich doch allweg den ergangenen Vnterweisungen vnd Vrtheln hinfuro gemeß verhalten, vnd sich diesfals ihrer gerechtigkeit verzeihen, Aber die von Iglaw haben es bei ihrer Verantwortung so im 67 iahr geschehen verbleiben lassen, vnd ihre entschuldigung weitleufftig ausgefuhrt im 1569 Jahr freitag nach Scholastica. Vber das alles haben sie solches hernach wieder durch 12 Personen des Raths vnd der gemein ersucht vmb Margaretha, Aber den vorigen bescheid erlanget, So ist auch Anno 1570 durch herrn Watzlaw Berka in gemeinem Landtag solches begert worden doch ists beim vorigen bescheid verblieben.

des kaisers 2 Töchter vnd die Spanisch bottschafft hieher kommen.

Eodem anno Sein des kaisers 2 Töchter freulein Margaretha vnd Leonora hieher khommen vnd vorn thor empfangen worden. Item ist auch die Spanischebottschafft hieher gereiset, dem kaiserlichen hofflager nach den Ihr Majestät sein von Brun auff Bemischl vnd Barduwitz gefahren von dannen auff Prag.

herr Samuel Prediger hinwech gezogen.

Eodem anno vmb Georgi Ist herr Samuel Hebelius Prediger alhie welcher anno 1563 neben herrn Simon [illegible] angenohmen worden, seiner bösserung halber von hinnen in Schlesien [illegible]. Ist also nicht langer den 6 iahr im kirchendienst alhie gewest. [illegible] der Rath auf sein begern ein gutte kundtschafft mitgetheilt, das er [illegible] nem ambt nach treulich vnd Christlich verhalten, vnd [illegible] gewesen were, ihn gern lenger bei sich gehalten hetten. [illegible] [illegible] dienst angenohmen. Nach des herrn [illegible] herr Esaias Tribauer von hinnen geburtig Zum Prediger neben herrn Simon Schönwald angenohmen worden. herr Esaias Tribauer Prediger alhie.

Dieser herr Esaias Tribauer hat wider die ketzerej der Schwenkfelder derer ettliche hie gewesen, hefftig gepredigt, vnd als ein Ersamer Ratth sie gefodert vnd begert, das sie entweder von ihrem irrthumb lassen, oder der Stadt muessig gehen sollen, haben sie in ihrem sinn kheine ketzer sein wollen. Darauff sein ihrer ettliche aus befelh des herrn Vnter Cammerers, an den die sach gebracht ward, von der Stadt geurlaubet worden, Sein ettliche Vnter ihnen Zur Babstischen Lehr getretten wegen befördterung ihrer Zeitlichen nahrung, ettliche sein Picarden gewesen, Ihre bucher hat ein Ersamer Ratth auffs Ratthaus genohmen, doch haben sich hernach Michaelis Blasi Syrutschko vnd Peter Bekh so Waldensor gewesen, desgleichen hans Stumpff der Principal schwenkfelder auff der herrn Predicanten vnd des Ratths fleissige examination Zu vnserer kirchen bekheret. Schwenkfelder werden verurlaubet. Ettliche bekheren sich.

In diesem iahr hat ein Ersamer Ratth die stell bei der Zigelhütten so man von alters die knapfen wisen genandt, von dem quardian im Frawkloster Zu einer Ziglhütten khaufft pr. 150 fl. Ziglhütten.

Eodem anno hat ein Weib ihre 2 leibliche lebendige khinder, welche sie in Vnehren gezeuget, durch trenter vnd getrenkh vmbs leben gebracht, das sie todt von ihr khommen, Darzu hat ihr rath vnd Arznei ein anderes Weib geben, Die sein alle beide ertrenkt worden. 2 Weiber bringen Zwey khinder vmbs leben.

Eodem anno hat das khorn hie gegolten 2 fl. weniger 5 gr. Sein Viel leut hungers gestorben, den hiegen armen leutten hat ein Ersamer Ratth von gemeinem Traidkasten den Mezen pr. 1 fl. verkhauffen lassen, Man hat 7 meil hinter Breslaw traid hieher gefuhrt, Drauff ist ein Vberfluss vnd wolfaile Zeit khommen, das nechstfolgende iahr, aber bald darauff wieder ein gehlinge teurung. Teurung.

Eodem anno Ist herr Matthes Andretzko gestorben.

Anno 1570 am tag Dionisii Ist der Ratth alhie verneuert worden: herr Marcus Sorgenfrey Eltister. herr Frantz Krumb Beisitzer. herr Lucas Schmidt Richter. Junger herr: Jacob Rautzman.

Eodem anno Als ein Ersamer Ratth ettliche Ratts-Personen vnter denselben herrn hansen Leupolden Zum Abbten im Klosterhoff verordnet ettlicher sachen halben mit ihm Zu reden, hat der Streit Zwischen herrn Abbten vnd herrn hansen Leupolden.

Leua behmischen Prediger genennet der hette ihms deferirt, Dieser Simon Leua hat Zuuor Anno 1566 mit herrn D. Martino Mylio Stadtphysico alhie, vnd hernach Anno 68 mit dem herrn M. Mathiae Eberhardo Rectore Scholae streit gehabt vnd ist ein Vnruwiger friedhessiger Mensch gewesen, vnd was er gehöret dem Abbten bisweilen mit einem gutten Zusatz Zugetragen.

Wie nu mein Vatter hans Leupoldt den theter solcher relation erfahren, vnd sich gar wol erinnert was er geredt hat, hat er seine schrifftliche antwort in Latein dem herrn Abbten ohne schew Zugeschikt, darinnen er, was er geredt vnd warumb es geschehen, nicht laugnet, Weil aber ein theil des Ratths der Lateinischen sprach nicht khundig, ist dem Thoma Spindler befolhen worden solches des herrn hansen Leupolden verantwortliche schreiben aus der Lateinischen in deutsche sprach glaubwurdig Zu transferiren vnd Zu Dolmetschen, damit alle drei Ratthe verstünden, was hans Leupoldt dem Abbten Zuschreibet, vnd damit nicht irgents gemeine Stadt dadurch in gefahr vnd schaden gefuhrt wurde. hat also Thomas Spindler damals noch Wein schenkh im Ratthaus das Scriptum verdeutschet mit folgenden worten:

Verantwortung herrn hansen Leupoldts an Abbten Castrarum.

Es tragen Euer Gnaden sonder Zweiffl noch guet wissen mit was ernst vnd Bewegung des Gemutts mich E. G. kurtz uerschienener Zeit auff dem Pfarhoff in beisein ettlicher Ratts-Personen einer Vnbilligkheit E. G. von mir beschehen, angeklaget vnd beschuldiget haben, Sagende, wie E. G. durch Simonem Leuam Behmischen Prediger berichtet worden sein, als solte ich ihme sambt dem herrn M. Matthiä Eberhardt verbotten, sie gewarnet vnd gebetten haben, nicht so fresslich vnd Vnuorsichtig mit E. G. als mit einem feindt vnd wiedersacher Vnserer Religion freundtschafft vnd gemeinschafft anzunehmen, Welches E. G. Vnguetlich angenohmen vnd sich Zum höchsten beschweret, das E. G. vnter heiden vnd Juden vnd dergleiche gottlose Secten, welcher gemeinschafft allen rechtschaffenen Christen in Gottes wort hoch verbotten, von mir gerechnet vnd geachtet werden Welches ich damals nicht mit geringer Verwunderung angehöret, Das der Behmische Prediger als mein gutter freundt, den ich auch in diesen Kirchendienst befördert, in dem ich mich vertrauet, in solchen stoltz vnd hoffarth vnd in das schändtliche laster der Verraterey gerathen sein solte, Sowol das er meine Christliche guette vnd treue Vermanungen die were gewesen, vnd ich solches auch Willig gethan hette, da anderst die sach aus erheblichen Vrsachen nicht weren differirt vnd auffgeschoben worden, des Verleimbders gemuth Zuerfahren, ob vnd warumb diese scheinbarliche Verleimbdung geschehen, vnd als ich solches erkundiget, war mir nichts liebers gewesen, als das ich mich in aller derer gegenwart vor welchen ich beklagt worden, hette Verantworten mögen, Weil aber E. G. selten bei Vns sein, bisweilen ankommen vnd bald wieder Verrukhen, habe ichs nicht fur vnnöttig geachtet, damit mein gewiessen mit solcher Sund vnd hinterwertigen Verleimbdung, wo ich stilschweigend solches furuber rauschen lies vnd nicht verantwortet, nicht Verletzt werde, mein Verantwortung schrifftlich einzustellen, Weil geschrieben stehet 1 Pet. 3. Seit allzeit bereith Zur Verantwortung vnd furchtet euch fur ihrem trotzen nicht, vnd erschreket nicht. Damit ich aber Zur sach schreitte, bezeuge, bekenne vnd aussage ich offentlich, Demnach E. G. sich wieder mich beschwert haben, das ich dem M. Simon Lena Behmischen Prediger verbotten, mit E. G. als einem warhafftigen feindt Vnserer Religion kheine freundtliche gemeinschafft anzunehmen, das solches von mir beschehen, vnd nicht Vnbillich, Den Sanct Johannes lehret vnd vermahnet Vns in seiner 2 Epistel am 1. Capitl, treulich, da er spricht: So iemandt Zu Euch kombt vnd bringt diese lehr nicht, den nemmet nicht Zu haus vnd gruesset ihn auch nicht, den wer ihn gruesset, der macht sich theilhafftig seiner bösen werkh, vnd Zun Ephesern am 5. schreibt S. Paulus, Seit nicht ihre Mitgenossen vnd habt nicht gemeinschafft mit den Vnfruchtbaren werkhen der finsternis, vnd in der 2. Zum Corinth. am 6 cap. Ziehet nicht an frembdem ioch mit den Vngläubigen, den was hat die gerechtigkeit fur gemein mit der Vngerechtigkheit? was hat das licht fur gemeinschafft mit der finsternis?, wie stimmet Christus mit Belial? oder was fur einen theil hat der glaubige mit dem Vnglaubigen? Was hat der Templ Gottes fur ein gleiche mit den Götzen? Darumb gehet aus von ihnen vnd sondert euch ab, spricht der herr: vnd Josuä am 23. Cap. stehet geschrieben, Wo ihr euch aber vmbwendet, vnd diesen vbrigen Völkhern anhanget, vnd euch mit ihnen verheurathet, das ihr Vnter sie, vnd sie Vnter euch kommen, so wiesset, das der herr Euer Gott wirt nicht mehr diese Völkher vor euch vertreiben, sondern sie werden euch Zum strikh vnd netz vnd Zum geisl in euren seiten werden, vnd Zum stachl in euren augen, bies das er euch Vmbringe von dem gutten landt, das euch der herr Euer Gott gegeben hat.

Das aber wir den rechten wahren Gott ehren, vnd das diese himlische Lehr, welche in Vnser Kirchen getrieben vnd bekennt wirt, sei die reine [illegible] lehr das Euangelii Vnsers heilandts vnd herrn Jhesu Christi, [illegible] vnd Apostolischen schrifften gemeß, auch den Vier angenohmenen Symbolis vnd der Augspurgischen confession gleichförmig, ohne alle [illegible] aller Widertaufferischen, Sacramentschwermerischen vnd Schwenkfelderischen lehr, auch von allen Papistischen Abgötlereyen, mißbreuchen vnd irrthumben abgesondert, bezeugen vnd beweisen Vnserer treuer Predlger (welche gottes wort teuer vnd werth halten) tegliche Predigten, desgleichen beweisens auch die rechten gebreuche der Sacrament vnd andere löbliche ceremonien Zur auffbawung geordnet, welches wir, so es die noth erfodert vnd von Vns ordentlich begert wurde, mit sanfftem geist gnugsam bezengen vnd darthun wolten.

Derhalben weil E. G. dieser Vnserer Kirchen sambt ihrer Lehr vnd gottesdiensten Zu einem Patron vnd Vorsteher verordnet sein, hette es sich ia gebueren wollen, dieselbige nach dem 48 Psalm (in welchem stehet, Machet euch vmb Zion, vnd vmbfahet sie, Zehlet ihre thurme, leget fleis an ihre mauren vnd erhöhet ihre Pallast) Zu schutzen handt Zu haben vnd Zuuertaidigen, Sonderlich weil der Röm. Kays. Majestät befelh ausdruklich vermag vnd verbeut Vnserer Kirchen vnd Religion kheine einige hinderung thun. Aber E. G. verfolgen dieselbe mit einem feindseligen gemuth, vnd weil E. G. gantz vnd gar in Papistischer vnd falscher lehr verwimmert vnd erstarret sein, last sich E. G. nicht Vergnuegen, das solches gifft vnd solche falsche lehr in eurem hertzen Prodeln vnd wibeln, vnd bei euren Kirchenkhindern hefftig getrieben vnd ausgeschuttet werden, sondern E. G. Vnterstehen sich, mit denselben falschen gottesdiensten Vnsere Kirchen Zubemailigen, wie dan die handlung Zwischen Euer G. vnd einem Ersamen Ratth Religionssachen betreffend gnugsam anzeigen werden, Darumb durffen sich E. G. nicht so sehr Verwundern, das etliche von mir Vermahnet worden mit E. G. vorsichtigklich gemeinschafft Zu halten. Den E. G. haben sich ia Zuerinnern, als E. G. der Kirchen alhie Zu einem Vorsteher geordnet worden das E. G. ein kaiserlicher befelh Zukommen, damit Vns weder aus eigenem noch eines andern turst in Vnserer Kirchen da wir Vnter beiderlei gestalt das Sacrament gebrauchen, khein Zwang noch hindernis begegne noch andern Zuthun von E. G. gestattet werde, Welches dan E. G. Vns Zu halten stattlich vnd hochlich Zugesagt, mit angehengtem erbitten, da auch gleich khein Edict oder kaiserlich befelh Vns Zukommen were, das dennoch E. G. Vns aus sonderen gnaden vnd geneigten willen mit gleicher beneficenz wolten Versehen haben, Welches wir damalen von E. G. Zu guetten dankh vnd fur ein grosse wolthat augenohmen haben, Vns auch aller gunstigen beförderung nicht wenig getröstet, welches ebnermassen in den gemeinen Gasthoff die erste handlung gewesen ist.

Nicht lang darnach aber, als E. G. wieder Zu Vns auff den Pfarhoff eingekheret, da kham E. G. mit einem Viel anderen vnd Verenderten gemuth vnd hertzen als Zuuor, den allda fingen E. G. an Zu Zweiffeln Zu hinkhen vnd sich Zu beklagen als ob solche kayserliche Zulassung Vnserer Lehr vnd gottesdienste, Euer G. gewiessen beschwerlich vnd desselben Ambt

Zu wieder sein wolte, vnd so dermal eins der Kayser oder der Bischoff dieselbe Zulassung wiedersprече, das E. G. in grosser gefahr sein wurden, Auch vermeldet, als hette die kays. Majestät Vns nicht die Augspurgische Confession frei vnd vngehindert Zu Predigen vnd Zu gebrauchen erlaubet, sondern das Ihrer Majestät sentenz vnd meinung die sei, Nemlich, das man neben dem brauch der Sacrament vnter beiderlei gestalt (wie es genennet wirt) die alten Kirchengewonheitten sambt der Papistischen Meß vnd andern gebreuchlichen ceremonien ehrbiettig halten vnd volziehen solte. Doch wo ein Erbarer Ratth wolte Zusagen vnd versprechen, so die kayserliche begnadung dermaleins stritig wurde, Zuuerantworten, So wolten E. G. auch glauben halten, vnd kheine enderung (wiewol es schwerlich) in Vnserer Kirchen anzurichten sich Vnterfangen.

Auff welches dan ein Ehrbarer Ratth, damit allein Gottes ehr vnd der Kirchen wolfarth gefördert wurde, solche last der Verantwortung willig auff sich genohmen, Welches dan auch die ander handlung gewesen, die wir auch fur desto gewiesser vnd bestendiger geachtet, Sintemal E. G. ein Erbarer Ratth fur alle gefahr versprochen hat Dadurch dan E. G. billich hetten sollen beweget werden, solchem göttlichen vnd rechtmessigen pact nachzukommen vnd dasselbe Zu halten, Was aber eines Erbaren Ratths gelindigkeit vnd sanfftmut bei E. G. fruchtbarliches ausgerichtet, wirt dessen die dritte handlung bezeugen vnd ausweisen, dieweil damals etwas, die schul vnd einen Diaconum betreffend, abzuhandlen verblieben.

Als aber auff einen ernandten tag nach Vielem anhalten ettliche verordnete Ratts Personen fur E. G. erschienen, vnd die sachen fein glimpfflich furzubringen anfingen, waren E. G. bald darob entrüst vnd beschwerten sich (wiewol ganz Vnbillicher weis) solchen Religionssachen so offt obzuliegen vnd sich darumb Zu bekummern, Begerten auch damals, wir solten Vnsere Consilia vnd begeren kurtzlich auffs Papier bringen, so wolten E. G. mit gelegener Zeit daruber doliberiren, vnd was E G. gutachten vnd entliche meinung sein wurde, sich gegen einen Erbaren Ratth erkleren. Damals, wie E. G. sich Zuerinnern weis, sein E. G. nicht allein die Vorigen handlungen vnd Zusag repetirt worden, sondern ist auch Vnser obligation vnd Verwilligung, so irgents derhalben gefahr oder Verantwortung Zu besorgen, ganz [illegible] wiederhalet worden Aber E. G. haben allda die Zusag vnd Versprech[illegible] vnd mit diesen worten wiedersprochen Ich hab euch nicht Zugesagt, [illegible] in der Kirchen also wolte bleiben lassen, hab auch nicht geredt, das [illegible] wolt thun, Welche wort im Zurukh gehen sein interirt vnd wieder[illegible] worden.

[illegible] Communion sub utraque (sagte damals E. G.) weis ich fast [illegible] durch das Vorbemelte kayserliche schreiben ist erlaubet vnd [illegible] Aber nach gebrauch anderer Kirchen im Geheimb vnd

Mährern, die zugleich die allerheiligste Meß halten, vnd die Communion vnter Einer gestalt nicht Verschlagen, Wie ich dan selbst in meiner Kirchen Zuthun Pflege, der ich auch Vnter Einer gestalt meinen Kirchenkhindern die Communion austheile doch so iemandt sub utraque begert communicirt Zu werden wirt es ihm auch nicht versagt noch abgeschlagen, habe auch Zu Viel malen allso die leut communicirt. Weil aber ihr solche gewonheit verwerffst, begere ich von diesen sachen allen einen schrifftlichen bericht von Euch ꝛc. Haben also Zur selben Zeit bei E. G. nichts fruchtbarliches aufgerichtet, sondern Vnuerrichter sachen ohne schreiben vnd antwort Voneinander gegangen.

Aus welchen Vmbstenden ein ieder gottseliger vnd Vernunfftiger Mensch leichtlich ermessen vnd abnehmen khan, wie E. G. gegen der Lehr vnd gottesdienstenUnserer Kirchen gesinnet sein ob E. G. ein freundt oder feindt sei, ob E. G. Vnser Religion vnd gebreuchlicher Kirchenordnung die Vnbeflekt vnd ohn allen gschmeis, mit hertzen vnd treuen meinen, oder ob E. G. nicht Viel lieber die Papistischen Vergifften mißbreuche vnd die Abgöttische Meß, (wie die Juden auff den höhen vnd in dem Templ gottes opfferten 3 Reg. 15 et 4 Reg. 17 cap. 3 Reg. 18 Apocal. 3) hinwider auffzurichten gesinnet sein, Vnd obgleich nach der Zeit kheine Verneurung von E. G. eingefuhret worden, so hat es doch am willen fleis vnd anschlegen nicht gemanglet, Wie solches aus gehabten handlungen gnugsam Zusehen, vnd bei E. G. wegen des wanklmütigen hertzens vnd der Vnbestendigen Zusage nichts anders Zuuermutten.

Weil dan diesem allem also ist, durffen E. G. sich hierob nicht gros wundern, als ob ich E. G. Vnrecht gethan, in den ich dem herrn Magister vnd Behmischen Prediger gmeinschafft mit E. G. Zuhalten verbotten, weil E. G. gemuth von vnser Lehr abgewandt, vnd gottes ernster befelh ist solche Zu meiden oder fursichtig mit ihnen gemeinschafft Zu haben, So ist auch solches kheiner andern meinung von mir geschehen, als das E. G. durch ihr heuchlei vnd schmeichlei sich gegen Vns nicht scherffer einliessen, welches leicht geschehen kente, wo E. G. nicht fruh Vermahnet vnd dauon abgehalten wurde. Derhalben welle es E. G. gentzlich darfur halten, das ich nicht mutwilliger freuentlicher weis oder aus Vnbedachtsamen gemuth Zu dieser Antwort getrieben worden, sondern habe auf die Anklag antworten mussen damit ich weder bei E. G. noch andern meiner lehr vnd glaubensbekentnis halber einiger tergiuersation oder wanklmutigkeit möchte beschuldiget werden. Den es heist wie oben gemelt, das man den klegern antworten soll 1 Pet. 3 cap.

Vber das werde ich getrieben noch ein kleine erinnerung Zu thun, wie die feindt vnd wiedersacher dieser Vnser wahren Religion gegen Vns gesinnet sein sollen nemlich sie sollen dieselbe nicht Verfolgen, weil alle Verfolgung miestlich, sondern Viel mehr schutzen, vnd dem Lieben wort Gottes einen freyen lauff Vergönnen vnd Zuzulassen.

Vnd obwol Zu wunschen, das wir allzumal eins weren in Christo Jhesu, einerlei rede fuhreten, Vns nicht spaltung Vnter Vns sein liessen, Sondern fest hilten aneinander in einem sinne vnd in einerlei meinung wie S. Paulus in der 1 ad Corinth. 1 treulich vermahnet. Weil aber Zankh vnd Zwitracht nicht von der Kirchen kombt (den sie in allen ihren gedankhen vnd werken der furgeschriebenen ordnung gottliches worts folget), Sondern von den Widersachern, die von gottes wort abratten Vns darwieder streben, herkombt, Darumb dan die Widersacher Zuermahnen sein, weil sie das weltlich oder geistlich Regiment in Verwaltung haben, damit sie nicht aus eignem oder anderer leut haß getrieben an den armen Vnschuldigen Kirchen (die ohne mall vnd irthumb in der lehr vnd gottesdiensten, die das Euangelium lauter vnd klar sambt den Rechten gebrauch der heiligen Sacrament bekenen, die der weltlichen obrigkheit nicht Vngehorsam oder Rebell sein) einige Vnbilligkeit grausamkheit oder tyrannei Vben, Den es were ia warlich Zuerbarmen vnd Zu beweinen, da ein solche gmein die die rechte lehr bekennet der Obrigkeit gehorsam vnd Vnterthenig ist, mit falschen gottesdiensten solte beschwert vnd Vnterdrukhet werden, vnd ob wol Zu allen Zeiten ihr Viel im Weltlichen vnd Kirchen Regiment mit allerlei Verfolgungen der Christlichen Kirchen Zugesetzet, so ist doch solches den Verfolgern fur ihre Person vnd in gemein der gantzen Regierung allzeit Vbl gelungen, Wie die Exempla Antiochi, Herodis, Decij, Julianj vnd anderer bezeugen, herentgegen aber ist die warheit Gottlicher Lehr wie ein Palm Baum der sich wieder alle last vnd beschwernis auffbaumet vnd herfurthut, oder wie ein gras, so mit einer Sensen abgehawen wirt, sich im lieblichen lentzen eben an dem orth wieder mit hauffen herfur macht vnd bluet, Den die warheit des Euangelii wirt wol gedrukt, aber nicht Vntergedrukt, wie solches der Sohn Gottes selbst bekennet, da er spricht: Die Pforten der hellen sollen sie nicht Vberweltigen, Item Gottes wort bleibt ewigklich.

Derhalben Gnediger herr, haben die Weisen Kaiser, als Traianus, Adrianus, Antonius als heiden, derer gerechtigkeit, frankheit, gelindigkheit vnd Demuth in ihrer Regierung gerhumet wirt, Viel einen andern gelindern vnd gerechtern weg, den E. G. furgenohmen, den als die Christen vor ihnen beschuldiget worden, das sie der heiden götzen Verachteten vnd Jhesum fur ihren Gott rhumeten doch sonsten Vnsträfflich lebeten, haben sie darumb kheine Verfolgung wieder sie furgenohmen, sondern da Plinius Secundus Justinus vnd andere fur sie Intercediret, ist ihrer verschonet, vnd die Verfolgung nicht allein gelindert, sondern nach erkentnis der sachen die Vnschuldigen geschutzet vnd die schuldigen gestrafft worden, wie in historia Traianj Adrianj Antoninj gar schön Zu lesen ꝛc. Die beiderseits lehr nach der schrifft geurtheilet, vnd alles was mit Vorgelegter schrifft Vbereingestimmet beschutzet, was dem Zu wieder Verworffen haben.

Da nu Gnediger herr, Zu Vnsern Zeitten auch solche Collationes der Lehr halber angestellet wurden, vnd der Papisten vnd anderer schwermer lehr gegen den brunnen Israel oder der heiligen schrifft solte gehalten werden, So wurde gewislich die warheit bald herfur brechen vnd das haubt empor heben, die irrthumb aber Zu grunde gehen vnd vertilget werden, Weil aber die heilige Schrifft hindangesetzt, aus den augen gethan vnd tyrannischer weis Vnterdrukt wirt, so mus die liebe Warheit liegen bleiben, herentgegen allerlei Secten wachsen vnd Vberhandt nehmen bies dermaleins der gerechte Richter die seinen erheben wirt, Gleichermassen hat der Landtgraff aus Hessen hochlöblicher gedechtnis dem Kaiser Carolo quinto Zur antwort geben Da er ihn gefragt, wie man in der Religion eins möchte werden, Nemlich das er kleine hoffnung Zu dem Concilio Generali habe, weil alle andere Völkher von der deutschen Lehr mit ihren meinungen vnd opinionen allzuweit abgesondert sein, Aber in Deutschland stehe es dermassen, das die lehr nicht khenne geendert werden, sondern man muesse in Deutschland die Religion frei lassen.

Auf welches dan die Allerdurchleuchtigisten Kayser vnd Könige hochloblichster gedechtnis Vnsere Allergnedigiste herrn, Ludouicus König Zu Vngern vnd Behem, Ferdinandus Kaiser, vnd König Zu hungern vnd Beheim, vnd heundt Zutage der Vnuberwindlichste Kayser Maximilianus Secundus (dessen Regiment gott alzeit gluklich regiere) in ansehung der Lehr so wir bekennen, vnd des Vnterthenigsten gehorsambs, so wir Zu allen Zeiten Ihrer Majestät geleistet, Vns den lauff der reinen lehr vnd gottesdienste Vngehindert bleiben lassen, in gnedigster erwegung, das es gefährlich were, die Armen Vnterthanen, so der reinen lehr Zugethan, vnd gegen Ihr Majestät mit leib blut vnd guet gehorsamlich Zu ieder Zeit gefunden werden, auff frembde lehr Zutreiben vnd Zu Zwingen fur welche sondere gnad wir Gott dem Allmechtigen vnd Ihr Majestät in allweg Zu dankhen schuldig sein vnd hertzlich dankhen,

In diesen exempeln der berhumbten fursten vnd in erwegung der reinen lehr so wir in Vnser Kirchen bekennen, werden E. G. sich gnugsam Zu bespigeln haben vnd den handl fleissiger nachzudenkhen wiessen, da dan E. G. im grundt befinden werden, das E. G. dieser Vnserer Kirchen kheine gwalt Zu thun, noch einige Verenderung auffzurichten gestatten Viel weniger selbst ratth darzu geben sollen.

Vnd obwol E. G. sich etwas fremb vnd Vnfreundtlich gegen Vns im anfang erzeiget, doch bishero khein enderung furgenohmen, Sein wir der tröstlichen Zuuersicht, E. G. werden sich hinfuro solches auch enthalten, Da es aber nicht geschehe, wollen E. G. bedenkhen, Zu was auffruhr merklichen schaden vnd grossen Verderben solches gelangen möchte, welches tumults vnd schädlicher empörung niemandts anders, den E. G. ein author vnd stiffter sein wurde, Wir sein aber Zweiffels frei, E. G. werden in erwegung der Ehre Gottes vnd seiner Verheissung dergleichen Vbl kheines fur die handt nehmen Vale. Da ich aber etwas Zu Viel geschrieben vnd das mir nicht geziemet hette, wil ich aus gottes wort gern ermahnet, vnd eines bössern berichtet werden.

Hans Leupoldt.

Auff diese Verantwortung hat sich der Abbt Zufriden gegeben, Auch kheine neurung in der Kirchen anzurichten sich nie Vnterstanden.

Eodem anno hat man hie ein Elephant durch gefuhrt Zu Ihr Majestät nach Prag. Elephant nach Prag gefuhrt.

Auch hat man 6 Verurtheillte Personen, so sich in diebstal eingelassen, auffs Meer geschikt. Vbltheter auff die Galern geschikt.

Eodem anno Ist im Landtag beschlossen worden, das man Ihrer Majestät von allem was Verkhaufft wirt, den dreissigsten groschen geben soll. Der dreissigste groschen auffkommen

Anno 1571 Am tag Dionisij Ist der Ratth verneuret worden: herr Veit Ambrosii Eltistrr. herr hans Dauid Beisitzer. herr Paul Lederer Richter. Junger herr: Veit Michalkho.

Neuer Vnter Cammerer herr hannsch haugwitz. Neuer Vnter-Cammerer.

Nachdem sich Jeronim Rotth Burger vnd Rattsfreundt alhie, mit Sophia Paul Fechters Steinschneiders auch Burgers alhie Weib in ehbruch des 1567 iahrs eingelassen vnd ein Khindt mit ihr gezeuget, Ist die handlung hernach im 1569, 1570 Jahr Zu recht einkommen, die Sophia hat allerlei Vmbstende wo die that geschehen, angezeuget, Entgegen Rott Viel exceptiones ein gewendet, weil die Sophia Zuuor ein ehbrecherin, vnd allso ein persona infamis, sei er nit schuldig ihr Zu antworten, vnd ist Zu antworten Zu erkent worden, hat Rott apollirt, aber des Ratths Sentenz confirmiret worden von der Apellation Drauff hat Rott die that gelaugnet vnd als ihm ein Ayd Zuerkent, daß er seine Vnschuldt dadurch von sich fuhren soll, mit entblostem arm vnnd auswendig, hat er am bestimbten tag den Ayd aus der Zettl lesen wollen Welches weil es wieder den Sentenz nicht Zugelassen, Drauf hat er lengere frist begert Entzwischen haben die herrn Predicanten beide theil hohlich ermahnet, sie wollen gar wol bedenkhen, was das fur ein schwere sach sei, Gott zu Zeugen anruffen, daß dem nicht allso sei, ob sie in ihrem gewiessen eines andern Vberzeugt sein, Auff dergleichen hohe erinnerung des herrn Esaias Tribauers [illegible] hat Rotth entlich die sund bekhendt, bei dem Ratth vmb [illegible] Drauff ist er am tag Juliana des 1571 Jahrs gefenglich [illegible] ein gantz Viertl iahr mit 2 fuessen im stokh gesessen Jeronimi Rotten mißhandlung.

Vnd weil er sein leben nicht gebössert, sondern hernach Anno 1573 sich abermal mit Steffen Mahlers Tochter in Vnzucht eingelassen, ist er 10 wochen mit gefengknis gestrafft vnd hernach auff Vieler leut Verbitt von der Stadt vnd derselben grunden Zu ewigen Zeiten bei Verlierung leib vnd lebens verurlaubet worden das leben war ihm auff Vieler intercession gefristet.

Rein Wein alhie geschenkt.

Eodem anno hat man vmb Georgii alhie anheben Rein Wein Zu schenken, Das Seitl pr. 5 gr. m.

herr hanns Pausperttl gestorben.

Eodem anno Am tag Petri Pauli Ist herr hans Paupertl StadtEltister albie, meines Grosvattern Bruder gestorben, dem hat Sontag hernach herr Esaias Tribauer die leichpredigt gethan aus dem spruch Esaiae 56 Justus perit et nemo considerat.

CVM paVsperteLIVs satis hIC VIXisset In aVras
SoLVItur, et VItae fLobILe VInCIt onVs.

herr Esaias Tribauer Iglaviensis gestorben

Eodem anno Ist den 11. Oktober herr Esaias Tribauer Prediger alhie gestorben als er nur 2 iahr seinen Kirchendienst abgewartiet

PraeCo DeI soLers TrIbaVer aD astra reCeptVs
CaeLICoLas Inter post pIa fata VIret.

M. Eberhard Prediger alhie.

Nach seinem todt Ist herr M. Matthias Eberhard Iglaviensis an sein stell vocirt worden, Dieser ist Zuuor vom 1561 Jahr bies hieher Rector Scholae gewest.

M. Joachimus Pistor Rector Scholae.

Als nu herr M. Eberhard Zum Kirchendienst von der Schul ist genohmen worden, ist anstat seiner Zum Rectore in die Schul beruffen worden herr M. Joachimus Pekher von Frankfurt an der Oder, Dieser ist bies ins 1577 iahr im Schuldienst alhie geblieben, hernach ist er wieder nach Frankfurt gezogen, allda doctorirt vnd Professor Theologiä worden. An sein stell in die Schul ist herr M. Johannes Vrsinus von Wittenberg beruffen worden, wie Vnten im 1577 iahr soll gemeldet werden.

Schnee.

Eodem anno Dienstag vor Matthiä ist in tag vnd nacht ein so grosser schnee gefallen, das man mit kheinem wagen hat fahren kennen, Das Maltz Zum bierbreuen hat man mit 6 Rossen fuhren muessen, vnd den weg Zuuor ausscharren.

Sterb an der haubtkrankheit vnd Pest.

Eodem anno hat die böse krankheit, dauon oben im 1566 iahr erwehnet, wieder alhie Vberhandt genohmen sein bei 50 Namhaffte Burger daran gestorben, Von dieser krankheit sein die leut Vnsinnig worden, Auch da man auf sie nicht achtung gegeben, sein sie ausgeloffen vnd haben sich selbst ertrenkt, hat gewehret bies auff Jacobi Darauff hat die Pest heffitig ein gerlessen vnd sein bei 3000 Man daran gestorben.

Eodem anno Sein Ratthern gestorben, herr Andre Glenkh, herr Eneas Schindl, herr Matthes Dornkreil, herr Martin Fellenbaum, herr hans Patzl vnd herr Leonhard Trenkher deutscher Stadtschreiber, welcher im dienst alhie gewesen 30 iahr ein hieges stadtkhindt. Ratthern gestorben. Stadtschreiber gestorben.

NatVrae penDens TrenCkorVs Debita, CaeLos
Hinc LIber tangit: CorpVs at Igla tegit.

Eodem anno Donnerstag nach Mariä heimsuchung Ist Kayser Maximilian sambt seinem gemahl vnd 2 söhnen Ertzhertzogen Matthia vnd Maximilian hieher von Prag khommen Zum frustukh, vnd in der Vorstat empfangen worden behmisch von Laurentio Reindler Stadtschreiber, haben sich ihr Majestät nach verrichter exception mit worten, handtreichung vnd reden allegnedigst erzeiget, Nach gehaltenem frustukh sein Ihr Majestät Zum nachtessen auff Pirnitz verrukt. Ehe Ihr Majestät ankommen sein, hat ein Ersamer Ratth alhie bei 1000 Man in harnusch mit langen Spiessen vnd Pichsen ausrüsten lassen, die sein Ihr Majestät bies Vber Johans huebl allso entgegen gezogen vnd von dannen das gleid in die Stadt gegeben, mit drummeln Pfeiffen vnd freudenschiessen, darob Ihr Majestät ein besonderes gefallen gehabt. Es war euch ein himml verordnet, Darunter der Ratth Ihr Majestät haben beleitten wollen, Aber Ihr Majestät habens nicht geschehen lassen, Beim frustukh sein vber 468 fl. auffgewendet worden Auch hat man Ihr Majestät in einem Vergoldten Credentz ettlich stukh goldes Verehrt, das hat Ihr Majestät mit gnaden angenohmen, vnd die Ducaten aus dem becher in seine handt geschuttet vnd in sein Sammeten Watschker gethan, Auch Zu den Abgesandten gesagt, Ob sie ein gnad begeren, Ihr Majestät wolle sie gewehren, haben aber damals (weil sie khein befelh gehabt, vnd sich auch Ihr Majestät nicht lang Verhalten, nicht mehr begert, als das er Ihr allergnedigster Kaiser vnd herr Verbleiben wolle, Vnnd wie die Kaiserin gesehen, das so ein grosse Summa Volks hie ist, soll sie Zu Ihr Majestät gesagt haben, Es sei immer schad, das so ein schönes Volkh solle Verdambt werden Drauff Ihr kayserliche Majestät gelachet vnd gesagt, Wir wollen sie nicht Verdammen. Kayser Maximilian khombt gehn Iglaw. Die Kayserin hatt Zu dem Kayser gesagt.

Eodem anno hat man abermal 12 Vblthcter auffs Meer geschikt, sein fast ein ganzes iahr hie gefengklich gesessen, vnd haben in wehrender gefengknis mehr den 120 fl. vmb brott verzehrt. Vbltheter auffs Meer geschikt.

Eodem anno haben Jacob Pukene vnd Thomas Kreudl (sic) Tuchmacher alhie sambt andern 10 Personen ein bruderschafft der Maistergesenge mit bewilligung eines Ersamen Raths alhie auffgerichtet, vnd ist die erste Singschul im Ratthaus auffm Saal gehalten worden, vnd hat Jacob Pukane im anfang durch ein gesang vom Vrsprung der Maistergesenge anfang alhie.

Meistergesenge gemeldet, das es geschehen sei vntern Babst Leone vnd Kaisern Ottone im 962 Jahr da die Meister vom Babst gehn Paris in Frankreich gefodert, vnd allda die gesenng gerecht befunden vnd confirmirt worden. Die erste Singschul ist gehalten Sontag nach Jacobi.

Stadtschreiber alhie.

Eodem anno Als herr Leonhardus Trenkher deutscher Stadtschreiber gestorben, haben ihr ettliche den dienst begert, vnd sonderlich Sigismundus Osualdus Stadtschreiber Zu Frankfurt an der Oder, hat aber von Ratth daselbst nicht kennen ledig werden.

Hernach Anno 1572 Ist Matthäus Wagner von frankfurt hieher kommen vnd mit sich gebracht herrn Philippum Ottmarum Stabium Heidelbergensen Publicum Notarium, welcher den freitag nach Ostern den dienst angenohmen. Sein jährliche besoldung 100 fl ohne die accidentia item freye herberg vnd holtz ein genuegen. Dieser ist nicht lenger als bies ins 1573 iahr im dienst geblieben, vnd an sein stell herr M. Bernhard Sturm angetretten, Zuuor aber ehe herr Sturm Zur stell khemmen, hat herr Jacob Pausphertl der Elter die deutsche Expedition versehen.

Rattherrn gestorben.

Eodem anno 1572 Sein Rattherrn gestorben herr Jacob Kramer, herr Paul Schinabitz, herr Andre Walter vnd herr Girg Puiwinger.

auff den Neuen freudhoff die kirchen gebaudt.

Ist die kirchen auff dem Neuen freudhoff bej dem heiligen Geist genandt gebawet worden.

Anno 1573 Sabbatho post Circumcisionis Ist der Ratth alhie verneuret worden: herr hannß Leupoldt Eltister. herr Matthes Lezelter Beisitzer. herr Wolff Jankho Richter. Junge herrn: Matthes Stubikh, Jacob Seidenmeltzer.

M. Eberhardi excess in seiner Predigt.

Eodem anno Freitag vor Antonii Ist herr M. Matthias Eberhard Iglauiensis Prediger alhie auffs Ratthaus fur alle 3 Ratth gefodert worden. Da hat ihm herr Eltister furgehalten, wie er in seinen Predigten offentlich nicht allein den Ratth Verkleinere, sondern auch ettliche priuat Personen antaste, vnd sein priuat Zorn vnd rachgieriges gemuth gnugsam vermerkhen liesse, Welches gleichwol nicht stunde Zu verantworten, Den erstlich hatt er geprediget, Man schenket Wein im Rathaus vmb 16 dr. der nicht 2 dr. werth ist, Item Man schenkt ein gantzes iahr Most, (Verstehe trüben Wein) Man bringe Viel mehr leut mit den trüben Wein Vmbs leben als der henkher mit dem schwert, Daran sei der Ratth schuldig, Item so hat er von einem Rattherrn, weil er nicht studirt hat, gepredigt, Er sei ein Pengl ein Narr, vnd khein Ratther, Item Du Vrtheilest den kleinen Dieb, bist selbst ein grösserer als der den du Vrtheilest, Du bist ein Dieb an deinem Khindt, wen du es enterbest oder wen du ohn ein testament stirbst vnd sprichts, es soll mit den Bauerheurathen

Von Einem Rodtherr weil er nicht Studirt hatt Er sey ein Pengl ein Narr, vnd wie die wordt weiter lauten.

nicht erben, Du darffst an einer Kuffen Saltz 30 gr. Zu gwin nehmen, Vnd du Richter darffst manchen in die straff schaffen der es nicht Verdint hat, vnd lasst ihm mit dem schergen nachlauffen, Bedenckh ob du nicht Verschuldet hast, das man dir die Zwen finger, darmit du geschworen hast, beim Pranger abhawe ꝛc. Vnd das hat er aus Verleimbdung vnd von hören sagen etlicher Inzichter auf die Cantzl bracht, Als ihm nu die Wort Zimlich sein auffgerukt worden hat er in seiner Verantwortung sein Predigt drehen wollen, doch Vngereimbt, den die glossen war straks wieder den text, Entlich ist im vom herrn Eltisten aus befelh aller drei Rathe gesagt worden, Ob er wegen diesen Iniurien dem Rath ein abtrag thun wil, so wollen sie ihm das noch guth sein lassen vnd ihn ferner dulden, doch das er sich dergleichen Vngrundtlichen beschuldigung Zu Verkleinerung der Obrigkheit vnd dadurch leicht ein Auffruhr in der Gemein erwekt werden möchte, kunfftig enthalte, Sonsten musten ein Ersamer Rath den Kirchendienst in anderweg bestellen, Drauff herr Eberhard vmb Verzeihung gebetten mit Zusag solches kunfftig Zu meiden, Aber von der Zeit an hat er von hinnen getrachtet, Wie er dan das nechst folgende iahr den 5. September sein Valet Predigt alhie gethan vnd den 20. September nach Schemnitz in die Vngrischen Bergstedte gefahren, da ist er Pfarherr worden. M. Eberhard valedicirt.

Eodem anno Ist herr Wolff Jankho an stat herrn Andre Mohensaks Ambtman auff Schrittens worden. Ambtman auff Schrittes.

Eodem anno Den 3. Augusti Ist herr Magister Bernhard Sturm von Potschka aus der Slesien gebuertig, Zum deutschen Stadtschreiber alhie an stat des Philipp Ottmari Stabij der nur ein iahr im dienst geblieben, angenohmen worden, der ist im 1582 iahr, wie Vnten zu sehen gestorben. herr Sturm Stadtschreiber.

Eodem anno 2. die post Martini Ist der Rath wieder verneuret worden. herr hans Dauid Eltister, herr frantz krumb Beisitzer, herr Lorentz Stubikh Richter. Junge herrn: Paull heidler, Baltzer Dornkreil vnd Paul Paumgartl.

Eodem anno Ist herr Paul haidler neben dem herrn Reindler Zum kirchen vatter in der Pfarkirchen verordnet worden. Kirchenvätter.

Anno 1574 feria 6 ante Simonis Judae Ist der Rath verneuret worden: herr Veit Ambrosik Eltister. herr Daniel Neumaier Beisitzer. herr Paul Lederer Richter. Junge herrn: Jane Schmilauer, Marcus Debroner.

Eodem anno Den 11. Junii War ein schröckliches wetter, hat die Richterin Zu Obergos in der Kuchen erschlagen als sie fisch gesotten. Donner.

Eodem anno Den 8. Nouember Ist herr Mattheus Gregorinus von Tulechaw der Rechten Doctor Zu einem Behmi- Behmischer Stadtschreiber.

biel gebrauchen mochte, Welches ihm Zwar nicht gewehret, doch darbei gemeldet worden, es sei in dem landt Unbreuchlich.

Rattstuben getäffelt.

Eodem anno Ist die Rattstuben alhie getäffelt worden, vnd auff der seiten, da die Alten herrn Pflegen Zu sitzen, sein die bildnussen Josephs, Königs Josiä, Kaisers Justiniani, Königs Josaphat, Königs Ezechiä, Kaisers Constantini Magnj vnd König Dauids sein sauber eingeleget, vnd vnter iederm bild stehet in lateinischen Versen, welche herr hans Leupoldt dahin verordnet, wie folget:

Vnter dem bild Josephs
Genes 11. cap.
Sparsit ubi Joseph diuini dogmata verbi.
Maenia communit, grana recondit et aes.
Vnter dem bild Königs
Josuae 4. Reg. 22. Paralip. Pauli 34.
Vt sint religio, Schola res et
Unterm Justiniano
Publica salua, A nobis
Unterm König Josaphat
2 Paralip. 17 19 et 20 cap.
Quo sint disce ponenda modo.
Unterm König Ezechia 4. Reg. 18
19. Paralip. 2. cap. 32.
Pro grege lege Dei quoties sunt.
Unterm Constantino Magno
Bella mouenda, Exemplo nostro.
Vntern König Dauid
1. Reg 17.
Suscipe uictor oris.

Diese Versch findt in der Rodtstuben vnter den billdern.

Bei der herrn Geschworen Tisch sein die bilder König Salomons, des Propheten Daniels vnd das bild eines blinden Richters gemahlet.

Vnter dem bild Salomonis stehen
Diese deutsche Reim 3 Reg. 3.
Das naturlich gsetz richtet fein
All sach so schwer vnd irrig sein.
Vnter dem bild Danielis
Daniel 13. cap.
Durch Umbstend man erforschet gwies
Die Warheit so Verborgen ist.
Vnter dem bild eines blinden Richters
Die Person gros, die gaben fein

Vber der Cantzleithuer

Sehet Zu, was ihr thut, den ihr halt das gericht nicht den Menschen, sondern dem herrn, vnd er ist mit euch im gericht, darumb last die furcht des herrn bei euch sein.

An der Cantzleithuer

Juste iudicate Filii hominum et audite alteram partem.

Eodem anno Ist herr Johan Faber Iglauiensis Zum Caplan alhie auffgenohmen worden. Dieser ist hernach Anno 1591 Pfarherr Zu Wilantz worden, vnd herr Paul Ferman ein Collega in der Schul, ist an stat seiner Caplan in der Stadt worden. Johan Faber Caplan. Paul Ferman Caplan.

Eodem anno Ist das Ferbhaus bei der Pfaffenmuel alhie gebawet worden. Ferbhaus.

Eodem anno Sein aus den Ratth gestorben, herr Valten Mohensakh, herr Frantz Krumb, herr Jacob Kautzman, vnd herr Marcus Sorgenfrei StadtEltister, welcher im Ratth gewesen ist 32 iahr. Ratthern gestorben.

SorgenfreIVs obIt faCtIs ConfeCtVs et annis

DeInCeps In Christo gaVDIa Liber aget.

Den 11. Februar Mit herrn Abten abgehandlet worden, 1. Das wir von Vnser Religion nicht weichen, wir wurden den eines irthumbs Vberwiesen. 2. Daß der Ratth die Prediger vnd Schuldiener vociren vnd bestellen soll nicht der Abbt so nicht Vnser Religion vnd 2 herrn nicht dienen khan. 3. Ob Vnserer Seelsorger lehr oder leben getadelt wurde, sollen sie antworten, doch von Rath in billichen schutz genohmen werden. Ex Calend. parentis. Vergleichung Zwischen dem Abten vnd den Ratth.

Anno 1575 den 3. October Ist der Ratth verneuret worden: herr hans Leupoldt Eltister. herr Matthes Lezelter Beisitzer. herr Wolff Jankho Richter. Junge herrn: Jacob Albrecht, Wentz Berger.

Eodem anno Den 21. Februar Ist der Römische Kaiser Maximilianus 2 wieder nach Iglaw kommen, vnd von dem Behmischen Stadtschreiber Doctor Gregorino lateinisch empfangen worden, Ihr Majestät sein vber nacht hie geblieben, Des andern tages gehn deutschen Brod verruket. Wolff Jankho Ambtman auff Schrittes hat ihm den weg weisen muessen, dem hat des Kaisers hoffmeister 2 Taler verehrt, Bei der langen Brukhen haben ettliche Pergkleut ein Rittergehrung gebetten, den hats Ihr Majestät auch geben lassen. Kaiser Maximilian kombt nach Iglaw. Vnd Ihr Majestät in einem Krebentz 160 Ducaten verehrt.

Zur selben Zeit war ein Vnwillen etlicher Tuchmacher vnd hutter alhie wieder den Ratth, in dem gemelte 2 handtwerch begert, das niemandt Vnter der Burgerschafft wollen khauffen soll, er sei dan ihres handtwerchs vnd der sie selbst verarbeitet. Weil sie aber solches bei dem Ratth nicht erhalten kennen, auch in der Stadt Zu ihr Majestät khein Zutritt gehabt, wegen der anwesenden Rattspersonen so Ihr Majestät stets Tuchmacher vnd hutter Supplikation wieder den Ratth.

auffn dienst gewartet, haben sie auff gutte gelegenheit achtung geben, vnd als Ihr Majestät von hinnen verraiset, sein ettliche im nahmen beider handtwercher auffn Johanshuebl voran gegangen Allda Ihr Majestät ihr beschwer schrifftlich vbergeben, vnd begert, Ihr Majestät wolle ihnen ein Priuilegium darueber geben, das sie allein vnd khein ander welle khauffen durffe, weil sie an iederm stein 1 Taler vnd mehrers Zu gewin nehmen, dadurch khein Armer Man Vnter ihnen auffkommen khenne. Sie haben auch begert Ihr Majestät wolle ihnen Zulassen bier Zu breuen vnd Zu Fleischakhen eben sowol als die Meltzer vnd fleischakher macht haben, Auff dies ihr begeren hat Ihr Majestät den handtwerchern Zur antwort geben Sie sollen ettliche Personen aus ihren handtwerchen den Montag nach Johannis mit Vollkommenen gwalt nach Prag schikhen, Da wolle Ihr Majestät den Ratth auch dahin citiren, die sach Verhören, vnd entscheiden.

Die Gmein wirt auffs Ratthaus gefodert.

Ehe aber der bestimbte tag herbei kommen, ist die ganze gmein auffs Ratthaus erfodert, vnd durch herrn Eltisien angezeigt worden, Darnach die Röm. kaiserliche Majestät ihnen, dem ratth ihnen der Tuchmacher vnd hutter Supplication, darinnen sie sich wieder den Ratth als ihre Vorgesetzte Obrigkheit beschweren, Zugeschikt vnd Zur Verhör der sachen beiden theilen ein tag nach Prag allergnedigst bestimbt haben, So hetten alle 3 Ratthe beschlossen der Gemein Zuuor anzuzeigen, das ein Ersamer Ratth bei ihrem Ayd, den sie Gott vnd Ihr Majestät geschworen, nicht erkennen khennen, das solch ihr begeren, so sie supplicando an Ihr Majestät gelangen lassen, solte Zu auffnehmen gemeiner Stadt sein sondern Viel mehr Zue höchsten Verderben, Darumb wollen sie Vermittls gottlicher hilff bei Ihr Majestät wol erhalten, das ihr Vnbilliches begeren nicht werde statt finden, Sie sollen auch gar wol bedenkhen was sie thun, vnd warzu es gedeuen möchte, Sie sollen hinab gehen in die schenkstuben, sich Unterreden vnd ein antwort erfolgen lassen, Als sie in die stuben hinab gangen, ist einer

Auffruhrische wort eines Tuchmachers.

mit nahmen Frantz Bresler auffgetretten, vnd vor der ganzen menge des Volks geredt: Welche da wollen neben dem handtwerch halten, die sollen 2 finger auffreken, vnd weil der gemeine man leicht Zu bereden, haben sie alle 2 finger auffgerekt, vnd hiedurch des Ratts gutte treuhertzige meinnng in windt geschlagen, vnd ein Verbindtnis miteinander gemacht wieder den sententz Königs Ludouici der Anno 1524 wie oben im selben iahr Zu sehen, ergangen ist. Sein auch sambtlich wieder auffs Ratthaus in Saal erschienen, vnd dem Ratth Zur antwort geben, das sie Zur bestimten Zeit nach Prag vor Ihr kaiserlichen Majestät erscheinen, vnnd allda ein ausspruch erwarten wollen.

Abgesandte nach Prag.

Auff solches sein vom Ratth nach Prag gekueset worden herr hans Leupoldt, herr Lorentz Stubikh vnd Doctor Gregorinus, Aus den Khauffleutten Matthes Reindler, Greger Stubikh, hans Waidhofer-

Aus den handtwerchen sein mit einem Vollmacht geschikt worden, Veit Feschung, Lorentz Staritzer, Paul hoffsteter, Lucas Dobroner, Frantz Breslaber, Lucas Waidhofer, Andre PaulPinter, hans Duerpart, Aus den huttern Lorentz Geyer, Andre Tischler.

Als sie nun Zur Verhör kommen, haben sich die Abgesandten des Raths auff die Mehrerische Landtsordnung vnd ihre Priuilegia Berruffen, darinnen klar ausgemessen, das sie vor kheinem andern gericht sondern im landt sollen gehöret werden, es were dan vmb landtguetter, die in Behem liegen, Zuthun 2c. Ist allso der handl auff Mehrerische Commissarien verschoben worden, Vor denselben ist hernach im Landtag geschlossen worden, Das nicht allein die tuchmacher, sondern ein ieder burger, der es vermag, wollen khauffen vnd verkhauffen mag, in massen es hieuor beschehen, Aber des Bierbreuens vnd Fleischakhens sollen sich die Tuchmacher enthalten, weil es nicht ihres gewerbs ist. Sein allso die gutten 2 handtwercher mit schlechten bescheid anheim kommen, Auch ist ihnen von Ihr Majestät ernstlich verbotten worden, das sie hinfuro kheine Zusammenkunfft ohne Vergunstigung vnd Zulassung des Raths auch ohne beisein 2 geschworner des Raths nicht halten soll, auch kheine Verbindtnis machen sondern soll in allem bei dem löblichen Ausspruch Königes Ludouici sub anno 1524 verbleiben. Kein Zusamenkunfft ohn vorwissen des Raths Zu halten.

Eodem anno hat der Rath den Erblichen biergroschen bei Kaiser Maximiliano vmb 10 Tausendt fl. abgelediget, Den als König Ferdinandus Anno 1549 wie im selben iahr oben Zusehen, auff ein iedes Vaß bier so alhie gebrewet worden, ein w. gr. mehr als auff andere Mehrerische Stedte geschlagen, vnd die von Iglaw Zu solcher straff mehr aus Verleimbdung den von rechts wegen khommen sein, haben sie sich alles fleises dahin bemuhet vnd durch guetter herrn wurkliche Intercession bei Ihrer Majestät dem Kaiser Maximiliano erhalten, das sie solches geldt kunfftig nicht mehr reichen sollen, In massen dan der Abschied allso lautet: Erblich biergroschen abgelediget.

Die Röm. Kay. Auch Zu hungern vnd Beheimb königliche Majestät Vnser Allergnedigister herr, haben sich mit N. Burgermeisters vnd Raths der Stadt Iglaw Abgesandten, auff derselben Ihrer kayserlichen Majestät derhalben vbergeben vnterthenigistes suppliciren dahin gnedigist vergliechen, Als nemlichen das sie auff nechstkunfftig Bartholomei Ihrer Kays. Majestät in das Rendtmeister Ambt in Beheim, Zu handen [illegible] Schellhamers 10 Tausendt fl. meisnisch auszahlen sollen, Da[illegible] die kays. Majestät bemelte von der Iglaw aus denen in [illegible] eingefuhrten Vrsachen des Erbbiergroschen, welch[illegible] von Bartholomei anzuraitten, gentzlich Zu be[illegible] Ihrer kais. Majestät nahmen brieff vnd sigel [illegible] Recess des Kaysers.

ihre Reuers Zum cassiren wiederumb Zustellen Zu lassen, gnedigist bewilliget haben.

Ex Consilio Camerae Bohemicae 14. Julii Anno 1575.

Paul von Sublaw.

10 tausendt Schock Erlegt.

Nach erlegung der 10 Tausendt ß sein die von Iglaw statlich versiechert, Auch den stenden in Mährern befolhen worden, solche kayserliche begnadung, da es von denen von Iglaw begert wurde, in die Mährerische Landtaffl einzuverleiben.

Doctor hedenreich Prediger alhie.

Eodem anno Ist herr Johan hedenreich der heiligen Schrifft Doctor an stat des herrn M. Eberhardi der anno 1573 in die Pergstedte gezogen, Zum Prediger hieher von Frankfurt an der Oder beruffen worden Der hat den 22. Maii die erste Predigt alhie gethan ist umb Pfingsten hie ankommen. Im dienst geblieben bei 10 iahren, darnach von hinnen auff Frankfurt von Frankfurt auff helmstat vnd Braunschweig gezogen entlich Zu Frankfurt wieder Professor worden vnd allda gestorben, Er hat auch vor seinem absterben Zu ettlich malen ersucht das er hie wieder möchte in dienst angenohmen werden, aber nichts erhalten kennen, weil er kheine gnugsame vnd erhebliche Vrsach seines abschiedes von hinnen gehabt hat.

Sonnen wie blutroth.

Eodem anno Den 18. Julii War die Sonnen roth wie blut Zusehen vnd ein sehr dikher nebl in der gantzen Stadt.

herr Doctor horst Medicus.

Eodem anno Ist herr Doctor Jacobus horst an stat des Doctoris Martini Mylii Zum Stadtmedico alhie angenehmen worden, Ist bei 7 iahren alhie verblieben, Darnach der Oesterreicherischen landtschafft medicus worden, Entlich hat er sich nach helmstadt begeben, allda er gestorben als er ettlich iahr Professor Medicinae gewesen.

Eodem anno Ist herr Marcus Saltzenbrodt gestorben Auch herr Frantz Krumb.

Anno 1576 den 21. September Ist der Ratth verneuret worden: herr hannß David Eltister. herr Wolff Jankho Beisitzer. herr Lorentz Stubikh Richter. Junge herrn: Matthes Krumb, Jacob Pauspertl der Elter.

Donner.

Eodem anno den 5. Augusti hat man Zwischen 6 vnd 7 Vhr vberaus schröckliche 4 Donnerschlege gehört, dergleichen khein Mensch Zuuor hie nie gedacht.

Kayser Maximilian gestorben.

Eodem anno den 12. October am tag Maximiliani Ist der Römiche Kayser Maximilianus Secundus Zu hungern vnd Beheim König Marggraff Zu Mährern Zu Regenspurg auffm Reichstag gestorben. Von dannen ist er nach Prag Zur begrebnis gefuhrt worden, Diesen Kaiser hat das Römische Reich als ein Christlichen herrn hochbeklaget, hat regirt 12 Jahr aet. 49.

AMILIanVs obIt Cæsar, ILe TeVtona terra
Caesar obIt, Leges JVraqVe sanCta IaCent.

Aliud.

LVX oCtobrIs VbI bis seXta rVbebat ab ortV
ReX neCIs eXCeLLens fert onVs AMILIVs.

Dieser hochlöbliche Kaiser hat anno 1548 des Kaisers Caroli quinti (als seines Vattern Bruders) Tochter Frewlein Maria zur ehe genohmen, vnd mit ihr den ietzt regierenden Römischen Kaiser Rudolphum 2. gezeuget anno 1552 den 18. Julii. Kaiser Rudolffus 2. geboren.

DVX LVCIs peragrat GelVLI terga LeonIs
CretVs VbI VItae IVra RoDoLphe Capis.

Aliud.

QVI DubII CapVt est peLagI terraeqVe RoDoLphVs
CaesarIbVs Caesar nasCItVr ortVs aVIs.

Ist zum König in Vngern gekrönet worden im 1572 Jahr seines alters im 20isten Jahr zu Preßpurg. König zu hungern.

SVbIICIt AVstrIaCo se PannonIs ora RoDoLpho
AC offert regnI sCeptra DeCora sVI.

Behmischer König ist Ihr Majestät worden den 6. September des 1575 Jahr, Ist auch zum Römischen König im 1575 iahr den 1. Nouember erwehlet worden, vnd als sein herr Vatter anno 76 auffm Reichstag gestorben, ist er Römischer Kayser worden an stat seines herrn Vattern, dessen Regiment Gott lange zeit glueklich erhalten wolle. Behmischer vnd Römischer König. Römischer Kaiser.

PatrIa sCeptra CapIt praestans probItate RoDoLphVs
DII faCiant foeLIX taLe Capessat onVs.

Eodem anno Ist herr Jeremias Mauerbach vnnd herr Veit Ambrosii StadtEltister gestorben. Rattsherrn gestorben.

VIte JaCes? MerIto pLangens ECCLesIa pLorat
FVnera CeV soboLes pLorat aCerba patrIs.

Eodem anno Den 5. October hat sich ein Ohnwitziger Student alhie, von Dreßden geburtig, Vnterstanden, ist auff die Canzl in der Pfarkirchen getretten vnd alda Predigen wollen, vnnd weil er ohne beruff solches zur Vngebuer furgenohmen, Auch von der Canzl auf erinnerung nicht weichen wollen, Ist dem Schergen befolhen worden, das er ihn von der Canzl gewiesen vnd in die Prechl gestelt hat. Student will Predigen.

Anno 1577 den 20. Julii Ist der Ratth verneuret worden: herr Matthes Lezelter Eltister. herr Andre Mohensakh Beisitzer. herr Procop höfer Richter. Junge herrn: Michl Patzl, hans Losnitzer, Abraham [illegible]tinger.

Meister Stampf.

Eodem anno den 7. Februar haben die Geschwornen Meister der Tuchmacher dem herrn Trzka vmb ein stukh wiesen Zum stampff geben 300 stukh goldes.

herr hinconius Stadtschreiber.

Eodem anno Montag nach Palmarum Ist herr Johan hinconius von Welinow Zum Behmischen Stadtschreiber an stat des herrn Doctoris Matthaj Gregorinj von Tusechaw angenehmen worden.

Appellation in des Königs handt Zu vberreichen.

1577 hat Kayser Rodolfus secundus den Iglauern auffs new bestetiget, das ein jeder Apellant die Akta Ihrer königlichen Majestät in aigne hande vberreichen sol welches Zwar alzeit geschehen laut Vnserer Pergkrecht, allein der herr Zacharias herr von Neuhaus hat in einer sachen so wegen seines Vnterthanen alhie vor gericht fur kommen, die Acta in die Appellation geschickt, daher diese des Kaysers bestetigung der alten freyheit begert vnd erlangt worden.

Mönch in Bauerskleidern Prediget.

Eodem anno Ist den 21. Aprilis ein verloffener Mönch aus dem Kloster Zu Brukh bei Znaim gelegen in bauerskleidern hieher khommen, hatte viel gewesch von der heiligen schrifft, was man ihn fragte, das wuste er wo es geschrieben stunde, vnd gab fur als kheute er weder lesen noch schreiben, Dieser hat auch bei der Ziglhütten den einfaltigen leutten, derer viel Zusammengeloffen, geprediget vnd sich fur ein Propheten ausgeben, Weil aber ein schallkh hinter ihm verborgen gewesen, hat man ihn bald des andern tages weiter passiren heissen.

Kaiser Rudolff 2. wirt fur einen Marggraffen angenohmen.

Eodem anno den 26. Junii Ist der iezt regierende Römische Kayser Rudolphus 2, von allen 4 Stenden des Marggraffthumbs Mährern in der Stadt Olmuntz herrlich vnd stattlich angenohmen worden, allda ihm die stende Vnterthenigkheit angelobet vnd Ihr Majestät den stenden das Jurament gethan. Dahin haben alle Mährerische kayserische Stedte ihre bottschafften abgeferliget, Ein Ersamer Ratth alhie haben Vier Personen aus ihrem mittl vnd 12 wolgeputzte Reutter Ihrer kayserlichen Majestät Zu ehren dahin verordnet. Fur die Confirmation der [illegible] Priuilegien ist Ihr Majestät verehrt worden 700 fl. vnd in die Cantzlei 70 fl.

Wetter eingeschlagen.

Eodem anno Am tag Margarethä Ist den ganzen tag ein schröklich wetter gewesen, hat bei Sanct Johans in die [illegible] eingeschlagen, vnd den Dienstag hernach an dem Pfarthurn in des [illegible] Christoffen bild eingeschlagen vnd durch die Kirch wieder hinaus.

Comet.

Eodem anno den 10. November Ist ein [illegible] ein grosser Comet gesehen worden, dergleichen grosse man [illegible] gesehen.

Rathsherrn gestorben.

Eodem anno den lezten Dezember Ist herr Wolff [illegible] Stadtrichter vnd herr hans Fistritzer gestorben.

PassIbVs eXaCtVs soLItIs VbI CLaVDItVr annVs
VoLfgangVs VItae CLaVDIt et aeVa sVae. Clarus M.
Nona DIes VbI post LVcae saCra festa nItebat
JanVs aDIt nIgrae Castra CrVenta neCIs. herr hans Si-striker.

Eodem anno Ist Fraw Anna des herrn Jacob Lidls haus-fraw, meines Vattern hans Leupolden Schwester gestorben. Jacob Lidlin gestorben.

Cognati CeLebrant qVa LVCe Charistia RoMae
HIs eXIt terrIs et petIt Anna poLos. B. S.

Eodem anno Als M. Joachimus Bekerus Rector Scholae sich wieder nach Frankfurt an die Oder begeben (welcher vom 1572 iahr bies hieher Rector gewest) vnnd allda doctorirt auch Professor worden, Ist an sein stell herr M. Johannes Vrsinus von Wittenberg, da er in der Particularschul Rector gewesen, vocirt worden, Was sich mit diesem vnd herr D. Hederico fur streit erheben ist Vnten im 1582 Jahr Zu lesen. M. Vrsinus Rector Scholae.

VrsInVs LVDI CapIt IgLaVIensIs habenas
Et DoCtor Certa peCtora Lege regIt.

Anno 1578 den 30. Julii Ist der Ratth verneuret worden: herr hans Leupoldt Eltister. herr Daniel Neumaier Beisitzer. herr Sebastian Krösl Richter. Junge herrn: Wolff Finsterburger, Christoff Popitzer vnnd hans Steidl.

Eodem anno hat ein krummer Bettler Paul genandt sich im Prewhausen auffgehalten, vnd des Preumeisters ins Grund-balds Prewhaus Tochterlein bei 4 iahren alt, bisweilen am arm in der Stadt herumb getragen vnd mit ihm gespielet, Entlich hat er das arme Magdlein aus anreitzung des Teuffels in des herrn Matthes Wagners haus auffm hewboden ermordet, vnd damit es nicht schreien khente dem Khindt das maul verstopfft vnd ihme das hertz ausgeschnitten. Als solches bald laut-mehr worden, in dem man das Khind irrgangen, hat man dem Mörder so entwichen starkh nachgesetzt Zu Roß vnd fues, Der ist hernach Zu Wittin-gaw gefangen worden, hat noch des Magdleins hertz bei sich gehabt, vnd als er sich in der tortur Zu dieser schröklichen that bekent, ist er mit gluen-den Zangen geriessen vnd beim galgen geviertheilt worden, Als man ihn Zum erstenmal Zum gericht gebracht, hat er die that gelaugnet vnd wiederruffen, Wie er aber auffs new ist gemartert worden, hat ers wieder bekennt vnd allso sein straff darumb gelitten. Ein krummer bettler ermordet ein Magdlein.

Eodem anno am tag Margarethä hat das Wetter aber-mal eingeschlagen an Obern Ring Zwischen Laurentii Reindlers vnd Lucas Stnbikhen heuser, vnd ein stukh vom schilt abgeschlagen. Wetter eingeschlagen.

Eodem anno haben sich 2 huttergesellen in brandtwein Zu todt ge-

M. Marcus Krumb Pfarher Zum Kantzer.

Eodem anno Ist herr M. Marcus Krumb Pfarherr Zum Kantzer worden.

Eodem anno Ist herr Matthes Stubikh in der Frauengassen wonhafft gestorben.

Anno 1579 Im Augusto Ist der Raith verneuret worden. herr hannß David Eltister, herr Sebastian krösl Beisitzer, herr Jacob Seidenmeltzer Richter. Junge herrn: Augustin Libl, hans kren, Lucas litzmegl.

Neuer Vnter-Cammerer.

Dies iahr ist herr Niclas von hradek Vnter Cammerer worden, nach absterben herrn hannß haugwitzen.

Pirnitzthor gebawet.

Eodem anno Ist das Pirnitzthor new gebawet worden hat den nahmen von Markt Pirnitz.

Porta reCens hIC IglaVIa ConsVrgIt in Vrbe
qVae PIrnICensi noMen ab arCe gerIt.

Lucas Stubikh ertrunkhen.

Eodem anno Am tag Margarethä als herr Lorentz Stubikh mit seinen Söhnen bei der höltz.muel kurtzweil halber In der Igla gefischet, ist der eine sein sohn Lucas Stubikh im wasser ertrunkhen vnnd den andern tag alhie begraben worden.

Mönch entführt ein Eheweib.

1579 hat der Prior beim heiligen Creutz Thomas von Martinis den Frantz Schmilauer sein Schwester entführt, drauff ist herr Abraham hatinger vnd herr hans Steibl mit einer offenen kundschafft vnterm Stadtsigil abgefertigt worden wo sie in betretten, Zu handen herrn Vnter Camerers vnd seiner verordneten Obrigkheit mit glubb Zuuerhafften Ist aber nicht angetroffen worden.

LVX VbI nona sIMVL seXtILIs qVarta refVLget
StVbIChIVs CæCIs Innatat haVstVs aqVIs.

Mein Mutter gestorben.

Eodem anno Ist mein Fraw Mutter Vrsula [illegible] ein geborne Pauspertlin den 9. Augusti gestorben, hat ihm [illegible] mit meinem Vattern Seligen gelebet 26 iahr, vnd 13 Khinder mit ihm gezeuget. Ihres alters 44 Jahr. Ist geboren 17. Nouember 1535.

Chara LeopoLII soCIa oppetIt VrsVLa LeCtI
SeXtILIs nona progreDIente DIe. B. S.

Eodem anno Ist herrn Daniel Neumalers hausfraw Fraw [illegible] geborne Liblin gestorben.

SoLVItVr eXIgVas ContVnX DanIeLIs In aVras
SeD VIVVs CoeLI est fLatVs In arCe sVper.

Ertzhertzog Maximilian hieher kommen.

Eodem anno den 30. Oktober Ist [illegible] Ertzhertzog Zu Oesterreich hieher kommen, Ist Ihrer fürstlichen Durchl. verehrt worden ein vergoldt Crebentz vnnd 40 stukh goldes [illegible]

Anno 1580 den 7. September Ist der Raith verneuret [illegible] Matthes Letzelter Eltister. herr Andre Mohenfelt [illegible] [illegible] höfer Richter. Junge herrn: Matthes litzmegl, [illegible] [illegible] [illegible]

Matthes Rudloff. (Zusatz von spät. Hand: Zu dieser Zeith müssen in Iglau Leüthe gewesen sein ohne hürn: Dieweilen Sie sich nach jedem wind geträet haben, wie der Staub auf der Strassen; darumb war ihr gantzes Religionswesen Ein auß verworffenen Lumpen Zusammengefügtes Müsch-Masch; Merke es Du Einfältiger Stadt und geschicht Schreiber! Der Teüfel hat Dich schon längsten Zu seinem Concelisten erwählet).

Ein bruder ersticht den andern.

Eodem anno Am heiligen Ostertag in der Nacht hat sich ein schröllicher faal Zugetragen Zwischen Zweyen bruedern der Alten Kuttmullnerin Sohnen. Als der eine bruder mit nahmen Veit ein lange Zeit Vnsinnig gewesen, allso das man ihn an Ketten hat verwahren muessen, Wie er hernach wieder richtiger worden vnd Zu mehrern Verstandt kommen, hat man ihn der bande vnd ketten loß gemacht Der ander sein Bruder Abraham hat seiner gewacht, haben desselben heiligen Abendts Ruben miteinander geschelt, vnd einer mit dem andern geredt, allso, das die Wittib ihr Mutter sich kheines argen versehen vnd schlaffen gangen, Der eine Bruder als Abraham ist entlich auch entschlaffen vnd sich auff die bankh gelegt, Als es nu war vmb 2 Vhr in der Nacht hat der böse Geist den Vnsinnigen Menschen den Veit wieder erreget, der ist hin Zu seinem brudern der auff der bankh siecher einschlieff, getretten, vnd mit einem Messer iämmerlich ermordet, Der Verwundete bruder hat noch geschrein, ist von der bankh auff die erden gefallen sich in seinem blut geweltzet, der ander aber, als der Vnsinnige, ist aus der stuben ins haus geloffen, auch ein kleglich geschrei angefangen, das messer in dem hoff von sich geworffen, die Bierwasser im haus hin vnd her geworffen, dauon die Mutter erwachet, vnd als sie in die Stuben herab gangen, hat sie leider den kleglichen fal ihres entleibten Sohnes mit schmertzen ansehen muessen, Der Vnsinnige ist, wie ein bruellender Ochs im hoff hin vnd wieder geloffen, vnd hat die gutte betrübte Mutter durch hilff der benachbarten gnugsam Zuthun gehabt, das sie den Rasenden Menschen wieder in die Ketten gebracht hat, vnnd man ihm Zu gemuth gefuhrt, was er an seinem brudern begangen, warumb er ihn erstochen, wie ers wolle verantworten, hat er khein wort hierauff Zur antwort geben, doch mit geberden Vermerken lassen, das es ihm leid sei. Den andern tag hernach als den 2. Ostertag ist der Wahnsinnige Bruder auch an den Ketten gestorben. Da hat die betrubte Mutter beiden Söhnen ein klegliche begrebnis gehalten.

Ein bruder ermordet den andern mit einem messer.

Wetter eingeschlagen.

Eodem anno Den 22. Augusti Zu fruer tages Zeit hat das Wetter in der Sachsergassen beim herrn Jeremias Mauerbach vnnd dem Thobiaschen eingeschlagen durch den schilt, vnd hat in der schlagkammer angezundet, doch aus hilff der Nachtbarn bald gel[illegible]

Zwen tage Zuuor bald nach der SonnenVntergang [illegible] gegen abendt ein feuriger strall vom himmel gefallen, der [illegible]

Zwar verloschen, hat aber ein Zimlich grossen rauch von sich geben, Welches den leutten alhie, weil sie es vor nie gesehen, sehr wunderlich furkommen.

Comet. Es ist auch vmb dieselbe Zeit im iahr ein Comet am himmel ettlich wochen lang gesehen worden.

Rattsherrn gestorben. Eodem anno Sein alhie gestorben, herr Greger Faustgros, herr Wolff Finsterburger vnnd herr Christoff Pepitzer.

Medicus wirt wegen einer schult verklagt. Eodem anno Ist Doctor Jacobus horstius bestalter Medicus alhie wegen einer schult verklagt worden vom Caspar Ludwig drauff herr Doctor Zur antwort geben Er sol vor seiner Obrigkheit verklagt werden sei nicht schuldig Zu antworten sondern vorm Landtshaubtman, er sei einer von Adl, er sei mit diensten zwar Gemeiner Stadt vnterworffen, aber nicht mit seiner Person. Ist geschlossen weil die schult liquidirt vnd hie gemacht worden, vnd er wegen des Ambts Gemeiner Stadt vnterworffen vnd hie auff kheiner Vniuersität ist, auch fur khein Edlman khan gehalten werden, weil er im landt nicht ist im Ritterstandt auffgenohmen worden, sei er schuldig zu antworten vnd Zu Zahlen, er habe den ein priuilegium furZuweisen, daß er dessen allen befreyet sey, Ist entlich durch gütliche handlung die schult auff termin gezahlt worden.

Burger was sie fur höfe khauffen khennen. Den 22. Julij hat Abraham Kastner ein grundt Zum Rantzer khauffen wollen Ist ihm die antwort worden Weil die schosgrundt vor iahren alle Zur Stadt gehört, ist den Burgern zugelassen die Grunde so in der Losung sein Zukhauffen was aber landgutter betrifft wie Rantzer ein Landtguth ist, da wirt den Burgern der khauff abgeschlagen.

Anno 1581 den 12. Septembris Ist der Ratth verneuret worden. Herr Hanß Leupoldt Eltister. Herr Daniel Neumaier Beisitzer. Herr Mathes hadmer Richter. Junge herrn: Virzil Schmilauer, Jacob Pausperll der Jüngere, Zacharias Krum.

Weinschenkhen im Rathaus. Eodem anno hat kayser Rudolphus secundus der Statt die alte gewonheit confirmirt, daß man nirgendt als im Rathaus Wein schenkhen sol Zur erhaltung gutter ordnung.

herr Daniel Neumaier schreit in der kirchen. Eodem anno Am heiligen Christag nach der fruepredigt, alß herr Doctor Hedericus daß gemein gebett verrichtet, vnd von der Cantzel herab gangen, hatt herr Daniel Neumaier auf der Bor-kirchen mit heller stim 2 mal geschrien, O herr du Sohn David [illegible] dich mein Zu dem hatt er sein hauben von sich fallen lassen [illegible] vmb gedrehet. [illegible]

Welches als ettliche Burgersleut vnd die von der [illegible] wahr genohmen, haben sie ihm aus der kirchen hinaus [illegible]. [illegible] ist vnter der kirchen thür abermal auff die knie gefallen [illegible] wert Repetirt O herr Due Sohn Dauid Erbarm dich mein. Ettliche aber haben ihn in die Lateinische schul gefürt, bieß sichs volkh verloffen, vnd er Zue sich selbsten wiederumb khomen ist.

Eodem anno den 26. April Ist vmb 20 Vhr ein feuer beim Frauenkloster auffs Josephs hinters hauß auskommen, an 6 heusern die dacher abgebrant, aber sonst kein schaden gethan. Brunst.

Eodem anno Donnerstag nach Pfingsten Ist herr Augustin Schmilauer gestorben vndt herr Ott Pilgramer. Ratsherrn gestorben.

Eodem anno 1581. Ist Zwischen dem herrn Johan heidenreich der h. schrifft Doctoren vnd Predigern alhie vnd M. Vrsino Rectore Scholae ein streit entstanden furnemlich in 3 glaubens articeln 1. wegen der Person Christi, 2. wegen des Abendtmals des herrn, 3. wegen des freyen willen des menschen. Vnd ist die sach entlich so weit khomen, das beide Partheien gegen einander mit schrifften verfahrn, vnd hat ein iedlicher gerecht sein wollen Auch haben sich schon Zue beiden theilen adhaerenten gefunden. Alß aber ein Ersamer Rath Diesem ergerlichen wesen vorkommen wollen haben sie beide Parthei auffs Rathauß Zu vnterschiedlichen maln erfodert, vnd was Zwischen ihnen streitig, angehört, Entlich ists darbei verblieben, das man die dorff Pfarrer bei gemeiner Statt fordern sol vnd ihr Censuram von den strittigen articeln vernehmen, Zu dem ende, ob man vieleicht durch sie dem handl khente abhelffen, Damit er in der enge blieb vnd an frembde ortt nicht gelangen dörffte, den es war Zubesorgen, weil alberait bei hoff von dem Streit gehört ward, da es gar an Ihr Majestät khommen möchte der Statt grosse gefahr daraus entstehen. (Zusatz von späterer Hand: Hättest Du, Du Simpel! lieber geschrieben: Das man Eüch wegen eürer Lügen aus der Stadt gestöbert hätte; vnd wäre längst besser geschehen: Damit dem Teüfel diese gute Beüte ehender wäre entzogen worden). Wie man nun der dorffpfarrer censur vernohmen, aber von derselben ein Parthei auff diese, die ander auff ein ander Vniuersitet sich beruffen, vnd bei ihrer entscheidung nit verbleiben wollen. Der Rath auch den handl für wichtig angesehen vnd das durch der dorffpfarrer censur dem streit nicht khönte abgeholffen werden, haben sie den Streit schrifftlich an die Vniuersitet Wittenberg vnd Leipzig gelangen lassen, vnd auff die vber schikten schrifften vmb ein ordentliches Judicium gebetten. Drauff hat die Vniuersitet Wittenberg [illegible] Zur antwort geschrieben, wie folget Anno 81.

[illegible] Den Ernuesten Erbarn hochweisen Burgermeister vnd Rathmannen der [illegible] Vnsern gönstigen herrn vnd guthen Freunden, (spät. Zus. Nach dem [illegible] Cacodaemonis vnd Luthrischem fleisch Geist). Gottes gnad vnd segen [illegible] Jesum neben erbittung vnserer willigen dienst [illegible] Erbare Hochweise gönstige herrn vnd gute [illegible] vns Zusampt den wechselschrifften beyder herrn, [illegible]

Hedenrichs, Euerers Obersten Predigers vnd M. Joannis Vrsini des Schulmeisters, In ezlichen Streitigen Religions Articeln haben wier von diesem Boten verwarlich empfangen vnd wie wier aus denselben allem der herrn Christliche vnd löbliche vorsorg für die Reine (Zusatz von spät. Hand: das Gott erbarm!) lehr vnd Rhu ihrer Kirchen vnd schulen vormerken, Auch dem Allmechtigen hiermit von hertzen darfür danken, also were vns nichts liebers den das wier ihren begeren nach, ohne lengrer vorzugk, die gesuchte Censuram fertigen vnd vberschiken möchten, damit nicht, wo es lang verschoben wurde, in euern Kirchen vndt schulen grössere weiterung endtstehen möchte, Weil aber die sachen an ihr selbst wichtig vndt schwer, auch die schrifften weitleifftig vnd groß Zu deme die Weinachtfeyertage herzu gehen, auff welches fest wier ohne daß mit vielfeltiger Kirchen vnd schularbeit beleget, auch mitler weill vnserer Collegarum einer verreisen mueß, vndt dan vber daß wier auch vernommen, das die Professores Theologiae Zue Leipzig, wegen abwesens des herrn D. Selneceri als förderlich Zue ihrem judicio ferendo nicht kommen können, Als haben wier den Boten nicht lenger vergebens albier liegen lassen, sondern wieder nach Hauß fertigen wollen, neben diesen erbieten, das wier mit ehister gelegenheit die sachen höchstes vleises vndt mit Christlichem eifer vnder handen nemen vndt so baldt nach den Feyertagen wier damit fertig Die Schrifften nach Leipzig der Theologischen Facultet auch vorwarlichen vberschiken vndt da neben vnser bedenken, bey ihnen niederlegen lassen, Da die Herrn solches wieder ihrer gelegenheit nach, abholen lassen können. In mittels werden die herrn Ihrem Christlichen verstandt vnd väterlicher fürsorg nach einen friedtstandt besonders aber in gedachten Articulen beyden thaillen die Zeitt vber Zuhalten aufflegen, welches dan sie weiter ärgerlich gezenkh Zuuorhüten vnbeschwert thun werden. Vnd solches haben wier den Herrn, denen wier angeneme dienste Zue leisten willig freundtlicher meinung hinwieder vermelden wollen. Datum Wittenberg den 5. Decembris Anno Christi Ihm A. 81 (Zusatz von später. Hand: auf dem grund vnd Boden Haceldama, wo der Verräther Christi und Läugner der Wahrheit mit seiner Käthigen Begraben Liegt).

Dechandt Senior vnd die andern Doctorn der Theologen Facultet daselbst.

Anno 1582 den 14. August Ist der Rath verneuert worden. Herr Hanß Dauid Eltister. Herr Sebastian Krößl Beisitzer. Herr Jacob Seidenmeltzer Richter. Junge herrn: Daniel Pilgramer, Hanß haidler.

J. Hedenreich vnd M. Vrsino. Alß nun die Vniuersität Wittenberg in der stritigkeit Zwischen D. Hederico vnd M. Vrsino nicht so schleinig antwortten können alldieweil der handl wie oben in ihrer antwortt verstanden, wichtig Hatt ein Rath alhie Zum andermal hinaus geschriben an beide Vniuersitet Wittenberg vnd Leipzig (Zusatz von später. Hand: Ein Plunder wie der andere) vnd vmb die vorhin gebetene Censur alls fleißes angehalten. Drauff ist von der Vniuersität Wittenberg den 30. Januarii vnd von Leipzig den 8. Maii folgendes geschriben worden.

Den Ernenesten Erbarn Wolweisen Burgermaister vndt Rathmannen der Altlöblichen Stadt Iglaw, Vnsern besondern gönstigen lieben Hern vnd Freunden.

Gottes gnad vnd Segen durch Christum Jesum, neben erbietung Vnserer gutwilligen diensten vnd getrewen gebeth fur Euere kirchen Schul vnd Regiment Jeder Zeit Zuuor. (Zusatz von später. Hand: ehe das Euch der Teüffel hohle). Ehrnueste, Hochweise, gönstige herrn vnd gute Freunde Inn Eoben verwahrt, vberschiken wier E. E. vnd W. vnser bedenken, welches wier, wegen der dreien Articeln, von der Person vnsers H. vnd Heilandts Jesu Christi von seinem h. hochwirdigen Abentmal vnd von dem freyen willen des vnwidergebornen menschen, auff die wechselschrifften des herrn D. Joannis Heidenreichs vndt M. Vrsini gestellt haben: Welcher schrifft Summa kurtzlich dise ist, Weil M. Vrsinus Im ersten Articell laugnet, das der Sohn Gottes der angenommenen menschlichen Natur, In der Person mit der that vnd warheit mitgethailet habe alle seine göttliche Aigenschafften, darumb Christus Allmechtig, Allwissent vnd allenthalben gegenwertig sei, Allein nach der Gottheit vnd nicht auch nach seiner menschelt, sprechen wier daß er von dem wortt Gottes, der lehr der reinen Alten Vätter, Lutheri (Zusatz von spät. Hand: Dieses zwey hundert Jährigen nachfolgers Christi; aber nicht wie Matthäus: dann dieser hat auch das Weib verlaßen. Der deure Mann jedoch wegen des Weibs, die funffzehen hundert Jährige Kirche Verlaßen) vnd der Augsp. Confessions verwandten kirchen hierinn abgetretten vnd sich Zue den Caluinianer begeben habe, welche diese seine meinung nicht allein approbiren, sondern dieselbige himit Zue tage, mit gleichen gründen wie Er, offentlich, mündtlich vndt schrifftlich vertaidingen. (Zusatz von später. Hand: Siehet ihr Tälpeln von Paßau, was ihr für eine reine Lehr führet? Ihr werdet wohl bald auch mit denen Juden eines handels werden). Solches aber ist ein Schädlicher Irthumb, durch welchen die Person, Christus, getrant, welcher als vnser haupt König vnd HoherPriester ganz Als Gott vnd Mensch vnd nicht nur halb bey vns ist, Auch vns Christen Vnser höchster trost genommen wurd, den wier daran haben, das wier wissen, das der ganze Christus bey Vns sei nicht nur nach der Gottheitt, welche gegen vns armen Sündern, wie ein verzerend feuer gegen dürren Stoppeln ist, Sondern auch nach seiner Menschheit, nach welcher Er alle trübsal versucht hat, vnd dahero auch mit vns seinen Brüdern, In allerlei nötthen vnd widerwertigkeiten ein mitleiden haben, vnd daraus vns erlösen kan. Darumb wier Euch, Euer Kirchen Schul vnd gemein für solchem schädlichen Irtumb, Christlich vndt trewlich wöllen verwarnet haben.

In dem Andern Articell vom Hailligen Abendtmal müssen wier sagen daß M. Vrsinus noch nicht allzuweit von der bahn abgeschritten, souil die affirmatiuam der Rechten lehr vnserer kirchen anlanget. In der Negatiua aber raümet Er den Widersachern In diesem Zuuiel ein, das er sich nicht mit Argumenten vnd gründen also verwahret, damit er sein lehr verteidingen vnd die gegenlehr wiederumb verwerffen vnd wiederlegen könne. Welche beide Stukh doch eines so wol als das ander In der auslegung der Articell des glaubens Zue treiben sein. Darumb wo M. Vrsinus auch in diesem Punct sich nicht weisen lasset, würdt er nicht allein keim Caluinianer wiederstandt thun können, sondern auch bei gemach die Rechte lehr verlieren, vndt also auch in diesem Articell Zue ihnen tretten.

In dem Dritten Articull raumet M. Vrsinus den Papisten wieder Zuuil ein vndt beschuldiget die reine lehrer wider daß gezeigniß seines gewissens, beides des Schwenkfeldischen vnd des Entusiastischen Irtumbs.

Darumb wan er in diesem Articell bei dem Reinen wort Gottes, wahren Augsp. Confession vnd vnserm Catechismo bestendig ohne desselben verfälschung bleiben wil, So mus er das herz vnd willen des menschen vor der widergeburth weder σύνεργον noch συνήζιον nennen, dan dasselbig Zue seiner bekerung, nicht daß wenigste würken noch mitwürken khan. Vndt ist solche sein meinung wider den vnterschidt Veteris et novi hominis, welchen doch die schrifft allenthalben helt.

Was dan D. Heidenreich belangt, haben wier in seinen schrifften keinen Flacianischen Irthumb gespürt, hat auch M. Vrsinus Ihne desselben nicht vberwiesen, dan beides In dem Articell von der Erbsünd, vnd dan auch von dem Freien willen des Menschen, Zwischen D. Heidenreichs vnd des Illyrici lehr vnd bekandtniß ein grosser vnd weiter vnterschied ist, wie wier solches in vnserem bedenken genugsam angezaigt, In welchem auch Zue befinden sein wirt, was wier in etlichen Dunkelln reden, des D. Heidenreichs für seine meinung, so dem wortt Gottes gemeß sei, achten. (Zusatz von [illegible] Hand: Ihr Narren ihr! wo hat dann eüch Christus den Heiligen Geist versprochen). Hierauff werden nun E. E. vnd F. denen verhoffentlich die Ehr Christi das reine wortt Gottes Ihrer Kirchen, Schulen vnd gemein wolfart von herzen angelegen ist, wol wissen, was sie denselben Zue Rhu vnd [illegible] weiter in dieser sachen für nemen vnd thun sollen. Dan wo die [illegible] diesen Articeln bei euch verfälschet würde, were Zubesorgen, es [illegible] das Euangelium baldt gethan sein. [illegible]

Weil aber M. Vrsinus nach seinen Ihme von Gott verliehenen [illegible] Ihn Euerer Schul, der guten künst halber, nicht vnnüczlich [illegible] vnd er sonders Zweifel bei vielen grossen gunst vnd anhang [illegible] wier in Euer E. vnd W. Christlich vnd vernünfftig bedenken [illegible] fern hoffnung sein möchte, das Er Zu gewinnen were) [illegible] ein Orth verschiken wollen, da reine Theologen weren wieder welche er nicht also, wie wider D. Heidenreich (welches doch auch nicht recht) verbittert sein möchte, welche mit Ihme aus der Sachen Conferiren vnd Ihne eines bessern vnterweisen köndten. Oder vieleicht E. E. Ein oder Zwen Theologos neben dem D. Heidenreich mit Ihme sich vnterreden liessen damit alle mittl vnd wege, durch welche er wider Zue Recht Zu bringen sein möchte für die handt genommen würden, vnd er nicht Zue clagen hette Das man ihn im wenigsten vbereilet hette. Doch solches alles, nach gelegenheit vnd vmbständ der sachen, so E. W. am besten bewusst sein, In derselb Bedenken gesezet.

Thun hiermit E. E. vnd W. sambt derselben kirchen, Schul vnd ganz gemein dem Allmechtigen in seinen gnedigen schuz vnd schirm befelhen Denen wier auch freundliche dienst Zu erzeigen ieberzeit willige. Datum Wittenberg den 30. Januarii Anno 82.

Decanus Senior vnd die andern Professorn der Theologischen Facultet Zue Wittenberg.

Denen Ehrnnesten Erbarn vndt Wollweisen Burgermeister vndt Rath der Altlöblichen Stadt Igla, vnsern Insonder geliebten Herrn vnd Freunden.

Gottes gnad vnd friedt durch Jesum Christum vnsern herrn beuohr. Erbare Wolweise Namhaffte großgünstige herrn, besonders geliebte freinde in Christo, Was E. E. W. verschinener Zeit beneben vbersendung Herrn D. Johans Heidenreichs, euers Superintendenten vnd M. Johannis Vrsini Schulmeisters getrifachter Wechselschrifft an vns freundlich gelangen lassen, dieselbe mit fleis Zu durchlesen, vnd ob Herr Doctor Heidenreich mit dem Flacianismo, M. Vrsinus aber mit dem Caluinismo behafft, Zu vrtheilen vnd euch in schrifften hinwider Zu berichten, dessen haben sich E. E. W. freundlich Zu erinnern. (Zusatz von später. Hand: Lutherus und Calvinus zwey paar Hosen auß einem Tuch wie Belzebub und Accaron. ein Teüfel wie der andere). Ob wier nun wol die von M. Vrsino vnter die liebe Jugendt ausgesprengten Corruptelen vnd gegebene ergernis beneben der darauff eruolgten Spaltung vnd trennung Zwischen Ihm vnd dem herrn Superintendenten nicht ohne betrübnis vnd herzleid erfaren, (Zusatz von später. Hand: Ein so einige Kirche habt ihr: das ein jedweder Schuheflicker bey Euch ein Doctor ist, Eurer Religion wie ein geflickter Schuhe). Dargegen aber E. E. W. Christliche vätterliche vorsorge vnd gottseligen eifer, damit dieselbe die Reine vnuerfälschte lehr Augsp. Confession (spät. Zus. Confusion) in Ihren Kirchen vnd Schulen Zu erhalten vnd fortzupflanzen, vnd alle Ihrtumb vnd Corruptelen abzuschaffen sich befleissigen, mit herzlichen freuden vernommen, Denn [illegible] nichts mehr gewunschet, denn das wier E. E. W. vnser Christli[illegible] züglichen mittheilen möchten, Damit dem Ergerniß den, So ist vns doch solches Zum thail wegen der vom Churfürsten Zu Sachsen vnd Burggraffen Zu Magdeburg ꝛc. vnsern gnedigsten herrn vns gnedigst dazumal Zugleich aufferlegten nottwendigen Christlichen arbeit, Zum thail wegen vnser etlichen vielfeltige Leibesschwachheit, so schleinig Zuverrichten, ganz vnmöglich gewesen, Welches E. E. W. wier hiermit Zuberichten nicht vmbgang haben können, damit solcher verzug vns nicht etwa anders, denn wie es verursachet worden, gedenket werden möchte, der vngezweiffelten hoffnung vnd Zuuersicht, das E. E. W. diese vnsere warhafftige entschuldigung günstiglichen Raum vnd Statt bey sich finden lassen werden. Wie wier aber nachmals die Sachen befunden, vnd was von dem eingefallenen streit vnser Christlich bedenken sey, geben E. E. W. wier nun mehr in beyverwarter schrifft Zuerkennen, freundlich bittende, wie solches gemeint im besten auffzunemen vnd nicht zu zweiffeln Das solches ohne alle Affect vnd ansehen der Personen, Allein Zuer Ehre Gottes Zu verteidigung vnd fortsezung der warheit (Zusatz von später. Hand: welche der Teüfel geschmiedet), Zue widerlegung offentlicher Corruptelen vnd Calumnien vnd sonderlich Zue erhaltung Christlicher ruhe, fried vnd einigkeit in euern Kirchen vnd Schulen, höchstes fleises von vns gerichtet. Bitten auch Gott den vater vnsers herrn Christi von grundt vnsers herzens, das er Zu solchem Christlichen werck seine gnade vnd segen verleihen wolle, das es das gewünschte ende glücklich erreichen, vnd Zue Zeitlicher vnd ewiger wollfart Euer Kirchen, Schulen vnd ganzer gemein sehr nutzlich vnd dienstlich sein möge. Dieselben [illegible] der hochbetrübten Christlichen Kirchen, vnd vns allen Zue gnedigen Schutz vnd schirm vnsers lieben Gottes befelhende, vns auch neben vbersendung der sieben tractetlein beneben vnserm Christlichen gebet, ferner Zue allem angenemen diensten nach vermögen ieberzeit genaigt vnd willig erbietende, mit angeheffter freundlicher bitte, vns nach altem löblichen gebrauch vnser Facultet Zum förderlichsten vielgemelter sieben büchlein warhafftig Copien [illegible] kommen lassen, damit wir vnd vnsere nachkommen, Was vns Zumitheilen vbergeben worden, Jederzeit Zubeweisen, In massen wier denn keinen Zweifel tragen Das E. E. W. sich gegen vns freündtlich vnd guetwillig [illegible] fals erzeigen werden.

[illegible]

Datum Leipzig den 8. Maii Anno 1582. [illegible]

Dechant Senior vnd Doctores der Theologischen Facultet [illegible]

Solcher beider Vniuersitet Censuren vnd Sendtschreiben [illegible] Partheien den 29. Maii Anno 1582 in versamletem Rath verlesen [illegible] Nachmals als beide Partheien abgetretten, hatt man den M. [illegible] furgelassen vnd vermeldet. Nachdem nu beide Censuren [illegible] Zue Wittenberg vnd Leipzig Anhero kommen vnd verlesen [illegible] beide Parten angehöret, So ist eines Erſ. Raths [illegible] [illegible] es [illegible], da es ihm anderst geliebt vnd [illegible] einigung greiffe mit herrn D. Heberico auff gewiesse Zeit Zusamen kheme, sich mit ihm entweder allein, oder in Beisein etlicher Personen, so beiden Partheien gefellig vndt annemlich miteinander freundtlich vnterrede, vnd einer den andern aus Gottes wortt vnterrichte vnd weisen lasse. Dessen sich ein Erf. Rath versehe, dieweil solcher ihr fürschlag Christlich vnd vatterlich. Darauff M. Vrsinus geantworttet Er zweiffle nicht, das ein Erf. Rath aus vaterlicher Christlicher vorsorg gern sehen wolte, das die vneinikeit Zwischen ihm vnd D. Heberico möchte durch ein freundtlich colloquium hingelegt vnd verglichen werde, aber weil die sach Zu weit kommen, erfordere seine notturfft etwas weitleifftigers sich Zu erkleren. Welches ein Rath Zu verhüttung neuer weitleifftigkeit nicht gestatten wollen Sondern es ihm noch auf bedenken gegeben Ob er solchen Christlichen fürschlag annehmen wolte. Sie khentens für ihr Person nicht allein, Sondern aus gutachten der Vniuersitet, das Zwischen Ihnen einigkeit könte gemacht werden, vieleicht würde der h. Geist ihn ihren Christlichen gesprech auch würken vnd das seinige thun, er sol das gute mitl nit ausschlagen. (Zusatz von später. Hand: Ja der geist, welcher in deren Gerasäer Schweinen gewürket). Drauff Vrsinus Zur antwort geben Er gebe der Wittenbergischen vnd Leipzischen Censur khein statt, er kenne auch der sachen halber mit D. Heberico nicht Zusammen kommen, Weil man die Acta dahin geschikt hat, welche mit dem Heberico ganz vnd gar vbereinstimmen, weil man dem Heberico Zu gefallen, wohin er gewolt hat, die Acta geschiket, sol man ihm als dem beclagten auch Zue gefallen an die 2 Vniuersitet schiken, dahin er sich beruffen Er sei an das Concordienbuch nicht gebunden, weil es Zweiffelhafftig, ob es dem wort Gottes gemes oder nicht, Es sein auch die Darwieder schreiben, Item es sei das gemelte Concordienbuch alhie nicht angenommen, es khente auch ohne wissen vndt willen Ihr Majestät hie nicht angenommen werden, er bedechte sich vnd seine Schul, die ihm vertraut worden. Darauff hat man den handl ferner zu beratschlagen bieß auff den andern Rechtstag verschoben, An demselben als die Parten wieder fürn Rath erfordert worden, hat Hebericus nicht khommen wollen Sondern Zuer antwort geben, Man solle Ihm durch 2 geschworne Raths-Personen Zu wissen thun, was ein Rath ferner in dieser sach auff publicirte der Vniuersiteten censuren geschlossen hette. Weil aber der Rath fort seiner aufs Rathaus begert hat, ist er erschinen vnd hat erhalten, daß er nicht mit seinem gegentheil sondern allein fürgelassen [illegible] welches als es geschah, hat er vermeldet, Er habe darumb [illegible] wollen furtretten, 1. Weil er durch der Vni[illegible] schiben vnd daraus offenbar das ihm [illegible] die schrifft sagt, das man mit ein[illegible] thun haben. Da er ihm aber ein[illegible] Zur Kirchen bekennen, wolle er i[illegible] annehmen, vnd ihm seine fehle verzeihen, da er wider die Kirchen ergerlich gelehret hat. (Zusatz von späterer Hand: Da siehet man das Ketzergesindl). Aber Vrsinus welte in seiner opinion auch recht sein vnd vermeint davon nicht allein nicht weichen sondern viel weniger ein Abtrag Zu thun.

Drauff haben alle 3 Räthe den 19. Dezember 1582 Alle dorffpfarrer Neben dem herrn Hederico auffs Rathaus erfordert vnd ihnen vermelden lassen. Das ein Ers. Rath hoch darüber erfreiet sei, das die herrn Pastoren nu mehr Gott lob, gar einig in allen Articeln des glaubens miteinander sein. Vnd weil M. Vrsinus von seinem Ihrtumb nicht abzufüren, halten die Herrn Rath mit ihnen, was mit herrn M. Vrsino ferner anzuheben, oder was Ihr gutdunken hier innen sei. Darauff sie es eim Rath heim gestellt. Vnter deß hat herr M. Vrsinus an den Rath begert, das ihm das Melzwerch möchte vergönt worden, das wolle er Zu mehrer erhaltung der Seinigen neben seinen schuldienst treiben, Ist ihm eben den 19. Decembris Zur antwort geben worden, das ihm solches beides Zugleich nicht kan Zugelassen werden, darumb wolle ein Rath sich mit einem andern Rectore Scholae versehen, Das Melzwerch aber betreffendt, sol er Zue gelegener Zeit vom herrn Burgermeister ein beschaid bekommen. Diese antwort [illegible] M. Vrsinus nicht verhoffet, hat er begert Zue wissen, Warumb er seines Schuldienstes sol entsetzet sein, Item wen er kein burger Recht begert hett, ob er beim dienst were verblieben Ist ihm Zue antwort durch etliche Rathspersonen erfolget Er hette des Raths beschaid vernommen, der Zeit hetten sie nichts weiter mit ihm Zureden. Also ist M. Vrsinus mit glimpff von seinem Schuldienst abgewiesen, vnd dem Streit dardurch ein end gemacht worden.

Vhr. Die Vhr am Pirnitzthurn auffgericht worden.

Comet. Eodem anno Ist abermal ein Comet alhie gesehen worden.

herr von Meseritsch ladet zu gevattern. Im April Als herr heinrich herr von Waldstein den [illegible] alhie Zu geuattern gebetten, Ist durch herrn Jane Schmidt [illegible] vnd herrn Bernhard Sturm so anstat des Ratths zu geuattern [illegible] schawgroschen per 10 Ducaten mit der Ueberschrifft Virtus unita [illegible] ehrt worden.

Windt. 1582. Item den 23. Juny vmb Vesper Zeit ist ein vngestim groß windig weiter nur in der vntern Stadt entstanden, etliche Dacher von heusern abgeworffen, ein grosses loch in den Pirnitzer thurn [illegible] hat das feuer vber die Stadtmauer hech in die lufft gefurt, [illegible] gärtten vmbgeworffen beume aus der erden gerissen vnd sonsten [illegible] schaden gethan, hat auch das halbe dach auff dem [illegible] [illegible] henkerei eingerissen.

[illegible] Den 30. Augusti Sahe man ettlich [illegible] kleine fliegen in der höhe vber den heusern fliegen. [illegible]

Eodem anno Sein herr hans fren, herr Clement krebs, herr Andre Mohensath, herr Daniel Neumaier vnd herr Bernhard Sturm deutscher Stadtschreiber gestorben welcher wegen der Pest von hinen hat auf Prag fahren wollen ist albereit der Kutscher vor seinen haus gewesen.

Ratthern gestorben.
Stadtschreiber gestorben.

StVrMIVs Vt tota pestIs grassatVr In Igla.
Apta sIbi qVerens syDera peste perIt.

Nach ihm hat herr Jacob Pauspertl der Elter den dienst versehen, bieß ins 1586 iahr, In welchem herr Johan Kergl Statschreiber worden.

Anno 1583 feria 3 post Jacobi Ist der Rath verneuert worden. herr Mathes Lezelter Eltister. herr Lorentz Stubikh Beisitzer. herr Paul haidler Stadtrichter. Junger herr hans haberman.

Eodem anno Ist herr Doctor Andreas Eberßdorffer den 1. Martii Zum Stadtmedico hie angenohmen worden, den herr D. Jacobus Horstius, so vor ihm hie gewesen, ist von hinnen in Oesterreich fur ein landtmedicum nach Krems vocirt worden, von dannen ist er nachmals gen Helmstatt in Sachsen Zue der Vniuersitet für ein Professorem angenohmen worden.

D. Eberßdorffer Medicus.

Eodem anno Demnach Caspar Neimaier herrn Daniel Neumaiers Sohn etwas vnrichtig am verstandt gewesen, Ist er mit Rath der gelehrten die lufft zu endern von hinnen geritten, der meinung er würde dardurch Zu seinem volligen Verstandt gebracht werden. Alß er aber nach Dremles khomen, hat er alda im Wirtshaus vber tisch einen armen Leinweber erschossen, da hat man ihn aus befelh herrn Zacharias, herrn von Neuhaus, dem Dremles zugehörig auff Teltsch gefürt vnd alda auffm Ratthaus verarrestiert. Entlich haben sich etliche seiner befreundten, vnd vnder denselben herr Hanß Leupoldt vnd herr Mathes Liedl Zu Ihr Gnaden dem herrn Zacharias herrn von Neuhaus nach Teltsch brauchen lassen, vnd alda ihn des arrests entlediget, mit fürwendung, da der theter bei Richtigem verstandt gewesen were, hette er solchen faal nicht begangen vnd weil kein dolus alhie Zue spüren, wolle Ihr Gnaden ihm solches verzeihen. Da ist nach vieler handlung verglichen worden, das man der armen [illegible] Kinderlein das erschossenen Leinwebers ein Summa gellts Zu [illegible]haltung ihrer gegeben hatt. Nach diesem hat man ihn wieder [illegible] wie Zuvor verwahren müssen, daran er auch hernach Anno [illegible]

Caspar Neumaier erschißt ein Leinweber.

[illegible] anno Den 17. Julii vmb 5 Vhr in der nacht [illegible] Saltzenbrot am vntern Ring an der haus[illegible] [illegible] auffgerissen, ein stukh von der hausth[illegible] [illegible]

Wetter. [illegible]

Chasmata. Eodem anno Sein offt vnd vielmal Chasmata am himel gesehen worden.

Rabenstein. Eodem anno Hat man den Haidenmacher der einen erstochen, auffm Rabenstain, so kurtz Zuuor des 1582 gebawet worden, am ersten enthaubtet, den 18. Jan. 1583.

M. Abelus Rector Scholae. Eodem anno 11. Dezember Ist herr M. Michael Abelus an statt deß M. Joannis Vrsini Zum Rector der Lateinischen Schuel auffgenommen vnd den 13. introducirt worden. Ehe solches geschehen, hat man den herrn Doctorem Hedericum auffs Rathaus gefordert vndt vermeldet. Nachdem Zwischen Ihme vnd den andern herrn Pastoribus ein einigung in Religionssachen iüngst geschlossen werden So were es guth, das man solche dem Neuen Rectori Scholae andeutet, damit künfftig nicht neue factiones wieder erwachsen möchten. Item es sei zu besorgen, ob er in allem ihnen der Religion halber vereiniget. Da hat herr Doctor Zuer antwort geben. Der herrn fürnemen wegen des neuen Magistri sei Zwar guth, Aber er wiesse, das etliche dorffPfarrer in die neue auffgerichte vereinigung sonderlich wegen des freyen willen des Menschen nicht einstimmen Sondern darwieder Predigen vnd hingen ettliche des Vrsini meinung nach an, Er begere mit dem Neuen Magister Zu Conuersiren das er erforsche ob er mit Ihnen eines sei oder nicht.

Vorbitt D. Hedericus mit den dorff Pfarrern.

Da hat man auch die dorffPfarrer versamlet vnd sie befragt, Ob sie gedenken bei der auffgerichten vereinigung in Religionssachen Zuuerbleiben, Ob ihnen der neue Magister gefiele, Ob man ihm auch die Vrsach anmelden soll, warumb Vrsinus von hinnen abgeschieden, Item ob sie wieder die Concordien, als ihnen Doctor Hedericus schuldt gibt, geprediget hetten vnd in Conviviis dauon mit dem Vrsino schimpfflich geredt hetten? darauff die Collegen vnd dorffPfarrer Zue antwort geben, Sie bleiben bei der auffgerichten vereinigung, hetten darwider im wenigsten nit geprediget, Mitt dem M. Vrsino hetten sie kein gemeinschafft, als das sie in deductione funerum mit ihm reden. Sie haben auch nichts schimpffliches oder spöttisches wieder den herrn Doctor oder die so der Augspurgischen Confession Zugethan geredt. Da ward D. Hedericus mit Zufriden vnd der Neue Magister introducirt.

D. Hedericus mit M. Marcus Krum. Alß die dorffPfarrer mit herrn D. Hederico für dem Rath waren, soll M. Marcus Krum Pfarrer Zum Kanzer denn herrn Doctor einer gotteslesterung bezichtiget haben, darumb hatt herr Doctor ihm vorbehalten, solches mit ihm auszutragen, Sonsten den andern wolle er ihre wider ihn außgesprengte Iniurien gern verzeihen. Da ist nun dem herrn Doctor mit M. Krum der ander tag Zue verhör ernent worden, da sein beide Partheien in Beisein der andern Pfarherr in dem articel de persona Christi gehört worden, Vnd habens darnach dem Rath sie Zuentscheiden heim gestelt. Ein Rath Zuer antwort geben Sie wollen hierinnen thun, was Ihnen Ambts halber gebüren wirdt, Also ist die sach dies auff den 10. Februar Anno 1584 verschoben worden. Alß der 10. Februar herbei khomen hat der Rath die Parthei also entschieden. Demnach herr Doctor Hedenreich sich wieder den M. Marcum Krum beschwert in dem, als er herr Doctor die wort Lutheri de extremis verbis Dauidis citirt vnd gelesen hat, das herr M. Krum herfür gefahren vnd solche Allegation für ein gottslesterung angezogen welche wort dan M. Krum gestehet, allein gibt für er habe den herrn Doctor nicht recht vernommen, vnd also aus mißverstandt, nicht das er die autoritet des herrn Doctoris Lutheri verachten wolte, solche wort geredt, er wiesse dem herrn Hederico sonst keine schuldt Zugeben, Weil durch solche vnbedechtige wort M. Krum dem herrn Luthero vndt Hederico Zu viel gethan vnd mit dem, das er es iezt auff einen mießverstandt Ziehen wil sich nicht genugsam entschuldiget. Derhalben hat herr Burgermeister vnd Rath erkent, das M. Krum ein Reuocation Zu thun schuldig sei Welche er auch desselben tages gethan vnd Zuegesagt, ferner bedechtiger Zu Reden.

Auff solche Reuocation vnd wiederrueff ist er vom dienst ein Zeit lang Suspendirt worden bieß auff erkendtnis des Ratths.

Eodem anno Ist herr Sebastian Kresl gestorben.

Im Herbst hat die Pest regirt sein täglich zu 20 vnd 21 Personen gestorben. Sterb.

Nachdem die Terczkischen mit dem Recht Zur Zu recht gewachsen, dasselbe verloren, vnd ihnen darüber Zuerkent worden, das sie dem Ratth Zur Iglaw die Gerichts vnd Rais Costen bezahlen sollen haben sie zur rach ihren Vnterthanen verbotten das sie kheinen Iglauer auff seinen grunden dulden ihnen nichts verkhauffen noch zu Markt in die Stadt führen sollen weil aber die armen Vnterthanen sich ohne die Stadt nicht wol nehren kunten, vnd sich vernehmen lassen ob sie die Stadt Iglaw meiden vnd nichts dahin verkhauffen sollen, wollen sie sich vber ihre thor in dörffern selbst auffhengen, haben entlich die Terczkischen das Verbott cassirt. Sousten hette der Rath seinen leutten wieder die Stadt verbitten khennen, wie ihnen im Landtag Zu Olmütz, allda sie sich Ratths erholet, gerathen worden. herr Terczka verbeuth den Iglauern seine gründe.

Anno 1584 den 1. Augusti Ist der Rath Zue Iglaw verneuert worden. Herr Paul Lederer Eltister. herr Procop höfer Beisitzer. herr Mathes hadmer Richter. Iunger herr Paul Hackh.

Eodem anno den 1. Martij Ist mein Vater herr hans Leupoldt RatthsEltister vnd Schulherr, gestorben, als er 30 Iahr seinem Vatterlandt treulich gedienet, 30 iahr im ehestandt gelebet vndt 16 khinder erzeiget hatte Seines alters 57 iahr. Herr Hans Leupoldt gestorben.

SenatorVM bIs oCto parens, sex LVstra senator
Tot soCIVs LeCtI nVnC tegIt ossa soLo.

Schulherrn. Eodem anno Jst an stat herrn hans Leupoldts Schulherr worden herr Paul haidler vnd Augustin Lidl, herr Hinconius.

herr Mathes Lezelter gestorben 1584. Eodem anno Am tag Pauli Bekerung ist herr Mathes Lezelter RattsEltister gestorben.

Item Jst herr Paul Paumgartl gestorben.

LezeLterVs obIt faLLaCIs tæDIa VItae
DeIICIens PaVLI Vt festa saCrata VIgent.

Der Ebersdorffer Valedicirt. Eodem anno Jst der Andreas Ebersdorffer bestalter Medicus von hinnen nach Wien auf der Osterreicher bestallung getzogen. Nach ihm ist Anno 88 D. Weisman vocirt worden.

Anno 1585 am tag Apostltheilung Jst der Rath alhie verneuert worden. Herr hans Dauid Eltister. herr Lorentz Stubilh Beisitzer. herr Hans Loßnitzer Richter. Junge herrn: Matthes Wagner, Thobias Kresl, Daniel Lezelter.

M. Joachimus Golczius Rector Scholæ. Eodem anno Jst herr M. Joachimus Golczius Zum Rectore Scholae hie angenohmen worden, den der vorige Rector M. Michael Abelus Poeta Laureatus, ist nur bei einem iahr hie gewest, vnd wie es damals in der Kirchen alhie spaltung gegeben hat, die doch Gott lob, sein wieder Zue Recht gebracht worden. M. Abels Ergernis. Also hat der Rector in der Schul mit seinem ergerlichen leben viel der Adolescenten verderbet, Denn als er eines Ehrlichen Mans tochter, da er sein Cost gehabt Zu vnehren gebracht vnd von hinnen gezogen Jst er nachmals auff Jhr Majestät bewilligung von dem Burger dessen tochter er Zum faal gebracht, in eisen geschlagen vnd hie in seinem haus ein Zeitlang gefenklichen gehalten worden, Entlich ist er durch practicen der gefengknis entlassen vnd Zue Regenspurg in armut gestorben Solche arbeit gibt solchen lohn. Dem Rector hat der Cantor vnd Mesner nachgefolget vnd haben ihres antecessoris exemplum imitirt So gehets wen der Abt die würffl auffwürfft.

Gaukler. Eodem anno Jst ein Gaukler vom grossen Pfarrthurn auff einem Sail bieß Zum Rernkasten herab gefahren vnd ein Knaben in einer Radscheuben gefürt sich mit ihm vberworffen vnd sonst viel Kaukelei getrieben.

Landtag Zue Iglaw. Eodem anno Montag nach Invocavit Jst ein Landtag von allen 4 Stenden des Marggraffthumb Mährern alhie in des herrn Mathes Lidls iectz der Compania haus gehalten werden, Kaiserliche Commissarien sein gewest herr Dauid Vngnad, herr Heinrich Slauata, herr hertwig Zeidlitz. Was darinn geschlossen ist im Publicirten Landtschlus Zufinden.

hurerey der Riemerin. Eodem anno Alß es offenbar worden, das sich etlich Junge geselln vnd Burgersleit mit der Judith der Riemerin Tochter in

Vnzucht sollen eingelassen haben, Wie sie dan in der gefengknis ihrer 7 namhafftig gemacht, Sein dieselben verdechtigen Personen darumben ernstlich befragt worden, Weil sie aber gelaugnet Ist ihnen Zuerkendt worden, das sie ihre vnschuldt mit einem Cörperlichen Aydt von sich fuhren sollen, Welches den 15. Martij geschehen. Da haben etliche im Aydt gefehlet. Die Vnzüchtige Peckin hat man am Gottsleichnamstag am Pranger gestrichen alda ein march an Rechten backen angebrent vnd von dannen bis Zum Spitlthor gestrichen auch auff ewige Zeit vervrlaubet.

Eodem anno Ist herr Lucas Kitzmegl gestorben vnd hat herr Wentz Berger nach Limburg in Behem geheurath.

Ratthern gestorben.

Anno 1586 den 5. Julij Ist der Rath verneuert worden. Herr Procop höser Eltister. herr Mathes habmer Beisitzer. herr Victorin Geschl Richter.

Eodem anno An aller kindlein tag hat sich die Alte Weissin auff dem boden selbst erhenkt, die ist vom henker oben vom haus herab geworffen, Zum galgen gefürt vnd verbrent worden.

Weissin erhenkt sich.

Eodem anno den 26. Julij gegen abendt hat das wetter Zue Pistaw eingeschlagen, sein 3 höffe bis auffs gemeuer ganz vnd gar abgebrandt vnd ein sehr schröckliches feuer gewesen.

Wetter Zu Pistaw eingeschlagen.

Eodem anno war abermal ein schröcklich wetter von 1 bieß auff 6 Vhr in der nacht, schlug Zue hilbetzdorff ein, brent ein hoff ab, sambt etlich Vieh Schlug auch in der Behemgassen ein beym Valtin Brimsleber, hat aber alda, Gott lob, kein schaden gethan.

Wetter.

Eodem anno Ist herr Johan Kergelius von Karlspach von Olmuntz gebürttig, Zum deutschen Statschreiber alhie angenohmen worden, anstatt des herrn M. Bernhardi Sturmij der 1582 gestorben, vnter dessen hat herr Jacob Pauspertl der Elter den dienst vber 3 iahr versehen. herr Kergl ist im dienst blieben bieß auff das 1601 Jahr, da hat er krankheit [illegible] vrlaub genohmen.

Stadtschreiber.

Eodem anno Ist Ertzhertzog Maximilian hieher kommen vnd [illegible] nacht hie verblieben.

Ertzhertzog Maximilian hieher kommen.

Eodem anno Ist herr Doctor Johan Hedenreich, welcher [illegible] 1575 iahr hie der fürnembste Prediger gewesen, wieder [illegible]nnen wegkgezogen nach Frankfurt an die Oder, von dannen auff H[illegible] von Helmstat wieder auff Frankfurth.

D. Hedenreich Zeucht hinwekh.

[illegible] seinem verreisen hat ein Ersamer Rath den herrn Paul [illegible] vnd herrn Johan Hynconium Stadtschreiber abgefer[illegible] vmb ein andere taugliche Person Zubewerben. Die haben [illegible] Stendl in der Markt einen auff vieler gelerter Commendation [illegible] nohmen M. Casparum Stolshagium, der ist das folgende iahr [illegible] wie vnten Zue sehen.

Abgesandte vmb ein andern Prediger.

Straicher gestorben.

Eodem anno Ist der Ehrwürdige Laurentius Streicher weillandt Pfarrer Zue Ranzer gestorben.

Brunst beim Caspar Neumayer.

Eodem anno Am heilligen Christabendt, Ist in des Caspar Neumeiers haus am Ring ein feuer im kuh Stal durch nachlessigkeit des gesindls auskommen, hat 2 küe verbrendt vnd die Schupfen sonsten, Gott lob bald gedempfft worden.

Rattsherrn gestorben.

Eodem anno Ist herr Paul Hakh vnd herr Wolff Schindl gestorben.

Bergwerks Articeln.

Eodem anno hat Kayser Rodolphus 2dus der Stadt Iglaw viel schüner Pergkarticeln gegeben vnd die alten Confirmirt, wie es bei dem Pergkwerkh gehalten werden sol, Darinen Vnter andern der Weinschankh Bierschankh, missbrauch des holzes, das fischen in Gemeiner Stadt bechen vnd Teuchten vnd andere Vnordnung mehr beim Bergkwerkh abgeschafft vnd ernstlich verbotten wirt, vnd wie weit sich des Bergkmeisters Jurisdiction alhie erstrekt, ausdruklich gesetzet wirt.

Anno 1587 feria 2 ante Joh. Baptistae Ist der Rath verneuert worden. Herr Paul Lederer Eltister. herr Jacob Seidenmeltzer Beisitzer. herr Paul haidler Richter. Junge herrn: Balthasar Neumaier, Andreas Freisleben, Christoff Scholtz, Augustin Fellenbaum.

Ertzhertzog Ernst hieher kommen.

Eodem anno Ist Ertzhertzog Ernst hieher kommen vnd hat hie gefrustukt.

Wetter.

Eodem anno den 24. Junii ist ein Schröklich wetter gewest, vnd sehr gegrupnet, hat Zue Ebetzdorff dem Veit Fleischaker 24 Schepsen erschlagen. Den 27. Junii hernach hatt es ein Zimlichen Schnee heraus geworffen 3 wochen nach Pfingsten.

M. Stolshagius Prediger alhie.

Eodem anno vmb Martini Ist herr M. Casparus Stolshagius an statt herrn doctoris Hederici von Stendl aus der Markt Brandenburg Zue einem Primario Concionatore hieher nach Iglaw gebracht worden, der hat den 23. Nouember sein erste Predigt gehalten von dem Jüngsten gericht, Ist alhie im 1594 iahr gestorben. hat Zuuor doctorirt.

5 Monschein.

Eodem anno Donnerstag nach Martini den 12. Nouember in der nacht hat man 5 Monschein am himel gesehen.

Tischler gesell im Creutzkloster erschlagen.

Eodem anno Ist ein Tischlergesell im Creutzkloster erschlagen worden vnd weil man von dem theter nicht eigentlich gewust, hat man ein Paarrecht gehalten, Aber dennoch dardurch den Todtschlager nicht erforschen kennen.

Rattherr gestorben.

Eodem anno Ist herr Jane Schmilauer gestorben.

Dieß gantze iahr sein gestorben 242 Personen.

Anno 1588 feria 2 ante Mariae Magdalenae Ist der Rath verneuert worden. Herr Procop höfer Eltister. herr Paul haidler Beisitzer. herr hans Loßnitzer Richter. Junge herrn: Mathes Stubikh, Thomas Rukezann.

Eodem anno Ist Ertzhertzog Ernst hieher khommen vnd vber nacht alhie verblieben. Ertzhertzog Ernst.

Eodem anno vmb das neue Jahr ist herr Doctor Simon Weiseman, auff des herrn D. Ebersdorffers Commendation von Wien hieher Zue einem Stadtphysico beruffen worden. Ist geblieben biß auff das 1601 Jahr, da er von hinnen auff Prag verraiset, in meinung seine gelegenheit Zu verbössern, Ihme hat succedirt Doctor Schrämbl, wie vnten im 1601 iahr Zue finden. D. Weisman Medicus.

Eodem anno Ist herr Mathes Lidl (spät. Zus. mein freund) gestorben vnd herr Augustin Lidl nach Prag gezogen. Rattsherrn gestorben.

PrVDens ConsILIo, poLLens VIrIVte Senator,

LIDeLIVs IoVe sIC StatVente Jacet.

Eodem anno den 2. Nouember Ist herr hanß Dauid RattsEltister gestorben seines Alters 82 iahr, Ihm Rath gewest 41 iahr.

OCtogInta annos bInos qVoqVe VICIt JanVs

HVMano Is LIber CarCere Vt astra CapIt.

Eodem anno den 9. Dezember hat man einen Studenten hie mit dem Schwert gerichtet ausser dem Kirchhoff bei S. Johans, das er seinem herrn in Vngern ettliche sachen abgetragen hatt der Ist hie im Wiertshaus gefenklich angenohmen worden. Student wirt enthaubt.

Dieses iahr sein hie bei der Stadt gestorben 504 Personen.

Anno 1589 den 19. Julii Ist der Rath verneuert worden. Herr Mathes habmer Eltister. herr Jacob Seidenmeltzer Beisitzer. herr Marcus Dobrowner Richter. Junge herrn: Jacob Ostrauer, Mathes Glenkh vnd Salomon Sleeher.

Eodem anno den 1. Martii Ist alhie im Spital ein alter man mit namen Michel Rimsche gestorben, seines alters 106 iahr, hat seiner [illegible] verlassen 22 Eniklein vnd 33 Vhreniklein. Alter man.

Eodem anno den 24. Dezember hat sich des heinrichs [illegible] tochter vorm Spitlthor in der nacht rüklich vber die [illegible] hinaus gelegt vnd ettliche Zauberische wortt, dardurch sie vermeint, [illegible] Ding Zuerforschen, geredt, da hat ihr der Teuffel den hals [illegible], das sie baldt todt geblieben, Die ist darnach den 28. Dits bei S. [illegible] begraben worden. Teuffl erwürgt ein Jungfrau.

[illegible] gantze iahr sein hie gestorben 248 Personen.

[illegible] 1590 den 20. Julii Ist der Rath verneuert werden: herr Procop [illegible] Eltister. herr Paul haidler Beisitzer. herr hans Staidl Richter.

[illegible] hette der ordnung nach herr Paul Lederer sol[illegible] so ist er von dem Ratth vbergangen vnd auffge[illegible] Der Vrschahen, Als kurtz Zuuor Zwischen Jeronimo [illegible] Beisitzger ein ehrenruerlger handl entstanden indem Jer[illegible] herr Paull Lederers handel mit dem Rath vnd herrn [illegible].

Göschl dem Paul Reisinger, so damals noch vnuerehlicht gewesen, schuldt gegeben, als solte er Reisinger mit seinem des göschels weib in huererei sich eingelassen haben, So hatt sichs verloffen, ehe der handl Zwischen ihnen Zur erörtterung khommen, das Paul Reisinger heurathen sollen, Ein Ehrsamer Rath aber (als er schon ein mal auff der Cantzel verkündet worden) hatt solche heurat eingestellt, bieß Zue außtrag des ehrenruerigen handls. Darwieder hatt herr Paul Lederer nicht allein hefftig geredt, sondern ist mit seinem Schwagern Paul Reisinger nach Olmitz fürs Capitl gezogen, die Braut auch dahin verreiset vnd haben sich alda, nach erkendtnis der sach copuliren vnd Zusamen geben lassen. Weil dan hier innen herr Paul Lederer wieder des Raths willen (dem er billich hette beistehen sollen) gehandlet, vndt vnsere Seelsorger hindurch gleichsam veracht, verkleinert vnd despectirt, in dem er ihnen die Catholischen vorgezogen vnd von ihrer Kirchen censur dießfaals abgewichen, Ist er derhalben dasselbe iahr von seinem ambt Zwar nicht entsezt, Sondern suspendirt worden, vnd als er das nechste iahr in Rath erfordert, hat er nicht kommen wollen, doch ist ihm sein Stel hernach allezeit vorbehalten worden. Als er aber diese Suspendirung des ambts Zue verlezung seiner ehren Zue sein gedacht, hat er sich derenthalben wieder ein Ersamen Rath bei hoff beschwert, Auch den herrn Jacob Seidenmeltzer beschuldiget, als solte er mit gemeiner Statt geldt, so ihm vertraut, vnrichtig sein vmbgangen vnd gebetten mit dem Seidenmeltzer von Ihr Majestät gehört Zu werden. Da ist der handl erstlich auff derer von Iglaw anhalten auff Mehrerische Commissarien gegeben worden. Alda herr Paul Lederer seine ausflicht gesucht vnd immer fort bei hoff angehalten, das der handl möchte von den herrn Appellation Räthen auffm königlichen Schlos Prag Rechtlich entschieden werden. Auff solches des herrn Paul Lederers vielfältiges suppliciren ist den Mehrerischen Commissarien befolhen worden, das sie alle acta, so bei ihnen in dieser sachen einkommen in die Behmische Cantzlei schiken sollen, von dannen sein sie in die Appellation gegeben worden, vnd ist dem Rath neben dem Seidenmeltzer, so wol auch dem Paul Lederer von Ihr Majestät anbeuolhen worden das sie vor die herrn Apellation Presidenten vnd Rathen gestehen, vnd allda ihre sach Rechtlich ausfuren sollen Darwieder hat ein Ersamer Rath ihre Rechtliche exception fürgewandt das sie nicht schuldig sein, ausser des Landts (weil es keine Behmische gütter betrifft) in Behmen Zue antwortten, vnd Ihr Majestät gebetten, Sie wollen sie bei dem abschied vnd Receß so Anno 1403 in gleichmessiger Ladung ergangen vnd in der Landtaffel einuerleibet worden ist, allergnedigst schützen vnd verbleiben lassen, Auch den vorhin verordneten Mehrerischen Commissarien allergnedigist befelhen, das sie die angefangene Commission in dieser sachen weiter fur die handt nehmen vnd erörttern. Auff solches derer von Iglau Rechtmessiges begeren, sein die acta wieder aus der

Appellation genohmen, vnd denen verhin darzu deputirten Mehrerischen Comissarien Zu Rath geschiket worden, neben einem ernsten kaiserlichen befelh, das sie dem langwendigen handl innerhalb 3 wochen abhelffen sollen, Die herrn Comissarien haben Zu gehorsamer folge Ihr Majestät die Partheien, nicht nur ein mal, sondern Zum vberflus Zum andermal vor sich beschieden, da Zwar der Rath neben herrn Seideumeltzer sich allweg gestellt, aber herr Paul Lederer fürsetziglich aufferblieben, vndt durch stetes supplioiren bei Ihr Majestät ohn vnterlas gebetten, das er nicht in Mährern, sondern in Behem vor den Appellation Rathen möchte gehöret werden Wegen welches des Paul Lederers vngehorsamen aussenbleibens als die verordneten herrn Comissarien Ihr Majestät berichtet, Ist hierauff dem Paul Lederer in dreien vnterschiedlichen decreten vnd recessen aufferleget vnd befolhen worden. Wen ihm die Mährerischen Comissarien mit seinem gegentheil vor sich Zuer verhör citiren werden, das er mit aller des Rechtens notturfft gefast dahin gehorsamlich erscheinen vnd ihm ferner kheine ausflücht Zue behelff nehmen soll. Welchem allem herr Paul lederer dennoch gar nicht nachkommen. Derentwegen dan die herrn Comissarien entrüstet, das sie vom Paul Lederer so gering geschetzet vnd an ihrer authoritet geschwechet werden sollen Haben derwegen abermalen Ihr Majestät des Paul lederers vngehorsam angedeutet vnd vmb fernere Instruction gebetten, wie sie sich gegen ihme als der Ihr Majestät befelh vnd ihrer Citation nit stat gibt, verhalten sollen. Auff dieses ist von ihr Majestät den Comissarien dieser schrifftlicher bescheid erfolget: Ob Zwar Paul Lederer wegen seines vngehorsambs der Landtsordnung nach kheute gestrafft werden, Jedoch das er nicht etwa fürwenden dürffe er sei vbereilet worden, So sollen sie ihm mit seinem gegentheil einen Peremtorischen tag bei verlierung der sach ernennen, er stelle sich als dan oder nicht, so sollen sie sich der Mährerischen Landtsordnung nach verhalten. Anno 98. Als sich nu Paul Lederer abermalen nicht gestelt, haben die herrn Comissarien denen von Iglaw ein Erstanden Recht Zuegesprochen vnd Ihr Majestät dauen vnterthenigist bericht, auch darbei geschützet Zue werden gehorsamist angelanget.

Darnach Anno 1598 als die Parten am tag Bartholomei in die Behmische Cammer citirt worden sein, haben die Abgesandten im nahmen des Raths von Iglaw gebetten das sie bei dem Ausspruch der Mährerischen herrn Comissarien der Landtsordnung nach möchten geschützet werden, den da man die entschiedene sach auffs neu hören solte, wurde dardurch nicht allein wieder Ihr Majestät instruction so den Comissarien gegeben worden, vnd nach welcher sie geurtheilet, gehandlet werden, sondern es geschehe auch Zu abbruch vnd verkleinerung der herrn Comissarien vnd derselben authoritet; vnd würde auch der Landtsordnung Zu wieder sein.

Darauff haben Ihr Majestät den gantzen handl durch die furnembsten Landtofficirer des königreichs Beheim, wie der von den Mährerischen Comissarien entschieden worden, in notturfftige beratschlagung genohmen vnd erkendt. Dieweil die verordneten Comissarien der kaiserlichen Instruktion nach sich haben verhalten wollen Aber Paul Lederer vor die Comissarien nicht erschinen, so lasts Ihr Majestät bei der Comissarien Ausspruch in allen Puncten vnd clauseln allerdings verbleiben. Vnd Paul lederer sol hinfüro Ihr Majestät vnd die Cantzleien in der sachen bei ernster vnd vnuermeidlicher straff müssig gehen, die nicht weitter behelligen, sondern sich entlich Zue frieden geben. Actum Prag in der Behmischen Cantzlei ohn gefehr 14 tag nach Pfingsten Anno 1600. Hat also dieser handl ganzer 10 iahr gewehret, vnd viel müh cosst Zehren vnd reisen gegeben, ehe er erörttert worden. Wie also Paul Lederer weiter in dieser sachen nichts Richten kennen, hat er bei hoff angehalten vnd die sach dahin gebracht Das er hernacher vom herrn Vntercamerer ist an seine Radtsstel gesezt worden, hat aber vber 4 wochen nicht gelebet, vnd ist gancz vnuermüglich vnd alt gestorben. Wie vnten im 1601 Jahr Zu lesen.

Ausspruch Ihr Majestät.

Eodem anno den 15. Februar Ist Ertzhertzog Ernst hieher Zum Frustukh khommen.

Alter man. 104 Jahr.

Eodem anno den 17. Junii Ist Simon Rotthansl Mautner vnterm Frauenthor gestorben seines Alters 104.

Erdbeben vnd Chasmata.

Eodem anno den 15. September war ein Erschröcklich groß erdbeben fasst die ganze nacht alhie vnd in den vmbligenden landen, deßgleichen auch das nechste iahr hernach.

Eodem anno Im Mertzen sein auch viel Chasmata am himel gesehen werden.

Ambtman Zu Schrittes.

Eodem anno den 31. Julii Ist herr Mathes Wagner Ambtman auff Schrittes worden.

Dieses iahr sein hie gestorben 313 Personen.

Anno 1591 den 9. Augusti Ist der Rath verneuert worden: herr Victorin Göschl Beisitzer. herr Abraham Hattinger Richter. Junger herr. Thomas Pesserl.

Drukerey Zu Iglaw.

Eodem anno hat der Doctor Stolshagius ein Drukerei alhie Zu Altenberg angerichtet, mit bewilligung Ihr Majestät haben aber nur Calender vnd sonsten gar schlechte sachen druken dürffen Diese drukerei ist mit des herrn Stolshagii todt Anno 1594 wieder in brunnen gefallen vnd gar abkommen.

Herr Simon Schönwald gestorben.

Eodem anno den 31. Mai Ist der Ehrwirdige herr Simon Schönwald Prediger alhie, der Secundum locum nach dem D. Hederico gehabt hat, gestorben, dieser ist bei 34 iahren im Predigambt alhie gewest, Abt worden 73 iahr. Bald nach seinem todt Ist herr Mathias Morchiter von Wilantz an stat seiner in die Stat vmb Pfingsten genohmen worden. Vnd als hernäch Anno 1594 herr Doctor Stolshagius gestorben Ist herr Morchiter an des Stolshagii stell ad primum locum khommen. herr Morchiter Prediger.

Eodem anno den 12. Julii Ist herr Paulus Ferman so Collega in der Schul gewesen vnd Zu Wolframbs die Pfarr versehen hat, fur ein Caplan hie an statt des h. Johannis Fabri auffgenohmen worden vndt herr Johannes Faber ist Pfarrer Zum Wilantz worden, Dieser ist von anno 1574 iahr Caplan in der Stat alhie gewesen. An stat herr Paul Ferman ist herr Martin Liebetzeit Pfarherr Zu Wolframbs worden Anno 1591. herr Paulus Ferman Caplan. herr Johannes Faber.

Eodem anno hat sich einer mit nahmen Paul Wolff alhie erschossen, vnd ist hernach in brunnen gefallen. Man hette es aber nicht so leicht erfaren kennen, wie es vmb ihn geschehen, wo man nicht sein Pichsen bei den brunnen gefunden hette. Paul Wolff erschießt sich selbst.

Eodem annó hat sich ein schröklicher faal alhie Zuegetragen. Einer mit nahmen Augustin Sailer hat sich dem leidigen Teuffel auff 34 iahr verschrieben, damit er gelds gnug von ihm bekommen möchte, Aber solche schreiben hat man Zeitlich bekommen vnd ist für den armen Sünder ein gemeines gebeth in der Kirchen alhie gehalten worden. Solche seine verzweifflung hat er in der gefenknis nicht gelaugnet. Entlich von dem 2. Februar hat man ihn 3 Sontag nacheinander in die Kirchen offentlich Zu büssen vor dem hohen altar gestellt Weil er die gantze gemein mit seinem bösen Exempl geergert. Nach gethaner offentlichen buß hat er den 4. Sontag communicirt. Weil er aber sein leben nicht böſsern wollen, Einem Ersamen Rath vbel geflucht, auch in des angesetzten Richters, herrn Jacob Pausperteis des Eltern haus, mit grossen Steinen geloffen vnd ihm gebrowet Ist er den 7. Augusti im 1592 iahr bei S. Johans enthaubt worden. Sailer verschreibt sich dem Teuffl.

Eodem anno den 29. Oktober Ist herr Christoff Scholtz für ein Ambtman Zu Stonern auffgenohmen worden, an stat herrn Abraham hattingers. Ambtman Zu Stonern.

Eodem anno Sein herr Zacharias Krumb, herr Mathes Kalhoff vnd herr Michael Patzel gestorben. Rattsherrn gestorben.

Eodem anno Ist Carolus Ertzhertzog Zu Oesterreich Kaisers Maximiliani 2 Brueder Zu Gratz in der Steuermarkt gestorben seines alters 51 iahr. Ertzhertzog Carl stirbt.

InCLyta qVID tantos effVnDIt Styria fLetVs
Fata neCIs sVffert CaroLVs AVstrIaCVs.

[illegible] iahr sein hie gestorben 378 Personen.

18. Martii herr Marcus Pauspertl von Drachenthal mein freund vnd meiner Mutter Bruder gestorben.

MatIVs aVrora bIs nona InCesserat aCrI
PaVspertL fato sVCCVbVItVe neCI.

Anno 1592 den 8. Augusti Ist der Rath alhie verneuert worden: Herr Mathes Hadmer Eltister. herr Jacob Seidenmeltzer Beisitzer. herr Girzik Schmilauer Richter.

Jud getaufft. Eodem anno den 16. Februar hat man einen Juden in der Pfarkirchen alhie getaufft.

Wetter. Eodem anno War in der heiligen Osternacht ein sehr erschröklich grosses wetter mit donnern vnd Plitzen, das viel leut gedachten, es kheme der Jüngste tag herbei.

Anfang des Offenen kriegs in Ungern. Eodem anno hat sich der offene krieg in Vngern angefangen, da das Römische Reich vnd alle lender ihre hilff haben schiken müssen, vnd sein daher allerlei neue kriegsgaben auffgebracht worden, Auch den Stedten (Sonderlich der Stadt Iglaw) durch Musterung, durchzuge, abdankplatze grosser schaden geschehen, Wie vnten Zue sehen.

Compania Zur Iglaw warumb sie auffgerichtet werden. Nachdem das handtwerch der Tuchmacher ein Zeit hero in Zimliches abnehmen khommen, also das auch diesweilen ein Maister bei dem andern, weil er sonst hett gefeiert, hat arbeiten müssen, da er anderst sein brodt erwerben wollen, hat ein Ersamer Rath auff allerlei mittl gedacht, wie diesem mangel Zu Rathen, weil der gantzen Stadt auff vndt abnehmen in diesem handtwerch bestehet. Vnd den geschwornen Maistern der Tuchmacher vergunstiget im monat November des 1591 jahrs alle drei mittl auff ihrem handtwerch Zu samlen vnd alda Zubetrachten, was die Vrschach Dieses faals, vnd wie dem wieder auffzuhelfen sei. Nach gehaltener versamblung, haben alle drei Mittl der Tuchmacher Einem Ersamen

Beschwer der Tuchmacher. Rath die Vrsachen ihres geringen gewerbs supplicando schrifft-
1. lich vbergeben. Erstlich kheme ihr handtwerch dadurch in abnehmen, das die khauffleut ihnen an einem iedern stukh tuech, bald ein orth, bald ein halben Thaler vnd mehr abbrechen Die armen dürfftigen handtwerchsleut muessen es aus noth geschehen lassen, wollen sie sich anderst des
2. hungers erwehren, Vnd wan die Kauffleut die tuch an Märkten wieder verkauffen, schleidern sie damit, vnd verderbet ein Kauffman den andern. Vnterdessen so druken die khauffleut daheim wieder ein orth herab, vnd wen die andern vom Markt heim khommen, wollen sie es auch so Recht am geldt haben, wie anders, wie dan auch außlendische khauffleuth, so hiege tuech khauffen, vermeldet, wen die vnsrigen, wie Zuuor ihre vorfaren gethan im verkauffen an Markttägen fest Zuesamen hielten, so wurden sie die tuech viel teurer verkauffen, vnd khentens auch darnach von den Tuchmachern
3. ettwas teurer annehmen. So verteuren auch die kauffleut die

wollen, vnd schneiden den armen tuchmachern das brott duppelt vorm maul ab, eins das sie die tuch wolfeil kauffen, fürs ander, das sie die wollen teuer geben, Darüber dan sonderlich arme leuth, so grosse haus wehrung geben sollen, vnd selbst nicht vermögen vmb wollen auszuziehen, sondern der gnaden der kauffleit leben müssen, billich seuffzen vnd klagen.

Alß nun ein Ersamer Rath die fürnembsten vrschachen vernohmen, warumb das handtwerch abnimbt, haben sie mit Rath bei Ihr Majestät angehalten, das ein Allgemeine handlung gesellschafft oder Compania alhie angerichtet, vnd mit Ihr Majestät consens Zuegelassen werde, vnd weil Ihr Majestät aus des Rathts Supplication bericht eingenohmen, das die von Iglaw also Priuilegirt, was sie gemeinem nutz Zum böfften ordnen, das es stat habe, auch ohne des Königs wiessen, Item das dadurch der Stat geholffen sein khente, Ist Ihr Majestät nicht darwider gewest. Hierauff hat man die Compania angestellt, allerlei Ambter außgetheilet Zu Verrichtung des handls, vnd hat erstlich Zue vorstehern der Compania aus den fürnembsten herrn des Ratths 4 Personen, die sie praesides genant, verordnet. Auch sonderliche Personen, die das gelt empfangen, Sonderliche die es vmb thuch ausgeben Sonderliche die vmb wollen vnd mit den tuechen Zue Markt veraiset sein, Man hat auch ein Sigl machen lassen, welches man Zue einforderung der schulden, vnd wo es sonsten von nötten gebraucht hat, So hat auch kheiu Tuchmacher niemandts anders weder frembden noch einheimischen khein tuch als allein der Compania verkauffen dörffen. Entgegen hat die Compania alle tuch von Tuchmachern vmb Paare bezahlung khauffen müssen, sein auch alle tuch leidlich mit wissen der praesidum taxirt worden, also das kheiner vor dem andern khein vorzug gehabt, vnd einem wie dem andern, die tuch dem tax nach sein bezalt worden Wie dan die verordneten Componischreiber alles ordentlich verzeichnet vnd alle 3 Jahr in beisein der praesidum ordentliche Raittung in allen ambtern geschehen. Es haben auch die verordneten selbst wollen einkaufft, vnd wieder verkaufft, doch ist keinem Tuchmacher gewehret gewesen, das er vmb sein geldt Zue seiner notturfft hat wollen khauffen khennen. Vnd wie dies neue werkh khaum ein Viertl iahr gestanden, haben sich die Maister der Tuchmacher wieder die verordneten der Compania beim Rath beschwert, als gebe man ihnen die wollen Zue teuer, die tuch nehme man Zu wolfeil, Item man wolle nicht iederman borgen. Darauff die verordneten ihr weitleufftige schrifftliche antwort gethan, das die Maister der Tuchmacher nicht kennen in einem halben iahr durch dies neue werkh Reich werden, sie sollen sich gedulden, bies mans in schwankh bringt. Item das ettlichen Tuchmachern viel wollen geborgt worden, die gleichwol khein tuch in die Compania gegeben, vnd der gestalt, wan man nur viel borgen, vnd wenig geldt einneh-

Ambter in der Compania.

men solte, wurde die Compania nicht lang bestehen kennen vnd wo sonsten ihre entschuldigung mehr war.

Da hat ein Ers. Rath die sach gemittelt, darbei beide theil haben bleiben kennen.

Diese Compania hat bei 10. iahren gewehret vnd war vmb sie anno 1602 wieder abkhommen sol vnten im selben iahr gemeldet werden.

M. Pelargus Rector Scholae. Eodem anno den 13. Maii Ist herr Magister Casparus Pelargus ein Märker Zum Rectore Scholae hie Introducirt werden an stat herrn M. Joachimi Golzii, welcher in die Bergstadt Kremnitz Zum Pfarrer von hinnen ist vocirt worden.

Dieses iahr sein hie gestorben 261 Personen.

Anno 1593 den 12. Augusti ist der Rath verneuert worden. herr, Procop höfer Eltister. herr Paul haidler Beisitzer. herr hans Staidl Richter. Junge herrn: Bartl Schmilauer, Paul Politzer, Jacob Fessl.

H. Dinlik Stadtschreiber. Eodem anno den 18. Martii Ist herr Johan Dinlikh von Iglaw gebürttig Zue einem deutschen Stadtschreiber, neben herrn Johan Kergl, auffzenohmen worden, weil herr Kergl offt am Podagra krankh gelegen.

Erzhertzog Ernst. Eodem anno den 4. Julii Ist Erzhertzog Ernst hieher Zum frustukh kommen.

Chasmata. Dieses iahr sein offt vnd viel Chasmata vnd blutige auch weisse stralen am himel gesehen worden.

Rattsherrn gestorben. Eodem anno Ist herr Daniel Pilgramer gestorben mein gewesner fürmünd, eines alten ehrlichen geschlechtes.

QVI fVerat prIsCae non VLtIMa glorIa gentIs
ECCe LVbens tenVes soLVItVr In CIneres.

Item herr hans haidler gestorben mein formund.

Te LeCtI qVerItVr soCIa aC proLes tVa Jane
CLaVDIs VbI VItae DebIta pensa tVae.

Mehr ist dies iahr herr Simon Oesterreicher, herr Lucas Schinabitz vnd herr Laurentius Reindler, Weillandt Behmischer Stadtschreiber alhie gestorben, so bei 20 iahren ihm dienst gewesen.

Musterung der Burger. Eodem anno Im Oktober hat man die Burgerschafft alhie gemustert. Musterherrn, herr Mathes Reindler, Thobias Kresl Andre Freißleben. Hauptleut Zue Roß herr Abraham Hattinger, Mathes Wagner, Christoff Scholtz. Fendrich herr Girg Schmilauer, herr Mathes Stubikh. Leutenambt Mathes Faustgroß, Marcus Kliegl.

Bierschenk im Spital. Item im Spital der Armuth bier außgeschenkt, weil sie nicht souil trinken khunten, was hinein geben ward.

Belh enthaubtet. Eodem anno den 29. Maii hat man des Ambrosi Beken Sohn bei S. Johans enthaubtet, das er falsche brieff auffgerichtet, vnd die

Dieses Jahr sein hie gestorben	335	Personen
Getaufft worden	503	Personen
Zuer Ehe gegeben worden .	87	Par
Communicirt haben . . .	6191	Personen.

Anno 1594 den 15. Augusti Ist der Rath verneuert worden: herr Victorin Geschl Beisitzer. herr Abraham haltinger Richter. Junger herr: Thomas Oesterreicher

Eodem anno hat die Röm. Kais. Majestät Rudolffus der ander ein Musterung nach Iglaw geleget von Tausendt deutschen Reuttern Welcher Obrister gewesen ist der durchleuchtige hochgeborne Furst vnd herr, herr Augustus hertzog Zue Braunschweig vnd Lüneburg ꝛc. Diese Ritterschafft ist den 6. April in die Stadt ankommen, aber Zuvor etlich tage sich auff gemeiner Stadt gründe enthalten, vnd haben den armen Bauersleuthen grossen schaden Zugefüget, Sein den 20. Aprilis gemustert worden, vnd den 26. April von hinnen auffgebrochen, vnd weil der tax leidlicher war, als sonsten alle sachen in gemeinen lauff gingen, Auch dem tax nach nicht alles bezalt worden hat gemeine Stadt in diesen 4 wochen schaden gelitten bei 4000 fl. Musterung Herhogen Augusti von Lüneburg.

Eodem anno den 17. January Ist herr Doctor Casparus Stolshagius fürnembster Prediger alhie gestorben· Welcher Anno 1587 vmb Martini von Stendl aus der Markt hieher gebracht worden. Nach seinem todt ist herr Mathes Morchiter, so 91 ad 2 dum locum in die Stadt khommen, an des Stolshagii stel vndt Augustin Grassl Pfarrer Zu Stonern den 8. Februar neben ihm ad 2 dum locum in die Stadt Zum Predigambt verordnet worden. D. Stolshagius gestorben. Herr Mathes Morchiter, Augustin Grassl Prediger in der Stadt.

Eodem anno Sein herr Lorentz Stubilh vnd herr Georg Pernsus gestorben. Rattsherrn gestorben.

Eodem anno Ist von allen drey Räthen mit Rath etlicher gelerter vnd der Artzney Doctoren, beschlossen, weil ein Zimliche anzahl volks auff dem Kirchhoff in der Pfarr in kurtzer Zeit begraben worden vnd sichs offt Zugetragen, ehe ein Cörper verwesen, Das man an selben orth, einen andern begraben, dardurch dan vergifftung der lufft, vnd sonsten allerlei krankheit, sonderlich im früling, wen der Erdtunst gehet, Zu besorgen gewest. Das hinfuro auff gemelten Kirchhoff in der Stadt niemandt soll begraben werden, es sei dan geistliche herrn vnd Schuldiener als Rector, Conrector vnd Cantor, Item Raths Personen ihre Weiber vnd Kinder, Auch mit vergönstigung der herrn, die, so ihre alte ehrliche begrebniß alda haben, vnd das soll bieß auff des Raths fernere notturfftige erwegung [illegible] werden. Begrebnüß in der Stadt verbotten.

[illegible] Eodem anno dem alten gebrauch nach nach Wei[illegible] in der Schul Comedien gehalten worden, hat sich ein[illegible] gere fraw des Mathes Gotthartten weib an einem, so in Teuffelsskleidern (wie mans nent) verkleidet gewesen, dermassen vergessen Das sie ihr den so weit eingebildet vnd hernach den 9. April ein abscheuliche geburth auff die weldt gebracht, nemblich ein Maidlein, mit 2 hasenschorten vnd einer nasen mit einer langen spitzen wie derselben laruen in der Comedia gestalt war Auch sonsten am kopff ein seltzam gewechs gehabt hat nicht lang gelebt.

Brunst. Eodem anno den 17. Maii Ist bei dem Daniel Bekhen in der Pirnitzgassen vmb 3 Vhr bei der nacht ein feuer außkommen vmb 23 vhr als 4 Stundt Zuuor ist der Belh gestorben.

Musterung der Burgerschafft. Eodem anno den 26. September Ist die Burgerschafft alhie Zue Iglaw gemustert worden vnd bei welchen man mangl in der Rüstung gefunden hat, die haben sich aus befelch der herrn damit versehen müssen, damit sie sich derselben Zum nottfahl gebrauchen khenten. Musterherrn vnd Fendriche sein gewesen, die im vorigen iahr verzeichnet sein. Sein gewest sambt den gesindern 250 glieder in iedem glied 5 Personen facit 1250 Personen.

Halbe Vhr auffm Rathaus. Eodem anno Ist der thurn auffm Rathaus welcher Zuuor anno 1556 gebawet worden erhöhet, Auch ein halbe deutsche Vhr darauff gemacht worden, Ist Zuuor kein Vhr auff dem Rathaus gewest.

Wasserkasten. Auch ist der Wasserkasten am obern Ring new gemacht worden.

Dieses iahr sein gestorben 403 Personen
Getaufft werden . . . 501 Personen
Zuer Ehe gegeben worden 108 Paar
haben Communicirt . . 5745 Personen.

Anno 1595 den 21. Julii Ist der Rath verneuert worden: herr Mathes hadmer Eltister. herr Jacob Seidenmeltzer Beisitzer. herr Marcus Dobroner Richter. Junger herr: Christoff Rauscher.

Herr Augustin Grassl gestorben. Herr Nischlauer Prediger. Eodem anno den 29. Julii Ist herr Augustin Grassl Prediger alhie, so das vergangene iahr von Stonern in die Stadt genohmen worden, gestorben vnd an stat seiner herr Lucas Nischlauer Pfarrer Zue Scherlus den 8. Augusti beruffen worden.

Wasser. Eodem anno Ist ein oberaus grosses wasser gewest, die vnd in den vmbliegenden landen, hat Zue Nürnberg grossen schaden gethan, vndt sonst viel leuth vnd vieh ertrenket.

PerDIt Vt eLVVIo pontes, hoMInesVe boVesVe
Infestat segetes TeVtonIs ora tVas.

Procuratores. Eodem anno den 4. Augusti Ist M. Mathias Fetauer Zue einem Aduocaten bei gemeiner Stadt angenohmen worden, vor ihm sein gewesen Melchior Colerus vnd Tobias Millitz.

Eodem anno Ist herr Sebastian Eule gestorben, so ein Zeitlang Ambtman gemeiner Stadt gutter, auch viel iahr im Rath gewesen ist. Eule gestorben.

Eodem anno den 12. Augusti hat der Zichtinger ein Strixher mit dem Rapier gerichtet. Henker Richt mit dem Rapier.

Eodem anno den 10. Februar Ist Ernestus Ertzhertzog Zue Oesterreich, Kaysers Maximiliani 2 Sohn vnd Kaisers Rudolffi Brueder in Niederlandt gestorben.

Vt pLaCIDó DenVs FrIgebat FebrVVs orbe
FILIVs et frater Caesarls oCCVbVIt.

Dieses iahr sein gestorben	422	Personen
Getaufft worden . . .	479	Personen
Zuer Ehe gegeben worden	151	Paar
haben Communicirt. . .	5971	Personen.

Anno 1596 den 12. Augusti Ist der Rath verneuert worden: herr Procop höfer Eltister. herr Paul haidler Beisitzer. herr Girzik Schmilauer Richter. Junger herr: Lucas Leupoldt mein Brueder.

Eodem anno Ist herr Mathes hadmer RathsEltister gestorben den 30. Augusti. Rathsherrn gestorben.

AVgVstI Vt faCles trICesIMa sVrgit ab astris
TVnC Senlor LethlfLeblLe VIncIt onVs.

Auch sein dies iahr gestorben herr Balthasar Neumaier vnd herr Augustin von Lidlaw.

Eodem anno Im Junio Ist der durchleüchtige hochgeborne Furst vnd herr herr Bernhardt Furst Zue Anhalt, Graff Zue Ascanien, herr Zue Zerbst vndt Bernburg ɔc. Als Obrister mit tausendt Pferden der Obersachsischen Ritterschafft Zuer Musterung hieher khommen, Neben ihm ist auch her kommen hertzog Ernst vnd Augustus, Zue holstein, herr hans von Osterhausen war Obrister Leitenambt. Von herrn Landtshauptleuten sein Zue Comissarien verordnet worden herr Girzik, Wolff Krzineczky von Ronaw auff Prisnikh vnd herr Waczlaw Rupssiczkj. Musterung des Fursten von Anhalt.

Diese Reuterei ist von dem 21. Junii biß auff den 15. Julii hie gewesen, ist auch diese musterung nicht ohne Zimlichen schaden gemeiner [illegible] Burgerschafft vnd vnterthanen abgelauffen. Den ob wol herr [illegible] die vmbliegenden ortter den herschafften geschrieben, das sie [illegible] Zue beisteuer vnd bösserer vnterhalt der Reuter hieher beferdern [illegible] doch solches auch auff des Raths begeren alhie vnfruchtbarlich [illegible]

[illegible] anno Ist die Vhr am Pfarrthurn verneuret vnd [illegible] Messing gemacht vilh verguldet vnd eingese[illegible] [illegible] schlecht geschriebene schwartze Ziffer [illegible]

Herrn guth in Behaimb Zur Stadt erkhaufft. Eodem anno hat ein Ersamer Rath von dem herrn Wilhelm Trczka Zue gemeiner Stadt alhie den Markt Sterkhen sambt 9 dörffern vnd schönen wäldern, teuchten vnd führen Pächen im königreich Behaimb erkaufft pr. 30 tausendt fl Weichsnisch. Die Relation vnd Cantzleigebür hat auch bei 2 Tausendt angetroffen.

Dieses iahr sein hie gestorben 326 Personen
Getaufft worden . . . . 416 (Zus. von spät. Hand: fruchtbahres landt).
Zuer Ehe gegeben worden . 105 Paar
haben Communicirt . . . 6190 Personen.

Anno 1597 den 18. Julii Ist der Rath verneuret worden: herr hanß Loßnitzer Beisitzer. herr Mathes Reindler Richter. Junger herr: Lucas Pilgramer.

Durchzug des Graffen von Hollach. Eodem anno den 23. Julii Sein 4 Fahnen Fränkische Reuter, derer Obrister gewesen Georg Fridrich Graff von hollach alhie ankommen hier an den dritten tag verblieben. Ihr Comissarius herr Steffan Graff Schlikh 2c.

Haben dem auffgerichten tax nicht nachgelebt, auch sonsten gegen der Obrigkeit alhie sich Zimlich vnbescheiden verhalten, Aber ihr maß ist in Vngern erfüllet worden, den der mehrer theil aldo durchs schwert vmbkhommen.

Anderer durchzug der Schwäbischen Reutter. Eodem anno den 30. Julii Ist ein Schwäbisch fahne Reutter hie ankommen Ihr Comissarius herr Ladislaus herr von Sternberg 2c. Diese sein 3 tag hie gelegen vnd haben ausser des habern vnd weins keinem Burger nichts bezahlet.

Der dritte durchzug der Reinlendischen Reutter. Eodem anno den 10. Augusti sein ein fahn Reinlendische Reutter hie ankommen Ihr Comissarius Herr hans Peter herr von Schwamberg, durch Mährern aber haben sie gefürt herr Carl Zahradeczki vnd herr Georg Rechenberger. Sein nur vber nacht hie still gelegen.

In diesen 3 durchzugen ist der tax gewesen wie folget:

Ein Metzen habern pr. 30 gr. Ein Pfund Rindtfleisch pr. 2 gr. Ein Pfund Kalb vnd Schepsenfleisch pr. 2 kr., Wein, Bier, brott in gemeinen kauff. Aber ist wenig offt gar nichts bezahlt worden.

Der 4. durchzug der Wolener. Eodem anno den 10. September Sein 800 Woloner (so Zuuor Zue Prag auffm Roßmarkt ein tumult angerichtet, darüber ein aufflauff der Burger entstanden, vnd der Woloner von den Behem viel erschlagen vnd in die heimlichen gemach geworffen worden) hieher nach Iglaw kommen. Ihr Comissarius aus Beheimb herr Ottho Stoß von Kaunitz, vnd dieweil ein Rath alhie vernehmen, was sie für vnruwige vnchristliche leuth sein auch was für freuel vnd mutwillen sie Zue Prag vnd anderer orten gestifftet, hat man die Wacht alhie etlich hundert starkh von Tuchknappen vnd andern handtwerchen bestellt, vnd die Zum theil mit gemeiner Stadt waffen ausstaffieret, auch hat man an allen ekhen der gassen in der Stadt die feuer Pfendlein mit Pechkrentzen angezindet, damit wen sich bei der Nacht ein tumult heben wolte, man desto sicherer dem vnglükh steuren khente vnd sehen wer freundt oder feundt ist. Alß die Woloner der Stadt vorsichtigkeit vermerket, Item das ein ieder wirth im haus seine gespante Rohr vnd Püchsen beraith hatte, haben sie sich gar friedlich vnd still verhalten, vnd sein baldt des andern tages wieder von hinnen abgezogen. Ist aber aus ihren Reden, die sie an vnterschiedlichen ortten alhie von sich haben verlauten lassen, abzunehmen gewest, das sie von hinnen durch Plündern vnd sturmen gern ein guthe beuth gebracht hetten, wo man ihrer nicht wohl in acht genohmen vnd sich so ernst Zuer wehr gestellt hette.

Den ledigen Pursch so die wacht gehalten, sein 6 Schweinitzer bier verehrt worden vnd ihren Führern derer 8 gewesen, 4 ℔ Juuertrinken. Sonsten haben die Reutter nichts gezählt, vnd weil man ihnen von habern nicht ein vberflueß gegeben hat, haben sie sich durcheinander darumb gerissen wie ein hundt vmb ein Stukh fleisch.

Eodem anno den 16. April Ist des Turners khind vom Pfarrthurn gefallen aus dem loch dardurch man das holtz auffziehet vnd hat sich auff stüklein Zerschmettert.

Kind felt vom thurn.

Eodem anno den 9. Junii hat der Donner in der Pfarrkirchen ins Dach eingeschlagen vndt in den gespiern vnd holtzwerch schaden gethan.

Wetter eingeschlagen.

Eodem anno den 7. Septembris Sein alhie in der Pfarrkirchen Zum tisch des herrn gegangen in der anzahl 750 Person, deßgleichen Summa Zue kheiner Zeit kein mensch Zuuor gedacht.

Communicanten grosse anzahl.

Eodem anno den 17. Octobris Ist herr Matthes Morchitzer [illegible] Prediger in Iglaw gestorben, an dessen stell herr [illegible]uberus, wie ihm nechsten jahr folget, vocirt worden.

Herr Merchtler gestorben.

In diesem jahr sein gestorben herr Paul Politzer, herr [illegible] Dornkreil herr Jacob Ostrauer, herr Abraham hattinger.

Rattsherrn gestorben.

In diesem jahr sein hie gestorben 1358 Personen
Getaufft worden . . . . 435 Personen
Zuer Ehe gegeben worden . . . 89 Paar
haben Communicirt . . . . . . 7789 Personen.

Anno 15[illegible]8 den 29. Julii Ist der Rath verneuert worden: herr [illegible] [illegible]enmeister Eltister. herr hans Staidl Beisitzer. herr Thobias Kröß [illegible] [illegible] herrn: Joachim Stubikh, Jeremias hoffsteter.

Eodem anno In der heiligen 3 König nacht sein 2 junge Tuchknappen hiege kinder als des Abraham Schöntags vnd [illegible] [illegible] Sohn von fremden Knappen erstochen worden: die thäter sein lang gefenklich gesessen vnd ist darauß, weil sich die [illegible] [illegible] auff

2 Tuchknappen erstochen.

nottwehr beruffen vnd ihrer mehr im streit gewesen, ein langwürdige Rechtshandlung entstanden. Entlich ist die sach dahin khommen, das die beschuldigten theter am leben verschonet, vnd Zue ewigen Zeitten sein verwiesen worden.

Feur vorm Frauenthor. Eodem anno den 11. Martii Ist ein erschröllich feuer vorm frauenthor beim Daniel Türken Saiffensieder auffgangen vnd weil ein grosser sturmwindt dazumal gewesen, hat es ettlich heuser abgebrandt, Aber Gott lob, der Stadt kheinen schaden gethan.

Matl Balbierer gericht. Eodem anno den 31. Martii Ist Matl Balbierer ein Stadt khind vnd Lautenist wegen seines Diebstals vnd anderer thaten (wegen welcher Er Zuuor ettlichmal mit gefenkniß gestrafft worden) Weil kheine bösserung erfolget, mit dem Schwert gerichtet worden.

Herr M. Gruberus Prediger allhie. Eodem anno den 30. Aprilis Ist herr M. Michael Gruberus an statt des verstorbenen herrn Matthiä Morchiters Iglaviensis Zue einem Primario Prediger hieher ankommen, dieser ist Zuuor hinter Jehna in Düringer, nicht weit von Weimar ein dorffpfarrer gewesen vnd ist im 1605 iar wieder von hinnen vmb Pfingsten hinwekh gezogen wie vnten Zu sehen.

Rattsherrn gestorben. Dies iahr sein gestorben herr Johan Dinlikh Stadtschreiber von Iglaw gebürttig, welcher Anno 1593 den dienst angetretten vnd allso nur 5 iahr denselben versehen, Item sein gestorben herr Thoma Oesterreicher vnd herr Doctor Johannes Rucardus Medicus vnd burger in Iglaw, der sonsten von Torgaw aus Meissen gebürttig gewesen.

D. Rucard gestorben.

Paul Skalko Ambtman. Eodem anno Ist Paul Skalko an stat herrn Christoff Scholtzen Zum Ambtman auff Stonern verordnet worden.

Musterung der Grauen von Holloch. Eodem anno den 5. Augusti Ist herr Georg Fridrich Graff von Holloch Obrister mit 1000 Reuttern Zur musterung hie ankommen, Vnter welchen 14 andere graffen geritten. War ein ansehnliche Reuterei Behmischer Comissarius herr Otto Stoß. Mährerischer herr Miczian vnd herr Hodiczki.

Der habern ist taxirt worden pr. 30 kr.

Das fleisch in gemein . . pr. 2 kr.

Wein, bier, brott in gemeinem khauff, hew vndt Strew vmb sonst. Ist dennoch das wenigiste von der Reuterei bezalt worden. Sein ettlich wochen hie gelegen vnd sonderlich den armen leuthen beschwerlich gewest.

In diesem iahr sein gestorben 510 Personen
Getaufft worden. 434
Zuer Ehe gegeben worden . 164 Paar
Communicirt haben. . . . 6525 Personen.

Anno 1599 den 14. Augusti Ist der Rath verneuert worden: herr Procop höfer Eltister. herr Paul haidler Beisitzer. herr Jacob Pauspertl der Elter Richter. Junge herrn: Andreas Schinabitz, Daniel Dornkreil.

Neuer Vnter Camerer ist worden der Wolgeborne herr herr Sigmundt Freyherr von Dietrichstein ꝛc. welcher hernach Anno 1601 Zue end des iahrs gestorben. Vndt an seine stell der Jetzige Vnter Camerer herr Jan Mossowsky allererst Anno 1603 confirmirt worden. Neuer Vnter Camerer.

Eodem anno Georgi Ist herr M. Andreas Zauner von Iglaw gebürtig an stat des abgelebten herrn Johannis Dinlikhen Zu einem deutschen Stadtschreiber neben dem herrn Johanni Kergelio auffgenohmen werden, vnd weil sie beide einerlei expedition gehabt, haben sie die Accidentia miteinander getheilet, vnd einer vmb den andern alle monat dieselben genossen. M. Zauner Stadtschreiber.

Eodem anno den 8. Maii hat sich ein Tuchmacher der faiste Jokl genant, in des Stubiken gartten vor dem Frauenthor erhenkt. Tuchmacher erhenkt sich.

Eodem anno haben die herrn alhie in die Pfarrkirchen ein schönen neuen tauffstain machen lassen, das werkh ist von Kupffer getriebne arbeith, auch inwendig vnd auswendig schön verguldet, hat gekosttet bei 1500 ꝶ. Neuer tauffstain.

Eodem anno den 23. Julii Ist ein feuer in der Creutzergassen auffgangen, hat 3 dacher, als des hans Pauspertl, Andre Gramar abgebrandt, Man hat aber nicht eigentlich wiessen kennen von wem vnd was gestallt das feuer auskhommen. Brunst in der Creutzgassen.

Eodem anno den 5. October hat der Teuffel ein hirten alhie auff dem feldt vmbgedrehet, so lang bies er niedergefallen, darnach ihm die Peitschen aus der handt geriessen, vnd da der hirt ein Zeitlang gantz vnbesunnen gelegen vndt darnach wieder Zue sich khommen, hat er khein schwein gesehen, vnd als man die Schwein hin vnd wieder an vnterschiedlichen ortten gesucht, hat man etliche Zuer wies, etliche Zu Gossaw vnd ettliche im Sporerberg gefunden. Dergleichen vor nie hie erhört worden. Teuffel wirfft ein hirten nieder.

Eodem anno den 7. Octobris Ist herr Paulus Ferman Caplan hie in Gott entschlaffen. Herr Paulus Ferman Caplan gestorben.

Eodem anno den 33. Octobris waren viel feurige stralen am himel gesehen vnd haben ein lange Zeit gewehrt. Obsensata.

Eodem anno den 28. Nouembris Ist herr M. Daniel Grassl Iglaviensis Pfarherr zu Stonern in die Stadt ad secundum locum neben den herrn M. Gruberum der primum locum hat beruffen worden. herr Daniel Grassl Prediger.

herr Fistritzer Caplan. Eodem anno e die Ist herr M. Andreas Fistritzer von Iglaw gebürttig an statt des verstorbenen herrn Pauli Fermans Zum Caplan hie angenohmen worden. Ist Zuuor Zue Scheelus Pfarherr gewesen. An stat herrn Fistritzer ist herr Martin Liebetzeit (welcher Anno 1591 Pfarrer Zu Wolfr. nbs worden) Zum Pfarherrn in Scherlus angetretten.

Rathsherr gestorben. Eodem anno Ist herr Victorin Göschl gestorben.

Musterung des von Osterhausen. Eodem anno Im Julio Sein tausendt Pferdt des Obristen herrn hansen von Osterhausen Zue Musterung hie ankommen. Musterherr vnd Comissar herr Otto Stoß.

Das fleisch ist in gemein taxirt . pr. 3 kr.
habern vmb Paare bezahlung . pr. 28 kr.
Ein Schweinitzer bier . . . . pr. 6 ₰.
Ein Pfund bueter Item liecht . pr. 8 kr.
Brot bier in gemeinem kauff. Wein pr. 3 kr.

Auch hat ein ieder Leitenambt fur sein fahn angeloben müssen richtige bezalung laut des tars vnd fried in Losamentern Zuhalten. Es hat auch herr Obrister sein bestallung dem Rath alhie gegen einem Reuers auffzuheben geben. Vnd ist diese Musterung etwas leidlicher, als die vorige gewest. hat bei 3 wochen gewehret.

Guter wein. Dies iahr ist guter wein gewachsen, deßgleichen in vielen iahren nicht geschehen. Im 1602 iahr hat ein vassl des weins 150 Taller auch mehrers gegolten das Seitl pr. 10 kr.

Dies iahr sein hie gestorben 636 Personen
Getaufft worden 429
Copulirt . . . . 116 Paar
Communicirt . . . . . 6315 Personen.

Procurator. In diesem Jahr ist Christianus Nagl Zum Aduocaten hie angenohmen worden.

Anno 1600 den 14. Augusti Ist der Raith verneuert worden durch herrn Sigmunden Freiherrn von Dietrichstein 2c. VnterCamerer. herr hans Leßnitzer Beisitzer. herr Mathes Wagner Richter. Junge herrn: Greger Pernfues, Girzik Pawle vndt Thoma Swietnitzko.

Musterung herrn Preuners. Eodem anno Im Julio Ist der Wolgeborne herr herr hans Preuner Freyherr mit 1000 Reuttern alhie gemustert worden, haben innerhalb 6 wochen bei 30 tausendt fl. verzehrt vnd schaden gethan vnd haben so wol die burgerschafft als die vnterthanen auch gemeine Stadt selbsten bei dieser Musterung vnträglichen grossen schaden leiden müssen.

Weil dan die beschwer fast alle iahr auff diese Stadt vor allen andern geleget vnd ferner Zuertragen vnleidlich hatt ein Ersamer Rath sich dessen bei Ihr Majestät höchlichen beschwerte vnd vmb ehrgetzligkeit des nu so viel mal erlittenen schadens, gehorsamist angelanget. Drauff ist nach vielen sollicitiren von Ihr Majestät die Resolution erfolget. Man solte die Burgerschafft beaydigen, vnd iuramento erforschen was einem ieden fur schaden geschehen, So wolte Ihr Majestät als dan sich ferner gnedigist resoluirn. Da haben ettliche den ayd geschworen, ettliche aber weil sie oon der bezahlung gezweiffelt, von Ihrer anforderung gantz vnd gar gelassen. Es haben sich aber die Vncossten derer, so geschworen haben ausser dessen was dem Rath auffgangen, auff 16 tausendt fl Mehrisch erstreckt. Welches als man nach hoff berichtet, ist Zwar die verträstung geschehen, es werden solche aydlich erhaltene Vncossten erstattet werden. Wie sichs aber gar lang verzogen, bies ins dritte iahr, Ist entlich mit dem Rath gehandlet worden, weil die krigsgaben bei diesem offenem krieg (so nu mehr in die 10 iahr wehret) viel vnd groß sein vnd allenthalben an geldt manglen wil, der Rath wolle sich mit 5000 fl. begnügen lassen. Vnd ob man Zwar wiederpart gehalten, hat man nichts mehrers erlangen khennen, Diese 5000 fl. Mährisch sein gleichwol hernach richtig gemacht vnd daruon Zu ableinung anderer Musterung etwas spendirt worden.

Eodem anno Ist alhie Zue Iglaw vnd in der benachtbarschafft ein vber aus grosse teurung gewesen, hat der Metzen khorn 2, 3, auch endtlich 4 fl. gegolten. Ein Mezen Arbeis vmb 4 fl. Ein Mezen habern vmb 5 orth geldt, da haben die armen bauersleuth aus klein vnd habern brott bachen muessen, viel sein gar hungers gestorben. Grosse teurung.

Eodem anno Wie der Rath, als oben vermeldet, verneuert worden, hat herr VnterCamerer den Prior im Creitzklosster, als er seiner sachen halber bei Ihr G. gewest, beim essen behalten. Als ihm nun der geistliche brueder ein guten, starkhen, dikhen, tollen Rausch in den Lutherischen wein gesoffen, vndt ins klosster getorkelt, Ist er bald darauff rasend worden, Aus dem kloster nur im hembd auffn Platz, ins Rathaus in die Schenkstuben geloffen, vnd wieder heraus, Zuer wehr geruffen, mit [illegible] vmb sich geworffen, wie ein vnsinniger mensch. Ist hernach in der [illegible]gassen dem Andreas Schneider nachgelauffen, Vber Ihn wie ein [illegible] gefallen, das hembd vber den kopff geworffen, vnd ist also blos, nicht wie ein geistlicher, Sondern wie ein Epicurische Saw geloffen, (Zusatz von spätern. Du Spitzbub! wer hat dich also Ehrabschneudisch lügen gelehret als [illegible] Der abschäuliche Luder das ist der eigentliche Nahm [illegible] Pseudo-Propheten) Vnd wan er nicht schutz von der Obrigkeit gehabt [illegible] von dem ledigen handtwerchs gesindl schwerlich am Leben [illegible] werden, weil er gnugsame Vrsachen Zuer auffrhur gegeben. [illegible] Prediger den dritten thail sich so vngebürlich halten selte[illegible] ihn die Babstlischen auff allen Conzilen verdammen. Aber Ihner Des Mönichs beim h. Creutz Vnsinnigkeit.

ists frey vnd Recht, durch ein einige meß kennen sie dem handl abhelffen.

Donner erschlacht ein hirten vnd Schepsen.

Eodem anno den 10. October Ist vnter der Predigt ein Schröklich wetter mit Donner vnd Plitzen entstanden, hat einen hirten mit nahmen hans Pieschko sambt 14 Schepsen im feld erschlagen.

herr Fessl Ambtman zu Schrittes.

Eodem anno den 14. Nouember Ist herr Jacob Fessl an statt des herrn Matthes Wagners Zum Ambtman auff Schrittes angenohmen worden, herr Mathes Wagner hat das Ambt von Anno 1590 bies auff dies iahr verwaltet.

Rathherrn gestorben herr Walzer Schinabitz gestorben.

Eodem anno Ist herr Lucas Pilgromer vnd herr Veit Michalko gestorben Item herr Walzer Schinabitz.

Stainborff.

Eodem anno hat ein Ersamer Ratth Stainborff erkhaufft vom herrn Albrecht Medienetz von Ratiborzicz vmb 1200 fl vnd ist mit consens Ihr Majestet des 1601 Jahrs in die Landtaffl eingelegt worden.

Lonberger Ambtman.

Eodem anno Montag nach Andreä Ist Jacob Von Berger Zum Ambtman auff dem neuen guth in Beheim angenohmen worden, Aber hernach Anno 1603 ist er seines diensts Zue ersparung vncossten entlassen, vnd das gantze Behmische guth, dem herrn Glenkhen, wie im 1604 iahr Zu sehen, befolhen worden.

Fechsung des getreyds auff des Abten Scheuben.

Eodem anno hat sich Dominicus Manus des Abten verwalter im Pfarrhoff alhie vnterstanden vnd das getraidt auff der Scheuben vorm Spitlthor (so sonst Zum Pfarrhoff gehört, aber damals noch dem Rath versetzet gewesen) einernbten wollen, denselben grundt sambt der Fechsung hat der vorige Abbt dem herrn Mathes Grüen auff etlich iahr versetzet, vnd herr Mathes Grüen dem Ratth pr. 900 fl doch mit vorwissen des Abten. Weil nun die Zeit der ablösung Zwar vorhanden gewesen, Aber der Abt khein geldt erleget, vndt gleichwol die Fechsung haben wollen, hat ein Rath ettliche Personen aus ihrem mittl vnd aus der burgerschafft auffs feldt verordnet, dem dominico die fechsung einzustellen. Als nun etliche ledige Pursch vorm thor, ettwas dauon gehört, sein sie Zugelauffen vnd gesehen wo es hinaus wolle. Da nu die verordneten des Ratths mit guten wortten beim dominico, das er von der Fechsung lasse, weil der grundt noch in der versatzung, nichts Richten kennen, haben sie den Schnüttern verbotten das traidt abzuschneiden, Vnd hat nachmals der Rath solches traidt einfechsen lassen. Da hat dominicus fürgeben, als hette die ledige Pursch stain gefaustet, auff ihn geworffen, die teucht abgegraben, Item er hette in dem tumult vber die 50 Thaler geldt verloren. Welches alles vngründlich bei Ihr Majestät fürkommen, vnd als der Ratth mit warheit einen gegen bericht gethan hat Der Abt mit spot von seiner klag, so er derentwegen in der Cantzlei gethan, ablassen müssen.

Des Raths gegenbericht hat der Abt aus der Cantzlei begert, der meinung, sich darinnen Zuersehen vnd hat entlich solchen bericht bei einem gantzen iahr hinter seiner verhalten, als dan vber etlich iahr auffs neue geklaget, als ob ihm solches erst ieczt begegnet were. Als wir aber vnsern andern bericht, so dem ersten gleich war, in die Cantzlei gegeben vnd in der Registratur Zu finden gewest, das der erste bericht vnd vnser verantwortung dem Abten sei mitgethailet worden, vnd er es hinter seiner ihm Zum vorthail behalten, hat er von der Cantzlei ein guten fültz erlanget, vnd sieder der Zeit desshalben stillschweigen müssen.

Eodem anno 1600 hat Dominicus Manus des Abten von Strohoff verwalter im Pfarrhoff alhie Die Behemische Capellen gegen der Pfarkirchen vber inwendig verrigelt vnd hart vermacht, aus lauter nekerei vnd boßheit, mit Vermeldung sie hetten sonst kein orth da sie Meß hören theuten. In dieser Capeln hat fast vor 50 Jahren M. Simon Leua, vnd hernach M. Marcus Krum Pfarherr Zum Rantzer, alle Sontag ein Behmische Predigt nach Mittag gehalten, weil bei dieser Stadt ein Zimliche anzahl behmisches volkh Zu finden, vnd ob man Zwar wegen eröffnung der Capeln ungehalten, ist es alles vergeblich geschehen. Fernern Vlauff sih im 1608 Jahr. Behmische Capelln gesperrt.

Eodem anno hat Frater Johan Lohelius Abbt auffn Strohoff Zu Prag, des herrn doctoris Johannis Hedenreichs hoff vorm Spitlthor am steg gelegen, an sich erkhauffen wollen, Ebnermassen hat ihn auch herr Mathes Reindler khauffen wollen Waren also strittig. Entlich ist dem Abten der hoff Zugelassen worden der gestallt, wo er sich gnugsam reuersirn wil das er alle gaben, wie andere höfer Richtig machen, kheine freiheit ihm darauff ausbringen, vnd niemandt anders, als einem höfer oder Burger wieder verkauffen wil. Dieser Reuers baucht dem herrn Abbten Zue hoch gespant sein, wolte den nicht eingehn, bracht ein kaiserlichen befelch aus, Man solte ihm den hoff vnwaigerlich Zuuerkhauffen geben, Welches dan hernacher beschehen, Daher ist ie lenger ie mehr Zwischen dem Rath vnd dem Abten ein stetes vnuernehmen erwachsen, das auch der Abt bei Ihr Majestät vmb einraumung der Pfarkirchen vleissig vnd embsig sollicitirt, aber gleichwol bei Ihr Majestät nichts fruchtbarliches erhalten kennen. Was er aber sonstn für nekereien vnd schädliche enderungen angerichtet, wirt vnten in den nechstuolgenden iahren Zu lesen sein. Abt kaufft D. Hedenreichs hoff.

Dieses Jahr sein in der Pfarkirchen alhie

Getaufft	408 Personen
Gestorben . . .	269 Personen
Copulirt	102 Paar

Anno 1601 den 12. Nouember Ist der Rath alhie verneuert worden: herr Jacob Seidenmeltzer Eltister. herr hans Staldl Beisitzer. herr Daniel Lezelter Richter. Junge herrn: Augustin Kautzman, hans Tauber.

Herr Paul Lederer wird wieder in Rath gesetzt.

Dabei ist Zumerken, das herr VnterCamerer herr Sigmundt Freyherr von Dietrichstein, auff befelch Ihr Majestät den herrn Paul lederer im anfang des Octobers dieses 1601 iahrs herwiederumb an seine stell, als einen Eltisten, neben herrn hans Loßnitzer gesetzt hat, dan weil der handl mit ihm vnd dem Rath auch dem herrn Jacob Seidenmeltzer vmb diese Zeit ein end erlanget, wie oben im 1590 iahr Zu sehen hat er begert das er sein stell wieder besitze, damit es ihm sonstn an ehren nicht nachtheilig were, als sei er unehrlicher sachen halber des Raths erlassen worden. Es hat aber damals herr vnterCamerer Zugesagt er wolle ihn vber 4 wochen nicht sitzen lassen, weil er alt vnd vnuermüglich, vnd wolle alsdan den Rath der alten ordnung nach ersetzen vnd verneuren. Ehe es aber Zur verneurung khommen ist, hat der alte herr Paul Lederer sein leben den 19. October geendet.

Martinus Leupoldt Stadtschreiber.

Eodem anno Im Februario Ist mir Martino Leupoldt ein Vocationschreiben von einem Ersamen Rath alhie nach Prag Zu kommen, darinnen ich Zu einem deutschen Stadtschreiber bin vocirt worden. Weil herr Johan Kergl sein dienst resignirt hat. Bin also auff Georgi dieses 1601 iahrs den dienst angetretten. Mein Collega damals herr M. Andreas Zauner in der deutschen Expedition, Welcher als er Anno 1603 sein dienst auch resignirt Ist mir die deutsche Expedition allein befolhen vnd also auch derselben ganze Accidentia vnd einkhommen allein vergönt worden. (Zus. von spät. Hand: Das war dir lieber als die Seeligkeit durch die wahre Kirche zu erlangen. O! unglückseeliger jetzt zügst die accidentia in der höll).

Brunst.

Eodem anno den 8. Februar Ist bei dem Rissenfelder, neben dem Pernfus ein feuer auskommen, hat aber nur sein dach abgebrandt vnd sonst kein schaden gethan.

Donner.

Eodem anno den 11. Maii hat das wetter Zu Obergos eingeschlagen, vnd fast ein ganzen hoff abgebraut.

Donner eingeschlagen.

Eodem anno den 31. Maii hat das wetter bei dem Jacob Dornkrell am vntern Platz eingeschlagen Aber Gott lob ohne schaden abgangen.

3 Kinder geboren.

Eodem anno den 24. September hat des Jacob Pazels weib 3 khinder lebendig Zur weldt geboren, sein alle 3 getaufft worden Zuuor Anno 86 hat sie ebnermassen 3 khinder geboren.

2 Eltiste gestorben.

Eodem anno den 16. Junii Ist herr Procop höfer Eltister gestorben seines alters 71 iahr ist im Rath gewesen 37 iahr.

Exegerat VItae bIs septeM LVstra, SenatVs
FVnVs Vt IntrepIDe Morte sVbIt, SenIor.

Den 19. October Ist herr Paul Lederer Eltister gestorben als er in seinem Zeheniärigen rechtshandl viel müh, sorg vnd arbeit gehabt.

Tot PaVLVs CVrIs Vt erat ConfeCtVs et annis
Esset et Is VItae IaM satVr, OCCVbVIt.

Es ist auch herr Andre Freisleben dies iahr gestorben. [Rathherr gestorben.]

Eodem anno den 18. Nouember in der nacht ist durch nach- [Brunst Zur Zeisaw.]
lessigkeit des Schaffers ein feuer in der herrn hoff Zue Zeisaw auskommen, den ganzen hoff, sambt etlichen Vieh abgebrandt. Ist ettlich hundert fl. werth schaden geschehen.

Eodem anno hat Ihr Majestät durch die hoffCammer [Compania gibt vmb 60,000 fl. Tuch.]
mit der Compania verordneten alhie vmb 60 tausent gulden tuch handlen lassen, vnd ist endtlich geschlossen worden, das man vmb 60 tausendt tuch Zu abzahlung des kriegsvolks den 14. September nach Wien geliefert hat, dagegen sich Ihr Majestät verschrieben, alle halbe iahr an solcher summa 20 tausendt, vnd also in 3 terminen, die gantze schuldt Zu Zahlen. Es hat aber viel müh vnd vncossten gestanden, ehe man solche grosse Summa vom herrn Andre Seidl, damals Rendtdiener in Mährern, bei welchem die bezahlung angeschafft worden, wieder bekommen hat. Sieder der Zeit hat die Compania bei gemach abgenohmen, wie im nechsten iahr die Vrschachen sollen gemeldet werden.

Eodem anno hat herr hertwig Seidlitz von Schönfeld [herr Seidlitz ladet ein Rath]
herr auff Poln vnd Brimsles einen Ersamen Rath alhie fürs [fürs Landtrecht.]
LandtRecht nach Prag geladen, vnd nicht ein Person allein, sondern einen gantzen Rath, Vrschach Weil sie ihm sollen Zuegesagt haben, das dorff Neuhoff so nahend an seine herschafft grantzet, Zuuerkauffen. Nun hat sich der handl so lang geschoben, bieß entlich herr Seidlitz darüber gestorben, vnd mit seinem todt ist die gantze action auffgehoben vnd erörttert worden.

Eodem anno hat Valentinus Schönpeckh Abbt Zu Sedlitz [Abbt von Sedlitz begert kirchen]
bei Kuttenperg an den Rath alhie begert Man solte ihm die [Clenodien.]
kirchen Kleinoter, so er viel tausendt werth schetzete, welche seine vorfahren vor 80 Jahren nach Iglaw in der Behmischen auffruhr hetten geflehnet, (sic) wider Zue stellen. Als aber solches des Abbten begeren dem Rath alhie [illegible] fürkommen, in dem sie von kheinem klenodien gewußt, haben sie be[illegible] der Abbt solte, des Ratths Reuers weisen, das solche Clenodien alhie [illegible]en sein. Aber der Abbt wolt solches nicht thuen, den er wuste wol, [illegible] mit dem auffgerichten Reuers nit bestehen wurde, den er war albe[illegible]urchstrichen vnd cassirt, darumb haben ihn die von kaurzim in Behem [illegible]ein begeren nicht vidimiren wollen hat also der gute Abbt [illegible] gedrungen Man solte ihm seine Clenodien wieder [illegible] [illegible]e bei Menschengedenken nichts dauon gehört [illegible] begeren kein vollzihung thun kennen, hat der [illegible]

ein Comission ausgebracht, das man die von Iglaw mit Ihm verhören vnd entscheiden solte. Die Comissarien sein gewesen herr Ladislaus Berka herr auff Meseritsch ꝛc. Obrister LandtsCamerer des Margr. Mährern. Elias Honorius Beider Rechten Doctor, Röm. Kay. Maiestät ꝛc. Raith vnd Brobst Zu Brun vnd herr Wilhelm Dubski, denen hat beigewohnet herr Ladislaus von Lobkowitz des Obristen herrn Cantzlers in beheim Brueder.

Diese Comissarien haben den Rath vnd den Abbten von Sedlitz nach Brün Zuer verhör gefordert, Weil aber in der Citation gar ein kurtze Zeit bestimbt worden, vnd sich die von Iglaw nicht so eilendts mit aller notturfft gefasst machen kennen, haben sie dilation begeret, welche dilation ihnen die Comissarien nicht gar gern Zugelassen. Bald hernacher ist ein kaiserlicher befelch hieher kommen, innhalts, die Comissarien solten die sach Zuer Iglaw Vnsaumig furnehmen, vnd wie es ablauffen wirdt Ihr Majestät berichten.

Ist vieleicht darauff angesehen gewest, ob man dem Rath, ehe sie gefasst weren, vbereilen vnd Zur straff bringen khente. Wie dan die gemeine sag Zue Prag gegangen, die von Iglaw musten Ihr Majestät etlich viel tausendt fl. straff erlegen, die ware albereit von etlichen geistlichen vnd Weldtlichen beim Kaiser außgebetten, dauen hat der hiege Abbt nicht die geringste Portion Zue erbauung des klosters Strohoff gehoffet. Als nun die vorgemelten herrn Comissarien den 7. Augusti dieses 1601 Jahrs hieher khommen, vnd im Pfarhoff die sach fürgenohmen, hat ein Rath den herrn Girg Wolff Krzineczkj auff Prisnikh, herrn Jan Waczlaw Wenczelikh herrn auff Triesch Zu beiständen erbetten.

Ehe aber dieser bestimbte tag herbei khommen, ist nach fleissiger außsuchung ein Quittung auff dem Ratthaus gefunden worden, so vnter des Abbten vnd Conuents Zue Sedlitz Sigil anno 1537 verferttigt war, deß inhalts, das sie solche Clenodien von dem Rath Zue Iglaw völlig Zue sich empfangen haben, darumben sie dan mit dank genugsam quitiren. Solche quittung haben die von Iglaw Vidimiren lassen, vnd das Vidimus bei gehaltener handlung den herrn Comissarien fürgeleget. Als aber die herrn Comissari dem Vidimus khein volkomenen glauben geben wollen, Sondern das Original Zu sehen begert. Ist ihnen endtlich auch das Original gar Richtig vndt vnuersehrt gewiesen worden. Darüber die Comissarii hefftig erzürnet, in dem sie nicht anderst vermeint, als hette der Rath alhie von dieser Quittung vnlangst gewust, vnd sie vergeblich Zue dieser Comission verurschachet, haben auch vermeldet, solches beschwernus bei Ihr Majestät anzubringen, auch fur ihre Person den Zugefugten spott Zu Rechnen. Aber die von Iglaw haben sich mit dem entschuldiget, das sie von solcher Quittung damals, wie die anforderung geschehen, nicht gewust, weil es vber Menschen gedenkhen als Anno 1537 geschrieben worden. Ist also der handel damals also verblieben. Doch hat der Abbt vnsern Reuers von sich nicht geben wollen, vnd hernach bey Ihr Majestät befelch außgebracht, das wier Ihm die vncossten, darein er durch vns sei geführt worden, erstatten solten. Weil aber der Abt wol gewust, das der Neuers cassirt war, vnd wir Ihn Zue den Vncossten nicht verursachet, Sondern viel mehr Er vns, Ist ihm nichts verwilliget worden, Die kirchen Clenodien haben sie geschetzt pr. 80 tausendt fl. Dauon hat der Abbt Ihr Majestät bewilliget 60 Tausendt fl., das vbrige wolle er dem klosster Zum bößten anwenden. Aber es hat ihn sein listiger anschlag, darburch er die Comission ausgebracht, mit seinem merklichen spott vnd Schaden betregen.

Eodem anno hat sich das Perkhwerch Zur Iglaw wieder (Gott lob) Zimlich erzeiget, darumben dan die von Iglaw das folgende iahr dasselbe, wie vnten sol gemeldet werden, wieder angerichtet haben. Pergkwerch Zuer Iglaw.

Eodem anno Michaelis Ist herr Doctor Schrambl durch commendation herrn Doctoris Andreae Ebersdorffers aus der Steuermarkt hieher Zum Stadtphysico beruffen worden, an stat des herrn D. Simon Weismans, der von hinnen nach Prag gezogen. Dieser Doctor Mathias Schrambl hat sich hernach Anno 1604 wieder hinwekh begeben in Steuermarkt. abnegavit fidem Euangelicam, defecit ad pontificios. (Zusatz von spät. Hand: O du Esel! wo stehet in gantzer Schrifft das Luther das rechte Ewangelium hatte? Vere defecisti, qui haec scripsisti). D. Mathias Schrambl Medicus.

Dieses iahr sein alhie bei dieser Stadt in der Summa

Getaufft	325 Personen
Gestorben	214 Personen
Copulirt worden	98 Paar
Communicirt haben . .	5178 Personen.

Anno 1602 Dies iahr ist der Rath nicht verneuert worden, weil herr Sigmundt Freyherr von Dietrichstain Vnter Camerer gestorben, vnd das nechste 1603 iahr haben die von Iglaw durch ihre gesandten, mit grosser müh ein gewaldt von Ihr Majestät den Rath Zuverneuren ausgebracht. Der gemelte herr VnterCamerer ist Zue Brün [illegible] Junii in der Jesuiten kirchen begraben worden. Ihm hat herr [illegible] Kossawsky succedirt im 1603 Jahr. Vnter Camerer gestorben.

[illegible] Eodem anno Ist ein Seitl Oesterreicherisch wein vmb [illegible] geschenket worden Zue Iglaw, welcher Anno 1599 gewachsen. Ein [illegible] hat auch 200 fl. gegolten. Teuere wein.

[illegible] anno Vor Pfingsten Ist den Znaimern ein kaiser- [illegible] Zukommen, sie sollen den 6. Junii Corporis Christi [illegible] gehen. Ist aber nicht geschehen. Znaimer sollen in der [illegible]

[illegible] den 26. Julii Ist aus befelch Ihr Maje[illegible] [illegible] der Rath Zue Znaim verneuret werden in beisein herrn Maximilian von Dietrichstein vnd des Abbten von Prueckh. Die Znaimer haben sich Zwar auff ihre Privilegia berussen, das sie die wahl haben Item das sie kein anders Jurament geschweren als Gott vnd Ihr Majestät Nicht der Junkfrauen Maria noch keiner heilligen. Aber herr Berka hat sich daran nichts gekeret vnd gemeldet, Sie musten Catholische ihm Rath haben, Weil die Catholischen in Znaim sonst kein schutz hetten. Item Sie musten das Catholische Jurament leisten, weil sie nicht bësser sein als Ihr Majestät vnd die Mährerischen Stende, die alle der Mutter Gottes vndt den heilligen schweren. Da haben sich die herrn von Znaim auff Ihr Majestät berussen, allda ihre vnuermeidliche notturfft furzubringen, hat ihnen herr Berka Zuer antwort geben. Er sey ieczt kaiser, haben allso die guten herrn von Znaim sich bald schrëken lassen vnd in des herrn Berka fürschlag gewilliget, drauff hat herr Berka 3 Catholische selbst erwehlet Zu neuen Rathhern vnd die eingeseczt allezeit Zwischen 2 luthrische einen Catholischen Zu dem ende, damit die luthrischen wen sie beisamen sessen, nicht etwas wieder die Catholischen Rathschlagen kenten. Item in ihrem Juramentbuch hat er das Jurament geendert vnd darzu geschrieben. Der mutter Gottes vnd allen hailligen. Vnd da der Vnterschreiber den corrigirten aid nicht lesen wollen, vermeldend, es sei wieder sein gewissen, hat ihm herr Berka Zur antwort geben, Ey du Schönes gewissen, du weist wol, was gewissen heist.

Entlich hat er das Aydtbuch seinem Secretario gegeben der hat den Ayd vergelesen. Vnd als Peschman damals der ordnung nach der Eltiste sich den neuen Ayd Zue schweren gewaigert, hat ihn herr Berka mit bedrawlichen wortten darzu vermöget: Das er vnd die andern nach ihm alle geschweren haben. Ist also von dieser Zeit an ein gresse enderung vnd verwirrung in dem Znaimerischen Regiment entstanden, die Catholischen haben die oberhandt haben wollen, die andern auch, vnd weil sie in der Religion Zertheilt, sein ihre Rattschläg auch wunderlich hergangen, das ander iahr haben sie wieder ettliche Catholische in Rath bekhommen, also das ihrer an der Zahl 7 waren, die haben continue etlich iahr regiert, weil der Rath nicht verneuret worden, Aus vrschach das die luthrischen den corrigirten Ayd nimmer haben schweren wollen, auch hat man ihre Prädicanten fürn herrn Landtshauptman vnd entlich gar nach Prag citirt. Also gehets wo die schlang den kopff ins loch bringt, schleifft sie gar hinein. (Zusatz von späterer Hand: Diese Schlang seyt ihr Lutherische Böswichte die ihr vor 200 Jahr wie der Teüfel ins Paradeyß eingeschlichen, vnd das gröste vnheyl angesponnen). Es hat auch herr Berka vnter seiner handt schrifft vnd Sigil einen neuen Ayd auffgericht, den die Stadt Znaim alle iahr khünfftig also schweren sollen, Mit mehrer meldung er wolts Zue Iglaw auch fuhrnemen, hat auch albereit ein befelch gehabt den Rath alhie Zue verneuren. Aber Gott hats nicht haben wollen, der fürschlag ist ihm vnd seinem beistandt, so schon darob gefrolocket, Zue Rukh gangen.

Eodem anno den 17. Junii hat sich Paul Pauspertl mit einer Pichsen aus anreitzung des Teuffels geschossen, der ist darnach den andern tag gestorben, hat gleichwol Zuuor communicirt sich mit gott versöhnet vnd vmb verzeihung gebeten, das er die kirchen vnd gantze gemein geergert hat. Nach seinem todt ist er aus vorbitt der geistlichen, weil er buß gethan auch in ansehung seiner freundtschafft, auff dem Gottsakher vorm Frauenthor doch an einem absonderlichen ortt, ohne glokhen vnd ohne Schüler begraben worden. — Paul Pauspertl erschist sich.

Eodem anno den 23. Junii hatt das wetter bey dem herrn Baltzer Schinabitz am vntern Platz ein Stukh vom Schilt abgeschlagen. — Donner eingeschlagen.

Eodem anno den 2. Augusti Sein bei 600 Pferdten des Obristen herrn Heinrichen Krczineczki hieher khommen vnnd bies an dritten tag hie still gelegen. — Durchzug herrn Krzinetzki.

Der habern ist bei diesem durchzug taxirt worden pr. 7 w. gr.

1 Pfund Rindtfleisch pr. 3 kr.

Schepsenfleisch pr 8 Putschandl.

Ein Seitl 99ger wein der sonst 10 kr. gegolten pr. 7 kr.

Ander wein pr. 1 w. gr.

Bier in seinem khauff, haben aber wenig gezalt.

Den 3. Augusti Ist Zue nacht ein Schröckliches wetter entstanden, hat vmb 1 vhr beim herrn hans haberman eingeschlagen vnd angezündet, daruon 2 heuser abgebrandt. Es sol durch ein Reutter angesprochen sein worden, das es weitter khein schaden gethan. Vndt ob es Zwar starkh geregnet, war doch das feuer so groß, das es der Regen nicht leschen khunte. Die Reutter haben Ihre Pferdt in den stellen abgelöset vnd in der Stadt herumb ledig lauffen lassen, das sie besorgten, da das feuer, wie sichs anlies, vber handt nehme, es möchten die Roß mit verderben. Diese Brunst hatt der Bürgerschafft grosse sorg vnd viel nachdunkhen gemacht, weil es sunderlich Zue der Zeit geschehen, da ettlich hunderth frembde geste in der Stadt gewesen, die mehr auff Rauberei als auff Rettung gedacht haben. Man hat aber die thor aus bedenklichen vrsachen nicht öffnen lassen. Weil auch ohne das die Burgerschafft gerettet vnd ein Zimlich starkhe wacht in der Stadt gehabt haben. — Wetter Zündet an.

Eodem anno den 20. Augusti hat Abraham Schönthan ein Ayd auswendig vnd mit entblesten armen geschworen, vnd den Ayd volbracht. Die vrsach des Aydes war. Nachdem man ein falsches Zeichen an seinem tuch befunden, vnd er hoch beteuret, er wiesse nicht wie das Zeichen aus thuch kommen er hette es selbest nicht dran geschlagen, auch — Schönthan Schwert ein Aydt.

mit niemandt geschafft, allein das tuch sei sein. Hat er solches mit einem Ayd von sich führen müssen.

Picarden sollen aus Behem Ziehen.

Eodem anno den 2. September haben Ihr Majestät Zue Prag durch einen herolten offentlich blasen vnd rueffen lassen. Es sollen alle Brüder, Caluinisten sambt den Hussiten, so sich mit den Compactatis, welche Zue Basl auffgerichtet sein worden, nicht vergleichen, aus Behem Ziehen. Die Compactata aber vermögen fürnemblich das: Sie sollen den Ertzbischoff in Behem für ihre Geistliche Obrigkeit erkennen, Sie sollen in der Procession gehen, Der Hussiten Priester sollen sich vom Bischoff weihen lassen ꝛc.

Stulweissenburg verloren.

Des andern tages hernach ist traurige Zeitung khommen, das der Türkh Stulweissenburg eingenohmen habe mit sturmender handt, da ist das ernste fürgenohmene mittl wieder vergessen worden, Sonstn war aus anreitzung des Babsts vnd seines anhangs bestelt, das man inner iahresfrisst alle Luthrische vnd Caluinisten in Mähreren vnd Behem vertilgen solte, auff was mittl vnd weg es immer geschehen khente. Diese listige blutgirige anschleg sein bald hernach offenbar worden, vnd was sie gutes gestifftet, ist in den folgenden iahren mit hertzenleid Zue lesen. (Zus. von spät. Hand: Du Beshaffter StadtSchreiber! wie wird es dich anjetzo gereuen, das du so wohl so gelebet, als du in dem geschrieben? was deine Vernunfft und gewißen längst zu beßeren überzeuget hat)?

Andere Raths-verneurung in Znaim.

Eodem anno Im October Ist herr Berka wieder auff Znaim khommen, den als er Zuuor den 26. Iulii den Rath alda verneuret vnd etliche so den Catholischen Ayd nicht schweren wollten, aus dem Rath gestossen, mit meldung, Sie weren nit werth, das sie darin sitzen solten, hatt er an stat derselben ausgeschlosnen 5 andere Catholische eingesetzt, dan Zuuor war nur ein halber Rath, weil er in eil nicht genug Catholische haben khunte, das er den Rath völlig ersetzt hette, die Abgesezten haben lang Zue Prag sollicitirt vmb ersetzung ihrer ehren, Aber nichts erhalten mögen. Dan khein Luthrischer khundt bei hoff in Religionssachen etwas fruchtbarliches ausrichten. (Zusatz von spät. Hand: Vnd gar recht ist euch widerfahren ihr Schädliche Füchße Samsonis. Die ihr das gute getreyd der göttlichen gesätzen Verbrennet. Wo war dann vor 500 Jahren ein Lutherischer Müst-Fünk zu sehen).

Sixt Palma Pasquill in Behaimb.

Eodem anno den 22. October Ist Sixtus Palma Mazidlensky, Welcher lang im gefenkniß gesessen wegen eines Pasquills, den er wieder die Babstischen hat drukhen lassen, für das Landtrecht in Prag geführt worden. Weil man ihm aber nicht füglich beykhommen kennen, ist er endtlich loß gelassen worden mit dem beschaid, er solle sich ferner solches führnemens enthalten.

Eodem anno den 8. December Ist des herrn heinrich Mathes Grauen vnd Freyherrn von Thurn Obristen vber 1000 Pferdt, Quartiermeister hieher khommen, vnd im nahmen seines herrn beim Burgermeister angemeldet, Man solte sich gefasst machen, Sein gnediger herr der Graff von Thurn werde alhie abgedankhet werden, vnd referirt sich auff ein Patent des Ertzherzogen Mathiä, Als ihm aber der beschaid von Burgermeister gegeben worden. Man wiesse hie von kheinem Abdankblatz, weil weder Ihr Majestät noch der herr Landtshaubtman dauon etwas geschriben, darzue sei man mit Prouiandt nicht versehen. Solchen beschaidt hat der Quartiermeister seinem Obristen, so damals Zue Swietle beim herrn Trczka gewest, vermeldet, da ist der Obriste den andern tag selbest hieher khommen, vnd als man auff sein begern RattsPersonen Zu ihm verordnet, hat er Ihnen des Ertzherzog Patent Zugestellet, ein Ratth solle sich darin ersehen, vnd alle notturfft verschaffen. Aber als man ihm Patent gar eigentlich hat sehen khennen, das man aus dem wortt Czaslaw Iglaw corrigirt vnd gemacht hat (dan er hat sollen Zu Czaslaw abgedankt werden, weil das volkh in Behem geworben war) hat demnach der Rath alhie wieder Zum herrn Grauen verordnet vnd Vrschach vermelden lassen, Warumb sie den Abdankplatz hie nicht annehmen dürffen 1. Weil weder Ihr Majestät Noch der herr Landtshaubtman ihnen solches befolhen 2. So wurden die benachtbarten herschafften vbl Zue frieden sein Das wir ohne des Kaysers vorwissen vns des vnterstunden, vnd da ihnen schaden hiedurch Zugefüget wurde, möchten sie es bei vns ersuchen. 3. So vernehme man aus dem Patent das der Abdankplatz in Behem solte gehalten werden. Abdankplatz des Grauen von Thurn.

Darauff war der Graff sehr vngehalten, vermeldet, der Kaiser ging mit den Abdankplezen nicht vmb, sondern der Ertzherzog, Da aber der herr Landtshaubtman nicht her geschrieben, hette er in dem ein grobes versehen. Wir sollten sehen das seine leith nicht lenger im schnee daraus liegen.

Drauff hat man alßbaldt ein botten Zum Landtshaubtman abgefertiget vmb bericht, wie man sich dießfaals verhalten soll, Der Graff vermeldet er wolle mit gewaldt herein Ziehen. Dem ward gesagt: Würde durch die Burgerschafft ein vnwillen erwachsen, vnd ein blutlermen entstehen, wolle ein Ratth entschuldigt sein. Drauff er geandtwortet Wan er auffm Roß sitzt, furcht er sich vor kheinem teuffel, Er habe ehe heiß vnd kalt gebadet, er wolle das glükh versuchen vnd seine leuth auff der Stadt dörffer legen Vndt vnter dessen nach Prag schreiben vmb ein befelch wegen der Abdankhung, Aber er ratthe, Man soll es ohne einen befelch geschehen lassen, den sunst wurden sie nur lenger hie still liegen, vnd grössere vncossten auff lauffen, Vnd werden die Reutter noch 10 tag hie lenger [illegible] dankt, so geth Ihr Majestät ein halbmonatsold mehrers [illegible] sehen, wie das gegen Ihr Majestät hernach Zuuerantworten sei. Er sei durch gantz Mähreren Passirt worden Sei ihm nie verbotten worden, Drumb kenne man ihn hie auch wol leiden. Als nu derer von Iglaw eingewandte vrsachen bei ihm nicht würkhen wollen, hat man Zwar Zum Abdankhblatz, in solcher bedenkung der armen bauersleut, die da hefftig weren bedrenget worden, bewilliget. Aber daneben Protestirt Man wolle solches an Ihr Majestät vnsaumig gelangen lassen, das sie darzu gleichsam gezwungen vnd nicht vorsetzlich den Abdankplatz alhie verstattet haben, damit sie bei Ihr Majestät vnd dem landt diesßfaals entschuldiget weren. Sein also die Reutter bei gemach angezogen.

Tara bei diesem Abdankhplatz.

Ein Pfundt Rindt vnd Schepsenfleisch	pr.	3	kr.
Kalb vnd Schweinfleisch	pr.	4	kr.
Ein Schweinitzer Bier	pr.	6½	ßß.
Ein Mezen habern.	pr.	24	kr.

In Weinachtfeiertagen sein die Reutter wieder abgezogen, Sein also bei 3 wochen hie gelegen.

Bei diesem Abdankhplatz sein Vncossten auffgewendet worden, so viel man von den Burgern vnd vnterthanen hat erkündigen kennen (den ihrer viel weil sie kheine bezalung gehofft, kheinen außzug der außgaben von sich geben wollen) 2307 ßß 4 gr. Dagegen ist von der Reutterei bezahlt worden 1682 ßß 56 gr. Resst Zu Zalen 1625 ßß.

Hierzu ist nicht gerechnet was gemeiner Stadt mitt verehrungen, Weins, Viesch, habern, hüner 2c. aufgangen Auch das der tax leidlicher als sonsten alls ein gemeinem khauff gewesen, geschlossen worden. Item das viel dem tax nach nichts bezalt haben.

Es hat aber herr Graff hernacher von Ihr Majestät wegen dieses Abdankplatz ein gueth Capittl bei hoff bekhommen. Doch haben wier den schaden leiden müssen.

Braw Bier In 29 wochen stadt 900 Brau Bier gepreibt worden.

Eodem anno Sein in der Stadt Iglaw von Simonis bies auff Exaudi ohn gefehr in 29 wochen 900 braw bier gepreuet worden, den man hats sehr abgefürt in Oesterreich, weil der wein dies iahr vbel gerathen.

Teurung.

Entgegen ist der Mezen khorn vmb 3 ßß gewesen.

Perckwerch Zuer Iglaw.

Eodem anno Ist das Perglwerch wieder angerichtet worden, vnd hat der Rath alhie die Perglgruben beim willen gottes genandt, vem Christoff Paukher vmb 90 ßß erkaufft den 15. Martii von derselben Zeit bies auff den anfang 1604 Jahrs ist auff das Pergwerch sambt dem gebew der Schmelzhütten vnd sambt dem Raisen in Perkhwerchssachen auffgangen gemeiner Stadt bei 3500 R.

Compania Zuer Iglaw höret auff.

Eodem anno Ist die Compania Zuer Iglaw (welche anno 1592 mit Ihr Majestät consens angerichtet ward) wieder abkommen, fürnemblich aus folgenden vrschachen: die Tuechmacher haben sich beschwert, als solte der tax in der Compania wie hoch man ein iedes tuch nehmen sol, gar Zu leicht gesetzet sein. Entgegen haben die Geselschaffter fürgeben sie khenten den tax nicht höher setzen, weil die tuch schlechte anwerd haben. Daher haben die Tuchmacher die tuch Zimlich gering gemacht, weil ein iedes tuch dem tax nach, es were nu guth oder böß, gekaufft worden. Item die bössten tuch vnd gattung, haben Ihrer viel der tuchmacher frembden verkaufft wieder die ordnung. Vndt weil viel tuch schlechter, als Zuuor, gemacht worden sein, haben die khauffleit die tuch verborgen müssen, daher sein sie in schulden gerathen, haben geldt auff Interesse aufnehmen müssen, damit sie den handl forthführen khönnen. Item so haben die gläubiger vnd frembden khauffleüt ihr Credit der Compania auch nicht alzeit gehalten. Vnd da es gleich an geldt bei der Compania offt gemanglet, hat man dennoch kauffen müssen, weil die Tuchmacher verbunden waren khein tuch frembden ausser der Compania Zuuer khauffen. Vnd wen man mit khauffen der tuch ein kleine Zeitt inne gehalten, ist bald grosses murmeln vnter dem volkh worden, vndt hat menniglich der Compania vbel gefluchet vnd gewünscht, auch darumb angehalten, das sie möchte wieder auffgehoben werden. Ist also der handl genugsam erwogen, vnd entlich geschlossen worden, weil es ie nicht wol muglich die Compania mit gemeiner Stadt nutz ferner Zuerhalten, das Menniglichen vergunt sein soll tuch Zu khauffen vnd Zuuerkhauffen, wer da will, Doch ist Zuer Compania auch noch ettwas gekhaufft vnd auff die Märkht durch ihre verordneten abgeführt worden, Damit man die ausstehenden schulden desto füeglicher hat einbringen kennen. Ist also die Compania, so in die 10 iahr gewehret, wieder abkhommen.

Dieses gantze iahr sein alhie in der Summa

Getaufft worden . . 375 Personen
Gestorben . . . . 241 Personen
Copulirt werden . . 113 Paar
Communicirt haben . 7156 Personen.

Anno 1603 den 26. Nouember Ist der Rath Zuer Iglaw durch den alten Rath verneuert worden mit consens vnd verliehenem gwalt Ihrer Khay. Majestät weil der Zeit khein Vnter Camerer in Mehrern gewesen (dergleichen gewalt ist Anno 1545 vom könig Ferdinando denen von Iglaw gegeben worden). herr Paul haidler Eltister. herr Daniel Lezelter Beisitzer. herr Thobias kresl Richter. Junge herrn: Marcus Schindl, Daniel [illegible] sichselbst. (Zusatz von spät. Hand: Dieser Ratth ist fast 3 iahr gesesse[illegible] widerwertigkeit auszestanden, wie in den 3 iahren alhie verzeichn[illegible]

Eodem anno Ist herr Jan Mossowski nach absterben herrn M[illegible]

Lucas Stubik gestorben.

Eodem anno den 3. Januarii Ist Lucas Stubikh gestorben, seines alters 80 iahr. Ward aus der kirchen unter der Predigt krank getragen.

Graff von Mansfeldt begraben.

Eodem anno den 9. Januarii Ist herr hans Ulrich Graff vnd herr Zue Manßfeldt, so in Vngern von dem Erbfeindt vmbkommen in die Pfarrkirchen alhie begraben worden.

Mathes Faschung gestorben.

Eodem anno den 23 Februarii Ist Mathes Faschung gestorben seines alters 82 iahr.

herr Mathes Reindler gestorben.

Eodem anno den 25. Februari Ist herr Mathes Reindler gestorben, seines alters 63 iahr, ist ihm Rath gewesen 23 iahr.

herr Glenk Ambtman.

Eodem anno den 14. Martii Ist herr Mathes Glenkh Zum Ambtman auff Schrites an stat des herrn Fessels, verordnet worden, dieser hat auch das neue behmische guth so der Rath vom herrn Treczka erkaufft, vnd darüber Jacob Tonberger ein Zeitlang verwalter gewesen, in seine expedition bekommen, vnd damit er beides desto leichter verrichten khente, Ist ihm Frantz Krum für ein schreiber Zugegeben worden.

Windt.

Eodem anno den 20. Martii Ist ein grosser Sturmwindt gewesen, hat im Creutzklosster alhie den schilt, vnd etwas vom dach abgerissen, auch sonsten am Pirnitzthurn vnd etlichen hohen dechern schaden gethan. Item das höchste fandl am Pfarrthurn hat es gekrümmet, vnd halb gar abgebrochen, diesen tag ist Zuverhüttung feuers gefahr das Preuwerch in der Stadt gar eingestellt worden, dieser windt hat vns bald hernach neurung gebracht, den es hat im Creutzklosster im October hernach ein Babstischer Priester angefangen Zue Predigen, vnd ist dadurch sonst viel enderung entstanden, wie vnten daselbst Zu lesen.

Bergkmaister in Iglaw.

Eodem anno den 19. April hat hans Mulner von Pernekh, so von Ihr Majestät Zum Perkhmeister in Iglaw auffgenohmen worden, den AmbtsAyd auffm Ratthaus alhie in beisein der gwerken vnd Pergkleut Item in beisein des Obristen Pergkmeisters, was sein Ambtsverwaltung sein soll, fürgehalten worden.

Landts Musterung Zue Iglaw.

Eodem anno Als im monat Aprilis der Landtag Zu Brün gehalten worden, haben die Stände in Mährern geschlossen, das die tausendt Reutter, so das landt Ihr Majestät in Vngern wieder den Türkhen bewilliget, Zuer Iglaw sollen gemustert werden. Da hat der Ratth Zuer Iglaw durch ihre gesandte bei hoff vmb bemüssigung dieser beschwerlichen musterung fleissig werben lassen, aus bedenklichen Vrschachen, weil sie die vorigen iahr viel beschwernis durch krieges Musterung vnd Abdankplatze erlitten haben, Weil aber das landt diese musterung hieher gelegt, haben die gesandten dieselbe bei hoff nicht ableinen kennen. Ist also die Musterung

Eodem anno Den 17. April Ist Dauid Neumeier auf seinem Landtgutt Landtstain gestorben vndt den 21. alhie begraben worden, seines alters bei 34 Jahren. Dauid Neumeier gestorben.

Eodem anno haben die herrn Comissarien so von Landt Zuer Musterung deputirt worden, hieher geschrieben, das man ettliche Rattspersonen nach Brün den 22. Maii wegen des taxes abfertigen solle. Welches ob es Zwar Zuuor nie brauchlich gewesen, das man den tax ausser der Stadt, da die musterung ist, gehalten hette Weil es aber im nahmen der Stende in Mehrern durch die Comissarien begert worden, Sein nach Brün Personen verordnet worden Zu erhaltung mehrers glimpffs weil die Stadt sonderlich bei den Babstischen ohne das sehr angefeindet gewesen. Die Comissarien waren herr Wilhelm herr von Roppaw, herr Ladislaw, herr von Schleinitz, herr Waczlaw Zahradeczki, herr Wilhelm Dubski vnd andere mehr, da ist in beisein des herrn Berka als Obristen vnd herrn Günther von Goltz als Obristen Leitenambts der tax mit vns gehalten worden, vnd ob wier Zwar vnsere beschwer, wie teuer alles der Zeit, sonderlich von habern vnd fleisch mus erkhaufft werden, fürgebracht, der hoffnung, es wurde der tax desto leidlicher angeordnet werden, haben wier dennoch denselben mit vnserm schaden Zimlich gering vnd Zu Rechnen vmb halbes geldt annehmen müssen. Tax bei der Landt-Musterung.

Ein Mezen habern in tax ist worden pr. 20 kr.
Ein Pfund fleisch . . . . pr. 1 w. gr.
Schlecht Rindtfleisch . . . . pr. 2 kr.
Ein hennen . . . . pr. 2 w. gr.
Ein Junges hindl . . . . pr. 1 w. gr.

Das gesindl vnd die knecht sollen fur ein Mallzeit ausser des biers geben 4 kr. Die Speis sol sein ein Suppen, 1 Zugemus vnd ein stukh fleisch,

Andern eehlichen leuten sol man geben 1 Suppen, Zweierlei fleische vnd das vbrig von Zugemüs, vnd die sollen ausserhalb bier vnd wein, fur ein malzeit geben 6 kr.

Ein Pfund Schmalz . . pr. 7 kr.
Ein kanne Bier . . . . pr. 2 Putschadl.
Weiß bier 2 Seitl . . . pr. 2 dr.
heurige wein das Seitl . pr. $3^1/_2$ kr.
Alter wein . . . . . . pr. 9 dr.

Diesen tax haben die Obgeschriebenen herrn Comissarien vnterschrieben, vnd der sol nicht allein Zuer Iglaw sondern in der vmbliegenden gegend auff 2 mail, da die Reutter einlosirt werden, also gehalten sein vndt Paare bezahlung darnach erfolgen.

Die Reutter aber sein allgemach von dem heilligen Pfingstabent ... ist den 17. Mail hie angezogen, Derer Obrister vom Landt herr ...

Berka Obrister LandtsCamerer in Mährern. Diese musterung ist allererst den 10. Julii hie gehalten worden, Vndt hat sich destwegen verlengert, weil Ihr Majestät nicht gern hat darzu willigen wollen, das herr Berka Obrister sein soll, Sondern Ihr Majestät haben diesen befelch einem erfahrnen kriegsman auffgetragen wolle.

Reutter wen sie ausgezogen.

Den 12. Julii Ist die abraittung gehalten worden vnd hat gemeine Stadt Zuer bezahlung darleihen müssen 10000 fl., die sein gleichwol innerhalb 14 tagen wieder bezahlt worden.

Den 15. Julii Ist die Reutterei von hinnen nach Trebitsch verrukt, sein also vber die 8 wochen hie stil gelegen mit was nutz khan iederman vernünfftig erwegen. Ihr Majestät sein vbel Zufrieden gewest, das sichs so lang mit der Musterung verzogen.

Verzeichnus der Schäden So bei dieser Landts-Musterung vber den Tax sein Erlitten worden:

Am fleisch haben die Fleischakher schaden gelitten 250 Schock, habern ist verfuttert worden 204 Muth, ausserhalb dessen, was die Bauren den Reuttern guttwillig verehrt haben, der Mezen hat damals golten 20 w. gr. vnd ist nur vmb 20 kr. taxirt worden. Ist der verlust am habern (ausser dessen, was dem tax nach nicht ist bezalt worden) 2331 Schock 30 kr.

Wein ist ausgeschenkt worden 362 Emer Ist der verlusst bei 1900 Schock. Bier ist ausgeschenket worden in 2 heusern durch verordnete Burgersleuth 52 Schweinitzer auff den germen. Abgelassenes bier 60 Schweinitzer, hat das bier vermög des taxs kosstet 858 Schock. Weil aber die verordneten fast lauter ohne fahm das bier haben geben müßen, auch ettliche nichts bezalt, Ist aus dem bier nicht mehr als 456 Schock gelöst worden.

Ist der verlust am bier 402 Schock.

Summa der hiesten Specificirten Schaden 4831 Schock.

Hieher ist nicht gerechnet, was für schaden an Leuchten entstanden. Item was sonsten an Wein, habern, fleisch vnd auffn dörffen den armen leuthen nicht ist bezahlt worden, welches auch ein ansehenliche Summa bringen möcht. Die verzeichnis der oberzelten schaden ist den 6. Martii 1604 in Landtag nach Brün geschikt worden, aber khein ergetzligkeit erfolget.

Mord bey der Musterung.

Bei dieser wehrenden Musterung hat ein muttwilliger toller kriegsman den 3. Julii eines Bauren weib des Jakschen von Pierbaumerhöff bei der nacht erschoßen, aus der einigen vrschach: Das sie ihm alßbaldt kheine khertzen geben wollen. Der theter ist den morgen fru vmb 13 vhr aus befelch des Obristen Leutenambts durch den Profosen hieher in die gefenkniß gebracht worden, da hat man alßbald ein galgen gegen dem Ratthaus vber beim Pranger auffgerichtet, vnd den Mörder vmb 15 Vhr daran gehenket. Sein verbrechen ist auff Papier geschrieben vnd an des Armen Sünders brusst gehefftet worden, Andern Zum Abschew.

Musterung Zue Pilgrams.

Eodem anno den 27. Junii Ist herr Beczkowski hieher khommen berichtendt, es were Ihr Majestät befelch, das man inhalt des khaiserlichen Patents ettliche knecht von des herrn Ferdinand Kolenitschen, Derer 1500 Zue Pilgrambs sollen gemustert werden, auff die Iglaurischen behmischen gueter, so sie gegen Pilgrams haben, legen soll, doch sollen sie vber 4 tag alda nicht still liegen. Sein gleichwol vber 8 tag alda geblieben, vnd ob man wol Zu den Comissarien verordnet vnd vermeldet, das wier Zuuor die Landtsmusterung bei vns haben, Ist nichts fruchtbarliches gerichtet worden.

Die armen vnterthanen gemeiner Stadt, bei denen die knecht gelegen haben schaden gelitten bei 445 Schock. Das hat man in die Behmische Cantzley berichtet vnd vermög des Landtschlus begert, das solche Summa den knechten abgezogen, vnd vnsern armen leuthen wieder erstattet werde. Ist Zwar die vertröstung geschehen, Aber kheine bezalung erfolget.

Durchzug der Woloner.

Eodem anno den 17. Julii Sein 250 Woloner, so aus Siebenbürgen gezogen, vnd dem Grauen von Solms Zugehörtten, auff Stenern vnuersehner weis ankommen. Denen hat man von fleisch, brett, bier, hew vnd Strew, Damit sie Zue frieden gewesen, etwas geben lassen, weil die leut durch kriegesgabe Zuuor Zimlich ausgemattet worden. Item geldt hat man ihn 22 Thaller verehret. Drauff sein sie den andern tag neben der Stadt vmb den graben auff deutschen Brod Zugezogen. Vnd sich auff gemeiner Stadtgründe, alda sie von den vnserigen beleittet wurden, friedlich verhalten.

Wetter eingeschlagen.

Eodem anno et die War ein schröklich wetter mit donner vndt Plitzen, hat beim Augustin Pernfus hinter der Maternin eingeschlagen, vnd im nechsten haus daneben des Jacob hadmers 2 khinder sehr verletzt, doch ist keines gestorben. Die khinder sein beim fenster gestanden vnd haben mit ihrem Vattern gebettet, wie der donnerschlag sie verletzt hat, von dieser brunst, sein Zwei heuser abgebrandt, vnd war das feuer sehr schröklich Zue sehen.

Casparus N. ein Catholischer Priester fangt an im Creutzkloster Zu Predigen.

Eodem anno 1603 den 26. October hat Frater Johan Lohelius Abbt von Strohoff vnd Selaw (der aus bewilligung Ihr Majestät die einkhommen der Pfarrkirchen alhie gewust) einen Babstischen Priester, mit namen M. Casparum N. im kreitzklosster in seiner gegenwarth Zum erstenmal Predigen lassen. Den weil er, wie im 1600 iahr vermeldet, bei Ihr Majestät nicht erhalten khunte, das ihm die Pfarrkirchen alhie eingeraumet wurde, hat er der Stadt Zuer neferei diesen Pfaffen hieher verordnet, das er im Creutzklosster Predigen solte, ob vielleicht durch sein Predigt die leuth auff den Babstischen aberglauben möchten gebracht vnd hindurch die Catholischen bei gemach hie eingepflantzet vnd Zu Ambtern gebraucht werden. Als nu dieser Priester die erste Probpredigt gethan, hat sich viel muttwilliges lediges handtwerchs gesindl ins klosster Zur Predigt gefunden vnd den guten Pfaffen Redlich ausgeranschi vnd ausgelacht, wie sich den hernach der Abbt mit beschwer vernehmen laßßen, es habe viel muttwilliges gesindl alhie. (Zusatz von spätrr. Hand: So ist Beschaffen das Luthrische gesindl. Die Pharisäer machten es auch also).

Casparus will in der Behmischen Capelln Predigen.

Den Sontag hernach Soll gemelter Casparus auff der Cantzl angezeigt haben, Er wolle den nechsten Sontag als den 9. Nouember in der Behmischen Capelln Predigen gegen der Pfarrkirchen vber, dahin solten sich seine Zuhörer finden. Als solches dem Rath Zu khundt gethan ward, Ist aus befelch aller 3 Rath ein geschworner schlosser bestellt worden, der solt bei der Capeln ans fenster steigen, vnd sehen, ob die thür, so auffn freudhoff gehet, vnd Zuuor Anno 1600 vom Dominic des Abten verwaltern ist verrigelt worden, wieder geöffnet sei oder nicht, auch ob Zum Predigen in der Capelln etwas Zugeschikt sei. Darauff berichtet der Schlosser, die thür sei nicht mehr verrigelt, allein das schlos sei inwendig verkeilet, das man es nicht öffnen khan. Item die thür auff der Paarkirchen, so ihn Pfarrhoff gehet sei offen. Weil nun darans abzunehmen gewest, es möchte der Pfaff alda Predigen, der Rath aber dasselbe nicht gestehen wollen, weil die Capeln Zur Pfarrkirchen gehört. Sein ettliche Per-

Der Rath alhie wills nicht gestehen.

sonen von allen 3 Ratthen in Pfarrhoff Zum dominico abgefertiget worden, der meinung er solte seinen Priester von dieser neurung abhalten, Weil seinem herrn dem Abbten die einkommen der kirchen der gestalt von Ihr Majestät sein verliehen worden, das er vns in der Pfarrkirchen vnd Capelln, so darzu gehört, khein eintrag in vnser Religion thun soll. Dieses vnser als der Abgesandten fürbringen ist dem dominico frembd fürkhommen, den er hat vermeldet, er wuste nichts darumb, das Casparus alda Predigen solte, doch wolte er ihn fragen. Da solches geschach kham dominicus aus des Caspari Zimer wieder Zu vns vermeldet. Er möchte gern wiessen was dem Ratth daran gelegen sei, wen sie gleich in der Capelln Predigten oder Meß hielten, den die kirchen wer ihr. Drauff gaben wier ihm Zuer antwort, das Ihr Majestät nicht die kirchen, Sondern derselben blosse einkommen dem Abten verliehen hette, mit dem beding, das er vns vnsers gottesdiensts halber vnuerhindert soll verbleiben lassen. Inmassen dan solches Zue erweisen. Da sprach dominicus mit lachendem muth darauff: Liebe herrn der fromme kaiser Ferdinandus hats der Stadt alhie vergönt, das sie mögen Ihre Prediger halten, er hat aber vermeint ihr seiet guth Römisch-Catholisch. Antwortten wier Ihr Majestät Sein offt hie gewest, vnd haben wol gewusst das wier nicht Römisch Catholisch, Sondern Recht Catholisch vnd der Augspurgischen Confession Zugethan sein. Sie haben vns aber gleichwol vermöge der landtsordnung vnd des Reichsabschiedts bei vnserm glaubensbekendtnis ieberzeit verbleiben lassen. Gleichermassen anch Kayser Maximilian vnd der ietzt Regierende kayser Rudolphus 2 haben vns iederzeit dabei allergnedigst geschützet vnd erhalten. Vnd als vmb ein antwortt angehalten ward, er solte sich erkleren wegen des Predigens in der Behmischen Capelln, hatt vns Dominic auff vnser begerte antwort gesagt, Er möchts wiessen oder nicht wiessen, Ob man in der Capelln Predigen wiert, den beschaid solten wier Vnsern herrn wieder vermelden. Wie sich nu der Rath nach diesem beschaid nicht richten khunte, was die Pfaffen gesonnen, Sein 4 ehrliche Burgersleuth bestellt worden, die solten den Sontag frue in der Pfarrkirchen bei der Sacristei gegen der behmischen Capelnthür vber fleissige achtung haben, ob man die Capelnthür öffnen würde, so solten sie hingehen, den dominic Zum vberflus vermahnen, das er von seinem führnemen lasse, da ers nicht thun wolt, sollen sie die Capeln wieder selbest Zusperren vnd sagen Der Ratth hette es ihnen befolhen die verordneten sein aus der Burgerschafft gewesen Balten Powentz Zacharias Göschl, hans Weiß vnd Mathias Kappl Aber der Dominic vnd sein Pater Caspar haben den braten gerochen vnd die Capelln nicht geöffnet.

Den 6. Nouember hat Dominic von dem Meßner Zu der Pfarrkirchen begert, Er solle ihm das eisen leihen Damit man Oblaten Zar Communion macht, der Mesner wolts nicht thun Dessen sich der Dominic beschwert, Ist aber also verblieben. Hernacher hat Pater Caspar vndt Dominicus allezeit Vrsach gesucht, wie sie den Rath bei hoff verunglimpffen khünten, damit entweder der gemein die Pfarrkirchen genohmen werde, oder aber damit etliche Catholische in Rath möchten gesetzt werden, Ihnen Zu mehrerm schutz In massen den 2 iahr nacheinander solches hefftig bei dem Rath alhie begert worden, man solte wo nicht mehr doch nur einen Catholischen in Rath nemen haben vns aber iederzeit durch vnsere Priuilegia geschutzt Das wier freie waal haben, wen wier wollen in Rath Zu kuesen, daher wier Gott lob bies dato von den Catholischen dissfals vnangefochten verblieben.

Dominic begert vom Mesner das Oblaten-Eisen.

Den 13. Nouember Ist hans Trenkher des herrn Leonhard Trenkers Stadtschreibers Sohn gestorben.

Hans Trenkher gestorben.

Eodem anno 1603 den 15. Nouember Ist herr Jacob Seidenmeltzer Stadteltister Zue Prag apoplexia gestorben, als er neben andern abgesandten wegen der Rathsverneuerung ein gwaldt von Ihr Majestät ausgebracht hat, den dieselbe Zeit war der neue VnterCamerer herr hans Mosch Moschowski noch nicht publicirt, vnd ist vor diesem die gemeine sag gangen herr Berka LandtsCamerer soll den Ratth alhie verneuren, vndt inmassen Zu Znaimb geschehen Catholische einsetzen, Wie [illegible] Zwar ein kaiserliche Instruction gehabt hat, Aber Gott hat der [illegible] [illegible] gewendert, vnd vns Gott lob vor dem Vnglükh, so wier

Herr Seidenmeltzer Eltister gestorben.

Zwar besorgten, gesichert. Denn der kaiserliche gwaltbrieff, so damals der Stadt abgesandte ausbrachten, lautet, das die geschworen des Ratts die vernenrung dem alten löblichen brauch nach führnehmen sollen. Welches auch hernach den 26. Nouember geschehen, wie oben Zu eingang dies Jahrs ist gemeldet worden. herr Seidenmelzer ist den 23. Nouember hie begraben worden.

VItae IVs trIbVIt TrIgLa: atrox Praga JaCobo
SVstVLIt, HVIC Cineres ConDIDIt Igla senI.

herr Wacżlaw Apollo Behmischer Stadtschreiber.

Eodem anno den 24. Nouember Ist herr Wacżlaw Apollo Zu einem Behmischen Stadtschreiber neben dem herrn hinconio auffgenohmen worden, dieser hat sein officium resignirt, vnd ist nach Ostern des 1606 Jahrs von hinnen nach Eybenschitz gezogen, alda er Stadtschreiber worden, Ihm succedirt herr Johann Menssik Anno 1607.

Iglauer verehren Ihr Majestät ein Silberkuchen vom Perkwerch.

Eodem anno den 15. Dezember haben alle 3 Rath der Stadt Iglaw Ihrer Kais. Majestät ein Silberkuchen als primitias ihres neuen Perkwerchs verehret. Welche der Wolgeborne herr, herr Christoff Freiherr von Sebusin, Obrister Münzmeister des königreichs Behem im nahmen des Raths Ihr Majestät Persönlich Presentirt hat, Ist am Silber gewesen 28 Markt hat gegolten 230 Taller. Auff die kuchen ist der Stadt Iglaw wappen ein Igl geschlagen worden. Diese ehrung haben Ihr Majestät in grossen gnaden angenohmen vnd dem Obristen Münzmeister befolhen Er solle sich der Stadt wegen des Perkwerchs vleissig annehmen. Wie dan auch hernach Zu ettlichmalen Kayserliche Comissarien hie gewesen, so die berge befahren vnd die beschaffenheit derselben Ihr Majestät wieder Referirt haben. Auch haben sich Ihr Majestät allergnedigst erbotten, Weil sich der Segen im Perglwerch alhie wieder erzeiget, denen von Iglaw ihre alte Perkhfreiheiten Zu confirmiren vnd mit mehrem Zue begnaden.

Warme Weinachten.

Eodem anno War um Weinachten warme Zeit ohne Schnee.

Eodem anno Ist ein vberflueß an Obst gerathen, vndt der wein Zimlich guth gewachsen.

Dieses gantze Jahr sein alhie in der Summa
Getaufft worden . . . . 392 Personen
Gestorben . . . . 254 Personen
Copulirt worden . . . . 119 Paar
Communicirt haben . . . 7156 Personen.

Casparus der Catholische Priester copulirt ein landtsknecht.

Anno 1604 den 7. Januarii hat der Babstische Priester Casparus einen kriegsman mit einer Magdt im kreutzklöster Zur eh geben. Dahin ist viel lediges handtwerchsgesindl Zugeloffen. Da hat Pater Caspar ein weitleifftig dicent von dem ehestandt, vnd endtlich ein Schmehreden von der Priester ehe verführt, In dem er fürgeben der Priester weiber weren nicht ehweiber, Ihre kinder sein Pankhartten, Item die Catholischen hetten mehr recht Zu Copuliren als die Luthrischen. Es sol auch der Pfaff vnsere Luthrische Prediger Sacramentische Pfaffen genent haben. Darüber ist der gute Casparus von den Pursch gar wol ausgelacht vnd ausgerauscht worden, vnd war sein geschwetz einer Fasnacht Predigt enlicher als einer hochzeitPredigt.

Den 11. Jannarii hat sich abermal durch die ledige Pursch wegen des Caspari Predigt ein vnwillen vorm klosster erhoben, Indem er vnsere Prediger geschmecht hat, vnd wie der Pfaff heraus geloffen, die Pursch stillen wollen, haben sie ihm laut ausgelacht, vnd wie Dominic bericht mit steinen in das klosster hinein getrieben, dessen haben sich die Catholischen beschwert, weil sie aber kheinen authorem genent auff den sie etwas gründtliches hetten außgebracht, hat die Obrigkeit niemandt straffen kennen.

Die Pursch lachen den Pfaffen aus.

Auch hat ein Rath den Dominicum warnen lassen, Er soll den Casparum davon abhalten, das er vnsere Seelsorger auff offener Cantzl nicht mehr schmehe, wie er vor diesen gethan, weil solches nichts bauet, Auch im Reichsabschidt vnd Landtsordnung höchlich verbotten ist. Würde er aber mit schmehung fortfahren, vnd ihm darüber von der Gemein etwas begegnen, wolle der Rath hiemit Pretestirt haben, das sie ihn Zeitlich gewarnet, vnd an dem künfftigen besorglichem Vnglükh nicht schuldig sein. Item der Rath hat sich erbotten, weil ein gewisser aufflauff wieder den Pfaffen Zubesorgen gewest, man wolle in allen heusern durch die Rottmeister ansagen lassen, Wer nicht andacht halber wil ins kreutzklosster gehen, der solle gar heraust bleiben vnd ihn in seinen Predigen nicht hindern. Da hat Zwar der Dominic vermeint er wiesse von kheinem Schmehen, doch wolle ers dem Pater Caspar anmelden. Aber der beherzte Casparus hat darüber auff offner Cantzl melden durffen, er welte gern ein Märterer werden vnd sein leben alhie auffopffern, gleich als ob mit seinem todt Vnserm herrn Gott oder der weldt viel gedienet were. Ehe sein aber nur blosse wort gewesen, den wen sichs Zu einem kleinen ernst hat ansehen lassen, hat sich Casparus vnsichtbar gemacht vnd verborgen. Inmassen bei der Behmischen Capeln vnd vorm kloster geschehen.

Der Rath warnet den Pfaffen wegen seiner Schmehpredigt.

Den 20. Januarii haben die Babstischen einen todten Cörper (sol ein Welscher tuchknap gewest sein) aufm Frauenklosster vber den Obern Platz ins Creutzklosster getragen, lichter in henden gehalten vnd darzu latheinisch gesungen wie bei ihnen breuchlich. Es sein aber ihrer vber 8 Personen nicht mitgegangen, Vnd ist vnter ettlichen die sage gewest, Sie hetten ihn darumb vber den Platz getragen, das ein aufflauff im volkh geschehe vnd hiedurch Ihr Majestät denen von Iglaw desto leichter mit der straff beikommen khentte. als ob sie die Catholischen nicht schutzeten. Ist aber

Catholische halten ein leichbegengnis Zu Iglaw.

gar friedlich abgelauffen. Doch sein die Babstischen mit ihrer leich gar ferchtsam gangen, Sich auff alle Seiten vmbgesehen, ob ihm etwa ein vnglükh oder gefahr Zustehen wolte (durchstrichen: Sie hetten gewis ihres gebrengs vergessen vnd fersengeldt geben, es hette den todten begraben, wer da gewolt hette).

Babstliche handl mit dem herrn Rectore Scholae.

Den 26. Aprilis hat sich Dominic vnd Pater Caspar bei dem Rath alhie beschwert wieder den herrn M. Casparum Pelargum Rectorem Scholae Vrsachen da sie mit etlichen frembden Mönchen auffm kirchhoff spazieren gangen, habe ein knab auff sie geschrieren: Ein Mönch ein Wolff vnd sei in des herrn Rectors haus geloffen, welchen als sie heraus begert, vnd beim Rector angeleittet Selle der Rector sie mit vngebürlichen wortten angefahren haben. Item in der Schul sturm auff sie leitten lassen vnd Omnes geschrieren. Darüber den die Studenten mit wehr, knütteln vnd stainen selten Zuegeloffen sein, vnd wan sie beide neben den frembden münchen, so mit ihnen auffn kirchhoff spacieren gangen, nicht so eilendt in die Behmischen Capelln, daraus sie gegangen wieder gewichen weren hette man sie vielleicht ermördet referirn sich auff die Nachtbarn so solches gesehen vnd Zugelauffen. Darumb begeren sie, man solle sich mit dem Rectori der Landtsordnung nach versichern. Drauff ist Ihnen von dem Rathh die antwort erfolget: Man wolle sich der beschaffenheit vnd Vrsprung des handls erkündigen, vnd alsdan ihnen fernern beschaid geben. Als aber der herr Rector gefordert worden, war die sach viel anderst bewandt, als sie die Babstischen fürgeben.

Den er berichtet (inmassen auch die nachtbarn darumb wissenschafft tragen) es sei Dominic vnd Caspar, neben ettlichen Mönchen fur sein haus khommen, haben mit grossem vngestim angeleittet, alio das das glöklein steckend geblieben. Vnd als herr Rector oben aus seiner studierstuben Zum fenster heraus geredt vnd gefraget, was sie wolten haben sie gesagt: Er solte Ihnen auffmachen vnd knaben heraus geben, der auff sie geschriren hat mit schmelichen wortten. Darauff sagt der Rector Er wisse von keinem knaben, er hette keinen bei sich, hat doch entlich aufgemacht vnd begert sie sollen den knaben selbst suchen. Da sein sie mit wortten Zuesamen gewachsen vnd haben die Catholischen Stain wieder den Rectorem gefaustet. Welches als der Rector ersehen, vnd sonst niemandt bei sich hat, hat er auff seine Schüler vmb Rettung geschrieren vnd gesaget Detur Signum Venite omnes. Drauff sein die Adolescenten Zwar Zugeloffen, doch ohne weehr vnd haben niemandt beschediget. Er der herr Rector habe deßwegen Schutz geruffen weil er niemandts im haus gehabt bei sich, vnd eines vnglüks sich beforget hatt.

Mit dieser antwort, als mans den Catholischen fürhalt, waren sie nicht Zufrieden, vermeinten die sach wer anderst beschaffen. Vnd ist entlich die

Prior im Creutz-kloster bricht in der herrn traid-haus.

Weil ohne das Comissarien angeordnet waren, wegen des Mönchs der in der herrn heusslein vnd ins traidthaus eingebrochen, das man den handl vor den Comissarien abhören vnd vergleichen solt, welches auch geschehen.

Comission wegen der Babstischen Pfaffen.

Den als herr Girg Wolff Krzineczki vnd der Abt von Brukh, auch herr VnterCamerer als Comissarien hieher kommen sein fürnemblich, das sie den handl Zwischen dem Prior im kreützkloster, so ins Traidhaus gemeiner Stadt gebrochen, vergleicheten, Ist auch dieses von Casparo vnd anderes mehrers, so ihm die Zeit seines wesens alhie solte Vnbillich begegnet sein weitleufftig furkommen, vnd darauff vnser verantwortung geschehen. Da ist aller handl vnd vnwillen Zwischen beiden Partheien auffgehoben worden vnd befolhen das der Pfaff sich im Predigen messigen sol, die Vnsern nicht iniurirn. Entgegen sollen ihm die Vnsrigen khein Vrsach Zu vnwillen oder vneinigkeit geben. Was aber den haubthandl wegen des Mönchen, so ins getraidhaus eingebrochen, vnd die thür, wo das geschütz ist, verrigelt hat, belanget, Weil sich der Mönch Zue Prag verhalten vnd sich nicht gestellt, ob Ihms Zwar herr VnterCamerer befolhen. Item Weil der Prouincial auch nicht hieher kommen, Ist der handl verschoben worden. Vnd bald nacher hat der Prouincial denselben Prior oder Mönchen aus dem klosster hinwegk gethan, vnd einen andern dahin geseczt, Auch das loch das der vorige gebrochen, hat wider müssen vermacht werden. Dasselbe loch hat bald hernach der neue Prior wieder aufgebrochen, vnd die thür verrigelt, darumben dan ein neue Comission angestellt, wie Vnten im 1605 iahr Zu lesen. Daraus erscheinet wie die Babstischen an allen ortten Vrsach vom Zaun gebrochen haben, damit sie gemeine Stadt in Vnglük führen khenten, habens aber (Gott lob) bies dato nicht enden kennen. Es hat sich aber der Prior mit dem geschützt, das er darumb eingebrochen Weil man ihm den Zins vom dorff Fusdorff (welches er sagete, es gehöre Zum kloster) nicht geben wil, welches der Rath nicht gestehet, weil das dorff gemeiner Stadt erkaufftes vnd in der Landtaffl bewahrts guth ist, vnd haben die Zeit hero aus gutwilligkeit, guter nachbarschafft vnd aus kheiner gerechtigkeit, den Zins dem klosster Passieren lassen. Wie dan vor 80 iahren, eben darumb der streit damals Zwischen dem Rath vnd dem Prior entstanden.

Es haben sich auch sonsten viel lumpenhendl mit den Babstischen begeben, dauon nicht nöttig viel Zuschreiben vnd ist ihr gantz intent nur dahin gericht gewesen, Ob sie die Stadt bei Ihr Majestät in Vngnad bringen, [illegible] waren gottes diensts, vnd der Rechten gebrauche der heilligen [illegible]: Entgegen aber ihre abgeterei einpflantzen khenten [illegible] solcher anschlag in andern Mehrischen Stedten statlich

Quardian im Frauenkloster bricht in der herrn heuslein.

Eodem anno Als der handl mit dem Dominico vnd Caspàro durch die Comission kaum erörttert worden, hat der Teuffl ein Neues feuer im Frauenkloster angezindet, Denn der Quardian daselbsten hat auch in der herrn heuslein darinnen ein glaser vnd Sporer gewohnet, eingebrochen. Vnd als er darumb Zu red gestelt worden hat er Zuer antwort geben, er thue es darumb, weil ihm aus dem heuslein durch ihr wasser giessen, schaden am klosster geschehe. Item er breche in das seinige, Wier hetten es von der kirchen entfrembdet. Auff dieses ist ein andere Comission ausgebracht worden, was nun in derselben, wegen dieses gwallts Auch wegen des im Creutzklosster ist gerichtet worden, Ist vnten Zue sehen. Den ob ihm Zwar herr vnterCamerer herr Mossowski auff des Raths beschwer ein scharff schreiben Zugeschiket, er solle das loch in die heuslein wieder vermachen, biess auff künfftige Comission, doch seinem Rechte ob er welches hat, ohne schaden, hat er doch des herrn VnterCamerers schreiben gar nichts in acht genohmen. Sondern Spottweis von dem Ratth begert, sie solten ihm 150 Taller leihen, So wolle er das loch wieder vermachen. Ist also der handl biss auff kunfftige Comission verschoben worden.

Donner.

Eodem anno den 14. Julii Ist ein Schröklich donnerschlag geschehen, hat beim Külman in der Frawengassen durch die mauer von vntenauff geschlagen, vnd die spitz vom Dach abgeschlagen. Denselben tag hat man 3 Reutter StrassenRauber enthaubtet, da sein viel leuth der meinung gewesen, weil man seltzame Characteres bei Ihnen gefunden, Sie hetten das Wetter gezaubert.

Rathsverneuerung in Znaim.

Eodem anno den 30. Julii hat der Neue VnterCamerer herr Jan Mossowski den Rath Zu Znaim verneuren wollen, vnd weil 6 der Euangelischen den Catholischen Ayd nicht haben schweren wollen, hat sie herr VnterCamerer in thurn geschafft. Den Stadtschreiber hat er des diensts Zu entsagen befolhen, weil er nicht behmisch kan. Aber der Rath alda hat ihn fort behalten.

Entlich Nachdem die 6 Personen ettlich wochen sein im arrest auffm Rathaus gehalten worden, sein sie Zwar der gefenknis bemüssiget, Aber weil sie forth nicht schweren wolten, des Ratths entsezt worden. Vnd die 6 Catholische so herr Berka das vorige iahr eingesezt, hat er ihm Rath wieder die ordnung, auch ins dritte iahr nacheinander sitzen lassen, vnd auffs new bestettiget, Weil er nicht mehr fürtregliche Catholische hat haben keunen.

Vnd als die red bei hoff ging, als solten ihre Prediger Zue Znaim die 6 Euangelischen Personen abhalten das sie nicht schweren sollen, Sein die Prediger aus befelch Ihr Majestät vorn Landtshaubtman citirt worden Sie derenthalben Zu examiniren. Weil man sie aber dahin nicht gestellt hat, ist der befelch Ihr Majestät kommen, Man sol sie Zuer verhör nach

Eodem anno Im Augusto haben sich ettlich hundert Preunerische knecht, so aus Siebenburgen kommen in die Stadt Deutschen Brod vnuersehener weis eingelegt, Die Stadt in ihre verwahrung genohmen, vnd alda der bezahlung von Ihr Majestät erwarttet. Denen hat der Rath alhie auff ihr freundlich ersuchen, vnd damit gemeiner Stadt vmbligenden Vnterthanen khein schaden von ihnen geschehe, verehret: 6 muth khorn, 1 Ochsen vnd 2 Schepsen, vndt weil man sie nicht khündt güetlich bereden, das sie etwa von ihrem Sold ablieffen, hat man sie endtlich belegert vnd mit gewalt hinwegk bringen wollen. Aber die knecht waren frisch, haben sich wol in der Stadt verschantzet, Puluer aus dem Puluerthurn genohmen, vnd des feindts angriff, der vmb die Stadt lag, erwarttet. Entlich ist durch Comissarien verglichen worden, das man ihnen ihr Monatsold, doch nicht völlig, gegeben. Zu dieser knechthindanferttigung hat der Ratth Zuer Iglaw 2000 Taller vnd die Burgerschafft alhie auff Ihr Majestät öffteres ernstes ersuchen 10 Tausendt fl. R. dargeliehen. Damals hat ein ieder Burger nach seinem vermögen kheinen ausgenohmen, ettwas darleihen müssen, denn Man hat sich sonst, nicht allein des Kaisers vngnad besorget, Sondern das vns das volkh auff die dörffer Zur Stadt gehörig, möchte gelegt werden. Diese Lehenschafft ist gleichwol Richtig wieder eingebracht vndt bezahlt worden.

Preunerische knecht legen sich Zum deutschen Brod ein.

Beförderung herr von Iglaw.

Eodem anno den 25. Augusti Ist herr Mathes Krumb gestorben Seines alters 82 iahr, hat im ehestandt mit 2 Weibern gelebt 61 iahr.

Herr Mathes Krumb gestorben.

Eodem anno den 4. October Ist herr Doctor Mathias Schrambl Stadtmedicus von hinnen hinwegk gezogen, vnd an stat seiner auff herrn doctoris Georgii Mylii Commendation herr Doctor Thobias Knobloch Marcobretannus Francus von Wittenberg vocirt worden. Dieser herr knobloch ist den 29. Nouember alhie ankommen.

D. Thobias Knobloch Medicus.

Eodem anno den 26. October Ist die alte fraw Veit Ambrosin gestorben ihres alters 82 iahr, hat viel ihrer Vhreniklein erlebet vnd vberlebet.

Veit Ambrosin gestorben.

Eodem anno den 18. Nouember Ist herr Marcus Dobroner gestorben seines alters (leer) iahr Ist ihm Rath gewesen 31 iahr.

Herr Marcus Dobroner gestorben.

Eodem anno den 16. Nouember Ist herr Magister Andreas Zanner Zum Aduocaten bei gemeiner Stadt alhie auffgenommen, vnd ihn der bestallung dem Christiano Nagl bestalltem Aduocaten gleich gehalten worden.

Herr Zanner Procurator.

Eodem anno die wochen vorn Weinachtfeiertagen, hat [illegible] vnd Dominicus abermal ein neu beschwer [illegible] etliche frembde Catholische leuth, [illegible] im Wirtshaus vorm Spitlthor bei der Schmidin durch vnser Stadtgesindl beraubt vnd ihnen 50 Taller genohmen sein worden, das khenten sie mit ettlich Personen, so darumb gut wissenschafft haben, bezeugen. Item das gesindl hetten dem Mönchen die kutten abgezogen, vnd im Wierdtshaus vorm tisch meß Zum Spett der Catholischen darinnen gehalten. Darumb sol die nachtbarschaft derer fast die Stuben voll gewesen, wol wiessen. Als solche beschwer der Rath vernohmen, hat man die versteier alle beschikt die warheit von ihnen Zuerkundigen, vnd als sie bei ihren Pflichten, damit sie ihrer Obrigkeit verwandt vnd Zugethan, genugsam erneuert sein worden so viel ihnen bewusst, die warheit Zusagen, hat doch kein einiger dauon ausgesagt, das man Meß in des Mönichs kutten gehalten, oder die frembden Babstischen beraubt hette, haben auch sonst von kheinem solchen mutwill, wie ihn der Pfaffen klag einkommen gehört. Als nun solches die Obrigkeit erforschet vnd den Mönchen Zur antwort geben, mit meldung da sie ettliche Person wusten, die des handels kündig sie seltens melden, inmassen sie sich erbotten, hat Casparus Zuer antwort geben: Es weren die theter auf dem Rathaus gewest, man wolle sie gleichwol nicht straffen Er wolle niemandt namhafftig machen, sondern Ihr Majestät klagen. Weil er also niemandt mit nahmen beschuldiget, hat die Obrigkeit niemandt straffen kennen, Vnd ist Zuuermutin, da der handl also wie der Pfaff fürgeben, abgelauffen were, er wurde die theter, die er seinem fürgeben nach gewust hat, gewies nicht verschwiegen, sondern namkündig gemacht haben. Vnd weil man seinem gefallen nach die vnschuldigen nicht gestrafft, hat er sich vernehmen lassen solleches bey khünfftiger Commission Zu öffnen, vnd Zum behelff seiner sachen einzuwenden. Was aber bei gemelter Commission in einem vnd andern Puncten furgeloffen, wirt vnten das nechste iahr gedacht.

Comet. Eodem anno 1604 hat man ein Comet am himel gesehen.

Chasmata. Deßgleichen auch Zum öfftern viel feurige stralen vnd Chasmata, Sonderlich im Aduent, Gott wende es Zum böśten.

Steffan Wetschkai auffruhr in Vngern. Dieses vnd das folgende iahr hat Steffan Wetschkai ein Vngrischer herr, das vngrische Volkh mehrerstheils ihm anhengig vnd vom Römischen Kayser abtrinnig gemacht, hat viel tausendt man Zusamen gebracht, ein Stadt vndt Vestung in Vngern nach der andern eingenohmen, Sein volkh hat der Armen gefangenen Weib vnd khinder in die Türkische dienstbarkeit verkhaufft, viel gar niedergesabelt, da sein offt 2 oder 3 khinder vmb ein türkisch Roß verkhaufft worden. Diesem Wotschkey hat der Türkh mit dem er sich verbunden, hilff geschikt, Auch sein ihm die Tattern beigestanden. Vnd obwol Vnser Kaiser statliche vnd ansehnliche Ritterleut Vnter welchen Georg de Wasta vnd herr Seifrid von Golenitsch mit einem mahnlichen krigsvolk entgegen geschikt, haben sie ihn doch nicht dempffen khennen. Die Vrsach dieser schadlichen auffruhr haben ettliche den Pfaffen

Zugeschrieben, wie es dan gemeiniglich vbel Zugeht Wan Pfaffen das weltliche Regiment füren, Wie es weiter mit dieser rebellion abgelauffen, ist in nechsten Jahr Zu lesen.

Dieses gantze iahr sein alhie in einer Summa
Getaufft worden . . . . . . 368 Personen
Gestorben . . . . 353 Personen
Copulirt . . . . 143 Paar
Communicirt . . . . 6284 Personen.

Anno 1605 hat man Zu Anfang des iahrs ettlich wochen nacheinander ein Neuen stern gesehen, vnd den 31. Januarii 3 Sonnen am himel Welche ohne Zweifel die grosse empörung, so in hungern vnd andern ortten sich erhoben, vnd die neue Regiments affection bedeutet haben. Newstern.

Den 12. Februarii Ist Martin Schifermaier auff 6 iahr lang von Gemeiner Stadt und derselben grunden auch von andern herrschaften so auff 10 meilen wegs vmb die Stadt liegen verurlaubet worden, weil er seinen leiblichen Vatter ein alten Schelm gescholten. Dieser ist am leben verschont worden doch hat er die Vrphed von sich geben muessen: Ich Martin Schifermaier bekenne hiemit offentlich vor meniglich, Demnach ich mich gegen meinen lieben Vatter Caspar Schifermaier wieder kindtliche trew vnd gehorsam, damit ich ihme als sein ehleiblicher Sohn verpflichtet, auch wieder gottes ernsten befelch vnnd gebott aus anreitzung des leidigen Teuffels so tieff vnd gröblich Versundiget, das ich denselben nicht allein Verächtlich gehalten, Sondern auch einen Alten Schelm gescholten und sonsten gantz Vngebuerlich vnd vnchristlich mich gegen ihm erzeuget. Dadurch ich von meiner Lieben Obrigkeit alhie wegen solches hochsträfflichen lasters in gefengliche Verhafftung genohmen worden, habe auch wegen dieses Verbrechens das leben verwurkt vnd eines schmehlichen todtes andern Zum abscheulichen exempl dem Rechten nach sterben sollen, Weil mir aber diese missethat hertzlich leid vnd des Christlichen furhabens bin, mein sundliches vnd ergerliches leben Zu bössern Ist mir aus Vorbitt vnd Intercession guetter herrn vnd freunde von meiner lieben Obrigkeit gnad wiederfahren vnd das leben gefristet worden, der gestalt, Das ich von dato 6 iahr lang nacheinander Gemeiner Stadt Iglaw vnd derselben grunde, auch andere herrschafften so auff 10 meil wegs vmb die Stadt liegen, soll muessig gehen vnd mich derselben gentzlich enthalten. Da es aber nicht geschehe vnd ich mich in der Stadt alhie oder ausser derselben auff 10 meil wegs begreiffen liesse, Sol man als dan gegen mir mit verdienter straff vnabläßlich verfahren. Ich soll auch nach ausgang der 6 iahr richtige guette kundtschafft mit mir bringen, wo vnd wie ich mich die 6 iahr oder verhalten. Gelobe demnach vnd verspreche hiemit krafft dieser Verschreibung, das ich solche mir erzeigte gnad in höchster demuth ieder zeit erkennen, gemeine Stadt Iglaw

Sohn heysst sein Vattern einen Alten Schelm.

Vrfhed.

vnd derofelben grunde auch andere Vmbliegende herschafften auff 10 meil wegs herumb 6 iahr lang meiden, vnd bei Verlierung meines lebens der aufferlegten straff mich allenthalben gemeß Verhalten wil. Dessen Zu mehrer glaub wurd vnd steter fester haltung habe ich diese Vrphed mit eigner handtschrifft vnd Petschafft verfertiget. Geschehen in Iglaw den 8. Februar Anno 1605.

Peter Reichman verurlaubet.

Eodem anno den 15. Februar Als Peter Reichman von Gros Gloga verneunet, er hette mit der Judith des hans Zisiers Techter nie Vnzucht getrieben, hat er fur gehegter bankh in beisein aller 3 Ratthe vnd einer grossen menge Volks mit blossen Armen auff dem Creutz Ayd schweren sollen, daß er Vnschuldig, Da man ihm nu furgehalten, wie er sich in leistung des Aydes verhalten soll, hat er Zur antwort geben er khenne den Ayd nicht auswendig, er möchte fehlen, er stelle es gott vnd der Obrigkeit anheim, vnd wolle nicht schweren. Drauff ist erkent worden, das er im Rechten gefallen. Vnd als er durch den herrn Richter vnd 2 geschworne wieder in gefengknis gefuhrt, ist er hernach den 16. Ditts sambt seiner Bettl auff 4 iahr von der Stadt verurlaubet worden hat auch hernacher bekent das er die Vnzucht mit ihr getrieben, vnd hette es noch nicht bekennt wen man nicht ein so ernsten Proceß vor gericht mit ihm gehalten hette.

Commission wegen der Ratts-verneuerung zu Igaw.

Als die Geschworen herrn des Ratts alhie beim herrn Jan Moschen Mossowsky VnterCamerern Zum offtern angehalten, damit der Ratth den alten löblichen gebrauch nach möchte verneuret werden, hat gemelter herr Zur antwort geben, er hette neben dem herrn Ladislao herrn von Lobkowitz befelch den Ratth Zuuerneuren, Sein allso entlich den 14. Martii am Sontag Oculi miteinander hieher kommen, vnd bald desselben abendts begert ein Verzeichnis der Geschworen, wie sie iezt sitzen, Item ein Verzeichnus derer so ihnen succediren sollen. Als solches geschehen, haben sich die herrn Commissarien ferner erkundiget, was bei Verneurung des Ratths fur ein Proceß gehalten werde, dauon sie gleichsfals notturfftigklich berichtet worden.

Des andern tages frue haben die herrn Commissarien den gantzen Geschwornen Ratth Zu sich ihn ihr Losament begert, ihnen ein kaiserlich Credentzschreiben vberantwortet, des inhalts Diese beide hetten befelch den Ratth nach guettem altem gebrauch Zuuerneuren, item, was sie ferner auff Ihr Majestät befelch furbringen werden, dem soll der Rath gehorsamlich nachkommen ohne alles wiederreden, dieser befelch war datirt den 15. Julii des 1604 iahrs bald 3 Viertl iahr Zuuor ehe sie hieher kommen, War auch damals noch nicht Zeit den Rath Zuuerneuren, Daraus zu merkhen, worauff es angestelt gewesen. Als die Geschworen des schreibens inhalt vernohmen vnd mit den Eltern herrn ratth gehalten haben sie hernach von den herrn Commissarien begert Zu wiessen, Was ferner Ihrer Majestät befelch sei, weil im Credentzbrieff eines mehrern befelchs gedacht wirt.

Drauff haben die Commissarien ein anderes kaiserliches schreiben, so an die Commissarien lautet, furgelegt, des inhalts: Ihr Majestät befelhe beiden Commissarien, das sie den Ratth Zur Iglaw verneuren sollen, vnd weil Ihr Majestät berichtet sein, das hernachgeschriebene Personen als Thoman Spindler, Martin Puchamer, Christoff Neumaier huttschmukher, Martin Schindler, Paul Rauscher vnd Jacob Fridrich Zu RattsPersonen tüchtig sein sollen, were Ihr Majestät willen diese 6 Personen in Ratth einzusetzen vnd Zubestetigen. Nach diesem als die Geschworen wieder ins Ratthaus gangen mit den alten herrn ratt Zu halten, hat es in der Gemein seltzame reden geben, vnd sie befrembdet, das die Geschworen herrn sambtlich so offt fur die Commissarien in ihr losament erscheinen, vnd da man die herrn des Ratths zu irgents einer neurung Zwingen wolte, hat sichs fast ansehen lassen, die Gemein wurde darueber Vnruwig sein worden. Vnter den 6 new erwehlten Personen sein 5 Babstische gewesen, vnd in dem Ratth der da hatt sollen verneuret werden, haben nur 3 Personen gemangelt, Man hat aber 6 Personen eindringen wollen, damit die Catholischen alhie bei gemach gepflanzet Zu würden khemen, vnd mitler Zeit die Lutherischen vertilgeten. Als aber die herrn Geschworen abermals mit den alten herrn eintrechtig ratth gehalten, haben sie entlich den Commissarien Zur antwort geben, Sie hetten Zwar wol vernehmen, was Ihrer Kay. Majestät willen sei wegen Verneurung des Ratths, Weil aber solches Vnsern vralten Priuilegien vnd löblichen gebreuchen strats Zu wieder, khenten sie darein nicht willigen, vnd weil ihnen Gemeiner Stadt Priuilegia von Ihr Majestät vertrauet, were es ihnen nimmermehr weder gegen Gott, Ihrer Majestät vnd dieser Gemein Zuuerantworten, wen sie dieselben so lieberlich vergeben, vnd so geringschätzig halten solten, Es were aber hierinnen wieder die Priuilegia gehandelt. 1. Das hiedurch die Wahl, welche den Geschworen allein geburt, ihnen genohmen wurde, 2. Das man mehr Personen wehlet, als im Ratth mangeln, den die Priuilegia clar vermögen, daß kheiner des Ratths entsetzet werden soll, er habe es dan durch sein Vngebuerliches verhalten verwurket, 3. Das man solche Personen einsetzet, die nicht alle tichtig den Priuilegia wollen daß man die bösten vnd gerechtigisten so bei der Gemein Zu finden khusen soll. Sie die Geschworen deren der Burger qualiteten leben vnd wandl am bösten bekant, khenten mit guettem gwiessen nicht erkennen, das nicht tuchtigere vnd furtreglichere in der Gemein Zufinden weren, Sie der Ratth hetten drei Personen gekhuset die eines vnsträfflichen wandels vnd lebens, derer Voreltern Ihr Majestät in Ambtern alhie Zuuor treulich gedienet, vnd die der tauglighkeit halber denen 6 Personen weit vorzuziehen. Was aber bei denen 6 Personen fur mengel khente man, da es die noth erfordert, wol darthun. Derowegen bitten die Geschworen, Ihr Gnaden die herrn Commissarien wollen bei Ihr Majestät fur sie intercediren, damit sie bei ihren freiheiten vnd Priuilegien möchten geschutzet werden, Sie wollen Ihr Majestät selbst berichten, wie es vmb diese sach beschaffen.

Darauff die Comissarien geantwortet, Sie wolten der Stadt nicht gern gönnen, das sie durch Vngehorsam bei Ihrer kays. Majestät in Vngelegenheit kommen solten, der befelch Ihr Majestät were wol in acht Zu nehmen Das sie sich auff ihr Priuilegia Ziehen, sei nicht gnugsam, der Kaiser sei Vber alle Priuilegia, er khenne die mehren vnd mindern, vnd wen wir dem befelch nicht nachkommen wolten, wurden wir hiedurch Ihr Majestät in ihre Regalia vnd kaiserliche hoheit greiffen. Item was die defect vnd mengl der 6 Personen betrifft, khenne Ihr Majestät alle mengl erstatten, vnd aus vntichtigen tüchtige machen Die Olmuntzer vnd Brunner haben auch solche Priuilegia wie wir, aber dennoch hette Ihr Majestät ihnen eingesetzt ex plenitudine potestatis Regiae, der Ihr Majestät gefallen, So sei auch das kheinem an ehren schädlich, wen er des Raths entlassen vnd ein anderer an sein stell gesetzt wirt den es geschehe in Viel hohern Ambtern, es wirt offt ein Landtshaubtman, LandtsCamerer abgesetzt vnd ein anderer an seine stell verordnet, warumb wolle es hie auch nicht geschehen. Wir sollen die sach noch gar wol erwegen. Drauff als die geschworen Zum letzten wieder Ratth gehalten mit den Alten herrn, haben sie aus eintrechtigem Rattschlus Zur antwort geben. Sie Verhoffen Ihr Gnaden werden ihnen Zulassen, das sie ihren notturfftigen bericht der Röm. Kais. Majestät dissfals thun kennen den Ihr Majestät habe die Stadt vnd das Pergkwerch albie einem seiner Räthe befolhen vnd in specie ihn erinnert, wen er wegen der Stadt bei Ihr Majestät etwas furzubringen hat, soll ers thun So vermögen auch Vnsere Recht, Das wir in furfallender noth Vnsere beschwer den könig furtragen sollen, vnd Ihr königliche Majestät soll Vns gern hören So hetten wir diese Vnsere Priuilegia durch Vngehorsam nicht Verwurkt, vnd weil sich Ihr Majestät in der Confirmation der Priuilegien allergnedigst erkleret, daß weder Ihr Majestät noch iemandt anders dieselben endern wollen vnd sollen hoffen wir es werde auch nicht geschehen.

Herr Friderich von Gebnstn Obrister Munzmeister.

So greiffen wir hiedurch Ihr Majestät (welches fern sei) nicht in ihre Regalia vnd hoheit, sondern (wissen auch anders nicht als das die plenitudo potestatis Regiae ad aedificandum blos Zuuerstehen sei, nicht ad destructionem) sondern was Vns Ihr Majestät ex plenitudine potestatis allergnedigst verliehen, darob wollen wir handthaben, so Viel das immer möglich, damit von Vns nicht gesagt wurde, wir hielten die begnadungen gering, welche Vnß von Römischen Kaisern vnd Königen Zu Beheimb sein mitgetheilt worden, Was die Olmutzer Brunner vnd andere Stedte sambt ihren Priuilegien anlanget, Verhoffen wir, das wir als ein Vralte Pergstadt viel mehr begnadungen haben als sie, Darumb bitten wir der Zeit nicht mehr als das wir Unsere Vnuermeidliche notturfft Ihrer kais. Majestät in Vnterthenigem gehorsam furtragen möchten.

Drauff haben die Commissarien gelinder gehandlet, wir solten Ihr Majestät Zu iezigen Zeiten, da Ihr Majestät mit dem kriegswesen ohne das hochbelästiget, nicht Verunmussigen Sie wolte ihren bericht thun, wie die sach an ihm selbst beschaffen, desgleichen solten wir auch thun, Vieleicht wurden hernach andere Commissarien angeordnet worden die etwas fruchtbarliches bei Uns verrichten möchten Darauff ist von diesem handl nicht mehr geredt werden. Es ist aber dabei Zu merken, das des herrn von Lobkowitz als Commissarii fraw ein geborne Grafin von Salm, die sonst in glaubenssachen mit Uns einig, ihrem herrn hieher geschrieben vnd treulich Vermahnet hat, er soll hie kheine neurung anrichten, sondern ihnen die von Iglaw befolhen sein lassen, Von dem schreiben hat herr von Lobkowitz im Losament selbst geredt. Also regieret Gott das hertz der Menschen, das sie offt anders thun muessen als sie ihnen furnehmen fernerer Verlauff ist Vuten im 4ten blat.

Comission wegen der Scheuben.

Diese herrn Commissarien haben auch die stritigen grunde die scheuben Tencht in augenschein genohmen (Von welchem streit etwas im 1600 Jahr gemeldet worden) Weil aber herr Mathes Gruen als der sie dem Ratth hie Versetzt, krankheit halber nicht hat erscheinen kennen, Ist der handl auffgeschoben worden, mit der meldung, ob sich die Partheien (als der Ratth mit dem Abbten vom Strahoff) entzwischen guetlich miteinander Vergleichen kennen stunde ihnen frei. Beide Commissionen haben 3 gantzer tag gewehret, vnd ist auf ihren theil in kheiner nichts fruchtbarliches verrichtet, sondern vergebliche Vnkosten auffgewendet worden. Wie es ferner mit der Rattsuerneurung ergangen ist Vuten Zu lesen am Vierten blatt.

Monden Finsternus.

Eodem anno den Palmsontag vmb 2 Vhr in der nacht ist ein schröckliche finsternis des Monden alhie gesehen werden im Zeichen der Waag nahend beim Drachenhaubt, vnd hat nicht viel gefehlet, das nicht der ganze Mond verfinstert gewesen, Sein farb war röttlich wie kesselfarb, hat in die dritte stund gewehret kurtz Zuuor als den 28. Martii sein bei der Nacht viel feuerstralen gesehen worden, die haben ein gutte weil gewehret. Was die Deutung vnd Practica dieser vnd der andern drei finsternussen, so sich dies iahr begeben, Vermag, ist bei den Astronomis kleglich gnug Zulesen.

Casparus der Babstische Prediger Zeucht wieder nach Prag.

Eodem anno Nach Ostern Ist der Babstische Pfaff Casparus, der in die 2 iahr lang Viel vergebliche muh hie angewendet, ob er ettliche Zum Babstischen glauben bereden khente, wieder nach Prag

Zu seinem herrn dem Abbten von Strahoff gezogen, den seine anschleg haben gar kheinen fortgang gewinnen kennen Andere haben gesagt, er sei aus furcht wegen des Vngrischen tumults entwichen, weil der Wotschkai mit den Mönchen vnd Pfaffen ein ernste Passion in der nachtbarschafft gespielet hat, besorget er es möchte ihn das Vnglukh auch treffen. Nach ihm ist einer mit nahmen Pater Johannes hieher kommen

Steffan Wotschkai thut schaden an der Mährerischen grantz.

Eodem anno den 7. Maii Sein 7 Patent vom herrn Carl herrn von Lichtenstein Landtshaubtman in Mehrern hieher kommen, des inhalts, Weil der Wotschkai nu mehr an die Mährerische grantzen gelanget, vnd schaden thut, soll eilendt der funffte Man im landt auff sein vnd gehn hradischt Ziehen. allda Ihr Gnaden auch Verwarten wollen, Drauff sein von hinnen der funffte Man nemlich 80 Personen 2 Feldstücklein vnd 10 Reutter den 10. Maii geschikt worden, Vnterdessen haben die feindt vmb Auspitz, Skalitz Strasnitz, Vngrisch Brod geplundert gebrendt, die leut hinwekh gefuhrt vnd grossen schaden gethan, Viel armer leut von Auspitz vnd andershero haben ihre Weib vnd khinder bies hieher geflehnet, Als aber das Mehrische Volkh bei gewach anzogen, ists im landt stiller worden, Wie es ferner mit dem Wotschkaischen krieg ergangen, findet man in gedrukten tractetlein, auch in der Relation des Franken.

Iglauer schikhen den funfften Man aus den Mährerischen Landtguttern Zu hülff als 80 Personen vnd 2 Feldstücklein.

Auff solche böse Zeitung hat man alhie die Mauren, Pasteyen vnd was sonsten Vonnötten, gebössert, neue Pienen Zum geschutz in den Maschen gemacht, einen schranken vor Pirnitzthor gebauet, die thor Zugehalten, vnd die Stadt mit wechtern so wol auch die Vorstedte vnd dörffer nach notturfft versehen. Fridstractation mit herrn Wotschkai Anno 1606.

herr Matthes Stubikh gestorben.

Den 8. Maii Ist herr Matthes Stubikh von königstein auff Genkaw, Burger vnd Rattsfreundt alhie seines alters 74 iahr gestorben. Im Rath 10 iahr gewesen.

Musterung der Burgerschafft Zur Iglaw.

Den 16. Maii Ist die Burgerschafft alhie gemustert worden, Musterherrn herr Bartl Schmilauer, herr Jeremias hoffsteter: haubtleut Zu Roß: herr Matthes Glenkh, Paul Skalko, Ambtleut: Fendriche herr Andreas Schinabitz, Matthes Faustgros: Leutenambte Paul Reindler, hans hakh: Fuhrer, Matthias Losnitzer, hans Gredisch, Andreas Anlauff, Jacob Schwab: Webeln, Thobias hundert, Jacob Zimmerman Thobias Schwab, Simon Wunauer, Martin Lentz und Bartl Potlauner.

Bezauberte Grafin.

Eodem die hat man ein bezauberte AdelsPerson, (die ein Grafin aus Frieland sein soll) hieher gebracht vnd vorm Frauenthor im Wirdtshaus einlosirt. Wan die Zeit auff sie khommen, als allweg in der Zehenden stundt, hat man sie im betth mit grober leinwant vnd Plahen vmbwikln vnd verbinden mussen, da hat man ein wunderlichs geschrei gehört, als wen ein hundt bellet oder ein katz schriere, das hat bei 2 stunden gewehret, Viel sein der meinung gewesen, es habe der böse geist mit ihr Zu schaffen, vnd Peinige sie allso in gestalt eines iungen gsellen der schön von Angesicht aber nur ein Nasenloch habe, Das hat ihr gesindl den leutten Vermeldet. Sie selbst hat bekent, sie hette ihren dreien die ehe Zugesagt vnd kheinen genohmen, Darumb habe sie der eine bezaubert, das sie 12 iahr in der weldt herumb Ziehen mus, vnd bleibet nirgents lenger als vber nacht, Auff die bestimbten 12 iahr habe sie noch 12 wochen darnach weis sie nicht wie es gott mit ihr schiken möchte. Ist sonstn von Person bleich doch seiner Zarter gestalt gewest. Des andern tages hat man sie von hinnen bies gehn der Wolein begleittet. hat ausser der bösen stunden, gar khein mengl am Verstandt gehabt, sondern fein bescheiden geredet, vnd viel von ihrem kleglichen Zustandt erzehlet.

Concubitus diabolicus.

Eodem anno Sontag vor Pfingsten hat herr M. Michael Gruberus sein Valet Predigt gethan und die furnembste Vrsach seines Abschiedes seine leibesschwachheit angezogen, Da er lenger hie verbliebe, besorget er, er mochte contract werden vnd seinem Predigambt nicht abwarten kennen, Am heiligen Pfingstag hat er noch die hohpredigt gehalten vnd den freittag hernach ist er von hinnen nach Wittenberg gezogen. Wie man Zu seiner letzten Predigt am heiligen Pfingstag geleitet hat, ist der kleppl in der grossen glockhen Zerbrochen.

herr Gruberus valedicirt vnd Zeucht nach Wittenberg.

Nach seinem Abschied ist dem herrn M. Daniel Grassl die erste stell, dem herrn M. Andreä Fistritzer die andere stell, vnd dem herrn M. Paulo Pauspertl als dem New Vocirten Caplan die dritte stell Zu versorgen befolhen worden. Dieser M. Pauspertl hat sein erste ProbPredigt gethan den Freitag vor Pfingsten. Ist allso die kirchen damals mit 3 Stadtkhindern bestellt worden. Vnd den 10. Junii hernach hat man in beisein der StadtPredicanten allen dorffpfarherrn aufm Ratthaus befolhen sie sollen die StadtPrediger respiciren ehren rc. da ihnen etwas Zuschwer fiele sonderlich in ehsachen mit ihnen rath halten auf ihr begern willig herein erscheinen die kirchen ceremonien vnd fest auf den dorffen wie in der Stadt halten, in Predigen wegen der Aduersarien moderation brauchen, nomina odiosa meiden. Item vneheliche kinder so zur tauff gebracht werden dem Rath verzeichnet geben das die Vnzucht gestrafft werde rc.

M. Daniel Grassl Prediger zur Iglaw.

M. Pauspertl Caplan Zur Iglaw.

Dorffpfarher brichtet worden.

Eodem anno Den Freitag nach Pfingsten (als den 3. Junii) Ist die ganze Löbliche Burgerschafft alhie aus befelch aller drei Räthe auffs Ratthaus erfodert worden, wegen der neuerung, so die kaiserlichen Commissarien bei der Rattsuerneurung alhie, vnsern vralten Priuilegien vnd Freiheiten Zuwieder, haben furnehmen wollen, vnd ist der ganzen Burgerschafft in beisein aller drei Räthe auffm Saal [illegible] gehalten worden:

Ganze Burgerschafft wirt auffs Ratthaus gefodert wegen der Rattsuerneurung alhier.

Demnach die Römische Kay. Majestät vnser Allergnedigster herr, nechst verschienene fasten den Wolgebornen herrn, herrn Ladislaum herrn von Lobkowitz ꝛc. vnd den Edlen gestrengen herrn, hansen von Mosch vnnd Moritz (Moravicżan) VnterCammerern des Marggrafftbumb Mähreru als Commissarien hieher verordnet, mit ausgemessenem befelch, das sie den Ratth dem Alten Löblichen gebrauch nach alhie verneuren, vnd ettliche Personen aus der Gemein in den kunfftigen geschwornen Ratth einsetzen sollen. So haben herr Burgermeister vnd alle drei Rätthe die sach bei sich selbsten fleissig erwogen, vnnd nach gehaltener Rattschlagung befunden, Wen der Ratth, der herrn Commissarien instruction nach, solte verneuret werden, das solches Zu gressem nachtheil vnd gefehrlichen enderungen dieser Stadt vnd Gemein wol hergebrachter Priuilegien vnd Freiheiten gereichen wurde, Daher sie dan bei wolgedachten kayserlichen herrn Commissarien damals so viel erhalten, das sie (der Ratth) fur sich vnd im nahmen der gantzen löblichen Gemein an Ihre Kay. Majestät suppliciren, vnd vmb erhaltung Gemeiner Stadt Priuilegien, was diesen Articl wegen der Rattsuerneurung betrifft, vnterthenigist anlangen mögen. Dieweil nu dieser wichtige handl nicht allein alle 3 Rätthe, denen iezigers Zeit die Priuilegien, als Gemeiner Stadt, nach dem Lieben Wortt Gottes, höchste vnd werdeste kleinot er vertrauet sein, Sondern auch die gantze Löbliche Burgerschafft vnd vnsere Liebe Nachkommen vnd posteritet angehen thut, Als wil sichs in allweg gebueren, das nicht allein alle 3 Rätthe, sondern neben ihnen die gantze Löbliche Gemein an Ihre Kay. Majestät vmb beschutzung vnd erhaltung vnserer vnd Gemeiner Stadt Priuilegien einhelliglich suppliciren vnd gehorsamist anlangen. In massen den auff befelch meiner herrn ein concept vnd schrifften gestelt ist, wie man die sach an Ihr Majestät bringen khente, welches auch iezt soll verlesen werden vnd lautet also:

Supplication An Ihr Majestät wegen der Ratts-vernewrung der Gmein Verlesen worden.

Allerdurchleichtigister Großmechtigister Vnuberwindlichister Römischer Kayser, Auch zu hungern vnd Beheimb ꝛc. König ꝛc. Allergnedigister herr.

Ob wir Zwar in notturfftige gnugsame erwegung genohmen, was massen Euer Kay. Majestät Zu diesen gefährlichen kriegsleuffen höchlichen belästiget, vnd aus vatterlicher Vorsorg allergnedigist dahin trachten wie Euer Kays. Majestät Lande, vnd wir als deroselben getreue Vnterthanen vor dem Erbfeindt der Christenheit vnd allen andern feinden gesichert sein möchten (worinnen wir dan Gott den Allmechtigen vmb Euer Kay. Majestät mächtige Vberwundung Zu trost der gantzen Christenheit mit Vnserm teglichen gebetth vnablässlich anrueffen) vnd dannenhero Euer Kay. Majestät Als Vnsern Allergnedigisten herrn, wir, so viel immer möglichen, mit diesem Vnserem Vorbringen treuhertzig gern verschonen, vnd vnbehelliget verbleiben lassen wolten. So hat Vns doch Vnser vnd gantzer gemeiner Stadt vnuermeidliche hohe notturfft verursachet vnd genöttiget, E. K. M. in vnterthenigem gehorsam, neben hoffnung eines gewehrlichen bescheids demuetigist anzuflehen.'

Darzu dan auch die Priuilegien vnd Bergkfreiheitten, so Euer Kay. Majestät Löbliche Vorfahren Könige Zu Beheimb vnnd Marggraffen Zu Mährern vnns allergnedigist verliehen, guette anleittung geben in welchen allso stehet: Nach fleissiger betrachtung befinden Wir bei Vns, das alle guette ordnung des fridens vnd ruwigen wesens auff dem Bergkwerch von der geschworen Ambt herkombt, Derhalben was ihnen wiederwertiges disfals ie möchte wiederfahren, sollen sie an Vnsere Maiestät mit guetter Zuuersicht gelangen lassen, Den Wir ihre bericht gern hören, auff das ihre Authoritet nicht verkleinert werde, wen Wir ihre bitt von Vnserm königklichen stul solten ausschliessen.

So ist dies vnser werben allso bewandt, das es vns, gantze Gemeine Stadt vnd deroselben Priuilegien vnnd freiheiten, als vnsere Edleste kleineter, darauff gantzer Stadt heil wolfarth vnd auffnehmen beruht, betreffen wil.

Es haben Euer Kay. Majestät dem Wolgebornen herrn, herrn Ladislao herrn von Lobkowitz auff Sternstein, Neustadt, Ribnitz vnd holeschaw, vnd dem Edlen Gestrengen herrn hansen von Mosch vnd Moritz auff Beneschaw Strazisk vnd Schönstein, VnterCammerern des Marggrafthumbs Mährern als Euer Kay. Majestät Rätthen allergnedigist befolhen, das sie auff bestimbten tag hieher nach Iglaw kommen, den Ratth nach guettem altem gebrauch vnd herkommen verneuren sollen. Auff solchen Euer Kay. Majestät allergnedigisten befelch sein wolgedachte herrn Commissarien den Sontag Oculi iungst verwiechen hieher nach Iglaw kommen, vnd des andern morgens Euer Kay. Majestät Crerentzschreiben, dessen Datum am tag der Apostelttheilung des verwiechenen 1604 iahrs dem Geschwornen Ratth eingehendiget, vnd was sie disfals mehrers befelch von Euer Kay. Majestät haben, Zuuerlesen geben, mit meldung, das sie derselben ausgemessenen Instruktion sich gehorsamist verhalten, vnd die Personen, von welchen sie ausdruklichen befelch haben, in den kunfftigen Geschworen Ratth einsetzen wollen. Welches als wir Geschworne, sambt den andern Zweyen Rätthen so an stat der ganzen Gemein auffs Ratthaus erfodert worden, in gemeine beratschlagung gezogen, haben wir khein anders bei vns befinden kennen, als wen der gestalt der Ratth alhie solte verneuret vnd ersetzet werden, Das solches nicht allein gutten vralten, bei vns vblichen, vnd bei vnsern Vorfahren stet vnuerruktem gebrauch vnd gewonheiten, sondern auch allen kayserlichen vnd königklichen begnadungen, Priuilegien, freyheiten, vnsern Bergk vnd Stadtrechten, so von Euer Kay. [illegible] allergnedigist confirmirt vnd bestetiget, damit auch diese Stadt [illegible] Bergstadt in diesen Landen von Römischen Kaisern vnd Kön[illegible] [illegible] andere Stedte reichlich begnadet, gantz Zu wieder sein wurde, Sondern es wurden auch dadurch viel mehr schädliche vnd gantz gefährliche enderungen, dan erbawung dieser Gemein als Euer Kay. Majestät Cammerguetts, erwachsen.

Derenthalben als wir solches vnser, ob Gott wil, billiches bedenkhen in dieser hochwichtigen handlung denen von Euer Kay. Majestät deputirten herrn Commissarien aus erheblichen Vrsachen furgetragen, haben dieselben wir in gebuerlicher Reuereuz gebetten, sie wolten vns gunstigklich Zulassen, diese vnsere vnuermeidliche grosse notturfft, weil es vnsere begnadungen vnd Priuilegien, so vns aus königklicher mildigkeit verliehen, betreffen wil, bei E. K. M. als vnsern Allergnedigsten Kaiser König vnd herrn gehorsamist anzubringen, vnd vmb gebuerliches einsehen demuetigist Zu bitten, Welches von Ihren Gnaden vns vergönnet worden, die werden auch selbsten ohne Zweiffl Euer Kay. Majestat wie dieser handl beschaffen vnd hie von vns erzehlt wirt, ihren bericht vnterthenigist gethan haben.

Beinebens sollen Euer Kays. Majestät wir gehorsamist nicht bergen, das ein solcher altlöblicher gebrauch, so durch vnsere geschriebene Recht vnd Pergkfreiheiten von etlich hundert iahren ausdruklich confirmirt, bei der Ratts-uerneurung alhie iederzeit verhalten worden, vnd bies dato ohn Vnterlaß also obseruirt wirt, Demnach drei Rätthe bei vns sein, das allweg iährlichen ein Ratth dem andern in Ambtspflichten succedirt, vnd wo in dem Ratth der da soll verneuert werden, irgents eine oder mehr Personen vnter dessen mit todt abgangen sein, so soll an derselben stell ein andere taugliche vnd qualificirte Person aus der Gmein, welche Zuuor in geringern Burgerlichen Ambtern gebraucht, vnd darinnen trew fleissig vnd vorsichtig befunden worden, item welche den beruff in der Gemein hat, vnd dannenhero von dem Gemeinen Man respectirt werden khente, von dem Geschwornen Ratth nach ihren Aydspflichten vnd gewiessen erwehlet dem herrn VnterCamerer vorgestelt vnd alsdan im Nahmen Ihrer Kay. Majestät als königes Zu Behelmb besteliget vnd confirmiret worden. So khan sich auch ein solche Person, so ordentlicher weis durch die Geschworen Scheppen des vorigen Ratts aus der Gemein erkueset, vnd fur tuchtig erkant worden, nicht Zu wieder stellen, sondern mus das auffgetragene Ambt bei Vermeidung gewiesser straff, annehmen, khan auch bei lebzeitten, weder in dem Ersten Andern noch dritten Ratth seines Ambts nicht entsetzet sein, er hette sich dan selbsten durch sein vngebuerliches verhalten vntuchtig gemacht, Wie dan vnsere Priuilegia in Originali allso lautten:

1. Noui Jurati eliguntur per antiquos.
2. Eliguntur ex omni populo qui iustiores et meliores haberi possunt, quorum fides e industria iam antea approbata est.
3. Eliguntur in locum demortuorum.

5. Nec nisi infamiam contraxerint deponuntur idque fit per suos coniuratos vel per Camerarium.
6. Debent esse Cives habentes hereditates, ut profectum civitatis melius procurent.

Vnd das an solchem guettem altlöblichem gebrauch, (wen AmbtsPersonen, so einmal fur tuchtig erkennt, nicht entsetzet werden) dieser gantzen Stadt vnd Gemein Zu erhaltung guetter Policeiordnung, fried vnd einigkeit hoch vnd viel gelegen, haben wir bieshero mit der Stadt heil wolfarth vnd auffnehmen im werkh gnugsam befunden Vber welcher guetten ordnung dan wir so wol als vnsere Vorfahren aus schuldiger Pflicht steiff vnd vest halten, bringen kheine Neurung darwieder auff, sondern lassen es in ihren terminis beruhen, Anmassen vns dan vnsere Privilegia dahin weisen, das wir die freiheiten, so von vnsern Verfahrern an vns khommen, vnserer posteritet vnd Nachkommen gantz Vnuerrukt verwahren sollen.

Vnd weil in diesem Raith, so an iezo helte sollen verneuret werden, nur 3 Personen manglen haben die Geschworen dem Altlöblichem gebrauch nach 3 tüchtige vnd der gestalt qualificirte Personen aus der gemein erkueset, wie es vnsere Privilegien erheischen, als nemlich Stadtkinder, Burger, Wolverhaltene Menner, die in andern Ambtern gebraucht werden, die eines guetten beruffs vnd Vermögens, die auch fried einigkeit recht vnd gerechtigkeit lieb haben, Derer Eltern vnnd Vorfahren ihrem Landesfursten bei Gemeiner Stadt alhie in ihren Ambtern treulich vnd fleissig gedienet, Welche sie auch dem herrn VnterCammerer specificirt vnd namkundig gemacht haben.

Weilen aber die herrn Commissarien von Euer Kay. Majestät befelch gehabt ettliche andere Personen einzusetzen, bei welchen diese Requisita vnd circumstantien inhalt vnserer Privilegien vnd freiheiten nicht Zu finden, Solches auch wieder obgedachte Ordnung das ausser der Geschworen Scheppen (die darzu mit Ayd verbunden vnd ihrer Mitburger tauglighkeit Vorsichtigkeit, erfahrenheit, vnd wie einer vor dem andern eines grössern beruffs vnd Verhaltens bösser khennen, als der, so Euer Kay. Majestät ad partem bericht, vnd in dem allem nach ihrem guetten gewiessen vnd inhalt der Privilegien sich Zu verhalten schuldig sein) auff frembden bericht Neue Ratts Personen solten erwehlet vnd dem herrn VnterCammerer Zu confirmiren auch im nahmen E. K. M. einzusetzen furgestelt werden, haben wir gedrungener noth Zu beschützung vnserer Privilegien E. K. M. vnterthenigist anrueffen muessen.

Den das solche oberzehlte ordnung die wir anietzo halten, ie vnd alzeit bei Verneurung des Raths alhie stet vest vnd vnuerbrüchlich obseruirt worden, Ist auch aus diesem grundt vnd exempl clar vnd offenbar, Das Zu Zeitten König Ludwigs, Löblicher gedechtnis, Als vnsere Vorfahren die ganze Gemein der Stadt Iglaw sich aus ettlichen Vrsachen sonderlich aber vnd furnemlich wegen der Wahl bei Verneurung des Raths den Geschworen Schepfen wiedersetzet vnd solche wiederwertigkeit mit vnsern Vorfahren beiderseits in die 3 iahr lang mit gemeiner Stadt grossen nachtheil vnd schaden gewehret bies entlich König Ludwig den Partheien in der haubt Stadt Ofen Anno 1524 ein Rechtstag angesetzt, den streit durch ein Ausspruch entschieden vnd die Rädlsfuhrer der auffruhr gestrafft hat, Was auch die Rattsuerneurung anlanget, haben Ihre Königl. Majestät dieselbe bej dem vorigen alten gebrauch nach laut der Priuilegien vnd alten statuten beruhen vnd mit einem offenen königklichen Mandat Zue kunfftiger ewiger gedechtnis gnedigist versiechern lassen. In massen dan solcher Sentenz vnd königklich mandat In originali neben dem was sich damals verloffen bei vns verwahret Zu finden Darnach wir vns bieshero, wie auch vnsere Vorfahren von alters her auch vor der Regierung König Ludwigs allenthalben gerichtet vnd verhalten haben.

Welche vnsere Alte löbliche Stadtrecht vnd auch andere Ordnungen, Priuilegien, Statuten, gewonheiten, gebreuche Satzungen, mit erstattung alles mengels, wo der ie in tunkeln vndeutlichen wortten, sentenzen oder in mengl der gebreuchlichen solenniteten befunden wurde, vns von den löblichen Römischen Kaisern vnd Königen Zu Beheimb, auch insonderheit vom Kaiser Carl dem Vierten vnd Kaiser Sigmunden in böster form vnd maß Zu ewigen Zeitten allergnedigist confirmirt vnd bestetiget sein worden vnd ist vns so wol als vnsern Vorfahren anbefolhen welcher gestalt wir solche Cleinoder auff vnsere khinder vnd nachkommen gantz vnuerletzt bringen vnd fortpflantzen sollen. Da also stehet: Entlich befelhen wir allen vnsern Amtsuerwaltern darauff furnemlich gutt acht Zu haben, das sie die freiheitten, bei welchen sie von ihrer Obrigkeit begeren geschutzt Zu sein auch ihren nachkommen mit guettem willen erhalten.

Wen wir nu, Allergnedigister Kaiser vnd herr, dem Zuwieder handlen, die Begnadungen vnd Statuten hindansetzen vnd daraus schreitten, auch im notthfall Zu E. K. M. vnsere Zuflucht nicht haben solten, So wurden wir dadurch wieder Gott vnd vnser gewiessen, als ob wir auff gethanen Ayd vnd Ambtspflicht vergessen, strässlich sündigen, Auch an Euer Kaiserlichen Majestät vnd deroselben Löblichen in Gott ruhenden Vorfahren Kaisern Königen vnd Fursten als weilandt herren dieses Landes, welche vnsern Vorfahren vnd vns ihren Nachkömlingen solche teure werde Cleinoder vnd gnadenbrieffe Zu ewiger vnsterblicher gedechtnis aus kaiserlicher vnd königklicher hoheit reichlich vnnd mildigklich verliehen, als vnbedächtige vnd vndankbare leut vns höchlich vergreiffen Wie dan in den Priuilegien auch das ausdruklich verfasst Wer sich seines Priuilegii vnd des darinnen gegebenen gewalts nicht gebraucht, der soll billich desselben beraubet sein. Zu deme, wo durch vnser vnachtsam: vnd Vnuorsichtigkeit diesfals etwas begeben wurde, vnd wir solches an E. K. M. gehorsamist nicht gelangen liessen, khenten wir es gegen vnsere Nachkommen nicht allein nimmermehr verantworten, sondern wurden dadurch allerlei gefahr, böse nachreden vnd ewigen fluch Zugewarten haben.

Vnd weil der Liebreiche Barmhertzige Gott in vnserm SilberBergkwerch seinen Segen an ietzo reichlicher als vor diesem erzeuget, wir auch Zu Euer Kay. Majestät Allerg. wolgefallen, vnd dieser Gemein Zum bösten Zu beförderung des Bergkwerchs, worauff sich dan vnsere Priuilegia vnd Statuta Ziehen, nicht allein von Gemeiner Stadt, sondern auch absonderliche Zechen wochentlich viel Vnkosten anwenden vnd sich darneben viel ansehnliche Gewerken vnd ein Zimliche Summa Bergkleut von tag Zu tag bieher finden.

Alls ist an Euer Kay. Majestät vnsern Allergnedigsten herrn vnser Aller drei Räthhe vnd der ganzen Gemein der Stadt Iglaw, einhelliges gehorsames vnterthenigistes flehen und bitten, Euer Kay. Majestät geruhen vnd als getreue Vnterthanen vnd Bergkleut, (die ihnen E. K. M. in sonderlicher Protection vnd schutz befelhen sein lassen) bei vnsern Priuilegien freiheiten, statuten, Bergkordnungen vnd gebreuchen, wie bieshero alzeit beschehen, allso auch noch kunfftig allerg. schutzen vnd handthaben vnd nicht gestatten, das weder in andern sachen, noch hierinnen, was die Rattsuerneurung vnd sonderlich die Election der Personen, so im Ratth mangeln, betrifft, etwas neues, Zuuor vngebreuchliches, auch offtgedachten Priuilegien straks Zugegen, daraus merklicher schaden vnd gefahr Zubesorgen, furgenohmen werde. Euer Kay. Majestät geruhen auch den Geschwornen so aniezo im Ambt sein oder kunfftig sein möchten wegen der Election tauglicher Personen dermassen gentzlich vertrauen, wie solches auch vnsern Vorfahren von E. K. M. vnd deroselben hochlöblichen Antecessoren als vnserer allergnedigisten Obrigkeit iederzeit wiederfahren vnd ihnen solches trauen vnd glauben, weil sie es nicht verwurkt vnd dadurch gleichsam in schmach vnd spott gesetzt, vnd degradirt sein wurden, nicht entziehen, sondern dabei allergnedigist Verbleiben lassen.

Der Vngezweiffelten gehorsamisten vnterthenigisten hoffnung, er werde dieses vnser billiches flehen vnd bitten bei E. K. M. wurklich stat finden, weil E. K. M. vns alle vnsere Priuilegia vnd löbliche gebreuche Anno 1577 confirmiret und bestetiget darinnen aus kaiserlicher milder gnad mit diesen klaren ausdruklichen worten gesetzt wirt: Das wir bei allen freiheitten, rechten Priuilegien, Statuten vnd begnadungen, so vns von Königen Zu Beheimb vnd Marggraffen Zu Mährern gegeben, nicht anderst als ob die in Euer Kay. Majestät confirmation von wort Zu wort geschrieben stünden erhalten werden sollen Da auch Zum beschlus daselbst merklich Zu lesen: Ohne Vnser vnd vnserer nachkommen Könige Zue Beheimb vnd Marggraffen Zu Mährern vnd iedermenigkliches hinderung vnd wiedersprechen.

Hieruber Zu Euer Kay. Majestät allergnedigisten schutz vnd gewehrlicher Resolution Vnns in vnterthenigisten gehorsam demuetigist entfehlend.

Geben Iglaw den 3. Junii Anno 1605.

Euer Kay. Majestät

Getreue Vnterthanen

Burgermeister vnd Scheppen Alle Drey Rätthe
sambt der ganzen Gemein der Stadt Iglaw.

Als nu die Supplication der ganzen Gemein offentlich ist abgelesen worden, hat herr Eltister ein frag an die Gemein gehalten, Ob es ihr will vnd meinung sei, das man diese supplication Zur beschutzung der Priuilegien Ihr Majestät Zuschiken soll. Drauff die ganze Gemein einhellig ihr Jawort darzu gegeben, vnd ob Zwar im hauffen geredt ward es möchten Vieleicht ettliche vnter der Gemein sein, die diese Supplication wiedersprechen wolten, Ist doch niemandt herfurgetretten, vnangesehen, das ettliche Babstische so in Ratth hetten sollen gesetzt werden vnd welche diese Supplication angangen, Zur stell gewesen, haben sie doch das wenigste nicht darwider geredt, sondern ihrem Anhang vnd Premotoren den handl nach Prag zugeschrieben, als ob ihnen Zu spott die ganze burgerschafft sei versamlet worden.

Den 15. Junii Ist die Supplication nach Prag in die Canzlei geschikt worden, vnd obwol die herrn Commissarien ihren mundlichen bericht darneben in der Canzlei gethan vns zum böfsten, hat doch nichts fruchtbarliches darauff erfolgen wollen. Entlich ist auch der mundlichen Relation in der Canzlei vergessen worden, Drauff haben wir auffm Landtag Zu Olmuntz im Jenner des 1606 Jahr ein schrifftliche relation von herrn Commissarion ausgebracht, darinnen auch das gemeldet, es weren die von Ihr Majestät erkueste RatsPersonen Zum theil gestorben Zum theil vntüchtig Zu Ambtern wegen vieler schulden. Was darauff erfolget ist im 1606 Jahr Zu finden 29. Julii 1606 Infra.

New Polwerch bey der Schlesshütten alhie gebawet worden. Vmb diese Zeit des iahrs haben die von Iglaw ein statliches Polwerch bei der schueshütten vorm Spitlthor auffbauen lassen, darzu die ganze Burgerschafft haben Robotten muessen Ist verfertigt worden den (fehlt das Weitere).

Behem schiken den Mährern kriegshilff den 20ten May. Nachdem Mährern wegen einfaal der vngrischen Rebellen, derer Obrister Steffan Wotschkai, Zimlich mit braudt merd vnd raub verwustet worden haben die Beheimb ihnen Zu hilff geschiket laut ihres Landtschluses den Zwanzigsten May, die solten den 20. Junii Zu Brun ankommen, Ihr Obrister herr Adam herr von Sternberg Obrister Landts-Cammerer im königreich Beheimb, von Iglaw sein wegen der Behmischen Landtguetter geschikt worden von 321 Vnterthanen 16 Personen vnd 2 Rentter, Als aber Zwischen Ihr Majestet vnd den Vngern fried tractirt worden, ist das Volkh beiderseits abgezogen. Wie es mit der fridstractation ab gelauffen auch was für Articl Proponirt worden, ist im 1606 Jahr Zu lesen. Es hat auch Wotschkai Taler vnd Dutker muntzen lassen, mit der Vberschrift: Stephanus Dei Gratia Dux Hungariæ et Transyluaniæ Comes Siculorum Item Stephanus Wotschkai de Kis Maria Dominus partium Hungariae et Comes Siculorum.

Pergkmeister Zur Iglaw.

Eodem anno den 13. Junii Ist herr Zacharias Freistein von Ihrer Majestät Zum Pergkmeister alhie nach gethaner Ayds-Pflicht in der Radtstuben alhie in beisein des herrn Obristen Pergkmeisters herrn küttners vnd der gantzen knapschafft angenohmen vnd inuestirt worden Entgegen ist hans Mullner von Pernelh der Alte Pergkmeister wegen seines hohen alters vnd vnuermögens der Pflicht vnd ambts erlassen worden.

herr Matthes Gruen gestorben.

Eodem anno den 18. Junii Ist der alte herr Matthes Gruen gestorben auff seinem Landtguet Zur Wies, seines alters 81 Jahr. Ist im Ratth alhie gewesen (leer) iahr, vnd hat sich in Ritterstandt auffnehmen lassen im (leer) Jahr. Ist alhie in der Pfarrkirchen den 8. Septembris begraben worden.

Musterung der Gesinder Zur Iglaw.

Eodem anno den 27. Junii hat man Zu kunfftiger notweer die Ingesinder in der Stadt vnd Vorstädten alhie welche ihre eigene feuerstatt haben, gemustert, vnd ist einem ieden seinem Vermögen nach, ein Wehr vnd rustung durch die verordneten Musterherrn aufferlegt worden. Ein ieder Rottmeister (derer in der anzahl 58) hat seine gesinder stellen muessen. Der gesinder in der Summa so sich zur musterung eingestellt haben, sein damals vber Tausendt Personen gewest.

Burger vnd Mitwohner in 4 fändl getheilt.

Eodem anno den 14. Julii Als man hieuor von der vngerischen Rebellen tyrannei, so sie an der Mehrerischen grantzen fast bis auff Eibenschutz vnd Brun geubet, mit rauben morden vnd brennen &c. gnugsam gehöret, Auch das sich etliche der vnsrigen kriegsleutte, weil sie nicht bezahlt, in Mährern legen vnd sonderlich, wie die sage war hieher nach Iglaw mit list einschleichen wollen, daher wir dan von der benachtbarten herrschafft gewarnet vns in guette acht Zu nehmen, Als ist die gantze Burgerschafft sambt den Vorstedlern vnd Ingesindern in vier fändl abgetheilt worden, vnd einem iedem fändl gewiesse befelhshaber Zugeordnet, damit Zu furfallender kriegsnott ein ieder Vnter der Burgerschafft vnd Mitwohnern wuste wohin er seine Zuflucht haben vnd was seine Verrichtung sein solte vnd weil sonsten die Stadt in 4 Virtl getheilt ist, hat man 4 Fendl gemacht, das erste virtl hat ein Weisses fandl, das andere ein Rottes, das dritte ein gelbes, das Vierte ein blawes fandl gefuhret. Dem ersten Virtl sein Zugetheilt worden alle gesinder so darinen wohnen, item ein theil der Spitlvorstadt, dem andern Virtl seine gesinder sambt den Lederthell: dem dritten Virtl seine geslnder sambt der FrauenVorstadt: dem Vierten Virtl seine gesinder sambt den Theil vor Spitlthor vnd ist befolhen worden, daß ein ieder haubtman sein Viertl mustern vnd mit aller notdurfft bestellen soll vide infra 16. Mai 1606.

Folgen die befelchshaber:

Im ersten Virtl oder fandl.

haubtman herr Bartl Schmilauer.
Leutenambt Martin Lentz.
Fendrich Matthes Faustgros — Weißfändl.
Leutnambt hans Hakh.
Feldbabel Thobias Schwab.
Fuhrer hans Gredisch.
2 Gemeine Wabl Simon Wunauer, hans holtzmulner.

Im Andern Virtl.

haubtman herr Matthes Wagner.
Leutenambt Jacob Schwab.
Fendrich herr Joachim Stubikh — Rottfändl.
Leutenambt hanuß Weiß.
Feldbabl Ambrosi Furman.
Fuhrer Peter Jung.
2 Gemeine Wabl Thobias hundert, hans Ginschl.

Im dritten Virtl.

haubtman herr Mathes Glenkh.
Leutenambt Andreas Anlauff.
Fendrich Paul Reindler — Gelbfändl.
Leutenambt Maxmilian Auer.
Feld Babl Greger Burgaw.
Fuhrer Girg Naglitsch.
2 Gemeine Wabl hans Schmid, hans höffer.

Im Virten Virtl.

hauptman herr Christoff Scholtz.
Leutenambt Matthes Lesnitzer.
Fendrich herr Andreas Schinabitz — Blawfändl.
Leutenambt Michl Stubikh.
Feldbabl Thobias Skalkho.
Fuhrer Bartl Zimerman.
2 Gemeine Wabl Matthias Sohener, Thoma koch.

Die Stadtthor werden gesperrt. Den 15. Julii hat man das Pirnitzer vnd Spitlthor versperrt gehalten vnd nur die Pforten vnd schrankenthürlein offen gelassen auch alle thor mit wechtern vnd Soldaten (derer vor ein iedes thor 3 gegeben) bewachen, vnd die wacht teglich auff vnd abfuhren lassen kheinen kriegsman weder Zu Roß noch Zu fues ohne des herrn Burgermeisters willen herein gelassen, Auch hat man vnter iedes thor 2 feldstüklein gezogen, vnd auff die Pasteyen Dopplhakhen gelegt, damit man sich im nothfaal vnsaumig der feinde erwehren khente. Die Schrankenthürlein hat man mit starkhen eisernen Ketten verwahret, daß niemandt Zu Roß dadurch reitten kennen.

Im Monat Augusti hat sich hans Fischer auß dem dorff höffen geburtig des Jacob Fischers von der Zeil sohn, vnterstanden, als er versperret worden, bei nechtlicher weil gegen dem Frauenkloster die Stadtmauer bestiegen, der meinung, wen er nahe Zum kloster kheme, so solle ihm sein Weib ein leitter aus dem Kloster (da sie beide Zur herberg waren) reichen, das er allso in die Stadt khommen khente Als aber die Wechter seiner gewahr worden, haben sie ihn gefangen genohmen, vnd wie er ettlich wochen gefengklich gesessen, ist er entlich in ansehung seines armen Weibs vnd khinderlein auch seiner einfalt, weil khein arglist bei ihm Zuuermerkhen war, von der Stadt vnd deroselben grunden Zu ewigen Zeitten verurlaubet worden Actum 26. Augusti 1605. Ein taglohner besteigt die Stadtmauer.

Fast Zu dieser Zeit hat sichs Zugetragen, das ein Schwertfegergesell mit nahmen Martin Grunhan von Miltsch aus (leer) geburtig vorm herrn Stadtrichter damals herrn Thobia kresl ist verklagt worden, Als nu der herr Richter den Schergen nach ihme geschikt, hat er sich nicht stellen wollen, sondern den diener mit losen worten abgefertiget, Auff solches ist herr Stadtrichter verursachet worden, gemelten Vngehorsamen Schwertfeger mit einem Geschwornen des Raths selbst Zu holen. Als der Schwertfeger des Richters ansichtig worden, hat er alsbald ohne schew sein Rapier ausgezogen, gegen dem Richter damit gefochten, vnd erstlich nit wollen gehorsam halten, bies entlich ettliche Soldaten entzwischen kommen, ihn Zum gehorsam vermahnet, allso das er in die straff, doch mit schnarchen vnd vngestimmen worten gegangen ist, Als er nu ein Zeitlang gefengklich gehalten ward, hat herr Obrister von Altheimb fur ihn intercedirt, das er möchte am leben verschonet, vnd ihme vnter sein Regiment knecht gegeben werden, er wolle ihn wegen seines Verbrechens gnugsam straffen, Weil er aber das leben verwarket, hat man ihn ettlich wochen mit gefengknis gestrafft, vnd hernach den 26. Augusti auff wolgedachtes herrn von Althaimb vnd anderer hieger Burgersleut Vorbitt ihm das leben schenkhen wollen doch der gestalt, das er die Stadt Iglaw vnd deroselben Zugehörige grunde flugs in continenti müssig gehen vnd Zu ewigen Zeitten meiden solte Als er diese straff vor dem Geschwornen Ratth angehört vnd menigklich nicht anderst gedachte, er wurde diese ihm erwiesene gnad mit grosser Danksagung annehmen, Ist er mit Vngestim herfuer gefahren, Er sej sein lebenlang viel hundert meil hin vnd wieder geraiset, vnd ehe er Zu spott den leitten der ge- Schwertfeger widersetzet sich dem Gericht.

statt lenger leben wolte (das er der stadt solt Zu ewig Zeiten muessig gehen) so wolle er lieber sterben, ob er das leben verwurkt, so solle man nur bald fort machen vnd nicht lang mit gefengknis Peinigen, Drauff ist er alsbald wieder in gefengkliche Verhafftung genohmen werden, vnd als dieser casus den alten herrn den 30. Augusti referirt vnd angezeiget ward, ist von allen 3 Ratthen beschlossen, Weil ihme die guad nicht annehmlich, das er seinem Verbrechen nach mit dem Schwert soll gerichtet werden. Welches auch den 3. September ist exequirt worden.

Abdankplatz des Grauen von Thurn.

Eodem anno Den 5. September Sein ettliche Reutter des herrn Matthesen henrichen Grauen von Thurn Obristen vber Tausendt Pferdt Zu Stonern vnd vmb die gegend Poln ankommen, vnd als sie sich vernehmen lassen, man solle sie Zur Iglaw abdankhen, sein die thor gespert und mit wechtern wol verwahrt gehalten worden, der meinung man wolle sie nicht in die Stadt lassen. Aber dieselbe nacht ist ein Reuttender Cammerboth von Prag hieher kommen, mit kaiserlichem befelch, man soll die Reutterei ohn alle wiederred in die Stadt annehmen, sie sollen in gar wenig tagen hie abgedankhet vnd auffs new geworben werden, Auch hetten sie sich bewilliget in leidlichem tax alles Zubezahlen.

Weil dan die Reutterei Zum theil albereit auff Gemeiner Stadt Mährerischen dörffern gelegen vnd khein hoffnung gewesen, sie abzuschaffen hat man Zum herrn Commissario herrn Ladislao von Sternberg Creutzherrn nach Pirnitz abgefertiget, vnd bei Ihr G. erhalten, das nur ein fahn, als des Obristen, in die Stadt soll gelegt werden, die Vbrigen 5 fahnen soll man in den Behmischen dörffern auff 2 meil wegs herumb einlosieren, Welches Zwar geschehen, aber Zu lezt sein die Meisten von ander herschaft grunden auff gemeiner Stadt dörffer angezogen mit dem schein, als were ihr quartier Zu weit, sie khenten Zu rechter Zeit Zum Abdankplatz nicht erscheinen, Diese 1000 Reutter sein von den 8. September bies auff den 28. Septembris hie gelegen, Vnd ist Zwar ein tax auffgerichtet worden, Da ein Pfund Rindtfleisch, Schweinenfleisch, Kalbfleisch pr. 1 w. gr., Schepsenfleisch pr. 2 kr., der habern pr. 20 kr., Der Wein pr. 1 w gr. taxirt worden, Ist aber gar wenig bezahlt worden, Den die kayserlichen Commissarien herr Georg kleinstatl neben dem herrn Elias Schmidgrabner von Lusteneckh auff Gruß Rendtmeister im Königreich Beheimb, haben nach Vieler handlung die gesellschafft dahin gebracht, das sie ihnen fur alle Zehrung vnd Vnkosten, so sie Vnterwegs vnd hie gemacht, 9 Tausendt fl. abgezogen vnd innegehalten, Dahet haben sie weder den Auspitzern noch vnsern leutten nichts bezahlt, vnd wir sein wegen der bezahlung Zu Ihr Majestät gewiesen worden haben auch noch vber das 2000 Taler auff Versicherung herrn Rendtmeisters Paar darleihen muessen, den da die Reutter Zu ihrem völligen benuegen nicht weren bezahlt worden, haben sie in Behem Ziehen wollen, Aber Zu Verhuttung mehrer

Vnkosten vnd Ihrer Majestät Vngnad hat die Stadt alhie gemelte 2000 Taler dargeliehen. Die Vnkosten, so bei diesem Abdankplatz auffgeloffen, haben sich vermöge des taxes erstrekt nu die 4000 fl. Mährerisch. Das meiste Volkh ist wieder geworben vnd vnter dem herrn Brzesowitz Obristen bestelt worden, sein Zu Olmutz gemustert.

Sterb.

Vmb diese Zeit des iahrs hat die Pest hie eingerissen sein teglich Zu 4, 5, 6 auch 8 Personon gestorben. Mehr Zu 10, 12, 13, 17, 20, hernach hats wieder nachgelassen.

Sonnen Finsternis.

Den 12. Oktober Ist ein schrökliche Sonnenfinsternis alhie gesehen worden, hat gewehret bei 2 stunden vmb Vesperzeit, dergleichen in ettlich hundert iahren nicht soll gesehen sein worden.

Communicanten.

Vmb diese Zeit als die Pest eingeriessen, sein viel Leut Zum tisch des herrn gegangen, den ersten Sontag 200 vnd ettlich Personen, den andern Sontag 323 Personen, den dritten 369 Personen, den Vierten 549 Personen, Den funfften Sontag 543 Personen, Den Sechsten Sontag 226 Personen, Den 7. Sontag 296 Personen, Den 8. Sontag 189 Personen, den 9. Sontag 241 Personen, Den 1. Aduents Sontag 213. Das ander Advent 185, Den 3. AduentsSontag 125 den letzten AduentsSontag 138 Personen.

Dieses 1605 Jhar sein getaufft worden 378 Personen,
Sein gestorben . . . . 801 Personen,
Copulirt . . . . 91 Paar,
Communicirt . . . . 9235 Personen.

Pfarherr Zu Stonnern Pelargus.

Nachdem herr Lukas Nischlauer Pfarherr Zu Stonnern wegen seines hohen alters vnd vnuermöglighkeit seinem dienst nimmer abwarten khennen, vnd die Pfarkinder sich dessen Zum öfftern sonderlich wegen der Tauff vnd Communion so er nit mehr aus mangl der sprach verrichten kennen, beschwert, Ist er seines diensts entlassen, vnd an seine stell herr M. Casparus Pelargus Rector Scholae erwehlet worden welcher vom Neuen iahr bies auff Georgii den Schueldienst versehen vnd daneben Zu Stonnern gepredigel.

herr Johan Faber gestorben.

herr Lewald Pfarrer Zum Rantzer.

Den 18. Januarii Ist herr Johannes Faber gewesener Pfarherr Zu Wilantz gestorben, seines alters 53 Jahr, hat hie im Caplandienst vnd Zu Wilantz gedienet 32 Jahr. An sein stell ist kommen M. Marcus Krumb Pfarherr Zum Rantzer, vnd nach Rantzer ist Andreas Lewald Pfarherr Zu Losnitz vocirt worden, Michaelis des 1606 Jahrs.

3 Mörd bei Stonnern.

Den 20. Januarii frue gegen mittag hat sich ein kleglicher faal begeben hinter Stonnern, Es ist ein Eysenhandler von frembs

Andreas Waslej eines gutten Vermögens sambt seinem Schwagern Niclas Beer von haidersdorff hieher nach Iglaw gefahren, willens seine Schulden alhie einzufodern vnd Zu communiciren Nicht weit aber hinter Stonnern sein 4 Reutter Zu ihnen geeilet, haben den khauffman von hinten Zu durch den Wagen erschossen, den Kutschknecht iämmerlich ermördet vnd den dritten des khauffmans Schwagern todtlich verwundet, allso das sie nicht anderst vermeinet weil er beym hertzen vnd hinter dem Nakhen ettliche stich bekommen, es sej seines lebens nicht mehr vbrig, Als aber die Mörder nachmals weitter geritten, hat sich der Verwundte gutte Man besonnen, sich auffgerichtet vnd gegen der Landtstraß (den ihn der Reutter beiseits gefuhret von der straß, allda er sich hat entblessen mussen, das sie ihm nach dem hertzen haben stechen khennen) getaumelt, Als ihn ettliche von Stonnern ersehen, haben sie ihn in Markt gefuhret vnd den faal alsbald der obrigkeit alhie offenwaret. Vnd weil man kundtschafft bekommen, das die theter gegen Stekhen hat man ihnen Zu Roß vnd Schlitten auff befelch des Raths, eilendts nachgesetzt, vnd entlich die Mörder desselben tages Zur nacht in des Teuffels kratschmen 1 meil von Czaslaw vberfallen, gefangen hieher gebracht, Welche die that erstlich stark verneunet, Als man sie aber Zu dem tödtlich verwundten Niclasen Beer (der ettlich tag hernach gestorben) nach Stonnern gefuhrt hat, vnd ihnen der verwundte alle Vmbstende, wie sie mit ihnen vmbgangen erzehlet, haben die Mörder entlich die that freiwillig bekent, mit fernerer meldung, sie hetten das leben verwurkt, sie wollen sterben wie fromme Christen. Drauff sein sie wirder in die Stadt in gefengkliche Verhafftung genohmen worden, vnd als man denen von krembs solchen faal schrifftlich Zu khundt gethan, haben sie ihren Vollmechtigen hieher abgefertiget, Weil aber 2 vnter ihnen sich des Adls gerhumet, in dem sich der eine hans Philip Vischborn von Wurtzburg, der ander Christoff Schwannabach von Nurnberg genennet, hat der Rath alhie bei dem herrn Landtshaubtman herrn Carl von Lichtenstein belernung genohmen (weil in der Mehrerischen Landtsordnung gesetzet ist, das die Stedte kheinen vom Adl richten sellen, sondern Zum nechsten Landtrecht stellen) wie gegen sie als offentliche straffenrauber Zu Procediren, Ist der bescheid erfolget, Sie sein nicht mehr Edlleut sondern Schelm, man soll neben dem rechten mit ihnen Verfahren, Drauff ist der Edlman Vischborn den 10. Martii beim Pranger mit dem Schwert gerichtet worden, Die andern drei sein den folgenden tag auffm Rabenstein Justificirt worden.

herr Lucas Nischlauer gestorben.

Den 2. Februarii Ist herr Lucas Nischlauer gewesener Pfarherr Zum Stonnern gestorben, seines alters 63 Jahr hat im Ambt gelebet 38 Jahr. An sein stell kommen herr M. Pelargus.

Teuflische Reutter lagern sich vmb Iglaw.

Vmb diese Zeit 26. Januarii haben sich des herrn Obristen Teuffels Tausendt Reutter vmb die gegend Iglaw auff des herrn Gruens vnd der benachtbarten guetter gelegert vnd allda auff ihre bezahlung gewartet, (Aus dieser Compania sein des vergangenen Jahrs den 31. October ihrer 50 Zu Roß sambt den Commissarien Peter Zastrzizl vnd Jan Osczli hieher kommen, weil man aber damals die thor gesperrt gehalten, vnd in die Stadt nicht Passiren lassen, Sein die genandten 2 Commissarien Zue fueß neben den furierer auffs Ratthaus gangen, vnd begert, man solle den Tausendt Reuttern (so hernach Zu Soher gelegen), auff der Stadt grunden, oder in der Stadt quartier vergönnen, Ihr G. herr Landtshaubtman hette es bewilliget. Weil wir aber khein befelch weder von Ihr Majestät noch von herrn Landtshaubtman gehabt, Item weil Vns von hoff Vertröstung geschehen, wir sollen mit dergleichen kriegsbeschwer verschonet werden, Als haben wir sie mit gutten wortten abgefertiget, Sein drauff nach Soher gezogen, vnd als sie allda alles verzehrt vmb den 1. Februarii in die gegend hieher kommen.

Als sie nu in der benachtbarschafft gelegen vnd mit Prouiant nicht nach notturfft versehen gewest, haben sie alle wochen ihre furierer in die Stadt geschikt, danebens auch die Commissarien fur sie geschrieben, man wolle ihnen mit Prouiant von den Stadtgrunden Zu hilff kommen, sonsten sie ihre quartier auff vnsern dörffer nehmen muesten, Ist hierauff durch des Raths gesandten ihnen auff eine Wochen 20 Muth habern, 20 Centner fleisch, ettlich kälber, 10 Emer Wein vnd ettlich Schweinitzer bier verwilliget, weil sie sonderlich vermeldet, sie werden nicht lenger als 8 tag alda still liegen, Nach ausgang der 8 tag hat man ihnen auff ihr schnarchen vnd trowen, wieder so viel ettlich auch auff die dritte vnd 4te woche bewilligen mussen, welches in einer Summa austragt 1722 fl. Den 4. Martii sein sie mit hellem hauffen auff Teltsch, Datschitz vnd Neureisch verrukt, Alda sie ihrer bezahlung erwarten sollen. Sie haben auch ettliche feldstücklein vnd Pechkrentz mit sich gefuhrt, werauff es angesehen, ist dies dato in der still. Den 9. Martii sein sie auff Ihr Majestät befelch in Behem gezogen, vnd ist also daß Mährerlandt dieser hewschrekhen gefreuet worden Entlich haben sie ihr quartier Zur Titschein in Mährern erlangt.

Den 11. Februarii Ist herr Matthias Peltzl Pfarherr Zum Gießhuebl gestorben seines alters 63 Jahr, Im dienst gewesen 26 Jahr. An sein stell ist herr Johann Cardinal den 17. Aprilis [illegible] worden. herr Peltzl gestorben. herr Cardinal succedirt ihm.

Nachdem herr Nischkauer Pfarherr Zum Stonern gestorben ist an sein stell herr M. Casparus Pelargus Zuuor Rector der [illegible] schul alhie, vocirt vnd introducirt worden Georgii. Pfarherr Zu Stonnern.

[illegible] herr Pelargi ist herr M. Petrus Schmilauer Zum [illegible] vnd den 8. Maii introducirt worden. Da hat Rector Scholae herr Schmilauer investirt worden.

halten, vnd in fine den M. Schmilauer seinen Collegis vnd discipulis commondirt. Hernacher hat herr Schmilauer auch ein Oration gehalten. Nach diesem hat herr hinconius als Schulherr den herrn M. Schmilauern inuestirt, ihm ein rutten vnd buch in die handt gegeben vnd daneben ein Lateinischen Sermon an die Collegas vnd discipulos gehalten, daß sie ihn den herrn Schmilauern ehren, Respectiren vnd ihm gehorchen sollen ꝛc. hernach hat herr M Pelargus der Vorige Rector Valedicirt, vnd herr Grassl ein deutschen Sermon an die Jugendt gethan, das sie ihren herrn Rectorem ehren, ihme gehorchen vnd fleissig studieren sollen, damit sie kunfftig kirchen, Schulen vnd ihrem lieben Vatterlandt Eltern vnd befreundten dienen khennen. Als solches alles volendet worden, hat man das Te Deum laudamus gesungen.

herr Apollo Zieht nach Eubantschütz.

Eodem die Ist herr Watzlaw Apollo Behmischer Stadtschreiber nach Eubantschutz gezogen, alda er Stadtschreiber worden.

Musterung Zur Iglaw der Burger vnd Ingesinder.

Nachdem man das vergangene 1605 Jahr den 14. Julii die Burgerschafft vnd Ingesinder in Vier fändl getheilt, aber damals wegen Vielerlei hindernis khein Musterung halten khennen, Ist dieselbe allererst den 16. vnd 17. Maij dieses 1606 furgenohmen worden, Man hat aber 4 Neue fendlein machen lassen, 1 Weiß, ein Rotts, ein gelbs vnd ein blaues, Zu iedern fandl ist Zu beidenseiten Ihr Majestät Wappen, der Schwarze Adler, vnd Vnten Zwischen den kreilen auff der einen seiten des LandtsMährern, auff der andern der Stadt Iglaw Wappen gemahlet worden, Die befelhshaber Zu iedern fandl sein oben im 14. Julii des 1605 Jahrs verzeichnet, den Fendrichen hat herr StadtEltister damals herr Paul haidler die fandlein im nahmen Ihr Majestät vnd des Raths ausgetheilt, vnd sie dabej erinnert, das sie, da es die noth erfordern wurde, dabej leib vnd leben Zu beschutzung des Vatterlandts Zusetzen selten ꝛc. Hernacher haben die 4 haubtleutte gespielet, welcher vnter ihnen mit seinem fändl den Vorzug in der Musterung haben soll, hat das loß getroffen das herr Glenkh mit dem Gelben fandl der erste, herr Bartl Schmilauer mit dem Weissen der ander, herr Matthes Wagner mit dem Rotten fendl der Dritte, vnd herr Christoff scholtz mit dem blauen fandl der 4te vnd lezte im auffzug gewesen.

Vier Newe fändl.

Wie die 4 fändl abgetheilt worden.

Zu dem Weissen fandl hat gehöret das Erste Virtl der Burger vnd Ingesinder, item das Grötzl, die Stürtzergassen, Spitlthor am Steeg, ausserhalb der ersten Rott des Ludwig keferles, welche Zum blawen fändl ins Vierte Virtl getheilt worden.

Zu dem Rotten fandl hat gehöret das ander Virtl der Burger vnd Ingesinder sambt dem Ledertheil vnd der ersten Rotth des Esaias klugmichls vor Frawthor.

Zu dem Gelben fandl hat gehöret das dritte Virtl der Burger vnd Ingesinder, item die ander dritte vnd vierte Rotth vor Frauenthor.

Zum blawen fändl hat gehört das vierte Virtl der Burger vnd Ingesinder, item die Erste Rotth des Ludwig Keferles vor Spitlthor, vnd die letzte Rotth des Adam Tengls vor Frawthor.

Jedes fandl ist bei 500 Man starkh gewesen vide supra Anno 1605.

Eodem anno Zwischen Ostern vnd Pfingsten hat man den Weg vom Frauenthor an biss an den Neuen freudhoff gepflastert, darzu hat herr Marcus Saltzenbrodt verschafft 200 fl. Weg vor Frauenthor gepflastert biss zum Gottsakher.

Den 25. Maii haben ettliche herrn des Ratths sambt ettlichen aus der Burgerschafft die Mehrerische graintzen so weit sich das stadtguth erstreckt, vnd hernach den 29. vnd 30. Maii die Behmische Stadtgranitzen beritten, vnd obersehen wie weit die Landtgueller Zur stadt gehörig sich erstrekhen, auch ob die Ranstein richtig vnd iust Verblieben sein. Stadtgranitzen beritten werden.

Den 20. Junii Ist ein kayserlicher besiegelter befelch wegen der Rattsuerneurung an herrn VnterCammerer lautend hieher kommen, des inhalts Er soll den Ratth alhie verneuren nach dem alten löblichen gebrauch vnd den Neuen geschwornen den Ayd vermöge der Mährerischen Landtsordnung aufferlegen, Item das Ihr Majestät ihme vorbehalte, da kunfftig ein stell leer wurde, dieselbe Zuersetzen. Weil aber solches wieder Gemeiner Stadt Priuilegien, das dem Ratth das Jus eligendi solle genommen werden, Auch in der Landtsordnung khein Ayd, so die Städte anging, Zu finden, Als haben die herrn Geschwornen sich bei hoff weiter erkundiget vnd rath gehalten, wie dissfals ferner Zu procediren, Ist ihnen gerathen worden, Weil in Ihr Majestät schreiben die wort stehen, das der Ratth dem alten löblichen gebrauch nach solle renouirt werden, vnd bisshero khein solcher Ayd wie in der Landtsordnung Zu finden, (vnd die nur auff die LandtsAembter sich referiren) Zu finden, So soll man vor der Zeit nichts weitters disputiren, Auch was Ihr Majestät Zu erhaltung seiner Kayserlichen reputation Zu ende setzet sich nichts bewegen lassen, Man kheune dennoch kunfftig da dergleichen wieder die Stadt freiheiten tentirt wurde, sich wie iezo, auff die priuilegia beruffen, vnd were denselben Zu wieder hiedurch nichts gehandlet, Man solle bej dem herrn VnterCammerer sollicitiren daß er ein gwalt von sich gebe, oder nach dem alten gebrauch den Ratth selbst verneure, wie Ihr Majestät befolhen da er sich dessen weigerte, kheute weiter dauon deliberirt werden, Als man nu bei dem herrn VnterCammerer vmb die Verneurung geworben, hat er nach vielen cunctiren vnd nach mancherlej gehaltenem rattschlag mit den furnembsten Landtofficirer in Mährern, auch den Kay. Commissarien, so damals Zu Brun auff dem Landtag gewesen, sich entlich dahin erklert, Er wolle ein gwalt von sich geben daß wir den Wegen der Rattsuerneurung alhie.

Ratth inhalt des kaiserlichen befelchs renouiren sollen. Den er hat wol vermerkhen khennen, das bei iezigem Zustandt der vngrischen Rebellion, da sonderlich auch die religion soll frey gelassen vnd iederman dabej geschützet werden, kheine Neurung weder in den Priuilegien, alten gebreuchen, noch wegen des Catholischen Abbs (der hoch vrgirt ward) fueglich khente furgenohmen werden, Ist allso bej des Alten Raths geschworen election inhalt der Stadtpriuilegien in allen Puncten verblieben, vnangesehen, daß sichs sehr wiederwertig angelassen, vnd ist der Ratth verneuret worden, wie folget:

Anno 1606 den 29. Julli Ist der Ratth durch die Altgeschworen uerneuret worden:

Rattsuerneurung. herr Jacob Pausperll der Elter, Eltister.

herr Thobias Kresl Beisitzer.

herr Jacob Pausperll der Junger, Richter 15. Augusti.

Junge herrn: Georg Stubikh, Zacharias Geschl, Valten Mohensakh, hans Schindl.

Kalte hundstage. Dies iahr haben wir kalte hundstage gehabt, hat fast alle tag geregnet, bisweilen auch gegrupnet, dergleichen Zeit wenig leut gedacht haben. Doch ist das getreud vnd die hiege gegend mit Zimlichen gutten Wetter eingeerntet worden.

Pest. Es hat auch bei solchem Vnsteten Wetter die Pestilenz immer fort grassiret, bisweilen des tages 4, 5, 6 Personen mehr vnd weniger hinwekh geraffet, Sonderlich iunge khinder vnter 10 iahren alt gewesen. Den September hat man des tages 6, 7, 8 auch 9, 11 mehr vnd weniger Zur erden bestattet.

Pfarherr Zu Wolframbs. Vmb diese Zeit ist Johan Fuchs, so ettlich iahr Collega bei der Lateinischen schul gewesen, Zum Pfarherrn nach Wolframbs vocirt worden. Von Arnswald aus der Mark geburtig.

Fridstractation Zwischen Ihr Majestät vnd dem Wotschkal. Nachdem fast in die 2 iahr durch die vngrischen Rebellen, in Mehrern vnd Oesterreich grosser schaden geschehen, sie auch eine Vestung vnd flekh nach dem andern in Vngern vnter ihre gwalt gebracht, Ist entlich der handl Zwischen Ihrer Kay. Majestät durch Ihr furstl. Durchlaucht Ertzhertzogen Mathias als Volmechtigen gwalttragern, vnd den Vngern, In beisein Zu beiderseits vieler herrn vnd vom Adl, vergliechen worden, vnd sein die furnembsten Articl, so damals abgehandlet worden wie folgett:

1. Sollen alle stende des Königreichs Vngern sambt den Stedten so ohne mittl der kron vnterworffen, auch die Vngrischen kriegsleut in ihrer glaubensbekendtnis vnd religion vnuerhindert frej Passiret werden. Doch sol hiedurch der Römischen Catholischen religion nichts benommen sein, vnd was den Catholischen von kirchen vnd schulen in dieser auffruhr entwendet worden, soll ihnen wieder Zugestelt werden.

2. Es soll auch zwischen den Vngern vnd Turkhen fried geschlossen werden.

3. Weil Ihr Kay. Majestät nicht in Vngern sein kennen, soll Ihr furstl. Durchlaucht durch den vngrischen Weiwoda alle streithandl rechtmessig hören vnd entscheiden lassen.

4. Die Vngrische Cron soll Zu Preßpurg gehalten werden.

5. Ihr Majestät soll macht haben Bischoffe in Vngern Zu wehlen die Ihr Majestät gefallen, vnd soll khein anderer Bischoff als der seine Bischoffliche Kirchen vnd Recht hat, in Rattschlag gezogen werden.

6. Die Iesuiten sollen nichts erblichs im landt haben.

7. Ihr Majestät sollen Vngern mit ihrer Zugehör, Slauonien, Dalmatien, Croatien durch geborne Vngern besetzen vnd die Ambter ohne Vnterscheid der Religion bestellen mit tauglichen Personen.

8. Des herrn Illieschasi vnd andere streithandl sollen wie recht ist verglichen werden.

9. Was Zu beiden theilen fur schaden geschehen soll ein ieder dulden vnd in ewig vergessen stellen.

10. Was herr Wotschkaj hinwekh geschenket, dauon soll man im nechsten Reichstag sehen, welches fueglich ohne schaden des königreichs Passiren khan oder nicht. Die Personen, so herr Wotschkaj geadlet, sollen in ihren wurden verbleiben, doch sollen sie ihre Nobilitation bej nechsten Reichstag aufflegen, das man wiessen kenne, wie sie lautet, vnd das nichts wieder Recht gehandlet werde.

Vnd weil in nechster Zusammenkunfft Zu Caschaw von denen, so dem herrn Wotschkaj anhengig, geschlossen worden, das die ienigen, so sich Zwischen Iacobj dem herrn Wotschkaj nicht vntergeben, aller ihrer gutter verlustig sein sollen, das soll gantz krafftlos sein.

11. Die gutter so den Vngern genohmen, vnd auslendern Zugeeignet sein worden, sollen die Vngern denen es von rechtswegen gehörig, wieder auflösen.

Betreffend die Person herrn Wotschkais.

Herr Wotschkaj soll Siebenburgen geniessen vnd possediren allermassen wie vorhin herr Sigismundus Batori rc. Vnd soll es erblich halten dergestalt, ob er khein ehlichen Mannes Erben Zeugen wurde, soll alles auff den Vngrischen könig vnd also Zur kron Vngarn nach seinem todt weiter gefallen, [illegible] seiner blutsfreundt vnd befreundten einrede oder widersprechen [illegible] ein Tochter verlies, die soll der Reichs Vngern Constitution [illegible] quartitio vergnuget werden, oder mit deme, wie herr Wotsch-[illegible] Ihr Majestät vergleichen wurden.

[illegible] herr Wotschkai stehen alls wie herr Sigismundus Batori, [illegible] einen Fursten des Reichs vnd Siebenburgen, Auch ein[illegible] graffen der Zakhein vnd Weiwoda in Vngern schreiben soll. Das Wappen des Siebenburgerischen Furstenthumbs soll er auch fuhren.

Die Cron so der Visier Bassa dem herrn Wotschkaj verehrt, soll nicht Zu abbruch oder schmach vnd Verkleinerung der vngrischen Kron von ihme genohmen sein.

Vnd was von dem 15. October des 1604 Jahrs bej dieser rebellion bies auff dato geschehen soll alles todt vnd ab, auch ewig vergessen sein vnd ein theil dem andern nicht auffrukhen, vnd die Verbindtnis, da sich ettliche dem herrn Wotschkaj verbunden vnd aydlich verobligirt, sol hiemit cassirt vnd auffgehoben sein. Ist geschlossen Wien den 23. Junii anno 1606.

Dabej sein gewesen, Ertzherzog Matthias, herr Pauel Sixt Trautsen, herr Ernst von Molart, herr Carl herr von Lichtenstein, Sigmund Forgatsch, herr Seifrid Christoff Preuner, herr Girg Turso, herr Steffan Illischasi vnd andere vngrische Herrn. Solhen frid haben auch die Behmen durch ihre abgesandte, sowol auch Mährern, Slesien Ober vnd Nieder Lausnitz bestetiget ꝛc.

Fried mit dem Turkhen.

Bald hernach im September Ist auch frid mit dem Turkhen geschlossen worden auff 20 iahr. Die Artickl beide des vngrischen vnd Turkischen frids sein im Drukh.

Doctor Knobloch zieht nach Wittenberg.

Den 3. Octobris Ist herr Matthias Knobloch Stadtmedicus alhie wegen seines Weibes stet wehrender leibesschwachheit wieder von hinnen nach Wittenberg, daher sie geburtig, verraist, als er nicht lenger den 2 iahr hie gewesen. Ihme haben im 1608 iahr succedirt 2 bestelte Doctores herr Doctor Peter Schmilauer vnd herr Doctor Kresl wie vnten Zu lesen.

Pfarherr Zu Gieshuebl gestorben.

Den 6. Nouember Ist herr Johannes Cardinal Pfarherr Zu Gieshuebl gestorben, welcher nicht lenger den bei einem halben iahr im dienst gewesen, Ist an der pest gestorben. An sein stell ist Gregorius Rudloff gewesener Cantor der Lateinischen schul den 13. Maij introducirt worden Anno 1607. Vnd Paulus Schubert Cantor bestelt.

Greger Rudolf Pfarrer daselbst.

Dieses iahr sein getaufft 446 Personen.
Gestorben . . . . . 970 Personen.
Communicirt . . . . 8213 Personen.
Copulirt worden . . . 180 Paar.

Heurath Martin Leupoldts.

Anno 1607 den 14. Februarii hab ich Martin Leupoldt mit Jungfrauen Anna Maria herrn Andree Seidls von Pramsen Röm. Kais. Majestät Rath vnd Rendtmeister in Mährern, ehlich Tochter hochzeit gehalten Zu Dobremielitz dahin wir nach verrichter heuratsabrede von Olmuntz gefahren vnd eben den tag des herrn Seidls Sohn Andream allda begraben, Meine gefehrten herr Johannes hinconius herr Bartl Schmilauer, herr Andreas Schinabitz, herr hans Schindl, herr Maximilian Aner, Fraw hincouiusin, Fr. Doctor Rucardin, vnd Zu Roß herr Augustin Schmilauer, herr Paul Schinabitz sambt ihren 2 Vorreittern vnd einem Drommetter. Sein den 18. Februar war der Sontag Sexagesima gegen abendt mit der Braut nach Iglaw kommen vnd alda die heimfuhrung gehalten.

DoMInVs sit proteCtor noster.

Den 10. Martii haben sich 2 fändl Peltzische knecht auff LangPirnitz Steuern vnd andere Mehrerische Stadtgrunde gelegt, die aus Siebenburgen dahin kommen sein, hernach den 26. Martii sein sie von dannen auff Datschütz Teltsch vnd hernach auff Mehrerisch Titschein losirt worden, haben auff den grunden Gemeiner Stadt verzehrt (fehlt). Peltzische knecht legen sich auff die Mährerischen Stadtgrunde.

Eodem anno den 16. Januarii Ist Paul Schubert Iglaviensis Zum Cantore von Wittenberg berussen worden, der hat sein stell angetretten, wie Gregorius Rudolph, der vorige Cantor, so Zum Gieshubl Pfarherr worden, vmb die ordines nach Frankfurt gezogen. Paul Schubert Cantor alhie.

Nachdem Ihr Kay. Majestät entschlossen das die Reuter des herrn Grauen Crafft von hollach in Mehrern sollen abgedankt werden, Ist ein kayserlich befelch dem angesezten Herrn Landtshaubtman herrn Ladislao Poppl von Lobkowitz Zu komen, er soll etliche Aus den stenden in Mährern sodern, mit ihnen deliberiren wo die Reutter Zu quartiren da sie bezahlt wurden. Abdankung des Graffen von hollach.

Darauff haben die meisten gewolt, man solte alle Tausendt Pfert nach Iglaw legen, weil sie in 2 iahren schlechte beschwer gehabt, die von Iglaw aber haben ein Intercession vom herrn Carl herrn von Lichtenstein ausgebracht, daß ihrer soll verschonet werden. In ansehung dieser des herrn obristen hoffmeisters Vorbitt, Ist bei den stenden einhellig beschlossen worden, Das Zur Iglaw 500, Zue Brun 300, Zu Znaim 200 Roß sollen quartirt werden, Dauon es die von Iglaw nach vielem sollicitiren nicht haben bringen khennen.

Hierauff ist am Sontag Oculi den 18. Martii herr hans von Trui Obrister Leutenambt voran hieher kommen, Abendts hernach der Quartiermeister vnd die Furierer, haben alle 520 Pferdt in der Stadt losiren wollen, Doch sein nur des Obristen Cornet in der Stadt, die andern auffn dörffern in Mährern eingetheilt worden.

Die Reutter (vnd sonderlich Obrister Leutenambt) haben die Vnterhaltung teglich begert, wie es ihre geselschafft Zu Brun vnd Znaim mit wissen vnd willen des herrn Landtshaubtmans geliefert worden Nemlich auff ein gmeinen Reutter teglich 30 kr. :c wie vnten der tax folgen wirt, Dagegen hat der Ratth starkh widerPart gehalten, weil vorhin khein tax auff Paargelt, sondern was ein ieder vermöcht hat im haus ist gegeben worden Weil sichs aber Zu der Reutter anzug der den 20. Martii beschehen, befunden hat, daß viel mehrers auffgangen, als wie die Ordinanz hat sein sollen, Item daß viel frembdes gesindl mit vntergeschliffen vnd vmbsonst gefressen, Auch daß die andern 2 Stedte die Ordinanz angenohmen, Ist den 21. Martii auff vnterhandlung des Wolgebornen herrn, herrn Zdenko von Waldstein herrn auff Pirnitz vnd Sadko auch den herrn Aleß Stranetzki als vom herrn Landtshaubtman verordnete Commissarien Zwischen dem hochgebornen herrn, herrn Crafft Grauen von hollach herrn Zu Langenburg Röm. Kay. Majestät bestelten Obristen vber Tausendt gerüster Pferdt sambt seiner G. vntergebenen Ritterschafft an einem, herrn Burgmeister vnd Ratth der Stadt Iglaw anstat der ganzen gemein anders theils von wegen derselben Ritterschafft Vnterhaltung alhie solcher accord getroffen vnd beschlossen worden, Nemlich

Ordinanz der Reutter.

Daß dem herrn Grauen auff sein Person teglich sol gereicht werden	20 fl. R..
Ein Emer alter Wein dem tax nach pr.	8 fl. 45 kr.
Ein Emer Junger Wein pr.	4 fl. 22 kr.
Vier Emer Bier	4 fl. 40 kr.
Dem herrn Obristen Leutenambt teglich	10 fl.
Obristen Wachtmeister	4 fl.
Quartiermeister	2 fl.
Prouiantmeister	2 fl.
Rumormeister	2 fl.
Obristen Wagenmeister	1 fl. 30 kr.
Profos	2 fl.
Obristen Veldscherer	1 fl. 30 kr.
Auff 1 Rittmeister fur alles teglich	5 fl.
Auff des herrn Obristen Leutenambt	5 fl.
Auff die andern Leutenambt derer 2 sein, auff ein ieden	4 fl.
Auff ein fendrich, derer 3 sein	4 fl.
Auff 1 fannen Junkher, derer 3 sein, einem ieden	2 fl.
Auff 1 furierer, Wagmeister vnd Musterschreiber auff alle 3 Zusamen bei allen 3 fahnen	3 fl.
Auff ein Corporal, derer 10 sein, ieden	2 fl.
Auff 510 Pfert, die sein vom Adl oder Gemeine Soldaten, teglich auff Man vnd Roß	30 kr.
Thut alles Zusamen teglich	381 fl. R. 17 [illegible]

Dagegen sol die ganze Ritterschafft sambt dem herrn Obristen, Leutenambten vnd andern officirern vnd befehlshabern was Zu ihrer [illegible] tung gebürt vmb dasselbig gelt was ihnen teglich gereicht wirt, [illegible] ihre Pferdt die notturfft auffm Markt vnd bei Gemeiner [illegible] sel [illegible], [illegible] [illegible], brot, bier, Wein, Habern [illegible] tualien, vnd dasselbe laut des auffgerichten taxes mit Paarem gelt bezahlen, ausserhalb hew, stroh vnd holtz welches man Zu der notturfft vmbsonst geben soll.

Taxordnung.

Ein Pfund	Rindt Kalb, Schepsen Schweine	fleisch pr. 3 kr.	

Ein Mas Junger heuriger Wein pr. . . . . 5 kr.

Ein Maß alter Wein . . . . 10 kr.

Ein Kanne alts bier, wie hie breuchlich . . . . 1 kr.

Ein khaufften Mezen habern pr. . . . . 26 kr.

Ein alte hennen pr.. . . . . 5 kr.

Funff Ayer pr. . . . . 1 kr.

Ein Pfund Schmaltz pr. . . . . 6 kr.

Brot, bier, Mehl, Gruppen vnd ander Zugemüß auch Visch bleiben in gemeinem billichen khauff.

Hergegen hat hochgemelter herr Obrister Zugesagt das seine ehrliche Ritterschafft sich damit vergnugen niemandt daruber molestiren vnd bedrengen, sondern ihre Victualien auff dem Markt oder wo es die Obrigkeit verordnen wirt, suchen soll. Zu Vrkhundt hat herr Obrister sein Secret, der Katth das StadtInsigel aufdrukhen lassen.

Den 22. Maii ist die Reutterei abgedankt werden, durch herrn Erich Lassota Ihrer kays. Majestät verordneten Commissarium.

Vnd haben die Reutter von dem 19. Martii bies auff den 22. Maii nichts bezahlt was ihnen teglich gegeben worden, haben also dem leiblichen tax nach verzehrt 24045 fl. 21 kr.

Vber das ist Verlust am habern . . . . 282 fl. R.

Am fleisch . . . . 76 fl. R.

Am Wein . . . . 179 fl. R.

Vmb hew vnd strew . . . . —

Allerlei schulden so bei den Burgern vnd bauern sich befinden sambt den Comiss. Vnkosten circiter 200 fl.

Thut alles ausser dessen, was sonst mit Verehrungen auffgangen, auch was an Teuchten, Bächen vnd holtz ꝛc. schaden geschehen Summa Summarum Ohn gefehr . . . . 25000 fl. R.

ihm alle gefell in Mährern dagegen verschrieben sein sollen bies er wieder bezahlt wirt, das hat ihm der Kaiser Zugesagt vnd versiechert, Damit nu die Abdankung desto eher furgenommen werden weil herr Cardinal in so schneller eil mit der völligen Summa nicht hat aufflommen khennen haben die Stedte ihm auff Verzinsung ein iahr lang geliehen, wie folget:

Brun . . . . 22000 Taller.
Znaim . . . . 8000 Taller.
Iglaw . . . . 22000 Taller.

Die Lehenschafft der 22000 fl. sollen sie iahrlich am haus vnd biergelt bies sie völlig bezahlt werden innehalten 2c. Ist anno 1608 vom landt versichert worden.

Rathherr gestorben. Den 6. Iulii Ist herr Augustin Fellenbaum gestorben.

Rathsuernewrung. Den 19. Iulii Ist der Ratth verneuret worden: herr hans Losnitzer Eltister. herr Iacob Pauspertl der Iunge Beisitzer. herr Christoff Scholtz Richter. Iunge herrn: hans Patzl, Simon Lenpoldt.

Behmischer Stadtschreiber. Den 14. Augusti Ist herr Georg Wenschik von Znaim Zum Behmischen Stadtschreiber hie angenommen worden.

Iglauerische kriegsunkosten in 7 iahren. Die Vnkosten, so die Stadt Iglaw von der Preunerischen Musterung, die im 1600 Iahr geschehen, bies auff diese der hellachischen Reutter Abdankung dieses 1607 Iahrs auffgewendet, erstrekhen sich beileuffig auff Vier vnd Neunzig Tausendt.

Comet. Bald nach Michaelis hat man etlich wochen nacheinander ein Cometen gesehen, dessen stralen gegen Siebenbürgen gerichtet gewesen.

Dies iahr sein getaufft 525 Personen.
Gestorben . . . . 400 Personen.
Communicirt . . . 7178 Personen.
Copulirt worden . . 194 Paar.

Verlauff wegen des geschlossenen vnd retractirten vngrischen friedens. Nachdem oben im 1606 Iahr kurze meldung geschehen der Zwischen der Römischen Kayserlichen Majestät vnd den vngrischen Stenden auch herrn Wotschkai geschlossenen friedstractation, vnd wie die abgehandelten articl vom Erzherzogen Matthia als Ihrer Kayserlichen Majestät Volmechtigen, Item von den Vngrischen, Behmischen Mährerischen vnd Slesischen Stenden durch die abgesandte Zu Wien bestendig sein confirmirt vnd damals mit Ihr Majestät wissen vnd willen beschlossen vnd verfertiget worden Ist ferner denkwürdig mit wenigen Zu erwehnen was dieses 1608 Iahr dieser sachen halber sich ferner verloffen.

Landtschlus Zu Presburg. Anno 1608 den 1. Februarii haben Ihre furstliche Durchlaucht Erzherzog Matthias neben den Vngrischen vnd Oesterreichischen Stenden sich zu Presspurg einhellig verglichen vnd verbunden, daß sie den Zwischen ihnen vnd den Turkhen so wol ander lendern geschlossenen fried stet vnd vest halten, alle fur einen Man stehen vnd ihr leib vnd leben dabei aufffetzen wollen. Entgegen Ihre Kaiserliche Majestät den frieden nicht ohne sonderliche conditionen ratificiren wollen, welche dem Gegentheil vnannehmlich, Daher haben Ihre furstliche Durchlaucht den Mährerischen Stenden geschrieben sich zuerkleren, ob sie die geschlossene vnd vnter ihren Sigillen verfertigte fridstractation neben ihnen halten wollen, das schreiben ist vom herr Ladislao Berka der Zeit angesetzten herrn Landtshaubtman ein Zeitlang verhalten worden, Darneber das Ander schreiben von Ihr Durchlaucht kommen, fast des vorigen Inhaldts, hierauff ist ein Curierer nach Prag abgefertigt Ihr Majestät resolution, was die Mährische stende thun sollen zu begern, herr Cardinal hat vrgirt man sol den frid retractiren, er hette vnd khente noch auff andere mittl geschlossen werden, dagegen die Stende Ihr Majestät bitten lassen man sol den frid halten.

Ihr Durchlaucht schreiben an die Mährerr.

Das schreiben wird verhalten.

Ihr Durchlaucht anders schreiben.

der Stende meinung.

Den 3. Martii Ist herr Thoma Rokenzaun neben mir auf des herrn Cardinals von Dietrichstein Bischoffen Zu Olmütz citation nach Brun gefuefet worden, da gleich das landrecht alda gehalten worden, Da hat der herr Cardinal im nahmen vnd aus befelch Ihr Majestät vns angezeuget, die Stadt Iglaw sol des Vertrauns Zu Ihr Majestät sein, wen ein gfar oder noth auf sie kheme, daß sie Ihr Majestät schutzen wollen Entgegen begert Ihr Majestät wen abgesandte von vns nach Prag solten citirt werden, das man dahin mit Volmacht erscheinen sol.

herrn Cardinals begern an die Iglauer.

Den 7. Martii als wir wieder nach haus verraiset haben die anwesenden herrn vnd Ritterstandes zu Brun bei wehrendem landrecht bericht empfangen, als solte herr Berka dice Landtshaubtman durch heimliche practica bei nechtlicher weil ettliche furnembste vnter den Stenden vnuersehens vberfallen vnd hinrichten lassen wollen, vnd daß die Stadt Brun bei nechtlicher weil den Obristen Monsier ti!i dessen Volkh nicht weit von Brun gelegen, in die Stadt zum herrn Berka gelassen habe daher die Stende aus dieser vnd andern vermuttungen Zu Verhüttung eines blutbades die thor die Nacht vber selbst bewachtet, Zu Roß von einem thor Zum andern geritten vnd Morgens frue mit geruester handt nach Austerlitz bei 500 starkh verrukhet, sich allda verglichen ein Zusammenkunfft in Eubantschutz Zu halten.

heimliche Practica wieder ettlich landleut in Mährern Zu Brun.

Den 14. Martii Sein wir auf herrn Berkas begern nach Meseritsch gefahren, da gleich Monsier Tili Obrister bei ihm gewesen, hat vns Ihr Gnaden furgehalten wir werden vns ohne Zweiffl Zu erinnern haben was herr Carl von Lichtenstein mit ettlichen seinen adhaerenten fur vngewehnliches wieder den Landtfried, wieder die landtsordnung, wieder Ihr Majestät Zu verhinderung der Iusticien Zu der Zeit vnd an dem ortt da man das landtrecht hat gehalten iungst in Brun furgenohmen, Nemlich daß er den ersten tag (war der 6. Martii) ettliche aus den

herrn Berkas begern an die Iglauer.

Stenden an sich gebracht, mit ihnen ein conföderation gemacht, darunter die meisten solche Personen die im landt nicht angesessen vnd wenig Zuuerlieren haben, des andern tages habe er an sich mehr gebracht ein theil durch trinkhen (wie sie den Wein in der landtstuben getrunkhen vnd Peuglein gegessen) ein theils durch andere mittl. haben auch ein Zusamenkunfft ohn mein des Landtshaubtmans wissen vnd willen wieder Ihr Majestät nach Eubantschutz ausgeschrieben den Sontag quasimodo geniti alda Zuhalten Ob vns nu dergleichen schreiben Zukheme, wil er nicht Zweiffeln die von Iglaw werden dahin nicht erscheinen, Auch bei Ihr Majestät Ihrer löblichen vorfahrer exempl nach stet vnd vest halten, das wirt Ihr Majestät mit kayserlichen gnaden gedenkhen vnd sie die Stadt bei ihren priuilegien gnedigist schutzen. Da auch wieder hoffnung einiges kriegsuolkh sich vmb Iglaw legen wolte das wil er alsbald abschaffen vnd im faal der noth selbst Zu vns verraisen. Darauff wir geantwortet, wir hetten nicht Vrsach von Ihr Majestät zu weichen auch nicht vernohmen, daß die Mährischen Stende vns Zu ihrer Zusamenkunfft begerten, Doch soll dauon dem Raith relation geschehen, vnd zweiffeln vns nicht, sie werden sich diesfals gebuerlicher massen Zuuerhalten wissen.

Der Mährischen Stende schreiben an den Rath alhie wegen der Zusamenkunfft nach Eubantschutz.

Den 15. Martii Ist der Mährischen Stende erstes schreiben dessen Datum Austerlitz Montag Oculi, ist der 10. Martii vnter 50 Sigillen verfertiget hieher ankommen Inhalts, Wir sollen vnser abgesandte auf den 13. Aprilis nach Eubantschutz verordnen, es werde da nichts wieder Ihr Majestät, sondern wie dem Kayser das landt Zuerhalten, auch wie wir vnsere Weib vnd khinder neben vnsern freyheitten möchten geschützet vnd gesiechert sein, gehandelt werden Worauff den herrn Stenden blos ein kundschafft daß man das schreiben empfangen gegeben worden.

Landtag Zu Brun.

Interim hat Ihr Majestät ein Algemeinen landtag auff den 27. Martii nach Brun ausgeschrieben dahin fast niemandt erschienen, Was da geschlossen ist im drukh.

Gemein wirt auffs Ratthaus gefodert.

Der Stende schreiben ist der gantzen Gemein in originali behemisch vnd dan auf deutsch transferirt verlesen vnd ihnen dabei das angezeigt worden. Nachdem bei iungst gehaltenem Landtrecht Zu Brun Zwischen den Stenden des Marggrafthum Mähern ein Vnuernehmen erwachsen daher die meisten vnter dem herrn vnd Ritterstand ohne Vorwissen, Ihr Majestät ein Zusamenkunfft aller 4 Stende nach Eubantschutz ausgeschrieben vnter dessen aber hochstgedachte Kayserliche Majestät vor wenig tagen ein allgemeinen landtag in Brun halten lassen, bei welchem Ihr Majestät sowol schrifftlich als durch dero herrn Commissarien mundtlich alles ernsts anbefolhen das wir vnd andere Mehrerische Stedte aus gwissen Vrsachen Zu der publicirten Zusamenkunfft nicht erscheinen sollen.

Wie auch Ihr Majestät den Städten absonderlich geschrieben. Inscriptio: Den Ehrsamen Burgermeistern vnd Schöppen auch Gemeinden vnserer Städte vnd dem ganzen Burgerlichen Standt in Mähreren ꝛc. vnsern lieben getreuen. Rudolff ꝛc.

Ehrsame liebe getreuen Wir kommen in glaubwürdige erfahrung was massen etliche aus den Inwohnern des Marggrafthum Mährern herrn vnd Ritterstandes eine Zusamenkunfft nach Eubantschütz auff den 14. Aprilis angestelt auch an einen ieden Vnter euch sonderliche schreiben, damit ihr euch gleichfals darselbst finden lasset, gethan haben. Weilen dan obgedachte Zusamenkunfft ohn vnser als Königs in Behem vnd Marggrafen in Mehrern vorwissen vnd willen ausgeschrieben vnd gehegt worden vnd wir denselben aus gewissen wichtigen vnd erheblichen Vrsachen nicht bewilligen khennen Als befelhen wir euch vnd verbitten, das ihr zu gemelter Zusamenkunfft nach Eubantschütz, auch Zu kheinen andern . . . . befelch nicht angeordnet durchaus nicht erscheinet auch eure abgesandte dahin nicht ab- . . . . lts dergleichen was vns als euren König vnd herrn offendirn vnd verletzen möchte furnehment, Sondern vilmehr in gebürlichen vnd schuldigen gehorsam verbleibet, daran vollbringet ihr vnsern gnedigen willen vnd meinung Wir wollen auch solch euer Vnterthenige trew vnd gehorsam nicht allein in gnaden gedenkhen, sondern euch auch als Vnsere getreue vnd liebe Vnterthanen schützen vnd Euer Gnediger Kayser König vnd herr sein vnd verbleiben Prag 26. Martii 16.

Rudolff
Sdenco Adalbert
de Lobkowiz S. R. B. Cancelarius.

Ad mandatum S. C. M. proprium.
Jan Mentzl.

Wie nun alle 3 Räthe als Vorsteher dieser gantzen Gemein vatterlich dahin bedacht, Gemeiner Stadt nutz vnd frommen Zu werben, Auch fur ihre Person, der Römischen Kayserlichen Majestät vnsers Allergnedigsten herrn befelch gehorsamlich nachzuleben gesunnen sein, weil sie als getreue Vnterthanen nicht Vrsach haben von Ihr Majestät Zu weichen. So wollen sie auch der Vnfailbaren Zuuersicht Zu der gantzen löblichen Burgerschafft [illegible], das sie ebnermassen neben Ihr Majestät als getreue Vnterthanen hafften, [illegible] im fal der noth gutts vnd böses neben allen 3 Räthen ausstehen [illegible] Sein hieruber meine herrn euerer antwort gewertig Drauff sich die [illegible]fft durch den Peter Jung erklert, Sie wollen neben ihnen stehen [illegible] Majestät trew verbleiben Sie hetten keinen andern herrn als den [illegible].

[illegible] 29. Martii ist ein blinde Musterung der Burger vnd [illegible] gehalten worden. Blinde Musterung Zur Iglaw.

[illegible] Aprilis haben sich die Mährerischen Stedte [illegible] Insigeln bei den hehern Stenden [illegible] diget, das sie auff Ihr Majestät Verbott nach Eubantschutz nicht durffen ihre gesandte abfertigen, Doch was den landtfried betrifft, vnd wo nichts wieder Ihr Majestät gehandlet wirt, wellen sie als ein standt, so Zum Landtfried verbunden, sich von ihnen nicht trennen Bitten hierin entschuldigt Zu sein.

Ebnermassen ist Ihr Majestät geschrieben worden das man Ihr Majestät befelch gehorsamlich nachkomme vnd nach Eubantschutz nicht erscheine.

Die herrn vnd Ritterstandes halten ihre Zusamenkunfft wieder Ihr Majestät willen.

Daruber ist die Zusamenkunfft mit gewapneter handt statlich gehalten worden vnd ob Zwar Ihr Majestät den Stenden solche Verbotten vnd ein General landtag aller lender nach Prag ausgeschrieben, ist doch dahin niemandt aus Mehrern noch von andern landen geschikt worden.

Das andere schreiben der höhern Stende an den Rath alhier.

Den 25. Aprilis ist der Stende anderes schreiben vnter 44 Sigillen hieher kommen, darin sie begeren Zu wissen Ob sie das was Zu Eubantschutz geschlossen werden ratificiren vnd neben ihnen vermege des landtfrids fur ein Man stehen wollen.

Gmein wirt abermal auffs Rathaus gefodert.

Darauff ist die Burgerschafft den 26. Aprilis abermal aufs Rathaus gefodert werden, vnd als man ihnen das schreiben Behmisch vnd deutsch verlesen, vnd daneben angemeldet, in was fur gfar wir stehen, ob wir vns vom landt trennen, Ist die gantze Burgerschafft dabei verblieben Man sol beym landthalten, weil sie sonderlich sagen es werde nichts wieder Ihr Majestät gehandlet.

Iglauer halten beym landt.

Der Mährer mit Ihr Durchl. Verbundnis wegen erhaltung des geschlossenen fridens.

Die Mährischen Stende haben sich mit Ihr Durchlaucht verglichen, die einmal abgehandelte fridstractation Zu halten vnd in dem saal neben Ihr Durchlaucht stehen, weil auch sonderlich wegen der Religion der articl nicht hat wollen passiret werden.

Ihr durchlaucht Ziehen mit 18000 Man aus Wien durch Mährern in Behem.

Darneben haben Ihr Durchlaucht ein ansehnliche Summa Volks von 18 Tausendt Man Zusamengebracht, sich mit den Vngern, Oesterreichern, Mährern vnd Slesiern vereinigt Zu erhaltung ihrer freyheitten ins Königreich Beheimb Zuruckhen vnd die Rädlsfuhrer, so Ihr Majestät verfuhren, vnd an Zerstörung des frides schuldig, heimzusuchen.

Ertzhertzog Matthias kombt nach Iglaw.

Den 5. Maij Sein Ihre furstl. Durchl. Ertzhertzog Matthias mit einer ansehlichen stattlichen Ritterschafft vnter denen auch herr Tursi, herr Palfi, Bischoff von Raab, herr Carl von lichtenstein, herr Carl herr Diwiss vnd andere herrn von Zerotin, herr hobitzki, herr Gunther von der Goltsch, herr Watzlaw Zahradetzki, neben den furnembsten Oesterreicherischen herrn von Pirnitz hieher bei 20 Vhrn ankommen, vnd in herrn Georgen Stubikhen haus einlosirt worden, Ihn Zu empfahen sein verordnet gewest herr Jacob Pauspertl der Eltere, herr Jacob Pauspertl der Junger, herr Girzik Schmilauer, herr Bartl Schmilauer vnd ich Martin Leupoldt, Ist von mir ohn gefehr mit dergleichen wortten excipirt

Wirt alda vom Rath empfangen.

worden. Das Burgermeister vnd Scheppfen der Stadt Iglaw in Vntertheniger treuheit höchst erfreuet sein, das Ihr furstl. Durchlaucht nicht allein mit guttem gesundt glueklich alhie angelanget, sondern auch die Stadt so hoch gewurdiget vnd bej dero in gnaden einkheren wollen, Wünschen ferner Ihrer furstl. Durchl. zu ihrem löblichen furnehmen langwürdige bestendige gesundtheit glueckliche vnd friedsame Regierung auch alle andere hellsame wolfarth vnd sein Ihrer furstl. Durchl. Zu angenehmen vnterthenigen diensten gehorsamist beslieſſen. Vnd ob sie Zwar bej ietziger beschaffenheit Ihre furst. Durchlaucht nach furstlichen wurden Zu tractiren nicht vermögen, So haben sie dennoch Zu anzeugung Ihres vnterthenigen gehorsambs vnd schuldiger dienstwilligkeit nicht Vnterlassen sollen Ihr f. D. ein geringes vnwurdiges Präsent von Wein, Bier, Wilpret, anderm fleisch, huenern, fischen vnd dergleichen Victualien gehorsamst Zu verehren mit demutigster bitt sie geruhen solches mit furstl. gnaden annehmen, Ihr Gnedigster Furst vnd herr sein vnd verbleiben.

Drauff Ihr Durchlaucht sich gar gnedig erzeiget, das Präsent mit guttem Willen angenohmen vnd sich erbotten der Stadt willig liebs vnd gutts Zuerzeigen.

Die Verehrung ist gewesen 20 Emer Wein, 3 Schweinitzer Bier, 2 Reh, 6 kelber, 8 schepsen, 2 Ochsen, 60 huener, 10 hechten, 60 karpen, 3 muth habern, vnd was von krebsen, Ayern vnd dergleichen gewest ist. Verehrung Ihrer Durchlaucht.

Eodem die Zur Nacht ist herr Cardinal von Dietrichstein Bischoff in Mähreren als ein abgesandter von Ihr Majestät hie ankommen, hat den 6. Maij vmb 8 auf der halben Vhr audienz bei Ihr Durchlaucht gehabt, Item die Babstische bottschafft, Sein aber beyde vnuerrichter sach verraiset, Den Ihr Durchlaucht Zuuor ein landtag nach Czaslaw in Behem ausgeschrieben, Da wolle er mit den behmischen Stenden tractiren vnd die Vrsach seiner Reis ꝛc. melden dahin er sie die Commissarien remittiret vnd weil Zeitung einkommen, es sej aus behem Ihr Durchlaucht gfahr Zubesorgen, wo sie nicht bald hinein rukhen werde, Vnangesehen Ihr Durchlaucht allererst den 10. Maij von hinnen haben verrukhen wollen, sein sie auff eingezogenen bericht bald den 8. Maij mit hellem schönem hauffen eines auserlesenen kriegsvolks von Vngern, Oesterreichern, vnd Mehrern in behem gezogen vnd haben den tag Zu Deutschbrod das nachtlager gehalten, Den 9. Maij sein sie nach habern vnd den 10. nach Czaslaw ankommen, allda die Zelt aufgeschlagen im freyen feld. Cardinal kombt nach Iglaw.

Von habern aus haben Ihr Durchl. durch schreiben an die Stadt Iglaw 3000 Taler begert dieselben alsbald in Wien von der allda gefallenen contribution innezuhalten, Weil Ihr Durchlaucht vor nie hiegewesen vnd das das erste ersuchen gewest, hat man 3000 Taler obbeschrie- Lehenschafft Ihr Durchlaucht.

Roß Zur Artolerey. bener massen dargeliehen. Sein bezahlt. Mehr sein 230 Roß Zu führung der Artolerei bewilligt worden von den Mehrischen dorfern 115 vnd von den Behemischen auch 115 Roß. Ist aber nachmals bej 150 Rossen verblieben vnd sein von andern ortten auch furgebracht worden, der fernere verlauff ist im 3. blatt hernach Zu finden.

Rector vnd Conrector Scholae. Den 12. Maij Ist herr M. Johannes Georgius Ficlerus Dresdensis (welcher auf Georgii durch promotion herrn Doctoris Pelargi von Frankfurt an der Oder hieher vocirt worden) an stat herrn M. Petri Schmilauers der den dienst resignirt vnd seinem Studio Medico nachgesetzet, Zum Rectore introducirt worden.

Sowol ist herr Matthias Mauerbach Iglauiensis Zum Conrectore anstat des herrn M. Thobiä hattschiwes der ein Meltzer worden damalen introducirt worden.

Cantor confirmirt. Auch herr Paul Schubert Cantor, so sein Ambt fast ein halbes iahr albereit verwaltet, damals auch confirmirt worden, weil es ehe wegen allerlej Vngelegenheiten nicht hat sein kennen.

herrn von Lichtenstein 3 fandl knecht kommen nach Iglaw. Den 30. Maij Sein des herrn Maximilian von Lichtenstein Obristen vber 3000 knecht, drey fandl bej 1200 starkh sambt den geschutz vnd Artolerej von den Mehrischen dörffern (dahin sie den tag Zuuor ankommen) auffgebrochen vnd auff dem Weingeburg nahend bej der Peranauer Prukhen im feld losirt worden, da sie eines bescheids, ob vnd wen sie weitter in Behem verrukhen sollen, erwarteten Ihre Commissarien herr Fridrich Gemniczki vnd herrn . . . . Jurman.

Der tax ist mit ihnen auffgericht worden das sie Paar bezahlen sollen, wie folget:

1 Pfund Fleisch per 8 Putschaul.

2 Seitl bier lauter per 1 kr.

1 Seitl Wein per 3½ kr.

1 Laibl brott per 3 denar.

1 Metzen haber per 10 w. groschen.

hew vnd streue vmb sonst, weil sie nicht mehr als 30 Roß haben, vnd das streh soll man Zu der knecht liegerstat ins Feld fuhren, Item fleisch Bier vnd brott soll man durch gewisse Personen ins lager fuhren lassen, da soll nichts ohne Paar gelt verkhaufft werden. den 3. Junij sein alle 3 fandl auff Ihr durchlauchtige befelch auffgebrochen vnd dem feldleger in Behem Zugezogen.

Fleischhakher erschossen worden. Den 5. Junij hat ein Tuchmacher von Trisch mit nahmen Christoff Ssiman aus trunkener weis, den Pawel Dietkowski vorm Frauenthor vorm Wirtshaus erschossen, weil er der Dietkowski mit einem stekhen auff ihn geloffen vnd schlagen wollen, daz er Zuuor im Wirdtshaus auff sein Stiffvatter schissen wollen, Auch seines Stiffvatters Magdt geschlagen, Ist also aus schlechter Vrsach dieser laidige faal erfolget. Des entleibten Freunde haben sich hernach mit dem theter (so in continenti in gefenglnis alhie gelegt worden) guetlich verglichen vnd ihm die bese that begeben vnd sein ihm nicht nach dem leben gestanden daher ist er auff seines herrn vorbitt der gefenknis erlassen vnd vmb 50 fl so Zu bösserung weg vnd steg angewendet gestrafft worden.

Den 7. Junij hat Christianus heurich ein Pergknap den hansl Pittner auch einen Pergkheuer in trunkener weis ohne Vrsach vorn Pirnitzerthor erstechen, vnd als bald darauff Zwischen dem Mörder vnd der bestelten Stadtwacht auch einem vnter des herrn von Lichtenstein gehe- rigen Soldaten ein streit erhoben, vnd sie auf einander gestochen, Ist entzwischen des Mörders Bruder Dauid heurich von Marienberg in handl kommen, hat den Soldaten todtlich verwundet, auff die wacht gestochen, einen vnter ihnen verwundet vnd darauff sambt seinen brudern dem Christiano flüchtig worden, dem hat der Rath nachsetzen lassen, da hat der Dauid auff die so vom Rath verordnet, ebnermassen gestochen Daher seine beyde brueder der ein als ein Mörder, der ander als der sich der wacht vnd dem Gericht widersetzt, Auch den einen Soldaten todtlich verwundet, mit dem schwert gerichtet worden andern Zum exempl. Pergkheuer erstochen worden. 2 Pergknapt brueder enthaubt worden.

Den 28. Junij Ist der Ratth verneuert worden mit conses des herrn VnterCammerers. herr Daniel Letzelter Eltister. herr Mattheß Wagner Beisitzer. herr hans haberman Richter. Junger herr: Paul hadmer.

Nachdem Ihre furstliche Durchlaucht vom 8. Mai bies auf diese Zeit in Behem gelegen, vnd sein Volkh vieler ortt ein merklichen grossen schaden gethan sonderlich vmb Prag da das furstliche Feldlager gewesen, Ist entlich der handl Zwischen beyden herrn Gebruedern verglichen worden — Nemlich daß Ihr Kayß. Majestät seinem herrn Bruedern Erzherzogen Matthiä die vngrische Cron sambt dessen Clenodien den 27. Junij vberantworten lassen, die hat Franciscus Cardinal von Dietrichstein Bischoff Zu Olmütz Ihr durchlaucht im feld etwa ein halbe meil ausser Prag lateinisch vnterm Gezelt präsentirt, vnd der Bischoff von Nouigrad anstat Ihr Durchlaucht darauff geantwortet. ferner verlauff zwischen Ihr Majestät vnd dem Erzherzogen.

Darauff Ihr durchlaucht volkh bei 14000 starkh so in der schlachtordnung gehalten, alle abgeschlossen vnd salutschüsse gethan, die behem sein mit der Cron heraus kommen bei 1000 Reutter vnd bei 70 kutschen.

Mehr ist Ihr durchlaucht das Mehrerlandt ganz vnd gar abgetretten worden Sowol auch Oesterreich.

Item Ihr Durchlaucht sollen sich schreiben Ein designirten Zum König in Behem vnd da Ihr Majestät ohne Erben abging, sol Ihr Durchlaucht König zu Behem werden, da aber Ihr Majestät erben verlies, sol Ihr Durchlaucht dennoch das königreich vnd den Erben gubernieren bis zu seinen mundigen iahren. Der ganze verlauff vnd die völlige tractation ist absonderlich nach der leng Zu lesen.

Drauff sein Ihr durchlaucht den 30. Junij sambt dem gantzen feldlager bei 24000 Man starckh auffgebrochen, sich in 2 hauffen getheilt vnd wider aus Behem gezogen.

Landtag in Mährern.

Newer Landtshauptman.

Der 15. Julij haben die Mehrischen Stende ein Landtag zu Olmuntz gehalten, da ist herr Carl herr von Zerotin (der zu erhaltung der Mehrischen freyheitten bej Ihrer durchlaucht das böste gethan als man mit Ihr Majestät tractirt hat, das Ihr Majestät die Mehrer der Vnterthenigkeit erlassen, weil sie nimmer vnter des kaysers regiment sein wolten) von Erzherzog Matthia Zum landtshaubtman in Mehrern erwehlt worden. Als er das Jurament gethan, vnd die Wort **Matizo Bozj wssym swatym** verlesen worden hat er die finger sinckhen lassen auch nicht nachgesprochen.

Religion frej.

Bei diesem landtag ist geschlossen, daß ein ieder seiner Religion frej sein vnd Zu den Ayd der wider sein gewissen. kunfftig nicht sol gedrungen werden.

Item es ist ein Instruction geschrieben worden, welche ob Ihr königklichen wurden Erzherzog Mathias eingehen, sol er Zum landtsfursten in Mehrern angenohmen werden Die articl sein, die Religion frej Zulassen, die priuilegia ꝛc. des landts vnd eines jeden zu confirmiren Item den hehern stenden Zuzulassen, daß sie ohne königklichen Machtbriff, in massen die Slesier priuilegirt sein, ihre Testamenta auffrichten kennen. Sein drauff abgesandte aus allen 4 Stenden nach geschlossenen landtag gehn Wien abgefertiget, die sollen Ihrer königklichen Wurden, ob sie die articln wie nicht zu Zweiffeln eingehen, ein tag zur huldigung den 25. Augusti, ist der Montag nach Bartholomej ernennen, die sol zu Brun geschehen.

Abgesandte Zu Ihrer königklichen Wurden aus allen 4 Stenden.

Herrn.

herr Carl herr von Lichtenstein, Regierender herr des Hauses von Lichtenstein.

herr Maximilian Lew.

herr Ladislaus der Junger, von Lobkowitz.

herr Vlrich von Launitz.

Prelaten.

herr Abt von Welehrad.

herr Abt von Znaym.

herr Prior bei Sanct Thomas Zu Brun.

Ritterstandts.

herr Jan Zahrabetzkj.

herr Waczlaw Wanetzkj.

herr Jan Czehka.

herr Gunther von der Goltsch.

Stedte.

herr Barthl heilig von Olmuntz.

herr Christoff Pitzer von Brun.

herr Johan hinconius von Iglaw.

Ist ihr der Stende begern voltzogen, vnd Ihrer königlichen Wurden ein tag Zur hulbigung der 25. Augustj ernennet worden.

Behmische Capeln wirt wider vom Rath geöffnet 19. Augusti Anno 1608.

Nachdem Dominicus Manus des Abten von Strohoff Verwalter (sonsten seines handtwerkes ein Welscher Maurer) Anno 1600 die Capelln kegen der Pfarkirchen vber gespert, mit furwendung es geschehe darans damit der Abbt, wan er hieher kheme, seinen Gottesdienst vnd Meß darin verrichten kenne, Aber in warheit die furnembste Vrsach gewesen, daß man ihm damals das Prewwerkh nicht vergunstigen wollen, Auch den khauff vmb den hoff bei der Langen Prukhen ein Zeit gehindert weil er den begerten Reuers nicht geben wollen. So ist obgenandter Dominicus durch ettliche RattsPersonen 3 mal guetlich vnd freundlich ersucht worden, weil er die Capeln fur seine Person mit gewalt vnbefugt gespert vnd verrigelt, Er welle sie wider öffnen, Es hat aber der Abgesandten begeren nichts gewurkhet, Sondern Dominicus dasselbe straks abgeschlagen, Auch da Zum drittenmal neben den verordneten RattsPersonen 4 Burger aus der gmein Zu ihme geschikt worden hat er die Burger fur sich nicht kommen lassen, sondern blos denen des Ratts doch nicht gern audienz (wie ers genent) vergönnet, vom Ratth sein Zum ersten abgesandt worden herr Jacob Fessl, herr Andreas Schinabitz, Martin Leupoldt, Zum letzten herr Jacob Fessl, herr Marcus Schindl, Martin Leupoldt, vnd aus der Gmein Matthes Faustgros, Martin Scholtz, Vallen Powentz vnd Matthes kappl.

Welche als sie nach schlechtem gegebenen bescheid aus befelch aller 3 Ratthe dem Dominico geantwortet dieweil er die eröffnung verweigert, So sein die herrn alle 3 Rätthe entschlossen solche Capeln selbst öffnen Zu lassen, Darauff er geantwortet: ob es geschehe So welle er gwalt mit gwalt vertreiben, Es ist aber vngeachtet seiner Drowung, die thur der Capeln durch den Schlosser Lucas Thomas mit eusern stangen aus den Rigeln gehebt vnd alsso eröffnet worden. Das loch welches Anno 1600 der Dominicus hat aus dem Pfarhoff hinein in die Capeln brechen lassen, Ist desselben tages, nemlich den 19. Augusti 1608 alsbald, so dikh die Mauer, wieder vermauret worden.

Was Zuuor der Behmische Prediger M. Marcus Krum von büchern [illegible] Postibus darin verlassen, Ist alles verloren vnd von denen im vnd Zu lesen angefangen bies entlich Anno 1609, wie vnten im selben iahr Zu sehen ein behmischer Prediger bestellet vnd besoldet worden.

König Mathias Einzug in Brun.

Den 25. Augusti sein Ihr königliche Wurden Zu Brun eingezogen, haben hernach die landtsprivilegia confirmirt, den Landtsfrieden verneuret vnd alles was der Mährischen Stende begeren gewesen, bewilliget, Auch nachmals das Jurament in der Kirchen gethan, die Ambter verneuret vnd den 4. September wieder nach Wien verruket. Als Ihr königklichen Wurden ankommen sollen, Sein die Mehrer entgegen hinaus gezogen. Von Iglaw sein geschikt worden 10 Reutter, herr Girzik Pawle, Paul Schinabitz, Tobias Seidenmeltzer, hans Reindler, Marcus Waltner, Paul haberman, Martin Grünner, Lucas Watzko vnd Andreas Scharbenter, haben sich auf ihre eigene Vnkosten in Ascherfarb federtuch gekleidet, Auff huet vnd feder ist ihnen vom Ratth beysteuer 30 fl. R. gegeben worden, Sonsten sein sie Zehrung frej gehalten worden, Dem König ist khein Präsent von den Stedten geschehen.

Wirt Marggraff in Mährern.

Dominicus beschwert sich beym herrn Landtshaubtman.

Bej dem Landtag in Brun hat sich Dominicus vorm Landtshaubtman beschwert, als heiten ihm die herrn die Behmische Capeln mit gwalt, mit Viel handt man grossem Geschrei vnd Drewwortt geoffnet begert dieselbe ihm wider einzuraumen.

Drauff die Abgesandten bericht wie sichs verloffen, Auch wie er die Capeln vor 8 iahren fur sein Person vnbefugt gesperrt hette, die vns Zugehörig ꝛc. Der bericht ist ihme Zugestelt worden Vnd als er damit nicht

Erlangt ein vnangenehmen bescheid.

Zufriden, vnd beym herrn Landtshaubtman ferner angehalten, Ist ihm der bescheid erfolgt, Er sol sich Zu ruh geben vnd den Iglauern die Capeln, wie sie es Vorhin genossen also auch noch Vngehindert verbleiben lassen Den er der herr Landtshaubtman herr Carl von Zerotin hatte Zuuor auff vnsern bericht befolhen die Capeln der gestalt Zu öffnen.

M. Krumb gestorben.

Den 3. October Ist herr M. Marcus Krumb gestorben. Im Pfardienst gewesen 30 iahr. An sein stell ist nach Wilantz vocirt worden (fehlt).

hausknap erhenkt sich.

Den 1. Nouember hat sich ein hausknap mit nahmen (leer) beym goldenen Lewen auff dem hewboden erhenkt, Ist vom henkher beym Galgen eingegraben worden.

Erzhertzog Mathias wirt Zum Vngrischen König gekrönet.

Den 19. Nouember Ist herr Matthias Ertzhertzog Zu Oesterreich Zum Vngrischen König in Pressburg gekrönet worden folgender gestalt. Ihr königliche Majestät sein vmb 7 Vhr von Schlos in die Thumkirche auff Vngrisch gekleidet geritten, herr Iliaschazj als Palatinus hat die Cron vorher gefuhrt, Andere ansehliche vngrische herrn die vbrigen Clenodien Als Scepter, Reichsapffl, schwert vnd 10 fahnen in der kirchen hat herr Iliaschazi die Cron vnd andere Clenodien auffs hohe Altar gelegt,

Darüber der Cardinal Forgatsch in beysein des Nuncij von Rom vnd anderer Bischoffe die Benediction gesprochen, alle Clenodien, wie auch den König selbst geweihet, Ihn hernach mit dem königlichen Rokh gekleidet vnd also gekrönet Darauff das Te Deum laudamus gesungen werden vnd alle stukh abgangen. Nach diesem ist der König in das Parfusser kloster gegangen, da auff der gassen vberal tuch gebreittet gewesen, hinter dem König sein vnterschiedliche Newe Muntz ausgeworffen worden, In der Parfusserkirchen hat der König die 10 herrn, so die fahnen getragen, Zu rittern geschlagen, hernach in seinem habit vnd mit der Cron auff dem Kopff, sein Ihr Majestät vor das Michaelerthor geritten, allda den Stenden offentlich auff einer Biene geschworen, hernach auff der andern seitten der Stadt kegen der Donaw vber hat man einen Waal auffgeschützet, Darauff der König in angedeuttem habit mit blossem Schwert spornstreichs gerennet, allda seine 4 streich in die 4 ort der Weldt gemacht, vnd allso wieder auffs Schlos Zum letzten mit einem grossen comitatu geritten. Bej der taffl ist er gleichergestalt in seinem königlichen habit verblieben, statlich tractirt, vnd alle stukh wieder abgeschossen werden, vnd haben ettliche Vngern bei der taffl auffgewartet vnd speisen getragen, Ertzhertzog Maximilian, der Cardinal der Nuncius vnd herr Palatinus sein bei der königlichen taffl gesessen. Den heyduckhen hat man 50 Ochsen vnd 60 Emer Wein verehrt, Zur nacht sein statliche Fewerwerkh gehalten vnd alle stukh wider abgeschossen worden, Solcher gestalt ist Gott lob, die Crönung glueklich verrichtet worden. Actum ut supra.

Den 21. December Zur Nacht Ist ein hausknap, so auff des M. Zanners haus in der Judengassen gearbeittet, bej der Nacht in einem tumult, von dem Georg Kratschmer einem Tuchknappen mit der faust ins gesicht geschlagen worden, von welchem schlag (das Weitere fehlt). Tuchknap erschlagen worden. Georg kratschmerr.

Den 23. Januarij 1609 Sein herr Doctor Peter Schmilauer vnd herr Doctor Ludwig kresl fur ordinarios Medicos beyde Zugleich auffgenohmen vnd confirmirt worden, Ihre iährliche besoldung einem ieden fur alles 120 fl. Vnd sol ihr bestallung von 1. Januarij dieses angehen. Ist ihnen daneben furgehalten worden. 1 Sie sollen die Burger Arm vnd reich in ihrer Cur fleissig befolhen sein lassen, die Armen mit dem praecio curationis nicht beschweren, Da gar blut Arme leut oder Adolescenten vnd Mendicanten krankh legen, dieselben vmbsonst curiren. 2. Da sie auffs landt begert wurden, sich beym herrn Burgermeister anmelden, das man im nottfaal wiessen khenne, wie sie anzutreffen. 3. Die Apotheken Visitiren. 4. Wen einer sein Vocation endern wolte, oder ein Rath ein enderung machen solte, das es ein theil dem andern auffs wenigst ein halbes iahr Zuuor ankundige. 5. Wan die publica examina gehalten worden in der Lateinischen Medici-Doctor Schmilauer.

sein wolten. Wegen der Accidentien ist nichts gwisses geordnet, Sondern ein ieder patient nachdem er Reich oder Arm wirt sich gebuerlich vnd dankbarlich gegen den Herrn Medicis Zuerzeigen wissen.

Diese Artickl alle sein beyden herrn Doktorn annemlich gewesen, Drauff sie also confirmirt vnd besteliget, ihnen auch glükh Zu ihrem practicieren gewunschet worden.

huldigung derer von Iglaw dem Neuen Marggraffen als königen Matthiä.

Nachdem die Röm. Kay. Majestät Rudolphus Secundus, seinem herrn Brudern Ertzherzogen Matthiä das Marggraffthumb Mähreren abgetretten, vnd die Mährer der Vnterthenigkeit erlassen, wie oben im 1608 Jahr dauon meldung geschehen. So haben Ihre königl. Majestät den 27. Januarij dieses 1609 Jahrs den Wolgebornen herrn, herrn Emil Osowsky von Daubrawitz, Herrn auff Trebitsch hieher geschikt, die huldigung vom Raith vnd der gantzen Gemein im nahmen Ihrer königklichen Majestät anzunehmen, vnd obwol Ihr G. herr Commissarius anfangs begert die ganze Gmein Zusamben vnd von ihnen sambtlich den Ayd Zuleisten, wie in andern Stedten geschehen. Weil aber darauff bericht geschehen, daß es hie weit ein andere gelegenheit habe als in den andern Mährischen Stedten, vnd daß in dieser kayserlichen oder königklichen Pergstat 24 Personen anstat der ganzen Gemein geordnet sein, Ists dabej verblieben, daß die 24 Personen neben dem an ietzo sitzenden geschworen Raith das Jurament gethan.

Im Jurament sein die Wort gestanden (dessen Copi den herrn sich darin Zuersehen weil sie ein Abtritt in Saal gethan, Zugestelt worden) Matize Bozj a wssym Swatym Welche Wort alle 3 Raithe gebetten daß sie möchten cassirt werden, Sintemal von Königs Ludouici Zeitten an die von Iglaw khein dergleichen Ayd gelaistet, Ja auch die Stadt als PerkStadt ein [illegible] alter Ayd in ihren Original Rechten verzeichnet finden, da weder der [illegible]ter Gottes noch der heiligen gedacht wirt, So vernehme man, daß die von Znaym gleichfals den Ayd wie er hie begert wirt, ohne gemelte [illegible] geschworen haben, daher bitte man Ihr Gnaden wolle sie auch dabej ver[illegible] lassen, herr Commissarius aber ist darauff hart gestanden, dieweil der [illegible] aus dem Towaczlowskyschen buch genohmen, vnd oberal in Mähreren [illegible] halten wirt, Auch in der Landtsordnung austrikhlich verfast, daß der [illegible] gestalt sol verlesen werden, Allein es möge die wort (Matize Bozj [illegible] Swatym) nachsprechen wer das welle, vnd niemandt wieder [illegible] dartzu gezwungen werden, Aber auf der herrn ferner anlangen [illegible] hiege Ordnung Recht vnd gewonheit sein wurde weil [illegible] schworen Ambt fort gehalten bies zu ausgang des iahrs) Als von den Alten herrn, die anstat der Gantzen Gmein geschworen haben mit folgenden worten in Behemischer SpraB:

My Burgmistr, Radda, Starssi Obeczni y na mistie wssi Obcze Przisahame Panu Bohu wssemohauczymu A Ney Jasniegssimu knizieti a Panu, Panu Matthyassowj druhemu kralj Vherskemu, Wolenemu Czckanczy kralowstwj Czieskeho Arczikniziet Rakauskemu a Margkrabj Morawskemu Panu nassemu milostiwemu a gehomilosti Erbum aneb diediczum Prawe a diediczne Czlowieczienstwj y hold wiernau 7 Przimnost Poddanost y Poslussenlwj a Gehomilost Aurzednikum, czoby nam tak Z Gehomilosti wule. k Gehomilosti Dobremu, Gehomilosti gmenem rozkazalj, Gehomilosti Dobro Prziwoditi a Zlo odwoditi, a we wssem se w tom tak Zachowati Yako na lydi Miestsko wierne a Poddane Panu siermu se slussi Zachowatj Tak nam Pomahaij Pan Buh wssemohauczy. Ist abkommen 1618.

Das schreiben des Königs an herrn von Trebitsch lautet also:

Matthias der Ander von Gottes Gnaden König Zu hungern, designirter Zum König in Beheimb Ertzhertzog Zu Oesterreich, hertzog Zu Burgund Marggraff Zu Mähreru, Graue Zu Tyrol rc.

Wolgeborner besonders Lieber vnd Getreuer Obwol wir Vns noch Zur Zeit wegen eines VnterCammerers in Vnsern Marggraffthumb Mähreru nit entschlossen, vnd aber fur ein sonder netturfft erachten, das von vnsern Stedten ermeltes Vnseres Marggraffthumbs Mährern die gebreuchliche huldigung vnd Pflicht Vnuerlengt auffgenohmen werde. Als haben wir aus dem gnedigsten Zu dir habenden Vertrauen dich hiertzu erkuest vnd furgenohmen, gnedigist befehlend, das du dich alsbald nach Znaym vnd Iglaw verfuegest, vnd daselbst altem löblichem Gebrauch nach von dem Stadtratth vnd der Burgerschafft die Aydspflicht vnd huldigung, doch ohne alle Verenderung, in Vnserm Nahmen auffnehmest, vnd wie du solches verricht, dessen Vnsern Landtshaubtman berichtest, An dem beschicht vnser gnedigster auch entlicher willen vnd meinung, Geben in Vnserer Stadt Wien den 8 tag Jannary 1609 Vnseres Vngrischen Reichs im Ersten.

Mathias p.

Nachdem herr M. Marcus Krumb Pfarherr Zu Wilantz den 3. October des verschienenen 1608 Jahrs abgestorben, Ist seine stell ersetzt worden mit herrn Andreä Lewald Pfarherrn Zu Rantzer, vnd gehn Rantzer ist verordnet worden, herr Ezakiel Lampertus Pfarherr von Stelhen, An dessen stell ist nach Stelhen bestellet herr Georgius Rudloff Pfarherr Zu Gieshiebl vnd nach Gieshiebl ist beruffen worden herr Matthias Mauerbach der diesem Corrector der Lateinischen schulen. Actum 3. Maii 1609. Ihrer 4 Dorffpfarherrn introduction.

Conrector M. Paul Austerlitzer.

Als herr Matthias Mauerbach dem Schuldienst valediciret, Ist Zum Conrectore von Wittenberg vocirt worden Paulus Austerlitzer den 4. Martij 1609. Der hat darauff ehe er hieher kommen promouirt, vnd ist den 11. Maij introducirt worden.

Königs Matthiä abgesandte Zur Iglaw.

Den 4. Maij Ist der Wolgeborne herr, herr Zdeniek von Waldstein, herr auff Pirnitz vnd Sadku neben dem herrn Christoffen Wlekta als königliche Abgesandte hieher kommen, vnd im nahmen Ihrer königklichen Majestät furgebracht, Nachdem an dem Präsent, so dem Turkischen Khayser Zuerhaltung des geschlossenen friedes abzufuhren, noch ettlich Tausendt gulden mangeln, Ihr Majestät aber bei iezigen viel vnd manchfaltigen Ausgaben Zimlich erschepfft, So haben sie vnter andern auch die Mehrischen Stedte vmb ein beisteuer vnd Verehrung gnedigist ersuchen lassen, Inmassen dan die Olmutzer vnd Brunner iede Stadt 1500 ƒ Ihrer Majestat Zu gehorsamen ehren bewilliget, Welches auch von dieser Gemein hiemit ersucht wirt, Ist drauff von allen 3 Ratthen nur 1000 ƒ gewilliget, weil die Olmutzer vnd Brunner vns in allem vorgehen, Auch mehr landtgütter haben als wir, vnd allweg in dergleichen vnd andern geldthandlungen mehr als wir Zu contribuiren pflegen, Der 1000 ƒ halber haben sich die herrn Commissarien im nahmen Ihrer königklichen Majestät bedankt, die willig angenohmen, vnd abents wieder von hinnen verraiset, doch sein entlich fort 1500 fl. auf gutachten Ihrer G. herrn landtshaubtmans (soviel als von andern Stedten) gegeben worden.

Newe Practica Wider Mährern.

Den 10. Maij Sein schreiben kommen vom herrn Carl herrn von Zierotin herrn Landtshaubtman in Mähreru daraus Zuuernehmen gewest, als wolte sich etwas neues heben sonderlich im Iglauer kreis wider die Mährer, Item das auch er selbst in leibesgefahr stehe, Daher warne er die Stadt damit sie sich in gutte acht nehme, ihre thor wol verwahre vnd mit wächtern bestelle.

Drauff sein desselben tages das Pirnitzer vnd Fischerthor gespert gehalten worden, Den 11. Maij hat man die Rottmeister auffs Ratthaus beschikhen lassen, ihnen angezeigt, daß ein ieder in seiner Rott die burgerschafft vnd Mitwohner erinnere, sie sollen sich in guter acht haben, mit ihrer hausweer gefast machen, vnd da man die Drumml rieren wurde, sich ein ieder Vnsaumig Zu seinem fahn finden. Ebnermassen hat man den 31. Maij die Soldaten so sich hin vnd wider in der Stadt auffgehalten, in continenti abgeschafft, Auch durch die Ambtleut die Vnterthanen auff Gemeiner Stadt dörffern fleissig erinnern lassen, daß sie auch in der bereitschafft stehn, die tag vnd Nachtwach fleissig halten, vnd da sie das geringste von kriegsleuten vermerkten, dem herrn Burgermeister vnsaumig anmelden.

Vnd weil man gleichwol so Viel in der still vernohmen, daß 3 Mehlauerkreis erstlich im Vnglükh brechten, denen man auch gelt Zugeschikt, heimlich kriegsvolkh Zu werben, (herr Ziampach, herr Kawka, herr Berka) hat Ihr G. herr Landtshaubtman 150 Mehrische von den herrn Sten-den besoldte Reutter, derer Obrister herr Gunther von der Golsch, Donnerstag vor Pfingsten hieher geschikt, damit die Stadt vor heimlichem einfaal desto bösser gesiechert sej, Den Viel furnehme herrn dem heern Landts. haubtman in geheim Zugeschrieben, Er solle die Stadt Iglaw warnen, daß sie gar wol auff sich achtung gebe, Item es weren Zu Prag in der stille 2 Petarda gemacht, wohin man dieselben brauchen möchte, sej Zuuermutten, Auff solchen des herrn Landtshaubtmans bericht, daß gfar vorhanden, hat die Stadt bemelte 150 Roß desto willig angenohmen, Sonderlich weil sie ihre richtige bezahlung vom landt Zugewarten haben.

herr Golsch Obrister kombt mit 150 Reuttern nach Iglaw.

Tara.

Desselben tages ist in beisein des herrn Obristen vnd der herrn Commissarien (welche waren herr Aleß Stranetzkj, herr Christoff Blekta) mit den abgesandten der Stadt Iglaw ein solch tar getroffen worden.

1. Die Soldaten sollen vmb ihre Paare bezahlung allerlej Prouiant, wie die in täglichen werth khaufflich Zu bekommen, selbst furbringen lassen ohne einige beschwer oder darleg derer bürger, da die Soldaten losirt sein. Es soll alles fleisch, Wein, bier, brott vnd ander notturfft in seinem teglichen werth, wie es sonsten In gemein Zu bekommen verbleiben.

Vnd weil hierin wie eben vermelt die Stadt nicht beschwert wirt, Soll der habern auff Rabisch doch auff gwisse bezahlung, darumb der herr Obrist selbst eingesprochen, der Metzen pr. 7½ w. (gr.) geliefert werden, Wochentlich 132 Metzen auff iedes Roß 1 Metzen ausserhalb des herrn Obristen Roß. hew vnd strew sol vmbsonst gegeben werden, vnd damit die Stadt nicht allein die Last trage, haben die herrn Commissarien den benachbarten Mährischen landtleutt geschrieben, daß sie in dem tar ettlich muth habern sowol hew vnd strew Zu beysteuer herein schikhen sollen Welches Zum theil geschehen. Vnter diesen 150 Reuttern sein ausserlesene Soldaten vnd mehrerstheils befelhshaber gewesen Zu dem ende, wen sich etwas heben wolle, daß man alsbald mehr Reutter werben khente vnd an befelhshabern khein mangl sej. Sein den (fehlt) Junij von hinnen auff Olmuntz gelegt worden.

Anno 1609 den 27. Junij hat der New erwehlte Vnter-Cammerer, herr Carl haugwitz von Biskupitz ꝛc. dem König [illegible] Zu Olmuntz im Bischoffhoff das Jurament gethan, Sein Vorfahrer herr [illegible] Wossowskj ist in einem tumult hingericht worden.

Newer Vnter-Cammerer.

[illegible] Augusti Ist Anna des Jacob Fridrichs gewesenen [illegible] alhie hinterlassene Wittib auff ewig verurlaubet wor-[illegible] innerhalb eines Virtl iahrs ihr haus vnd hoff verkhauffen [illegible], alle stritigkeitten richten, vnd die Stadt raumen

Jacob Fridrichin auff ewig verurlaubt.

Vrsach, weil sie sich mit einem Sattlergesellen hans Fischer in Vnzucht eingelassen, erstlich die that vernainet, ihn den Fischer darumb gerichtlich furgenohmen, ettlich ayd daruber schweren lassen, vnd wie sie entlich gemerkt, daß sie nichts erhalten wurde mit laugnen, sondern daß man ihr wegen des grossen Verdachts anderer gestalt mit ernst Zusetzen werde, vnd die warheit durch ernstliche mittl erkundigen, sie die that selbst vor allen 3 Ratthen offentlich bekent, Vnd weil sie ausser dessen allzeit sehr verdechtig gewesen, Ist sie Zu Verhüttung mehrer Vnzucht (Zugeschweigen was ihrer von khind abtreiben in actis gedacht worden) auff ewig verurlaubet worden vnd ist in dem ihrer freundt verschonet werden, daß man nicht durch tortur 2c. mehrer Vnzucht von ihr erforschet.

Er aber der hans Fischer ist der ordnung nach 4 iahr verurlaubet worden, dazu ihm frist gegeben seine sachen hie richtig Zu machen 8 tag.

herr Mauerbach gestorben.

Den 7. Augusti Ist herr Matthias Mauerbach Pfarherr Zum Gieshuebl gestorben vnd an stat seiner (das weitere fehlt).

Behmische Reuter wegen der Turkischen bottschafft.

Den 15. September sein 230 Reutter, der Behmischen Stende derer Obrister herr von Fels vnd Rittmeister herr Walter von haugwitz auff Gemeiner Stadt Behmische 5 dörffer losirt worden, Die haben neben Vielen herrn der Behmischen Stende die Turkische botschafft Zu Poln annehmen vnd mit des Kaysers Rossen auch 12 Trommetern nach Prag begleitten sollen, Commissarien, herr Adam D. Junge herr von Waldstein Obrister Landtrichter im Königreich Beheimb, herr Wilhelm von Lobkowitz vnd der herr VnterCammerer.

Weil sie aber nach ettlich tagen vernohmen, die bottschafft sej noch Zu Wien nicht ankommen, man wiesse auch nicht, wen sie dahin gelangen möchte, sein in der still die Commissarien mit spot, das sie so schlechte kundtschafft gehabt, Zurukh gezogen vnd die Reutter sein den 22. Ditto von den hiegen dorffern auffgebrochen, vnd ihr quartier vmb Brimsles genohmen. Der habern ist taxirt worden pr. 10 w. gr. Wein vnd bier in seinen khauff, brott gleichsfals verblieben, vmb ein iunge henne 1 w. gr. Vmb ein alte 2 w. gr., fleisch pr. 3 kr. hew vnd strew vmbsonst.

Es hat Zwar herr Rittmeister versprochen, da iemandt nicht bezahlen wolte, wolle er ihm das gelt vorm maul wekhziehen, wie er es denen vom Teutsch Brod vnd andern auf ihr beschwer gethan vm sie die Bröder Wegen ihrer ausstendigen forderung von der Reutter seld bezahlet, Aber die Reutter haben es mit Vnsern bauern so fein accordiren kennen, daß die Albern leut quittung von sich gegeben vnd schreiben lassen, als weren sie von ihren gesten wol bezahlt worden, da doch mancher fur 20 Taler khaum 3 oder 4 bekommen hat.

Den 5. October Ist aus Consens des Wolgebornen herrn, herrn Carl

Mährern der Ratth durch die Altgeschworen verneuret worden: herr Jacob der Elter Pausperll Eltister. herr Tobias kresl Beisitzer. herr Thomas Rokenzaun Richter.

Turkische bottschafft nach Iglaw kommen.

Den 6. October Ist ein Turkische bottschafft 142 Personen vnd so viel Ros alhie ankommen vnd von den Mährischen 150 Reuttern derer Obrister herr Gunther von der Goltsch begleittet worden Ihre Commissarien vom landt, herr Rudolff von Tieffenbach, herr Sigmund Czerlorchsky, herr Fridrich Jankowsky. Die bottschafft oder der Orator ist ein Beeg gewesen vnd beim herrn Girg Stubikh einlosirt worden. Dem gemeinen Turkhen hat man das obere wirtshaus neben ettlichen heusern in Creutzergassen eingegeben. Sie haben gebracht 15 schöne Turkische handtros vnd Seidene gezelt, dieselben dem Römischen Kaysser Zu präsentiren, Ein Ersamer Ratth hat bej 600 Man in der Rüstung vom Pirnitzthor an bies vor des herrn Stubikh haus stehen lassen in der ordnung.

Den Turkhen ist gegeben worden auff des landts Paare bezahlung wie folget:

2 Centner Rindtfleisch pr.	10 Schock.	
7 Schepsen	7 Schock.	
Gens vnd Anten 12	2 Schock	56 kr.
Schmaltz 15 Pfund pr. 4 w. (gr).	2 Schock.	
hönig 2 Maß	24 w. gr.	
Brot vmb	3 Schock	40 kr.
Arbeis 1 Virtl	—	23 kr.
Milch 12 Maß	—	15 kr.
Kertzen 6 Pfund pr. 9 kr. zus.	—	54 kr.
2 Wachserne kerzen	1 Schock.	
Essig 3 Maß	—	18 kr.
Gersten 14 Metzen pr. 1 fl. R.	12 Schock.	
habern 20 Metzen pr. 10 w. gr.	6 Schock	20 w. gr.
hew vnd Strey 4 fuhr pr.	10 Schock.	
Saltz 2 küffl	—	26 kr.
Ayer pr.	—	20 kr.
holtz vmbsonst	—	—
Zusammen alles . . .	58 Schock	5 kr.

Dem herrn von Tieffenbach ist verehrt worden 12 kanne Wein, 8 [illegible] 2 hasen, 5 karpfen, 3 hechten, 1/2 Reh.

[illegible] andern 2 Commissarien einem ieden 8 kannen Wein, 3 huener, [illegible] 2 karpfen, 1 hechten.

[illegible] herrn Obristen Goltschen 10 kannen Wein, 6 huener, 2 hasen, [illegible] hechten, 1/2 Reh.

Entlich was sie in wein verzehrt mehr als 1½ Emer hat der Rath auch auff sich genohmen vnd ist nicht bezahlt worden.

Die Turkische bottschafft hat man nicht durffen empfangen, ihnen auch nichts verehrt mit Ratth des herrn Obristen.

Sie hetten senst (die Turkhen) ihrer ordinanz nach 4 Emer Wein haben sollen, weil sie aber Zu Pirnitz ein feuer angezindet, darinn das Ratthaus sambt 5 heusern abgebrant, hat ihr Obrister oder der Orator verbotten ihn Zur straff khein Wein alhie Zugeben, Die Vrsacher des feiers hat er alhie starkh Prügeln lassen. Sie haben ein klegliche Musica mit 2 Paukhen vnd ettlichen Pfeiffen gehabt, hat geklungen als wen die katzen schrieren.

Den 7 October frue vmb 9 Vhr auff der halben Vhr sein sie von hinnen auffgebrochen vnd von den Mährischen Commissarien vnd Reuttern bies Zur Langen Prukhen an die granitz begleitet werden, alda sie von den Mährischen Commissarien den Behmischen Commissarien vberantwortet worden. Die herrn Turkhen sein vor der brukhen abgestiegen, Sowol auch die behmischen Commissarien auff der andern seitten der brukhen vnd sein Zu fus gegeneinander gegangen, niemand die handt gegeben. Die Mährischen Reutter haben am Mährischen Vfer vnd die Behmen am behmischen Vfer gehalten, herr Adam von Waldstein Obrister landtrichter vnd der furnembste vnter den herrn Commissarien hat ihn empfangen oder viel mehr angenohmen, in behmischer sprach, welches des Turkhen Dolmetscher Verdolmetschet mit folgenden wortt: Die Röm. Kay. Auch Zu hungern vnd Beheimb Königliche Majestät haben von Ihrer königlichen Majestät (seinen herrn Brüdern) vernohmen, das der Turkische Kayser seinen Oratorem Zu Ihrer kays. vnd königkl. Majestät abfertige, dahero er ihm vnd seinen Zugeordneten Commissarien befolhen, den herrn Oratorem an der Behmischen Granitz anzunehmen vnd Zu Ihrer kays. vnd königkl. Majestät Residentz Zu begleitten, Welchem sie gehorsamlich nachkommen wollen vnd den herrn Oratorem dahin begleitten, wo sie ihme auch daneben fur ihre Person gutten willen erweisen kennen, sein sie Zuthun vrbittig vnd bitten der herr Orator welle wieder auf sein Roß sitzen vnd fortreitten ꝛc.

Nach diesem sein sie mit der bottschafft fortgezogen, die Behmen sein bei 500 starkh gewesen, so sie begleittet. Die Mährischen Reutter sein wider Zurukhgezogen bies auff Meseritsch, da sie die botschafft im Zurukhreisen erwarten sollen.

Behmischer Prediger hie angenohmen worden. Den 27. October Ist herr Lucas [illegible] Zuuor Pfarherr Zu Welinew in Behem, fur ein [illegible] Prediger (in der Capeln) alhie angenohmen worden. [illegible]

Seine besallung. Ratth hielt man ihm das fur: 1. Seine [illegible] 15 Metzen khorn, 15 klaffter holtz oder 8 fl. dafur [illegible] soll im Sommer von Georgij bies auff Michaelis des Sontags 2 Predigten thun, vnd von Michaelis bies auff Georgij am Sontag nur 1 Predigt nach Mittag. Alle 4 wochen sol er Communiciren vnd denselben Sontag 2 Predigten wegen der Communicanten halten, Jede wochen darff er nicht Predigen, es were den ein feyertag. Da er Zur leichbegengnis gebetten wirt, mag er neben den andern auch mit gehen, Item Behmische leut copuliren, Behmischer leut khind tauffen, vnd weil der Zeit in der Behmischen Capeln khein tauffstein, mag er das ambt in der Pfarrkirchen verrichten, Sonsten sol er alle Ceremonien wie bej diegen kirchen breuchich halten, vnd sich nach den andern herrn Predicanten richten.

Dies alles ist ihme auff vorhergehende Vnterredung, so desselben tages mit vnsern herrn Predicanten geschehen furgehalten, vnd mit derselben gutachten alles verrichtet worden, vnd daß alles Zu erhaltung gutter einigkeit fried vnd Zu Verhüttung kunfftiger Vngelegenheit.

Zu der Zeit hat Wentz Grundtman ein Tuchknap von Trautenaw geburtig einen andern Tuchknapen, (die kurtz Zuuor der Behmischen Landtschafft im kriegswesen gedienet vnd hie in Arbeit einstehen wollen) der ihn gefodert, vorm Pirnitzerthor vor freyer faust ermordet, Der Mörder ist etlich wochen gefengklich gesessen vnd nachmals auff ewig verurlaubet worden hette von Rechtswegen das leben wol verwurkhet. Ist darnach im 1615 Jahr da er aber ein erstochen hie enthaubt worden. Mörder wirt auff ewig verurlaubt.

Den 20. Nouember (war der freytag vor Catharinä) frue vor tags vmb 11 auff der gantzen Vhr ist neben dem Alten Georg Weidner Lederer in des Christoff hermans haus, welches ein Seiler im bestandt innegehabt, ein schröklichs feuer entstanden, vnd also verursachet worden. Es sein 2 Seilergsellen vnd der Lohniung vor tags mit einer Latern Zur Arbeit vnter das Dach gegangen, vnd wie das licht in der latern vmbgefallen, vnd es Valten Seiler von hirschberg auffrichten vnd ein heltzl neben das Rörl, das das licht fester stehen khente, einlegen wollen, hat sich das Will Werkh so er mit einem strikh an sich bunden gehabt, entzindet Als solches feuer Christoff der Lohniung leschen wollen, hat er sich von dem andern gsellen den obgenandten Valten auch mit feuer angesteckt, Der dritte gsell Abraham Belher von Zwens aus Meissen, so hanff ausgeschwungen, vnd wie seine beide gsellen brennen gesehen, ist eilents hinzu geloffen, das brennende werkh abgeschnitten, vnd vmb wasser Zu dempffung des feyers geloffen, Weil aber ein vberaus grosser Windt damals gewesen, vnd das feuer im hanff vberhandt genohmen, Danon sein 9 heuser in der nachbarschafft bies an das Ekhaus des Frantzen Pangratzen kegen der herrn hälter vber am dachwerkh abgebrandt, die feuerflammen hat der grosse windt vber die halbe stadt bies gegen der Rosengassen vnd dem Pulverthurm so heuffig gefuhrt, das man vermeinte es brenne die halbe stadt mit feuer, hat auch Brunst im Lederthell alhie.

an vielen ortten in der Stadt geglummet vnd gezindet, Allein weil die Burgerschafft durch den glokhenstreich Zur rettung sein angemahnet worden, Ist Gott lob in der stadt das Vnglükh verhüttet worden vnd khein schaden geschehen, als daß man in der Fleischakhergassen an ettlich ortten die dächer abgeschlagen vnd dadurch der Brunst gesteuert. Als Abraham Pangratz auf seinem haus dem feuer gewehret. ist er vnuersehens vom Dach in hoff gefallen vnd bald darnach gestorben. Die Sailergsellen sein mit gefengknis gestrafft werden vnd vnter ihnen der Valten Sailer von hirschberg den 15. Dezembris relegirt worden sol sich der Stadt enthalten, wil er anderst seines lebens gesichert sein von denen leutten den der schaden widerfahren.

Turkische bothschafft von Prag hieher kommen.

Den 10. Dezembris Ist die Turkische bottschafft, welche den 6. Octobris von hinnen auff Prag gezogen, wieder Zurukh hie ankommen, von den vorigen Behemischen Commissarien begleittet vnd durch herrn krzinetzki, herrn von der Goltsch vnd herrn Wanetzkj als Mehrische vom Landt deputirte Commissarien angenohmen worden, herr Adam von Waldstein hat ohn gefehr mit diesen wortten in behemischer sprach die bottschafft den Mehrischen herrn vbergeben. Die Römische Kayserliche Auch Zu hungern vnd Beheimb königliche Majestät haben vns allergnedigst anbefolhen des Turkischen Kaysers ansehliche bottschafft von Ihrer Majestät residenz wieder an die Mährische Granitz Zubegleitten, So hat vns anders nicht gebueren wollen, als demselben gehorsamlich nachzukommen, Thun also den herrn diese ansehliche bottschafft hiemit an der Behmischen Granitz vbergeben ꝛc. Drauff herr Girg Wolff krzinetzkj geantwortet, daß Ihre königliche Majestät ihnen gleichsfals befolhen hette, die bottschafft an dem ort dahin sie es Zuuor begleittet, wieder anzunehmen vnd durch das Marggrafthum Mehrern bies an die Oesterreichische Granitz zu begleitten dem sie auch gehorsamlich nachkommen wollen vnd hat fals des inhalts an den Turkischen Legaten ein sermon gehalten, daß sie auff Ihrer königlichen Majestät befelh vnd auff anordnung des herrn Landtshaubtmans die bottschafft annehmen vnd durch Mehrern begleitten wollen, Da sie auch ihme fur ihre Persen angenehmen gutten willen erweisen khennen, wollen sie ihres theils willig vnd gern thun.

Den 11. Als an Freitag sein die Turkhen wegen ihres Sabbats hie stil gelegen vnd den 12. Dezember bies auff Trebitsch fortgezogen.

Sie sollen vmb Confirmation des Friedens bej Ihrer Kays. Majestät angehalten haben.

Dieses 1609 Jahr

Getaufft worden . .	493	Personen.
Sein Gestorben . .	398	Personen.
Communicirt . . .	6672	Personen.
Copulirt worden . :	138	Paar.

Anno 1610. Den 23. Januarij Ist ein vberaus grosser vngestimmer windt gewesen, hat viel dächer Zerrissen, Plankhen in gärtten niedergeworffen ꝛc. Den tag Zuuor wie auch ettliche nachfolgende tage hat sich der himmel Zur Nacht geöffnet vnd ist gleichsam ein licht oder feuer vom himml gefallen, welches viel leut alhie mit Verwunderung angesehen. Windt. Wunderzeichen.

Den 15. Februarij Ist mit herrn Abten in Pfarhoff alhie gehandlet worden, wegen des Weinschankhs in Pfarhoff denselben einzustellen. 2. Wegen der graben vom Ekhaus neben des Spitzers batstuben, 3. Wegen beysteuer Zur erhaltung eines kirchdieners vnd der Collegen in der Schul, 4. Das der Burgerschafft vnd Vnterthanen das Stroh von ihren Zehend versagt wirt, da sie es doch bezahlen mussen, 5. Das Dominicus bej nechtlicher weil Gemeiner Stadt Zugehöriges getreud hinweckfuhren lassen, 6. das khein Robotth geschihl von des Abten hoff vor Spitlthor am wasser, 7. daß wir im Preuwerkh gehindert werden, da doch der Abt kheine gerechtigkeit bier Zu breuen hat, sondern ihme dasselbe aus gutwilligkheit Zu erhaltung gutter nachtbarschafft vergönt wirt. Was allenthalben gschlossen vnd abgehandlet worden, ist im Memorialbuch verzeichnet Zufinden, Aus dem Raath sein Zu dieser handlung verordnet gewesen, herr Matthes Wagner, herr Matthes Glenkh, herr Jacob Fessl, Martin Leupoldt, herr Girg Stubith, herr Georg Menssil. Aus der Burgerschafft M. Tobias hattschierer vnd Tobias Seidenmelzer. handlung mit herrn Abbten.

Den 27. Februarij hat herr Zdienekh herr von Waldstein Auff Piruitz ein Feldtrommeter hans Reckh alhie beym Pranger mit dem Schwert richten lassen, weil er Ihr Gnaden nicht allein gebrowet, sondern auch in dem den burgfried gebrochen, daß er auffm Schlos zu Pirnitz seiner diener einem mit blosser wehr in gegenwarth des herrn nachgelauffen, vnd nach ihme gestochen, Auch sonst schimpfflich von Ihr Gnaden noch in wehrender gefengknus geredt hat, Sonderlich aber diese wort verlauten lassen, Er sej manchem Zugefallen geriettten, er khente dem herrn auch auff den dienst warten ꝛc. FeldTrommetter enthaubt worden.

Den 25. Martij Ist durch nachlessigkeit meines Meltzerknechts die duerr im Meltzhaus brennend worden, dauon der ober boden sambt dem dach sowol auch heren Daniel Letzelters dach am Traibhaus daneben abgebrent, vnd mir bej 2 braw Maltz schadhafft worden theils gar verderben. Brunst im Creutzklostr.

Den 25. Martij Sein 600 Mehrische Reutter aus be[illegible] vnd schluß aller 4 Steude nach Iglaw gelegt worden, Nach [illegible] Reutter, In die andern stedte 3000 knecht, Alles [illegible] Kayserlichen Majestät vnd dem Erzherzogen [illegible] anzahl volks geworben worden, die theils Zu Paß[illegible] 600 Mährische Reutter nach Iglaw kommen.

Eger sich gelagert der meinung als solte man dieselben im Gilger Landt gebrauchen. Weil aber danebens allerlej kundtschafften einkommen, das den Mehrern ein unglukh vnd vnuersehener feindlicher einfall Zubesorgen, Ist Zu beschützung des landes berurtes volkh auff des Landts bestallung bies auff weitern bescheid geworben worden.

Taxe.

Vmb Paar gelt sol bezahlt werden wie folget:

1 Metzen habern pr. 19 kr. bis auf den 16. April hernach ist er vmb 12 kr. entlich vmb 30 kr. bezahlt worden. 1 Pfund fleisch pr. 3½ kr. 1 Seidel Alter Wein pr. 4 kr. 1 Seidel Innger Wein pr. 10 Putschand Bier, brot, Schmaltz vnd anderes in seinem khauff, hew, Streh, Licht vnd holtz vmbsonst.

Diesem allen desto bösser nachzukommen, hat ein Ersamer Ratth auff des herrn Rittmeisters hans Stubenuols bitt, vorgelichen 1200 fl. R. die innerhalb wenig tagen durch herrn landtberger wiederumb zubezahlen, oder an der Contribution so auff der Reutter vnterhaltung von jedem gilpferdt 200 fl. gewilliget inne zuhalten.

Wentz Ekhardt enthaubtet. Den 8. Maij Ist Wentz Ekhardt ein Stadtkhindt enthaubtet worden, das er sein Mutter geschlagen, sich in Ehbruch hurerej vnd diebstal eingelassen.

Musterung der Mährischen Reutter. Den 27. Maij Sein des herrn Obristen Goltschen Reutter alhie in die 400 stark gemustert worden den andern tag Zu Datschitz, Zlawings vnd Telisch auch 400, vnd nach dem Feuertag Zu Znaym 200 Reutter Aus der Vrsachen weil kundschafft einkommen, als wolten die Passaurischen Reutter vnd knecht, derer bej 12000 Man sein sollen, ihren weg nach Mehrern nehmen, auf krumaw Zu, von dannen auff Neuhaus x. vnd nachmals Mährern dem Kayser wieder vnter sein gehorsam bringen.

königliche Abgesandte kommen nach Iglaw. Den 28. Maij Sein königkliche Commissarien hie ankommen, herr Carl Furst von Lichtenstein, herr von Melhaw Obrister Cammerherr, herr von krenberg Cantzler vnd herr von Sternberg, alle bej 14 kutschj. Des andern tages sein sie von hinnen nach Prag verraist, da sol Zwischen dem Kayser vnd vnserm König einvergleichung vnd accord geschlossen werden durch vnterhandlung der Zu Prag anwesenden Chur vnd furstlichen Personen ꝛc. die hiegen Reutter haben die herrn Commissarien bies an die behmische Grantz Zur brukhen begleittet.

Musterung vnd abtheilung der Mährischen Reutter. Den tag Zuuor sein des herrn Obristen von der Goltsch Reutter alhie gemustert worden, vnd weil man sich eines vnuerhofften heimlichen einfals bei Zlawings von des Kaysers Volkh so Zu Behemischen krumaw gelegen besorget, Sein von den Tausendt Mährischen Reuttern ettlich hundert nach Zlawings, Tatschitz vnd Telitsch gelegt worden die vbrigen hie vnd zu Znaim verblieben.

2 Mörder enthaubtet worden.

Den 8. Junij hat Girg Stefan von pistaw, so in der FrauenVorstadt sein haus gehabt, sein weib gegen abendt da sie die khue gemolken, mit einer schlegel halben erschlagen, vnd weilen er die that hart verneunet, das Parreht vber der Todtenleiche vorm Rathaus den 10. Junij gehalten worden, hat aber die leich khein Zeichen von sich gegeben, Nachmals hat man dem Girg die daumstekhl angelegt, hat dennoch nichts bekennen wollen, Entlich in der strengen frag hat Er die that bekent, daß er sie erschlagen vnd ihr albereit vor 6 iahren nach dem leben gestanden.

Zur selben Zeit hat des Michl Stubilh Rosknecht einen andern so bej dem Paul Schinabitz gedienet, im Staal erstochen. Sie sollen beyde des Schinabitz Magdt gebulet vnd ihrentwegen sich veruneinigt haben, welche bulschafft beiderseits ein kleglichen ausgang genomen, vnd ist sowol der Girgl von Pistaw als der Rosknecht, so des Probsten von Neureisch vnterthan gewesen, Zugleich mit dem schwert gerichtet worden den 19. Junj 1610.

Compania Mährische Reuter Ziehen an die Slesische Granitz.

Den 9. Augusti sein ein Compania Mährische Reutter so alhie gelegen, deren Rittmeister herr Monteuffl von hinnen an die Slesische Granitz gehn Weißkirchen gezogen weil man sich eines einfals in Mährern von dem Fursten von Teschen besorget hat.

herr Christoff Rauscher gestorben.

Den 20. Augusti Ist herr Christoff Rauscher gestorben seines alters bej 80 iahren, ist im Ratth gewesen 15 Jahr.

Wegen der Rattsuerneurung in Iglaw.

Den 29. September Ist der Wolgeborne herr Carl haugwitz herr von Bisskupitz VnterCammerer in Mährern hieher kommen, den Ratth auff begeren der Altgeschworen Zuuerneuren. Vnd weil in dem kunfftigen Ratth nur ein Person gemangelt hat der Geschworne Ratth ein taugliche Person erwehlet vnd begert Ihr G. wolle dieselbe neben den andern confirmiren, Drauff herr VnterCammerer gefragt, Ob nit Catholische alhie Zu finden, Ward geantwortet, Man wüste von kheinem der Burger wer ausserhalb etwa eines Welschen Maurers rc. herr VnterCammerer aber sagte, er wolte sie wol finden, vnd ist sein meinung (als Zu vermutten) gewesen den herrn Puchamer, vnd den Paul des Abten schreiber einzusetzen. Nach diesem allem hat herr VnterCammerer ein Kunigkliche Instruction furgewiesen das nemlich, er den Ratth alhie verneuren, vnd 3 Catholische Personen einsetzen sol, Eine in den nechstkunfftigen Ratth, die andern 2 Personen in die Alten 2 Rätthe, vnd solten alle 3 Personen das Jurament thun, obgleich die 2, so in den alten Rath gesetzt würden, der Zeit kheine Verwaltung haben würden, bies die ordnung an sie kheme, Inmassen solches Zu Olmuntz Brun vnd Znaym geschehen. Als aber der Geschworne Rath geantwortet, daß solche neurung ihren Priuilegien strals entgegen sein wurde rc., hat herr VnterCammerer begert, sie solten ihre entschuldigung schrifftlich verfasset ihm Zuschikhen, die wolle er Ihr Königklichen Majestät vberantworten, vnd darauff fernere resolution erwarten, Er khenne ausser Ihrer Königklichen Majestät befelh nichts anders als wie die Instruction vermag furnehmen, Ist drauff vnuerrichter sachen verraiset.

Bericht an herrn VnterCammerer wegen der Rattsuerneurung

Den 5. October Ist mit ratth des herrn Landtshaubtmans herrn Carl von Zierotin, dem herrn VnterCammerer ein schreiben in behmischer sprach Zugefertiget worden des inhalts: Nachdem Euer G. verschienenen Mitwoch, das sie den 29. tag Monats September Zu Verneurung des Ratths hiehero kommen, vnd bald des andern tages Vnuerrichter sachen wiederumb verraiset, mit furwendung, Ihr königkl. Majestät Vnser Gnedigister herr habe ein schrifftlichen aus gemessenen befelh an Euer G., welcherlej gestalt in dergleichen sachen Zu procediren, gnedigist abgehen lassen, Daneben befehlend die vor E. G. mundtlich furgebrachte Vrsachen warumben vns aus dem Alten löblichen gebrauch vnd gesetzter ordnung Zu schreitten vnmöglich, in schrifften Zu vbergeben. Nu kennen E. G. wir nit bergen, das vnsere gedankhen niemals dahin dirigirt gewesen vnd noch nicht sein, Ihrer Königkl. Majestät als vnsres Gnedigsten herrn befelh Zu vbergehen oder dem entgegen Zu sein, Sondern weil Vns bewust, vnd darob gentzlich versiechert sein, das Ihre Königkl. Majestät vber ihrem königkl. gelibd vnd geleister Zusag, da sie einen ieden bej seinen Priuilegien, Rechten, freyheitten vnd alten gebreuchen verbleiben Zu lassen versprochen königkl. schutz Zu halten gnedigist gesonnen. Als haben Euer G. wir vnter andern billichen vnd erheblichen Vrsachen auch dies erklert vnd Zu gemuth gefuhrt daß vermöge vnserer Bergkfreyheitten vnd Rechte bej Vns der löbliche vralte gebrauch vnuerrukt gehalten wirt, Wan der Geschworne Ratth verneuret werden sol das eine oder mehr taugliche Personen an stat der Abgestorbenen von dem alten Ratth nach ihren gutten gwissen vnd Ayds Pflichten erwehlet, dem herrn VnterCammerer vorgestelt, vnd alsdan von ihme confirmirt vnd bestetiget werden, Da in alweg die Einhaimischen Stadtkhinder vnd die eines Zimlichen Vermögens, auch derer handl Wandl vnd redliches Verhalten der gantzen gmein bekant vnd offen war, Vor frembden vnd auslendern den Vorzug gehabt vnd noch haben, Vnd weil nu in diesem kunfftigen Ratth an stat des Verstorbenen nur eine Person mengelt, vnd vnnötig, auch alhie vnerhört, in die andern 2 Rätthe, welchen der Zeit das Regiment nit befolhen wirt, iemandt einzusetzen. Als haben wir laut habender priuilegirter Rechte ein vermögliches Stadtkhindt an des abgeleibten stell fur tichtig erkent, erwehlet, auch E. G. fürgebracht, worbej wir noch beruhen, vnd kheine andere gedankhen schöpffen, es werden Ihre Königkl. Majestät vns als [illegible] Vnterthanen, wie alle Stende vnd Inwohner des Landes [illegible] leben insonderheit bej [illegible] vnd [illegible] heitten gnedigist [illegible]
[illegible]

hero iederzeit glücklich regirt vnd erhalten worden, verstatten. Derowegen an Euer G. nochmals vnser dienstlich bitt, E. G. wollen nach vorigem vnsern gebrauch vnd Ordnung den Ratth verneuren oder Volmacht ertheilen, das wir selbst den Ratth mit der Person, so vor diesem E. G. furgebracht worden, ersetzen mögen, Den wir solches gegen E. G. erwehnet worden, so kennen wir es an ietzo mit stilschweigen nit vmbgehen, Da vor diesem etwas dergleichen wieder vnsere vorige Ordnung vnd Satzung furgenohmen werden wollen, es alweg abgestelt, vnd niemals kheinen fortgang gewunnen, sondern ist bej vnsern löblichen Statuten verblieben, dabej wir es noch wenden lassen in betrachtung, daß Vns aus Vnsern priuilegien vnd vralten Rechten Zu schreitten in kheinem wege geziemen wil, Sonsten da wir ausser vnserer löblichen Statuten vnd Ordnungen Zu etwas widerwertigem (als nit Zu hoffen) gedrungen werden solten, musten wir nit allein Zu Ihrer Königkl. Majestät Vnsern gnedigsten herrn, Sondern auch Zu allen Stenden des Marggraffthumbs Mähreru, als mit denen wir in einem landtfried begriffen, vnterthenige Zuflucht haben, gnedigsten vn g. schuzes dahero gewarten Sein demnach E. G. gunstige angenehme Antwort, darumb wir hochfleissig bitten thun, gewertig ꝛc. Datum Iglaw den 5. October 1610.

Solches schreiben als es dem herrn VnterCammerer Zu kommen, hat er es in sein brieff an königkl. Majestät lautend eingeschlossen vns wieder Zugeschikt mit beger, man solte sein schreiben vnd vnsern Einschlus nach königlichen hoff abfertigen.

Den 1. Nouember Ist ein feuer beim Töpffer in der vntern behemgassen im Ofen auskommen ist in 2 heusern Zimlicher schaden geschehen. Braunst beym Töpffer.

Den 8. Nouember Ist herr Georg Stubikh vnd Martin Leupoldt mit des herrn VnterCammerers schreiben nach Wien abgefertigt worden. Drauff nach ettlichen tagen die resolution erfolget, Weil herr von lobkowitz als der Mährischen sachen Director der Zeit in Mähren ist, vnd Ihr Mayestet von dem herrn VnterCammerer nit gnugsam informirt sein, so müsse es mit der sach bis Zu des von lobkowitz widerkunfft ein stilstandt haben, Interim werde an herrn Cardinal von dietrichstein vnd an herrn von lobkowitz pro informatione vnd vmb Ratth in Mährern geschrieben, darauff sol alsdan die königkliche resolution folgen. Ob wir vns Zwar erbotten die fernere mündliche notturfft hierin Zuberichten, auch Zum theil beim herrn Canzler dem von krenberg beschehen hat es dennoch khein andern weg (wegen des Bischoff Glesels ratth der mit im Rattschlag im Geheimen Ratth da die sach ventilirt worden sitzet) erlangen mögen viel weniger haben wir ein Abschrifft des herrn VnterCammerers schreiben, was er vnsertwegen nach hoff berichtet, erlangen mögen sein also vnuerichteter sachen verraiset. Wien wegen der Rattsuerneuung.

Ettlich wochen darnach ist von Ihrer Majestät ein schreiben an herrn Landtshaubtman abgangen, darinnen Ihr Majestät sein gutachten begern, was in disem faal die Rattsverneuerung alhie betreffend Zuthun sei. Ihr Gnaden haben gerathen, weil in der Stadt Iglaw dem König sonderlich In diesen gefehrlichen kriegsleuffen viel gelegen, sol Ihr Majestet sie iezt bej ihren prätendirten Priuilegien vnd Freiheitten verbleiben, vnd den Vnter-Cammerer ein gewalt Zur Verneuerung des Raths geben lassen, Nacher wen es etwas friedlichers sein wirt, vnd er (herr Landtshaubtman) vernehmen werde was die königliche resolution oder Instruction vermag vnd was entgegen vnsere priuilegia ausweisen khenne Ihr Gnaden weitern Raith hierin mittheilen. Weil aber solches des herr Landtshaubtmans gutdunkhen dem herrn von lobkowitz Zukommen, eben Zu der Zeit da ein Zusamenkunfft in Mährern wegen der Passaurischen kriegsleut gehalten worden vnd herr von lobkowitz Zu solcher Zusamenkunfft nach Brun geeilet, vnd das schreiben des herrn Landtshaubtmans vneröffnet Zu Wien liegen lassen Also das man bei hoff von Ihr Gnaden gutdunkhen nichts gewust, vnd herr VnterCammerer vieleicht auch herr Cardinal ein andern rath ertheilet. Ist den Sontag vor Paulj ein widerwertigs schreiben vom herrn VnterCammerer hieher kommen wie vnten im 1611 Jahr Zufinden.

Chasmata. Den 23. Decembris die nacht vorm ChristAbent mitten in der Nacht ist der himml wie blut roth gewesen vnd seltzame stralen von sich geben, hat gewehret lenger den 3 stunden, drauff die Passaurischen in Oesterreich gefallen.

Mährische Reutter von hinnen abgezogen. Den 31. Dezembris mit ende des Jahrs sein die Mehrischen vom landt Zur defension bestelten reutter, welche von dem 25. Martij bis auf dato alhie gelegen, weil man sich allerlej feindseligkeit von den khayserlichen besorget hatte, vnd das kayserisch Volkh zu Passaw, wie die rede ging abgedanket werden solte, von hinnen nach Znaim Zur abdankung gezogen, als man aber nachmals vernomen, wie die Passaurischen kayserlichen kriegsleut in Oesterreich ob der Ens ein Vnuersehenen einfaal gethan, sein die bemelten Reitter den Oesterreichischen Zuhilff geschickt worden.

Gilpferdt auffgebotten. Dargegen hat man in Mährern die Gilpferdt auffgebotten die im landt Zur defension desselben bleiben solten.

Dies 1610 Jahr

Sein {
Getaufft worden 281 Personen.
Gestorben . . 366 Personen.
Communicirt 6324 Personen.
Copulirt . . 92 Paar.

Brunst vor Spitlthor. Anno 1611 den 6. Januarij Ist durch Nachlessigkeit eines bekhen so viel holtz im Balhofen eingelegt, vorm Spitlthor am Ekh gegen den Reemhoff in herrn Girzik Schmilauers haus ein feuer bej der Nacht durch den Rauchfang auskommen, Sein 2 heuser abgebrandt vnd den alten Ingesindern grosser schaden geschehen.

Den 8. Januarij Ist durch nachlessigkeit ein anderes feuer durch den Rauchfang beim kirschner am Pirnitzerthor auffgangen hat aber khein schaden gethan, weil sich die leit Zeitlich Zur rettung gefunden, Ist beim tag gewesen. Brunst in der Pirnitzgassen.

Den 21. Januarij Sein die hiegen Gilpferdt aus befelh des herrn Landtshaubtmans nach Brun verraist, dahin sich alle Gilpferdt aus Mehrern nahend bej 1000 Pferdt versamlet, vrsach dessen Weil die Passaurischen von Ihrer kayserlichen Majestät in die 8000 starkh geworbene kriegsleut (von dennen man furgeben als solten sie wieder Gilch ins Reich gebraucht werden) vnuersehener weis in Ober Oesterreich gefallen, vnd die Mährer von ihnen gewarnet worden sein, Item weil man gwisse Zeitung bekommen, daß der Kayser die geschlossene fridens Articl den Konig vnd seinen landt nit halten welle. Drauff sein auch in der stil fusknecht auff des landts bestallung alhie auffs new geworben worden weil die Mehrer ihr krigesvolkh alles abgedankt auff befelh des Konigs vnd in hoffnung es werde der Kaiser den geschlossenen vnd zu ettlich mahlen ratificirten friden gewis halten, weil es aber nicht geschehen, haben sich die lender sowol der König selbst wiedrumb Zum ernst gestellt. Gilpferdt nach Brun verraist.

Den 23. Januarij Ist ein schreiben vom herrn Vnter-Cammerer hieher kommen, des inhalts: Ihr königliche Majestät hetten vor wenig tagen ein befelh an ihn ergehen lassen, wir sollen vns der Rattsuerneuerung nicht vnterwinden, sondern weil wir vns vernehmen lassen wen nach Ihrer Majestät Instruction die verneuerung furgenohmen werden solte, so würde es vnsern privilegien Zuwider sein, So sollen wir vnsaumig ein glaubwurdig Vidimus aller vnserer Privilegien dem herrn VnterCammerer verpetschirt Zuschikhen die wil er auff königlichen befelh in die Behmische hoffCanzlej nach Wien aberdnen. Des schreibens Abschrifft ist den Abgesandten nach Brun, die damals bei der Zusamenkunfft daselbst gewesen, alsbald Zugeschikt worden mit Ihr Gnaden dem herrn Landtshaubtman hierin [illegible] rath zupflegen, vnd herrn VnterCammerers bott mit einer kundschafft [illegible] abgefertiget worden. Kammerer verlauff wegen der Ratts-verneuerung.

Ihr [illegible] die hat man der hiegen khauffleute tuch welche sie [illegible] nach der Freystadt geschikt, widerbracht, weil man [illegible] Passauerischen kriegsleut nicht sicher auf die Freystat raisen dürffen. Iglauer tuch werden zurück geschikt.

Den 29. Januarij haben Gemeiner Stadt abgesandte als sie den tag Zuuer von der Brunnerischen Zusamenkunfft anheim kommen, in der Relation furgebracht das Ihr Gnaden dem herrn Landtshaubtman Zwo vnterschiedliche kundtschafften fast in einer stundt nacheinander [illegible] die Passauerischen kriegsleut weren entlich entschlossen, die Stadt Iglau versichert sich fur der Passaurischen einfall.

Iglaw heimlicher weis Zu vberfallen vnd dieselbe durch ein Petard oder durch verrätherej erobern, den wen sie die Stadt innehetten, were ihnen der Paß in Behemb vnd Mehrern offen, vnd khente also der Kayser sein furnehmen bösser ins werkh richten. Darauff herr Landtshaubtman befolhen Man soll gutte kundtschafft halten auch die Stadt wol versiechern, dem Zu folge sein bald desselben tages ettlich vnd Zwantzig grosse stukh auff den Platz gezogen worden, die man den andern tag abgebrent, Sein auch vnter iedes thor beim tag eine Rott bestelt worden, die hat man mit druml vnd Pfeiffen auff land abgefuhrt, bej der Nacht haben 2 Rotten in der Stadt vnd bej den thoren gewacht, Ausser der Stadt aber vor iederm thor 4 Soldaten vnd 2 vorstedter die schiltwacht gehalten, In wirtsheusern ist bestelt worden, daß man nicht ein iedem frembden sonderlich der verdechtig vnd nit anzuzeigen wisse warumb er hie sei, herberge Sol auch der wirth alle tag ein verzeichnis frembder gäste auffs ratthaus vberraichen. In Vorstedten bej den Schrankhen hat man schantzen auffgeworffen, die Schosgattern fleissig zugericht, daß new thor bösser verwahrt, dopplhakhen auff die thor gegeben, Auch 2 Personen zu Ros gegen Wättingaw abgefertiget, die aus kundschafften sollen wohin der Passaurischen Soldaten intent gerichtet ist. Auch an die benachtbarten Stedte geschrieben, da sie der Soldaten halber etwas merketen, so vns zu wissen nötig, sie wolten vus solchs vnsaumig wissen lassen. Auff der Canzel vnd in den Schulen hat man die leut Zum gebeth vnd Zur buß vermahnet, Auch durch die Rottmeister der burgerschafft erkundigen lassen das ein ieder mit seiner Weer vnd rustung gefast sein sol sowol auch auff allen dorffern gutte wacht vnd kundtschafft bestelt.

Vnd weil naher Zeitungen einkommen, daß die Passaurischen Behmischen Budweis mit list eingenohmen, Item krumaw vnd Tabor, Auch das sie willens weren nach Pilgrambs 3 meilen von hinnen sich Zubegeben, hat man ettlich tage die halbe Stadt wachten lassen, Auch 100 Soldaten geworben die der Stadt mit Ayd verbunden worden lautet Ihr ayd also:

Soldaten-Ayd.

Wir Schweren Gott ein Ayd vnd den Ehrnvesten wolweisen Herrn Burgermeister vnd Ratth sambt der ganzen Gemein der Stadt Iglaw trew vnd gehorsam zu sein, Auff Zug vnd wacht vnd was vns sonsten [illegible] folhen wirt, bej tag vnd nacht treulich vnd fleissig Zuverrichten, [illegible] Stadt gefahr vnd schaden so viel vns möglich, auch im faal der noth mit Darsetzung vnseres leibs vnd lebens Zuverichten Auch denen so vns von einem Ehrsamen Ratth vorgestelt allen gebürlichen gehorsam zu laisten, vnd alles das Zuthun was ehrlichen vnd redlichen Soldaten wol anstehet vnd Zuverantworten ist das helff vns Gott der Allmechtige.

Man hat auch Doppelhakhen auff die Stadthor gelegt vnd Personen darzu verordnet, vnter iedes thor 2 grosse stukh gezogen von Pfarhoff vnd die Klöster bej tag vnd nacht verwachen lassen [illegible] gehalten, den burgern vnd ettlichen gesindern so sich sich der Pichsen gebranchen, blew vnd Pulwer ieden 1 Pfund am Ratthaus verkhaufft, bej den kramern das Pulwer frembden Zuuerkhauffen verbotten, den bekhen befolhen das sie sich mit vorrath traid vnd Meel versehen, bej den brunnen die anordnung gethan, daß das wasser nit verbraucht erschöpfft vnd im fall der noth (wen da Gott vor sej, das Teuchtwasser der Stadt genohmen wurde) sie Wasser in der Stadt hetten die Rosmuelen zugeschickt letten vor allen Gassen Zuziegen zu berailet werden vnd die wacht auff allen thurm vnd Mauren fleissig gehalten werden.

Den 7. Februarij sein 2 königkliche Commissarien herr von Losenstein Landtmarschalkh in Oesterreich Graff hobitzkj hieher kommen, haben die Stadt besichtiget, Auch mit Rath des herrn Ebenbergers Oberhauptmans vnd Obristen Wachtmeisters vber die Mehrischen 1500 knecht ettliche articl verzaichnen lassen, wie die Stadt vorn feindtlichen einfaal gesiechert sein khente. Es sein auch desselben tags 320 Mehrische knecht (derer haubtman herr hans Christoff Geilling) Zu den vnsern besoldeten 100 Soldaten in die Statt vnd Vorstadt losirt worden. Alles Zu dem end, weil der Passaurischen Intent auff Iglaw gerichtet, damit die Stadt desto bösser versehen sej, weil Ihr Majestät entschlossen selbst mit aigner Person nach Prag Zuziehen vnd hie an die Granizen zu Inzuziehen.

Königliche Commission alhie.

320 Soldaten in die Stadt losirt.

Die Instruction, wie die Stadt vorm feind Zu schuzen vnd was in vnd ausser der Stadt anzuordnen vnd abzuschaffen, ist vom herrn Georg Ebenberger beschrieben worden wie folget:

Verzaichnis der Wehr auff den Mauren wie dieselben besetzt, auch wie die Wachten im faal es die noth erfodert bestelt werden sollen.

Instruction wie die Stadt vorm feindt zubeschützen.

1. Sollen alle thor thurm vnd rundel, welche auff der euserstien Mauer sein, in massen ichs ausgezeigt mit Corpegwartia oder Scharwachten, nemlich bej iedem thor vnd auff denselben thurmen 30 Man wachten, ihr schiltwachten auff der hehe, bej der nacht aber auch in der Rieder fleissig bestellen, dieselben alle Viertl vnd halbe stunden besuchen, wie sie munter vnd fleissig befunden wirt, Die Runder sollen sein die gefreyten, die Stadthaubtleut auch alle ihre befelhshaber vnd Zu Zeitten der Burgermeister vnd die herrn selbsten, Die Losung soll alle nacht oder abent von dem herrn Primas gegeben werden, Item so sol ein erfahrner Man Zum Wachtmeister bestelt vnd aufgenohmen werden, welcher die Losung empfahet, denen Veldwabeln oder den haubtleutten dieselbe gibt.

2. [illegible] Die Rundel auff der aussern Mauer sollen alle vmb die Stadt so [illegible] sein, mit scharwachten bestelt werden, vnd iede Wacht 20 Man [illegible] sollen sich 2 befelchshaber neben den Rottmeistern befinden.

es sollen auch alle kleine Wachttürnlein oder Rundeln bies von einer scharwacht Zu der andern mit schiltwachten besetzt werden, also das ein schiltwacht die ander hören vnd vernehmen khan.

3. Die Losung soll allein sein der haubtleut ihrer befelhshaber vnd welche da Runden haben, vnd wen die Runde kombt, so sol der befelhshaber welcher auff den Rundeln die Wacht hat, dem Runder die Losung geben, alsdan sol der befelhshaber dieselbe Runde von einer scharwacht Zu der andern belaitten, Damit die Runde durch die schiltwacht Passieren khan.

4. Die bette Zu den Stukhen auch brukhen in die Rundel sollen alsbald gemacht werden, es sollen auch die Rundel mit laden oder brettern wegen der scharwacht die darin bestelt ist, bedekt werden, sich von dem Vngewitter Zuerhalten.

5. Die mitter Mauer khan vmb vnd vmb mit lauter schiltwachten, vnd auffs meist mit 3 Scharwachten, iede von 12 oder 15 Man, dabej auch ein oder Zween befelhshaber sein mussen, bestelt werden, von solchen 3 scharwachten khan man die schiltwachten nehmen, vnd dieselben von einer bies Zu der andern scharwacht auffuhren, also weit voneinander, das einer den andern hören khan, Vnd sol dieselbe wacht allein ihr meiste acht auff die ausser wacht halten, damit sie der inneristen wacht alsbald lerm machen kennen.

6. Es sol die ausser wacht von eines oder 2 Man wegen den sie sihet, khein Vergebenen lermen machen, sie vernehme oder sehe dan was mehrers, oder das sie von wenig leutten was tragen siehet oder höret, welches laitter oder Petarda sein möchten, vnd weil dan durch die Vberraitter oder sonst vor den Vorstädten ettliche Pfert an vnterschiedlichen ortten wachten Zu lassen die notturfft erfodert, So hat die ausser Mauerwacht auff dieselbe, wens herein reittet oder ein schus höret, fleissig acht Zugeben.

7. Sollen auff allen Rundeln an den thurmen vnd Scharwachten feuerpfannen auswerts angehenkt werden, vnd alle Präparation dabej sein Auff das wen ein lerma ist, sie alsbald angezindt vnd vber die Mauer hinaus gestekt werden khennen.

8. Sobald Lerma wirt, sollen die Scharwachten alle auff die Wehr vnd in die schieslöcher sich verfuegen, vnd von der Wehr bei leib kheiner weichen sondern alsbald mit den stükhein oder Dopplhakhen, neben ihren handtröhren starkh vnd geschwind schissen.

9. Es sollen auff alle Rundeln, wie auch auff die thurme bej den thoren grosse stein auffgetragen werden, wie auch auff den thurmen bej den thoren wasserfäßer mit Wasser gefüllt sein.

10. Es sol in der Stadt auff dem Platz alle nacht ein haubtman mit einem fandl burger auffziehen, Derselbe sol bestellen 100 Man an ein Dropa, Dabej sol sein der haubtman selbst sambt 2 oder 3 befelhshabern, Der sol

allein auff das feuer bestelt sein, wo das aus kombt das er dahin lauffe, Item so sol er bei sich haben auff 3 oder 4 Wagen Wasserlaidt mit Wasser gefüllt, sowol 3 oder 4 feuerlaitter vnd so viel halhen, die sollen allezeit in der beraitschafft bej dem brun oder Wasserkasten am Platz sein vnd stehn, Die Vbrigen knecht von dem fandl sollen auff ordinanz warten auff dem Platz, wo man sie hinfuhret, der Wehr oder den theren Zu hilff vnd fur sich selbst bei leib von Platz nicht lauffen.

11. Sobald Lerma wirt, sol sich ieder burger Zu seines haubtmans Losament verfuegen, vnd alle fandl auff dem Platz in grosser eil stehen, alda erwarten wohin der Wachtmeister oder auff welche Wehr Zu helffen vonnötten thut, er sie schaffen vnd fuhren wirt.

12. Es sollen am Platz auff allen seitten, sonderlich in den Ekheusern feuerpfannen angehenkt werden, die Pechkrentz vnd Kienholtz nahend bej demselben fenster wo die Pfan ist oder henkt in beraitschafft sein.

13. Es sol ieder burger auff seinen boden oder Dächern bei straff Wasserpeting halten, vnd alle wochen dieselben frisch füllen.

14. Es sol in iedem Rundel vnd thurm, wo stülhl oder Topplhakhen sein, Pichsenmeister oder die damit vmbgehen kennen, verhanden sein.

15. In der Abtey oder Pfarhoff sollen 20 Muscatierer vnd kheine helleparten sein, Es sollen auch daselbst im ersten Viertl wo die Mauer einfach nieder vnd die Stadt am gefährlichsten ist (gegen dem heuerlust) starkhe wacht sein, die 2 schaiwachten Zwischen welchen derselb orth die schul vnd Pfaffenhaus ist, sollen iede 30 Man starkh, vnd auff ieder, wo nicht 2, doch 1 stuhl sambt 3 Topplhakhen sein, auch mit feuerpfannen wie auch im Pfaffenhaus oder Pfarhoff mit einer Pfannen versehen sein.

16. Bej dem Frawther, welches der Zeit offen ist, sollen von den 100 Zu Gemeiner Stadt der Zeit geworbenen Soldaten, von den bösten alzeit 30 Muscatierer vnd 20 lange Spies sein, Im faal ein Reitterej oder ettlich Pferdt das ther abzulagen khemen das die Spies gegen ihnen eingelegt vnd fur das ther springen khennen vnd khan die Wacht von Soldaten vom Rathhaus genohmen vnd dorthin gelegt, durch die Burger aber das Ratthaus vnd bei dem tag der Platz verwacht werden.

17. Es sollen iede hewwagen so Zum ther kommen, durchstochen, vnd alle verschlossene Wagen besichtiget werden, was darinnen stekht, auch nicht iede raisende Wagen oder Reuitter nahend ans thor gelassen, sondern durch die aussern schiltwachten auffgehalten werden.

18. Bej dem effnen thor solt ein haubiz oder Peller (ist gleich wie ein Merschl) mit Cortatschen oder hagl geladen vnd Zugericht stehn, der [illegible] wegen des einbruchs auffs ther hinaus gericht sein. Also auch [illegible] ein Orgl dahin Zustellen.

19. Im faal der feindt mit laitter, Petard oder andern Practicen an ein oder das ander thor oder Rundel kheme, So sollen die 2 seitten scharwachten, welche es Zeitlicher hört oder vernimbt, derselben angefallenen Wacht, iede 10 oder 15 Man Zu hilff schikhen, bies die mehrer hilff vom Platz khomt, vnd sich bei leib aldort nicht abtreiben lassen.

20. Es sol mitten auff dem Platz ein Meser oder Peller stehn, welcher gros vnd allein Zum lermaschus in der beraitschafft sein sol, den weil die Stadt weit, möcht nit in ieder gassen oder haus der lärmen so bald vernehmen werden, Dieser Peller aber sol so bald lermen ist, angezindet werden, der wirt iederman wekhen.

21. Es sol vor der Stadt Zu fus an verborgenen ertten Zu 2 vnd 3 Personen als die stillist vnd vnwissende Wacht gehalten werden, vnd das dieselbe der feindt nicht vermerkhe, sie aber den feindt sehe, dieselben Wachten sollen alsbald sie was vernehmen, schissen vnd sich alsdan verlauffen. Das ist allein dahin angesehen, ob man gleich ohne diese stille wacht ein Reitterwacht halt, der feindt aber dieselbe weis, dahero er ein andern weg durch das fusvolkh der Stadt beizukommen suchen wirt, vnd ob dieselbe heimlich fuswacht gleich von der Stadt Reutern einen herein rennen sehe, so sol sie gleichwol schissen vnd sich verstekhen, das sie von dem feindt nicht gefunden werde, den es wirt khein reitterwacht vergebens herein rennen.

22. Es sol denen Burgern in den Vorstädten bei straff verbotten sein, das kheiner, er sehe den den feindt, nicht schiesse, damit nicht ein vergebener lerma in der Stadt gemacht werde, vnd das die Stadtwacht nicht vermeine, es habs die verstekte oder verborgene heimliche wacht gethan.

23. Es sol bej ieder Vorstadt, wen der feindt einfalt, ein ort sein bej der Stadt in der Mauer, wohin sich die Vorstedter saluiren sollen, dieselben hab ich ausgezeigt, es sollen aber dieselben Rundeln vnd orth alsbald mit boden vnd brukhen gemacht werden.

Den 14. Februarij sein Zu den vorigen 320 Soldaten noch 1200 ankommen, vnter dem Obristen herrn Rudolff von Tieffenbach, die sein mehrers theils in die Stadt, die vbrigen in die Vorstädte gelosirt worden, haben an stat vnd neben den Burgern tag vnd nacht Wacht gehalten, Auch sein allerlej notturfften in den Stadtgräben angerichtet, vnd die Stadt auff anordnung des herrn Obristen vnd herrn Obristen Wachtmeisters Georgen Ebenbergers vor feindtlichem einfaal Zimlich verwahret worden. 1500 knecht in die Stadt gelegt.

Der tax ist mit dem herrn Obristen auffgerichtet worden folgender gestalt:

Ein Pfund Rindtfleisch pr. 3 kr.

Schepsen vnd Kalbfleisch pr. 3 kr. 1 [illegible].

Ein Seitl Wein pr. 4 kr. 1 [illegible]

Ein Metzen Habern pr. 28 kr.

Ein Pischl Hew pr. 4 dr.

Ein Pischl Stroh pr. 4 dr.

Eine alte Henne pr. 7 kr.

3 Ayer pr. 1 kr.

Ein Ganß pr. 23 kr. 2 dr.

Brot bier Visch in seinem Kauff.

Ein Seitl Schmaltz pr. 7 kr.

Den letzten Februarij sein die 1500 knecht von hinnen in Behem gezegen.

Bald drauff ist das Oesterreichische und Mehrische kriegsvolkh in die 8000 Man auch hie durch in Behem gezogen den Behemischen stenden zu hilff wieder die Passaurischen, so sich der kleinern Stadt Prag gemechtiget vnd dieselbe erobert haben.

Königlich Volkh Zeucht in Behem.

Anno 1611 den 15. Martij Sein Ihre Königliche Majestät nach Iglaw ankommen, der ist vom Raith vnterw Pirnizerthor empfangen worden Ihr Majestet zu ehren hat man bej 800 Man mehrees theils mit langen Rohren ausstaffirt vnd in 2 fandl getheilt, auch grosse stulh vnd dopplhackhen zur Ihrer Majestät ankunfft abgeschossen, Ihr Majestät ist verehrt worden wie folget.

König Mathias nach Iglaw kommen.

30 Emer Wein, 30 Emer bier, 1 gemester Ochsen, 6 kälber, 4 Schepsen, 100 Huener, 5 haselhuener, 50 Maß Schmaltz. 3 Maß grundeln, 1 eingesaltzenen hirschen, 2 eingesaltzene Reh, 2 scholh karpfen, 1 scholh hechten, 5 schclh Ayer, 5 Muth habern, hew vnd strew die notturfft, 10 Lemmer, 5 Indianische Huener.

Verehrung Ihrer Majestet.

Den 17. Martij Donnerstag nach Laetare hat könig Matthias den Behmischen Stenden, ehe er vber die Mehrische Granitz in Behem verrukt ein Reuers alhie datirt gefertiget, daß er sie bey ihren Freiheiten vnd Rechten wolle verbleiben lassen.

Königs Reuers.

Den 19. Martii Ist die Spanische bottschafft von Prag hieher kommen, der meinung Ihr Königliche Majestät von der rais nach Prag abzuhalten, Aber Ihr Majestät sein dessen vngeachtet den andern tag, das ist den Sontag Judica 20 Martij nach Mittag auffgebrochen vnd desselben Tages bies auff Teutschenbrod verrukt.

Spanische botschafft.

König verrukt von hinnen nach Prag

Was bisher wegen der Rattsnerneuerung furgeloffen ist oben im 23. Januario 1611 Item im 29 Septembri vnd 8 Novembri des 1610 Jahrs zulesen Weil dan Ihr Majestät selbst hieher kommen haben wir den 17 Martij supplicationes eine in Teutscher die [illegible] Behmischer sprach eines inhalts Ihr Majestät vbergeben, vnd gebetten Ihr Majestät wolle vns ein consens den Raith nach altem herkomen

Wegen der Rattsnerneuerung alhie.

vnd gebrauch Zuverneuern, geben lassen, Im ratschlag ist herr von Mekaw Obrister Cammerer vnd herr von Lobkowitz direktor der Mährischen sachen hart darwieder gewest, der meinung als wen durch solchen Consens das Vnter Cammerambt degradirt wurde, vnd das andere Mehrische Stedte auch darauff weisen möchten, vnd den Raith selbst verneuren wellen, vnd weil wir vns auff privilegia referirn, were es billich ehe sich Ihr Majestät erklert, dieselben vidimirt vorzulegen, vnd entzwischen mit der verneurung stil zu halten Aber die andern herrn Raithe vnd vnter denselben zuforderist Ihr Gnaden der herr Landtshauptman hat ihnen solche einwurffe gnugsam verantwortet, also das entlich geschlossen werden, Ihr Königliche Majestät solten vns zu diesem mal den Raith Zuuerneuren willigen, doch des herrn Vnter Cammerers Ambt vnd Zu forderist Ihrer koniglichen Majestät regallen hiedurch vnuergriffen, Item das es geschehe aus Vorbitt vieler, vnd die von Iglaw solten nichts desto weniger ein Vidimus ihrer privilegien in die Behmische hoffcanzlej einantworten damit man sehe was dieselben vermögen herr von lobkowitz hat auch absonderlich vns vermahnet, wir solten gleich wie andere Stedte vnsere privilegia den König confirmiren lassen, Abzunehmen; weil ihm bej 800 Gulden von der confirmation gebüert, er habe es nit furnemblich vns sondern ihme selbst zum bösten gemeinet, der königliche Consens ist offen vnd in behmischer sprach verfertiget.

Drauff ist die Rattsuerneurung furgenohmen wie hernach folget Anno 1611 den 22. Martij Ist durch gwalt vnd consens Ihrer Königlichen Mayestät der Raith durch die Altgeschwornen verneuret worden, folgender gestalt.

Herr Jacob Pauspertl der Jungere Eltister,
Herr Thoma Rokenzaun Beisitzer,
Herr Matthes Glenkh Richter,
Junger Herr Hans Neumaier.

5 fändl knecht hieher kommen.

Den 30 Martij Sein 5 fändl knecht 1500 starkh so von der Mehrischen landtschafft vnter dem von Tieffenbach Obristen geworben worden (Vber die andern 1500, so mit dem konig nach Prag gezogen) hieher kommen, in der Stadt vnd Vorstadt bies auff herrn Landeshaubtmans fernere Verordnung losirt worden. Sein darnach 3 fandl hie geblieben. Ihre hauptleut herr von Pucheimb, Schweinwlech vnd Maset. Die vbrigen 2 auf Teltsch vnd Znaim gezogen.

Artolerei des königs herkommen.

Zuvor als den 20 dits ist des königs Artolerej hiher kommen. 9 grosse stukh ettlich viel wagen mit Pulwer vnd munition, vnd die sie begleittet 150 Personen, haben alhie bis auf fernere ordinanz gewartet.

Den Pfingst Montag ist der vngrische könig Matthias zum behmischen König gekrönet worden zu Prag in der Schlos- kirchen in beysein der behmischen Stende der Mehrischen Slesischen vnd Lausnitzer abgesandten denen man absonderliche Pienen mit Rottem vnd weissen tuch bedekt in der kirchen auffgerichtet, von den Mehrischen abgegesandten zu diesem General Landtag welcher 5 wochen gewehrt vnd derer drauff erfolgter krönung sein gewesen herr Carl herr von Zierotin Landtshaubtman, herr Laslav herr von Lobkowitz, herr Graff Hoditzkj, herr Getrzich von Kunowitz. Vom Ritterstande herr Czeyka Obrister Landtschreiber herr Wilhelm Dubskj, herr heinrich Zahradetzkj, herr Jankowskj Burggraff. Prelaten der Abt von hradisst, von Prukh, von Brun vnd Prior bej Sanct Thomas zu Brun. Von Stedten, herr Georg Honorius Stadtschreiber von Brun, herr Melchior Speinkho Stadtschreiber von Znaym, Martin Leupoldt Stadtschreiber von Iglaw, die Abhandlung was die reformation der Canzlej vnd Appellation furnemlich betrifft, douon zwischen den Behemischen Stenden vnd gedachten Mehrischen Abgesandten streit entstanden ist in einer absonderlichen Smlauwa verfast vnd vnter beiderseits Insigeln vnd Petschafften verfertiget worden. Der Process der krönung ist gedrukt auch dauon in der Relation des Frankhen weitleuffig zu lesen. König Matthias wirt zu Prag gekrönet.

Den tag Petri Paulj am 29. Junij Sein die Mehrischen 1500 knecht vnter dem herrn Obristen von Tieffenbach alhie abgedanket worden, von welchen 3 fandl ettlich wochen alhie gelegen, als vom 30. Martij bis auff den 29. Junij. Mährische knecht werden abgedankt.

Den 16. Julij sein 700 Mehrische Reutter des Obristen von der Goltz hiedurch gezogen ein tag auff Gemeiner Stadt grunden stil gelegen, hernach auff Brun zur abdankhung fortgezogen. Ihr Obrister Leubtenambt herr hans Stubenfol. Mährische Reutter 700 Ziehen die durch.

Den 1. August Ist der hoher Pfarthurm bis auffs hiergässl abgetragen vnd auffs new gemacht worden, weil das holtz einwendig gefaulet. Im knopff welchen den 5 Augusti der Stadtmeister Matthes luntzmulner Zimmerman herab genohmen, ist diese verzeichnis auff Pergament geschrieben in einem ausgeholetem holtz verwahrt gefunden worden. Pfarthurm gedekt worden.

Anno Dominj 1559 seremissimo Principe Ferdinando Primo Rom. Imperatore. Marchione Marchionatus Moraviæ: Prudentibus et Spectabilibus Johanne Schindl de Eberharcz Primate Johanne Pauspertl Valentino Kohensack, Wolffgango Paumgartl, Marco Salczenbrot, Matthaeo [illegible], Francisco Krum, Matthæo Rauscher, Matthæo Gruen, Andrea Gleck, Valentino Abentheuer et Martino Fellenbaum Juratis [illegible] prouinciam Reipublicæ Ig. Ciuitatis sustinentibus, Marco [illegible], supra nominato Matthæo Rauscher et Andrea Mo[illegible] hæc turris ædificata, et eiusdem operis summo globo et fastigio 27die mensis Julij Annj praedicti extrema manus est imposita Laurentio Reindler Leonhardo Trencker publicis notarijs. Soli Deo æterno op. max gloria per Magistrum Matthæum Vnger.

Den 8. Septembris Ist der knopff von abgedachtem Meister Mathes wieder aufgerichtet werden new vergoldet in 5 elen aschenfarbes tuch eingewikelt welches man hernach dem Meister verehrt, im aufrichten haben die Turner 3 mal gegen den knopff geblasen. In knopff ist folgende Zettl neben den alten auch auf Pergament geschrieben gelegt worden: (fehlt).

Oesterreichische Reuter hie gelegen.

Den 6. Septembris sein 500 Puchaimerische Oestereichische Reutter, so auch mit Ihr Majestät bei der krönung zu Prag gewesen, auff Gemeiner Stadt behmische dörffer ankommen, des anderen tages wieder verraist.

Grauen von Dampier Reutter.

Den 17 Septembris Sein des Grauen von Dampier 500 Reutter auff den hiegen Stadtgrunden ankommen, vnd des andern tages ferner nach Oesterreich gezogen.

Herr von Sternberg wirt hir in arrest gelegt.

Den 22. Septembris Ist herr Ladislaus herr von Sternberg auff begeren der Behmischen Landtofficierer vnd auf befelch des herrn Landtshauptmans hieher in arrest genehmen werden. Den 25. dits sein 6 Reutter vnd ein kutschen wagen nach ihm kommen, vnd ihn des andern tages in behem gefuhrt, Er sol etliche sonderlich seiner befreundten hechlich injurirt haben, auch Ihrer Kayserlichen Majestet halber interessirt sein vnd weil er aus dem landt Behem gewiechen vnd in Mährern betretten worden, ist er vom herrn krzinetzky hieher begleittet, vnd von hinnen in Behem auf sein Schles Gruenberg genandt bej Tabor in Arrest gefuhret worden bies zu austrag der sachen. Ist auf des Stubikh ekhaus am Obern Platz verwahrt worden.

Ein Weib im Vorklester todt gefunden worden.

Den 14. Octobris Ist eines dreschers weib im Obern Nerkasten am Platz todt gefunden werden, vnd weil sie emper geschwummen war die vermutung sie were erwürget, vnd darnach in Kasten geworffen worden daher weil Ihr ehman mit ihr immer im Zankh gelebet, man auf ihn vermuttung geschepfft, vnangesehen die bader vnd balbierer khein Zeichen daß sie erwurget were worden an ihr gefunden. Ist das Parrecht vorm Rathaus gehalten worden, da ihr Man der Drescher 3mal vmb die Par gegangen, die handt auf die stirn, Maul vnd brust gelegt, hat aber die leich khein Zeichen von sich gegeben. Nach diesem ist die totte leich bej Sanct Johannis ausserhalb des kirchhoffs begraben worden, die ihr man begleitten mussen, der ist zwar in gefengklich verwahrt, aber nachmals weil man nichts auff ihn darbringen mögen, auf borgschafft derselben erlassen worden.

Königs Matthia hochzeit zu Wien.

Den 1. Decembris Ist die Erzherzogin Anna, des Erzherzog Ferdinandi Tochter zu Wien ein gezogen, vnd den 4. dits (als am 2 Sontag im Adwent) Ihrer königlichen Majestät verehelichet worden, der hochzeit haben beigewohnt, herr Cardinal von Dietrichstein bischoff in Mährern als des Babsts legat der sie auch copulirt. Item Erzherzog Maximilian, Ferdinand, herzog von Braudeburg, Sowol des königs in Spanien vnd Erzherzog Alberti botschafften, sambt den abgesandten auff Ihrer königlichen Mayestät Lendern, Ist ihr Mayestät allenthalben auf die hochzeit verehrt worden bej 10mal hundert Tausendt gulden die Behmischen Stende haben allein verehrt 100 Tausendt Gulden die Mehrer 30 Tausendt vnd von den vnterthanen die gebreuchliche Steuer dazu bej 50 Tausendt des Andern tags sein Ihr Majestät sambt der königin in Trauerkleid gangen, weil die königin aus Spanien gestorben.

In diesem 1611 Jahr sein allhie
- Geboren 339 Personen.
- Gestorben 383 Personen.
- Communicirt 6687 Personen.
- Copulirt 92 Paar.

Anno 1612 den 6. Januarij sein Ihre Fürstliche Durchlaucht Erzherzog Maximilian von Budwitz hieher Zur Nacht mit 160 Rossen neben seiner Cammer ankommen Vnd durch herrn Jacob Pausperti den Jungern, herrn Daniel Lezelter, herrn Matthes Wagner, herrn Thoma Rothenzaum vnd Martin Leupoldt empfangen worden, des andern tages sein Ihr durchlaucht frue wieder verraist in commission Zu den Reichsfursten der Römischen Cron Ist hie Costfrej gehalten worden. — Erzherzog Maximilian hieher gekommen.

Den 18. Januarij ist herr hans haberman gestorben im Ratth gewesen 28 Jahr etlich wochen, seines Alters 70 Jahr. — hans haberman gestorben

Den 20. Januarij Ist der Römische Kayser Rudolphus secundus Zu Prag am schlag gestorben, seines alters im Sechtzigsten Jahr, etlich tag hernach hat man hie ein Regenbogen gesehen. — kayser Rudolf gestorben.

Den 26. Januarij Ist könig Matthias sambt der königin Anna Ihr Majestät gemahl hieher von Pirnitz ankommen vnd folgenden tages nach Prag verraist nachdem frustukh bies auff deutsch Bred, Ihr Mayestät ist sambt der königin verehrt worden ein doppelt Credentz bej 200 Taler werth hat 5 Pfund 8 lot, welches man vor etlich vnd dreissig Jahren auff den kayser Rudolff machen lassen, der aber niemals hieher kommen. In das Credentz sein gelegt vnd damit verehrt worden 150 [illegible] Ducaten. Sonsten sein Ihr Majestät auch Costfrej gehalten worden. Welches sie zu grossen Gnaden angenohmen. Die königin hat die Ducaten [illegible] aus dem Credenz In ihr handt genommen, vnd zu Ihr Majestät gesagt, Sie welle sie in ihre Cammer behalten. — könig Matthias nach Iglaw kommen.

[illegible] Anno 1612 den 22. Martij sein Ihr königliche Majestät [illegible] gemahl wieder hieher von Prag ankommen, [illegible] tages von hinnen nach Stonern Zum frustukh auf die nacht — könig vnd königin wieder gehn Iglaw.

gehn Seltaw verraist, Zu Wien haben die vngrische bottschafft auf ihn gewartet. Folgends in der Marterwochen sein Ihr Majestät sambt der Königin wieder Zurückh durch Poln auff Prag vnd von dannen nach Frankfurt am Mayhn Zur Waal eines Römischen kaysers verraiset, der Waaltag ward auf den 21. Maij daselbst angestelt.

Wegen der Rattsuerneurung. Nachdem im vergangenen 1611 Jahr den 22. Martij der Rath aus Consens Ihrer königlichen Majestät durch die Altgeschwornen dem Vralten löblichen gebrauch nach ist verneuret werden, Vnd der iezige Rath ihr Ambt das Jahr vber verwaltet, haben sie den herrn Vnter Cammerer schriftlich ersucht, er wolle entweder selbst Persönlich hiehero kommen, vnd den Rath verneuren oder aber einen gewalt ertheilen. Darauff er geantwortet, Weil er nöttig mit den herrn zu reden habe, solle man 2 Personen zu ihm nach Geppersdorff abfertigen, Wie dem Zu folge den 1. Aprilis herr Thoma Rokhenzaun vnd Martin Leupoldt dahin abgeordnet worden vnd ihre werbung widerholet Meldete er, sein citation sej bles darumb geschehen sich Zuerkundigen wie es mit der Rattsuerneuerung zugangen, item wie wir den gwalt vom könig ausgebracht, begert denselben in originali zu sehen darnach wolle er sich weiter erklern, was ihm zu thun sej. Ob nun gleich die abgesandten nach der lenge erzehlet wie sie den gwalt ausgebracht, Item das ihnen herr Vnter Cammerer selbst andeutung beym konig solches Zuersuchen gegeben habe, Auch wie der gwalt lautet notturfftiglich erkleret Ist doch herr Vnter Cammerer darauff beruhet, man solle ihm das original des königlichen gwalts schikhen alsdan wolle er sich auff des Raths begeren gar willig finden lassen, hat daneben vbl empfunden, das man ihm vor diesem gar nichts Zugeschickt wie es mit der Verneuerung abgeloffen. Den 24. Aprilis ist herr Augustin kautzmann vnd Martin Leupoldt mit dem Original nach Olmuntz verraist, da herr Vnter Cammerer sie auff Roketnitz beschieden, vnd nach langer deliberation entlich den vngehofften bescheid gegeben, weil er von Ihrer königlichen Majestät noch im 1610 Jahr befelch bekommen, bej vns vnd in andern stedten mit der Rattsuerneurung stil zu halten bies auff Ihr Majestät fernere resolution So solten wir vns gedulten bies der könig aus dem Reich wieder Zu lande komme. Item hat vns ein schreiben an Ihr Majestät lautend mitgegeben, darinnen er fernere Instruction begert wie er bej vns procediren solle. Mit gleichem bescheid habe er auch die Brunner abgefertiget, Ob wir nu gleich viel darwieder eingewendet, das wir nichts neues ersuchen, Item das der könig wieder vnsere priuilegien vnd altlöbliche Statuten vnd gewonheitten nichts verhoffentlich furnehmen oder befelchen werde, ists doch dabej verblieben man solle sich Zu des konigs widerkunfft gedulden. Nach diesem allen hat der Rath sich deswegen beym herrn Carl dem Eltern von Zierotin Landtshaubtman in Mehrern beschwert, das wir auff vnser billiches begeren khein wurkliche antwort erlangen mögen, mit bitt Ihr Gnaden der herr Landtshaubtman welle beym herrn Vnter Cammerer fur vns Intercediren das er ohne bedenkhen den Ratth verneuere damit gutte ordnung erhalten werde, weil wir nichts neues suchen als wozu wir gut fueg vnd recht haben. Im faal sich aber herr Vnter Cammerer dennoch waigerte vnser begern Zu volziehen, so bitte man Ihr Gnaden den Herrn Landtshaubtman als ein königlichen Stadthalter in Mähreren, er wolle vns hierin in gnedigen schutz nehmen, vnd seiner Voreltern exempl nach den Ratth alhie selbst verneuern oder Volmacht darzu ertheilen. In massen es den vor diesem als Anno 1406, 1408, 1409, 1420, 1427 von den Landtshaubtmanen beschehen, wie dessen Abschrifft aus dem Stadtbuch Ihr Gnaden eingeschlossen vnd Zum Olmutzer Landtrecht Sonabent vor Johannis 23. Junij abgefertigt werden. Wie es weitter abgeloffen wirt Vnten gemeldet.

König Matthias wird Römischer Kaiser.

Den 1. Julij (Sontag vor Maria heimsuchung) ist auff Ihr Gnaden des herrn Landtshaubtmann andeuttung auff der Canzl ein Danksagung geschehen, das Gott die gnade verliehen vnd vnser könig Zum Römischen könig und kunftigen kayser erwehlet worden, dabej sewel in der ersten Predigt als in der hochpredigt Ihr Majestät gratulirt werden. Nach der hochpredigt hat man das Te Deum laudamus gesungen, nach ettlichen versen die Turner ins Feld geblasen vnd wieder ettlich Vers gesungen, Nach verrichtung dessen sein vorm Pirnizer thor ettlich grosse stukh, als freudenschüsse abgelassen werden. Die Waal des Römischen königs ist den 13. Junij geschehen, die Crönung den 27. Junij.

Weiterer Verlauff wegen der Rathserneuerung.

Auff der Abgesandten emsiges anhalten haben Ihr Gnaden herr Landtshaubtman mit dem herrn Vnter Cammerer selbst zu Olmutz geredt, er wolle sich nicht weigern vns ein gwalt Zuertheilen, weil wir die freye waal haben, auch khein Catholischer burger laut vnserer Stadtfreiheitten vnd Statuten Zufinden. Die Exempla da Zuuor herr Landtshaubtman hie die verneurung furgenohmen, haben Ihr Gnaden herr Landtshaubtman nicht fur gnugsam erachtet, sondern das es geschehen sei ohne Zweiffl auff des Landesfursten befelch, der konig habe macht durch wen er wil den Ratth Zuuerneuren lassen weil aber der Zeit ein verordneter Vnter Cammerer (der damals etwa nicht gewesen sondern abgestorben ist) müsse man es billich bej ihm ersuchen. Auff herrn Landtshaubtmans mündliche intercession hat herr Vnter Cammerer ein gwalt von sich geben, doch vor der Verneurung die Personen so kunfftig eingesetzt vnd von den Geschwornen alhie erwehlet werden specificirt begert mit Zusatz er wolle nichts darin endern, die sein jhm auch zugeschickt worden vnd ist hierauff die Verneurung erfolget.

Anno 1612 den 24. Julij Ist der Ratth aus Consens herrn Vnter Cammerers durch die Altgeschworen verneuret worden.

herr Daniel Lezelter Eltister
herr Mathes Wagner Beysitzer
herr Thomas Pesserl Richter
Junge Herrn: Tobias Seidenmeltzer, Lucas Gärtner.

Rattherr gestorben. Den 6. Augusti Ist herr Mathes litzmegl gestorben seines alters bej 80 iahren.

Brunst zu Schrittens. Den 15. Augusti Ist durch Vnuorsichtigkeit bej den Schmid Zu Schrittens ein feuer auskommen, sein abgebrandt 27 Heuser, Auch der herrn Muel sambt den Muelrödern im Wasser, war so grosse hitz, das auch das wasser bej der Muel gesotten, sein viel leut verfehrt, doch khein vieh sondern das getreud in Städeln verbrent, den abgebrandten ist von der Burgerschafft biees 300 Talern almosen gegeben worden vnd durch die Rottmeister gesamlet worden.

Wetter eingeschlagen im Ratthaus. Den 16. August ist ein schröcklich wetter gewesen, hat ober vnd neben dem Obern Ratthausthor Zu beiden seitten in die Mauer geschlagen vnd bej der Rist Kammer Zum dach ausgangen, die gesperr unterm dach etwas Zerschmettert, doch nicht angezündet, hat auch an dem ort da die Elenmaß am Ratthaus ist angetroffen Gott schicks zum bösten.

Chasmata. Von dem 16. biees auff den 29. Augusti sein teglich schreckliche feurige stralen am himl gesehen worden, ettliche in form eines Besens vnd Englgesichts.

Doctor fresl gestorben. Den 11. Septembris Ist herr Ludwig fresl Medicinae Doctor mit todt abgangen, vnd den 13. dits begraben worden seines alters 35 Jahr.

Brunst im Siechhoff. Den 12 Septembris vmb 21 Uhr ist ein vnuersehenes feuer im Siechhoff auffgangen, hat den Siechhoff sambt den Stuben vnd Stadel sambt dem getreud alles verbrent, die kirchen dabej ist mit grosser müh vorm feuer errettet worden.

Brunst beim Scholtzen. Den 28. Novembris Ist nach 24 Vhrn ein Vnuersehenes feuer beym Augustin Scholtzen des Martini Scholtzen Sohn Unterm dach im stroh auskommen, vnd sein Vermuttungen das es ein gelegtes feuer gewesen ist gleichwol der nachtbarschafft khein schaden geschehen.

Gespenst in der kirchen. In diesem Monat Nouembris Ist die gemeine red gangen, das es bej dem tag in der kirchen georgelt vnd auff der Parkirchen gesungen, als wen Mönchen Vesper singeten, welches viel leut sollen gehört haben, auch ettliche adolescenten aus der Schulen, Ob aber eigentlich wahr, hat man khein gwissen grundt erkündigen [illegible]

Newer Abt im Strohoff. In diesem Monat Nouembris vmb [illegible] Casparus so Zuuor hie in dem [illegible] der Religion viel zu reformiren sich [illegible] oben zu finden, Zum Abten in Strahoff erwehlet vnd bestetiget worden weil der alte Abt Ertzbischoff worden.

Sturmwindt.

Den 28. Decembris ist gegen abendt ein sehr grosser Zuuor vnerhörtter Sturmwindt entstanden, hat viel dächer an Vnterschidlichen ortten abgerissen auch in Wäldern grossen schaden gethan, ein grosse anzahl baum mit der wurtzl ausgeriessen, gemeuer vnd schilt eingeworffen, vnd in der vmbliegenden gegend vmb ettlich tausendt fl. schaden gethan.

In diesem 1612 Jahr sein allhie			
	Geboren	561	Personen
	Gestorben	350	Personen
	Communicirt	7042	Personen
	Copulirt	115	Paar.

Churfurstliche Sächsische gesandte hie ankommen.

Anno 1613 den 29. Januarij Sein des Churfursten von Sachsen abgesandte, Ein Graff von Mansfeld, herr D. Marcus Gerstenberger Canzler neben andern 2 Doctoribus vnd Churfürstlichen dienern 7 kutschen starkh hie ankommen, vnd vom Ratth mit 16 kannen Wein vnd ettlich Vischen verehrt worden. Sein des andern tages nach Wien Zum kayser verraiset.

Prägerischer Ertzbischoff mit dem Abten hieher kommen.

Den 31. Januarij Ist der Ertzbischoff von Prag herr Johann Lohelius (so Zuuor hie Abt gewesen) mit dem Neuen Abten Casparo hieher kommen vnd hat herr Ertzbischoff den Neuen Abdem Ratth commendirt.

Spanische bottschafft.

Den 4. Februarij sein die Weinmarischen Sachsischen gesandten vnd den 8. dito die Spanische bottschaft hie ankommen, vnd dem kayserlichen hoff nachgezogen.

Pfarher zu Stonern.

Den 18. Februarij Ist M Casparus Pelargus Pfarherr Zu Stonern gestorben, vnd an stat seiner her M. Johannes Georgius Ficklerus Rector, der Schule albie, Pfarherr Zu Stonern worden.

Behmischer Prediger.

Georgij Ist herr Joachim Wagner Caplan Zu Poln fur einen Behmischen Prediger an stat des Lucä Celerentinj der sich von hinnen in Mährern vnterhalb Brun begeben, bestellet vnd introducirt werden.

Dauid Mulner enthaubtet.

Den 30. Maij Ist dauid Mulner des Paul Mulners Tuchmachers Sohn albie beym Pranger mit dem Schwert gerichtet worden, weil er einen berkhknappen bei nächtlicher weil Vorsatzigklicher weis erstochen.

Schröcklich wetter hat eingeschlagen in der Pfarrkirchen.

Den 23. Junij vmb 20 Vhr ist ein schröklich wetter gewest, hat in der Pfarrkirchen an Vnterschidlichen ortten eingeschlagen, das schlos von der Turner Secret, auch den Drat so vom glekl am thurm herab geht, Zerschmissen bej herrn Girzik Pawle ein stukh stein an dem hausthor ausgeschlagen, in der Ziglhutten eingeschlagen vnd auff der Glenkhin Scheuben auch angetroffen vnd ein Eschbaum mitten entzwei geschlagen, doch Gott leb nirgent gezindet. Ein Mendicant so bei des Schindl epitaphio verm Regen vntergestanden ist von den donners Flammen beruert vnd vor schröckhen halb todt in die schul getragen worden, hat ihm aber an der gesundtheit khein mangl gebracht.

herr Rokenzaun gestorben.

Den 14. Julij Ist herr Thomas Rokhenzaun gestorben seines alters im 63. Jahr.

kirschner erstochen worden.

Eodem die bej der nacht Ist ein kirschner gsell hans von Würtzburg im tumult erstochen worden, Sein ihrer 12 Personen die beym lermen gewesen gefengklich eingezogen worden, welche alle geleugnet, sein entlich auf borgschafft der gfenglich befreyet worden. Die nahmen derer so beym tumult sich befunden, Andreas vnd hans Rissenfelder gebrueder, Augustin Lesnitzer, Nicodemus höfflteter, Dauid Finschretter, Baltzer Schmilauer, Gerhard Wellwitzer Balbirer. Item 5 kirschner gsellen Christoff wechter von Schlakhenweer, Martin Lehnbach von der Landtshutt, Girg Rostokh von Wittingaw, Lorentz welff von Schlakehnweer vnd Basilius fras von Zeitz aus Meissen.

Chasmata.

Den 18. Julij sein von einem bies auf 4 Uhr in der nacht schröckliche Chasmata Zusehen gewest, welche blutfarb gleichsam in einem Runden Circl auff einander geschossen, Entlich ists anzusehen gewest als ob sich der himml gar auffthete, hat lang gewehrt vnd ist schröcklich zusehen gewest.

Den 31. Julij ist der Ratth verneuret worden.

Herr Jacob Pauspertl der Elter Eltister
herr Tobias kresl Beysitzer
herr Bartl Schmilauer Richter
Junger herr Daniel krumb.

Weib ermordet ihr leibsfrucht.

Den 19. Oktobris hat man ein Weib welche ihre leibesfrucht erwurget vnd heimlich vertuschen wollen, lebendig begraben, ist eines behmischen Edelmans Vnterthanin gewest, die Zuuor aus dem Maierhoff daselbst entloffen, vnd das khind mit einem schneider der auch allda entwichen, in Vnehren gezeugt.

Bauer erschlagt sein Weib.

Den 4. Nouembris hat ein bauer von Gieshuebl Reichbawr genandt sein Weib erschlagen, hat sich auch Zuuor mit einer Weberin so bej ihm in der herberg gewesen in ehbruch eingelassen, die ehbrecherin Martha von Medling ist auff ewig verurlaubet vnd der [illegible] mit dem schwert gerichtet worden.

Den 22. Nouembris Ist Esaias Grunderer eines Schusters Sohn von hinnen geburtig fur ein Aduocaten bej Gemeiner Stadt aufgenommen worden Sein jährliche bestallung von Martinj anzurechnen [illegible] 25 [illegible] holtz 12 Schack, vnd freye herberg so lange er nicht [illegible] an sich bringt.

Den 26. Novembris Ist Fraw Johanna Seidelin ein Geborne Gattermairin meines herrn Schweherrn herrn Andre Seidls von Pramsen ehliche hausfraw in Znaym todes verschiden der Cörper ist in einen kupffernen Sarg gelegt vnd zu Nesslowitz bei Brun begraben worden. Fraw Seidlin gestorben.

Den 6. Decembris vmb 19 Vhr ist meine liebe hausfraw Anna Maria Leupoldin geborne Seidlin Zeitlichen todes verschieden ihres alters 27 Jahr, Gott verleihe ihr ein frohliche aufferstehung vnd vns ein Seliges Sterbstundlein. Mein liebes Weib gestorben.

Annos nVpta thoro septenos: nata noVeM ter

Et tela progenerans pIgnora peste CaDIt.

Den 9. Nouembris Ist herr Georg Stubikh gestorben. herr Stubikh gestorben.

Den 19. Decembris herr Andreas Schinabitz gestorben seines alters 44 Jahr. herr Schinabitz gestorben.

In diesem 1613 Jahr sein alhie

Geboren	460
Gestorben	486
Communicirt	6989
Copulirt worden	143

Anno 1614 den 20. Februs Ist Paul haukh ein Burger von Schönberg aus Mehrern hieher kommen, mit herrn Waczlaw Wratislaw Lizel von Risenburg Auff Petrwitz vnd herrn Mikulass Wratisslaw von Bubna, herr Lizel hat ihn vertröst fur ein diener anzunehmen vnd ihn Zur Iglaw kleiden zu lassen, damit er ihn desto fueglicher hirher Zur gefengknis brechte, den dieser haukh sol mit dem Ratth zu Schönberg schwere Rechtshandlungen gehabt vnd alsdan heimlich entwischt sein, Man hat auch von ihm ausgegeben das er das Stadtsigil daselbst Vntergangen vnd dem herrn Cardinal in Mährern im nahmen des Ratths schreiben Zugefertiget habe, dadurch der Ratth fast in das eiserste Verderben gerathen, wie es den darauff gestanden das sie haben sollen feindtlich vberzogen vnd in Grundt verderbt werden sollen. Als nu dieser haukh ein lange Zeit nirgents hat erforscht werden kheunen, haben ihn entlich beide obgenandte Herrn ohne gefehr in Behem Zu Budweis angetroffen vnd mit glimpfflich worten an sich gebracht, bies er nemlich hie auff beider herrn begern vnd reuers (das es der Stadt alhie ohn schaden sein sol) in gefenknis gelegt worden. Die von Schönberg haben aldan ihren Stadtrichter hieher geschikt, sein verbrechen erzehlen lassen, vnd gebetten denselben auff ihr vnkosten bies auf weitere des herrn Landtshaubtmans resolution zu verwahren. Als aber herr Landtshaubtmann Ihr Kayserliche Majestät von seiner verhafftung berichtet, Ist die resolution erfolget. Man sol ihn der gefengknis gegen den Reuers das er sich bej verlierung leibes vnd lebens nach Olmuntz vor Gericht stellen, vnd mit den Schönbergern den strittigen handl austragen sol. Des bescheids sein die armen Schönberger herzlich Paul haukh von Schönberg.

erschrokhen, haben seinethalben viel Tausendt Gulden verzehrt vnd verschmirt, vnd geleben schlechter vertröstung das ihr recht wieder ihn (der selbst Babstisch vnd bej seines glaubensgenossen gutte beferderung sich getröstet) solte Zu gewinschtem ende lauffen.

Dieser haukh sol mit seinen gehilffen Ihr Majestät den Pabst vnd andere an galgen haben mahlen lassen vnd solchs als dan dem Raith Zugemessen, hat auch die Sigil Vntergangen vnd ohne wissen des Raths falsche Schreiben Zu der Stadt verderben gefertiget, was es fur ein ausgang mit ihm gewinnen wirdt, gibt die Zeit, den 26. April ist er der gefengknis hie loss werden.

Steidl gestorben. Den 21. Februarii Ist herr hanns Steidl gestorben.

Den 27. herr M. Georgius Gerlarchius Medicus gestorben.

Doctor Reinesius Medicus ein hurn hengst. Es hat sich ein kurze Zeit einer mit nahmen Thomas Reinesius (wie er furgeben Medicinä Doctor) alhie auffgehalten, die leut curirt, Nachmals bei den Marcus Waltner in der Spitlgassen da er sein Zimmer vnd Cost gehabt, ein Magdt geschwengert, derselben medicamente gegeben die leibesfrucht damit abzutreiben die Magdt aber hat die Arznej nicht gebraucht sondern auffs Ratthaus geben lassen, darauff ist gedachter Thomas Reinesius den 19. Martij vor Gericht gefordert worden, Als er aber den braten gerochen hat er sich nit mehr in seiner herberg finden lassen, sondern im Pfarhoff etlich tag enthalten, Entlich ist er in des Abten haus neben der Badstuben angetroffen vnd vor gericht gefordert worden — Eins wegen seiner glaubiger die auff sein substanz verbotten, darnach wegen der begangenen Vnzucht. Der gutte Doctor hat Zugesagt in einer halben stunden vor gericht Zuerscheinen, ist aber bald hernach flüchtig worden vnd Zufuss nach Bitesch entwichen. Vnter wegs hat ihm des Girg Sembrukhs diener ein Seidenen Mantl sambt der Weer genohmen, weil er seinem herrn schuldig blieben, vnd heimlich entwichen derwegen er etlichmal hieher geschrieben. Ist ihm ein tag Zur verhör Zwar bestimbt worden, aber der gutte Medicus ist nie darzu erschienen.

hirtin wird mit dem schwert gericht. Den 21. Martij Ist Lena ein hirtin, die ihr leibesfrucht selbst erwürget vnd Vnter sich ins betth gelegt mit dem schwert (welchs vorhin nicht beschehen) gerichtet worden.

Michl Slawinger gestorben. Eodem die Ist Michel Slawinger ein verlebter alter burger vber 80 Jahr seines handtwerkhs ein Tuchmacher gestorben.

Rector Schola M. Paulus Muller. Nachdem herr M. Johannes Georgius Ficklerus anstat des verstorbenen M. Casparj Pelargj ist nach Stenern Zum Pfardienst daselbst berussen worden wie im anfang das 1613 Jahrs zufinden, hat ein Ersamer Raith an stat seiner Zu dem Rectorat von wittenberg vocirt herrn M Paulum Mullerum Wittebergensem der ist den 17.

Aprilis hie ankommen, vnd hernach den 25. Aprilis solenniter introducirt worden.

Advocat Grunderer gestorben.

Den 4. Maij Ist Esaias Grunderer Iglauiensis so den 22. Nouembris des verwichenen iahres fur ein Aduccaten alhie angenohmen worden, am Reissen gestorben.

In diesem Monat hat einer mit nahmen, (fehlt) mit des Georg Kegls eines austragers Tochter Vrsula hochzeit gehalten, vnd als der Breutigamb das beilager gehalten, vnd (gepeuset?) hat, das sich in der Braut daz khind rüret, hat er sie bald drauff Ihren eltern wieder anheim geschikt, vnd ist Zur ehe nicht gezwungen worden weil die Geistlichen recht in solchem falle die ehe trennen lassen. Nachmals hat er sie gutwillig genohmen vnd fur sein ehweib behalten.

M. Grassl gestorben.

Den 2. Junij Ist herr M. Daniel Grassl Primarius Concionator alhie gestorben seines alters 44 Jahr 8 Monat ettlich tag.

Newe kirchenbestallung in der Stadt.

Den 9. Junij Ist die kirchen wieder bestelt worden folgender gestalt, das herr Andreas Fistrizer so vorhin secundum locum gehabt, die erste stel angetretten, herr M. Paulus Panspertl Caplan die ander stel, vnd herr Paul Schubert Pfarherr zu Gieshuebl des Diaconi oder Caplans stel angenohmen.

Pfarherr Zu Gieshuebl.

Anstat herren Schuberthen Ist Pfarherr Zu Gieshuebl worden herr Augustin Panspertl des hans Pauspertls in der Creutzergassen Sohn.

Herr Pausperti gestorben.

Den 18. Junij Ist herr Jacob Pauspertl der Junger gewesener Raths Eltister alhie gestorben ætatis suæ 68.

Ist im Ratth gewest 33 Jahr, im 1579 Ist er auch Eltistier auf dem Tuchmacher handtwerch gewest seines Alters damalen 33 Jahr, Im 1581 In Ratth khummen.

Ober Muntzmeister hieher kommen wegen des Pergkwerchs. Newer Perglmeister.

Den 19. Julij Ist herr Wilhelm herr von Brzesowitz Obrister Muntzmeister des königreichs Beheimb Zur nacht hie her kommen mit Kayserlichen befelch, das er den Leonhard Stadler für ein Pergkmeister einsetzen vnd Installiren sol, welches den 21. ditts geschehen das er das Jurament sowol als der Schichtmeister vnd die Steiger geleistet haben.

Daneben hat herr Obrister Muntzmeister im Namen Ihr Majestät laut der Behmischen Cammerratth schreiben geworben die herrn sambt der Gmein solten das Pergkwerkh in gemein sambtlich bauen vnd Zu erhaltung ihrer Pergkfreyheitten, das Pergkwerkh wieder erheben, so wurden sie nicht allein von newem mit schönen Freyheitten begnadet, sondern durfften hinfur khein contribution geben. Den Ertzkauff möchte ihnen Ihr Majestät Zum Vortheil lassen. Der weinschankh darueber wir in specie pri[illegible] bliebe in seinem esse, vnd khente derselbe in den Neuen Bergkfreihaitten wieder verneuret vnnd bestetiget werden. Drauff Ihr Gnaden Zur antwort erfolget, weil der handl der wichtigkheit das er gutter beratschlagung bedarff, wellen sie ehstens dauon deliberiren vnd aldan Ihr Gnaden schrifftliche antwort darauff erfolgen lassen.

Den 24. Julij hat man den vergoldten knopff am kleinen thurm dessen spitz abgetragen vnd sambt dem knopff renouirt worden, wieder auffgesetzt vnd nachfolgende Zettl auff Pergament geschrieben Zu den alten Zetteln de anno 1561 hinein gelegt.

Anno 1614 Inuictissimo et Potentissimo Principe ac Domino Domino Mathia Rom. Imperatore Hungariæ, Bohemiæ Rege Archiduce Austriæ Marchione Morauiæ Prudentibus et clarissimis Viris et Juratis Consulibus videlicet Domino Jacobo Pauspertl a Drachenthal, Tobia Krösl, Christophoro Scholcz, Salomone Stecher, Thoma Pesserl, Gregorio Pernfus, ædile Georgio Pawle, Thoma Suietniczko, Zacharia Göschl ædile Valentino Mohensak, Johanne Schindl ab Eberharcz, Daniele Krumb. Domino Bartholomæo Schmilawer a Schmilaw Judice, Martino Leupoldt a Lebenthal et Georgio Menschick Notariis fastigium huius turris renouatum et globus inauratus 24. Julii per M. Matthæum Kunczmullerum Architectum impositus est.

SIs DoMIne proteCtor VrbIs AntIqVæ.

Anno 1614 den 28. Julij Ist der Rath durch die Altgeschwornen verneuret folgender gestalt

Herr Matthes Wagner Eltister
herr Christoff Scholz Beisitzer
Junger herr, hans Jacob.
Richter herr Matthes Glenkh.

Quardian im Frauenkloster gestorben.

Sein Verlassenschaft.

Den 28. Julj Ist der Quardian im Frauenkloster gestorben seines alters vber 80 iahr, ist hie im kloster bej 40 gewest, hat nach seinem absterben in barem gelt vnd schulden verlassen bei 3000 Schock vnd dauon vor seinem todt geordnet, weil das gelt beim kloster erworben vnd erspart worden, so sol ein Ersamer Rath dasselbe auff ewiges Interesses nehmen, vnd iährlich dauon von 100 6 Procent geben das sol Zum gebew vnd andern des klosters notturfften angewendet werden. Drauff hat ein Ersamer Rath Michaelis des 1614 Jahrs antworten gewest, Zu dem ende das gelt anzunehmen, das ein Bäbstischer Pfaff von dem Interesse im kloster solt erhalten werden, der nicht ihrer Religion vnd vieleicht irgents Zu einer aufruhr durch sein Predigen leicht hette anlafs geben mögen.

Sein begrebnis.

Das er das mittl vorgeschlagen ein Prediger Zu halten, mag daher geursachet sein worden. Als man den Alten Quardian begraben sollte, vnd ihme mit der grossen glokhen etwa 2 stund vor der begrebnis ausgeleittet worden, hat sich ein ansehliche vnzehliche menge volkhs auff etlich tausendt Man in vnd ausser der kirchen in den nechst vmbliegenden Gassen beym frawkloster gesamlet mehr aus furwitz als andacht, weil bej menschen gedenkhen kheinem Mönch alhie mit vnsern glokhen ausgeleittet oder ie einem ein leich begengnis offentlich gehalten worden. Meniglich hat was neues sehen wollen. Zu dem als ein Pfaff von Brün Prediger bej S. Johann nachmals in dem kloster alhie auffgetretten vnd dem verstorbenen ein leich Predigt gethan. Ist die kirchen vol volks angeloffen vnd so dikh Zusammen getretten, das man nicht ein mal ein Apffl entzwischen auff die erden hette werffen khennen, dareb der Pfaff bestürzt gewesen vnd seine Predigt mit Zimlicher forcht angefangen, doch also glümpfflich verbracht das er die Gemein vnd Zuhörer Zu kheiner empörung bewogen. Weil nu souiel Zuhörer sich dahin befunden, haben die Babstischen verhoffet wen ein Prediger ihres glaubens alda unter halten wurde er solte viel Zu ihrem hauffen befördern vnd haben gleichsam furs böste erachtet, einen Prediger von dem obbenandten Interesse gelt Zu erhalten was sich ferner wegen des gelts verloffen wirt nachfolgen.

Herr kresl gestorben.

Den 8. Augusti ist herr Tobias kresl gestorben, welcher im Ratth gewesen 29 Jahr.

herr haidler gestorben.

Den 3. Novembris herr Paul haidler Eltister gestorben ist im Ratth gewesen 41 Jahr kirchen vatter 41 Jahr, Schulherr 30 iahr seines alters 72 Jahr.

Schul vnd kirchenvätter.

Nach ihm ist den 7. Novembris Zum Schulherrn verordnet vnd dem herrn Hinconio zugeben worden herr Jacob Pauspertl vnd kirchenvatter Zum herrn hans Pazl verordnet worden herr Daniel Lezelter.

Den 25. Dezembris Ist herr Girzik Schmilauer gestorben seines alters bej 84 Jahren im Ratth gewest 33 Jahr.

Erster schnee weinachten.

Den 27. Decembris Ist der erste schnee in dem iahr gefallen Zuvor Zimlich lindes wetter vnd kurtz vor diesem tag etwa 8 tag harte kelten ohne schnee.

Teuerung.

Das getreyd ist Zu ende dieses iahres teuer gewesen der waitz per 1 Schock 36 kr. Gersten p. 1 Sch. 2 oder 3, 4 w. G. habern p. 15 w. G. vnd haben die vmbliegenden herschafften etliche verbotten traid in die

Stadt zu führen, habens selber verbrewet oder in frembde landt verkhaufft.

In diesem 1614 Jahr sein a lhie { Geboren 519, Gestorben 334 } Personen, Communicirt 6470, Copulirt worden 94 baar.

Anno 1615.

Wentz Grundt enthaubt worden.

Den 24. Januarij Ist Wentz Grundt von Trautenaw ein Soldat mit dem schwert gerichtet worden, der hat vor diesem einen Zu Neuhaus den andern hie im Palgen erstochen, vnd ist damals ohngefehr vor 5 Jahren Anno 1609 ewig verurlaubet worden, weil er aber wieder hieher kommen, vnd den dritten mit einem Messer auch im Rauffhandl auff der Stigen beym Schenkhen im Ledertheil erstochen, hat er sein straff darumb leiden mussen, der entleibte hies Paul Wist von Nürnberg vom den vorigen Mord ist oben im 1609 Jahr zu lesen.

Wetter eingeschlagen im Jenner.

Den 25. Januarij Ist ein schräklich donnern in der grösten kelte entstanden, hat zu Teltsch eingeschlagen vnd gebrandt gleichsfals auch zu kuttenberg wie am Tag Paulj Bekherung.

3 Sonnen Regenbogen im Winter.

Den 19. Februarij vnd nachtag hernach hat sich frue vnd gegen abendt ein Regenbogen erzeigt da es doch grimig kalt gewesen vnd sonsten die Regenbogen in Wässerichter lufft erscheinen. Item es sein von der sonnen gegenschein entstanden, das es gleich gescheint als 3 Sonnen vnd vmb den Mond sein Zirkheln gewesen.

Erdbeben.

Den 20. Febru arij frue bald in puncto nach Zehen auff der gantzen Vhr als man das bierglökhl geleutet, ist ein schröklliches erdbeben gewest, dauon die glasfenster truhen thür Zingefäss gebebet, vnd hat ein ansehen gehabt als wolte alles Zu grundt gehen.

Donner eingeschlagen.

Den 31. Martij Ist ein sehr schröckliches wetter gewesen hat der donner eingeschlagen bej dem Melchior Guetner beym Seelhaus vnd gezindet, doch ists feuer bald gelescht worden, Es hat auch den hans Lewald Schlosser erschlagen, dergleich am Spittthurn gewesen die Vhr daselbst richten wollen, vnd als er Zum fenster hinaus gesehen ist er vom donner getroffen vnd bald todt darauff gefunden worden.

Ruchloser bauer wirt ausserhalb des freidhoffs begraben.

Den 1. April ist ein alter 70 jähriger bauer Muelmatl genandt Zu Zeusaw beim hansl auff dem Gericht gestorben, weil derselbe in 40 jahren nicht einmal sich Zum tisch des herrn gefunden, auch in so viel jahren oder 3 mal nie zur kirchen gangen, ist er als ein Verächter Gottes worts vnd der heiligen Sacrament andern Zum abschew ausser der ehrlicher Gemein, ausserhalb des kirchhoffs zum Rantzer begraben worden ohne gleidt, ohne Pfarher, Schuler vnd ohne gesang.

Den 20. Aprilis Ist ein kayserlicher befelch neben herrn Cardinals von Dietrichstein schreiben hie ankommen, des inhalts. Weil Ihr Majestät aus gewissen Vrsachen zu wissen begeren, wie mit Gemeiner Stadt einkommen, Item mit den Waysengeldern, Spital einkommen gehandelt werde, als habe Ihr Majestät gewisse commissarien verordnet, als nemlich herrn Cardinal von Dietrichstein Bischoffen zu Olmuntz, herrn Carl haugwitz vnter Camerern, herrn Gindrzich Zahradetzkj, herrn Wilhelm Munka vnd herrn Dembinsky, wir sollen den 4. Maij mit den raittungen gefast sein vnd wenn vns ein tag von obberurten herrn Commissarien bestimbt wirt, dieselbe absuhren, drauff ist alsbald schlecht die antwort dem herrn Cardinal gegeben worden, weil der handl der grossen wichtigkheit das er gutter beratschlagung bedarff, viel aber der furnembsten Raths Personen der Zeit zu Linz sein, sol Zu derselben anheimkunfft daraus nach notturfft geredt vnd Ihr Majestät sowol als Ihr hochfürstlichen Gnaden davon schrifftlicher bericht Zukommen, Entzwischen haben die von Znaim vnd Brunn bej vns vnd wir bej ihnen gutachten ersucht, was von allen Stedten gleichförmig zu antworten sein möchte, daher ist dem herr Cardinal geantwortet worden, es khomme dem Rath das begeren fremb fur, weil sie nicht wissen wer sich wider ein Rath beschwert, als ob mit den waisengeldern vbl gehandlet were, bitten demnach Ihr hochfürstlichen gnaden wollen nicht hieher weisen sie wollen Zuuor Ihr Majestät notturfftiglich in dieser sachen zu schreiben vnd die Vrsache dieser Commission erforschen. Drauff herr Cardinal geantwortet, Er wolle Ihr Majestät vnsern bericht zuschikhen, vnd worauff Ihr Majestät sich ferner resoluiren werden, dem mus er vnd wir gehorsamlich nachleben.

Commission wegen der Waisen Gelder.

Den 14. Maij ist ein Zimlicher schnee gefallen hat auch geruppnet, vnd ist der grosser kelten darauff eyss gefroren, davon die blue im garten schaden gelitten, auch in Weingarten grosser schaden erlitten.

Schnee vnd Eys.

Den 23. Maij Sein Ihr Kayserliche Majestät sambt dero kayserlichen gemahl vmb 19 Vhr von Pirnitz hieher ankommen, der Kayser ist in einem [illegible] Die Kayserin aber hinter ihm in einer sänfften (weil sie hochschwanger) eingezogen, vnd sein Ihr Majestät der Kayser absonderlich die Kayserin auch besonders durch mich Martin Leupoldt empfangen worden, in [illegible] herrn Matthes Wagner, herrn Daniel Lezelter, herrn Matthes Glenkh, herrn Christoff Steltz, herrn Bartl Schmilauer, herrn Jacob Fessl, herrn Daniel Dornkreil, herrn Greger Perusus, herrn Marcus Schindl Sein des andern tages nach Stekhen Zum frustukh vnd auf die nacht nach deutsch brod verraist vorm Pieruizer thor da Ihr Majestet vom Rath [illegible] den hat der Obriste Canzler des königreichs Be[illegible] Lobkowitz geantwortet, des andern tages als man [illegible] gluckh gewunschet hat der Reichs Vice Canzler herr von Vlm (weil der Behemische Canzler den tag Zuer wegen seiner frauen gefährlichen kranckheit verraist) an stat Ihr Majestät gedankt. Diese rais ist wegen des General Landtags, der auff den Montag nach Trinitatis zu Prag Zu halten ausgeschrieben worden geschehen.

Chasmata.

Die Nacht wie Ihr Majestet hie gelegen sein grosse Chasmata am himl gesehen worden vmb 6 Vhr bei der nacht.

Mönch in frawklosster bricht in der herrn heuslein.

Den 25. Maij hat der Quardian in frawkloster in die heuslein am kloster gebrochen, als er Zu rede gestellt worden, hat er geantwortet es sej seiner hohen obrigkeit, vnd des Obristen herrn Canzlers des königreichs Beheimb befelch dem müste er nachleben. Was sich ferner verloffen, wirt hernach verzeichnet.

Spanische botschafft.

Den 29. Maij ist die Spanische botschafft von Wien hieher gelanget, vnd des andern tages weiter dem Kayserlichen hoff nachgezogen.

Babstische botschafft ankommen.

Den 31. Maij Ist die Babstische botschafft hie ankommen vnd im Pfarhoff eingekhert, des andern tages wieder verrukt dem Kayserlichen hoff nach gegen Prag.

Den 11. Junij hat es Zimlich starkh gegrupnet, vnd dadurch die blue am khorn sehr beschediget das khorn hilt gelten 45 w. g. der Waiz 35 w. der habern 26 w. auch 1 Schock bald darnach das korn 2 Schock vorm schnit.

Glokhen herab gefallen.

Den 15. Junij Ist die grosse glokhen aus dem Zapfen gewichen vnd nach der seitten herabgefallen doch ohne schaden, welches viel fur ominosum gehalten.

Apotekher erfallet sich.

Desselben tages ist ein grosser schwartzer hundt in des herrn Paul Schuberts Caplans Losament in der Waldhoferin haus am Vnter Platz kommen, den man nicht wol aus dem Haus bringen mögen, der nachmals ist verschwunden, Zuuor aber ist er im Vorhaus nidergelegen [illegible] hat hell gehienet, vnd an derselben stel wo er also lemmerlich gehienet hat, ist die folgende nacht ein Catholischer Apothekergeselle vom gelender ins [illegible] haus herab gefallen, vnd hat sich erschlagen, vnd ist eben an der [illegible] der hundt gelegen todt gefunden worden. Dieser Apothekergesell ist [illegible] im Frauenkloster von den Babstischen begraben worden.

Privilegien der Stadt confirmiren lassen.

Anno 1615 den 19. Junij bin ich mit herrn [illegible] lauern nach Prag gefahren, haben alda Gemeiner [illegible] uilegien confirmiren lassen, auch in specie die handfest, [illegible] Caroli quarti, Sigismundi, Jodoci, Wladislai vnd Ferdinandi [illegible] die Stadt vnd den Camer Zins niemanden versetzen [illegible] Item Rudolphj das Ihr Majestät [illegible] [illegible] haus bleiben sol, Item, das ein ieder ausserhalb Behmen vnd Mehrern, der hie erben wil, von hieger erbschafft von 100 fl. 5 fl. Zur Gemeiner Stadt geben sol. Item das ein ieder appellant sein appellation in 4 wochen volenden vnd in der Zeit ein anders bescheid bringen sol, bei verlust der Appellation da ers aber nicht endern khente, sol er von der Appellation die kundtschafft bringen, das er an seinem fleis nichts hat erwinden lassen, item welchem dazu die Acta vberantwortet. Item das der appellant seine grauamina vnd die vrsach der appellation hie vor gericht schrifftlich forbringen sol, alle seittenschrifften bej der Canzlej vnd Appellation abgeschafft, die grauamina sol man den actis hie beilegen vnd neben den actis nach Prag schikhen haben tax gelt geben 1200 Schock dem herrn Obristen Canzler verehrt absonderlich 800 Schock Canzlej geben 213 Schock facit alles 2213 Schock.

Dagegen ist die gebuer 5 fl. von 100 fl. an ettlichen ortten sonderlich bej den Stubilischen bej 3500 fl. einzunehmen laut der confirmation. Diese ansehnliche confirmation dergleichen vorhin kheine so statlich vnd ausführlich gegeben worden, hat ein Ersamer Rath fleissig verwahren, vnd das kayserlich Sigill in ein Silbern Capsel so mit fleis dazu gemacht worden, legen lassen. Sein den 11. Julij allererst wieder anheim kommen.

Den 29. Julij Ist der Rath durch die Altgeschwornen herrn mit consens herrn Vnter Cammerers der die vom Rath kueste Personen confirmirt, verneuret worden.

Herr Daniel Lezelter Eltister
herr Matthes Glenkh Beysitzer
Junge herrn: Daniel Politzer
Martin Pauspertl
Matthias Lünhutl.

Richter herr Thomas Pesserl 14. Augusti 1615.

Den 20. Augusti Ist ein Turkische botschafft 13 kutschen starkh hie ankommen, die sollen den fried so auff 20 iahr zu Wien auffs new geschlossen, Zu Prag von Ihr Majestet confirmiren lassen Ihr Commissarius herr Peter herr von Nachod. Sein den andern tag vmb [illegible] auff Brod verruckt. Turkische bottschafft.

[illegible] die stund wie die Turkischen Furirer hie ankommen ist ein fewer durch den Rauchfang in der vntern Behemgassen auff des hans [illegible] haus auskommen doch Zeitlich ohne der benachbarten schaden [illegible] worden. Brunst.

[illegible] ist dieses iahr ein sehr dürrer Sommer vnd warmer [illegible] davon die Wesser ausgetrüknet, das [illegible] worden, das man an Vielen ortten [illegible] beferdert worden, Auch [illegible] Meel aus Gemeiner [illegible] Duerer Sommer vnd herbst.

verkaufft, auch selbst in der Frawgassen auff Gemeiner Stadtheuslein . bakhen lassen, weil ein grosser mangl bej der armuth des brots halber wesen, vnd viel benachtbarte, vnd 3 meil wegs vmb die Stadt das bre: säkhen aus der Stadt getragen, weil bej ihnen khein Vorrath an Meel - handen gewest.

Den 1. Octobris Ist Wolff Sokhol, so vor diesem alhie Scharffi ter gewesen, vnd nachmals von Ihr Majestät die legilimation vnd ret kheit erlangt, mit dem schwert gericht worden, weil er hie ein ehgegebe Weib gehabt, vnd darueber ein andere Zu Prag geehlichet, dessen sich hiege beschwert, vnd neben den Rechten gegen ihn zu verfahren gebetten, : er auff seines hiegen Weibs begeren gefenklich eingezogen worden, ha: sich die Menche im Frauenkloster seiner heffitig angenohmen, ebnermas; auch sein erbherrn in Behem ein Graff von Rozdrazdiowa auff Bla: wonhafft, der sich soweit schriftlich vernehmen lassen, der Wolff kom: lebendig oder todt aus der gfeugknis so wil er sich seiner annehmen vnd d: Ratth fur Recht laden, weil man ihm ihn als seinen Vnterthan nicht n: heraus geben vnd vor ihm verklagen, dagegen der Ratth geantwortet, we sein erstes weib alhie wohnet vnd das Recht wieder ihn begert, er auch d: Wolff ein hoff vnter der Stadt Jurisdiction Zu Solawitz hat, wollen s: hie die sach abhören ist ihm ein tag Zu recht mit ihm vnd seinem hiege: weib bestimbt vnd dem Graffen dauon geschrieben worden, weil aber de: Graff darzu nicht erschienen, auch gewisse Zeugnis verhanden gewest, das er 2 ehliche weiber gehabt, hat man bej etlichen Mehrischen herrn Ratth gehalten, sonderlich bej herrn Carl herrn von Zerotin vnd herrn Wilhelm Munka Cammer Procnratorn. Die haben ihr gutachten gegeben, man sol ihn mit dem schwert richten, ehe der Graff oder die Menche ein Kayserlich schreiben ausbringen, vnd da gleich der Graff den Ratth deswegen laden wolte, muste es in Mehrern geschehen, sie wolten aldan denn handl wol wissen abzuhelffen. Als man hierauff dem Wolffen das leben eben den tag abgekündiget wie er ist iustificirt worden hat er in der gefegknis austruklich gesagt, er wolle nicht sterben bies noch ein schreiben von seinem herrn graffen kombt (deswegen das der eine Mönch damals zu Prag gewesen) hat sich auch in der gefengknis verrigelt, 2 Messer in die handt genohmen vnd gesagt, ob man gwalt an ihm oben wird, wolle er sich selbst ermörden. Als man ihm Zur antwort geben Ob er ein Mörder an seinem leib sein wirt, so gibt er die Seel dem Teuffl vnd der leib wirt dennoch vom henkher verbrent worden, hat er nichts anders darauff anderes geantwortet, als wie vorhin, er wolle sich erstechen, vnd daruber mit Gott (durchstrichen) er thete ihm nicht anderst. Entlich ist ihm der letzte bescheid durchs fenster gesagt worden, Ob er nicht gutwillig auffthet so wirt man die thur mit gwalt öffnen, vnd ihm ein schmehlichern todt als wol bestimbt anthun, drauff sagt er, wirt man gwalt oben so wil er gwalt Mit gwalt vertreiben, vnd das ehe einer vor ihm sterben ehe er sterben wirt, vnd Zum henkher auch Zu den Schröttern so mit ihren hellparten vnd bremeln vor der gefengknis gestanden, hat er geredt. Sie solten nur nicht hinein kommen Zu ihm, er wil sie gwis ermörden, drauff haben die Schrötter die thur der gefengknis mit hakhen entzwej gehawet vnd geöffnet, der wolff hat in einer handt ein fusstollen, den er in der gefengknis ausgebrochen vnd in der andern handt ein blosses Messer gehalten, Auff die Schrötter Zugeschlagen, bald vor ihnen auff die bankh bald wieder herabgesprungen vnd dem Gricht sich hefftig entsetzet, dergleichen khein einiges exempl hie erhört worden. Als in aber die Schrötter auff die Fuß geschlagen vnd mit den hellparten auff den kopff geschmissen das blut von ihm gerennen, ist er zur erden gesunkhen, da ihn dan der hiege scharffrichter (so Zuvor sein des Wolffen knecht gewesen) hart gebunden, das blut abgewischt vnd wenig stund drauff am Rabenstein gerichtet vor dem Rabenstein hat er ein vermeintes Testament auffgericht, Etwas Zum kloster ins Creützkloster vnd Frawkloster, etwas seinem Weib zu Prag verschafft, da er doch hie auch ein Weib gehabt vnd khinder mit ihr gezeugt. Es ist aber sein geschefft in khein sonder acht gezogen worden, vnd hat weder der Graff noch die Mönchen nach seinem todt weiter etwas begert.

Den 19. Oktobris Ist mit Matthes Lohner Brunmeister von Steyer ein geding gemacht worden, das er die verborgenen Brunquellen etwa ein Virtl Mail hinter Simonsdorff durch Rern Zusammen fuhren sol in einen Stainern 4ekichten kasten wie es den geschehen vnd von 4 ortten in bleuern Rern das Wasser in einen saubern Steinern kasten 9 schuh lang vnd 9 schuh brait gefuhrt vnd die brunen mit Rasen sauber bedekt hat von denen sol ers in die Stadt bringen laut des folgenden gedings:

Anno 1615 den 19. Octobris Ist Zwieschen herrn Burgermeister vnd Ratth der Stadt Iglaw an einem vnd Maister Matthes Lechner Brugk vnd Brunnenmeister in Steyer anderstheils nachfolgendes geding wegen eines brunnenwerkhs gemacht vnd auffgericht werden. Nemlich obgedachter Maister Matthes sol den Quelbrunnen hinter Simonsdorff vom Vrsprung bies in die Stadt mit gutter Vorsichtigkheit vnd vngesparten möglichen fleis in höltzern vnd bleyern Rern nah gelegenheit des orts fuhren auff vnd von dem [illegible] in der Creuzergassen in bleyern Rern vnd nachmals in höltzern Rern bies zu dem Rehrkasten der Zu diesem wasser etwa am Obern Platz auffs neu auffgericht werden sol. Zu solchem werkh sol Meister Matthes auff [illegible] Verleg vnd Vnkosten die notturfft taugliche eyserne Pichsen vnd [illegible] vergeben, vnd die Pichsen bies auff Krembs liefern von dan[illegible] auff Gemeiner Stadt Vnkosten hieher gebracht werden. Er [illegible] auff sein Vnkosten selbst giessen Poren vnd legen [illegible]

Seinem gesind vnd werckhleutten selbst Cost vnd Zehrung geben, auch sich fur seine Person selbst verkösten. Dagegen sol ein Ehrsamer Ratth ihm die notturfft bley Zu diesem werckh sowol holtz Zu Kern verschaffen, vnd Zu den Kern graben, vnd nach glücklich verrichter arbeit ihm seinen Zeug wieder Zuruckh nach Steyer fuhren lassen vnd fur das ganze oberzelte geding allenthalben im Parem gelt 2400 Schock iedes pr. 70 kr. zu entrichten schuldig sein. Vnd was hierauff in abschlag bezahlt wirt, sol auff diese 2 gleichlautende Spanzetteln derer eine bei iedem Theil verbleibet ordentlich verzaichnet vnd auffgeschrieben werden.

Dessen Zu vrkhundt vnd mehrer beglaubung ist dieser contract mit Gemeiner Stadt Iglaw Insigl vnd mehr gemelten Maister Matthes Lochners Petschafft verfertiget worden. Geschehen in Iglaw im Jahr vnd tag wie oben.

Darauff haben seine werckhleut die er von Steyer mit sich hieher gebracht alsbald Kern geport vnd gelegt, die Vnterthanen Gemeiner Stadt aus Behmen vnd Mehrern ein dorff nach dem andern haben zu den Kern graben müssen an der Roboth, vnd ist dem Werckhmaister in abschlag des gedings auff obberurte summa alsbalt 700 Schock Zugestelt worden.

Commission mit dem Quardian im Frawkloster.

Den 21. Nouembris Ist von Ihrer hochfürstlichen Gnaden dem herrn Cardinal von Dietrichstein Bischoffen zu Olmutz ain schreiben an Ratth hieher kommen, das Ihr hochfürstlichen Gnaden neben dem herrn Haugwitz Vnter Cammerer vnd herrn Wilhelm Munka Cammer Prokurator Zu commissarien verordnet worden in der stritigkheit vnd beschwer so der Quardian im Frawkloster Ihr Majestet vbergeben die ist des vngefehren Inhalts:

Quardian begert dem Ratth auff Zuerlegen das sie ihm das Traidhaus, die 2 heuslein am kloster Item den keller Vnterm kloster, die Zielhütten vnd das dorff Rschez einraumen, das alles sei dem kloster entwendet werden, vnd ob gar der Ratth etwas darumb Zuweisen hat von dem vorigen Prouinzialn vnd Quardianen, so hetten dieselben nicht macht gehabt ohn des kaysers Consens etwas dem kloster zu vergeben, es sej alles null vnd nichtig. Auch beschwert er sich, das der Verlauf von den heuslein in das kloster fliesse Item das er sicher auff der gassen nicht gehen durffe, Noch vor dem Vncatholischen Pösel die Mess sicher verrichten, Item das man ihm sein trunkh nicht gern in die Stadt lasst fuhren rc. vnd weil die commission in Brun bej vorstehendem Landtag verricht werden sol haben die hiegen abgesandte in befelch gehabt, weil das schreiben des herrn Cardinals khaum 2 tag vor dem Landtag hieher kommen sie sollen von dem handl nur summariter etwas widerlegen vnd das vbrige zu fernerer Dilation begern. Als die hiegen abgesandten bej wehrendem Landtag in Brun sich bej den herrn Commissarien angemeldet vnd ein tag Zur Verhör bestimbt worden, Ist herr

Vnter Cammerer vnd herr Munka beyde Kayserliche deputirte herrn Commissarien Zuuor nach haus verraist vnd haben des tags nicht erwartet der einige herr Cardinal vnd neben ihm herr Paul Michna Secretarius in der Behmischen Canzlej haben die sach summariter abgehört vnd befunden, das der quardian im Frawkloster dem Ratth vergebliche muh auffgethan, vnd Ihr Kayserliche Majestät Zur vnzeit vmb ein Commission angelanget, hat auch sein weitleuffige vnd aus dem Geistlichen Rechte deducirte Supplication ein gewesch titulirt dem quardian in Welscher sprach ein gutten filtz gelesen, vnd die abgesandten ersucht, sie solten ihm sein beginnen Zu guth halten, er verstünde selber nicht was er begert hat, doch wolle er Zu allen Vberflus obs sein gelegenheit gibt, wen er sein geistlich guth Soher in kurtz besuchen wirt, nach Iglaw kommen vnd den augenschein einnehmen, dabej ist es damals verblieben, vnd hat sich der quardian hinfuro friedlicher erzeugt.

Den 7. Decembris Ist der erste schnee hie gefallen, ist Zuuor ein warm lieblich wetter gewesen, dergleichen niemandt gedacht. Erster schnee.

Den 17. Decembris Ist herr hans Losnitzer Stadteltister gestorben, weil er aber viel lange iahr niemals communicirt, die kirchen nicht besucht, vnd als von dem herrn Caplan vor seinem absterben erinnert worden, er solte sich mit Gott versehnen vnd das heilige Nachtmal empfahen, hat ers nicht thun wollen, sondern ihm Zur antwort geben wen er die sterkh hette er wüste wol was er thun wolte, das gesicht vom Caplan hinweggewandt, ihn sauer angesehen, weder empfangen, noch freundlich abscheiden lassen, haben die herrn Predicanten ihn nicht beclaitten wollen als ein Epicurischen verechter gottes worts Ist derwegen den 22. Decembris frue vmb 10 Vhr vor tags auff einen schlitten mit 2 Rossen auf den kirchhoff gefuhrt vnd begraben worden, ohne gleit vnd ohne schuler, der todten graber ist vbernacht im haus gelegen, das er frue nicht verschlaffen solte. Er sol auch in seinem leben gesagt haben, er begere khein leichpredigt, die Weiber werden ihm wol ein leichpredigt halten. hans Losnitzers begrebnis.

Den 29. Decembris Ist die Turkische legation Achmet Tschia Bascha vnd Caspar Gratian von Gratschatsch ein Burger von Constantinopl wieder hieher kommen von Prag Ihre Commissarien herr Jan Sezyma von Sezymowa Obrister Landt Camerer im königreich Behaimb vnd herr Vlrich Geczskowsky, Ihr Oesterreichischer Commissarius herr Caspar Gall sein den andern tag von hinnen auff Trebitsch verraist. Turkische botschafft.

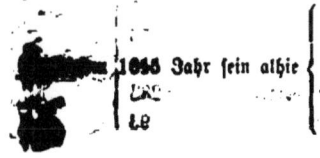

16[illegible] Jahr sein alhie

Geboren	436
Gestorben	447
Communicirt worden	7141
Copulirt	104

Personen.

Anno 1616.

Ambtmann auff Schrittens. Den 19. Maij Ist herr Thomas Swietnitzko der Amtmannschafft auf Schrittens erlassen vnd anstat seiner herr Jeremias hoffsteter Zum Ambtmann bestelt vnd erkueset worden.

Donner eingeschlagen. Den 26. Junij hat das Wetter in einen Thurn bej des Merth krumbs Remhöffen eingeschlagen dauon der ober theil gar herab gefallen, das Zigl dach durch vnd durch im holtzwerkh vnd Zigeln Zerschmettert, das man das ganze dach abtragen vnd auffs new setzen muessen.

Perg-commissarij. Eodem die Sein ettliche Pergkcommissarij von Ihrer Majestät verordnet hieher kommen, haben das hiege Pergkwerkh besichtiget vnd hoch gerhumet, Mit furgeben, wen es ordentlich angerichtet vnd durch mehr leut gebawet wurde es solte ein reichliche Ausbeuth geben, was auff ihre relation bej Ihr Majestät fur ein resolution erfolgen wirt gibt die Zeit.

Den 4. Julij 3 wochen vor Jacobj hat sich der schnit hier angefangen, da andere iahr allererst nach Jacobj das traid Zeitich worden, vnd ist ein Vberaus heisse Zeit gewesen bestendig warm vnd wenig regen, dergleichen hitzige Zeit bej menschen gedenkhen niemandt erfahren.

Den 18. Julj Ist der Ratth verneuret worden mit consens herrn Vnter Cammerers durch die Altgeschwornen.

herr Jacob Pauspertl Eltister
herr Thoma Pesserl Beisitzer
herr Jacob Fessl Richter 19. Juli designirt.
Junge herrn: hans Freysleben
Greger Miltner
Paul Tauber.

Jacob Albrecht gestorben. In der nacht wie der Ratth gegen morgens verneuret worden Ist herr Jacob Albrecht gestorben, seines alters 77 iahr, im Ratth gewesen 41 Jahr.

Erster schnee im Nouember. Den 4. Nouembris Ist der erste schnee gefallen Zuuor im Zimlich warm wetter gewest, vnd im nachfolgenden Monat Decembris die ersten täge ist so ein liebliche warme Zeit eingefallen, das

Bäum ausgeschlagen im December. die baume ettwas ausgeschlagen vnd knospen bekomnen als wen es im früling were.

Brunwasser von Simonsdorff. In diesem iahr ist das brunnenwasser von Simonsdorff bies Zur rotten Muel in rehren gefuhrt worden.

In diesem Jhar sein	Geboren	401	Personen.
	Gestorben	376	
	vnd ohne gsind	205	
	Communicirt worden	8283	
	Copulirt worden	93	

Anno 1617.

Cost der Alumnen in der Lateinischen Schul.

Nachdem Vor diesem die Mendicanten von haus zu haus die speis für die Studenten der Lateinischen Schul gesammlet, Ist solches eingestellt, vnd von allen 3 Ratthen mit hilff vnd bei steuer der Burgerschafft ein andere ordnung angerichtet worden, Nemlich das man ihnen in einem absonderlichen ort nicht weit von der Schul ein haus Zur alimentation erkhaufft, darinnen 36 Personen, neben ettlichen mendicanten, durch ein gwissen koch gespeiset worden. Zu solchem werkh haben vntern andern herr Balthasar vnd herr Daniel Neumaier Sellge sowol herr Matthes krumb ein ansehnliches gelt deputirt, das Vbrige wirt von der Burgerschafft wochentlich gesamlet. Sein ihnen auch gwisse schul leges geordnet, vnd mehrere exercitia angestelt worden. Den 15. Martij ist die introduction der Schuler in das haus Zur alimentation so man des honors haus im Thurm nennet, in gegenwarth der Herrn Predicanten vnd Schulherrn geschehen, da dan herr M. Fistritzer ein kleine Oration gehalten, vnd die Studenten Zur Gottesfurcht, Zum gehorsam vnd fleis zum studiren nicht weniger Zur dankbarkheit (fehlt) Obrigkheit so treulich fur sie vorsorge hat (fehlt).

Schlesiger fuhren viel khorn aus der Stadt.

Den Monat Mai vnd Zuuor als die teurung in Schlesien sehr vberhandt genohmen, das ein Mezen khorn 5 vnd mehr Taler gekostet hat, sein viel Slesier teglich hie ankommen, vnd in diesen 2 Monaten vber 1000 Metzen Traid alhie geladen. Es sein auch viel armer leut von dannen, welche das Fuhrlohn Zu Zahlen nicht in vermögen gewest mit vnzehlich viel schräglein offt teglich bej 30 vnd mehr hieher kommen vnd haben 2 Metzen vnd mehres auffgeladen Sein auch etlich Vnter wegs vor mattigkheit gestorben, vnd neben den Schräglein todt gefunden worden. Das khorn hat hie gegolten 1 Schock auff die letzt 1 Schock 18 w. g. von den Slesinger ankaufft 24 w. g. auffs höchst 1 Schock.

Ertzherzog Ferdinand kommen.

Den 29. Maij Ist Ertzherzog Ferdinandus aus Steuermarkt hie mit der Camer ankommen, vom herrn Matthes Wagner herrn Jacob Fessl herrn (fehlt) Schmilauer herrn Greger Pernfus (das Weitere fehlt).

Berichtigung: S. 128, Z. 19 soll es statt i Cor-is heißen vigoris.

Index.

A.

B.

C.

D.

E.

F.

G.

H.

M.

N.

O.

P.

Q.

R.

S.

Beiträge

und

Anmerkungen zur Geschichte von Iglau.

Der reichen Kathrey von Igla zu Wien Testament 1413 (Schlager wiener Skizzen V. 326, 331—335).

Zur Hussiten-Zeit u. a. S. Pubitschka, böhm. Gesch. VII. 496; Palacky, böhm. Gesch., III. 2. S. 265, 303, 339, 397, 548, IV. B. 1. und 2. Abth.; Schlager V. 141—143, II. 82.

Zum J. 1449 fontes rer. Austr. 1850 II. Vorbericht XX—XXI.

Zum J. 1452 Schlager II. 90.

Zum J. 1453 fontes rer. Austr. II. Vorbericht XLVIII, Text S. 44.

Zum J. 1458 fontes etc. Vorbericht XXVII—XXXVII.; Schlager V. 162.

Der Notulæ Francisci de Ygla (Dominikaners zu Retz) Cancellarii Illustr. Domini Michaelis Comitis de Hardeck († 1483) macht Erwähnung Wißgrill, Schauplatz d. n. österr. Adels IV. 105, 115, 117.

Die Gewerbsverhältnisse des 16. Jahrhundertes in Iglau schilderte Prof. Werner in den österr. Literatur-Blättern 1854 Nr. 40, 42, 44, 48, 49.

Beiträge zur Geschichte des Meistergesanges in Iglau lieferten Adolph Ritter von Wolfskron im 7. B. d. Schriften d. histor. Sektion, Brünn 1854, S. 4—54, mit dem Bilde: Anschlag oder Postenbrief der Meistersänger Bruderschaft in Iglau, und Prof. Werner in den österr. Literatur-Blättern 1854 Nr. 11, 14, 15, 18, 20, 22, 24, 26, 27, 28, 30, und im iglauer Gymnasial-Programme 1854 S. 1—16.

Ueber Huldigungen der böhm. Stände zu Iglau S. [illegible] des Krönungsceremoniels in Böhmen, Prag 1791, S. 41, 43, 46, [illegible] 80, 160, 187. [illegible]

Ueber die Wiederherstellung des Königstein's S. Wiesel, [illegible] Agenda S. 28. [illegible]

Am 31. Juli (nicht Juni) 1651 legte ein durch die [illegible] eines ungr. Viehhändlers entstandenes Feuer das [illegible] Bürgerhäusern mehrentheils in Asche und machte [illegible] (Aus einem Briefe des Martin Sylvester Ziulak an den obersten Kanzler Grafen von Martinitz vom 1/8. 1651).

Schneider's durch religiösen Fanatismus veranlaßtes Attentat gegen den Prediger Ambrosius Siegl (1651) wird die Geschichte der Religionsreformation besprechen.

Ueber Lohelius und Questenberg S. Dlabacz, Geschichte des Klosters Strahow S. 137, 141, 151, 157, 169.

Von den Schriften der hist. stat. Sektion (13 B. von 1851—1860) berühren Iglau insbesondere: Meine Geschichte des Theaters in Mähren und Schlesien, 4. B., Brünn 1852 (das 1850 in Iglau neu errichtete Theater S. 154—157;) die Gymnasial-Reform von Pehscha im 5. H. S. 136—140 und Lehrmittel S. 148—149; meine Geschichte des Bücher- und Steindruckes, des Buchhandels, der Bücher-Censur und der periodischen Literatur in Mähren und Schlesien, Brünn 1854 (6. B.); die Culturfortschritte und die Geschichte der Verkehrsanstalten Mährens und Schlesien, von mir, Brünn 1855 (8. B.; die 1844—1847 neu gebaute schöne Iglawa-Brücke eb. S. 65—66); die Vertreibung der Akatholiken aus Mähren 1623—5, von Ullmann, im 9. B. S. 221—230; meine Geschichte der Studien-, Schul- und Erziehungs-Anstalten in Mähren und Schlesien, Brünn 1857 (10. B.); meine Geschichte der Heil- und Humanitäts-Anstalten in Mähren und Schlesien, Brünn 1858 (11. Band, iglauer Spitäler, Pesten, Apotheken, Aerzte, Armeninstitut, Krankenhäuser, — das 1850 neu erbaute eb. S. 208—210 — Kleinkinder-Bewahr-Anstalt, Gesellenverein, Leichenbestattungs-Verein, Sparkasse u. a.); Reimchronik eines Iglauer Bürgers (1607—1617), von Feifalik, im 12. B. S. 25—44; Auslegung der 10 Gebote von Johannes von Iglau (Mönch), von Feifalik, eb. S. 47—57; zur Geschichte der Zigeuner, des Zauber- und Hexenwesens und des Glaubens an Vamphre, dann der Einführung gleichen Maßes und Gewichtes und der Cimentirung, so wie der Preis-Satzungen in Mähren und Schlesien, von mir, eb. S. 319—526; endlich Beiträge zur Geschichte der königl. Städte Mährens, von mir, Brünn 1860 (13. B.), insbesondere über die Bedeutung des angesehenen und weit verbreiteten iglauer Stadt- und Bergrechtes und des iglauer Oberhofes, über die Lage der Stadt Iglau zur Zeit der theresianischen Steuer-Rektifikation u. a.

Das seit 1848 im Verlage des Buchdruckers Rippl erscheinende Sonntagsblatt enthält, besonders in den früheren Jahren, manche schätzenswerthe Beiträge zur Geschichte von Iglau.

Wie vordem Rößler das brünner, hat nun Tomasch[illegible]
in Oesterreich im 13. Jahrhundert. Auf Grundlage [illegible]

Iglau, Wien 1859) das iglauer Stadtrecht verherrlicht und in die deutsche Rechtsgeschichte eingeführt.

Wir schließen unsere Mittheilungen mit der Beigabe literärischer Notizen über einige hervorragende Persönlichkeiten und literärische Wirksamkeit. Zur S. 233 meiner Geschichte von Iglau. Neumayer's († 30. Okt 1559) Andenken galt das Werkchen Epitaphia a diversis auctoribus, Viennæ 1559, 4; sein Carmen etc. blieb ungedruckt (Cerroni, mähr. Schriftsteller, MS.).

Zur S. 245. Mathias Rakocius von Rakow, geb. zu Thurez in Ungarn, studirte zu Prag, wurde Magister der Philosophie, lehrte zu Prag, war dann Rektor der evang. Schule in Kuttenberg, endlich auf Anempfehlung des Rektors der prager Univ. M. Georg a Sudetis an den iglauer Stadtrath vom 14/3 und 19/4 1562 Rektor der evangel. Schule in Iglau, † aber schon den 19. Okt. 1562 an der Pest, 25 Jahre alt; er schrieb lat. Gedichte (Cerroni, mähr. Schriftsteller, MS.).

Mylius Martin, Med. Dr., geboren zu Annaberg im Voigtlande, wurde in Wittenberg und Wien (da noch 1560) gebildet. 1561 beriefen ihn der iglauer Stadtphysikus Dr. Thomas Haustein (nachmals Leibmedikus des Erzherzogs Carl von Oesterreich, geb. zu Leipzig, 1564 und 1585 Dekan der medic. Fakultät in Wien) und der igl. Stadtrath als des ersteren Vicar während seiner Abwesenheit. Er blieb da, bis Haustein im Jänner 1562 zurückkehrte, wurde aber noch in demselben Jahre von Wien, wohin er gegangen war, auf Vorschlag der wiener medic. Fakultät nach Iglau als ordentlicher Physikus berufen, weil damal dort kein bewährter Physikus und Medicus vorhanden war und die Pest wüthete. Noch 1570 war er Stadtphysikus in Iglau (soll auch Physikus in Znaim gewesen sein), starb aber 1574, ob in Iglau oder anderwärts, ist unbekannt. Er schrieb de officio pharmacopœi, Wittebergæ 1568, Gedichte, Trauerreden auf den berühmten Arzt Franz Emerich von Troppau 1560, u. a., hortus philosophicus, Görlitz 1597, 8, deutsch von Lycosthenes Psellionoraos, Straßburg 1621. (Cerroni mähr. Schriftst. MS.)

Zur S. 235. Kergelius wurde zu Olmütz geboren, studirte in Prag und Tübingen, gab da zur Erlangung der juridischen Doktorswürde eine Disputation de jure emphiteutico 1583, so wie in Prag 1577 und 1581 lateinische Gelegenheitsgedichte heraus (Cerroni, eb.).

Laurenz Streicher, geboren zu Iglau, gest. am 5. Dez. 1586 zu Kanzern als evangel. Pastor, schrieb de passione, morte et resurrectione Christi conciones IV. Gorlizii 1580, 4. (Cerroni eb.).

Zur S. 233. Ueber den Dichter Bernard Sturm († 1582) S. auch Henelii Silesiographia I. cap. VII. p. 426 und Silesia togata von Kunrad lib. 11 No. 13.

Benedikt Salmuth, geboren zu Iglau, studirte als Stipendiat des iglauer Bürgerstiftes in den Jahren 1575 und 1576 zu Frankfurt an der Oder, wurde dann Schuldiener an der Schule zu Iglau und von da als Rektor der Schule zu Modern in Ungarn berufen, wo er 1586 starb. Von ihm sind epicedia, Pragæ 1584, fol. Sie sind den ersten Rathsherren und Vorstehern der iglauer Schule Daniel Neumayer († 1582) und Johann Leupold (Leopolin † 1584) geweiht und dem Scholarchen Syndicus Johann Hynko und Rathsherrn Augustin Lidl von Lidlau zugeschrieben. (Cerroni eb.).

Rucardus a Sedunio Johann, der Philos. Magister, der Arzneiwissenschaft Dr., Bürger und Stadtphysikus (medicus ordinarius) in Iglau 1573 bis 1598, geboren zu Torgau in Meissen, studirte in Wien, wurde da 1571 Med. Dr. (auf die Promotion erschienen carmina gratulatoria ab amicis, Viennæ 1571), ehelichte zu Iglau Judith, des igl. Bürgers Paul Walten Tochter und ältere Schwester des brünner Domherrn Nicolaus Valentini (Walten), der ihre Kinder zu Erben seines Vermögens einsetzte (1588). Rucardi lebte in enger Freundschaft und im Briefwechsel mit den böhm. Gelehrten seiner Zeit, namentlich dem berühmten Thomas Mitis (der ihn einen vates sacratus nannte), dann dem gelehrten igl. Stadtschreiber Bernard Sturm, dem er seine Gedichte zur vorläufigen Prüfung vorzulegen pflegte. Sturm rühmte (in seinen Eteostichis centuria III) von Rucardi und seinem Zeitgenossen, dem iglauer Pastor Johann Heidenreich, daß sie heil. und andere nützliche Materien in den anmuthigsten Dingen der Gegenwart und Nachwelt hinterlassen. Rucardi starb zu Iglau am 23. Juni 1598. Sein Sohn Balthasar Rucardi von Sedunitz, Apotheker in Iglau, ehelichte 1616 Elisabeth, Tochter des Jakob Seidenmälzer von Seidenberg.

Rucardi schrieb: 1) Carmen de lapsu et restitutione hominis, Viennæ 1571, 4, 11. S.; 2) oratio pro salute et incolumitate rei tam privatæ quam publicæ (z. Neujahr), eb. 1571, 4, 10 S.; 3) imagines rosæ et violæ, Pragæ 1588, fol. (mit Holzschnitt); 4) Carmen in dem Werkchen encomia et vota Nuptiis D. M. Joachimi Golzii Rectoris Scholæ Iglav., Pragæ 1591, 4.; 5) sacri amores, sive canticum canticorum Salomonis lat. hendecasyllabis redditum, Lipsiæ 1594, 8; 6) Cupido alatus ad nuptias clarissimi viri M. Bernardi Sturmii reipublicæ Iglav. notarii et honestissimæ virginis Catharinæ Schmilauerariæ, MS.; 7) propempticum sub discessum clarissimi viri D. Jacobi Horstii Iglavia in Austriam ([illegible]) MS.; 8) viele Gedichte in Sturm's Eteostichis, Mitis catechismus [illegible]licanus, sinopsis bibl. sacra poemata, Borbonius Cæsares und a. ([illegible] eb.)

[illegible] Jakob, Dr. Med., geboren 1537 zu Torgau, Physikus [illegible] [illegible], 1575 Stadtphysikus in Iglau, stand hier [illegible] [illegible] auch bei dem Landadel, verdient um die Reformation, [illegible] und Inspektion der Stadtapotheken, 1582 bei seinem Abgehen nach Krems als österr. Landschaftsphysikus auch vom berühmten mähr. Landesphysikus Jordan ungern entlassen (maluissem te in Moravia manere, schrieb er ihm, ut mutuis traditis operis augiæ stabulum repurgaremus et homines ad amandas literas civilioremque vitam capescendam consuefaceremus), von seinen Freunden dem igl. Superintendenten Hedericus in einem griech., vom igl. Syndikus Hynke, von Caspar Neumairr u. a. in lat. Gedichten verabschiedet; 1584 kam er als Professor auf die neue Universität in Helmstädt, † 21/5 1600, als medic., philos. u. bot. Schriftsteller bekannt (Cerroni eb.).

Simon Weissemann, Phil. et Med. Dr., geboren zu Goldberg in Schlesien, 1586 zu Wien, 1587 zu Padua, 1591 Stadtphysikus in Iglau, lebte 1607 in Prag, schrieb tractatus de facultatibus et operationibus cordis, Gorlizii 1592, 4. (Cerroni eb.).

Gregor Seiferdt, geboren zu Iglau, studierte daselbst am Gymnasium durch 9 Jahre, dann in Prag. Von ihm sind Gedichte cunæ filii Dei, Pragæ 1587 fol., und epicedion auf den Tod des iglauer Patriciers Gregor von Liblau, kais. Mauteinnehmers in Prag, 1588, fol. (Cerroni eb.).

Zur S. 2, 166, 168, 173 und 233. Caspar Stolzhagen wurde am 24. November 1550 zu Bernau in Brandenburg geboren, zu Wittenberg, wo er Melanchton hörte, gebildet, Rektor, sodann Archidiacon bei der Marienkirche, pastor primarius und inspector scholæ zu Stendal in der Altmark. Nach der Beförderung Heidenreichs 1587 nach Braunschweig, vom frankfurter Univ.-Professor Pistorius und dem iglauer Arzte Jakob Horst zum igl. Pastor vorgeschlagen, wurde er durch die vom Stadtrathe nach Stendal abgesandten Rathsherren Paul Heidler und Johann Hynko mittelst des Vertrages vom 25. September 1587 zum concionator primarius und Inspektor an der iglauer Pfarrkirche St. Jakob aufgenommen. Er fangte hier am 3. November 1587 an, wurde mit einem Ehrenmahle, zu welchem man auch die übrigen Prediger beizog und das 20 Schock kostete, bewirthet, erhielt die Reisekosten mit 104 Schock 36 Groschen vergütet und nebstdem 50 Reichsthaler Ehrengeld. Im Rufe eines gelehrten Mannes, guten Poeten (die Zeitgenossen nennen ihn nach der damals gewöhnlichen Exaltation einen deo et musis charissimus poeta, poeta optimus et doctissimus, poeta elegans, gravis et suavis, wohl gar Germanorum Flaminius), berühmten Theologen, aber auch eines eigensinnigen, stolzen und zänkischen Mannes, starb er am 17. Jänner 1594, nachdem er noch kurz vorher (6. April 1593) die theol. Doktorswürde zu Frankfurt erworben hatte. Er brachte [illegible] thek und eine Buchdruckerei zu Stande; er mußte aber die [illegible] ihn über 600 Thaler gekostet, für eine Schuld von 330 [illegible] macher Benedikt Frey in Altenberg verpfänden und [illegible] Dieser betrieb sie mit einem Privilegium Rudolph [illegible] nach Martini 1591) 1589 und 1593. Stolzhagen bezog in Iglau an Gehalt jährlich 250 fl., an Accidenzien 30 fl., 18 fl. Holzgeld (damal galt die Klafter in Iglau 30 kr.), 30 Metzen Korn, freie Wohnung und für die eigene Begleitung der Leichen, so oft die große Glocke geläutet wurde, 45 kr. Doch verfiel er in drückende Schulden; sein Hof vor dem Spitalthore blieb nicht seinen Kindern (die Tochter Hedwig ehelichte den M. Joachim Goltz, zuerst Rektor des iglauer Gymnasiums, 1609 Pastor zu Neudorf im Zipserlande), sondern gelangte 1600 durch Kauf an den strahower Abt Lohelius.

Stolzhagen schrieb: 1) epigrammatum sacrorum liber I., Pragæ (dem Landeshauptmann Hynko von Waldstein auf Pirnitz gewidmet); 2) Hendecasilabarum et epigrammatum libri, Magdeburgi; 3) Daphnis seu ecclogа parentalis (dem Heinrich von Waldstein auf Meseritsch gewidmet). In officina Paleoriria Boh. (Altenberg) per Micaelem Lacandrum 1589, 16, 15 S.; 4) colloquium carnis et spiritus — gespräch der vernunft und der gläubigen Seele von des Menschen jämmerlichem Zustande nach dem Sündenfall, gedruckt bey Benedikt Frey zu Altenbergk 1593, 12; 5) theses, Francof. 1593, 4; 6) epigrammata onomastica et encomiastica (aus Carlsbad dem Kaiser Rudolph zugeschrieben), Pragæ, fol.; 7) carmen Phalecium auf Chiträus; 8) Auslegung des 75. Psalms; 9) viele andere Geleg.-Gedichte in den Sammlungen der Dichter (Cerroni eb.). Ueber die altenberger Druckerei schrieb Dlabacz in den neueren Abhandlungen d. böhm. Ges. d. Wiss. 3. B. S. 140—148.

Tobias Knobloch, Phil. et Med. Dr., war Physikus in Iglau zu Anfang des 17. Jahrhundertes. Von ihm sind: Traktat vom Podagra, Wittenberg 1606; Traktat von der Pest, eb. 1607; disputationes anatomicæ et psychologicæ, Onolzbachi 1608, Lipsiæ 1612, Witenb. 1612, ib. 1661; Hypocrates, Norimb. 1641, u. a. (Cerroni, mähr. Schriftst. MS).

Ludwig Kresel, Phil. et Med. Dr., zu Iglau geboren, in Frankfurt an der Oder und Jena gebildet, 1610 iglauer Stadtphysikus. Von ihm ist disputatio de Phtisi, Jena 1607 (Cerroni, eb.).

Zur S. 235, 262, 268 und 439 meiner Geschichte von Iglau. Joh. Hy[illegible] von Wellinowa, geboren zu Patzow in Böhmen, studierte in Prag, wurde 1577 als böhm. Stadtschreiber nach Iglau berufen, 1602 als Be[illegible] eines Erbfreihofes zu Iezlau in den Adelstand erhoben, 1619 zur Zeit [illegible] Landesmitdirektor aus dem Bürgerstande und Mitabgesandter [illegible] an die ungar. Stände (Engel IV. 397), im Nov. 1621 in st[illegible] [illegible] und unterirdisches Gefängniß geworfen. Als [illegible] [illegible] man zwar auf Fürbitte bei Aldobran[illegible] [illegible]rin, und diesem selbst seine Haft, er [illegible] [illegible] Verhaft gebracht, nach dem Schreiben des [illegible] phael Mnissowsky an den iglauer Rath vom 13/11 1622 auf Befehl des Cardinals nebst Martin Leupold nach Iglau gebracht, im Bürgerarreste (ob dem Rathhause), Leupold im Rathhause in Arrest gehalten, später Hynko zum Tode durch das Schwert verurtheilt, aber zu 2 Monaten weiteren Arrest und Verlust der Hälfte des Vermögens begnadigt, † 28. Okt. 1623. Hynko, auch Inspektor der igl. Stadtschulen 1587, ein gelehrter Mann und guter lat. Dichter, schrieb Geleg.-Gedichte, Prag 1574, auf Dr. Horst 1582 u. a. (Cerroni, eb.). Graf Althan, der Stifter des iglauer Jesuiten-Collegiums (1625), schenkte demselben unter Anderem auch den bürgerlichen Malerhof des Stadtschreibers Hynko, welchen er vom k. Fiskus erkauft hatte (Wolny VI. 10).

1591 war Magister Joachim Golz Rektor der iglauer Schule; seine Vermählung mit Elisabeth, Tochter des großmeseritscher Schulrektors Johann Ursinus, feierten lat. Gedichte, Prag 1591 (Cerroni, eb.)

Paul Müller, um 1620 Rektor der iglauer evangelischen Schule (Conrektor war Magister Johann Eberhard), wurde später Dr. Theologiae auf der Universität Helmstädt und Superintendent (Cerroni, eb.).

Paul Austerlitzer, geboren zu Iglau, Stipendiat des igl. Bürgerstiftes, zu Zittau und Wittenberg, wo er disputationum metaphysicarum XIV. im J. 1608 herausgab, 1610 Cantor in Iglau, 1622 von da abgeschafft, wurde Schulrektor zu Neudorf in der Zips (Cerroni, eb.).

Simon Weinstock, geboren zu Iglau, Hörer der Rechte zu Wittenberg 1621, schrieb Pugna Michaelis cum dracone 1618, dem igl. Stadtrathe gewidmet, MS., 694 carmina heroica (Cerroni, eb.).

Zur S. 284 meiner Geschichte von Iglau. Peter Schmilauer von Schmilau wurde 1575 zu Iglau von luthrischen Eltern geboren, war in seiner Jugend Rektor der alath. Schule seiner Vaterstadt, setzte aber später seine Studien zu Frankfurt an der Oder fort und las hier schon als [illegible] Lehrer über Aristoteles Organon. Gleichwohl hörte er noch mehrere berühmte Lehrer über Medicin in Wittenberg und besuchte, um sich noch weiter auszubilden, auch die Universitäten zu Jena, Straßburg und [illegible] sein Vaterland zurückgekehrt, übte er hier einige Zeit die medic. [illegible] mit glücklichem Erfolge aus. Er ließ sich (1608) in Wittenberg zum [illegible] der Arzneikunde promoviren, lehnte hier die ihm angebotene [illegible] kanzel ab und wurde Physikus der Stadt Iglau, welches Amt er [illegible] begleitete. Nebst Galen und Theophrast las er auch fleißig theolog[illegible] troversen, welche ihn, auf Einrathen der Jesuiten, bewogen, [illegible] ner Gemahlin zum katholischen Glauben überzutreten, [illegible] Lande nicht geduldet wurden. Nach dem kinderlosen Tode [illegible] als ihn der Jesuiten-General aller guten Werke der [illegible] haftig gemacht, schenkte er sein ganzes Vermögen, [illegible]

24000 fl. geschätzte Mühle, dem iglauer Jesuiten-Collegium (1631), zog ein halbes Jahr vor seinem Tode in dasselbe und starb darin am 25. März 1637 (Cerroni, Geschichte mähr. Bibl. MS. III. B.).

Das Legat betraf den 1611 vom Kaiser Mathias von allen Abgaben, mit Ausnahme des Zehents, befreiten, oder der sogenannten Böhmmühle gelegenen Maierhof nebst einer Mahlmühle (Wolny VI. 10). Ein Schmilauer (nicht Schimlauer, wie bei Wolny VI. 181) von Schmilau (wohl unser Peter) kaufte das dem Hynek Grün von Stürzenberg wegen Theilnahme an der Rebellion confiscirte Gut Meseritschko nebst Regens (nur) um 2000 fl, welches aber 1626 dem iglauer Jesuiten-Collegium geschenkt wurde.

Zur S. 375 meiner Geschichte von Iglau. Paul Rochus Reblich, Phil. et Med. Dr., geboren zu Iglau um 1633, studirte in Iglau, Olmütz und Prag, bereiste Italien (1656—7), lebte dann zu Iglau, später in Brüx und Prag, wo er auch starb. Von ihm sind: Tryphyllon poeticum, Pragæ 1670, 12; Musa Caliope (Epigramme) s. l. et a.; tormentum ingenii (Gedichte auf die Mutter Gottes Maria und den heil. Norbert), Prag 1676; cygnicium (süße Todes-Gedanken), eb. 1676; brevis contemplatio Macro et Microcosmi (deutsche), eb. 1678; Beschreibung der Pest in Prag, eb. 1681 u. m. a. (Cerroni, mähr. Schriftsteller, MS., Moravetz III. 478).

Jakob Joseph Jöpfer, Phil. et Med. Dr., eques auratus, Comes Palatinus, k. Physikus des iglauer Kreises, geboren 1627 in der Pfalz, gestorben zu Iglau am 12. Juli 1695, schrieb Isagoge ad vitam longiorem, Norimbergæ 1680, 4., Pragæ 1682 (Cerroni, eb.).

Zur S. 435 meiner Geschichte. Der iglauer Pfarrer und eifrige katholische Reformator Johann Khirn, gestorben 1624 an der Pest, schrieb: Defension für (die kathol. Reformatoren) Adam von Waldstein und Hannibal von Dohna, gedruckt 1620; evangelia et Conciones 1619—1623, in der Handschrift 716 S. fol. in der strahower Bibliothek (Cerroni, eb.).

Zur S. 436. Der igl. Pfarrer Bernhard Sutor (Schuster) machte sich sowohl in dieser Stellung als auch in jener eines Abtes des Klosters Strahow sehr verdient, obwohl er diese Würde nur einige Jahre († 13. Okt. 1658) bekleidete (Gesch. des Stiftes Strahow, Prag 1805, S. 189).

Zur S. 436. Anselm Swietelsky, geb. zu Prag 1667, strahower Prämonst., Prior und Prediger daselbst, der franz., ital., engl. und griech. Sprache mächtig, vom 22/4 1706 Pfarrer zu Iglau bis zum 1/7 1709, [illegible] den Wissenschaften mit mehr Muße leben zu können, ging in das Stift Mühlhausen und † da am 10/12 1715. Er schrieb: Jesus Nazarenus, Pragæ 1692, 4; Rede bei Einkleidung der Theresia Elisabeth [illegible] Freyin von Liebstein in den Ursul. Orden, eb. 1700 [illegible] in domo David, eb. 4. (Cerroni eb.).

Zur S. 436. Blasius Stephan von Starchenfels, geb. zu Prag 1675, Prämonstratenser im Kloster Strahow, theol. und philos. Lehrer da und im prager erzbischöfl. Seminar, seit dem 21/11 1721 iglauer Pfarrer, † da am 29/8 1734, schrieb: Verlangen nach dem göttl. Segen (Begrüßung des Kirchleins auf d. h. Berge), Prag 1707; materiarum canonico-theol. prima elementa, eb. 1719; micæ cadentes de mensa (aus dem alten und neuen Testamente, MS. Cerroni, eb.).

Der iglauer Patricier und beider Rechte Candidat Riesenfelder von Riesenfeld (der Amtmann und Rathsherr Ferdinand, † 1709, oder der Jesuit Gottfried, † 1715, ?) schrieb Marianus Iglaviæ Colossus, Brunæ 1696, 4. (Cerroni, eb.).

Franz Krempula, Med. Dr. und iglauer Stadtphysikus, geboren zu Iglau, 1719 in Prag promovirt, schrieb theses, Pragæ 1719; Beschreibung des Goldbrünnel bei Iglau, 1730, MS. (Cerroni, eb.).

Zur S. 408 meiner Geschichte. Von dem als genialer Nosologe geschätzten igl. Kreisphysikus Johann Baptist Michael Edlen von Sagar sind folgende Schriften: Dissertatio de Salicaria, Viennæ 1762, 8; de aphtis pecorinis, ib. 1765, 4; de morbo singulari ovium 1765, 8; über den Podzateker Gesundbrunnen, Wien 1765; Systema morborum, Viennæ 1771, 8., Amstelodami 1775, Viennæ 1776 und 1783, 8.; hist. morbi epidemici in Circulo Iglav. observati annis 1771, 1772, Lipsiæ 1773, 8.; dissert. de variolis Iglav. anni 1766, Lipsiæ 1773, 8.; Anempfehlung des Peterkauer Gesundbrunnens, Prag 1772, 1775, 1778, neu herausgegeben von Caspar Hüllmantel, Iglau 1805 (S. österr. Lit. Annalen 1805, 2. B. S. 152); vom Mehlthau, Wien 1775, 8.; Filum ariadneum ad lectulos ægrotorum, Viennæ 1776, 8 und 1784, 8.; vom wahren Kennzeichen der Hornviehseuche, 1782, 8; Sanitätsplan 1781, MS. (Cerroni, mähr. Schriftsteller, MS. S. auch Lucca, gelehrtes Oesterreich, Meusel, gel. Deutschland) Sein Leben schrieb der igl. Geschichtsforscher Joh. Heinrich Marzy, MS. Ueber den letzteren S. meine Nachträge zur Gesch. d. histor. Literatur im 6. B. d. Schr. d. hist. Sekt. S. 301 und, von Sterly, im Notizenblatte der histor. Sektion 1856 S. 63—64.

Einen Nekrolog des ausgezeichneten igl. Geschichtsforschers [illegible] († 1852) gab ich in der brünner Zeitung 1853 N. 7 und, mit einigen Zusätzen, im 5. B. d. Schriften d. hist. Sektion S. 262—[illegible].

Zur S. 501 meiner Geschichte. Ueber Hoffenel († [illegible] 1850 im 72. Jahre) findet sich ein Nekrolog im igl. [illegible] Nro. 47.

Chronik
der
Stadt Mährisch-Trübau,
vom
Stadtschreiber
Martin Joh. Weidlich *).

Wir Burgermeister vnd Ratsmanne der Fürstl. Lichtensteinischen Stadt Mährischen Triebau. Vrkunden vnd Bekennen hiemit offentlich, sonderlich aber wo es Von nöthen, Demnach wir gründlich vernomben, waß gestalt der Hochwürdige, Edle Hoch vnd Wolgelehrte herr Thomas Joannes Peßyna von Czechorod, Artium liberalium ac phiæ Magister, Wolbestelter dechant Zum Leuthomischel, des Hochrümblichen Vorhabens sey, des Marggraffthumbs Mahrern, Vnßers geliebten Vatterlands geschichte, so Viel die eüsseriste mögligkeit admittiret, Zubeschreiben. Hiemit nun dießer Stadt als einer auß denen fürnembsten herren Städten, nicht vergeßen, sondern daß Jenige, waß in hiesigen archiuis, annalibus, vnd sonsten in glaubwürdigen schrifften Befündlich, vnd allhier sich eigentlich Zugetragen hat, solchem rühmblichen vnd nutzlichen operi inseriret werden möchte, haben Wir neben vnßerm Stadtschreiber Martin Joann Weidlich, mit allem fleiß die archiuen, annales, Vnd andere bey hießiger Registratur obhandenen schrifften

---

*) Den Chroniken der Hauptstädte Olmütz, Brünn und Iglau lassen wir nun einige andere Städte-Chroniken folgen, welche auch die Zeit des 16. und 17. Jahrhundertes zum Gegenstande haben. Denn in der Herausgabe der Chroniken, welche Chytil im Notizenblatte der histor. Sektion 1856 Nr. 4—6 verzeichnet hat, die chronologische Folgenreihe einzuhalten, haben bisher die Umstände nicht gestattet. Wir theilen zunächst Chroniken mit, welche Pessina († 1680) zur Benützung bei Verfassung der Geschichte Mährens zugesendet wurden und derselbe in sein Chaos Pessinianum aufnahm. Dieses befindet sich im mährischen Landesarchive und wurde in Mährens Geschichtsquellen von Dudik S. 247—262 beschrieben. Die interessante trübauer Chronik blieb nicht ausgeschlossen, weil das brünner Wochenblatt, in welchem, 1826 Nr. 9—17, Horky sie aus einer [illegible] drucken ließ, bereits selten und wenig verbreitet ist. Im Chaos [illegible] Ueber die Geschichte von Trübau S. Wolny's Topographie [illegible] 789—803 und meine Geschichte der Literatur Mährens und [illegible]

durchsehen, vnd so Viel auff angewendeten möglichen fleiß Befunden worden, Fideliter allhero Vermerken Laßen.

Waß nun den Vrsprung dießer Stadt, vnd wer sie erbawet, belanget, haben wir zwar vnß embsig angelegen sein laßen, Solches gründlichen hierbey anzuziehen, man hat aber Zu Keinem Grund vnd Wissenschafft hirvon gelangen Können, dahero wir der notthurfft Zu sein zusetzen, Wer, Besage hiesiger Stadt priuilegien vnd begabnußen, der Erste Erbherr geweßen, Nemblich herr Borscho von Rysenburch, Vmbs Jahr Christi des herrn 1321. Nach selbigen herr heinrich von der Leippe, der Eltere, so sich haubtmann des Marggraffthumb Mahrern, Vnd Obristen Marschalch des Königreichs Böhaimb geschrieben, Welcher Vmbs Jahr Christi 1328 diese Stadt vnd herrschafft gehabt, wie auß einer confirmation wahrzunehmen.

Anno 1361 Ist herr heinrich der Jüngere Von der Leippe Laut einer Vrkunde herr gewesen, nach ihme diese Stadt vnd herrschafft an den Marggraffen Joannes, des König Joannis in Böhaimb hinterlassenen Sohn, Kayßers Caroli quarti Bruder, Komben, welcher in 1372. Jahre feria quinta post diem Sancti procopii, hiesiger Stadt in Lateinischer Sprach Ein schönes Priuilegium gnedig ertheilet hat, welches mit Großen fromben Vnd Nutzen die Bürgerschafft in die 250 Jahr Völlig genoßen.

Anno 1375, die Mittwoch vor SS. Philippi vnd Jacobi, Ist wiederumb ein begabnüß Vom Marggraffen Joanne Beschehen.

Auß Einem, am grün Donnerstag Anno 1403 Gegebenen Brieff befündlich, daß herr Herolt Von Cunnestadt, Erbherr allhier gewesen.

Nach Wolgebachten Marggraffen Joannem, die Freyherren, herr Erhardt vnd herr Geörge Von der Kunstadt, gebrüdere, dießer Stadt vnd herrschafft Erbherren Gewesen, wie auß einer schrifft, so Anno 1413 Gefertiget, Zusehen ist, Selbige herren, wie auß einer an dem Freitag Vor Dorothea Anno 1408. ertheilten Begabnüs abzunehmen ist, hiesiger Stadt Geneigt gewesen.

Folgends die Stadt vnd herrschafft an den herren Zbeneck Kostky Von Postupitz Komben, welcher im 1464sten Jahre die Vogtey, anietzo daß Rathhauß mit einem priuilegio Begabet hat. (Zusatz von Pessina: hunc invenio habuise Treboviam sub an. 1462). Nach ihme herr Albrecht Kostky Von Postupitz, dieser Stadt vnd herrschafft herr gewesen, wie auß einem priuilegio, so ihm 1470sten Jahre Gegeben worden, Zusehen ist, Nach denen herren Kestken von Postupitz, dieße Zwey herren, herr Dobesch, vnd Benesch gebrüdere Von Boßkowitz dießer Stadt vnd herrschafft Erbliche Besitzer worden, welche die Stadt auch mit einem priuilegio de dato Sancti Galli Anno 1483 Begabet haben.

Vmb daß Jahr Christi 1487. Ist herr Ladißlaus Von Boßkowitz

vnd Czernohori, Erbherr worden, welcher die Stadt mit Vnterschiedlichen priuilegijs vnd begabnüßen gnedig angesehen, auch daß Gotteshauß Beschenket hat, wie an Vnterschiedlichen Kirchensachen Zusehen ist.

Nach Seeligen hintrit herrn Ladißlai Von Boßkowitz, hat herr Christoph von Boßkowitz ihme ohngefehr vmb daß 1525ste Jahr Succediret, welcher die Stadt vnter dem 15. Tag Juny Anno 1532. mit einem privilegio auff die anzahl der schenckheüßer Begabet hat. (Zusatz von Pessina: Christophorus de Boskovicz habuit filium Ladislaum Welen, qui obijt ante patrem, relictis duobus filiis minorennibus, Wenceslaum et Joannem, præter Treboviam habebant etiam Zabřzeh et Sowinecz).

Im 1541. Jahr den Donnerstag nach Jubilate ist diese Stadt vnd Vorstadt Von 15. Biß auff 19. der Gantzen Vhr, Biß auff 5. heüßer abgebrennet, Sintemal der Vngestimme wind, daß flugfewer hin vnd her Getrieben, vnd nicht möglich geweßen daß feuer Zu dempffen.

Anno 1550. den Sontag post festum Corporis Christi, Ist der katholische Pfarrer, in ansehung die grundobrigkeit der religion geendert, weg gezogen, Bald darauff ist ein Lutherischer prädicant eingeführt worden.

Nach ableiben oben besagten herrn Christoph von Boßkowitz der Anno 1549 Gesterben, herr Wentzel Von Boßkowitz diese Stadt vnd herrschafft besessen, Wie auß ettlichen Brieffen So im 1558sten Jahre Gefertiget worden, Zusehen, ist im 1569sten Jahr gestorben.

Nach selbigen, deßen Bruder herr Johann Von Boßkowitz Erbherr worden, welcher die Stadt mit Zweien priuilegiis Eines Vnterm dato S. Georgij Anno 1570. Daß andere den Sontag nach S. Joannis des Tauffers Anno 1572. begabet hat. Ernenter herr Johannes von Boßkowitz im 1589. Jahr Gesterben, deßen hæres Testamentarius Ladißlaus Welen Von Zierotin, sonsten Lundenburger Genannt, gewesen, weilen Er Von Zierotin aber nicht ætatem Gehabt, ist die Stadt vnd herrschafft durch die Fürmünde, herrn Fridrichen Von Zierotin auff Selowitz, vnd herrn Bernhard Drnowsky Von Drnowitz, so lang regiret worden, Biß er ad maiorennitatem Komben, vnd ihm die Stadt vnd herrschafft Vbergeben worden; Im 1619ten Jahr, hat er sich nebenst andern damaligen Ständen, mit dem crimine rebellionis et perduellionis coinquiniret, Ja gar die Landshauptmannschafft angenomben, in hoc crimine Er so lange pertinaciter Verharret, Biß Gott der Allmächtige Ihrer Kay. May. Zweiffelsohne intuitu et respectu der Gerechten Sache, den 8. Nouembris Anno 1620 auff dem Weissen Berg zu Prag den Sieg gnediglich Verliehen, Im 1621sten Jahr am Osterdinstag, [illegible] Ladislaus Welen Von Zierotin, aus forcht Wol[illegible] [illegible] emigriret, bald darauf deßen gutter confisciret,

Vnd Zu Ihrer Kay. May. hauden durch gewisse commissarien gezogen worden, Im 1622sten Jahre, ohngefehr im Monat Martio Ist Von Ihrer Kay. May. diese Stadt vnd herrschafft Ihrer Fürstl. Gn. Weyland dem durchlauchtigen Hochgebornen Fürsten, vnd herren, herren Carolo, des heilligen Röm. Reichs, Fürsten vnd Regirern des haußes Lichtenstein, Von Nicolspurg, Hertzogen in Schlesien Zu Troppau vnd Jägerndorff, der Röm. Kay. auch Zu Hungarn und Böhaimb Königl. May. geheimben Raht, Cammerern, vnd Vollmechtigen Stadthalter im Königreich Böhaimb, Christ milder gedechtnüs, titulo feudi allergnedigst Vberlaßen, Bald darauf eodem anno, den 10. May, hochernenter Ihrer fürstl. Gn. Von der Stadt vnd herrschafft in beysein derer hiezu deputirten herren commissarien, more solito der Gehorsamb angeglobet worden.

Anno 1623. post Dominicam Misericordias Domini genant, ist der Lutherische prädicant abgeschaffet, Vnd am Sontage Jubilate ein Catholischer Prister, herr Jacob Algaier, der heilligen schrifft Doctor, sollenniter introduciret worden.

Von Anno 1621. Bieß aufs 1633ste Jahr, ist diese Stadt Zu Vnterschiedlichen mahlen Mit Ihrer Kay. May. Kriegs Völckern Vnterschiedlicher Regimenter, Theils zu Rosse, Theils zu fusse, einquartirungs Weiße belästiget gewesen, Gestald dann Vom 24. octobris Anno 1621 biß auff den 19. Februarii Anno 1623. 17. Compagnien Eine Zufuß, vnd die andern 16. zu Rosse, ihre würckliche Verpflegungen vnd quartir allhier gehabt. Auff die Binnen angeregter Zeit benentlichen 13. Jahr, im quartier allhier Gelegene Kayserl. Soldatesca, ist laut der particular Register, ex aerario publico, (ohne daß waß der wirth in seinem hauße an essen, Trinken, fuorasi, vnd Baaren Gelde Leisten müssen,) aufgangen. 381604 fl. reinisch, 40 Kr. welches Gelt mehrerentheils der Raht, necessitate cogente, entlehnen müssen.

Anno 1627. im Monat Januario, Ist Hochgebachter fürst Carl von Lichtenstein in Gott Seeliglich Verschieben, die zwey Fürstenthümber vnd Fürstl. Herrschafften Bies zu des hinterbliebenen Printzens maiorennität, durch Ihre Fürstl. Gn. Fürsten Maximilian Von Lichtenstein, als Fürstl. Tutorem regiret worden.

Anno 1629. Von dem septembri Vnd octobri an, bieß auff den Julij Anno 1630. ist in dießem revir herumb, auch in andern ohrten mehr, eine solche Teuerung vnd hungersnoth eingefallen, daß Viel arme Leütte von dem Vmbgefallen Vieh geßen, Theils die Knospen von Baumen gedörret, alßdann zerstossen, ein Teig darauß gemacht, solches so gutt alß es möglich gewesen, Gebachen, vnd zu stillung des Vnleidlichen hungers, anstat des Brodts genossen, bei angegangenen Frül ng die arme Leütte daß heraußgesprossene Graß vnd Kreüter außgerupfft, Gekocht, ohne Saltz, Schmaltz, vnd Brodt in sich gessen, darburch viel vmb ihren Gesund Komben.

Anno 1632 hat die Pest vom anfang des Monats Junij, bis zum außgang des Decembris allhier grassiret, welche Vber die 500. Personen Jung vnd alt hinweg geraffet hat, daburch Theils heüßer Verwüstet worden.

Anno 1638. den 9. Aprilis, Haben Ihre Fürstl. Gn. der durchlauchtige Hochgeborne Fürst vnd herr, herr Carl Eusebius des Heyl. Röm. Reichs, Fürst vnd Regirer des haußes Lichtenstein, Von Nicolspurg, in Schlesien, Hertzogen zu Treppau vnd Jägerndorff, Vnßer gnedigister Fürst vnd herr, welcher im obbedeüten 1632sten Jahre im Monat Septembri die Regirung angetreten, vnd seine Fürstl. Städte ihme Gehuldiget, hiesiger Stadt priuilegia auf stetiges vnd embsiges sollicitiren, bei dem Viel Mühe vnd Vnkosten aufgangen, gnedigist confirmiret.

Anno 1639, ist wiederumb ein Teuerung erfolget, Bey welcher der scheffel Weitzen 6 fl. daß Korn auch 6 fl. der Gersten 4 fl. vnd der Haber 2 fl. gegolten, doch ist bei weitem nicht so ein Große hungersnoth gewesen, alß wie ihm 1629. vnd 1630sten Jahre.

Anno 1642 den 19. Junij hat Ein Schwedischer Rittmeister vnter dem Birckenfeldischen Squadron, nachdeme selbiges Jahres vnd Monats die Ollmützische Commendanten die Stadt Ollmütz mit accord Vbergeben; folgends diese nahe beiliegende Städte alß Newstadt vnd Litta, sich auch dem schwedischen generalmaior Königsmarck ergeben, von Litta auß ein scharffes, mit Fewer vnd Schwerd bedrohliches schreiben an hiesige Stadt vnd beide herrschafften Triebaw vnd Tiernaw, abgehen Laßen, daß gewisse Personen auff die Litta sollen Geschicket werden, wegen der rantzion vnd Contribution Einen Gewissen Vergleich zu treffen, hierauff der damalige hiesige hauptmann herr Adam Rassyn Von Rysenburg, vnd Paul Klar Fürstenrichter, sich auf selbige reiße begeben, den Stadtschreiber Martin Johann Weidlich, Greger Jenisch, Cyprian haintzen, vnd Erhard hoßen, Sattler, mitgenomben. Als Sie miteinander zu der mühle bey der duberey Komben, hat herr Rassyn Von Rysenburg, vnd der Fürstenrichter dirße Vier allein auf die Litta geschicket, Selbigen aber mit hand vnd mund die schadloßhaltung Versprechen, vnd Sie beide sind alßdann anheimb gezogen, Als Sie abgeordnete nach Litta Komben, hat Immes, Commendant, nach dem er ihnen die Brandschatzung angedeütet, den Cyprian vnd den Sattler wieder nach Hauß geschicket, den Stadtschreiber vnd den Jenisch, so Lang alldort [illegible], biß sich die Stadt vnd herrschafft hat sollen abfinden, Es hat [illegible] nicht beschehen Können, Sintemal die Kayserl. hin vnd wieder mehr [illegible] [illegible] [illegible] [illegible] [illegible], [illegible] der Rittmeister [illegible] den 4. [illegible] [illegible] [illegible] weiß als der [illegible] [illegible] [illegible] [illegible], [illegible] [illegible] [illegible], den Stadtschreiber zur [illegible] [illegible] [illegible] [illegible] [illegible] [illegible] in arrest gelaßen.

Den 6. [illegible] [illegible] der [illegible] [illegible], mit etlichen Rittmeistern, [illegible] [illegible] [illegible] [illegible] gemeinen Reitern [illegible] [illegible] starcker anzahl [illegible] [illegible] [illegible] [illegible] [illegible], [illegible] abends ihren weg zurück auf [illegible] genommen haben, [illegible] [illegible] [illegible] [illegible] dem Obristen de Lacroze [illegible] [illegible] Regiment, [illegible] [illegible] [illegible] im [illegible] [illegible], der [illegible] [illegible], [illegible] [illegible], und Rittmeister [illegible], neben [illegible] [illegible] [illegible] gemeinen Reitern Gefangen, theils [illegible] [illegible] [illegible], [illegible] [illegible] [illegible] [illegible] der Kayserl. Obriste de la [illegible] [illegible] [illegible] [illegible], [illegible] [illegible] [illegible] [illegible] [illegible] [illegible] [illegible] [illegible] [illegible] [illegible], [illegible] [illegible] den andern [illegible] mit [illegible] [illegible] [illegible] [illegible] [illegible], mit [illegible] Kayserl. Regiment, ist auf [illegible] [illegible] [illegible] [illegible], der Stadtschreiber auff [illegible] [illegible], [illegible] [illegible] [illegible] [illegible] [illegible] [illegible] weg [illegible], die [illegible] [illegible] [illegible] [illegible] [illegible] [illegible] [illegible] [illegible] [illegible] [illegible] [illegible] [illegible] [illegible], [illegible] [illegible] [illegible] [illegible] [illegible] [illegible] [illegible], [illegible] [illegible] [illegible] [illegible] [illegible].

Den 6. August, [illegible] [illegible] [illegible] Regiment zu [illegible] [illegible] [illegible], [illegible] biß auf den 29. Januarii Anno 1643 blieben.

Den 22. Januarii des 1643sten Jahres, [illegible] [illegible] [illegible] [illegible], [illegible] [illegible] [illegible] [illegible] [illegible] dem gallasischen Regiment [illegible] [illegible], [illegible] [illegible] [illegible] [illegible] ad interim [illegible].

Den 4. Februarii [illegible] dem [illegible] Regiment zu Roß [illegible] [illegible] [illegible] [illegible] [illegible]. [illegible] der [illegible] [illegible] [illegible] [illegible] [illegible] [illegible] [illegible] [illegible] [illegible] [illegible] [illegible] [illegible] Compagnien [illegible] der [illegible] [illegible], [illegible] der [illegible] [illegible] [illegible] [illegible] [illegible] [illegible], [illegible] [illegible] [illegible] haben [illegible] [illegible], [illegible] [illegible] [illegible] biß auf den 14. [illegible] des 1643sten Jahres [illegible] [illegible]. Den [illegible] [illegible] [illegible] [illegible] 1643sten Jahres, [illegible] [illegible] [illegible] [illegible] [illegible] [illegible] [illegible] [illegible] [illegible] [illegible] [illegible] [illegible] [illegible] [illegible] [illegible] [illegible] [illegible] [illegible] [illegible] der Statt, [illegible] in die Statt [illegible] selben General herr Leonhard Torsten Sohn, Einen Leütenambt ettlichen reütern der Stadt vnd herrschafft Salua quardia in der Stadt hinterlaßen, diese lebendige Salua quardia ist bald selbiges tages durch die Kayserl. Partheien auß der Stadt weg genomben, Vnd vnter die Kayserl. armee (welche durch den Marck Briesau Marchiret ist,) geführet worden. Den 19. Junij hat die Schwedische hauptarmee daß Schloß Meraw mit accord einbekomben.

Den 24. Julij des 1643. Jahres Ist der Obriste Debitz mit drey starken Regimentern zu Roß, vnd vielen Lähren wägen allhero Komben, den meisten Rest der ranzion erpresset, auch Wein, Bier, Braundtwein vnd mehl den Bürgerleütten mit gewalt genomben, theils Völker dießer drey Regimenter haben sich Voll vnd Toll gesoffen, also daß Sie zu nacht zu Moletein logiren müßen. Alß sie in der besten ruhe Gewesen, ist gegen des tages anbruch Eine Kayserliche Parthey, die der Cornet Hanß von Merheimb sonst hänsicken genant, geführet, Komben, auff die Schwedische Geschlagen, welche nicht anderß Vermeinet, es were eine Greße macht von Kayßerl. Völckern, dahero sich die meisten mit der flucht Saluiret, viel aber auß ihnen Schwedischen todt blieben, mehr aber Gefenglichen aufs schloß Pusaw geführt worden, vnter dießen Gefangenen der Obriste Debitz, vnd ein Obrister Leütenambt gewesen, Weiln der Obriste Leütenambt Bernhard Paner genant, in dem einfahl tödtlichen Verwundet worden, ist er auff dem schloß Pusaw gestorben, die schwedische Gefangene sind alle ranzioniret worden, vnd nach deme Sie zu ihrer armee Komben seind, Ist Kriegs Recht gehalten, Bey selbigen dem Obristen Debitz dann einem Leütenambt, wegen Vbler gehaltener dispositien, daß Leben abgesprochen, der Obriste zwar erbeten, doch aber mit großen Vngnaden, Schümpff vnd Spott, Einen reuers von sich geben müssen, vnd alßdann von der Armee abgeschaffet, der Leütenambt aber enthauptet worden.

Den 24. Augusti Anno 1643. Ist der herr hauptman Kassyn Vom Schloß durch die Schweden gefenglich weggeführt, aber nach ettlichen Wochen alß durch die Kayserl. Waffen daß Schloß Meraw wie Vnten geredet ist, erobert, wiederumb Loß worden.

Von dem 20. Septembris bis auff den 13. Octobris, hat die Schwedische armee Vor Eilenberg gelegen, solches Schloß mit accord, hingegen die Kayserl. armee so gantzer drey Wochen vnd einen Tag darüber, bei Müglitz gestanden, daß Schloß Meraw mit Feuer Bezwungen, vnd alßo mit dem Schwerdt eingenomben.

Eodem anno den 23. Decembris, Ist der Herr Obriste Fernberger auß der Kayserl. Armee, mit seinem Regiment allhero nach Triebaw Kommen, vnd biß auf den 20. Januarij des 1644sten Jahres, im quartir Verblieben.

Den 22. Februarij Erneuten 1644sten Jahres, seind 2 starcke Compagnien Polacken, auf ergangene ordinantzien in die Stadt Geleget worden, welche biß auff den 26. Maij gelegen, haben von der Burgerschafft an Baarem gelt erpresset, Laut der abraitung 3000 fl. Reinisch.

Den 6. Martij Anno 1645. ist die Große schlacht bey Jancke in Böhaimb, nicht weit von Benischaw Beschehen, Den 15. Martij sind 1060 Schwedische Pferde, welche ein Obrister Leütenambt nahmens hanß Walter Commandirte, allhero Komben, unter dem prätext, ob die plequada Vor Olmütz vnd Newstadt aufgehoben sey, welche doch vor ettlichen tagen ihre Endschafft hatte, die rechte Ursache aber ist dieße nach außweißung des außgangs Gewesen, Nemblich von der Stadt vnd herrschafft Mährische Triebaw vnd Tiernaw, auch Von denen Umbliegenden Städten vnd herrschafften ein großes gelt zuerzwingen, Gestalt dann auch die Reüterey von Olmütz vnd Newstadt allhero Komben, vnd von der Stadt vnd herrschafft mit bedrohung fewer vnd Schwerts Ein Tausend Reichsthaler erpresset, auch sonsten die Bürger Uber die Maßen geplaget, der Commendant des Wirtenfeldischen Esquadrons Jacob Immes hat von dem Martio Biß auff den Augusti, seind Sechs Monat, Jeden Ein Tausend Reichsthaler Von hiesiger Stadt vnd herrschafft, auch ettliche tausend scheffel Unterschiedliches getreides Erpresset. Als aber die Stadt vnd herrschafft bey dem Schwedischen General Klage geführet, hat man Monatlich Sechs hundert Reichsthaler, Letzlichen aber vier hundert Reichsthaler vnd ein geringere Summa Getreide, so sich Jährlichen ohngefehr auff ein Tausend Sieben hundert Scheffel in allem erlauffen hat, reichen müßen, Maßen dann auch die Stadt vnd herrschafft Zimmerleütte, Mawrer, andere arbeiter vnd fuhrleütte auf die Newstadt schicken, vnd bezahlen müßen. Diese Plag vnd drangsalen biss auf 1648ste Jahr den 20. Novembris im schwange gangen. Den 2. Aprilis Anno 1645 hat sich Ursin Mettal, so vorhin Ein Kayserlicher hauptman unter Einem Regiment Dragoner gewesen, sich unter die Schwedischen Völker Unterhalten laßen, Selbiger ist von denen zur Newstadt in der quarnison gefundenen Schwedischen Obristern vnd anderen officirern allhere zu diesem [illegible] verordnet worden, Volck für die Cron Schweden Zuwerben, Und die Contributionsabführungen auf hiesigen vnd andern Benachbarten [illegible] einZumahnen, welchem er auch, vnangesehen er ein Trieb[illegible] Kind gewesen, ernstlich vnd strenge nachkomben ist.

Den 3. Maij Anno 1645 sind zwei starke Frey [illegible] serliche Reiter, welche der Rittmeister Unger Geführet, [illegible] Komben, der Ursin Mattal, hat den Rathe zwingen wollen [illegible] die Bürger, daß selbige mit gewehrter handt [illegible] [illegible] Er hat aber der Rathe vnd [illegible] [illegible] [illegible] wider des Kaysers der [illegible] wollen, Es seind aber dieße zwei Compagnien, nach deme die Schwedischen Vnter dem Bißin Mottal gelegene Völcker, auff selbige vom Nieder- auch vom Marterthurm fewer geben, abgezogen. Den 15. Maij, des 1645sten Jahres, Ist ein Esquadron Kayserl. zu Goldenstein in der quarnison gelegene Völcker, zu Roß allhero Komben, Vnter dem Commando herrn Stanißlaw Kuleßza Eines Pollnischen Obristen Wachmeisters, dießer Eßquadron, hat daß nieder Stadtther, Sintemal die Schwedischen in forcht gewesen, vnd sich zu schwach befunden, die bürger auch wieder die selbigen nicht fechten wollen, eröfnet, theils Schweden gefangen genomben, den Vrsin aber, wie auch den Röhrmeister in der Pfortengassen niedergeschossen, theils Schwedische haben sich vnter den Dechern, theils sonsten Verkrochen, also daß Sie den Kayserl. nicht in die hände Komben. Bey dießem einfahl seindt ettliche bürgerheüßer geplündert worden, die Raths Personen haben auch darbey vngemache Leiden, auch gefahr des Lebens außstehen müßen, In deme die gemeine Pollnische Soldaten Vnter Sie geschossen, In ietzt angeführten Jahre hat dieße Stadt auff des h. Graffen Montecuculi scharffes anschaffen, eine große Contribution nacher Goldenstein, Wie auch eine andere nach Meraw auff Ihro hochfürstl. durchl. Ertzhertzoges Leopoldi Wilhelmis, gnedigisten anschaffen, an Preuiant und gelde Liffern vnd verschaffen müssen. Alsdann von dem Monat Septembris die Tirnawische Vnfruchtbare nichts werth gewesene Besatzung angangen, vnd fast ein Jahr Lang in esse bestanden, darbei die Stadt vnbeschreibliche Plag vnd Trangsalen außstehen vnd erdulden müßen, auch viel hundert Gulden an Baaren gelde, dann an handwercks waren (so sich auff viel hundert Erlauffen haben), dargeben müßen, vnd dennoch nicht sicher gewesen.

Anno 1646. Von dem 5. Jannarij. Bies den 18. dito, Ist daß gantze Capaunische Regiment, nach deme selbiges die Stadt vnd Schloß Schönberg eingenomben hat, allhier gelegen, vnd ohne den Schaden auff 2987 fl. r. Verzehret, dann in itztgemelten Jahre, von dem 18. Aprilis, bis auff den 1. Maij auf dieße Völcker, so allhier gelegen, müßen expendiret werden, so die wirthe hergeben, Benendtlichen 1736 fl. r. Den 22. Julij itztgedachten Jahres seind die Dewaggische Compagnien zusambt dem Obristen allhier gelegen.

Anno 1646. den 1. Augusti seind fünff Regimenter Kayserl. Völcker allhier zu Mittag gestanden, vnd einen großen schaden an allerley getreidfelden, vnd denen gartenfrüchten gethan.

Eodem anno, den 7. Nouembris, seind 70. Pferde, sambt einem [illegible] Fabian Mende von der Montecuculischen armee, biß [illegible] den 12. [illegible] gelegen, ein Großes Gelt verzehret, auch von der Stad vnd herrschafft 1400 fl r. erpresset, der Rittmeister hat aber auff prouiant quittiret.

In dießem Jahr den 30. Decembris, seynd 70. Pferde auß dem Schneiderischen Regiment ohne ordinantz allhero ins quartier Komben, vnd ein zimblich Hohes Verzehret.

Anno 1647. den 26. Martij Ist daß Gonzagische Regiment, vnd zwei Compagnien fußvolck des Zaredizkischen Regiments ins quartir Komben, Bald darauff daß Boccarmeische, den 7. Aprilis daß Pompeische Regiment, darbey der General Feldmarschalch Leütenambt Pompeio selbsten in Person sich befunden hat, diese drey Regimenter seind alle zu Rosse gewesen, Daß Gonzagische ist biß auff den 16. Junij gelegen, die andern zwey Regimenter aber seind ehender abmarschiret, auf dieße drey Regimenter ist aufgangen' so nur von denen Bürgern alß dem wirth an victualien, handwerckswaaren, vnd Baaren gelde, erpresset worden. 14250 fl. Rein. 26. Kr. Bey dießen vnleidlichen vnd vnerträglichen Kriegsschwal, fast die helffte der heüßer, vnd sonderlich der in der Ringmauer verwüstet, auch ohngefehr der Vierdte theil der heüßer eingerissen, theils zu stacketen, Theils zu Wachfewern Verbrauchet worden, daß also viel Leütte nicht allein vmb ihre fahrende Habe, sondern auch vmb ihr liegendes Vermögen Komben, vnd Letzlich auß hunger vnd Kummer elendiglich gestorben seind, In dießem 1647sten Jahr, den 25. Septembris, biß 17. Octobris, Ist ein hauptman auß dem Löbl. desouchischen Regiment, mit einer Compagnia Musquetirer allhero aufs Schloß in die quarnison Verleget worden, selbige biß auff den 17. Octobris dießes Jahrs, verblieben seind. Eodem die, ist ein Compagnia Reüter, deßen Rittmeister der Vineberg gewesen, allhero Verleget worden, dieße Compagnia biß auff den 24. Maij Anno 1648. allhier im quartir blieben, vnd von denen wirthen vber daß commiß erpresset, 2446 fl. r. 6 Kr. Waß aber auff den Rittmeister an Baaren Gelde vnd victualien aufgangen, ist allhier nicht verzeichnet. Den 17. Octobris Anno 1647 Ist hauptman Zeiner mit einer Compagnia fußvolck des Löbl. desouchischen Regiments allhero Komben, vnd blieben biß auf den 13. Aprilis, Verzehret in allem 1246 fl. r.

Anno 1648. Von dem 24. Martij Bieß auff den 21. Junij, seind die Völcker zu Rosse vnter dem Obristen Mathias Rentz, vnd deßen Obristen Leütenambt Tschernembel, allhier im quartier Gelegen, auff selbige vber daß commiß aufgangen 3743 fl. r. 38 Kr. Von dem 20. Januarij des 1648sten Jahres bieß auff den 11. Junij, Eine Donawische Compagnia Reüterey vber daß commiß von wirthen erpresset, 100 fl. r. Den 25. Martij ist herr Obrister Wachmeister des Schneiderischen Regiments nahmens Salhaußer allhier ins quartier Komben, deßen Compagnia zuvor ettliche Tage daß quartir Beschritten hatte, Kurtz hernach tliche Reüter auß dem Kappaliriſchen Regiment allhero Komben, vnd vber aß commiß verzehret, beneutlichen 238 fl. r.

Den 26. Martij seind 5. Kompagnien Reüter deß hern Graffen von Serin aus Vngern in die hieſige wüſte heüßer Geleget worden, ſo gantzer fünf Tage allhier zubracht haben.

Den 21. Decembris Iſt herr Obriſter Wachmeiſter Corban auß den Kayſerl. Völckern mit einer ſtarcken Kompagnia Reüter, allhero ins quartir gelanget, vnd blieben biß auff den andern Januarij anno 1649.

Anno 1649. Von dem 1. Januarij bies den 14. Julij anno 1650. Iſt auf den heren General Meüter, dann deßen officirer vnd Gemeine Reüter vber daß Prou'ant aufgangen, ſo theils auß der Gemeindcaſſa Gereichet, theils von den wirthen erpreſſet worden, benentliche 2221 Gulden rhein. 45 Kr.

Waß auff die Kayſerl. von dem 1641ſten Jahre bies auf dato allhier gelege Völcker in allem aufgangen, ingleichen waß Sie Soldaten von den wirthen extorquiret haben, auch waß der Vnwiederbringliche ſchaden belangend, ſo an niederreißung der wüſten heüßer, darauß die wirthe, welche den Kriegsſchwal nicht mehr haben ertragen Können, Gangen ſeind, Nicht weniger in Verterbung der Gärten, iſt nicht möglich Zubeſchreiben, darbey auch gründlich Zuberichten iſt, daß die Stadt mehr alß auf die helffte an heüßern vnd inwohnern Zum Ruin Komben. Maſſen dann daß Jenige waß die Schwediſche Völcker alß damalige feinde, durch Plünderungen, angelegte Brandſchatzungen, Achtiährige Stete Contributiones vnd andere preſſuren, Gewaltſamb extorquiret haben, auch nicht in eine gewiſſe Summa Zubringen, Bey dießen erſchrecklichen Kriegsplagen Viel menſchen bei hieſiger Stadt auß Kummer, Vnd dem Geſchwebeten großen Elende, geſtorben ſeind.

Anno 1663. den 7. Tag Monats Julij, Zwiſchen 23. vnd 24. an der Gantzen Vhr, hat ſich ein Plötzliches erſchreckliches Wetter allhier Bey der Stadt, vnd theils Triebawriſchen vnd Tiernawiſchen Dörffern erhoben, welches mit ſteten vnd vnaufhörlichen Wetterleichten, vnd ſolchen ſtarcken donnern, darvon die Erde ſich mannichmahl erbebet hat, Bies auff Sechs der Gemelten Vhr, vnd alſo bieß auff den andern tag, angeſtanden iſt.

Innerhalb ſolcher Sieben ſtunden, alß bey finſterer Nacht, es alſo hart geregnet hat, daß es bei menſchen gedenken an hieſigen ohrt nicht beſchehen, durch gemelten ſtarcken Regen, welcher Zweiffels ohne ein Wolckenbruch geweſen, ſich die Wäſſer alſo hart ergoßen haben, daß nachgeſchriebene Vnüberwindliche Schäden hirauß erfolget ſeind, In deme der, bey der Vorſtadt Newſtifft genant, ſtehende Teich, der angeſetzt geweſen, durch daß groſſe gewäſſer alſo hart angefüllet worden, daß das Waſſer hoch vber den Teich Thamb, der doch ſonſten Zimblich hoch gebawet iſt, gangen, Letzlichen durch den Großen Gewalt des Wassers, an selbigen Teich daß sonsten stark genug gewesene Fluder, Zusambt dem daran gewesenen gemewer, weg gerissen, vnd weg geführt, die Landstraße darbey, wie auch sonsten an andern ohrten mehr dießer Stadt, die strasse hat Zerrissen, vnd Löcher auff drey oder Vier Klafftern tieff, gemachet, welche mit schwerer müh vnd vnkosten repariret worden, Bey dießem Vnglück der Teich gantz öd vnd Lär worden, dessen wasser in den andern Fürstl. Teich, sonst Baderteich genant, der ohne waßer Gestanden, vnd Hew darauff gemachet worden, Völlig Gefallen, alßo daß das Waßer vber des Baderteichs thamb, so auch vor menschen gedencken Gestanden, Zimblich hoch gangen, welcher auff Zweien ohrten, nicht allein biß auf den grund, Zusambt den röhren abgerißen, sondern auch darbey Tieffe Löcher, (darauß aus denen schwartzen felßen, Große stücke gerissen, vnd weg geführet worden), auff ettliche Klaffter gemachet haben, darbey es auch den Waassergang zu der Fürstl. Schloßmühle, mit einreissung eines Großen stück Mawers an der hintersten Mawer deß Schlosses Beim eingang, Zugleich weg gerissen, auch die Fürstl. Bretmühle, die auf starken gemawerten Seilen, vnd auf einer Seiten an einem felßen Gestanden, Funditus weg gerissen. Bey obbedeüten Wetter sonsten mehr schäden beschehen, Nemblich Zehen Wohn heüßer dieße erschreckliche flutt von grund auß weg gerissen, vnd die darinnen gewesene menschen Vieß auff wenig Personen, die auß sonderlicher hülff Gottes ihr Leben errettet haben, mit weg geführt die Jämmerlich vmb ihr Leben Komben, Gestald es denn auch den Fürstl. Vntersten Walckstampff, auß welchem sich Zuvor der Walcker vnd die seinigen mit höchster Gefahr des Lebens saluiret gehabt, Von grund auß weg gerissen, die Tuchmacher drey vnd dreißig stück Tücher Zum Walcken gehabt, welche gantz Zerrissener nach ettlichen Tagen in dem Gestreich, vnd weg geführten gehöltze, gefunden worden.

Eines Mitbürgers nahmens Geörge Lebels hauß, hat diese flutt auch auß dem grunde Zusambt 5. Personen, ohngefehr auff ein Viertel meil weges Lang geführet, Selbige aber durch Göttlichen Beistand daß Leben erhalten, Sintemal daß hauße auff einer Wießen stehen blieben.

Durch solche flutt dann auch ettliche Schewern theils gantz weg geführet, theils Zerrissen worden, sonsten auch an Vielen Wohnheüßern vberauß großer schaden beschehen ist.

Vber dießes auch großer schaden an gärten, Ackern vnd früchten, beschehen, welches alles nicht wol Zubeschreiben ist.

Von der Bleiche seind 6. Personen weg geführt, vnd ertruncken, darbey eine große anzahl Leinwet, verschlemmet, vnd darvon wenig wiederumb gefunden worden, Derer weggeführten vnd ertrunckenen Perßonen seind in allem 33. darunter Vier Schwangere Frawen gewesen.

Den 14. Octobris Anno 1663. Hat sich nachgeschriebener casus Zwischen Zweien Verliebten Jungen Personen, alß einem Leinweber Gesellen, nahmens Paul Kuntz Vnd Eines Tischlers Tochter nahmens Margaretha Goldnerin, Zugetragen, welche bey der Tartarischen feindlichen irruption in dießes Land, auß keinen andern Vrsachen beide einander auß Zweien Röhren gegen einander Zugleich gethanen schüssen, vmbs Leben gebracht, daß Sie einander so hertzlich geliebet, vnd sich befürchtet haben, sie möchten entweder Von denen Türcken oder Tartaren Getödtet, oder gefenglich, eins hin daß ander dorthin geführet, vnd also getrennet werden, Selbigen tag Sie beide Zuvor Gebeichtet vnd Communiciret, aber ihren gehabten Vorsatz weder ihren Eltern, Geschwister oder freünden, sonsten auch niemanden offenbaret haben, der Paul Kuntz ist also bald nach empfangenem schuß todtblieben, vnd auff keinen geweiheten ohrt, sondern neben die Straße in der Stille begraben worden, Die Margaretha ist zwar Von dem Schuß nicht bald gestorben, sondern eine Zeit große Schmertzen erlitten, biß sie folgends auch die schuld der natur bezahlet hat, Sintemal kein cura an ihr Verfangen Wollen. Selbige auf interposition der Geistligkeit Zwar auff daß Gemeine begrebnüs durch die arme Spitalweiber, doch aber ohne Glockenklang, wie auch ohne einige Begleittung bürgersleütte, Zur Erden bestattet worden. Gedachte Zwey Personen wegen geregter Vnthat, Von Rechtswegen Zwar waß anderß Verdienet gehabt, So der Betrübten armen Eltern nicht were verschonet worden.

Bey Zeit dießer glaubwürdiger Beschreibung ist dem Geistlichen Ambt Vorgestanden, der Wolehrwürdige Edle Hoch vnd Wolgelehrte herr Georgius Bartholomaeus Fischer, Art. lib. ac phiæ. Magister, Ss. Theologiæ Candidatus, Dechant allhier, vnd Pfarrer Zu Porstendorff. Hauptmann gewesen herr Andreas Cyprian Mayer von Kempffenstein, hiesiger Stadt patriota, Raths Eltisten derer dreien Räthe gewesen, Geörge Sponner, Tobias Kirschner, vnd Johannes Fessel, Amtsburgermeister Greger Zeche. Zu Vrkund deßen, haben wir obenberührte Burgermeister vnd Raht der Stadt Mährischen Triebaw, Gemeiner Stadt insiegel wissentlich hir auff druckhen Laßen. So geschehen vnd gegeben Zu Mährischen Triebaw den 9. Aprilis Anno 1666.

Chronik

der

Stadt Schönberg.

(Aus Pessina's Chaos Pessinianum)

Die Stadt Schönberg in Mähren, derer Fundator nicht Wißendt, Wirdt ietziger Zeit Von einem Fürstenrichter 12 Raths Perschonen, Vndt einem Stadt Vogt regiret, liegt auff einem Kleinen berge, sich gegen morgen neigendt, hatt gegen Mittag ein ebenen getreidt Boden, vndt schöne Wieß Wachs, Ihr ring oder Stadtmauren, 1200 gemeiner schridt Begreifft, hatt Vor alters auch einen Wahl Von Erden Vndt Zwinger Von steinen, Vndt Zwey stadtgraben gehabt, aber daß meiste meiste Verfallen, Vndt der Tuchmacher tuchrahm anitzo darauff stehen, hat 2. Stadtthore, Eine Pfordte, Vndt auß dem drinen gelegenen Schloß auch ein Thor, die Vorstadt Vmb gibt 3. theil der Stadt, Wardurch ein bächel fließet die Temmenitz genandt, so gegen Mitternacht in hermß dorff vnd bratters dorff entspringet, in Welchem gründtlen Vndt großen sein. Auß Welchem bächel, auff 1650. Klaffter, daß Waßer durch Röhren an den höchsten orth der Statt, auff den Platz oder Ring, in einen großen hiltzern Kasten Zum brewen, Maltzmachen, Bachen, Kochen, Vndt Fewers Notturfft, geleitet wirdt, auch theils Waßer auß dießer bach in einem graben, durch den hermeß dorffer Schloß garten, Zu hülff der in der Vorstatt gelegenen Mühle getrieben, Vnterhalb der Statt in Zwene Teüche, Anger Vndt langer Teüch genandt, geführt Wirdt, hatt gegen abendt die Pfar Kirch Zu S. Joannis Paptistæ, Waran ein mit 13. spitzen schöner hocher Thurm, mit schiefer steinen gedeckt; auch gegen morgen ein Dominikaner Kloster, deren Kirch Zu Vnßer lieben Frawen Verkündigung albereith Anno 1293. a Joanne Fratre Regis Wenceslai boni, erbauet worden, Vndt Weillen der gleichen Klöster Vndt Kirchen nicht ins freye feldt sondern gemeiniglich, in die Stätt gebawet Werden, alßo ohne Zweiffel die Statt schon Zuuor muß geweßsen sein: Es hatt sich die Statt Vndt Vorstatt (Warzu ein schöner Tannen, Küffer, Vndt büchen waldt, gegen mitternacht, der bürgerwaldt genant gehörig, aber wenig Wildt darinnen sich auffhelt) Anno 1562 Von herrn Jan: Undt Pettern, gebrüdern Von Zierotin, auff Zweymahl Von der Erb Unterthänigkeit, Frey Undt loß erkaufft: Daß in der Statt gegen mittag gelegene Schloß aber, Welches Von der Obrigkeit Zuuor bewohnt geweyhsen, darinnen letzo daß Mältzhauß, Brew hauß, Undt schütt boden sein, sambt dem gegen ober in der Vorstadt liegenden Meyerhoff, auch beyde dörffer Frankstadt, in Welchem eine Kirche, Udt absonderliche Pfar, mit Wohnung Undt Viellen Acker baw, nebest Zwey Dörffern darzu Versehen ist, Undt Rabenseiffen (Warinnen Eysen Ertz) mit walder alwo roth, Schwartz, Undt Feder Wildtpradt Zu finden. Wie auch mahl, Pappier, Brätt Undt Schleiffmühle, samb Weißgarber Undt Tuchmacher Walck stamb, so am fluß der Teße, Welcher durch ein Wasser Währ in einen Teüch, Warunter obgedachte mühlen alle liegen, getrieben Wirdt, eine Viertelstundt gehends Von der Stadt gelegen; der flueß hatt gutte Fisch, als Lax Foren, Forellen, Aschen, hechte, ohlrupen, gründel, Kressen, Steinbeiß, Naßen, Bradtfisch, Undt Krepse, Undt gehöret Von Anfang biß zu ende der gräntz, der Statt mit beyden Uffern Zu, So die Stadt auch mit allen andern gerechtigkeiten Anno 1569. Von dem herrn Jan. Von Zierotin Kaufft. Undt Ihro Kayserl. May. Maximiliano Secundo, Freiwillig Untergeben, nachmahlen Von Ihr Kayserl. May. Ferdinando Secundo anno 1622 dem alten Fürst Carl Von lichtenstein Wieder Uber laßen werden. Die ein Kommen Von der Statt, bei den dorffen, Mayerhoff Undt Mühlen, Wirdt Von dem Rath ein genomben Undt 12. Perschonen, so die gemeinde darzu erwöhlet, Widerumb Verrechnet, hat 4 Jahr Undt am Sonabendt durch daß gantze Jahr die Wochen marckt, an Welchem Viel getreidt hin gebracht, Undt Von den bürgern Undt gebürgs leuthen gekaufft wirdt; Die Ehrlich bezechte Fleischhacker, so Uber ein meil Weges von der Statt imm lande Wohnen, sich auch des Wochen marckts durchs gantze Jahr Freygebrauchen mögen; Sonsten ist der Statt beste nahrung, Von aller handt handt werks leüthen, Warunter die Tuchmacher Undt leinweber Zech die groste seint. Der Rath hat die Freyheit, bürger Undt Unterthane auff Zu nemben Undt loß Zu laßen. Es ist auch ein Hospital Von 16. biß 20. armer leüth alda, so Von der Statt mit baw. Undt Verpflegung Unterhalten wirdt, Warzu die herrschafft Ullersdorff, Wiesenberg, Eysenberg Undt Blauda, Jedwedere 10 Metzen Korn Jährlich geben müssen. Eß ist auch an ob gedachtem fluß Tessa, die freye Kriebels mühl, so die berewßkischen in posses gehabt, liegt in hießiger Statt gräntzen, alwo vor etzlichen Jahren, durch einen Donnerschlag, der Degen an der Wandt hangendt, in der schneiden Zerschlagen die scheide aber gantz bliebe, Undt nicht weiter schaden gethan,

Waß die Statt Schönberg vor Privilegia hat, ist nachgesetzter Zu sehen.

Alß Erstens. Anno 1391 den Sontag Vor Margarethä, dessen Datum Ollmütz, ist Schönberg Von Jodoco Marggraffen in Mähren, gleich Ollmütz priuilegiret worden, nachmahlen Vom Konig Wenceslaw in böhaimb Anno 1437 (?) den 22. Februarij Vndt drittens Vom Alberto, Ertzhertzogen in österreich Anno 1437. den 14. Februarij, Viertens Von Vladislao, deßen datum essen den 22. Februarij Anno 1492. Fünfftens Vom Kayser Ferdinando deßen datum Wien den Mitwoch nach Michaelis Anno 1559. Sechstens noch eine Begnadung Von ietzt höchst gedachtem Kayßer Ferdinando anno 1562 am Tag Georgij. Siebendtens Eine Confirmation aller erwehnter priulegien, Vom Kayser Maximiano, dessen Datum Troppaw, am Montag nach der Fastnacht Sontag Anno 1567. Achtens Eine Begnadung Kayßers Rudolphi, deßen datum Ollmütz Mitwoch nach Elisabethä. Anno 1577. Neuntens Eine Confirmation Kayßers Matthiä deßen datum Wien am Tag Georgij 1610 Vndt letztens eine Confirmation aller obgedachter priuilegien Von Vnserm gnädigsten Fürsten Vndt herrn herrn Carolo Eusebio deßen Datum Felßperg, am tag St. Pauli bekherung Anno 1633.

Anno 1475 hatt Petter Klimp (ßo Zuuor ein Strassen Rauber, Vndt nicht weith Von Jagerndorff, einen Kauffman Von Neüß ermordet, Vndt 3000. Duccaten sambt dem Pferde Jhme genohmen) alhier Zu Schönberg bey einem Wirdt so ein Wunder schönes Vndt Junges Weib gehabt, eingelheret, alß nun der Wirth ehend alß sein Weib schlaffen gangen, Vndt die kamer offen gelaßen, gehet gedachter Klimb hinein, Vndt schlägt den man todt, Wirfft Jhn Vnter daß betthe, Vndt legt sich darein, alß nun daß Weib auch schlaffen khombt, nicht anderster meinende, ihr man Seye auch im Bette, legt sie sich Zu Jhme, mit welcher Klimp die gantze nacht büberey getrieben, Welches Sie aber gar nicht gewust, ob sie schon gedacht, auch gesagt, daß er ein andere Vndt Newe Weiß an sich nehme, gegen Tag aber sich offenbahret, Vndt Sie Zu heirathen (Weilen Er Viel geldt gehabt) Versprechen, daß Weib aber anheben Zu Jammern Vndt Zu schreien, Vndt darin nit consentiren Wollen, hatt Er Sie gleichsfahls Vmgebracht Vndt sich daruon gemacht, in freyen Feldt aber an die Jhme Vor 4. Jahren Zuuor, Zu Glatz beschehene Natiuitet stellung gedenket, daß er solte auffs Rath kommen, hatt Er sich Zu Troppau selbst angeben, Vndt in obgedachtem Jahre die straffe, mit abschlagung seines Khopffes, nachmahlen auffs Rath gelegt worden.

Anno 1513 an S. Marcus abendt, ist die Stadt Schönberg durch Vnuerßehene, bey dem Maltz dörren, außgekommene fewers brunst, mit sambt dem Closter gantz abgebrent.

Anno 1571 Vndt 72. hat die Pest in Schönberg 1600 Menschen hinweg genomben, da dan fast Täglich 26 Perschoner Zu grab getragen werden.

Anno 1585. seindt an der Pest wiederumben 900 Menschen gestorben, auch die Juden Weillen selbige beydesmahl die Pest anhero bracht auff Kayserl. befehl hin weck geschafft worden.

Anno 1591. am abendt S. Joannis Paptistæ, Vmb 1. an der gantzen Vhr, in der Nacht, ist ein solch erschröckliches Wetter, mit Plitz, Donner, Vndt Platzregen, Vber Schönberg entstanden, daß es innerhalb einer Stundt 22. heüßer weggenomen, ohne Scheüer Vndt Ställe, Vndt andere gebewde so es Jammerlich Zerrißen Vndt Verdorben, darbey dießes merckwürdig, daß ein hauß, darinen 2. Weiber Vndt 11. kinder Vnterm tach mit einem liecht gewehsen, Vber 1000 schriedt weggeführt, Vndt in einem garten nider gesetzt, da sie anderst nicht gemeinet, dan daß hauß stünde noch auff der alten stelle, seint aber alle beim Leben erhalten worden; Im gleichen hatt sich auch einer an Einer Kuhe hörner gehalten, mit selbiger auff 1200 schridt schwimmen müßen, letzlich wider im feldt auff einer steinern bruck, mit sambt der Kuhe stehen blieben, Vndt beide gesundt daruon komen; Waß sonsten für wunderliche fähl, bey dießem Waßer gnß Vor gefallen, ist nit möglich alles Zu beschreiben.

Anno 1600 hatt alhier Zu schönberg der Metzen Korn golten 4 Thaler Ein Metzen Arbes 5 Thaler, Vndt ist auch nicht Zu bekommen gewehsen.

Anno 1607. Den 7. Maij, ist daß Petzische Regiment Zu Schönberg ein quartiret worden, Vndt biß 7. Decembris gelegen, Vndt hatt die Statt (ohne Waß ein ieder burger arm Vndt Reich Spendiren müßen) in Wehrender Zeit, drey Vndt Viertzig taußent, Vier hundert Vndt Sechzig Gulden reinisch, auff Tägliches lieffergeldt hergeben müßen, Warauß der Statt gantzlich Verderben nit Weith gefählet.

Anno 1612, ist der Stattrichter, alß Er wegen Zanckhändel Zum wein beruffen worden, hinterrucks doch Vnwißent dem Thätter, daß es der Stattrichter wehre, Wie er gesagt, mit einem meßer erstochen worden, darauß derselbte mit dem Schwerdt gerichtet worden.

Anno 1616 den 4. Maij Zu Mitternacht, ist alhier Zu Schönberg, wie auch den 5. frühe Vmb 6 an der halben Vhr, beydesmahl Erdtböben gewehsen, aber gottlob ohne schaden abgangen.

Anno 1618 den 11. Novembris Von Martini biß Weihnachten ist alhier eine nicht gewöhnliche Sonne gesehen worden.

Anno 1619. den 24. Martij, ist der alte Jan Ottkoleck, auff seinem Schloß in hermßdorff, an itzo Fürst Carln Von lichtenstein gehörig ein Mußquettenschueß Von der Statt Von seinem aignen gesindt erstecft, Vndt den 16. Maij, Welches wahr der donnerstag Vor Pfingsten, Wie auch sein Muhmb, so gleich fahls erstecft, anhero ins Closter begraben, Vndt seindt die Thätter den 29. Maij, Weillen Sie ein groses geldt Vndt Kleinobien gestollen, Ihrer 2. alß Schreiber Vndt Kutscher, alhier geuiertelt, Undt an galgen gehenckt, auch die hurren, so mit den selben hurerey getrieben, außgestrichen, Vndt die ohren abgeschnitten werden. Den 7. Iunij sindt Ihrer auch noch 8. der Thätter alß einer gehänget, die andere Zwen aber ge Köpfft worden buben ihres alter 16. biß 17 Jahr.

Anno 1623. am heilig. Pfingsttag, hatt herr Pater Albert herbst Prediger ordens Priester, so Zu dato noch im leben, alhier wiederumb die Erste Catholische Predig gethan, Vndt haben daherumb eben in dießem Jahr die Meuse daß getreidl abgefressen, daß mancher Von 7. scheffel Vber Winter geseet, Vndt nicht ein mandel auffbinden können.

Anno 1640 den 10. Martij, seindt 3. Brüder die Fincken genandt Von Reigersdorff, dem graffen Zu blanda gehörig, wegen diebstals durchs Schwerdt gerichtet, Warnach der ältere Weillen er dem Vatter, so außgerißen, einen Ermorden helffen, nachmahlen auffs Radt gelegt worden.

Anno 1643 den 18. Iunij ist die Stat Vndt Vorstadt Schönberg, Von der Dorstensohnischen armee, durch den lincken Fliegel so der bannier geführt, 18 stunden lang, Vber abgezwungene große rantion geblündert worden.

Anno 1646. den 29. Octobris, ist der Schwedische General Wittenbergl mit seiner armee anhero Komen, Vndt den 30. dito ließ Er die brust wehr, Vmb die gantze statt, durch 200. Mußquetier herunter Werffen, Vndt daß Schloß auch ruiniren. Waß sonsten die Statt Vor Kayßerl. Vndt Schwedische ein quartierung außgestanden, wirde Zu lang Zu beschreiben sein.

Paměti Města Prostěgowa.

Denkwürdigkeiten

der

Stadt Proßnitz.

(Aus der Orginal-Handschrift im Chaos Pessinianum.)

Miesto Prostiegow G. M. Kniž. z Lychtensstehna Naležyty, Kterehožto Zaklad, Stawení, se stal Letha Pánie 1445.Ležý Mezy Miestem Ollomauczem, Wýsskowem, od Každého Miesta Mezý polednem, opul Noczý 2. Mile wzdalý, a Mezý Miestem Kromierzýžem a Lýtowlý, od Wýchodu a Západu, od Každého Miesta 3. mile wzdalý. Bylo Przedesslo to Miesto na dwe Rozdielene, neb Slaulo Starý a Nowý Miesto Prostiegow.

Letha 1495. Ten Pátek po Swatým Matiegi whodinu 14. a w Minutě 8. Urozený Pan Pan Wratislaw z Pernsstehna, hehtman a Neýwyžssý Komernik Maglrabstwi Morawského, Uczynil poczatek Zdj stawení, okolo Miesta Prostiegowa.

Letha 1510. w Strzedu przed Swatým Janem Krztitelem božým, stal se Zaczatek malehý Zdi, okolo Miesta.

Letha 1520. gest Rathauz stawen.

Letha 1522. Stal se poczatek Kostela Stawení:

Letha 1524. Gsau hodiný Nowe Udielaný;

Téhož Letha gest Rybnik Miestskey nad Mleynem Witkowým Udielán;

Letha 1525. Dwur we Spitalý Udielan.

Téhož Letha, gest Makowicze na Kostel wlažena;

Item Bassta welhka proti Zamku Udielana;

Letha 1526. Sstýt Kostelni, Sklepowe Spodni y wrchni, na Rathauze dielaný gsau;

Letha 1531. Poczala se bassta nabranie ollomauczkey stawieti, na Kteranž Miessťane pomoczy G. M. Panu daly 400 fl. Kamení a ginych potrzeb, wicze, než Za 100 fl.

Letha 1535. w Auterý po Swatým Abdonu poczala se Wieže U Kostela Miedi krýti;

Letha 1546. w Pondielý den Sw. Petra w okowach letielo mnoczstwi nesczýtedlne Kobýlek, položilý se na zahradach naprzed Miesti Prostiegowským,

Kdež mnoho Sſkod zdielalý, na walech, na zdech, ý na ſtrzechach byly, terwalý od neſſporu až do 2. hodin Na nocz;

Tehož letha w auterý den S. Wawrzýncze, letielo opiet Kobýlek przes Mieſto, mnohem wicze než prwe, tý ne ſedielÿ u Mieſta, Zwonienim Zahnaný gſau;

Letha 1555 Na den Božýho wztaupeni Spadla Swietniczka Zwieže Plumlowſkeý, Stiemy lidmi, Kterzýž wni byly. Trábaczka Z ditietem Zabita zuſtala, a patero gich welmi Vraženo;

Tehož letha geſt zaſe poſtawena;

Letha 1572. Wydlažena Czeſta od meſtu, u hornlho Mlejna, až k Drozdowiczým, w Kterýchžto Drozdowiczých, obýwatele Rownie Za Mieſſtiany Proſtiegowſký ſe deržý, a tiech Swobod a Praw Vžiwag, Jako Mieſto Proſtiegow, Krom Winných, Piwných, a giných Sſenkuw, a handluw;

Letha 1576. Vlýcze Deržowſka wýdlažena na kterauž naloženo przes 350 fl.

Letha 1578 Zwon Welyký, Kterýž Letha 1574. Rozražen, zaſe przelýt; Nanieÿ geſt naloženo przes 1000 Kop. geſt Stiži w 70 Czentnýrzu, od Slýwani 1 Cent dano 3 fl. 7½ gr. Též Strawa Miſtrum a Dwiema Towarýſſum;

Tehož letha Rybnik Zlechowſkeý, blýž Zamku Plumlowa Kterÿ Vbožý Mieſta Proſtiegowa naleži, a ſe 1563. Sterhel, geſt zaſe Sprawen, a na nieÿ przes 350 fl. naloženo;

Tehož letha oheň geſt založen, od Jana Syna Doroty Wlaſſký, puwodem Duchka Bratra geho, Shorželo w Mieſtie 22. domuw, Jan geſt Klýſſtiemi terhan, a na hraniczi Spalen, a Duchek Meczem Poprawen;

Letha 1580. Sſpital Stareý przed Wodni branau zborzen, a Noweÿ Stawieti ſe kázal, na kterýž naloženo 987 fl.

Letha 1581. Dlažka od Ollomanczke brany, až do Vlycze Držowſke Naprzed mieſti ſe znowu Vdielala, naniž 158 fl. wýnaloženo;

Letha 1582. Dlažka w Vlycý wrahowſkeý Naprzed mieſti Vdielana, Kteraž nikda nebyla, naloženo na ni 208 fl.

Letha 1583. Dlažka od Wodney braný, až do žeſſowſkey Vlýcze za Mieſtem Vdielana, a Nani przes 200 fl. naloženo;

Letha 1584. Toho Roku dlažka w Vlyczý Žeſſowſkey Na Przedmieſti ſe zaczala dielati;

Letha 1585. Hodiny Nowý Vdielaný na zelenau Wiežy, dano za nie Peniez hotowých, 135 fl. a Ktomu starý hodiný, též Ktiem hodinam geſt noweý Cimbal Slyt, Kterýz wažý 13. Centnyrzu 85 Liber.

Tehož Roku Vdielana Sſpicze na wiežý braný Plumlowſkey Rzeczeney, a Nani Stare hodiný ze Cžtwrtmi daný;

Letha 1588. Dodielan geſt Kur w Koſtele Mieſtſkem, gehož Zdi od

Mnozstnj leth puste staly, gest zednikum od Zaklenutj, pkzykryti Skrzydlyczemi, Tesarzum, a sklenarzum wydano wewssem 2059 ü. 13 gr. 1/2 d.

Letha 1590 w Sobotu po Powyssseni Sw. Krzyže przed Weczerem, a w noczy znamenite Zemie Trzeseni bylo, tak že se na wiezy Na zwon Sturmowni a na Czymbaly, na ktere hodiny bigi, samotnie Trzesenim Sturmowale, To se w Czechach, w Rakausych, y w ginych zemich tež tak stalo;

Letha 1614. gsau dwie makowicze prži Wiezi Kostela farniho w horzeyssym Poly, obie Kwechodu Slunczе patrzyczy, Na nowa Wrzetena Przestawowany, a gine wssеczky dolu Snimany, welyka pak neb neywyssy Makowicze gest znowu pozlaczena;

Tehož letha przelyt gest zwon, Ktery byl narazeney skrze zwonarze Mistra Mathyásse Obrowskyho Sauseda w Straznіczy, Kteryzto Zwon na misto Zhotoweny Wazy 33. Cent. 46. liber w prwnim lyti, na Wssych se nebyl podarzil, Tak že podruhy skrze Umieni dotczeneho Mistra Zwonarze przyplywany, a przylyty gsau, až gyni y Ollomauczssti Zwonarzy o tom pochybowaly, aby se to stati mielo;

Podobnie Slyt jest Nowy Menssy zwon, Zley Zwonowiny, Ktera po Przelyhwani prwniho Zwonu Zustawala, waži 10 Cent. 96 1/2 lib.

O Moru.

Letha 1562. Z dopusstěni bozyho byl Mor welyky welmi w Prostiegowie, tak Ze nekolykrate gedneho dne 36. Mrtwych gest pochowano, zaczal se po Pamatcze Seslani Ducha Swateho, Terwal až do Sw. Martina, Neywalniеyssy byl Miesycze Zarzj, a Rzygna, wokolnich Miestech a Mistech pak moru nebylo;

Letha 1582. W Praze y w gynych Miestech w Kralowstwj Czeskem byl welykey Mor;

Letha 1584. O Swatem Hawle Zaczaly lyde w Prostiegowic welmi na Morowe nelesti Umirati, awssak Panbuh wssemohauczy raczyl Zmilosti swe Swate na Malem poczitu hniew swug Ukrotiti, tak že gich gen asy 300 osob zemrzelo;

Letha 1585. Lyde, Tak Jak se Sprawa czynila, Temierz powssem Krzestianstwu, na Morowau Ranu mrzely, Z Rzydka w kterem Miestie Nebo Miesteczku przednim bezpeczni byly;

Letha 1645. gsauce obie Armady Jak Czysarziska, tak Swedska w Morawie, Sterhel se Temierz po czeley zemi welykey mor, tak že y w Prostiegowie welike mnozstwi lydu zemrzelo, tak že Miesta a Diediny wietssym dilem, a niektere Diediny dokoncze puste zustaly.

O Drahotie.

1551. w Auterу przed Swatau Marzy Magdalenau Kraupy welyke perssely, a Sskodu welikau Uczynily, na sadech Owotcze y Zlystem otlauklу, a Owsy, tež Konopie w horach Zzemi Setrzely, odtud potom Drahota přyssla, Kteraž podwie letie 1551. a 1552. Trwala, Tak že pssenicze a Rýž 1. mierzice po 30 gr. a przed Nowým po 40 gr. Ječzmen po 24 gr. Hrach po 20 gr. a draže, Owes po 12 gr. Kupowaly. Niekterzý w horach gedli Chleb Z Ržáiy lesskowe, a niekterzi hladem mrželi;

1559. Miesycze dubna dnowe tak Jasni a teplý bilý, Jakoby Wprostrzed letha bylo, že na wietsſym dile wsseczko Sstiepowy Nezkwiello, potom prwniho dne maže weliký mraz a zýma wostra uderžila, na winohradech y po zahradach, wsseczko czož Nezkwietlý bylo, pomrzlo, Tak Ze wssem lydem podiweni bylo;

Letha 1562. Bylo draho, pssenicze po 28 gr. hrach po 40 gr. Ječzmen po 19 gr. Owes po 16 gr.

Letha 1568. a 69. byly Sniehowe welyczý Terwaly, až do welikey noczy, a obily na wietsſým Dile wyléželi, odtud draho přzisslo;

Letha 1570. Draho weliké bylo, tak že mierzycze Pssenicze neb Ržý platila po 2. hrzýwnach, Ječzmen po 40 gr. Owes po 20 gr. hrach po 2 fl. 10 gr. Jahlý Za 80 gr. pohanka po 2 fl. geden funt masa po 10 dr. gedno wegcze za biley Peniz, takowa drahota Trwala 3. letha porzad;

Tehož letha w Sstyrsku, a w Korytanech bylo tak draho, že Mierzicze Rzy po 15 fl. platila, a lidu mnozstwj weliké hladem zemrželo, nebo Trawu, a Kuru Z drzýwi gedly, a mnohým po Smrti w austech trawu nalezly;

Letha 1636. Dwie hodiny po poledni byly Spatrženy w Morawie 4. Slunčze, a 3. duhy, přzitom též y Miesýcz welmi Jasney Spatržen byl;

Letha 1642 w auterey Sw. Dussi gistey dil Armady Sswedskey, K Miestu Ollomauczy přzitahlo, gemuž se Miesto bezobrany dobrowolnie poddalo;

Tehož letha Dne 1. Julij Geho M. Czys. Neywyžssy Pan Delacrona, z swým Regimentem Dragaunu, a Ktomu Commendýrowaným Reytharstwem sem do Miesta Prostiegowa, přzitahl, a zde až do 14. dýto ležel, mezy tim pak totiž dne 7. Julij Miesto Lýtowel, genž Sswedským Lydem obsazeno bylo, mocznie dobýl, a lyd Sswedskey Zagal;

Dne 16. Julij letha 1642. Geho M. Czys. Armada Z Rakaus, a Sni G. A. Kn. M. Pan Pan Leopold Wylym, Arczy Knize Rakauský, též Pan hrabie Picolominy General Polni Marssalek zustanaucz w Prostiegowie přzes nocz, K Miestu Ollomauczy, a tak mimo Miesta, K Miestu brzehu do Slezska, gsaucz od lidu Sswedskeho oblehnute, k succursu, tahla;

Dne 19. Julij tehož letha přzitahl do Miesta Prostiegowa G. M. Czys. Neywyžssý Krystau, Kterzý lepe znepřzitelem, nežly Z G. M. Czys. Mynily, a dokoncze nicz, proti nepřzitely tentirowaly, nýbrž Miesstane Prostiegowský, tak wyssaczowaly, že mnozý Nanie 1000. 2000 fl. y wicze wynaložily, a když giž se zewssého wydaly, Zdemu wyhnani byly, mnozý sami z Prazdnyma Rukami Wssly, a na žebrotu Uwedeni gsau, potom Soldati sami w domich po swey wule hospodarzyly, a wsse Jako y obily w poly mlatily, braly a pokazyly, Za niemi hned berzy przitahlo do Prostiegowa Niekoliko Tisycz Rakussanuw a Czechuw, w Nowie Z welikým nakladem werbowaných, dobrze Ssaczených a Mundirowaných, tak že po czelých Compagniich w domich leželo, w Rakauských pak, Reytharowj, wnowie werbowanému po 100 Tol. Sspročkeych naruku dawaly, gsaucze tiech Reytharuw Rakouskeych 300 Koni, w Nasledugicým Rocze, gednoho dne na Partag Khollomauczy Commendirowano; Potkal gich Sswedskey Rytmistr Fychner S 15. Koňmy, Jak gich widiel hned Zakrzikl, herr Obrister Hammerstein hirher hieher, gehož tu ani nebylo; hned je Czysarzskey Neywyžssý leůtenandt, Kterýž Rakauský Reytharstwo Commendirowal, toho Krziku tak Wlekl, že se z lidem na Vtikani dal proczež skrze toho Rytmistra a 15. Reytharuw, tiech 300. Koni wietssým dilem Zbito a Zagato gest, Neywyžssýho leytenambta Syn pak, naplaczu mrtew zustal, a kdyby nebyly nic za dragaunuw Zsebau miely, ati nebyly Z Koni Skakaly, za przykopu polozyly, a nebranily, byloby wssech 300. Koni dokoncze, skrze toho Rýtmistra a geho 15. Reytharu, Zbito a zagato; Magicz ten czas w Miestie Prostiegowie nad tim lidem Commendu General wachtmistr Pan Debore, hned porucžyl, aby se ten Neywyžssý leytenandt Z swými Reytharuy, Kterzý Vtikaulm se Saluirowaly, na Rynk postawil, to Jak se stalo, porucžil, podle G. M. Czys. ordinanczi Kteraúž Pan Commissarz Velli wogsku czetl, Dismundirowaným Reytharum od Ssperreyterowskeho Regimentu, aby tiech dabskeych Reytharuw, Z Koni Sházely, a gim wsse pobraly, czož se y stalo; Beraucz oni též Neywyžssýmu leytenandtu, geho gizdný Konie, Když temu zbraniti chtiel, hned gey Pan General wachtmistr, Regimentem Vderžil, Sklopicz on hlawu, Spláczem Truchliwie dohospody gel; Muskatyrzý Rakaussţý, tak dobrže hospodarzily, že na przedmiesti niekolyko Seth, a w Miestie též mnoho domuw, do gruntu Zborzyly, drzýwi popalyly, a gednoho Kauska drzewa neb železa na domich a gruntech bez skazy nenechaly; a Poniewadz stale braly a pily, tehdy též Penize berzy pozbyly, wczely w Diedinach wybraly, Owotcze a Kozicžky Zraly, potom pak wietssým dilem Stoho zde pomrzely, tak že gich Psy Semotam Rozwlekly, a pozraly; Dne 3. octobris letha 1642. Czechowe a Rakussane Sprostiegowa K ollomauczy tahly, Czechowe pak, nemagicz tak mnoho tisýcz Lydu Zde prostranstwj, gednu milý od Prostiegowa do Miesteczka kostelcze se odebraly, tam swe leženi zarazyly; Ležýcz zde, a w Kostelczy przes 3. miesýcze Ne Spusobicz W Ollomaucze nicz, dne 7. octobris Czechowe do Czech, a dne 12. Novembris Rakussane též doczech, a obtud k G. M. Czys. hlawni armadie odtahly;

Od 12. Novembris letha 1642. od Mnoheych Regimentuw lydu G. M. Czys. zde leželo, gedni przitahly, druzy odtahly, tak že tahnaucz Sprostiegowa K ollomauczy aplequirugicz gey gistey czas, letha 1643. Dne 13. Junij, gsaucz

G. M. Czys. Armada Blyyska poražena, od Ollomaucze zase odterhnauti, a Wydni se salnirowati muselÿ;

Dne 23. Junij Letha 1643. Armada Sswedska Kmiestu Prostiegowu przitahlo, a Miesto genž od lydu Czÿsarzskeho, a neyprzednieyssÿch osob Aurzadnich opusstieno bylo; Jako y Kostel a Rathhaus wyrabowaly, Odtud dne 25. dyto. Dostanaucz na 3. den Accordem hrad Plumlow Ktowaczowu, a K Miestu Kromierzÿžy, Kterÿžto Miesto Ssturmem Dostaly, a w Niem nemalo lydu pobily, wygdauc tam oheň, Miesto od nieho Skaženo gest, czehož Sswedskey General Torsstenson welmi litowal;

Dne 30. Julij z Rozkazu Generala Sswey dskÿho Dorsstensona zdi, a bassty Krzidliczemi przikrÿte okolo Miesta Prostiegowa Zborženÿ, waly Rozhazeny, a dne 2. augusty Trzi brany, Plumlowska Ollomauczka a Wodni, Nad nimiž pieknÿ, a welmi wysokÿ wieže staly, podminirugicz ge, Sprachy do gruntu Rozhazeny gsau; Minirmistr Negdaucz mu Minÿ dobrže, pod Plumlowskau Branau Trzikrate, pod Ollomanczkau branau gen gednau zapalÿl;

Dne 3. dyto G. M. K. zamek Prostiegowskey zkrzÿdlÿczemi przÿkrÿtey a Zmnohÿmi pozlaczenÿmi Makowiczemi okrasslenÿ, tež 4. dito hrad Plumlow Zapalyly, a Demolyrowaly, w Kteréžto hradie Pieknej Czeykhauz a Ryslkommora od Panuw S pernssteyna Z Kusmi, Rÿsstunky, a wsseligakau Zbregi, Naplniena byla, genž od Sswedskeho lydu wyplundrowana a zapalena gest, Kusy Ktere se w Miestie Prostiegowie, a na Plumlowie nachazely, pobraly;

Gsaucz Miesto Prostiegow Demolirowane, wpadly dne 8. a 9. Augusti Czysarzskÿ partage do Miesta, ge wyrabowaly, gsaucz od Miesstanuw geden Soldat postrzelen a k G. M. Czys. Armadie wezen, zwoza na Strom obiessen gest;

Dne 11. Septembris tahnaucz Sswedska Armada od Miesta Brna, Kterehož niekterÿ den plequirowala, awssak nicz przÿniem ne Tentirowala, Mimo Miesto Prostiegow, Kzamku Sowinskemu, gey, a Naproti tomu Czysarzskey General Gallas z Armadau Zamek Mirow, dostaly, odtud tahly do Slezka, a tak dale, a zanimy dne 13. dito tež skrze a Mimo Prostiegow G. M. Czys. Armada z Generalem Gallassem;

Dne 24. Septembris Sswedskey quarnison Zamek w Kowaczowie zapalyly, a stati nechaly;

Po Odtaženi tiech Armad Mieshcze Octobris Letha 1643. zase lydu G. M. Czys. se do Miesta przitahlo, od mnoha Regementuw, gedni przitahly, a druzy odtahly, potom, Commendyrugicz gich, General wachtmister Pan hrabie Ladislaw Zwaldissteyna, Zarazÿcz swe leženi przed Ollomauczem, Nie Jaka czastka Lydu G. M. Czys. do Kanowniczkÿch domuw, z Raddau a Pomoczy, niekterÿch ollomauczkeych Miesstianuw, a Patra Pommera Rzadu

Sw. Bernhardina, do Miesta se dostalo, awssak Nemagicz officirzý wogenssty, aby, dostanaucz se do tiech domuw, dale do Miesta se daly, czehoż Snadnie wykonati, Kusy dostati, gich proti Sswedum Bżýwati, a tak Miesto, dagicz se gij lyd Neprzatelsky na Vtikani, dostati mohly, ordinanzi, nicz nespusobily, nýbrż widaucze to Sswedské že Stiech domuw nedawag; zase se zbiehly, gich Zdomuw a z Miesta wyhnaly, a mnoho lydu pobily;

Dne 12. Septembris Letha 1644. Strzylycz z kusuw 4. dni, Ssturmem Miesto ollomaucz tyż lyd G. M. C. dosahnauti chtiel, wssak branicz se Lyd Sswedsky Sylnie, nicz nespusobilý, nýbrż mnoho Czysarzského lydu Zhynulo;

Dne 9. Martij letha 1645. Leżeni Czysarzssty, V ollomaucze, gsaucz Armada Czysarżska V Jankowa zbita, zapalyly a odtahly;

Dne 30. Martij letha 1646. Poniewadż soldatesca G. M. Czys. sem porozdilnie byla naczas przy: a odtahla, Zassanczugicz trochu Miesto, Sswedssty pogich odtażeni, Zollomaucze przigely, a to wsse zborżiti a Rozhazeti daly;

Od letha 1643. aż do letha 1649. aż Pan buh wssemohauczy swug Swatey a zdawna Żádostiwey pokog dati raczył, Obecz Miesta Prostiegowa, samému lydu Sswedskemu, (o Kromie Kwartyrowani G. M. Czys. lydu a wsselygakých Czysarżských Contrybuti, a giných dani, tež czo tak, toto Miesto, od wsseligakých wogenskeych potrzeb, k plequadie ollomauczkey, gednati a dati muselo, genž se wypsati nemohau,) Na Peniezých przes 40000 fl. ryn. Rantionu a Contributi, mimo niekoliko tisýcz mierżic obilý, Složiti a dati musela;

Do letha 1642. przes 700 Vsedlých w Miestie y Naprzedmiesti bylo, dodnes datum pak, (gsaucz domy a grunty odwcysse dotczeneho Nakauskeho lydu, Zborżeni, a drżýwi popaleno, zahynaucz lyd nietczo meczem, nietczo od welkey Starosti, a wietssý dil, letha 1645. skerze Infectj,) se gich Sotwa 200. Nachazý, gichż se Teprau Nemalo od Letha 1649, osadilo;

Letha 1662. Dne 16. 17. 18. maye byl welýkey Mraz, Tak že woda zamrzla, a dne 19. maye Spadl welykey Snih, zmerzla Rýž w Klasých a pssenicżney pozdni mladey Klas, Kterýż gesstie ze spod w stýble byl, zmerzlo tež, Proso, hrach, wino nawinohradech temierż wssudy, owotcze wssechno, Neb gsaucz Miesýcze dubna welmi welýke horko, wsse toho miesýcze okwetlo, a potom Teprau holyuky zmerzly, tak že zde w prostiegowie dokoncze žadný owotcze nebylo, a toho Roku Na Stromie Spatrzeno nebylo, aby 100 Dukatu za gedno, Kterekoly owotcze byl dati chtiel, czehož tež y gine Mista, a Kraginy zakusyly; obily Ktere w tiech polych proti pul noczy, a wnižinye bylo Neywietssý Skazu wzalo, Ryž wyrostla a Vmerzla, gedna Kopa Snopuw, przes pul mierż. zerna nedala; na Niekterých polých przecze wssechny Rży ne Vmerzly; Nýbrż Rozdilnie, Jak powietrzy Studený, a nie Jaký zlý, Sstrafen Sslo, Pssenicze, Rýž, Proso, pohanka, a hrach 1 mierż. po 1½ fl.

a Jeczmen po 26. czeſſkých, owes pak po 30 kr. a wino na Mieſtie po 50. y 60. fl. ſe Kupowati muſelo;

Mieſto Proſtiegow, Ktere ſe w Czeſkey Coſmographij hned po Kralowſkých Mieſtech, Zaneyprzedenieyſſý Klade, ležýcz w Sſýrem poly, a dobrem obilnem Kragj, na welykey Sýlniczý, Každeho týhodnie welyký dwa trhy, Rocznie 4. Jarmarky weyKladni, a welýky Koňſky terhy gmiwa; geſt Mieſto toto zwelmi podſtatnými a Proſpieſſnými priuilegiemi, a Swobodami, od Slawneych Czyſarzuw, Urozeneych Panuw Panuw, z Krawarz, wzlaſſtie pak od Panuw z Pernſſteyna, Nadane, a zaopatrzene, tak že ſe tiemi Prawy, obyczegi, a dobrymi zwyklostmi, tež miran, loktem, a wahau podle Kral. Mieſta Ollomaucze, Rzýditi ma, a Rzýdj; Že ſe tak a neyinak w Knihach Pamietnich, z nichž dwie, gſaucz w Radnim Mieſtie Regiſtratura, od lydu Sſweydſkýho Ruinirowana, Straczeny gſau, zapſano nacházý, a tež czo ſe weyſſe piſſe, tomu wprawdie tak geſt, toho My Purgkmiſtr a Radda Mieſta Proſtiegowa, Peczetí Mieſtſkau dotwrzugeme; a to wſſe, czo do Morawopiſu Stiechto Pamieti wytahnauti zapotrzebno bude, G. M. Panu dielanu Lýtomýſſlſkemu, k Rozſſaffnemu, a Rozumnemu Uwaženi, a wuly, podawame, Recommendýrugicz Geho Mil. czo Neypieknieg toto Mieſto Proſtiegow. Datum w Mieſtie Proſtiegowie dne 6. Julij Anno 1663.

Ereignisse im hradischer Kreise

von 1605—1656

von

Georg Rudolf Przieusky *).

(Aus der Orginal-Handschrift im Chaos Pessinianum).

Pamatky.

Czo se Tak Kdy Stalo w Kragi Hradisstskem, Oremie Nizie Podepsaneho.

Neyprw, w Roku 1605 przißel Turck, a Tatar, w Pondielj Swato dußni w Partagj od Noweho Miesta z Vher k Weseli tak Tiße Zie eniem Ziadny Nicz Nezwiediel, ani Ne Slissel, Muy Otecz pak Esel do Pole, Sam Paty, na obylj pohledat, na dobrau Estwrt Mily Kdyz od Miesta Bylj; 30. Tataru, nanie Przißlo, a do Kola ge sobie obgiely; Tj pak Towarißi otcze Meho Klekaly na Kolena, a Prosyly o Milost, Tu hned gie porzad Stinaly, Muy Otecz Widaucze To, Budaucz Czierstwy, a Magicze Esably Tatarskau w Rucze, dal se w Utikani, Branil se Gim, a Nedal k Sobie, ani Pießky, anl na Koni Przigiel, nebo Ta Esabla tak Bystra Byla, zie yak Bicz kdy Eny fechtowal, gest ficziela, a tak Ho Spatkem w Czirem Polj Hnaly az k Samemu dworu B Weselj. Z Tiech pak Tataru na to Estiestj Ziadny Rucznize, neb Pistolety nemielj, Nybrz Wsseczko Esipkamj do Nieho Estrzilelj, Kterychzto 16. w sobie przinesl, a Wssak Ziadna mu Nesskodila proto Zie miel Kabat Berchanowey na sobie, a Bawlnau Tuze Yakz tehdaz Nosywalj Wyczpawany, Okromie Gedna Skrz Ruku mu przeßla. Byl Tehdaz na Weselj Panem, Neyaky Pan Jakub Woczko, druhe pak Partage Tureczke, a Tatarske Gely khradisstj, a Tu Wderslj

---

*) Von Cerroni Przemsky, von Dudik (Geschichtsquellen I. 261) Přensky genannt, Bürger in Hradisch, geb. zu Wessely, wo sein Vater Bürgermeister war und 1620 von den eingefallenen Truppen des Bethlen Gabor ermordet wurde. Die hier mitgetheilten Nachrichten eines Zeitgenossen und zum Theile Augenzeugen sind von besonderem Werthe. d'Elvert.

azsy 1/4 Mile od Miesta Budanicz prawie Mnoho Seth Lydu w Kostele w Sw. dußny Pondielj, Wßechny po Zagimalj a pobilj yako y do Miesta Zlýna se Bylj dostalj; a podobnie Tam Welikau Sylu Lydu pobralj a Zase spatkem ztim Zagatým Lydem Knowemu Miestu do Vher se obratilj, Czysarzsky pak Lyd Leženi swe gmiel V Miesta Vherske Skalicze, yakožto na Pasy drahnie Tisicz Lidu a to wssak Nehwicz Zemskeho Bylo, General Byl nadniemj Knižie Kardynal z Dytrychsstehna a Karel z Lichtensstehna. Ta Wogna Netrwala dlauho Toliko Niekterý Miesýcz; Neprzitel proti Czysarzj Byl Nehaký Boczlay.

Za Druhe Byla rebellie w Hradisstj w Rocze 1619. nebo welmj Malo Katholiku zde bylo, wssechno Sami Lutryani, a Miesto držielo z Ginßima Rebellanty, Directorem zde Byl Frydrich Muzik, a Zachariaß Kurczberger, Tj Sedawalj w Bernie z druhymy Directorj przy wssech z Sezdiech, aneb Sniemich proty J. M. Czys. Ferdynandowj druhemu, Katholiku zde Malo Bylo, Byl zde Tehdaž diekanem Kniez Waczlaw Kulyßek, Primatorem Albrecht Kremer, a Tu se o Ty ZSsylo zie Gie Miely do Wiezeny w Zit, yakož Gij Bylo wssechno obsstelowano w Noczy, a Wartau Faru Gij zdaleka Bysj osadilj; Widaucze To Kniez Waczlaw Kulysek, žie Zle Bude, Wyßel z Fary pozadu, tak zie ho Ziadný newidiel, Ssel k Prýmatorowj a oznamowal mu, žie Gie Gij zle. Tu se poradicz yhned w okamžienie Czo Lip to Lip aby po swých zholyma Rukamj z Města Sslj, a Budoucze gij Brany zawrzele a Warty na Zdiech postawene, przißly Neyprwe Ke Mlegnu wezdy, Tu Ssilboch nanie zawolal, a Magicze pak Prýmator gesstie Commandu nad wartau Miestskau, poruczil aby Mlczlel, až przissli k Czierwenej Wiežj, Tu Byla gedna Bassta z Foßni z druhey Strany zdj od Wody Vdielana, poktereyž onj se zpusticz dolu, k Gednomu Rýbarzj aby Gich na druhau Straun k Marzaticzým przywezl ssij a Poruczilj Gemu aby Zladnemu dokoncze nicz Nerzikal, zieby Musyl zato Krk swuj dalj. A Když se przywezlj na druhau Stranu k Marzaticzým, Ssly Vprzimu k Wynohradum na Koperz do Stranek. Yak pak ony toliko wyßlj zhuru, Tu gij Wiedielj, po Zdiech Biehaly z Fakulemy rozžitehmy Hledagicze Gich; Když Nemohly nicz nagit, Tu hned wssechen Statek po diekanowy a Primatorowj Rebellanti pobralj, a pocznaucz od Kunowicz, Ostroha, Weselj, a Straznicze, wssudy Wartu nanie osadily, ale onj wzaly swau Czestu k Brodu; od Tud wssudy wedle Hor ssly až do Skalicze. Tu Niekterý den w Klassterže Budaucz tak žie onich ziadný Newiedlel, Ssly do Wýdnie k Czysarzj; od Tud dostalj se k Armadie Bokwoguwske, a Tam až do Roku 1620 Zustawalj. Měl pak Tyž Pan diekan zde dobreho Cammarada, a Bratra duwiernehe, Byl take Raddnim Panem Nehakey Matieg Wladiß, Musyl pronieho Mnoho wytrpiet, žie z diekanem Towarißil, 26 Nedielj Sediel w Brnie zakowaný w Sserhownj, proto že on prý Wiedlel, žie diekan z Prýmatorem pugdau prycž, a on Panum Directorum o tom Nicz nepowiediel, a Gestlizie nepowj czo se Gemu Swieržilj, zie ho Katem Muczit dagj, yako natem Giž Bylo; a Když pak naniem nemohly se Nicz dowiediet, Tau Pocztiwost mu zde na Rathauzy, Když z Brna domu przissel, Včžinilj, zie z Marggrabstwj Morawského Gest wypowiezen Byl. Czož take y on po tey Weypowiedj Ssel po swých, a Vpržimo k Armadie, a Tam zhledagicz se z Panem Diekanem a Prýmatorem Gim oznamowal, yak se snim zachazelo, a yak o nich Giest Mluweno, žie Wiczegj na Ziwie Nebsau, Nýbrž žie Diekana Sstwrtilj a Prýmatora obiesyly, yakož Take Prýmatorowa Ziena Giž Wdawati se Chtiela. Mimo wssak nadiezj po Wýtiezstwi na Byley Horže, wssechny Trž Sstiastnie a Zdrawj z Armadau Bokwoyzuwskau prawie pržed 3mi Sw. Kralj 1621 do Hradisstie se nawratilj, Manžielky, ditky, a Pržatele ztoho wellkau Radost gmielj, a Tj nepržatele gegich wssichni proti nim se Koržilj, a za Milost prosylj bj pak Directorzj yhned do Arestu a Put danj Bylj; Muzik pak Musyl w Pautech Rynk Vmetatj, a na Koleczkach wywažieti, Ten Nechtiel Katholikem zustat, Nýbrž Zachariaß Katolikem zustal, a Milosti od J. M. Czys. žie Rynku nemetl dosahl, Statky pak gegich zarowen z Ginßlmi Rebellanty Kteržj Snimi drželj pobratj dati Gest Raczžila, a Tiem 3 osobam takowe recompensirowati.

Za Tržeti, Než Armada Czys. Sem przißla czo se gest zbyehlo w tomto Kragj, poczžnaucz od Skalicze až po Ostroh, a to prawie pržed samyma Wanoczy roku 1626. Magicze Nekterey 1000 Lydu sweho Vherskeho Betlem gabor, Neyprwe obsadil snim Pressburg, Skaliczy, Straznicz y, a Ostroh, Tu gie do tiech Mist wssudy bez odporu do Kwartýru pustilj; do Weseli pak Budaucze Mladý Pan Frýdrych Woczžko odomie, Kterey prawie o Masopustie se gmiel Zienit, a 30 Musstetiru sobie pro Zamek z Werbugicz, pržitahlo podobnie Tiech Vhru 6 Karnet k Wesely, Kteržizto Chtieli Swnj Kwartyr w Miestie gmit, k Czemuž Pan Woczžko dopustitl nechticz, aby napržed Miesti se rozložilj se prohlasil, Tu zie se Gym wen Prosiantly wyda, pro Tu przicžinu Gich do Miesta a Zamku pustiti niechtiel, Žie wiediel yak w Ostreze, a Strazniczy Zachazelj, Kdeyake Wýno bylo, obylj, dobytek, to wssechno Bralj, a Netoliko do Skalicze, ale dale do Vher Wozytj dalj. Ba any Ty Pržedena w Klubißlach obstati nemohly. Mezy tim pak Byl Geden Zeman Vherskey na swey Chalupie napržed Miesti, toho Byl Vdielal Pan Woczžko nad tiemi Mußketirý za Heytmana; Ten nawedl Pana sweho aby se Tak Discreto Vkazal protiw Tiem officzýrom Vherským Czo za Miestem Ležj, a gich k obiedu sebie pozwal, Czož take Včžinil a dobrže Gich po Vhersky, a to z Pitim Tractirowal, Lezicze pak oni tam Wicze Nezli Teyden, a w Miestie Weselj Brany se neotwiraly. Byly dwa domy przy Samým Miestie, na pržedmiestj Tu kde se od Bzencze a ostroha Gezdj, w Tiech domech nebyl zladný, nebo ze wssech diedin y Pržed Miesti wßecko

Lyde zUtikaly, a do Miesta Weselj se Vcheylyly, Kterehožto Lidu Mnoho Seth bylo, yak Muzskeho Tak Zienskeho Pohlawy, a Ti pak Panssti Mußkwetirzj, Miesstanie a Sedlaczy wzdy na Bratssawtie Vbrany Bylj. Nedagicze nato Ziadný Bedliweho Pozoru, Gednu Nocz Skoro wssichny Ti Vhrzy do Tiech 2 domu wlezly, tam pod Strzechy, Komor, a kde kterey mohl Skrylj, Tak zie Žiadný onich Nicz Newiediel. Když Gij pak dobrze na den Bylo, prochazelj se Niekterzy Tj Officzýrzj Vherssti przed mostem, a Przigbaucze na Most, Kterey zWyzien Byl, ziadalj aby Bylj 2 neb 3. do Miesta Pusstieny, zieby sobie Chtiely Prachu a Kulek na Kaupiti, Czož za hrubau Chwili se gim To Vcziniti nechtielo, až Ten Vher Heytman Mußkwetyruw Panských, Ssel sam k Panu, a Przimlouwal se, aby Bylj Pußczieni Trzy nebo Sstirzy, zie nam Nicz Ne Vczini. Zatim pak przyssel Ten heytman, a poruczil zPustit Ten Most; weybaucze na Most zdwihaczý Staly naniem, a Budaucz pak przytom Mostie Toliko prowazy Misto Rzetiezu, Tu ti Hned zRaddni Vhrzi Wytahnaucze Ssably swe, Ty prowaze zprzetinalj, tak zie Mosta wyczegj zwyhnaut nemohly, a Tu hned Ti Vhrzj po Lydech Sekalj a Strzilelj a tak se To ztiech 2 domu wen sypalo, a do Miesta Tlaczelo, tak zie Ti Mußkwetyrzi, Miesstane y Sedlaczy zUtikati Musely. Byl pak w Tom Miestie geden Miesstian, Gmenem Pawel Przensky. Ten Czias Purgkmistr, Budaucze przy obiedie doma, a Newiedaucze Nicz Czo se to Ssigie, Wezma Mußket, Biezjel k Branie, a Widaucze zie Gij Lyd Wssechen Utika, naPominal gie aby se pamatowalj a Branilj; Tu on przysasugicz Lunth k Mussketu, Kdy Ti Vhrzy Neywicze od Brany k Rynku se walyly, Mezy nie Strzelyl, a Magicze Mußket dwaumj Kulemy nabytey dwa Kapitany Hned Smrtelnie prostrzelil, a Nemagicze Cziasu Zase k nabytj Mußketu, Magicze Gesstie Tu Ssably, Kterau se Roku 1605 Turkum, a Tatarum w poli obranil, yak z Przedu Oznameno, do Tiech Vhru wßech sam se dal, a Tau Ssably po Nich Sekal a Raubal, Tak zie Gich wßechny w tey Vlyczy od Brany Nez na Rynk przeßly Zastawil, Miestskey Lyd wssechen Utekl, tak zie Ti Vhrzj Nemohli mu Nicz Vcziniti, až Ho na Placz na Rynk wTlaczili, a Tu do nieho z Pistollet Strzylelj, Czož 3. Rany Smrtelnie Gest w sobie na Skrz miel, a Przecze na zem Nepadl až Krew ho Vchazela, Tu na Gedno Koleno Klekl, Tu Ssablau se Branicz k sobie przistaupiti nedal, až poslednie Sspatný Geden Czlowek po Zadu Paliczy w hlawu ho Vderzel, až se y Skaczeti Musyl, a tak Gij na Zemi Lezicz Hlawu Mu Stialj a Bezmala Czeley Teyden na Rynku ho Lezieti Nechalj, nebo nebyl Tu ziadný kdobyho Byl pochowal. Ze Zamku nesmiel Žiadný do Miesta se Vkazat, Ty Vhrzj potomnie ho Sami Litowalj zie se Tak hrdinsky Chowal, a že na tak Mnoho Lydu se smiel opowazit, a zie Kdyby Tiech dwau Kapitanu nebil prostrzelyl, zieby mu Nebylj Nicz Vdielaly; Miesto pak Wssechno Kde czo bylo nalezitie a Na Czisto wyra-

Scwalj, a Kdyz o Armadie Czys. Slyssel ze Gide, a Uhradisstie Lezy, ze wssech Tiech mist Czo Lezielj Zase do Uher odgielj.

Kdy pak Armada Czys. Kterau General Bokway wedl, od Hradisstie po 3. Kralich Roku 1621 se Heytala, a do Uher Marchirowala, Tehdy Ti Uhrzi wssichni Zase z Patkem se nawratilj, a Paß U Nowey wSy Armadie Zalehly, yakoz y take Stati Muselj az z Kusy nanie przisslj. Tu Kdyz se do Uhru Strzilelo, zase z Patkem Czauffali, tak zie potom Stale Czela armada do Uher k Nowym Zamkum Ssla, toliko Hradisstie, Ostroh, Wesely, Straznicze, Lydem Czys. se obsadilo. Tu Ten czias przes To Leto Nebylo Nicz o Neprzitelj Slysset, ani o Armadie Naßj. Az Geden Czias Giz po Zniech Bylo Slysset zie Bokwagie Uhrzi Zabilj a Armadu zruinirowali, Czoz take ani Geden od Tey Armady nebo wssehno Baluni, Franczauzj a Wlassy Bylj, Zase z Patkem sem se nenawratil, a Bokway pak Skrz zRaddu Kdyz na Sstwanj do pole Gel, ne w Bytcze Gest zabyt.

4 Napodzym pak Kdyz Hrczny ZaMiekle, a owotcze Giz Zrale Byly, Tu Tahl zase z Nowu sam o sobie Bethlem gabor z Uhry a Turky, Knize, aneb Marghrabie Krnowske z Niemeczkym Lydem, Kterebo dobrze wßeho przes 30. Tisycz Byle, sem do Morawy; tu hned poczna od Skalicze Moczanie dobywalj, Skalicze se yhned poddala, Straznicze se poczala drobet Branit, take se podala, a 2 Compagn. Czys. Lidu wzalj; Kdyz pak od Straznicze Czela Armada k Weselj ssla, Tu Magicze Nikterý Kausek Zelezny na Zamku, na Wiezj Gie Wytahlj; a Kdyz k diedinie Zarzezym Chtiegicz Uprzimo k Mostu Weselj Git, Tu nanie z Tiech Kausku, az ktey diedinie Strzilelj, tak zie Ta Czela armada Musyla na prawau Ruku k zierawynkam, odtud k Blatniczy marchirowat, a Tu swe Lezieny na przed Turczy od Blatnicze, ostatny pak Krnowsky Lyd Kterebo do 15 Tisycz Bylo, U Milokosstie a Zahrady Weselske, Kde Nowo Krztienczy Beywalj, Tu se polozilj, a tak asy Teyden Nez Lezieny se zporzadalo a Ustanowilo, Pokog Zamek Weselský gmiel, Nez Miesto pak se armada Kladla, Hned Czys. Mleyn, Piwowar, przed Zamkem Zapalilj. Na Mleynich pak Mnoho Seth obyly, a Mauky Pohorzelo, a nahromadiech Palene Leziclo. Byl ten rok weliký Hlad, a Mor, proto zie Ten Rok se nicz nesele, to Wogsko w polj Czo Lezielo mielo weliky Hlad obzwlasstnie pak Mußkwetyrzj, Ty yalo Slepi, na Tau zpalenau Mauku po Brzißich Lezlj a Ze zamku Kdy Kterebo widielj, piet, Ssest z Mußket nan Strzilelj, Tak zie Niektere Sto Gich Tu Zustalo a yak w Lezieni Bylo Slyßet, zie Kdyz Betlem gabor Przesspurg dobeywal, zie gich tam Tolj nepohynulo, a tak Betlemgabor, z Knizietem Krnowskym se rozhorwagie, Poruczil na 3 Strany czo Neywietßj Carthauny wytahnauti, a k zamku Strzilelj, Czoz Mnoho Seth Ran se Uczinilo, a Zamek we Skerz a Skerz prostrzilelj; Tak zie se nesmiel ziadny w hornich Pokogich Blazati, Nybrz podzemy w Sklepich muselj Lyde Beytl. Byla

Ge wezie wesika okruhla Bez Strzechy, a nad Miru Tlusta B toho Zamku w Rohu, k tey nekolik dny ze 4. Carthaunu Strzilelj a nemohly Gj Srazit, a nebylibj Gj Nicz Vczinili Nezlj zie Bylo Gedno Okno welike yako wrata, k tomu oknu do Rohu Stale tak Mykuie Strzilelj, aj Gj Srazilj; na wrchu pak Tey wiezie, Budaucz Bez Spicze toliko na Tramich desky pokladene, ti Musskétyrzi a Gedna Wogianka tam swau Kratochwil mielj a Neprzitelj z Kouwicze przipigielj, a welmj Sspatne Slowa Gim podawalj, czoz wssechno Slyssel nebo Nebylj Kusy daleko toliko przez Wodu; Tj wssychny z Tau Wiezy do Wody se zasypali, toliko Geden Musskétyř ten se pamatowal, nebo ne wssechna Wierzie spadla, toliko polowiczy yalby gj od wrchu aj Nazpod Rozsstipil, Chytil se drzewa czo naniem Zwon aneb Czymbal od Hodin wysel, a welikau Chwily se tak drzjel, potom dole se zpustil, a Krk sobie narazil, potomnie Gesstie drahny Czas ziw Byl, a pod Panem Heytmanem Thadea Trompeta Compagn. Kapralem potem Zustal, a Tak Ty dwa Compagn. od Regementu Lychtenssteynskeho, Ktere w Zamku Lezielj Nemagicze Giz Ani Kusu Chleba, anj Ginßich Proffiantu Nicz, pozadu za Zamkem Muselj sobie diru wezdy prolamat kudyby wen Bylj wysslj, proto zie obie Brany w zamku wßechny Hlynau aj do wrchu zasypane Bylj; Noczním Cziasem Magicze Lodi przes wodu, ticho zie Zjadnh Nicz newidiel, do Sstiepnicz przeßly, a od Tud do Ostroha przes Sstiepnicze Sslj, a po sobie nicz nezanechalj, toliko Geden Heytmana wuz Komorny, a 6. Kony, Mielj Gesstie 2. Tunie Prachu a Luntu Neczo, Gednu Tuny Zalozjlj nad Branau, a druhau nad Masstalemy. Kdyz pak Lyd Czys. od Tud wyssel, wysslj take Niekterzj Miesstiane wen do lezienj Betlem gaborskeho a Krnowsky Hnedky, a Oznamili zie Gsau Czys. Giz prycz. Kdez Gesstie Hned przededuem Niekterzj Vhrzj po deslach przes wodu se przeplawicz do Zamku, w Patach pak zaniemi Hned Niemczy, Niemczy pak wyhnalj Vhry wen ze Zamku, a Tu poczalj Rabowat po Pokogich wssak malo czo Nalezlj, a Kdy se Poczialo Giz Rozednjwat ta Gedna Tunie Prachu se Chytila a Branu Rozhodila, Czoz Nemaly Strach na Ty Nemcze Przißel, domniwagicze se zieby to Neyaky podwod Byl, a zieby Gesstie Czys. tam Bylj; sem y tam se to wssechno poSchowawalo. Kdyz po Hrubey Chwilj Nebylo nicz Slyßet, Zase se do Rabowanj dalj, Zatim pak ta druha Tunie se zapalila tak zie Strzecha Horzet poczjala, Tu Ony sami Niemczy to Zahasylj, a Kdyz Giz dobry den Byl, Lyd Czo tam w Zamku Byl. do Kossel, z Ssatuw wyzwlaczjelj, yalz y Mnie tak Vczinilj; Potomnie Mnie ze Zamku Krnowsstj, a Meho Bratra Mladßiho daniele Turczy do lezienj wzalj; na druhey den pak sam Betlem gabor a Krnowske Knizie k Zamku przisslj a Narzjdilj, aby Gey Zapalilj, Czoz Budaucz w Pokogich Mocz Slami, a drziwi Kde Soldati Czys. Lezielj Hned se to Wssechno Chytilo, a ti 2 Generalj nuto se diwalj aj to wssechno spadlo, o Ostroh a y. O Hradisstie se ani nepokaussely, nebo Giž Zhma Byt poczinala a Soldati w Polj obstati nemohlj, Nybrž Budaucze gij Advent Kwarthyry Hlawnj a Generalni w Miestie Wherskem Brodie Bylj, oKolyczňie pak po diedinach Ginßy regl-menty se Logirowali, a wssak Koczky ani psa w žiadney diedinie se nena-lezlo. Hlad weliký Byl obwzlasstie Mußketýrom, czo sme w Banowie Lezielj Nekolik Sety gich tam pomržielo, Na Partagie Reytharžj daleko do Slyska Gezditi Muselj. Toho Cziasu Wogsko Knižiete Krnowskeho poczialj Mu re-belirowat, proto žie se gim Nicz neplatilo, w Brodie Tehdaž Peczenek Chleba, Czo Nyny za Geden Groß Gest, Byl za 1 fl. Slybowal Knize Krnowské swemu Wogsku, žie Mu Magj Ze Sedmihradske Zemj Penize prziwest, a Když se Nicz doCzekati nemohl, dal ordre Niekterým regimentom aby naprzed do Slyska Ssli, žie on Za Nými Brzy pržigede. Neyprwneßj Quartiry sme Mielj w Lypniku, w Hraniczých a Okoleczných Diedinach, Tu sme Giž Mielj swuy Chleb y Maso, wssak Lezicz Lyd Czys. Sylný w Pržerowie a Ginde Tu sme Každý den od Nich Ssermiczle mielj. Potomnie Zasy asy tehden przed Wanoczy Roku 1621 dal Knižie Zase dale ordre, aby dale k Slezku marchyrowalj, Tu sme se dostalj do Kwarthyru do Miesta Oder a Okoleczných diedin, Tu podobnie Nebylo Žiadneho Pokogie od Czys. ani na deň Bozího Narozeni, Kdež Nemohaucze se Knižete Krnowskeyp za sebau doczíekati, Wyslalj Nekteržj Neywyssý Swe Trubaczie ku knižieti do Brodu pro Order, yak dlauho Tu Budau Zustawati, Ponewadž od Czys. Lydu w Nebezpeczenstwi sau, Kdy se zpatkem Trubaczj nawratilj przynesli takowau Odpowied, žie Knižie Krnowskey ze wssým swým Lydem, Czo Neylepßiho przy sobie gmiel, y Zewssy Alleleriy z Betlem gaborem do Wher hned po Nas odgiel, Kdež y hned wssechny Ty regimenty samj se Tu w Odrach odbankowalj, a Gednau Branau wen Wygielj a Czys. w Patech druhau Branau do Miesta Marßirowalj.

5. Roku 1623. Zase z Nowu Betlemgabor do Morawy z Whry a Turky pržigiel, a V Bhedonina Czys. Armadu wssechau gest oblehl, a nemalo Hladem zruinirowal, wssak Brzy Zase Pokog z Czysarzem Ferdinandem dru-hým Bcžinil, a to z Welikau Sskodau Czysaržských. Pržed tim pak Než to Oblezieni se Stalo Leziel zde w Hradissti Regiment Piechoty Neywižssiho Pana Merody, Kterey Zde sam lezel. Tu Nebudaucze o Masopustie Pana Merody w domnie, an odgiel Byl do Kromieržižie, Swemu Heytmanu Blek-towj w tom Nebezbecznem Cziasu Commandu gest gemu Poruczil, on pak Magicze Neyakau Correspondenzi z Betlemgaborem aneb officiry Geho, nepochybnie od Nekterého Cziasu, Ty gisti officzyržj Betlemgaborsstj Bylj Posslalj Gedno Psani k Niemu sem do Miesta Skrz Neyakau Žienu z Ku-nowicz Kterážto Psanj w Botie pržynesla, a Newiedaucze Kdeho miela nest, Budaucz Tehdaž Miestským Rychtaržem Niegaky Pan Jan Ssidlo, Ta Kniemu do domu Blyzko Brany Kunowske wessla, Ten pak gj Examinirugicz czo Zde

diela aneb pak sem wešla, Nebo Tehdaž Weliké Nebezpeczenstwj Bylo, a Na straczene wartie B Kostelika Marzatskeho Stale Gedna Compagn. Lezjela zie Ziadny sem do Miesta przjigiti nemohl, Tu Ta Ziena oZnamila zie Gest od Vhru sem poslana. Kdež Widaucze Tyž Pan Rychtarž zie Gest zle, a nato Sstiesti Tau Chwilj zie Pan Neywižssy merody zase domu se Z Kromierzizje nawratil, Takowe Psani gemu odewzdal, a on obdržew gie Ziadnemu Nicz Nerzikagicz, przenadiwiti se genin nemohl, a Gsaucze pak Warta Heytmana Blekty Brana Kunowska z Geho Compagn. Sylnie obsazena, a giž natom Bilo, Kdyby tak Bylo Zustalo, zie Miesto Hradisstie Mielo od tehož Blekty Tiem Vhrum Kterzý giž w Kunowiczých Lezjelj podbano Beyti. Zatim pak Neywižši Merody, pakoby o Niczim Nicz Newiediel, Powolal przed sebe Heytmana Bleklu, a ptal se ho pak Gest warta obsazena, dal mu k odpowiedi zie dobrže, Mezy tim Poruczil aby Blektowa Warta z Brany Kunowské se Wzala, a na Staro Miestskau Branu dala, a Pan Neywižssý druhe Compagn. dal wssechny na Kunowskau Branu a Posty od Kunowskeho Trawnika Wartu swau osaditi; w tom Když B Pana Neywižšiho Tyž Blekta w Pokogj na Pana Nedielkowskeho domie Zustawal, a Ginši officzyrži Tazal se gich wssech Kdo Gest ten Sselma proti G. M. Czys. a Tey Posty Ktera mu Gest Swierzena, aby powiediel, a se prohlasyl, Tu se Nechtiel ziadný ohlasyt až Pan Merody Rzekl k Blektowj, aby swau zbran z sebe Slozil, a do Arrestu Ssel, Ten se zbraniowal, až Když mu To Psani od Vhru ukazal, Teprau se Blekl a o Milost Ziadal, Vhru pak od Kunowicz Tiše Tau Nocz Kdy Neylepe w Miestie spalj, a Straczena Warta B Kostelika Marzatizskeho Nicz teho Neczila, Nekolik Sety k Samey Branie Kunowske przjigielo, a na Ssilbach Wolalj, ale zie Pan Neywižssy merody swau Wartu osadicz, dal Ginšj parollu než Vhržj od Blekty Heytm. mielj, Tak zie se nezrownawali, a tak Hned Mušketyržj do nich pako y z Kusu Strzylelj, a Vhrzy pak na spatek zase Vtikalj; On pak Blekta gest Hned odsud do Brna na Sspilberg odesslan, a tam Gest Stiat, Hlawa pak Geho na Staro Brnienskey Branie Mnoho Leth na Ssuffanu Zeleznem Gest Lezlela.

6. Roku 1626. Zase z Nowu Neprzitel Totiž Manšfeldt a z Weymaru z Czelau Armadau Skrz Slysko do Morawy przyšly, prawie we Zuy, Vuczow Czys. Miesto Mocným Ssturmem dobeywaly; wssak z Pomoczy Bozi Przedcze se obranily, a Kdy Ssturmen po Rzebržjich nazed lezlj, Ony Zieny gich Horkau Prosnan Kaši a Kamenim Z ziebržiku odehnalj; od Tud Tahli k Lypniku, Hranicžym, Przerowu, Kholešowu k Mallenowiczym, a k Brodu Vherskemu, od Tud Pak do Vher, Zanima pak Czys. armada, Welmj Piekna a duklabnie mundirowana, Kterau Commendirowal General Knize z Frydtlandu Ginak z Waldsstreyna, Tu Zaniemi Rozdilnimj Pasy Tahl, aby Gie Niekdy w Polj Tam w Vhržjich zastati Mohl, wšak Budaucze Gedni od

druheych Nedaleko sebe, Geden druhemu nicz Na Sskodu nebil, Nybrz yak z Gedney tak z druhey Strany Nebozy Saldatj Nauzy a Pscetu Trpieti Muselý, tak zie obogj Armada, na hlawu se zruinirowala, z Manßfeldowskeych ani Geden Tudy zpatkem Skrz Morawu se Nenawratil. Knijžie z Waldisstehna ten rok prawie Tehden przed Wanoczy Swau Czelau Armadau Zase Tudy od Skalicze Skrz Miesto Hradisstie na Wynter Kwartýry do Morawy a Sliska Marchirowal a wšak yakey to Lyd Byl, Pan Buh Gich Budžiel, zie Neytharstwo Czo Krajne w Kyrysych Bylo když tam tahlj, a kdy spatkem Sslj 6 y 10 Kornethy po spolitie Bylo, žie ani 30 Koni Neytharu okromie officirum Nebylo, Tiin spusobem y Piechota; tak To Na Czestie kapalo, a Mrzlo, Nebo Welika Zyma Tehdaž Byla, Nemoczni Lyd Byl yak do Teplej Swietnicze wessel, Hned Vmrzel, Czož Nekolik Sety za Miestem Staro Miestskau Vranau V Kržijžie do Ssacht Gich Gest Pochowano yakož take tehdaž Knijžie Kardynal z Dytrychsstehna na Miestie G. M. Czys. o Neyake domluwenj Czož Žiadný newiedial, procž do Hradisstie Knijžieti z Waldsstehna Byl sem Pržigiel, ale Nebudaucze yak Gedna tak druha Strana spolu sebau w dobrey Correspondentj Kardynal Bez Wyržyzeny tak zase odsud prycž odgielj.

7. 1642. Prawie w Swatodušni Pondiely Nenadale pržitahla Armada Czysaržska ze Sliska, Kterau Knijžie Sasley Commendirowal, a Zabyt Gest V Swydnicze, k Miestu Hradisstj nenadale; Ležiel Tu 2 dny, a 2 Noczy, Bylo wssechno Neytharstwo, Malo Piechoty, General Byl nad nimi Forlament, potom od Tud Sslj k Wýtny Skrz Vhry, welke Sskody podielalj, Zaniemj pak hned Armada Sswehdska, Ta se obratila k hollomauczy, Tu swe Ležieny Mielj; potom 13. Juny Miesto Skerz accord Bez Wsselijake Strzelby dostal, Toho Roku 24 Aug. o 3. hodinach z Pul Noczy Nepržitel Miesto Towaczow wšechno wyrabowal.

1643. Dne 19 April o 3. Hodinach z Poledníe Byl oheň w Miestie Hradisstj tak Hruby Nikdy Newydany, przes 22 domu zhorželo, Sspital, Brana, Klasster Frantisskanských Patru, za Zdj 11 domu; od Tud Ssel Ten ohen až do diediny Maržaticz, dalegj od Miesta Nežlj dwogie Hony zdylj, z Klasstera Nesl Wytr rozpalený Plech z Wiežie do Tey diediny tak žie wssechna wyhorzela, Ten ohen Wyšel od Pana Jana Czieżskeho G. M. Czys. Rychtarze.

Dne 26. Juny Mezy 3. a 4. Hodinau z Poledne, wzal Sswehda Mocznie Miesto Kromierzij, Rozstržilel Branu Kowaržskau; Walachu w Setinskeych Nektere Sto, a od ginud gmiel przy sobie; Tj napržed do Miesta wLezlj, Miesto wssechno wypalylj, a wnicz obratilj; Mocz od Miesskanstwa Gest pobyto, a Wycze Gineho Lydu w tom ohny podušeno, NeKržestiansky Snimj Zachazelj, do Kosstylj, Niektere do Naha Wyslekalj; Kdež take tu w Hradissti Nemalý Strach Byl.

Dne 29. Juny Przjßla Sylna Partay Sswedska do Miesta Brodu, a Czo odsud Niekterzj a odeginud tam se reterirowalj, a od Tud do Vher geti Chtielj, tam Gich Zachwatilj a 37. Wozu Ze Statky Nalozenych wsseczkno y z Koňmi pobralj. Ten den take przjßlo sem k Miestu, aż k Samemu Krzjżj V Kunewskey Brany na 24. Konich a gmenowalj se zie Gsau Czysarzjsstj, Kdy se pouich Strzjlelo Tehdy onj Zase spatkem zase Vtikalj.

Dne 2. July Na Switani prawie przjßel Neprzjtel dobrze w 1000 Kony k Miestu, Branu Staro Miestskau sami sobie odewrzelj, a Most zpustilj, tak zie Naße warta Nicz Neslyßela, protoż take dwa Sausedy z Przedmiestj sebau wzalj, a Tu Trubaczie k druhey Branie poslal, Chczemelj se podat. Byl Tehdaj Commendant Nepalý Kryssioff Kynter, Neywizssy Wachtmistr, Kterey taky przed Tim pod Sswedy Slaużil, Ten gim Vmiel odpowidat, tak zie Zase spatkem odgielj, a w Starem Miestie se polożilj, od stareho Miesta przes Wodu Ke Mleynu, domniwagicze se zie taky na druhau Stranu Kunowiczým przjgiedau, Sylna Gedna Tropa se pustila Tak zie Blyzko zdj Przjsslj; Kdy se po nich Strzjlelo Zase zpatkem se obratilj a po Starem Miestie se Rozlogirowalj, z Miesta pak od Czierweney Wiezie a Bassty za Kuratowy z Kusu se Tam do Stareho Miesta nanie Strzjlelo, potom Ten den na Nocz na Klasster Wellehrad wssecko se to prycz Hnalo. Ten den V Weczier Mimo Nadiegj od Kygiowa przjtahl sem Hrabie Brey od Czys. Armady, z Dragauny a Reythary, dobrých osm Trop, Tj Hned w Noczy przes Miesto na druhau Stranu k Brodu, a Ginde na Partagie Sslj, ykoż na Rano z Mallenowicz od Sswedskych Gedneho Adjutanta, a 4. Reythary sem przywedlj, Sedielj Zde w Arrestie asy 4. dny, Zase se prepustilj; Tehdaj Bylo Miesto obsazeno Toliko 30 Polaky Nowo Werbowaným, a Nieczo z Kragským Lydem, Ostatek z Miesstiany, Pan Buh Tehdaj sam za Nas Bogiowal.

12. Aug. G. M. Pan Hrabie Wesselyny Tahl przes Hradisste k Armadie Czys. do Slyska z Vherským Lydem 11 Karnet Sylný przes 1000 Kony.

Anno 1644. Dne 24. January Tahla Armada Czys. na Walachy w Setinske, proto zie Sswedu drzeli, zruinirowalj wssechny, Puchow, Ledniczy, to Gest w Vhrzich Rakoczýho, wßechno Wyrabowalj; nadtiemj pak Wallachy Executi Byla Tak zie Gich weyße 200. vobießeno, na Kola daný Stinany, a Mnoho Gich od Wogska take pobyto, ostatnim pak Gest pardon od G. M. Czys. dan, a Muselj se reuersirowat, zie do Smrtj, any y Gegich dietj yak G. M. C. tak Wrchnosti swe Chtiegj Wiernj Bytj; G. M. Pan Hrabie z Rotalli (titul) Tehdaj General Commissarz nadnimj Executorem Byl, a Mnoho Gich Tehdaj do Vher zVtikalo, Zie se posawad sem Onj anj dieti Gegich Nehlasj.

13 Marty Tahlo przes Miesto do Vher na Rakoczyho Reytharu a Piechoty 7. Tisycz, General Hrabie z Puchamu gich Wedl;

Letha 1645 Dne 8. Marty G. M. Pan Hrabie Z Waldissteyna General z Armadau od Olomaucze po Jankowske Bytwie, Dostanaucz Sswedj Succurs, a Czela Armada Sswedska do Morawy Ssla, sem do Hradisstie przißel, Lezieny Naßj V Ollomaucze dosti duklaðnie sau Zapalilj a w Roku 1644 przy dobeywany Miesta Ollomaucze piekneho Lydu, yak od Wzacztnych Cavalliru, tak Soldatessky, a Zemskeho Lydu Wyprawencho, Gest Pohynulo, dne 19 dito ztau Armadau odtahl Zase odsud Skrz Vhry k Wydni, a Zanechal Tu Czeleho sweho Regementu Piechoty.

Neywißßj Leytenant, Pan Girzj Gynter, z Pieti Heytmany Tu zde ostal za Commendanta, Aczkolyw prwe Zde Byl Neyaky Sspańhel, Don Diego Masen y Guro Neywizssy Wachtmistr, Nemagicze Žiadneho Lydu pod swau Moczy. Pan Leytenant Neywizssj Gynter Nedal sebie gim Wniczieni Rozkazowat prote Zie przy dobeywanj Ollomaucze swuy Port na Hlawu Gest dostal, Tak Žie Hlawu welmy zilucziena od Tud odnesl, Protoz Kdyz Sswedy Hradisstie gmiti Chtielj, Neylepe wiediel yak gim na odpor Stati a odpowidati ma, Tak zie nablyz k Mostu przigiti nedal. Zdeyßj Miesto pak Toliko z Balasty a Brustwehry we 4 Nedielych zaopatrzil, Kteremuz aby Czela Armada Byla Przißla, se gy welmi Malo Strachowal, Nebo prw przes Wodu dobrze By se zkaupati Bylj Musylj; a toliko Miesto zdeyßj Sswedj Za Ziabinecz sobie pokladalj, wssak przedcze k dobeywanj Nikoliw se Nepokaußelj;

Dne 19 Aprillis Opiet Przissel Sswedya we 3 Stech Koni az do Stareho Miesta, a Tu swuy Kwartyr Mielj a se Polozilj, Tim spusobem na druhau Stranu nekolik Trop yak Sswedskych, Tak Vhru y Rakoczyho Leziclo w Kunowiczych;

Dne 21 dito Wypadlo Neczo Naßych Miesstianu a Ssnophonu z Rytmistrem Hesem Compagny Reytharu na Kunowske Trawniky; Sswedsstj pak any Vhrzy na Placz wen Wigiti Nechtielj, nebo welmj Blyzko Kunowicz Bylo, yako take Ten den Hned po Neyprw z Rana Mnoho Swobodné Chasy Wen za Miesta, a Ssnophonu do Stareho Miestc Wypadly, a hned pocznaucz od Mosta Staro Mieskeho, porzad Chalupy dwory a wssechno Stare Miesto Wypalylj, tak zie Tj Sswedssti Sotwy na swe Konie wsedati a prycz Vteczti Mohly, a w Klassterze Wellehradskym na 1/2 Mile Leziczym, Za dlauhy Czias Kwartiry swe y Mielj; a tak Stala Ta ploquada od toho Cziasu Stale okolo Miesta, zie Geden Nebyl Bezpeczien sebau wen wygiti az po od Gieti ploquady Brnienske; Zase Prawie We zny przitahlo Za Stare Miesto do Pole Za Rybnikem Sspalowem Mnoho Karnet Vhruw, Lezielj przes dwa dnj a Noczy na tem Miestie, tak zie Nemale Sskody na obylj Bylj podielalj, Kdez Potomnie przes Mlyn we zdj

Leziczjho, Mnoho Pirchety, a Reytharu przes Lanfesst przegbaucz, V Kostela Stare Miestskeho przes Wodu przegielj; a ti Vhrzj Hned V sameho Mostu Ssilbach drzielj, tak zie Nassj Nemohlj nanie ticho przjpadnuti. Hned Larmo Vdielalj, a Vhrzj dalj se Wssichnj w Utikany, a k Ostrohu swau retiradu Bralj, a Sskrz Miesto przegelj; Tam pak Leziel Neywizssj Millitr od Sswedyskych; Zde pak Potomnie gij Pokog Byl, a Ten Rok Hned od Miesycze Augusty Bylj Netoliko Zde, ale y Ginde Welky Morj powstalj;

Anno 1647. Dne 21 Aug. Wnoczy, Byl welmj weliky Wietr o 2 Hodinach S pul Noczy Srazil na Klassterze Frantissanskau wiezj a Sstit, nad Kurem, Czo wnj Zwouy Bewalj, a to wssechno na Klenuti Kostela Spadlo, Wssudy se pro welycz Za Niekolik Tysycz Sskody se podielalo, Kdez ZaZracznie nade dwerzmy Czele Warhany Zustalj; a Pawlaczj okolo nich po obauch Stranach Klennti ztrhlo, Ten Kostel syeze Nebyl Przikrytey od Wyhorzeni w Rocze 1643.

Letha 1650. Dne 8. July Wytahl sswedy z Ollomaucze, Zunczowa, Fulneku, a Sowincze, 24. dito drziela se welika Slawnost, a Processij Za Swaty Pokog, Strzileni Z Kusu a Mussketu a powssech Zemj G. M. C. Tito dni Czerymonie se wykonawalj;

1652. Dne 7. July poczalo Prsset, a Prsselo porzad we dnie w Noczy, az do 21 dito, Potom Welika powodni Przissla.

Dne 22 dito Poczinaucz od Brodu Vherskeho, az k Hradisstj Czo przy Rizienach Obylj Seti Mielj, a w Mandelich Gij zwazane Bylo, Wsseczkno po Brala, a Na Trawnik Miestsky przinesla. Wen z Miesta za 4. Nediele wychazeti, any Wyzizdieti se nemohlo, Kromie na Lodj w Miestie Hradissti se Gezditi Musylo, nebo Woda Netoliko w Prostrzedny Vlyczy, ale y po obauch Rynczych do Pasu Byla, Sklepy pak Hned od spodku, az k Wrchu plne Bylj, tak zie y w Kostele Stolycze po wodie Plowalj, na Rynczich pak do Newodu Ryby se Lapalj.

Anno 1656. Dne 5 Juny o 2 Hodinach z Poledne Chytilo se V Gednoho Zida w Miestie Kromierzizi Kdyz Maslo Rozpausstiel, Wyhorzelo Wssechno Miesto, Kromie Kostelum a Rathauze, a Asy 7. nebo 8. domu Zustalo, welka Sskoda se Chudym Lydem Stala, ten pak Z Radcze Zidowska prycz Vtekl.

Actum w Kral. Miestie Hradisstj dne 20 Aprilis Anno 1667.

Girzik Rudolff Przienßky.

Paměti Města Ostrowa.

Denkwürdigkeiten
der
Stadt Ostrau.

(Aus der Orginal-Handschrift im Chaos Pessinianum.)

Prawdiwa a tak gak dle Starych Lidi Pameti w przjczinie Miesta ostrowa Regsaucze Ziadný Extra ordinarnich Pamietnych Knich (Poniewadž odnahle Přžyssleho ohnie swau Skazu wzalj) Přzed Rukamj Nam sprawa dana gest se Přžilezytie Przikláda.

1. Přzednie Czo se dotycze odkoho aneb ktere Czasy Miesto ostrow wyslaweno begtj Mielo, Nemagicze Pak Ziadnych Takowych Pamietj Nybrž we cskach Zemskych se Nagitj a dowiedietj Moczy budu, Ziadny ysty sprawy dati Nemužeme.

2. Zdaljby od Zissky aneb husytuw Miesto wýrabowane begtj Mielo Kterysslo Nedostanucz Nicz Aczkoliw se dostj ssturmem A strachem Kmiestu Přžiblizowalj wssak Nicz Menie othasyc Zbrane z hanbu od miesta odehnanj bylj.

3. Zdaljby Betlem gabor Skruowskym Knizetem a tatarem Take se o miesto opowazytj a gey dobywatj chtielj; Prawda gest Ale Poniewadž Miesto Lidem G. M. C. dobrze Zaopatrženo bylo Ktomu saucze Pan hrabie Z Stiffenbachu Comandantem Mezy Tim Zie Strażnicze a z weselj Lid Cysarzsky hruzu wsseczken do miesta ostrowa se Retirugicz Tim spusobem doczený Betlem gabor Tak Jako Zisska Zhanbu Pricž odtahnutj Musel

4. Zdalj od Swegdy Miesto dostano gest; Poniewadž Zwelku Moczy Kmiestu Přzytahl a miesto lidem G. M. C. w malem Poctie oPatrženo bylo, Pod Accordem Commendanta Negakeho Pana hegtmana wingklera Poddano gest, a tu 22 Tyhodnj Zustawal.

5. Anno 1663. Ten Nessczastný Tureczky a tatarsky Pad Skrze Který Miesteczek a diedin, Totiž Miesteczko hluk, Niewnicze, hroznowa Lhota a diediny, toticž wesky, ostrowska Lhota, welka blatnicze, dolni nimczy, hornj Niemczy, Slawkow, borssycze, Mala blatniczka, Lauka, kuzelow, Mala wrbla, Tasow, a kozogitky Rzeczene, Přzy Tom Panstwj ostrowskym Netoliko Popalil, Nybrž Libu Přzes osm set Malych y hrubych

Pomordowal a sebu Zagal, Take Kmiestu Potržikrate se Pokussel, wssak Teho Czasu buducze Vrozeny A Stateczny Rytirž Pan Andryass Mayer Zmagerbochu (Tytul) Tehož Czasu Plno Moczuym hegtmanem, dagicz Spolu Z Miesstiany Larmo Vderžit, Lide obecznj spolu Zezbranj Powolatj Na ssancze Rozlogirowatj a kwaltem sedlaky K branienj a obhagenj doczeneho Miesta a okolnich diedin Pržiisnie gest hnatj dal, a wsseczky Zbranj, a kusy, Preti Vhlawnimu Nepržitelj Kteryž wždyczkny in reseruo Na ssanczych Stale Pustitj a pretj Niemu Kobocze bliž Miesta ostrowa wypalowatj dal, gakož Take y nekteržy swobodnj Lide buducz hniewem Rospalenj Z Musskety a zbranj wen Změsta wypadlj a nedaleko Pržedmiestj ostrawskeho Rotnie a bystrže ohen Nanie dawalj, Skrze Kterež Stržylenj Partaže Vobory Lidj Zagimagicz welkym Strachem odehnanj bylj.

Paměti Města Kroměříže.

Denkwürdigkeiten der Stadt Kremsier.

(Aus der Original-Handschrift im Chaos Pessinianum.)

Letha Panie 1643, Dostanaucze Sswejdssti Rok przedtim Miesta Olomaucze, a Poniewadz se Miesto Kromierziz na Cziaste wSkazowani a depisowanj Sswejdskejch Z Olomaucze gim dobrowolnie Poddati a rancirowatj nechtielo, bez ohledu, zie tehdejssj Administrator Biskupstwj, Pan Stredele, S Sswegdy z Przinuczenim O Rancz Czeleho Biskupstwi, Kdez y Miesto Kromierziz potazieno bylo, gistey accord vczinil a to za Commendanta Sswejdskyho w Olomauczj Nejwizssiho Hejgk, Proczez gest General Dorsten Sohn, tu Strzedu Przed Sw. Janem dotczeneho 1643 Letha Z Czelau Armadau swau, wedle Sprawy azsy we 16000 Sylney, March od Olemaucze ku Kromierzizj wzal, a we Cztwrtek k wyczerau k Miestu przitahl, na Przed Miestj Kowaczskem se Polozil, we dwogim mistie Kartauny a Tuplkartauny protiw hornj Branie Nowie Kowarzskey Zastawil a rano w Patek Krzizîem ktejz Branie Sylnie pressy Strzilel, Miesto pak, Aczkoliw se gemu podle Nejwizssj moznostj na odpor postawilo a Branitj Poczialo, trauffagicz Przitom na Pomocz Generala Gallasse Z Armadau Czysarzskau v Lytenczicz Campirugiczyho, yakoz take giz niektere Tropy, azsy pul Mile od Miesta, se vkazowalj, ale Pomoczj Ziadney nevczinilj, Nicz wssak menie Po Sylnym, a Stalym Strzileni, a neprzestawagiczim Ssturmowanj, k tomu Spomoczj Walacham sobie Przlwzatejch, kterzj Miesto po Sspanhelských Rejtharzich, nimiz Zdi Miestske obkliczene bylj, zlezlj, gest okolo dwauch hodin Spoledne tohoz Dnie ge mocznau rukau dostal, a dostanaucze se k Zamku, tam syczе neyakey accord z tehdegssim Regentem, Panem Ssymonem z Bergu a Krayskym heytmanem Panem Zdenkem Przepiczským Z Rychenberku, toliko aby Lydj Przi Ziwotech Zachowanj bylj vczinilj, Niczmenie nemalo Lydu, yak Miestskyho, tak y Przespolniho, Poniewadz se toho Z diedin a od ginud nemalo do Miesta nahnalo, zbito bylo, a Zustalo na Placzu okolo 100 osob, yak Miesstianuw, tak y Musskethyruw Miestskych, kterychž Miesto 250 na wlastnj naklad chowalo; Nachazelo se take w Miestie Czysarzskeho, Commendyrowaneho Lydu, nieczo Dragaunu, a nieczo Reytharuw pod Commendau Neywyžssiho Passene okolo 300. Kusu w Miestie mielj okolo 16, a Przitom dostj hezskau municzj. A tak Zmocžniwsse se Sswedssti Miesta, ge gsau wssechno wyrabowalj, Kdež y wssechny apparamenta Kostelnj, a Strzibra wicze než Za 15000 fl. od Kostela Farniho Panny Maryge k Stratie przissilo, Lyd pak Miestskey wietssim dilem Zwysskaney a Poranieny, k Sw. Trogiczj Na Przed Miestj se saluirowal, a welkau Nauzj trpietj musel. Nežlj kdo Miesto zapalyl, dokonale se wiedietj nemuzie, Niekterzj Domnienj magj na Sswedsky, niekterzj na Czisarzsky, kteržiž zieby to vczinitj mielj proto, aby se tu Sswegda nezdrziowal, budaucz zemu przilezitey pass do Vher, než General Dorsten Sohn, se Sylnie doptawal, Kdoby Miesto Zapalyl, a welmj toho Lytowal, Prawie kdyby se to bylo nestalo, Zieby tu byl Quarnisonu nechal, a Miesto, Budaucz k tomu pržiležitost dobra, fortificirowal. Miesto tehdy gsaucz Zapaleno, a nebudaucz Ziadneho kdoby branil, spolu y Ze Zamkem wsseczko Z gruntu wyhorzelo, a wicze nicz nezustalo, než Kostel Collegiatnj Swat. Mauriczj, kteryž sam, a na weyssecze Stogj, a Brana Kowarzska, ku kterey vrešy Strzilel. Po takowem wyrabowani, a Skazieni Miesta azsy w Tyhodnj Sswegdj od Miesta odtrhlj, zanechagicz nieczo Proffiantu tiem Lydem, kterzj se do Klasstera, yak na horže dolozieno, byli saluirowalj; ale wssak nato y hned Czysarzssstj Pržitiehlj, a yak ty gim od Sswedy Zanechany Proffianty, tak take ostatek, kde komu Czo gesstie zustalo, do koncze wssechno Pobralj, Miesto pak Pusty a Skažieny Neywyssim Mungadym osadilj A Poniewadž Potomnie, když giž Zase se Lydj a Miesstiane do Miesta zbiratl Poczjalj, Pržedcze na Cziaste depisowani Sswedske Z Olomaucze, Miesto k ziadnemu Contribuirowanj, a ginssimu vkladanj Zwolytj nechtielo, a Zase domaczj Quarda Chowana byla, Proczež azsy w Pultrzetim Letie po dotezenym wyrabowanj, Pržigel potagemnie od Sswedskyho Lydu Rytmistr Forgl, azsy Ze 100. Reythary, a 60. Dragauny, a Nocžnim Cziasem se na Przed Miestj Kowarzskem mezj tiemj Pusteymj Zdiemj vkryl, a Brana okolo 5. hodiny, Když Branu Kowarzskau Otwiralj, se do Miesta, s tymž Lydem (newj se yakým Fortelem) wtlacžil, a Znowu Miesto wyrabowal, a wyrabugicz Zase odgelj, Naczež Potomnie k tomu, Czeho Sswedа Ziadostiw byl Zagawsse sebau Prymatora, a geho w Olomauczj v wiezenj Zdržugicze, chtiege nechtiege, Miesto se vwolytj muselo. Tomu na Smiedomj gsme My Purgkmistr, a Radda Miesta Kromierzizie Peczet Nassj Miestskau Przitisknautj dalj, datum w Miestie Kromierzizie 16 Maij Anno 1668.

Paměti Města Landsskrona.

Denkwürdigkeiten
der
Stadt Landskron

(in Böhmen, an der Grenze Mährens).

(Aus dem Chaos Pessinianum.)

Wyznamenánj Niekterých Pamietj hodných Wieczý Miesta a Obcze Landsskraunske se dotehkagiczých.

Letha Pánie 1586. W auterý w Noczy Na Strzedu przed Hody Swatodussnjmj, Skrze nenadálý Oheň, Takmierž Cztwrt Miesta Landsskrauna, totiž gedna Strana až kdolnj Fortnie, Žialostiwie Popelem polozena, naczemž dosti nebylo, Nybrž ten Nasledugiczy Patek w Noczy, Zase giný Oheň wyssel, a Hornj Uliczy Wsseczknu y Swiežj Na Hornj Branie nakladnie wystawenau, Spálil, tak Že wtom obogjm Ohnj 77. domuw Sausedských do Grunthu Slozeno, Wssak gak gednoho y druheho Ohně puwod, gakým Spusobem w mistech Powiedomných wyssel, tehdaž do koncze wyssetržitj se nemohlo.

Nedlauho potom tak welikem Nesstiestj, An gjž Semotam Luteryanské a Pikhardské Kaczyržstwj Posylu Bralo, wsse Za Pánowanj Urozeného Pána Pána Jána Z Pernssteyna, Nenadále w Miestie Landsskraunie, geden Starý Knap Saukeniczký Umržel, kterýž gsaucz Nekatolyczký, Pan Farárž gemu Zwonitj, ani ho na Krchowie Pohržbitj dáti nechtiel, Ginj pak Knapj, wezma To mrtwé Tielo S Máramj, do domu tehdegssýho Prýmasa, Faltýsa Janýsse, genž Katholiczkého Nabozenstwj Byl, wnéstj chtiege, Manželka tehož wssak przednjmi dwerže domownj Zawržjcze, gebo przed domem státj zanechaly, a odessly, Kdežto Z narzjzenj Wrchnostj, Skrze Sfrotýrže a Sladky, to Mrtwé Tielo na Zahradie w Przedmiestj, pro Nekatolyczké Lidj k Krchowu przikaupené Pohržbeno gest. Gsaucze pak mezy Krchowem, a tauž Zahradau Obyczegná Zed wyhnaná, Nenadále Ta Swobodna Chaja a Zbierž, U Kowáržuw Kladiwa, Perlyky y giné Nastroge Wezinaucz, Za gednu Nocz tu wsseczknu Zed do Grunthu Zborzjly Prawjcze, Ze tolyko geden Krchow Bytj má, a geden Czlowiek nemá lepssý Bytj nežly druhý.

Hned pak na druhý den potom, Obáwagicz se Zaslaužileho Trestánj, Ta Wandrowni y domáczy Swobodná Chasa, wsselykých Rzemesel, Zwerssita wywstala, a spolecžnie Penize Z Truhlicz Porzadkum wezmaucze, S Zbr Bubenjkem a Pisstczem, Z Miesta wytahly, a Semotam po Wsech M rawských, Panstwj Zdeyssimu przjležitých, se Taulagicz ty penize prepily, ktemu gesstie dluhuw wzdielaly, a když nacž Trávitj Nemiely, Lyde t gim wierzjti nechtiely, Sem y tam Se rozbiehly, Protož niekterzj domá Synkowé Znjch, przj Wrchnostj k Poznamenánj przjissly, a kdyby Promie Wrchnostj Byla se nestala, Bylzby Sotwa Pokuty a Trestánj Bjssly.

Letha Pánie 1588 W Pondielý po Památcze Maudrostj Božj Pro dagicz Nadepsaný Pan Jan Z Pernsstejna Panstwj Landsskraunské a Land spergské, Urozenému a Statecžnému Rytjrzj, Pánu Adamowj Hrzanow Z Harasowa. Hned po Zawrzené Smlauwie Trhowé Tehdeyssý Hejtma Pan Jan Magl, se odsud odebral, a Snjm y Kniežj Katholyczsstj Z Panstw Toho; wiedaucze Že nowa Wrchnost Ne Katholiczska gest; Pomalu odcho zely, a tolyko w Miestie ten Tuj Katholiczký Kniez, genž tomu mrtwém Tielu Zwonitj dátj nechtiel, Naposledy Zustal, Wssak potom také prycz od ssel, a Ponjem hned Lutheryanský Nasledowal. Pan Adam Hrzan pak w Lethu 1589. Mage sobie Oboge Panstwj Zdeyssý postaupené, Nedlauho p tom, yak Miesto Landsskraun, tak Miesto a Wesnicze Obogjho Panstwj. Na Pryrwilegia a Starodáwnj Nadánj, Rozlicžnymi Nowými Wiecmj a Nebe tamj Stiežowatj Zacžal, Odkudž dlauho Trwagiczý Saud, mezy Pánem Miestem, a poddanými, przji G. M. Czysarzské a Saudu Zemském powstal, a až do Smrtj Pána Hrzanie, Takmierž 30 Leth porzád Zbiehlých. Trwal, Kdež Ubohá Obecz Miesta Landsskrauna S Niemeczkými Wesniczemj. mjmo giné rozmanité przjbiehy, an Miesto a Wesnicze Panstwj Landsspergského se czasnie gich strhly, Welykých nátiskuw Zakusitj musyla, Gakž mnohým Okolnjm Lidem wiedomé gest, a posawad Pamietj se nacházý, Až Potom Letha Panie 1619 za Wiecz mezy Pány Syny, gjž dotcženeho Pána Hr zanie, k dokonalému Porownánj Przjssla.

Pamiet O Wežegné Škáze Skrze Oheň Miesta Landsskrauna.

Letha Panie 1621. W Auterý mezy Trzetj a Cžtwrtau Hodinau w Noczy Na Strzedu przedchazegiczy Wyrocžnj Slawnost Sesslánj ducha Sw. na Apossstoly 27. dne Maij z Przjepusstienj Božjho, Z Marsstale domu Hostinského Jana Sskrle, Toho Czasu hospodárže, Wyssel gest Oheň, od niehožto we Trzech hodinách, než se Takmierž dobrže rozednjlo, wsseczko Miesto tote, mjmo Samý Zámek a dwa domky, Martina Jordánskyho a Wawržjncze Saustružnjka, przji Samé Doleyssý Fortnie S Rathauzem, Wiežj przjniem, Obiema Branamj, Farau, Sskolau, Lážnj a Ssatlawau, gest wyhorzelo. Jakhmby pak spusobem, Poniewadz dwa Praporcze Piechoty nemustrowané Knizete Maximiliana Z Lychtenssteyna Zde Lezilj, Takowý Oheň Wyssel, wiedieti se nemohlo.

Soldatj pak obawagicze se Za Swé Krky, Brány obie pokád gjch Oheň nedosahowal, Wartau Osadily, a Žádného Czlowieka, anj Z Przedmiestj anj Z Wesnjcz k Bránierj Pustitj do Miesta Nechtiely. W tom Ohnj podiwnau Ochranau Bozskau, Žádný Nezahynul, Nez gedna Diewecžka, Na Zdrawi a Rozumu Nedostateczná, kteráž Žádným Spusobem Zdomu toho, w niemz Noczleh měla, wygjti nechtiela.

Na Ráno w Strzedu, okolnj Domáczy y Czyzopansstj Sedláczy, Litugicze takowé Nenabyté Sskody, Zbsbati se poczalj, a Soldatum giž Za hornj Branau w Ordunku stogiczým, a Pricj tahnautj chtiegiczým, Na Sluzbu Za takowé gjch hospodářstwj, pohledietj Vmysl mèly: Oczemz Soldatj kdyz Zwiedielty, Spátkem se obrátily, do Zámku se Reteyrowalj a wnēm Zassanczowaly, Brány Miestské y Fortny Vzamykaly, Zassanczowaly, Wartawnj osadily, a tu se Bránitj mjnily. Sedláczy acz Brány Wysekáwatj poczalj a giž do druhých Wrath se dostalj, wssak Že lehkau Zbranj Zaopatrzenj byli, od Soldátuw odtud odehnánj gsau.

W Tauz Strzedu Ráne, wida Pan Aurzedlnjk, toho czasu Vrozený Pan Jozeff Khencz Z Giwnjku Takowý Zbieh Lidu a pozdwizenj, Z Poruczenj Vrozené Panj Panj Alžbiety Hrzaňowé Z Harasowa, Rozené Haugwiczowey, tu Tehdáz przitomné (Pan Zdeslaw Hrzaň do Widně Byl odgel:) Wen mezy nie S Warhanikem Z Olomaucze, kterýz tehdáz Kazatedlniczy, Kruchtu a Ladnly k Warhanum w Kostele hornjm Zameczském dielal, a Warhany Stawiel a S Pacholkem swým wygel, a to Vpokogitj chtiel. Oni pak Zapálenj gsaucze, Aurzedlnjka Z Koně Zstrhlj, tak ze sotwa Piessky Bez Klaubauku y Zbrané, Vtekl, Warhanjka Zabili, a Pacholku dobrze, sotwa ho Žiwého Zauechawsse, Kabáty wyprássyli. Na Posledy, Tjz Sedláczy, Na Obecz, gichz Na mnoho Seth bylo, Domaczy y Przespolnj se Schromazdjlá, a odtud swé Legaczy ku Pánu a Soldátum Wyslali, a domluwicze se o wsseczko, týz den Strzedni k weczerau prycz se rozesslj.

Dito ut Supra. W Sobothu Przedcházegiczý Hod Seslánj ducha Sw. kdyz gesstie Soldáti w Zámku Cuartir swug mèly, geden Znich We Zberze Bratrském Na Przedměstj Oheň Založil, odkudz týz Zbor, a Piet giných domuw Wyhorzelo. Obáwagicze se tedy, aby se gim Przedesslé Zlé S Poslednjm Newzpomenulo, S czelau hlawau precz odtahlj.

Letha Panie 1621. dne 7. Junij Powietrzj hrozné se Strhlo, a do Wieze przj Kostele W Zámku Vhodjcz, Trubácze, Powieznjhq a gednoho Zwonzka Przj zwonjch nemálo opálilo, wssak Bez Snětj Ohně, y giné weliké Sskody.

Letha Pánie 1623. Geho Milost Oswjczené Knjže a Pan, Pan Karek Z Lychtensstehna (titul) Toto Panstwj Landsskraunské a Landsspergské Od Pána Zdeslawa Hrzanie kaupiti Raczil, kdež brzy nato odnětj Warek Miestských Nasledowalo, (Kterež wssak Zase na mnohé a Wstawiczné sollicitowánj od G. M. Knižetj. Knjžete Maximiliána Z Lychtensstehna, yakožto nyniegssý milostiwé Wrchnostj, moczného Otcowského Porucžnjka Toliko na Samau Obecz Městskau, a gednu Wes gmenem Sázawu, Letha 1629 dne 21 Februarij Zmjlostj Pusstiené gsau (Take Téhož Letha 1623. Dne 15. Junij, W Noczy dwur G. M. Knjžeczý w hornjm Prżedměstj, Skze Powietržj Zapálen, do Grunthu Wyhorzel.) A Gsaucze pak práwě o tom czjase, a przi Wzetj Wlady G. M. K. Panstwj tohoto pro Smrt tehdegssýho Prädicanta Elyásse Ssrámka, Fararžstwj Zdegssý Prázdné, Nadřeczená Jeho Knjžetj Milost dwa Patres Societatis JESU, z Miesta Nyssj, totiž Pana Melchiora Brehnera a P. Joannesa N. Sem k wykonawánj Služeb Czyrkewnjch przisslatj ráczila, Kteržjž w Zámku Zdegssým, przes geden Czely Rok se Zdržugicz, Služby Božj konalj, Lydj nekatholiczské przi Miestie a na Panstwj w Nabožensttwj Katholiczikem pilně wyczowalj. Ponjch Nězaký Pr. Benedict N. Frantisskan minor. Conuent: W Miestij Austi se Zdržugicz, w Miestie u Na Panstwj Zdegssým Službamj Czyrkewnjmi przisluhowal. Až Potom W Lethu 1626 S Panem Negwyžssým Don Martinem a Lydem Wogenským geho, Pr. Antonius Gruninger Též Franisskán minor. Od Morawy sem przigel, a Farářem Zustal, Na to Nasledowal Přjsný Patent w Przjczjně Nábožensttwj Katholiczského. Od G. M. Knjžeczj Wrchnostj Zdegssý, Z Měst Pražských, Yakožto Mistodržiczýho G. M. Czysařské Králowstwj Czeského, kterýž den Sw. Pawla na wjru obráczenj, Letha Páně 1628 W chrámě Páně Zdegssým, od gjž rzeczeného Faráře, na Kazatedlniczy przeczten, a potom Wegpis toho, na dwerže Rathauznj przibit byl, Obsažnosti té: Aby geden každý Sauseď a Poddaný z Miesta y Wesnicz Panstwj Landsskraunského, S Manželkau, Djtkamj, Czeládkau a Summau gedenkaždý Obywatel, Zjadného Newynjmagjcz. k Nabožensttwj Katholiczkému Přjstaupitj hledjel; Kdeby pak toho Vczinitj nechtiel, aby w Sestj porzád Zbiehlich Nedielých, Grunthy a Statek Swug Sprodagjcz, kam se mu Libi odgiti mohl. Czož Lydem przi Miestie Landsskrauně (kdež toho Czasu Sotwa 5. neb 6. Katholiczkých Osob se nacházelo,) Nemálo Hruzy dale, A tu se Reformatj w Nabožensttwj Zaczala. Magicz pak Nadepsaný Pr. Antonius Gruninger Od Tehdegssýho Heytmana Pána Hynka Sewerskýho Z Kulieżlowa Y giných Officiruw G. M. Knjžeczj, Též rozdjlných Pánuw Patruw Jesuituw, a giných Duchownjch Lidj wsseligakau pomocz a sebruugk, (Nemoha ginácže Bytj) Lide Zdegssý Obogjho Pohlawj, pomalu k Swaté Spowiedj Cžili, a Welebnau Swatost Oltářnj przigjmalý, Czož tak Continuirowalo, až wssecka Obecz Miesta Landsskrauna y Panstwj, hned toho Roku, k Wjrže

Swaté Katholiczské přiwedeno gest, Přiczemž wssak rozdjlné Proměny w Fararžich gsaucze, mnohé Nesnáze Potržebne Obczy nassedowaly, ktomu take czasté Zymnj Cuartiri Lydu G. M. C. Wogenského, Bywsse Chudj Sausede, Nesmjrných Těsskostj peczytiti musylj. Naczež potom W Lethu Páně 1631 Gedno Swerné Snessenj a Statutum, Za přjczjnau prawého a Spasytedlného Katholiczskeho Náboženstwj, Od Konsselum, Obecznjch Starssych, y wssech Czechuw, y Take Czelé Obcze Miesta Landsskrauna, wyzdwjženo a Vczjněno gest, Totiž: Že yak onj Samj tak y wssyczknj gegich Potomczy Netoliko přzi této Poznalé, Wyznalé, Spasitedlné Řjmske, Catholiczské Wjrže stale Setrwatj magj a chtiegj, Též podobně aby nižadný, nynj y na czasy Budauczý, w témž Miestie a Předměstj, w Sausedstwj přzigatý, mnohem méně anj Trpjn nebyl, Leczby Ten Řjmského a Catholiczského Náboženstwj Horliwým milownjkem nalezen, a kněmu prawým Srdcem přžipogen Byl rc. Kterežto Statutum take od Yeho Knjžetczj Milostj Oswjczeného a Wysocze Brozeného Knjžete a Pána, Pána Karla Ewsebiusa, S. Řjmské Řjsse Knjžete a Wladarže domu Lychtensstenského Z Nyklsspurku, w Slezij Knjžete Oppawského a Krnowského, Yakožto Wrchnostj Milostiwé a diediczné, Wedlé ginssých Miestských a Obecznjch Priwileij a Nádánj, k Milostiwé Confirmatj a Potwrzenj Přžisslo, Yenž se Stalo na Zamku Lednyczy, Den Swatého Jakuba Aposstola Pánie, Letha 1633. Od toho Czasu pak, mezy tiemj Welykými Wogenskými Tiesskostmj a Stalým Cuartirowánjm Rozlicznými durchczuky Lidu Walecznjho G. Mt. Czys., czož wypsatj Sotwá možné gest, Nenadále Letha Páně 1642 Skrze Rozdwogenj mezy sebau, Nadepsaného Pána Farárže Antonia Gruningera a Caplana geho Pana Antonia Schlögle, Nassedowala Žalostiwá Klatba a Interdict, neb zápowěd Služeb Božjch, we wssech Kostelých w Městie a na Panstwj Landsskraunském, kteraužto Klatbu a Interdict Z Poruczenj Slawné Consistorže Pražské Brozený a Welebně Dustogný Kněz Diwiß Ferdynand Miesyczek Z Weysskowa, Ten Czas Diekan Chrudimský, w Přjtomnostj Kaplana Austkýho, a Tehdeyssyho Farárže Czerekwiczskeho, Nadwerže Obauch Kostelůw Zdeyssych přžibiti dal, Czož se Stalo den Památky S. Tržech Králuw, 6 dne Januarij Tehož Letha, A tak w tem Truchliwém Spusobu, magicz přzitom drahnj Poczet Lidu dismundirowaného Z Regementu Pána Neywpj. Hrabiete Monte Cuccuoli Přji Městě w Cuartiru, až do Nassedugiczý Nediele Smrtné, to gest 6. dne Aprillis, Czinj 13. Nedlely, Vbozý Lidé Žalostiwě Zustawatj musylj. Kdež potom 11. Aprillis, Skrze Kněze Bartholoměge Rennera, Tehdeyssýho Farárže Austkýho, Žiadostiwá Absolutj, od Wlastnj Osoby Geho Knjžetczj Wysocze wznessené Eminentj, Pána, Pána Cardinala Z Harrachu, Arczy Biskupa Pražského, Slawné Pamětj, Milostiwě Otczowským Obstaránjm, G. M. Kni-

W Chrámě Páně Zdeyssým Publikowaná Byla, Tolikež y Exemplarže Klatby a Interdictu Zdwerzj Kostelnjch Przi Miestie a na Panstwj Snaté byly; Farárž pak Antonin Gruninger, gsaucze Za Cuardiana w Klassterže przi Miestie Kladsku Zwolen, tam odgel, a w kratkem czase Vmrzel Na gehožto Mjsto Kněz Frydrych Clusius, Przedesslý Farárž Žambergský, dle dosažené Präsentatj a Confirmatj Geho Eminentzj Succedirowatj mage, Toliko do Sw. Hawla tu Faru držel, a gi Zase resignugicz, przi swe Žambergské Zustal. Naczež Fára Zdegssý przes Pul Letha, Bez gistého Spráwcze Czyrkewnjho gsaucze, až se sem Dostal Kněz Jan Antonius Lapronius Rjádu Eremitarum S. Augustini Letha Páně 1643 dne 1. Aprilis, Genž potom w Lethu 1644. Zde Vmrzel. A tak dale.

Následunge Spráwa o wpádu Lidu Sswedského a Wyrabowánj Miesta Landsskranna.

Letha Pánie 1643. Po odtaženj Regimentu Puchámbského Reytharstwa, Z Miesta a Panstwj Landsskraunského do Leženj k Hradczy Králowu, w Pendielý den Sw. Wjta Muczedlnika 15. dne Junij, Partag Sswedská od Armady Generala Dorstensohna, Marssyrugicz On od Meytha k Lythomyssly a k Morawské Trzebowy, odtud k Zámku Mjrowu a k Holomauczý, O 21. Hodině Celého Orloge nenadale w 1500. Konjch, do Města Landsskrauna Wpadla, a yak Zámek, Kostel, Rathauz, kdež w Sklepjch množstwj Truhel Sausedských Stluczeno, y drahně Wieder Wjna czo tak newypily na Zem wypusstieno, Též Město a Przedměstj Žalostiwé Wyrabowala, Laupeže a Victualij, przes 70. Wozuw, neprzjwezaucz sem Žárných, An se Lide Z Wesnjcz S Dobytky a Statky, na Poruczenj Wrchnostj, k Městu Bylj Schránily, naložicze, 16. dito Zase w 10 Hodjn odgela, a welyké Skody Vbohým Lidem Zdielagicz, též mnoho gich Zranicz, a Z Sebau Zagimaucze, genž gim Laupež néstj, a dobytky, mnohý swé wlastnj, hnátj musyli, k Switawám se obratila. Od toho dne Stalé Pokržiky o Neprzjtely a Partagjch Czysarzských Bylj, a welmj welyký Strach a Nebezpeczenstwj Trwalo, až do 6. dne Julij; Kdež Neyprwněgssý Psanj od Commendanta Z Vnczowa, o stawenj se k Accordu Contributj, Przjsslo, a po rozdjlných Psanjch, Něgaky Leytynant a Cuartirmistr, Sswedskeho Generala majora Wrangle, S 60. Dragauny 14. Julij, sem se dostal, Kteržjžto przjgedaucz w Saumrak k Przedměstj, Cuartirmistr Sam Trzetj, k Bráně hornj (S Wáczslawem Frankem Sausedem a Wyslaným Zdeyssým, kterýž S Psanjm Omluwným gjžto po druhé do Vnczowa Wyprawen byl, a Snjmj na Czestie se Potkal,) przjgel, a dodagicz Psani k Aurzadu, od Geho Generala Do Města Stjm Lydem Pusstěn Bytj chtěl, Gsaucze pak Sausede Z Města a Przedměstj, kterzj tak gesstie o domie Bylj a se nerozbiehly, Swolánj, Newieda czo czjnjti, Welkým Strachem, Hrozýcze onj pak w Psanjch tak y

:ustně Stále Ohněm, a nemage, w té Neywětssý Potrzeble Žádného Com-
ιendanta neb Officira, aby do Města wpusstěnj byli, Powolily, Kterzij
ostanaucj, Potom se Po domjch Rozlosirowalý.

15. Dito; Przissly sem Wyslani Z Lythomyssle k Accordu, a od
:ého, Cuartirmistra dobrze tractirowanj byli, gemuž Nukau dánjm 2000.
Tholaru rantionu obeslatj Przipowědiely, wssak toho nesplnily, tak Že tau
Przicžinau tato Chudá Obecz k Welykým a Nenabytým Sskodám przissla,
akž dolegi se wyrozumj.

16. Dito; Ukázaly se Za městem na dolnj Obczy a W Polich Městských 7. Reytharuw, a Zagjmaly Dobytek Miestsky, Proczež Cuartirmistr
Wygedaucj Wen, Domnjwage se Že Sswedsstj gsau, mezy ně se pustil,
Gsaucze pak Partag Czysarzská w Žichlingku, geho Zagaly, a Sebau prycž
wedly. Odkudž, Leytynanth welmj se hněwal, a W welykem Strachu Zustawal, a y hned Stachetle a Gsancze o teho Rathauzu dielatj Zaczal. Od
toho dne Leytynant Sswedský welmj na Penize tlaczil, tak Ze gemu 1000.
Tholaruw od Czeleho Panstwj odnestj se musylo, kteréž on 29. dito W
Roczy po kolikas Dragaunjch do Unczowa Poslal.

5. Augusti; Wygel Leytynant S Některými Swými Laupežnjky 3 hodiny na Rocz Z Města, a w Abstorffu, 3. Sedlské dwory wypálil, a Gednoho Sedlaka S Pacholkem Z Sebau przjwedl.

7. Dito; Charwátuw 6. Zagaly Nekterým Sausedum a Sedlákum
w Tissnowczy dobytek.

8. Dito; Ráno okolo 12. hodiny Ssli dwie Tropy Reytharuw przes
hráz U blauheho Rybnjka, przjtom Wyrazycz se Znjch některzj wzaly 4 Koně
w Przedměstj Sausedum Zdeysssým. Dito; Okolo 6. hodiny w Roczy Bylo
Larmo, prawicz Žeby Reytharzj wPád do Przedměstj Uczinitj měly, wssak
nicz toho nebylo, Zdielaly sobie przjtom Sswedsstj okolo Rathauzu aby
widietj mohly Trzi Ohně, na to przjssel welyky dessť, a wsse se Utisssylo,
Na Ráno než Bránu Otewrzely Wisitowali wsseczkny Domy za hornj Branau, až k Krczmě, domnjwagicz se, Že W Roczy Soldatj Czýsarzsstj se do
njch Skrýlj, czož y Potom Za czaste czinily.

9. Dito; Bylo ticho, Czelý den W Nedielу, kdežto Wogaczy Nekterzj
Žeraucz k weczeru se rwaly, a geden druheho probodl, Przjtom w Roczy
Reytharzj Czysarzsstj wzaly w hornj Trzessnowczy 8. Kusu dobytka howězyho.

10. Dito; W Trzebowey wzaly Reytharzj od Lythomyssle Stado
drobného dobytka a hnali ge k Semanjnu. Przjtom giná Partag Zagala
něczo Dobytka w Albrechticzých, a hnala k Městskému Lesu.

11. Dito; Ráno Larmo Bylo a Charwátj se U Města Ukazali a
dobytek Zagjmati chtiely, wto na ně Z Kusuw Uhodily, a Z Města wypadly, oni pak w hornjm Tyssnowczy, Jakubowiczých a dobraucžj Drahně
Dobytka howiezyho, Též Stado Obecznj drobného Zagaly, a Prycž k Zam-

bergku hnaly. Przitom wypadnaucz w Noczy Z Miesta Nětczo Dragaunuw, przihnaly od Krasykowa a Trzebowerowa Drahně Kusuw dobytka do dworu G. M. Knižete Zdegsstyho, wssak Takowý Zase protj wyplatě Pustily

12. Dito; Na Switánj, Wygel Leytynant Z Miesta S Některým, Dragauny, Frey Reytharzy a Musskethyry do dolnjho Tyessňowcze, a tam na Charwáty Czekaly, w tom okolo 11. Hodiny, Ukázaly se Reytharzj B Kněžského Lesa, asy na 15. Konjch, mezytjm do Rudolticz przes Wrch wpadlyj a giná Partag w Wustrwj, a Pelom Společně w Rudolticzých a Damjkowě Howězýho dobytka do 400 Kusuw, a Owecz przes 5 Kop Zagaly, a k Semanjnu geg hnaly, Leytynant pak Z Miesta Z Swým Lydem, Zanjmi se pustil, wssak gsaucz w malem Poczju, gich pak przes 70 konj, Do Města se prázdný o Polednj Nawrátil.

13. Augusti; Opět wygel Leytynant Z Swau Chasau do dolnjho Tyessňowcze a tam oczekawal až do Poledne, wzedaucz do Města, Ukázalo se 6. Reytharuw od Obory a gely Przed Thessnowské a Miestske Pole až k Rudolticzým. Wtom Leytynant Zase wyzel, a Snjm nětczo Dragaunu a Musskethyržu, okažicz se na Polich Tyessňowských, Z Swýmj Hned protj němu asy 15 Reytharuw Tež od Obory wyzelo, a Spolu Sšarmiczyrowatj poczalj, Leytynant widaucz ge Bytj Sylněgssy, postupowal ke Wsy; wtom Czelá Troppa nasledowala, a Sswedské do Wsy wehnala, Jednomu Capitanu Sswedskému tež zde Ležiczýmu, Koně postrželilj a Sám tolyko Pessky Sotwá przes Ploth przepadl, a Kuň v Troppě Charwatske běžel, Pacholka geho w Ruku Ustrželily, a Jednoho Reythara Zagalj. Z Charwatuw Pak geden Wachtmistr Skrz Hlawu prostrželen od Sswedského Gefreytha, gehož Koně y S Pistolemj dostaly, k tomu giné Trži Zranilý. Prawj se Ze Sám Neywyžssý Zbradcze Přzitom Sšarmiczlu byl. Mezy tim Nalu Partag 4. Z Kusu wystrželily, a W Městie Ženy y Soldatj kteržj tu Zustaly, welmi Smutnj gsauc, do Rathausu se reterirowatj Poczaly, domnjwagjcz se Že Charwatj do Města Přzigdau, Czož by se Snadno bylo stalo, kdyby neyaká Dostj mala Partag wtom od Sazawy sem byla w Padla.

14. Dito; Wygel oplet Leytynant Z Města Na Switánj, a na hornj Obczy Sám a S Patnáczty na Konjch a Pěssky, až takměrž do Poledne Byli na Partag czekage wssak nicz daczkatj nemohl, B Weczer przissel Pokržik, Žeby nětczo Lidu k Zábrzehu Przitahnautj gměla. Protož Cuartirmistr Genž gminuteho 2. Augusti Zase S několika Feriri sem byl przigel, gednoho Posla do Zabrzeha o druheho do Morawske Trzebowe Na Kundschaffty wyslal, przitom take w domu Zborženem mezy Branau hornj, Wokna Držiwjm Zaraubitj dali, a Czelau Nocz w Beredtschafftu bylj.

15. Dito; Ráno Wraticz se Posel Z Zabrzeha przinesl, Že Žádného

wynagitj mohlj, do Rathauza Snássetj a Stachetle njmi Futrowatj, tež Hnozem a Kamenim wyczpatj dal.

16. Dito; W Nedielj bylo ticho až do Weczera, okolo posledni hodiny, Vkazalo se Kolliko Reytharuw Na Tyessnowských Polých, Chtězicze Sswedské wen dostatj, wssak gsaucze Pozdě Žádný newyssel, a tu czelau Nocz prziedessljm Spusobem w Bereitsschafftu bylj.

17. Dito; Powstal Krzjk Žeby nětczo Lidu Sswedského k Trzebowey Przjtahnautj mělo, wssak toho nicz nebylo.

18. Dito; Czelý den Ticho bylo, na Nocz opiet Weliký Pokrzjk, Že by mnoho Lidu Sswedského od Mýrowa sem Tahnautj mělo, Tolikež Partag Czysarzská, Gizdna y Piessý, Z Hradcze a Žambergku, dle Ansslagku, Neprzjtele odsud wyhnatj chtiege, Na Przjedměstj, a Až V Zdj Městských pod dolnj Fortnau byla, wssak neVczjnjcz ani Larma, odtud Zase W Tichostj odtahlj, a Vbohým Sausedum Zdewssým welmj Zle Poslaužily.

19. Due Augusti; Zagaly Sswedsstj Zdeyssý gednoho Musskétyrže Z Hradcze od té dotczené Partage, an se w Mlegně Sskrlowském opozdjl, a Nětczo Nzebrzjkuw Na Zahradě Michala Bernhartha w Przjedměstj nalezly, Kteréž do Města wnestj dadaucz, Leytynant S Cuarthyrmjstrem welmj Pohružliwé na Aurzad a Sausedy se domlauwaly, hanebně Lalj, Zrádczu, Sselem, y ginák wssemi Nadawagicz, Przjtom od Zámku Hnug Na Zeb, Za dum Kobruw mezy Sstachetle, tolikéž Kamenj Wukol na Zeb, nosytj daly, a Na Penize welmj Przjkrže Tlaczjly.

20. Dito; Okolo Weczjera nětczo Charwátuw se za Městem Vkazalo, Naniež Leytynant S Niekterým Musskétyrem wypadl, wssak nicz se nestalo.

21. Dito; Bylo ticho ten Czelý den, V weczer okázaly se Charwátj w Tyessňowczy a nětczo Dobytka V Sskrlowa Mleyna Zagaly Na něž Leytynant S dragauny wypadl wssak k Ssarmiczly neprzjssle. W Saumrak wgely do Města dwa Sswedsstj Neznámj Officzirzj a Miesto se Zawrželo, tak Že Zadný Czlowěk wen nemohl, w tom wssak se wyzwědielo, Že Sylná Partag Sswedská do 800. Konj k Městu przjgela a tu na dolnj Obczy odpoczjwala, a Negwyžssým przjednjm Officzyrum w Trzj hodiny Na Nocz, gjdlo se wen Neslo, Zatjm Wygel Leytnant Z Swau Chasau, a wedle Těch Tropp gjchž 13. Bylo, Vprzjmo przes Městské Pole, a hráz dlauheho Rybnjka, k Žambergku odgely.

22. Augusti, Ráno Budaucz Miesto až do 13. hodiny Zawrženo, Spatrzjl se deym když Miesteez Žamberg horzelo, a Welyky Strach byl, okolo Nesspora wrátily se některzj Reytharzj Zdewssý od Žambergka, a dadaucz Zprávu Ze Charwatj gjm wyklauzly, a Toliko 3. Znjch dostaly; geden gjm Zase Sdwaumj Koňmi Vgel a dwa Zastrželily. Procžež Leytynant S Capitanem y ginými. welmj Lálj a wssechněm Zrádczu, Sselem a Rebellantu Nadáwaly, a Že Charwátum od Nás Awisi dána byla, Prawili, take Že se

gim Žádny Z Aurzadu Ukazatj nesměl; (czež wssak nykoliw možná nebylo). W tom Rychtarz Zdolnj Dobraucze, kteréhož ty Partage Wyrabowalj a Koně wzali, nowinu Przinesl Že W Austi horzj, cžož wssechněw welmi Strachu przidale. Okolo 22. hodiny wratily se dotczené Partage Spátkem, něczo przedessilým Marssem przes Obilj na Polj, a ostatek Dolu drahamj, do Zahrad na hornj Obecz w Padly, magjcze przi sobie drahně dobytkuw Howězych a Konj, odtud wssiczknj poodpocžinuwsse do dwora Yeho Knizeti: Milostj a Przedměstj hornjho, Auhrnkem na Nocz w Padly, ty dobytky do dwora a Zámka Zanczely, A Lidem Na Obilj wsselikém, w Slamě y na Zrně, tež na Lukách a Zahradách welikau Sskodu Uczinily. Przitom, Magicze Z Sebau Kněze Martina hladkýho Z Austj, a Kněze Frydrycha Clusia Z Žambergka, Aurzad Zdeyssý S Některými Sausedy, o ně, aby do Města wpusstěnj bylj, sollicitowal, wssak nicz obdrzetj Nemoha, Oni pak Swug Czas Spatrzjcze, odessly, Czož těm Soldatum a wzlássť gakémus Rythmistru, Na Ráno, welmj Lyto bylo, a bylžby se rádj někoho Chytily, newiedielу yakým Spusobem.

Dne 23. Augusti, Sedláczy okolnj Koně a dobytky gim Pobrané wyplaczely, Lezicz pak týž Lyd Zde až Przes Poledne, odsud ke Wsy Zichlingku se Zdwjhly, wytlukaucze Czelau Wes, S Cztyrzmj Tesarzi, kterzjž gim w Petrowém Dole Czestu propravitj musilj, tahlj, a Drahně dobytkaw Z Sebau hnaly.

24. Dito; Den Sw. Bartholoměge, nicz tak nebezpecžného slisseti nebylo.

25. Dito; Wyslanj Ausisstj od Cuartirmistra do Rathauzu mezy Wartu do Arrestu dánj, czelý den nicz tak Pamětj hodného se nezběhlo.

26. Augusti; Okolo 12. hodiny Ráno, Przigelo sem Sswedského Lydu 4. Sylné Tropp do 100 Konj, odtud w Poledně S Leytynantem a Zdeyssými dragauny k Lythomyssly gely. Przitom sem Przigel Hoffmistr Generala Maiora Wrangle, a Poznamenanj yaké Viktualia se do Lezenj Poslati magj, Z sebau przinesl. Okolo Weczera Wrátily se dotczené Partage Z Lythomyssla, a przjwedly Z Sebau 2. Osoby Aurzadnj, kteréž do Rathauzu W arrest wzaly, a ty Troppy do Zámku se wložily, wssudy we wssech Swietniczych Koně stáli, a weliké Sskody, yak w Zámku tak na Polých w Obilý wzdělalj.

27. Dito; Przissel Pokrzik, Že Partag Chorwátska we Wsy Jakubowiczych 20. Kusuw dobytka Zagala. Tu hned ten Lid se Zdwjhnaucz, ponich se pustil, a nemoha gich dopadnautj Zase k Weczeru se do Města Nawrátily. Ten den Przissly sem k Accortu o Contributj Wyslánj Z Města Policžky, Brandeysa, a Kostelcze nad Orliczy, wssak naczem snimi Zustane,

ssperskym przes 70. Kusuw dobytka Zagjti a sem przjhnatj dal, kterýž do Fáry zawrzjti dal.

Dne 28. Augusti; Lid Cswedský, Czo 26. dito sem byl przjgel, na Switánj Zase k Vnczowa se Obrátil, nesaucz mnohé Laupeže Z Lythomyssle, a tu okole pobraných Konj, Kyssperssti dobytky swé wyplacely, a Sedláczy Vložené Victualia do Města Snásset Zaczaly, przjtom o Charwatjch Žeby w Lese Czermenském bylj rzež Esla.

29. Dito; Pokrzjk Byl Že Charwatj Czermenským mnoho dobytkuw howězých y Owczjch tež nětczo y Pisarže duchodnjho Zdeyssýho, Pobraly, Za Městem geden dragaun Cswedský Bubenjka gjch Zrádně Probodl, kterýž y hned Vmrzel, Též Sedláczy Lythomyssissti y ginj Okolnj Koně swé czo tak Zde v Soldatuw Nalezly wyplaczely.

30. Dito; W Nedięly Modlenj W Chrámě Páně, Bez Kněze wssak, genž w Kladsku Byl, konáno, Przjtom Bubenjk Zabitý, od Wegákuw, gsaucz Katholiczský, na Krchowě Pochowán.

31. Dito; V Weczer Pokrzjk wznikl, Žeby w Jablonným Charwatj bylj a WPád sem Vczjnitj minily, Proczež Czelau Nocz Larma bylo, a Gednau Z Kusu Z Plochhauzu hornj Fortny, a Z Tuplhaku Z dolnj Brány strzjlely, wssak na rano nicz toho nebylo.

1. Dne Septembris; Przeslechaly toho dragauna který Bubenjka Zabil, a Leytnant To Poslal Swému Generalu. Též przjssel sem Bubenjk Z Hradcze Králowa pro tohe Zagatého Mussketyra.

2. Dito; Wygedaucz W Noczy nětczo Reytharuw, przjhnali Z Sebau Z Kegeldorffu Panstwj Lythomyssleho, przes 100. Kusuw dobytka howězyho, k tomu do 24 Konj, czož wsse do Zámku Zawrzely, Przjgdaucz wtom pokrzjk Že nětczo Lidu Czysarz. do Jablonnjho wpadlo, Takměrž Czelau Nocz Larma bylo Z Plochauzu Z Kusu a Z dolnj brany Z Tuplhaku, Též Z Zámka Z Musskettuw strzjlelj, Na Ráno Zase ticho bylo.

3. dne 7bris; Wystawen Trzetj Srub Na Rathauz Z Woken yak se Na Wiež gde, Bubenjk Z Hradcze propusstěn a ten den nicz tak obzwlásstnjho, mjmo Rozssýrženj Przjkopu okolo Rathauzu, se nestalo, Take V Weczer Kus geden Wětssy Železný Z Plochhauzu W fortny dolu k Rathauzu Spustilj.

4. Dito; Wyplaczely Dobytek Sedláczy Keczldorffsstj, o mjmo to nicz tak Pamětjhodného nebylo.

5. Dito; Wygedaucz opiet drahně Zdeyssých Cswedum Z Města w Noczy, Z Panstwj Lythomysslského opět do 60 Konj Z Sebau przjwedly. Przjtom Pokrzjk przjssel Ze Neprzjtele Czysarzsstj w Csumbergku Przepadly.

6. Dito; Nicz tak obzlwlásstnjho nebylo.

7. Dito; Rozdjlné Rzeczji Bylj, Žeby Neprzjtel Brno wzýtj, Wysskow a Slawkow Wypálitj měl, Též Že Z Zabrzeha Cswedssti wssyczknj y

Z Mjrowa na djle Wytahly a ten Czelý den na Zed a Brány Robotjczj Kamenj Nosylj.

8. Dito; Zacžal Leytynant druhé Stachetle, okolo Rathauzu stawětj, Též Czeley den Kamenj na Zdi, a hnug do Srubu v hornj Brany, nosylj, Též Spráwa Přžissla, Ze hegtman Zabržehský S Officiri Knižeczj a něczo Lidu Czýsaržského Tam pržitahlo.

9. Dito; Wrátil se Posel Z Leženj Swedského od Brna, Na Stachetich Pilně dieláno, a hnug se na Zed do Srubu protj Piwowáru Nosyl.

10. Dito; Na Zámku W Rentsstubu Skrze Někteřé Officiri Wogenské Ortel tomu dragaunu který Bubenjka Zabil, Wyrczžen a gemu Pržeczžten gest. Potom ho do Rathauzu k Wartě Wedly, Pržitom Leytynant Zapowěděl k Lythomyssljským Arresinjkum Choditi, a Žadného Nepaussttietj. Reytharžj a dragaunj opět Z Panstwj Lythomyssljského do 50 Konj, tolikéž tak mnoho Neb wjcze dobytka howězýho, pržihnaly, Též W Noczy Partag Czysaržská Z Trnáwky, w Dámjkowě množstwj dobytkuw wsselykých Zagmauczj odehnala, Pržitom Rychtaržowa Syna a dwa Sedlaky postrželily y giných lidj drahně Zranjly, Znichž 3. Osoby brzo potom Vmržely.

11. Týž dragaun dle wyrczženého Ortele na Rynku pod Rathauzem, od Mistra Poprawnjho Zdeyssyho Stat, a od giných Wogákuw Na Zahradě Ambrozowské Pochowan.

12. Dito; Opět Swedj Zdeyssý Pržihnaly do Wsy Žichlingka, drahně dobytkuw howězých, Ze Wsy Kunczžiny a Blodždorffu, Panstwj Morawské Tržebowý, kterež Zase wyplatitj Dadaucz, anj Sujm k Městu Nepržissly, Tolykéž Pržissel Kržik, Žeby Partag w Rudolticzých byla, Protož Leytynant w Několika Konjch Za Město wygel, a dowěda se Že Z Geho Lidu gsau, Zase se k Městu obrátil.

13. Dito; Zase W Noczy byl Swedůw na Partag Wygelo, Tolykéž Nowé Vloženi Victualij Na Wesnicze od Cuartirmistra Poslano, Též y drahně Korczu Chmela gmiti chtěl.

14 dne 7bris. Welyký pokržik pržissel, Žeby množstwj Lidu Swedského k Mjrowu, a Losseticzým, gjnj pak k Litowly prawicz, Pržitahle, a odtud sem Že mjni, Telikež Že Swedské Leženj k Holomauczy postaupilo, Yakož rozdjlná Psanj k Officirum Swedským pržissla wssak czo wnjch bylo, Žádný se dowědětj nemohl, Pržitom w Noczy Pržihnaly Z Panstwj Lythomysslského, pržes 130 Kusuw dobytka howězyho, a do 2 kop Owecz. Konj Pak nepoczžitagicz, kterýž do Zámku a Fáry Zawrželý.

15. Dito; Sedláczy pak domáczy Tak Pržespolnj dobytky wyplaczely, Též pržissel Kržik O Armadie, Žeby W Olomaucze a Lytowle byla,

a tu Leženj gwitj měla, Též opět Rozdjlná Psanj Zbegssým Sswedum Přžissla.

16. Dito; Přžitahl sem od Mjrowa a Vncžowa geden Negwyžssj Wachtmistr Neb major, a Snjm přžes 80 Reytharuw a Dragonuw, Officiržj do Města a ginj do Zamku se položily, Přžitom Leytnant rozkázal Střžechy na Krámjch Masných Trhatj.

17. Dito; Rozlicžné Auisi o Obauch Armadach Přžicházely, Totiž Ze Sswedská okolo Vncžowa, Czysaržská pak okolo Lythowla a Lossticz, se Položila, odkudž weliký Strach byl, a Leytnant Pusticz Comenando témuž Negw. Wachtmjstru, pruchody okolo Zdj w Městie skrze Zahrady dielatj, a Ploty Lámatj porucžil, Též Wygedaucz w Noczy geden Capitan Z Swými Reytharv, dostanaucz Správu Žeby Partag Za Semaninem W Lese byla, wssak Zase w 6 hodin do Města Z Swými přžigel, a Freyreythrži do Orlicze se obrátily, kdež gich Sedlaczy, Beraucz gjm Koně, proplassyli, a gednoho Znjch Zabily.

18. Dito; Pokřžik Přžedessly o Obauch Armadách trwal, a Z Morawske Třžebowý Auisi Přžissla, Že tam do 700. Kenj a Pěssyho Lidu Czysaržskeho Přžitahlo, a Porucženj tam Auržadu Včžinilj, aby se Proffiantem Na dwa Regimentj Lidu Zaopatržily.

19. Dito; Nednostegný Křžik o Soldátjch, Žeby W Morawské Třžebowy lezely, Přžedcze Trwal.

20. Dito; Přžigdaucz Lide Ze Wsy, oznamily Že W Lukowským a Zichlingským dworže Partage Czysaržské gsau, Tolikéž Třžebowánow a Rychnow Wsy wyrabowaly.

21. Dito; Ráno okolo 15 hodiny ukázalo se na Městských Polých B dolnjho Tyessňowcze nekolik Reytharuw, a tu pak přžedměstským tak Tyessňowskym dobytky Zagjmalj, a drobné Stado wzalj, W tom Z Města wypadlo Sswedských do 40. Konj, a tu Spolu Ssarsschrugjcz, hned Z Lampachu 2. Sylné Tropy Wygely, a Ponjch se Pusticz. 2 Corpo. a gednoho Forira Sswedských Zagaly, a ge až mezy Sstanky k Městu hnaly, kdežto Draganj Za Sstankem dadaucz Oheň některé Czysaržské Zranily, a gednoho Koně Postřželily, Potom Ty Tropy přžes 1½ hodiny tu na Polých Staly, k njmž Z hyndrhaltu gesstě giné 3. Tropy Charwátuw, přžigedaucz se Postawily, a Zjádagjcz Lazebnjka Z Města, (Nebo tu Tehdárž Czysaržský Rytbmjstr, Pan Jan Gártner, Zraněn byl, odkudž y o Prawau Ruku Přžissel) Potom odgely, Dobytek Z Sebau wssechen k Holssteynu Ženaucze, Potom y hned major Truhlarž Přži hornj Bráně, Chalupu trhatj a Sstěpy W Zahradách, y w Knjžetczy, Sekatj Porucžil, a B welykém Strachu bylj, Též potom w 2. hodině Na Nocz, wssyczknj Reytharži czo Zde Přžedessle bylj a y S maierem Přžigely, do Leženj S Penězy přžes 66. Konj odgely.

Dne 22. 7bris; Na Bswitie Lydu Czysarzského Plessyho 6 Corporal. a Nětczo Reytharuw Obogjch do 300. Do Przedmiestj, a na dolnj Obecz od Žichlingka wpadlo, do Zahrady hrnczjrze Frydricha Waltera, a ginych domuw se dostanaucze, sylně na Zdj a Bassty v dolnj Fortny Strzjlely, a Magicz kratké Rzebrzjky, k Szturmu se opowážitj nesměly kdež pozdrzjcz se tu asy 3 hodiny, Zase k Žichlingku doluw odgely, a yakž rzecz byla Przedměstj Zapálitj chtěly, W czemž gjm dessť na przekazku przjssel, Z Města pak Lyd Nepržátelsky též Sylně Strzjlelj, a yak se Spráwa czinjla, 5. Osob Za Městem Zranily, Znjchž 2 Mrtwj bylj. Po odtaženj gjch Wypadly Sswědj Z Města, a gednoho Musskethyrze genž Wleko geda se opozdjl, chytily, Snjm se do Města obrátilcz, tyž oznámil, Že od Armadi J. M. Czys. Z Leženj od Mohelnjcze, ten Lyd Commendyrowan byl, Potom Leytynant Na Rynku Smolné Wiencze dielal, a Na Zdech przj Basstách Tuplowané dwerže, Zdielatj Porucžil.

23. Dito; Czelý den a tu Nocz ticho bylo, a Žádného Larma Neměly.

24. Dito; Ten den Též nicz slisseti nebylo, až o 23. hodině Neyprwe od Žichlingka 4 Reyth. se pustily, a od Sázawy též 4, a tak po Polich harczugicz několikrát na ně Zdolnj Wěže Z Tuplhakuw Strželly, a Z Města Leythnant S Některými dragauny se Za dwur Knižeczj kdež tj Reytharžj gely, pustil, w tem dwie Sylné Troppy od Sázawy wygely Kdežto Z Poruczenj Malera, Zapálily Sswedj Zdeyssý Kowárnu na Przedměstj, a do Města se Zase reterirowaly, Ty Troppy Pak nemoha gjch dále wen wyczekatj, do Sázawy se obrátily. Tu Nocz pak w 8. hodin czelého Orloge, przjssla Ordinanczy a przjtom 50. Reytharuw Lydu Sswedskému, kteržjž se yhned marchirowatj strogily, okolo 11 hodiny Lyd Czysarzsky do Przedměstj, S Sesti Kusy Strželby se dostawsse, Larma Učžinily, Sswedj pak gjž na Konjch Sedjcz, a odgetj mjnicz, Zase doluw Sednaucz na Zdi biežely, a se Bránjly, kdežto Newyprawitedlná Strželba Z Obogj Strany Z Kusuw a Mussketuw byla a Trwala až do 16 hodiny, W tom take Sswědj Z Strzechy Z Rathauzu a některých domuw Strhaly.

25. Dito; Potom Czysarzsstj Zase odtahly Spatkem k Žatenjczy a tam Zustaly, Z Sswedum Toliko geden Reythar Z Kusu Zastrželen, A Czysarzských dle Spráwy 14 Zahynule. Ten Czelý den Město Zawržené bylo, a Žadného wen pustitj nechtěly, do Města pak domáczy Lyd czo tak Znaly Pausstiely, W Saumrak pak Sswedj wsedna Na Koně prycz odtahlj.

26. Dito; Dowieda se Czysarzsstj Že Neprzjtel odtahl, hned K Městu (kterýž Commendirowal Pán Neywyžssý Gaba) Przjgely, a Pusstěnj byli Žádalj, Aurzad Obawagicz se Zase Nowého Rabowánj Wrchnostj se Wymlauwaly, na Ordinanczy se tažicze, onj pak hornj Branu wysekawatj po-

czaly, Ysaucz pak do Města Pusstěnj, Hned se Cuartirowatj Zaczaly. Officirzj w Městie po Sausedjch a Piechota do Rathauzu, se položily, a Sausedy nemjrně Ssaczowaly, Kdež y Zwony Kostelnj se gjm Wyplatiti musylj, a y mnohé Wěczy sami soble Braly; Na Przedměsti pak Reytharstwo ležicz, wsseczko wyrabowaly, Stlaukly a Splundrowaly, We Wsech take Nemjrně S Vbohymj Lidmj Nakladalj Bily. Muczily, Sekali a Srzjiely, W Stodolách pak V Města tak We Wsech Samj sobie Obily Mlátily, a wsseczkno do Gruntu kazylj, Tak Že Žádny Czlowěk w Przedměstj se Vkazatj nesměl, Plné Města Lidu Sedlského a dobytkuw, Czo tak gesstie Pozustal, a od Partagj Wyplaczen byl. Mleyny od Soldatuw occupirowáne, sami sobě Obilý mlatily a ruinirowalj. Tau przicžinau W Městie y nedostatek Chleba byl, a to trwalo tak stále až do 11. Octobris, Kdežto Armada Czysarzská Z Leženj od Mohelnicze se hnula a Za Neprzjitelem k Vnczowu a dale do Slýzska Tahla, Z Czehož Milosrdny Pán Buh Pochwálen bud a dále Nás takowých Wogenských Těsskostj Zbawitj racž. Dále y hned potom Nassledowaly Cuartiri Lidu Czysarzj: Z Regimenthu Lithowského a Ssifferowského, též S Welykými Antratami, až do Wygiti toho Roku, práwě nad mjru Nesstiastnéhe.

Letha Páně 1644 dne 19. Januarij Stal se durchczug Czysarzského Wogska 14 Regimentuw mjmo Město a Przes Panstwj S gednjm Neczlehem, Generala Wachtmjstra Pána hrabiete Pompeij, Genž Ze Slyzska do Vher S Nemalau Zahubau Města a Panstwj tahlj. Hned Zatjm 20. dito; Nassledowaly Wyntr guartiri 1. Compag. Reyth. Z Regimenthu Sstolowského, a to až do 3. Martij, a nětczo Z toho až do 14 Julj, dále toho Roku mimo stále depisowánj Z Vnczowa o Contributj Z czastky Pokoge se Vcžilo.

Letha Pánie 1645 hned Z Poczátku, Zaczaly se Zhmnj Cuartirz Czelého Regimentu Lytychowského, kterčž až do 7. Martij trwaly, Po Nesstiastné Bitwě Pak V Jankowa Sswedj Posylu wezmaucz 18. Aprilis, Zase Sem mjmo Nadálost Gizdného y Piessyho Commend. Lidu, Gichž Wudcze byl Neywyžssý Wyntr, To 1500. przjtahlo, kdež swé Zwyklé Tyranstwj nad Vbohými Lydmj prowozugicz, takměrž Oba Krage, Chrudimský a Kralohradeczský, sebie pod Contribu[illegible]j Vwedly, kdež take y Wes hornj Herzmanjcze Na Panstwj Zdeyssým, pro neczasné odwedenj Contri. k Spálenj Przjssla, A Zase odsud S Nemalau Laupežj od Peněz, dobytkuw y giných Znamenitých wěczy, k Olomauczy a Vnczowu 1 dne Maij, odtahly, Przjczemž mnohem wětssý Sskoda Na Obecznjch a Sspitálských Wieczech V Města nežly Przi Przedesslem Wpádu se gest Stala Wezmaucze Z Sebau též dwa Mosazné Kusy Strzelby, Mlcženjm Pomjgicz czo se potom do Vnczowa od Obcze Peněz, Obilj y giných Victualnich Wieczy Contribuirowatj musylo.

Téhoz Létha, W Nedièly Cžtwrtau po S. Trogiczy, 9. dne Julij, Po Wykonané Službie Božj, od Kněze Petra Ludwjgka Wylsstepna Farárže, Nenadalý Oheň W Zámku Za Kostelem nad wellau Kuchynj, odkud a Gakým Spusobem wěděti se nemuže, Wyssel, njmž pak Kostel S Třžmi Nakladně Malowanými a Pozlaczenými Oltařjj, Křžtitedlniczy Czynowau, Warhany a Kazatedlniczy obě Peknými Rzezbamj Vdielané, y giným mnohými Obrazy a Okrasamj, Též S Wiežj a Třžimi Zwony, tak y Zámek doczela, Za Městem pak dwur Knjžetczý a 13. domuw Sausedských, Žalostiwě Skaženo a w Pepel Obraczeno gest, Kdežto Na Wěžj Trubacž Ponocžnj Z Ženau swau, Oba Lide Starži, bidně Vherželj a Zahynulj.

Item Téhož Letha, Tahnaucz Zase Armada Sswedská S Generálem Torstensohnem Z Morawy Skrz Panstwj a Město Lythomyssliské, odkud Partag w 70 Konjch. 18. Octob. sem do Města Landsskrauna wpadla, a tu gednoho Leytynanta w 14 Konjch na Guardie, aby njcz se nestalo až do 15. Nouembris Zanechala, Kteržj pak Zdeyssý taky giná Panstwj o Contributj tlaczjily, pro kteréžto Zase giná Partag w 500. Konjch Zležením gich k Skalicze Přžigeda, Zdržicz se tu na Lauxežj po 2 dnj a dwě noczy, přžitom dwě Osoby Spolu Raddnj Z Sebau Wezmaucze, genž gim Zase Zležení Vssly, odtahla, Nemalých Autrat a Sskod po sobie Zanechagicze. Czo gest take a mezy tim Vbohá Obecz Městská Toho Roku S Cžastýmj Lacrenskýmj Executjmi Z Pardubicz, y giným durchczuky wsselikých Partagi, nemoha gim gich assignirowaných portij pro Patrný Nedostatek a Zkaubu Zauplna odwozowatj, Wystatj musyla, mlczenjm se pomjgi. W Miesýczy pak 10bris, 20 dito. Přžitahlo sem do Města, 6 Compagn. Reytharuw Z Regimentu Reychardského, a tu až do 24 dito Welmi ZHusta ležicz, Zustáwaly, Též S Neywětssý Sskodau Vbohých Sausedůw Městských.

Létha Páně 1646 Od Zacžatku Lakronské Executj Z Pardubicz pro neodwedenj powinných Restuw stale Contribuirowaly až do 4. dne Janij, kdež Zase Partag Sswedská Z Vnczowa 200. Konj Na Panstwj Zdeyssý wpadla a pak V Města tak y na Wsech, drahni Summu wsselikých dobytkuw wzala, Na to sem Z Pardubicz Geden Leytynant S 50. dragauny, wložen, a Portij gich dobywagic, Zase 20. 7bris giná Partag Z Vnczowa a na Wsech též množstwj dobytka Zagala, Galž se se Potom wynasslo, Že Obie ty partage, dobytka tehdaž Prycž wzaly. Konj 40. howězýho dobytka 419 kusu Owczjho y S Knjžeczým 1341 Kusu Swinskýho 53. A Kozýho 59 kusuw. Nadto Take y giných Wogenských durchczukuw množstwj gsaucze, dne 27. Octobris Armada Sswedskeho Generala Wirtenbergka, od Městj. Jablonné Přžes Panstwj, S gednjm Noczlehem Wewsy Weyprachticzých, k Ssumbergku Tahnaucze, k Městu toliko Partag w 60 Konjch, kdež Lacronsstj do Pardubicz odgely, Pro Proffiant Dorazyla, gehož nětczo Z Lythomysslé Sem wezaucze, Partag Charwátská několik wozuw W Přjedměstj Zdegssým dopadnaucz, koně Z njch Wyprjáhla, Sudy S Piwem Potlaukla Že do leženj k Weyprachticzým toho nicz se nedostalo. Tak pak dne 9 Nouembris Přjitahl Renadále od Switaw G. M. Czys. General Leutlenant, Pan Hrabě de monte Cuccuoli, S Armadau swau 18. Regimentuw Gizdných, a tu po dwa dnj Sam Osobně Na Rathauzu, Lid pak Wětssým djlem w Městie a na Přjedměstj ležel, a tak opět Ubohým Lidem Czo tak toho Roku Z Pole Obily Praczně Sklidily, a od dobytka gesstě měly, Wětssým djlem Strawene, a na mizynu přjwedene gest, K tomu tak gesstě několik Set Peněz Na Brigathu Harrantskau dátj se musylo.

Létha Páuie 1647 Hned Z Počátku, wsselike Cuarnisoni a Tiesské durchczuky 7. Regimentj y giného Rozličného Lidu G. M. Czys. až do wyzjti Měsycze Martij, Stále trwaly. Nato potom Zase Wintr Cuartiri, 2. Compagn. Dragonuw Lacrouských, a 1. Comp. S Pul Sstabem Plesssým Regim. Don Faelixowskeho, až do Posledujho Junij Nasledugicz, odkudž Contrib. Sswedskau do Bnczewa wětssým djlem Zasedicze, Protož dne 1. Julij, Po odtaženj toho obeho Lidu Takměř w Cztyrnieczytma hodinách, Zase Partag Sswedská, Z Bnczewa 200 Konj Na Panstwj od Ssildbergka k Jablonné wpadla, a odtud po wsech Rabugicz a dobytky Beraucz, okolo 14. hodiny k Městu po Wjy dolnjm Tyessňowczy se dostala, a k Braně přjgedaucz do Města moczně chtěly, dadaucz se gjm Odpowěd Že toho Vczjniti nemužem, nýbrž Snjmj dle Možnostj accord Zawřjtj a Proffiant Za Město wydatj chczeme. Natom dosti nebylo, ale anj y hned Slámu k Bráně Snássegicz, Zapálitj chtiely a Sfraňk Sekatj Zaczaly, Czož Na Puldruhé hodiny, Sami toliko Sausede gjm Odpjragicz, trwalo, Tak Že onj Wysekagicz dwoge Wrata, Ponjch na Palácze a Rundel wyleza, Most Zdwihaczý Spustily, a do Města se Walem hnaly. Tu hned Laupež a Rabowánj se Zaczalo, a Na Pul druhé Hodiny Trwalo, Tak Že W Rathauzu ani geden Zámek Czelý nmohém mene dwerže neb Truhly, byl wnjch y nicz nebylo, neobstaly, wssechno od njch hanebně Stlucženo, Czož podobně y W Kostele se stalo, Kdež tehdegssý Farářz Petr Ludwig Bylssteyn do sacristie se Zawřjti dadaucz, když naň moczně Železné Dwerže Wyrazyli, a Z Truhel tam od Officirůw Knjžeti y ginÿch Lidi Schránënÿch dle Wule swé

Rantiou S Commendantem Vnczowským Vcžinitj musýcze k tomu drahnj Summu Peněz Složicze, Zase Z Vnczowa Domu se dostaly, Kterážto Sskoda przi Městie a tiech Některých Wesnicz, Na 553 fl. 48 kr. Tehdaž SPocztěná byla. Niczmeně wssak wždy dále a Wjcze O Contribucý a Ssanczknechty týž Commendaut se dopisowal. Z druhé Strany pak Rozdjlnj Soldatj a zwlásstě Laronsstj a Don Fuelixoue Resty swé Za Panstwj magiczy, Nesmjrnými Executimi dobywaly, czož wssak až do Měsýcze Nouembris Trwalo, kdež Na to Executj Z Hradcze Králowa o Zasedělé Lonské Mandelnj Obily, 10 dito, Nasledowala, kteréž to Obili y S Zasslým Interessem Neprodleně Penězy platiti se musylo, Odkudž opět drahně Contributj Sswedské se Zasedielo: A tak Letha Nasledugiczýho 1648 Dne 7. Januarij, dwě hodiny Przededném Na Autery, Magjcz w Městie Zdeyssým Jarmargka drzetj, Zase Partag Sswedská W 60. Konjch do Przedměstj hornjho mezy Stodoly wpadnaucz, Przedně Chalupu Owczárzskau, przi Spaleném Dworze Knižeczjim, Potom Dwur Walentina Pemmera, Ten Czas Rychtarže Knjželczjho. W dolnjm Thessňowczy, Tež dwur Rychtárže Martina Wjtka w Weyprachticzých Stodolu Rychtárže, a Wewsy Czenkowiczých geden Sedlský Dwur, wypálila, a ty Vbohé Lidj Žalostiwě na Sláżu przjwedla. A tak wždy Zase S Contributj do Vnczowa se Wyprawenj a Neprzjtely geho nenasýczená Žádost plnitj se musyla, Magicze S Nezlicznymj Domáczymj Tiesskostmj a Soldáty na Cuarnisonu, až Nazbyt dostj cžinitj, Czož wsse tak až do Miesýcze Nouembris tehož Letha stalo, Kdež ten Zdáwna Žadostiwj Swatý Pokog Zakwětatj a Prohlassowatj se Poczal, Tak Že to Tiesské Sswedské Neprzjatelské Gho Pan Buh Wssemohauczý Z Nás Milostiwě Složitj ráczil.

Létha Pánie 1653 W Sobothu V Wigilij Slawnostj S. Apossteluw Petra a Pawla dne 29. Julij; Mezy 11. a 12 hodinau Na Pul Orloge Z dosti Maleho Mraczna S Przedcházegiczým Desstiem Powětrzj Nenadalé do Wieže Rathhauznj w Rohu V Makowjcze Protj Rynku hornj Brany Vhodilo, Czymbálem, na něgž hodiny bigj Porussycze něczo Wazby, takmerž na Pjd, pohnulo, Pudu Z Prken, genž k Trámum przibité bylj, vczinjcze Wněm wnjtrž djrku, wyzdwjhlo, Trám geden dole na němž hodiny Staly tež Strosskotalo, bez Vblíženj wssak hodjn. Item Zewnjtrž wedlé Wieže w Strzesse k Polednj Straně patrzjczy Drahnj djru Vdielagjcz Dwie Krokwe, wssak ne wedlé sebe, wnjtrž Vrazylo a do Zdj w Klenutj nad Swietniczý Radnj, djru, czoby Piest wložitj mohl, Spusobilo, W Swětniczy Radnj wnjtrž Almaru Bedněnau przi hornjm Wokně, od Zdj odstrczjcz, Z té Strany Zdj na Kusy polámalo, Kamene Werckstuku wnitrž tež Kus Vrazýcz, někttera Sklenna Koleczka W Okně Podrobilo, Tak Že odewrzjcz tuž Swietniczy, Plná dymu Smrduteho, yak Z Syry Neb Prachu Rucžniczného se nassla: Niczměně Crucifix drzewěnej, genž na též Almarže u Wokna toho stal, Bez Porussenj, y giné wsseczkny wieczy a Spisy se wynassly. W dolnj Swétniczy Rathauznj podobně Okno gedno a práwě pod tjm hornjm, na Rámu nětczo porusseno, Též y Werckstuku Kus, Skrze to (yakž se Saudit mohlo, Oboge Klenutj Pronjknaucze) y některá Kolečzka Sklenna Zdrobená, a na Zdi Znamenj se wynassla, též pod tjm Oknem djru Skrz Zeď do Rynku gednu Czyhlu wyrazycze, Podiwně Vczinilo; Pan Buh Racž Nas dále Chrániti, a od takowého nenadaleho Nesstiestj Strachu a Nebezpeczenstwj milostiwě Vchowatj Amen

--•-•-•-◆-•-•-•--

Paměti Města Wesely.

Denkwürdigkeiten
der
Stadt Wesely.

(Aus dem Originale im Chaos Pessinianum.)

Wzatcnie Slowutnemu Panu Matygasscwy N. z. krotku odpowied czjnyme Na wyswěčenj starožjtnosty Miesta Wesely, odkudby swug Zacjatek Mielo geho Wystaweny, toho Před rukamy Nemame, neb oniem slyssyme Nawsse strany, Že gest starožjtne, a tak Pamietj hodnych Neny Nej toliko očjem možem wiedlet to Panu sprawu Czjnjme.

Přednie od kohoby skaženy Zdy Mieske tolikej Zamek swug puwod wzalo toto swiedomj dawame, Že detlehem Znemalym Počtem lydu okolo Miesta Wesely se Položjl a geg dobywatj Počjal, W Miestie Nebudučze genom 50 musskethyru odgimie nowo werbowanych, branyly se w miestie 7 dny, detlehem stkylel třema stranamy w každe stranie Po 7 kusych, kterež kule su Před rukamj, každa wažj 37 ffuntu; nemohucze obstatj w miestie ty musskethyržy retyrowaly se do Zamku a Miesto samj Zapalyly a w Zamku Zase 7 dny se branyly; detlehem opiet do Zamku z tech wssech kusu we tři strany byl wednie y w noczj, wssecek rozhazel. Nemohaucze gij w Zamku ty musskeťyrty obstaty, wyssly ffortnu Zazamek a Přez lesy se retyrowaly až k miestu Hradissčj a detlehem se Zdržowal Přy wesely 5 Niedieły a odtahl Prycž.

Za druhe, leta 1622 Zase turek okolo Miesta Wesely se Položjl chtycze geg dostaty, nemohucze Nygak dostaty než Pod ffortelem. Pan Frydrych buducz toho Czasu Panem Na Wesely Magjcze bratra swého w turczjch toho se dowiedlely, udielal se geden geho bratrem a dal se gest Přženesty, Pustyl gich Samo Padesatého do miesta y do Zamku gjch wzal; a tam gjch trachtyrowal. Po trachtacj Z Zamku wyprowazil až na miestky Mostie se rožehnawaly Spolem; buducze u sameho Mostu Za miestem chalupy tam do nych nemalo turku se nakrylo a Potom walmem Na most uběhly a rjetiezj Na mostie odsekaly a do miesta Za

Panem se hnaly. Pan gak dopadl do Zamku, na sebe wzal sslowpelcz, udielal se kniezem, giz Pusthly, a giny lyd Přes 4 sta zagaly až do turek.

Item Letha 1643 Přylachnucze sswegda tehož roku Po welkonoczj tu středu w noczj k miestu Wesely geg oblehl, nebuducze w miestie genom 18 Musskethyru a legtnant Nenadagjcz se, aby tak kwapnie nanie Přypadl, Žadne Municzj Nemiely sotwa 10 ran Prachu, geg Zbrzowaly od noczj we sstwrtek až k weczeru; když skusu Poczal hazet gemu se Poddaly, Dostanucze se sswegda do Zamku Musskethyry wsseczky Pobral a legtnanta oberucze Zewsseho y ssatu geg wywlykly, Preč Zahnaly Mluwjc že nenj Geden Cysarž, onj Sswehdowy služi, Že se nebranyl, sswegda w zamku ležel od welkonoczj až do swateho bartolomě, Potom Preč odtahl a Zamek Zapalyl wssecek.

Item letha 1663 dnie 4. septembris tatar wpad udielal do morawj a tu walmem Přymo hnal až k samemu Miestu do brany wesely. Czož sme se mu opřely a nan Zmussketu střylely, Mnoho y cjzozemcu Z tureckeho Pomezj u same brany sme obranyly a odrazyly. Wybucze Že se naň tuze střili, spatkem utekl a ne malu sskodu na sstwrt Myle okollcžně Miestečka diedjny wypalil, lydu nesčjslny Poczet Pozagjmal a do turek zahnal. We dwau nedielych Zaz wty Mjsta wpadl nenadale, mnoho lydu Zagal ale k miestu Wesely nablyž nesmiel

Stym Mylost bozj racž snami byty Z obogj strany Datum w miestie Wesely dni 3. Julj letha 1666.

Panu w službach Zustawame každého Czasu. Že tomu tak a negjnacze Pečet Nassy Mensst Miestku smie Přytysknutj daly.

(L. S.) Purmystr Miesta Wesely.

Die Niederlage der Neapolitaner
in
Neutitschein.

(1622.)

(Aus dem Chaos Pessinianum.)

Vera relatio cladis, quam Anno 1622 paulo ante D. Jacobi festum D. Colonellus Kosche cum suis Neapolitanis a Marchione Carnoviensi Neo-titschinij est perpessus.

Cum Anno 1622 provinciæ hæreditariæ, Bohemia, Silesia, et Moravia, contra Sacram Cæsaream Maiestatem, clementissimum suum Dominum, insurrexissent, armaque perniciosa sibi rebellione corripuissent, se illis cum nonnullis alijs Marchio de Carnovia socium adiunxit. Hic cum adhærentibus sibi (eorum numerus ad duo vel tria millia ascendebat) in Oppaviense se recepit territorium, cohortemque suam praetorianam in Radun (arcula est ad Oppaviam) subsistere, et commorari iussit. Hoc eodem currente anno paulo ante D. Jacobi festum D. Colonellus Kosche cum 400 Neapolitanis, unoque Germanorum peditum vexillo huc Neo-titschinium, ut aliquamdiu subsisteret, accessit. Verum cum inaudisset, prædictum Marchionem, eiusque asseclas, sine ullo hostilis incursus metu agere, et commorantes in prænominata arcula Radun plus haustibus, quam excubijs intentos esse, eo cum suo milite abire statuit. Quare illo ipso vespere Neapolitanos suos convocavit, et una cum illis ante solis occasum hinc Radun versus movit, quo etiam illa ipsa nocte perquam feliciter approperavit, Marchionisque militem sine excubijs, sui securum et dormientem reperit; unde factum, quod dotam fere prætorianam cohortem prius, quam arma caperet, internecione deleverit, (si paucolos excipias) vexillumque raptum secum abduxerit. Hæc clades, [illegible] prædicto Marchioni non mediocri dolori foret, actutum serio [illegible] ulcisci. Quocirca ex milite residuo et equitatu magnas copias [illegible], quibuscum ipse propria in persona in diem sequentem, [illegible] [illegible] tribus circiter diebus ante D. Jacobi festum, huc Neo-[illegible] [illegible] approperavit. Quinta vel sexta diei hora cum apparatu suo adfuit, et licet prædictus D. Colonellus Kosche cum suo milite ei occurreret, et aliquamdiu generoso ausu cum illo manus consereret, nihilominus hoc non obstante, adhuc illo ipso die civitatem obsidione cinxit, vicinaque urbi horrea succendi iussit. Inde cum flamma in suburbia, et tandem in ipsam civitatem tanta vi irrupisset, ut nec flammis restinguendis incolæ, nec ille cum suis urbi defendendæ videretur suffecturus, cum multis e suis prædictus D. Colonellus Kosche, posteaquam horis aliquot se, urbemque generoso animo defendisset, ea parte, qua horrea exusta, per hostiles cuneos perrumpere decrevit. Dictum, factum: persequuntur fugientem hostes, eoque furore, ut plerosque deleverit, ipse cum septem vitam fuga per montem, Steinberg dictum, salvavit. Interea cum flammæ maius semper incrementum sumerent, milesque Neapolitanus ob flammarum increscentium vim urbem diutius defendere nequiret, etiam ipse ducem suum cum vexillo germanorum peditum non tantum statuit subsequi, verum etiam secutus est, sed casu deplorando; nam a Marchionis copijs intercepti et devicti sunt, Hispanique viritim omnes occisi, solis germanis salvis, quos eo fine vita donarunt, ut secum stipendia mererent. Occisorum corpora die postera ab urbis incolis in tres vastas fossas, ad hoc paratas, sepulta, sat diu quievere, donec post annos pauculos sacellum illic exstruendum, occassio fuit occisorum ossa inde emendi. Factum id diligenter, ossaque collecta inibi terræ rursum comissa; super locum vero sacellum (quod a dolorosæ Matris icone celebre) conditum. In his tota Neapolitanorum clades consistit.

Signatum Neo-titschinij 9. Decembris Anno 1665.

N. N. Consul et Senatores ibidem.

Uebergabe

von

Nikolsburg

(1620).

(Aus dem Chaos Pessinianum.)

Artikulowe a Punkta Pana Pana Ferdinanda Hrabiete z Nagaralu gakožto Plnomocznika Pana Henrycha Prußa Heytmana a Commendanta na Zamku Nyklsspurku w Przicżynie postaupeni a wzdani tehož Zamku, se Panem Frydrychem z Tysenpachu, Rytirziem a Neywyzssym, gmenem a na mistie tehož Pana Heytmana Henrycha Prußa, gako y geho Wyzssych y Nizssych Officirum, Miesstianuw, a ginych Soldatuw, accordirowana, a zawrziena, totižto.

Neyprwe, aby wssecżky Nabozienstwi a Wiry Katolicżke Osoby, gakeho kolliw Rziadu, Stawu, a powolani, przi tej Wirzie swe, tak gako prwotnie, dokonale pozustaweni bylj, Nabozienstwi swe swobodnie, a beze wsseho umenssenj, prziekažky, a hyndrowanj wniem, wždycżkny prowozowati mohli, a prowozowali.

Za druhe, aby wssycżkni Rziebolnicży a duchowni Osoby, przi starobylych duchodech swych zustali, a przi Miestie na swych Kostelnich Klinotech ziadne sskody nenesslj.

Zatrzieti, Wssychni Miesstiane (obzwlasstie pak G. W. O. K. M. Officirowe a Sprawczowe tak podobnie Purgmistr, Rychtarz, a czela Radda, y telikež gini wssychni od Stawu Obywatele, genž by zde zustati a se poddati chtieli) magi wsseho sweho statku y zboži, domuw, dworuw a gineho gmieni, podle starobyleho obycziege, Swobod, Nadani a Privilegij swych, tak gako w cziasu Pokoge, neprzierussytedlnie, y dalegi užywati, w possesu, a moczy gich zustawati, a kwaltem nema gim nato ozwiziadneho ssahano beyti. Ti pak kterzi zde zustati chtieti nebudau, ti magi, a mohau, z swyma Zienami, ditkami, Nabytky, a Swrzky mewitegmi, gako y Winem, a Obilym, y ginym wssym Gmienim swym, swobodnie, a bez prziekažky odgiti, a prepusstieni beyti, k tomu take domy, dwory, Roly, Winicze, a gine Nemowite statky swe zde przi Miestie, a nebo ginde lezicży, w gistem cziase zpenieziti, y tolikež beze wsselike, kterehe kolwiecz Czlowieka prziekazky, takoweho trhu, k duchownim, a neb Zadussnim Statkam a Duchodum ge probati meczy budau.

Za cztwrte, Wssyczkni ti, kterzi niegake dluhy a Prœ'ensi przi tomto Panstwi Nyklsspurkem swe magi, ti a takowi magi gim beze wsselike odpor-nosti na ty, o ktere se mezi sebau smluwiegi, giste terminy, a cziasy beze wsselikeych odporuw, a nesnazy od gich dlužnikuw bevli placzeny: kterzi by pak dluzniczy platiti nechtieli, prawnie ktomu dohnani beyti magi.

Po pate, cztyry Czysarzske welike strzielby Kusy, a diela z przinaleži-tau k tomu zaopatrzienau dostatecznau Munyczy, Kaulemi, a Prachy, Koň-stwem, a Forsspany až do Miesta Kornayburku dowezena beyli magi.

Za ssesté, Wssyczkni Wyzssy y nizssy Officirowe, gako y gina, a men-ssy Soldatesska wsseczka, se wsseczkeym gmienim sweym, z Koňma, rauczy, a filczy a in-umma se wssym Zbožim sweym nicziehož newyminiugicz ze swrchni zbrani, a rozswiczeneyma lunty swobodnie, a bezpecznie odtahnauti magi: kczienmuž gim 20 wozu z potrziebami dano beyti ma, a dwa Comisarzi, pro snadniegssy, a bezpeczniegssy Prnwod Bagazi, y Gvarnisonu až k Dunagi, proti wssech Conseferantu, kwaltu a meczy

Sedme, wssechna Municzy, a Prachy, magi uprzimnie, kteby cze toho bylo, ukazane beyti, nicz podkopaue, a fortelnie k budauczy sskodie Miesta a nebo zamku nema beyti Minirowane, a nato giste osoby do gisteho cziasu z prostrziedku postupugiczych Zamku, tu wnim, a nebo w Miestie, misto Rukogmi magi zustati.

Osme, Na Winie, a Obily, gako y na gine wsselike Prouisi, nema nicz pokazieno, a nebo gebem napusstieno beyti.

Zie ga Frydrych Pan z Tysnpachu na Mayrhofich, a Dyrnholczy, Rytirz, a Neywyzssy, tiemto wssem na horzie poloziene ym Articulum (kromie Pateho) we wssech Punktich, a Clausulich, uprzimnie, a bez fortele zadosti uczyniti, a ge zachowati chczy, przipowidam, a slibugi pod Mau Czti a Wierau. Cziehož k neporussytedlnemu Zdrzieni tento Accord, Przirozenau peczieti, a podpisem Ruky wlastni potwrzugi. Stalo se na Zamku Nyklss-purku 3 Februarij o 12. hodinach w noczy Leta 1620.

Naproti tomu ga Henrich Prus Heytman, a Commendant Zamku Nyklsspurku, y gmenem, a na Mistie wssech sweych, wyzssych, y nizssych Officiruw, Miesstianuw, a ginevch Soldatuw pod swau Czti, a Wierau, przipowidam tolikež, a slibugi, Zie dle nahorzie poloziene ych Punktu, a Ar-ticuluw beze wsselike nesnazy, a odporu gakž byto kolwiecz lest lydska wy-myslili mohla od Datum tiechto Punktuw w 48 hodinach G. M. Neywyz-ssymu Panu z Tysnpachu, Zamek Nyklsspurg w geho mocz podbati, a do-rukau odwesti chczy. Napotwrzeni toho Peczier swau z podpisem ruky wlastni, a sekrytem Officiruw meych, gako y przednich Miesstianuw k tomuto lystu ſem przitiſkl. A proleppſſy ubezpeczieni Pana Neywyzſſyho Pan Hrabie z Nagarolu, Heytman Moſt, a Purgmiſtr Girzi Paner, y Jan Guldenmüller w hypotece a Rukogemſtwi Zuſtanau, z kterymazto on Pan Neywyzſſy, pokudž by ſe ode mnie tomu, czo ſe w tiechto Punktich obſahuge, a Zawira we wſſem zadoſti neuczinilo, a neſtalo, bude moczy naklabati, a zachazeti gak ſe gemu widieti bude. Actum na Zamku Nykliſſpurku 3 Februarij o pul noczy 1620.

(L. S.) Henrych Pruß.

(L. S.) Ulrych Lehner Na a z plaumilu, Fenrych.

(L. S.) Feldwäbl.

(L. S.) Becklhaub, Rychtarz.

(L. S.) Girzi Hieckel.

(L. S.) Girzi Göz.

Gründliche

vnndt

Warhafftige Relation,

Wie vnndt auff waß weiß, durch Arglistige Anschläge, Practigen vnnd Fortheil, die Stände Subutraque dieß Marggraffthumbs Mährern Jennerzeit vnndt Anfanngs der Rebellion, sich in die Stadt Ollmutz geschleiffet Vnnd nachmals auß beyfahll der Vn-Catholischen Burgerschafft derselben sich vnbillicher weiß gemechtiget, vnndt der Stadt Guberno sich vnderfanngen. Alles mitt grundt der Warheitt, wie solliches vor Gott, vndt der welldt zue verantwordten: auch auffm Nottfall mitt der gantzen Catholischen Gemein Bezeügt werden khan, Beschrieben, vnndt denen Herrn Commissarien von E. E. Rats abgeben worden. *)

(Aus dem Chaos Pessinianum.)

Alß Anno 1619 der Laydt. vndt Feindtliche Einfall von den Mährischen vndt Behaimbischen Stännden in Brynn, Aller orttes Mährig vndt schalbar worden, Vndt hierauß menniglich allerhandt künfftige vngelegenheit schliessen können, Hat ein Ehrsamer Rath alhier in Ollmutz die Stadt Thör tag vndt nacht mitt stättigen schließen in bester obacht gehallten, Vndt den 10 May, vorstehenden Jahrs, frue vmb 7 vhr ein gantze Er. Gemein auf das Rathhauß beruffen lassen, Den Feindtseeligen verlauff, so Sich kurtz verruckles Tages (wie Ihre abgesandten glaubwürdig avisiret) Zue

*) Von Dudik in Mähren's Geschichtsquellen I. S. 251—253 kurz angezeigt und von demselben in der Chronik der Stadt Olmütz über die Jahre 1619 und 1620, Brünn 1851 (welche das 1. Heft der Schriften der historisch. Sektion bildet) nebst anderen Aufzeichnungen benützt (S. dessen Quellen S. 316—336. S. dazu auch S. 183 bis 200, dann S. 51—57, 130—146, 224, 255, 257, 287, 439—457). Da aber die hier vorliegende Relation nicht vollständig in der erwähnten Chronik enthalten ist, insbesondere diese nur bis zum 28. Juli 1620, die Relation aber bis zum 13. Jänner 1621 reicht und die erstere auch schon seit Jahren nicht mehr im Buchhandel zu haben ist, nehmen wir keinen Anstand, die Relation hier mit aufzunehmen.

Brynn begeben, vorgetragen. Darauff ein gantze Erb. Gemein Ihres Eydts vndt Pflicht, damitt Sie fürderlich Gott Ihrer Khöniglich Mayestät Ferdinando vndt einen Ehrs. Rath verwandt, Fleißigists errindert, mitt angeheffter frag (da Se doch un Ihnen dißfalls vor nicht Zweiffelln), Ob Sie sollchen Ihren Eidt vnndt gewissen nach, da khünfftig etwas vor die Stadt kommen möchte, Alls getrewen, lieben vnndt aufrichtigen Burgersleüthen gebühret, bey höchst gedacht Ihr Khönigl. May. vnndt einen Ehrsamben Rath stehen, heben vnndt legen, Jaa auch auff den nottfahll leben vnndt Sterben wollen? Sich gegen Einen Ehrsamben Rath endtlich vnndt Trewlich Zuerkleren.

Auff wellches Ahn. vnndt vorbringen Sich dann einen Erbare Gemein der Vätterlichen auisi, vorsorg, vnnd Trewhertzigen warnung gehorsambists bedancket, Mitt demüttigen bitten, gewohnllichem brauch nach, Ihnen vnbeschwerdt einen abtried großgünstiges Zue verstatten? Darein auch ejn Ehrsamb. Rath guettwillig Consentiret.

Hierauf nun die Gemein Catholisch vnndt Vncatholisch, ahn gewönlichs orth in die Gerichtsstuben abgetretten Vnndt dieß alles waß ein Ehrsamber Rath proponiret Vnndt Zue Brinn in der Thatt vergelauffen, wolbeherczigel: vnndt nachdem allenn, das ein jeder vermög seines gethanen Eydts vnndt Pflicht, bey Ihr Königl. May. Ferdinando vnndt einen Ehrsamben Rath, alß ihrer geliebten Obrigkheit Zuestehen, Ehr, Gutt, leib vnndt bluett Zuelassen, wie schuldig, allso auch willig befinden. Vnndt solchen schuldigen gehorsamb vnndt willigkheit einen Ehrsamb. Rath hinwiederumb relationiren lassen, Dessen Sich gedachter Rath bedancket, vnndt Sie in Gottes nahmen wieder Zuehauß gehen lassen.

Dieß Tages vnndt eben in der Stunde, Alls die Gemeinen von einander geschieden, Seindt vngefehr Zweene Reytter, Zwischen 10 vnndt 11 Vhr vor daß Mitter Thor kommen, in die Stadt begehret: Vnndt das Sie von Ihr Gn. denen herren Landtscommissarien hieher abgefertigt, vnndt Losamenter Zuebestellen, vermelldet.

Wellchem Ihren bloßen vorgeben nach man aber nicht getrauet, Sonndern dieselben durch Herrn Mericz Kloczmahn, vnndt herrn David Wittbern vmb schein vnndt Khundtschafft befragen: vnndt nachmalls in mangel deren Vneingelassen wieder abziehen lassen.

Nachher vmb ein vhr ermellten Tages, haben Sich Zweene wägen neben Zwey Cornet Reyttern sehen lassen, vnndt Zuebesagten Thor gefunden, Daßelbe Zue eröffnen: vnndt weillen Sie von Einer Ehrsamben Landtschafft dieß Marggr. abgeordnete Commissarien, Auch ahn einen Rath, sowell die gantze Gemein Schreiben abzuegeben haben, Ihnen alß Freündten vnnd einheimbischen in die Stadt freye einfarth Zuelassen, freündtl. begehret.

Wellcher Commissarien Ankhunfft vnndt vorgeben dann von der bestellten Thorquardi einem Ehrsamben Rath allso baldt angedeût vndt bericht werden. Darauf ein Rath drey auß dem Mittel alls Dauidt Heintzen, Mauricz Kloczmann vnndt Merten Frölich Zuegemellten Thor auf den wahl abgeordnet, Neben anzeigung, daß Sie sollchen Ihren begehren mitt einlassung ohne verwissen vnndt willen der gantzen Gemein nicht Satisfaction Thuen können: Vnndt ob es woll ermellte Commissarien höchlich geschmierczet, haben Sie doch in die drey stundt mitt hallten vnndt warten vor dem Thor Z:ebracht. Die Burger aber Sich auf den Basteyen vnndt wählen bey den Stulhen mitt Zuerichtung, ladung, vnndt allerhandt guetten bereitschafft finden lassen.

Vnnterdessen ist die Burgerschafft vnndt gantze Gemein allsobaldt in aller Eill wiederumb Zum andern mall Auf das Rathhauß beschieden, vnndt der gemelltes Commiss. Einlassung halber befragt werden. Bey wellcher dießer versamblung Ein Ehrsamb· Rath, eben die beschehene vorige an, mahnung: Ob Sie wie Zue vor bey einem Rath stehen, heben vnndt legen, Auch leben vnndt sterben wollen, in allem ernst widerhollet. Hierauff dann ein gantze Gemein Catholisch vnndt vncathelich wie vermallß geandtwortett vnndt geschrieren: Ja Ja Ja.

Nunn weillen aber mit aufforderung der Gemein ehe Sie Zuesammen khommen, vnndt dißfalls vnterredung gehallten, Sich lanng verzogen, Vnndt der Abendt Sich nunn auch albereit genahett, haben die Commissarien Allßdann mitt grossem verdrueß wieder Zueruckh gesetzet, vnndt im dorff Schlabelin ein viertel meill vn der Stadt, daß nachtläger zuehallten eingekheret.

Von dannen allßdann ein protestation schreiben wie beyliegendt Lit. Zue sehen, weill die Gemein nach auff dem Rathhauß beysammen geweßen Zueruckh geordnet Mitt darinn vermeltem Inhallt, das Sie keines wegs Feindt, oder frembde, Sonnders Ihnwohner dieß Lanndes vnndt Zue dießem nach von einer Ehrsamben landtschafft hieher abgeordnete Commissarien seindt; Allß wollen Sie gegen der Landtschafft solchen vngehorsamben verlauff vndt verwerckte Feindtseeligkheit woll zu eyffern vnndt khünfftig in anderer gestallt woll fürzuenehmen wissen, derowegen Sie dann nochmallß keinen andern, Allein Ihnen selbsten, die schuldt Zueschreiben sollen. Hierauf ist von einem Ersamb. Rath sowoll der gantzen Gemein, einhellig beschlossen worden, Sintemallen Sie, (Alls bericht wierdt) Ahn Einen Ehrs. Rath vndt die gantze Gemeinde von dennen Ständen schreiben abzuegeben haben, (sonnderlich aber von den fürnembsten Luteranern, Alls Carl Hirschen, Frantzoßen arczt, Obßdorffern, beyden Schäefern, vnndt Noßken, Veit, Oesterreichern, förderlich gerathen werden) Weillen Sie ahn allen Zweiffel schon alle beschaffenheit, Verrichtungen der Commissarien vnndt wie glaubwürdig nacher gehört worden, vnndt der effectus hernach selbst erwießen, Auch schon abschriefft des Patents gehabt haben, das man Sie, weillen Sie nicht frembde, nach feünde, sondern die Ihrigen, vnnd Inwohner des Landts, das mag dießelben herein lassen vnndt bloß Ihre verrichtungen angehören solle. Vnndt damit Sie den abzueg nicht so höchlich empfinden, nach in vngenaden aufnehmen wollen, sollte man, wie auß dem Rath, Allßo auch auß der Gemein etliche Abgesandte hernach schickhen, Sie vmb verzeihung bitten, vnndt das Sie morgen des Tages Ihrer gewärtig sein wollen, andeüten lassen. Dabey es dann die andern auß der Gemein, sowoll der Rath (doch der Vncatholischen Mäneydigkeit vnndt betruegs vnwissendt Sondern Sich viell mehr auf Ihre Zuevor Zuegesagte Trew vnndt behstanndt verlassendt) auch wenden lassen.

Vnndt ist hierauff auß dem Rath Dauidt Heintz, Mauricz Kleczmann, Dauidt Wittber vnndt Galle Labrhüttl, Auß der Gemein aber Carll Hirsch, Franczosen-Arczt, Andres Heilig, vnndt Johann Skocziowsky der Ellter, Zue den Commissarien hernach geordnet worden, mitt dieser Instruction, Ihnen eines Raths, sowoll der Gemein einhellige vergleichung, daß Niemanet in dießer gefehrlichen Zeit, sonnderlich mitt der gleichen starckhen Consoy ohne vorwießender Gemeinn eingelassen werden sollte, Zue verständigen. Leczlichen auch des Raths vnndt der Gemeinde, diesfals einhelliges verbleiben (Weillen Sie, alß bericht wirdt ahn einen Rath vnndt gancze Gemein schreiben abzuegeben haben) daß es von Ihnen khünfftigen morgen, so da war der sambstag Eylfften tags Maij, frue vmb 8 vhr beschehen sollte, Anzuedüten; doch mitt dieser Condicion, damitt die Reyterey außgenommen Zwaintzig Pferdt alle vnter der Zeit vor der Stadt verbleiben möchte. Wo nunn denen herrn Commissarien solches gefellig, wollen Sie Ihr auf den Morgen erwarten. Allß nunn benandte abgesandte mit dießem bescheidt sich auf den Weg gemacht, Die Commissarien wie obstehet Zue Schlobelin angetroffen, vnndt Ihre anbefohlene verrichtung, wie leczt erzehlt, vorgetragen, Hatt herr Albrecht Sedlniczky geantwordtet: aller gestallt das obgezogene protestation schreiben in sich hellt, Das Sie nicht mit kleinen schmerczen, auch höchsten schimpff vnndt Spott sollchen vnverhofften abzueg empfinden müssen, Zuedeme so sey Ihnen nicht allein bloß dießer despect, des lanngen anfzuegs, vnndt nicht einlassung halber, ahngethan, Sondern were auch aller handt feindtseeligkheit, vnndt Zuebereitung Kriegs-Arma von Ihnen gesehen, vnndt vermerckt worden. Wellches alles Sie anngehörigen orth woll zue eüssern wießen werden. Vnndt wollen auf Khünfftigen Morgen wiederumb dahin erscheinen, vnndt Ihre verrichtungen, wie schriefftlichen allso auch mündtlichen auf dem Rathhauß daßelbsten in beysein der ganczen Gemein erklären vnndt vortragen, Dabey Sich dann ein Erb. Gemein fleißig finden lassen wolle.

Vollgenden Morgen, da die Gemein wiederumb auf den Rathhauß vmb 7. Vhr fruer tadzeit Zuesammen kommen, haben offt ermellte Abgesandte die beschaffenheit Ihrer verrichtung, Einen Rath sowoll der gantzen Gemein durch Dauidt Heintzen relationiret, deretwegen dann ein Rath vnndt Gemein auf dem Rathhaus beysammen blieben, vnndt der Comissarien ankhunfft erwartiet.

Inn diesem seindt Sie gleich mit den Zwey Cornet Reythern vor das mitter Thor kommen, welliches allsobalb dem Rath vnndt der Gemein anzeügt, Vnndt allso balldt darauf gestrigen verbleiben nach die Commissarien neben den herrn Diettrich von Zierotin auf Meseritsch (so das Commendo über die Reyterey gehabt) mit 20 Pferden herein in die Stadt gelassen worden. Welche dann gestracks, (weiß nicht auf weß verordnung, vngeacht es kein wirdtshaus) Auf Hannß Kropfen hauß Ihren weg Zuegenohmen. Dahero leicht Zueschließen, das albereit Zwischen Ihnen vnndt den alhiegen Lutheranern gutte Correspondentz vnndt schlimme Zuevoran geschmidte practicen geweßen seyen.

Es hatt auch ein Ersamb. Rath in einzug der Commissarien die Gemein Zum Dritten mall vnndt Zum vberflueß, damitt Sie Ihrer Trew vnndt beständigkheit desto Sicherer wehren, wie abgemeldt, Ihrer Eidt vnndt Pflicht wiederumb erriudert, vnndt Sie keines wegs Zue verlassen, oder etwa wieder Ihr May. Zue attentiren gebetten.

Ob nun woll Catholisch vnndt Vncatholisch Trewzuehallten wieder aufs new bestättiget; So haben Sich doch die vncatholischen wie kurtz hernach erfollgen wirdt, (Nachdem Sie ihre sachen guett Zue sein, vnndt daß hefft in händen habendt, sich erkänndt) auß Ihren schlimmen vornehmen Ahn sollcher Ihrer dreymall auf einander Zue gesagten Trew biß in Todt, balldt vergessen, von dem Rath, sowoll der Catholischen Burgerschafft sich getrennet, balldt bey den Commissarien durch die vornembsten Auß: vnndt eingangen, mit Ihnen Practiciret vnndt den Rath, Sowoll andere Catholische hilffloß gelassen.

Vnndt da anderst Ihr gn. Herr Obrister von Walldtstein Zum wenigsten Zwey oder ein Fändel Knecht in der Guarnison alhier verlassen hette, hetten die schlimmen leüth sich woll eines andern bedenkhen vnndt ein andere lathein lehrnen müssen. Da Sie aber den fortheil In vnndt außer der Stadt so weit durch list vnndt betrueg ergrieffen, Ist von den Ihrigen Manns vnndt weibs Personnen ein vberauß grosser Jubel vnndt Frolockhung gesehen vnndt gehört worden. Hierauf die Commiss. sambt Doctor Timin vnndt Doctor Sabisch, welliche sich Zue dießen Actu allß getreüe Räth vnndt beystandt woll Tapfer gebrauchen laßen. Auch neben Ihnen der gantze Ketzerische anhang baldt mitt Ihnen auf daß Rathhauß erscheinen, Vnndt herr Albrecht Sedlniczky in Böheimbischer Sprach, Siczendt, In praesentia der gantzen Gemein fragendt angemelldt, Erstlichen ob auch die gantze Erb. Gemein alhier gantz vnndt gar Zuegegen versamblet sey, Hierauf herr Zachariaß Domaschko, Allß damalls Regirender Burgermeister geantwordtet, Ja, wie sonsten vor dießer Zeit allwege verhallten worden, Dann nicht alle vnndt Jede wierth der gantzen Stadt, Sondern allein die Ringleüth, Weinherrn, vnndt aus den Zunfften die Elltisten, vor die gantze Gemein geachtet wirdt, vndt allso seindt Sie Jetzt auch beyhänndig.

Zum anndern vermeldet, wie daß er neben herrn Wenczl Oltowsky vermög Ihnen aufgetragener Vollmacht vonn allen vier Stännden dießes Marggraffthumbs Jetzo Zue Brinn versamblet, alls Commissarien abgeerdnet: Ein schreiben ahn ein Erb. Gemein abzuegeben, Nachmallß auch Ihren weittern willen vnndt befehl ermellten schreibens Inhallt nach ferner Zue procediren. Derowegen Sie solliches hiemitt vberantwordtet, vnndt von einem Rath in beysein der gantzen Gemein eröffnet, vnndt publicirter haben wollen.

Allso hatt besagter Zachariaß Domaschko allß er gesehen, daß der Tittel deßelben nicht an einen Rath, nach viellweniger an die gantze Gemein: Sondern allein bloß, nur ahn die Euangelische Gemein dirigiret, in beysein der Commissarien vnndt der gantzen Gemein vermelldt, daß Ihnen solliches Zue eröffnen nicht gebühren will, vnndt dieß einer Erbaren Gemein eingehändiget.

Da Sich dann allßballdt die vornembsten, Allß schäeffere Hanns Eckhardt, Schweidtleickh, Nosse, Georg Schnebert, Veit Oesterreicher, Marquart vnndt andere viell herfürgebrochen, vnndt in der Rathstueben offendtlich ermelltes schreiben verleßen, deßen Tittel auß Böhmischer Sprach ins deütsche versezt, wie folliget.

Denen Erbaren Bürgern, vndt vorstättlern der Stadt Ollmütz, so den leib vndt bluett des Herren vnter Beyderlei gestaldt Bekennen vndt empfahen, Vnßern gutten Freünden.

So viell der eingang deßelben belanngt (wie dann auß beygelegten original B. Zuesehen) war der Inhallt mitt allerley rauchen iniurien, vngegründten bezichtungen, vnndt von den Catholischen von Ewigkheit her vnuersachten Trangsahlen auf die Geistliche Clerysey vndt Gotteshеüßer wellgespicket; Förderlich aber auf die herrn Patres Societatis Jesu, weillen dieselben (allß der befellich in Sich hiellt) böße Practicanten, allerley böße sachen bey grossen herrn vnndt Potentates bißhero Practiciret, vnndt vornehmer Fürsten vnndt herrn herczen gegen einander verheczet, Allso das, wo mann nicht Zeitliche Vorbawung Thette, Zue besorgen were, das Sie die subutraque durch solliche Ihre böße anstiefftungen Zeitlich mitt wurtzen vnndt Stengel auß Zuerotten Sich befleißigeten. Derowegen dießelben alß baldt nach vernommenen Inhallt dieß Schreibens, alle vndt Jede auß dem Lanndt wegkh geschafft, verohrlaubet, vnndt Ihre gütter vnndt haabschafften, wie die Immer Nahmen haben mögen, dem Landt Zue gutten eingezogen werden sollen.

Fürs andere, weillen die Catholischen ohne das Zur genüge Kirchen vndt Gottsheüßer haben, darinnen Sie Ihr exercitium religionis oben können, Alß wollte ein Evangelische Gemein neben dem vorigen verhilfflichen sein, das nicht allein die Jesuitische sect vertrieben, Soondern auch damit Ihnen die Schließl Zue der Kirchen St. Mauritzen vberantwordtet, vnndt denen Sub utraquis Zue Ihrem exercitio eingeraumet werden möchte.

Zum drietten soll der Siczende Rath Allsobaldt ihrer Rath stüell entseczet, vnndt andere hierzue Taugliche vnndt qualificirte Personen auß der Gemein, So der Evangelischen Religion Zuegethan, denen herrn Commiss. gelieben, vnndt denen Zue vertrauen ist, von der Gemein erwöhlet, vnndt an Ihre Rathsstelle verordnet werden.

Vnndt dafern einer oder der andere wieder dieß in einem oder dem andern sein wollte, der, oder dießelben, Auch die so vmb des Waldtsteiners Practicen gewust, vnndt Practicziren helffen, Sollen allso balldt assecuriret auch bey den Köpfen genohmen werden. Darzue dann die herrn Stände den herrn Commissarien alles vnndt Jedes ins wergkh zue richten hiemitt gantz vollkommene macht vnndt Gewaldt gegeben, haben wollen; subdato Brynn 6. Maij Anno 1619.

Wie nun erzehlte Artichel abgeleßen vnndt von menniglich verstannden worden, hatt herr Sedlniczky in Böhmischer Sprach weiters vorbracht; daß er mitt vnndt neben seinen mit consorten herrn Waczlaw Bittowsky nicht Zweiffle, E. Rath sowoll die Erb. Gemein wierdt der herrn Stände will vnndt meinung Notturfftiglich verstanden haben. Weillen dann Sie alß hierzue gevollmechtigte Commissarien, Zue dem Endt damitt ieczt gedachtder Ständt will vnndt meinung vollzogen vndt bestättiget würde, Anhero abgefertiget; Alß wollen Sie einen Ehrs. Rath wie derßelbe Jeczo beseczt, Crafft Ihnen aufgetragener vollmacht, Ihrer Rathstelle auf dißmall entseczet vnndt befrewet haben. Wollen vnndt befehlen auch ahn Statt vnndt in Nahmen der herrn Stännde dieß Marggr. damitt Ihnen die schliessel Zur Stadt vnndt Rathhauß von stundt ahn vbergeben werden möchten.

Einer Evangelischen Gemein aber hiemitt andeütendt, das Sie vnter Ihnen (wie der befehlich in Sich hatt) andere Tichtige vnndt qualificierte Personnen Zum Rathstuel erkießen vnndt aufgezeüchneter Zwischenhin vnndt montags abgeben wollen. Da dann einem Rath Zum recht endtlichen abseczt, einer Evangelischen Gemein aber, wie Jeczt gedacht Zue erwöhlung anderer Tichtigen Personnen besagter Montag frue vmb 7. vhr der Tag vnndt Stundt benennet sein soll.

Hoffen derowegen Ein Ehrb. Euangelische Burgerschafft wierdt hierzue in einem vnndt dem andern (weillen alles Zue Ihren besten, vnndt auf Ihr begehren beschicht) willige Handtreichung thuen.

Hierauf herr Bartholomeus Heylig Raths elltister in Rahmen eines gantzen Raths geantwordtett.

Erstlichen daß ein Ehrs. Rath von Ihr Röm. Khays. Mayestät allß Vnßers allergnedigisten Khayßer vnndt herrn, durch Ihr gn. herrn Vnter Cammerern dießes Marggraffthumbs Zue den auf Sich habenden Ambtern berueffen, vnndt die Schließel neben andern notturfftigen gewallt Ihnen anvertrauet worden, dahero Sie auch von deroßelben Nottwendig vnndt sonnsten von niemandt andern, dauon Entbunden vnndt befreyet werden müßen. Dafern aber wider verhoffen hierinn etwas gewaldtsames, es sey An Ihren Personnen, Aemptern, oder Ihnen anvertrautten Schliesseln, von Jehmanden verobet werden möchte, Müsten Sie es Jetzigerzeit Gott, vnndt denselben so Sich deßen vnterwunden, Zue Ihrer khünfftigen verantwordtung ahnheim stellen.

Darauf herr Albrecht Sedlnitzky mitt dießen wordten herfürbrochen die herrn Stännde begehren nichts wider Ihr Mayestät in wenigsten vorzuenehmen, Sonndern erkhennen Ihr Mayestät gleichsfalls für Ihren allergnedigisten könig vnndt herrn, Allein was da beschicht, Ist bloß Zue erbawung gutter vertrewligkeit, Trew, Lieb, Freündt vnndt Nachbarschafft, auch friedt vnndt einigkeit vnter der Relligion angesehen, derowegen Sie solches wollkhünfftig Zue verantwordten wießen werden. Seindt allso aufgestanden, vnndt wiederumb vom Rathhauß hienunter in Ihr obgesagtes Losament gangen. Ein Ehrs. Rath aber hatt die anweßende Gemein abermallß Zum höchsten Ihres Eidts vnndt gethaner Zuesag erinnert in dieß der herrn Commissarien begehren vnndt fürbringen nitt Zue Consentiren, Viellweniger Sie diesfallß Zue verleßen, Auch damitt Sie Sich desto besser bedencken, vnndt einhellig vnterreden möchten, einen abtritt in die Gerichtsstueben auf Ihr begehren vergünstiget. Allß man dahin kommen, haben Sich allso baldt die fürnembsten subutraquisten Allß Carl Hiersch, Hannß Eckert, Adam Schäefer, Fridrich Schaeffer, Georg Noske, Hanns Obßdorffer, Georg Schnebert, wider allen Allten löblichen brauch vnndt gewohnheit Zue Tisch gesetzt, vnndt die vorigen gesessnen Catholischen allso Eigenwillig vortrunngen, das schreiben der herrn Stände, Hanß Obßdorffern vberreichet, der Gemein in originale wieder aufs new verleßen, vnndt nachmallß durch Hannß Obßdorffern verdeütschen lassen. Ob nun woll die Catholischen ahn dessen Inhallt kein gefallen getragen, Sonndern nach müglikeit auch der Luterischen Partey Ihre dreymall aufeinander dem Rath Zuegesagte Pflicht vnndt Trew erindert, vnndt vnter augen gestellet, Hatt es doch bey Ihnen wenig gefrüchtet, sonndern gantz freüdig vnndt Troczig geantwordtet, Ihr höret Jaa, das solliches alles Ihr Gnaden der herrn Stännde will vnndt meinung sey, Derwegen Sich niemandt Zue widern hatt. Allsoballdt mitt etlichen Catholischen sonderlich mit Clementh Rathebsky angefangen Zue Expostuliren, vnndt Ihme allten Böheimbischen brauch nach mitt dem fenster gedrowet &c., Den Catholischen Gemein Redner abgeseczt vnndt einen Ihrer Religion mit Nahmen Christoff von Sollgaw hergegen bestellet &c. Jedoch weillen dieß schreiben an ein gantze Euangelische Burgerschafft, So woll auch an die Vorstättler Lautet, vnndt derzeit keiner beyhändig, wollen Sie es dießmallß beruhen lassen, vnndt damitt dießelben alle vnndt Jede, vmb 1. Uhr vor daß Rathhauß beschieden werden möchten. Daman den Ihnen dieß schreiben auch verleßen, vndt hierauf Ihre Stim auch anhören Khan; Bey wellchen es dann ein Catholische Burgerschafft auch wenden lassen, vnndt ein Ehrs. Rath hatt solliche citation der vorstättler (In meinung Sich eines beßern Zue bedenckhen) Auch Zuegelassen.

Allß Sie nun Zue höchstbesagter Stunndt alle vor daß Rathhauß, die vornembsten auf das Rathhauß kommen, haben dießelben daß offtgemelldte schreiben Einer gantzen Gemein vom Rathhauß hinunter wider ableßen lassen. Vnndt weillen gleich ein Triebes Regenwetter aufgezogen, hatt ein Ehrs. Rath sowoll alle Catholischen begehret, Mann wölle die Gemein wie Sie vnten vor dem Rathhauß versamblet, auf den Saal hienauf bescheiden, vnndt solliches droben verleßen lassen; Aber die Subutraquisten haben hierinn größlich difficultiret Auß bößen gewüßen selczame einfalle vnndt gedancken getragen, allß ob es nicht Rathsamb währe Sich in solliche Kleme Zue begeben, vnndt mitt grossen geschrey geantwordtet, Nain Nein Nain von der Rathhauß Stiegen soll daßelbe hinunter auf dem Placz verleßen vnndt Publiciret werden. Dabey es dann blieben, vnndt baldt darauf Erstlichen Böhaimbische original, nachmallß, wie es von Hannß Obßdorfern ins Deütsch verseczet worden, dem aufwarttenden Volckh von der Rathhauß Stiegen hienunter verleßen worden.

Nach verleßung dessen hatt Georg Schubert durch weßen antrieb, wierdt er am besten wissen, Ahn die vnten versambleten Lutheraner eine frag gethann, weillen Sie nunn albereit Ihr Gnaden der herrn Stände will vnndt meinung verstanden haben, Ob Sie dann den herrn Abgesandten, hierzu Zue allen vnndt Jeden waß begert wirdt, Trewliche hilff thuen wollen oder nicht. Darauf die vnten gestandenen Subutraquisten (welche Sich Zweifels frey mitt den obern schon vnterredet) Allßbaldt mitt grossem vngestimb geschrieren Ja, Ja, Ja, Ermellter Georg Schuber aber (damitt er Sie in Ihrer meinung desto bestendiger vnndt stärcker machte.) Neben anneren seinen vmbstehern, allß Hanns Eckert, Georg Nosle, Veit Oesterrelchern, Marcus Schwechtleith, Matthes Khornreich, Johan Springsfeldt, vnndt andern, Zum anderumall gefraget' mitt dabey vermellden, Sie schryeren Zwar alle Jaa Jaa, Aber Sie sollten Sich auch wolbedencken, dann es vmb kein kleines Zuethuen sey: wollten Sie aber wie Zuenor, bey Ihr gnaden den herrn Stännden stehen: vnndt dero abgefertigten Commißarien, wie angehöret, in allen Zue fortstellung würcklicher execution hilff Thuen, sollten Sie Sich Zum anderumall erklären. Darauff Sie wie Zuevor vnbedachtsamb alle sambt in hauffen (darunter Sich auch Ketzerische Weiber befunden) mitt heller Stimm geschryeren, Ja, Ja, Ja, Theils auch mit dem Zuesacz. Jaa hab vnndt, leib vndt leben wollen Wier bey Ihnen lassen.

Vber welches Ihr gantz Vnbesinnen vnndt leichtsinniges Jaa schreyen, Sich die Catholischen höchlich verwundert, Ihnen Ihre vnbeständigkeit vnndt vorige dem Rath gethane Zuesag verwießen vndt gemeldet, daß es nicht müglich sey, das alle vmbstehende, dieß schreibens inhalt vernommen; geschweigen in erwegung genommen hetten. Derwegen Sie in so wichtigen sachen doch nicht allso schnelliglich vnndt vnbesunnen fortfahren, Sonndern Sich Zuesamen hauffen, einhellig beratten, vnndt nachmallß Ihr meinung durch einen abschueß der gesambten Burgerschafft vndt einen Ehrsa. Rath andeüten lassen wollen.

Aber dieß alles hatt bey Ihnen im wenigsten Stadt funden, Sonndern seindt allso auf Ihren Jaa verblieben. Darwider aber die Catholischen protestiret, das es nicht aller vntenstehenden will vnndt meinung sey, Sintemall Sich darunter auch viell Catholische befinden, vnndt hierzue mitt gutten gewissen nicht Jaa sagen können. Hierauf vorbemellte Lutteraner geantwortwortlet, Ey man wirdt da keinen nöttigen, wer Sich nicht guttwillig will brauchen lassen, der laß bleiben. Alß dann von der stiegen hienunter Zue den gemeinen mahun gangen, vndt das dießelben vor der herrn Commissarien Losament aufwartten sollen, anordnung gethan, denen Sie auch allsobaldt gehorsambet, vnndt Sich in Puncto dahin begeben.

Die Commissarij aber, nachdem Sie dieß ahnhangs lust, hercz, Muett, Sinn vnndt freüdig begierdt gesehen, haben Ihren weg wider aufis Rathhauß genommen, vnndt wie zur fruer Tagzeit die schliessel von der Stadt vnndt Rathhauß, sambt der Stadt Sigil, auch die Schliessel von der Kirchen St. Mauritzen, Zum anderumall ernstlich vnndt mitt gewalldt begehret vnndt abgefordert. Hierauf von Bartholomeo Heylig geantwordtet, Die Stadt vnndt Rathaußschliessel seindt Zwar beyhendig, will Sie Jehmandt mitt gewalldt nehmen, wirdts khünfftig wiessen Zue verantwordten, vnndt der Gemein gesagt, was Sie darzue sagen. Darauf balldt erstlich Veit Oesterreicher, vnndt Friedrich Schäeffer herfür gebrochen vnndt geantwordtet, (doch ohn allen befelch der Gemein). Jaa man soll Sie geben. Vnndt Sindt hierauf von der Lutherischen Gemein allsoballdt auß Rath vnndt befehlich der Commiss.

Marcus Schweidtleyth vnndt Sebastian Schuemann (bestellt worden?), welche die Stadt mitgerüster hanndt allzeit auff- vnndt Zueschliessen sollen.

Auch die Schliessel von Albrecht Sedlniczky von Tisch hinweg nehmendt, Ihnen vber antworttet worden, Vnndt sich allso der Stadt Thör gemechtiget

Dannn solche vnndt dergleichen vnuerandtwordtliche attentata Sich Jeh mehr vnndt mehr hauffen wollen, Ist ein Catholische Burgerschafft durch einen Außschueß, in beysein der Commissarij vnndt Vncatholischen, vor einen Ehrsamen Rath getretten, vnndt durch Johan Skocziowsky dem Eltern in Böhaimbischer Sprach vortragen, vnndt offendtlich protestiren lassen das solche gewalldtsambe vornehmen gegen Ihr Mayestät vnndt einem Rath ein Catholische Burgerschafft Zwar Jetziger zeit nunn nicht mehr stewern, noch verwehren können, Jedoch wollen Sie an dießem allen verlauff khünfftig, vnndt Zue allen ewig wehrenden Zeiten, Auch gantz vnndt gar exempt, Vntheilhafft vnndt vor Gott, vnndt der gantzen welldt in allen vnfähig vnndt vnschuldig sein.

Darauff antwordtet herr Heylig, wier müßen es an Jetzo Gott vnndt der zeitt befehlen.

Alß Sie die fürnembsten Radlführer gehöret, seindt Sie gleichsamb darob ergrimmet, (vnndt sonnderlich Schweydtleickh) gesagt, wer hatt dießen reden heißen, demenach seindt die Commissarien aufgestannden, ins Losament ganngen, vnndt balldt hernach auf den wagen gesessen, vnndt vnverzüglich dem Collegio in begleyhdtung aller Kezer Zue gefahren. Vnndt haben die Subutraquisten füer nichts gewissers gehalltten, allein daß man den Jesuitten das garauß machen würde, derowegen Sie vnterwegs Sich mitt steinen woll versehen, vnndt hierzue fertigen fueß hetten. Aber Alß die Commissarien in daß Collegium khommen, Ist herr Pr. Rector sambt allen Patribus vnndt der gantzen societet, Ihnnen entgegen ganngen, Da dann herr Albrecht Sedlniczky, Ihnen allso baldt den auff Sich tragenden befelch von Punct zu Punct erkläret, vnndt vorgehallten, denßelben auch Nachmalls von wordt Zue wordt, durch Leonhardt Stockhen verleßen lassen, Vnndt darauf die Kirchen schlüssel von Ihnen abgefordert. Weilen aber Pr. Rector der Böhmischen Sprach vnkundig war, hatt Ihme pr. Jonas solche Puncta Lateinisch angezeügt, Darauff er heischender nottdurfft nach, darwider kräfftigllich protestiret, vnndt vermelldet, waß Ihnen in angehörten befehlich von Anstiefftungen bößer Practiken, verhetzung vornehmer Fürsten, herrn, vnndt Potentaten hertzen sowoll andern mehr vngebierlichen vornehmen wieder die Lutterischen, vnwarhafftig aufgemeßen, vnndt Zuegemüttet wierdt, das Ihnen solches alles Zur vngebier vnndt vnrecht, Allein bleß, Auß auff Sie gefasten haß vnndt Neidt beschehe, wieder welche vnschuldige auflag vnndt bezichtigung Sie dann hiemitt offendtlich vor Gott vnndt der Welldt, Sollenniter protestiret haben wollen. Hetten Sich auch solliches Verdachts vielweniger aber dergleichen, sondern mehrer vnndt grösserern Danckbarkheit, die Sie an der blüenden Jugendt, bey hoch vnndt Niedriges stanndts Personen, mitt deroßelben stätts geybten fleiß woll verdienet hetten, in ewigkeit nicht versehen.

Wie dem aber, wollen Sie es dem gerechten Gott anheimbstellen, vnndt Sich Ihr gnaden der herrn Stännde will vnndt befelch, willig vnterwerffen, vnndt Sprachen herr dein will geschehe.

Soviell aber die schliessel Zur Kirchen belangt, wehren nun mehr bey Ihnnen nicht, Sonndern bey dem Ehrwürdigen Capittel allß collatorem Zu suchen.

Dieß alles hatt ermellter pr. Jonas denen Commissarien in gegenwardt grossen Anzahl Pöffels von wordt Zue wordt Böhmisch wider angezeügt, vnndt daß Ihnen vor Gott vnndt der weldt dießfallß vnrecht beschäht offendtlich wiederhollet. Die Commissarien aber haben den Patribus einen gewissen tag Zum außraumen des Collegij vnndt conuicts, Sowohl Ihren Personnen Zum endtlichen abschiedt von der Stadt (darüber Sich dann keiner auß Ihnen bey leibesstraff finden lassen wölle) den morgenden Sontag früe vmb 8 Vhr 12 tag Maij, Intimiret vnndt angesetzet.

Von dannen hernach neben dem von Zierotin vnndt dessen Reüttern auffm Placz halltendt, Ihren wege Zum Pfarhern Zue St. Mauritz genommen, vnndt gleicher gestallt, wie gehöret, procediret, Die Schliessel mitt gewalldt genommen, die Kirchen St. Mauricz eröffnet, den Michael Engelman vnndt Hanns Thomas Zue Kirchenvätter bestellet, in der Sacristey alle Kleynodien vnndt Kirchenzier vberantwordtet, Vnndt in derselben Stundt einen gedeckten Kutschen nach Meister Thobiam auf Sternbergk abgeordnet, wellcher denßelben abendt noch alhier ankhommen, vnndt auff den morgen wie Zue früer stundt, also auch nachmittag frewdige Triumph Predigten gehallten. Damitt Sie aber desto gewisser vnndt Sicher geweßen, haben Sie die Commissarien die Zwey Cornet Reütter, weillen Sie bey den Jesuitten vnndt Pfarhoff geweßen interim auf dem Rinng in völliger bereitschafft hallten vnndt wardten lassen.

Nunn wie vor gehört, so ist die Rathsmutation auf den montag nach exaudi angestellt geweßen, Weillen die Commissarien aber vnter dießer Zeit auch auff Newstadt verreißet, vnndt daßelbsten eben messig die kirch ein Ziehung sowoll Rathsverenderung, verrichtet, hatt es derowegen auß mangel der zeit, biß auf den andern tag verbleiben müssen.

Dinstags dann, so da war der 14. Maj, Ist ein Ehrbar. Gemein wiederumb auf daß Ratthhauß kommen, vnndt alß die Commissarien Sich auch dahin ahngefunden, haben Sie allßbaldt ein frag an die Lutherische worden, dieselben Personen, so Zum Rathstüllen qualificiret, vnndt tauglich, erkießet, vnndt vermercket hetten.

Darauf Georg Schuebert herfür getretten, vnndt an Statt der Ewangelischen Burgerschafft, eine verzeichnuß deroselben denen Commissarien eingehändiget. Follgendts hatt herr Sedlniczky, in Böhaimbischer Sprach, allergestalldt es verruckten Sambstag beschehen, Ihre auf Sich habende befellch vnndt Commission gegen Einen Ehrsamen Rath kurtzlich repetiret, vnndt darneben, das Sie an ieczo Ihrer Ambter, Macht vnndt Würden gentzlich entseczet sein sollen, Ihnen angedeüttet, Wellchem Actu dann Dr. Timin vndt Dr. Sabisch fleißig stets beygewohnet.

Hierauf ein gantzer Ersamer Rath vnndt alle drey Räthe von Ihren gewohnlichen Rathsstellen aufgestannden, vnndt vor den Commissarien durch Bartholomeum Heylig, vmb vergünstigung Zue reden begehret, Vnndt da Sie es erlaubet, hat er anstatt eines gantzen Raths vnndt aller drey Räthe wieder solche Ihre gewallthatige beginnen, in beysein der gantzen Gemein Catholisch vnndt vncatholisch, offendtlich mitt hellen wordten, auf dieße nachfolgende Puncta kräfftiglich protestiret.

Erstlichen, das solche gewaldtsambe vornehmen, wieder Ihr Khönigl. Mayestät vnnßern allergnedigisten Khönig vnndt herr sey, dann vor dießem alle Rathsveränderung Ihr Mayestät durch Ihr Gnaden herrn Vnter Cammerer verrichten lassen.

Zum andern sey es auch wieder die Zeit, weillen solche veränderung vber Menschen gedencken Allzeit Jährlichen vmb Laurenti beschehen.

Zum dritten, ist es wieder den allten gewöhnlichen brauch, vnndt Gemeiner Stadt Vhrallte wollher gebrachte privilegium vndt Freyheiten, dann von ewigkeit her nicht vblich, noch breüchig geweßen, das ein sitzender Rath von der Gemein erwöhlet, vnndt in beysein deroßelben verändert were worden, Sonndern Iee vndt allwege ist der allte Siczende Rath der erwöhlung des Newen Raths mächtig geweßen.

Derowegen Sie wieder dieße vnndt alle anndere gewaldtsambe vornehmen vnndt vnordnungen hiemitt kräfftiglich Protestiret haben wollen.

Auf dießes hatt Wenczl Bittowsky deütsch geantwordtet, Ihr gnaden die herrn Stännde, Erkhennen Ihr Khönigl. Mayestät Ferdinandum gleichsfalls für ihren Allergnedigisten König vnndt herrn, Derowegen Sie dann, so etwa Ihr Majestät Zuewider, nicht gern etwaß Thun wollen.

Allein waß da geschehe, Ist bloß Zue auf erbawung gutter vertrewlichen Freündt: vnndt Nachbarschafft, damit der liebe lang gewünschte frieden, dermahlen eines gepflanczet, vndt der allten vnnertrewligkeit abgeholffen werden möchte, Angesehen.

Belanngendt daß es nicht Zue rechter gebierlicher Zeit beschehe, müssen Sich Ihr gnaden die herrn Stännde Ahn ietzo nach der Zeit richten

Dann nott, hatt kein gebott, vnndt werden daßelbe in khünfftigen hoffentlich wollzueverantwordten wießen.

Daß es aber wieder den allten gewohnlichen brauch, vnndt Gemeiner Stadt priuilegia vnndt freyheiten seyn solle, Seindt Ihr Gnaden die herrn Stände gar nicht gesonnen dießelben in geringgesten Zue schwechen, Sonndern vielmehr darob hanndt vnndt schutz Zue hallten. Dahero Sie in einen vndt den andern mit nichten etwaß Zue difficuliren haben. Hatt allso die von der Lutherischen Burgerschafft eingereichte verzeichnueß der erkießten khünfftigen Rathspersonnen dem Vnterschreiber Zue verleßen eingeantwortett, mit vorhergehender Erinderung, damitt Sich dießelben alle vnndt Jede, So darinn begrieffen, in wenigisten wiedern, oder entschuldigen sollten, dann die herrn Commissarien nicht bedacht seindt, oder der Gemein außsetzung das kleinste Zue ändern, derwegen man nur die Zeit vergebens Zuebringen würde. Darauff seindt Bartholomeus Heilig, Carll Hirsch, Dauidt Heintz, vnndt Hannß Obßdorffer, alß Burgermeistere verleßen worden, herrn Schöpfen aber, M. Joan. Scintilla, Auf dem Nacher das Richter Ampt verblieben, Paul Rupprícht, Moricz Kloczman, Paul Parsch, Georg Roske, Adam Schäeffer, Wentzl Lußyczky, vnndt Whylmhelmb Lerßmacher, Item Sechs Personnen Zum mittradt, Alß Hannß Eckhert, Merten Fröhlich, Andreß Gronmeß, Valle Labrhüttl, Thobias Marquart vnndt Hannß Adam, damit dieße, wann etwa schwere sachen Zue erörtern vorkommen möchten, Sie einen Rath auch mitt hilff beyspringgen sollten.

Ist allso obgeseczter massen der Rath verneüert, vnndt das Juramentum von dennen erwöllten Personnen Ihr Mayestät vnndt deroßelben Erben prästirt worden. Wie trewlich Sie aber denßelben nachkommen, vnndt Ihr Kayß. Mayestät dießfalls respectiret, das hatt nicht allein der effectus in dem Sie was wider Ihr Mayestät durante rebellione von den Stännden geschmidet vnndt practiciret durch allerhandt schädtliche Commissionen vnndt heimbliche gifftige Rathschläg, So Ihnen allein vnndt niemanden anndern am besten bewust seindt, gar trewlich fleißig vnndt begierig befördern, vnndt exequiren helffen, genuegsamb erwießen, Sonndern auch die herrn Capitulares vnndt andere geistliche herrn sowoll auch weldtliche, wegen vnbillichen arrestirens, incarcerirens, Torquirens, vnndt Tribulirens, mitt schmertzen vnndt bekhummerten hertzen leyden mehr alß genuegsamb erfahren müssen.

Wie vnndt auff weiß weiß aber sich hernach diese Rebellion geendet, vnndt die Stadt Ollmutz Ihr Mayestät zue vorriger Deuotion vnndt gehorsamb gebracht worden, vollget kürtzlich.

Demnach daß klägliche seuffczen vnndt bitterliche Lamentiren so viel Tausendt bedrengter Catholischen Seelen dermahlen eines durch die wolckhen vor das angesicht des allgerechten Richters Christi; getrunngen, Vnndt auß sonnderlicher Allmacht vnndt beyhilff Gottes, die Ketzerischen Rebellen vnndt Tirrannen von Ihr Röm. Khayß. Mayestät gegen Ihnen gebrauchter Armada den 8. Noveb. 1620 Jahrs, auf den Weißen bergk vor Prag dermassen getroffen, erlegt, vnndt Zerstreüet Allso das alle Confoderirte Lännder darob in Zittern vnndt schreckhen gerathen. Die herrn Stännde auß Böhmen auch, ein gantz trewhertziges verwahrungsschreiben, wie ahn ein Ersam. Landtschafft dieß Marggrafftumb, Allso auch einen Rath der Stadt Ollmutz (deßen original hiebey lit. C. Zue sehen) Zuegefertigt, vnndt Zue vorigen Khayserlichen gehorsamb vermahnet vnndt gebetten, Ist wie den Stännden allso auch dem Rath Zue Ollmutz der helm voriges hails entfallen. Vnndt kurtz hernach da die Stännde dießes Marggrafftthumb bey Ihr Kays. May. Feldt Generaln Graffen de Buquoy (wellcher Sich albereit in Mähren befunden) genadt gesucht, etliche vornehme Burgerßleüth vnndt rebellen allß beyde Adam vnndt Fridrich Schäeffer, Obßdorffer, Andreß Rieger, Christoff Kobnitcz, Marquart, wellcher aber wider ertappet, vnndt andere, Sich sambt allen den Ihrigen auß den staub gemacht, vnndt in die flucht begeben, deßgleichen Hartmahn von Buchaimb, da er vor tags entwischet, hat Carl Hirsch die Stadtschliessel hinter Ihme gehabt, vnndt die Stadt eröffnen lassen. So haben auch die Stännde dießes Marggrafftthumb Mähren den 29. Novemb. gedachten Jahres, dem Rath Zue Ollmutz ein schreiben (das alberreit Ihr Kays. May Volckh Zue besetzung Brynn, Ollmutz, Hradisch, Crembßier, Neüstadt vnndt der gleichen) im ahnzueg, Auf das wan dasselbe hieher gelanngen möchte, daß man ohn allen verzueg vndt vnweigerlich, sollchen guttwilligen einzueg in die Stadt lassen solle, Zuegefertiget.

Darauff balldt die vornembsten auß Ihren Rath in des herrn Obristen Grauen von Schlickh Loßament gangen, vnndt allda bey hannß Kropfen Rath gehallten, die Catholischen aber mit freüdigen geist, haben Gott den Allmechtigen tag vnndt nacht vmb fernere genadt vnndt geduldt Inniglich angerueffen, vnndt deß Khayßerlichen volcks ehestes in frewden gewertig geweßen.

Anno 1621 den 9. Januarij hatt der Lutherische Rath Zue Ollmutz ahn. Ihr gnaden herrn Graffen von Schlickh begehret, das er seine Solldaten, wellche auf den Dörffern vmb die Stadt herumb Loßierten, in die Stadt herein nehmen solle, Vnndt nach sollchen hatt der Rath, Allß dann die gantze Gemein auf daß Rathhauß beschieden vnndt angemelldt, das der Obriste Graff Schlickh begehren seine Solldaten in die Stadt Zueführen, dießelben Zue bewehren, Vnndt nachmalls die Lanndtscassa sowoll das Rathauß vnndt Müntz, vor dem Khayßerlichen Volckh im einzueg vor Spollierung Zue deffendiren. Allß es aber der Gemein, Sonnderlich den Catholischen, selczam vndt hoch verwunderlich vorkommen, haben Sie hierzue, durchauß nicht stimmen wollen, vnndt gesagt, man wurde hierdurch Ihr Khayf. May. hochansehliche commissarien vnndt Kriegsbefelchshaber, höchlich offendiren Dannenhero ein gemein lieber selbsten Täglich Fanenstarckh auf-ziehen will, Aber einen Rath, vnndt den Subutraquisten hatt dieß nicht schmeckhen wollen, vnndt durch den Heinczen antwordten lassen, waß wollen wier Vnnß viell Spreiczen, seindt Sie doch schon Zuevor in der Stadt hierauff die katholischen geantwortet, Waß fragt man dann erst, wann Sie zuevor schon hinnen seindt, Vnndt allso Jeder wieder Zue hauß gangen. Darauf sahe man baldt die Soldaten, nicht allein heüffig in der Stadt vnndt allen gassen hierumbgehen, Sonndern dieselben noch dieß Tags, vor der Stadt, in Hanns Eckherts, Frantzoßen Arczles hoff, Auß gemeiner Stadtrüstkammer bewehren, vnndt hernach Zwo wacht, eine vor das Rathauß, die ander Zue der müncz aufführen.

Weill dann solches den Catholischen hochverdechtig fürkommen vnnd gleich eben diß Tags Ihr Röm. Khayl. May. Commissarien Neben Zimb-licher Anzahl volcks zue Proßnicz ankhommen, Alls haben Sie dießfalls nicht gesäumet, die vornembsten Zuesammenkommen, Thobias Schwannauern vnndt neben Ihm Antoni Oelern darzue vermöcht, damitt Sie Sich alß-balldt Zue Roß aufmachen, vnndt Ihr gnaden Hern Commissario Danradl solch new verdächtiges attentat nach Proßnicz in aller Eyll avisiren sollen, wellches da es beschehen, Ihr Gn. Herr Comiss. höchlich verwundert, vnndt darauf in derselben nacht alßbaldt Herrn von Haißenstein, vnndt Herrn Christoff Carll Podstaczky neben anndern mehr, nach Ollmütz gefertigt, vnndt Ihr genaden dem Hern Graf Schlickhen, das er das Quartir Oll-mütz allßbaldt raumen wölle, ahn Zuemelden befohlen, Darzue sich Ihr Gnaden Herr Graff auch balldt willig befunden, vnndt gesagt, er sey darnach nicht gestannden, Sonndern die Burger haben das begehret.

Bey seinen Soldaten auch balldt verordnet, in derßelben stund frue vmb 6 Vhr von der wach ab: vnndt Zum Thor hinauß in Ihre Quartir auf die Dörffer Zue ziehen. Die Mußqueten aber haben Sie vor dem Thor abgelegt, wellche auch hernach baldt wiederumb in Gemeinen Stadt Rüsthauß geführet worden. Es haben auch obgesagte abgesanndten Herr von Heißenstein vnndt Podstaczky noch in derßelben nacht Ihr Gnaden Herrn, Herrn Commissario Danradl wider noch Proßtnicz, des Graff Schlicken willigkheit in rauhmung des Quartirs berichtett, Dahero er, das mitt Sich führende Kriegsvolckh so ein außschueß von 400 Mahnn darüber Herr Haubtmann Stammer Commendirt, vnndt vnter das Sachsische Volckh gehörig war, denßelben morgen allß 11 Januarij besagten Jahrs Nach Ollmütz geordnet, wellche allßdann frue vmb 8 Vhr alldar (vnndt nicht ohne sondere grosse freüdt der Catholischen, mit grossen schmertzen vnndt herczbrechen aber der Lutherischen) ahnkhommen, Auf den Placz gegen der Vhr in der schlachtordnung des Commissarij Daurabels, gewartett, Wellcher nach dem Er hernach vmb 11 Vhr dieß Tages auch ankhommen in des Herrn von Waldtsstein Behausung eingekheret, Darauf balldt verordnet, vor das mitter: Burgk Thor, vnndt Rathhauß, ordentliche wach führen: vnndt die übrigen Soldaten in der Stadt herumb einloßiren lassen. Nach dießem haben Ihr gnaden Herr Commissarius Daurabel, den Rath Zue Sich berueffen lassen, vnndt Ihnen ein schreiben von Ihr Excellentz Herrn Graffen de Buquoy Praesentiret, Darneben auch befohlen, sollches in beisein der gesambtten Gemein Zue publiciren.

Vnndt alß es beschehen, war der Inhalt kürtzlich, Weillen Ihr gnaden die Herrn Stände, dießes Marggraffthumbs, Ihr Röm. Khaißl. May. Vnnßers allergenedigsten Hern, albereit geschworen, Sie Stadt Ollmütz Sich auch hoffentlich nicht widern werden.

Zue abnehmung dann des Juraments, Sie offt gedachten Herrn Danrabl, Im nahmen vnndt an Statt Ihr Röm. Khai. May. allen völligen gewalldt vnndt macht gegeben haben wellen.

Nach verstanndner beschaffenheit, hatt Sich ein Rath bey Ihr gnaden Herrn Commissario wieder aufgehalten, vnndt die Stundt, Zue ablegung deß Juraments Sich erkindiget, So von Ihr gnaden der morgende tag alß 13 frue vmb 8 Vhr benandt worden.

Zue wellcher Jeczt gemelltes Stundt Sich dann ein gantze Gemein gantz heüffig auf das Rathhauß gefunden, Dahin dann Ihr Gnaden Herr Commissarius Sich auch eingestellet, vnndt baldt aufangs Zue reden angefanngen.

Demnach Sich verruckter zeit dieße Lännder von Ihr Röm. Khay. May. Vnnßern allergenedigisten Khayßer Khönig vnndt Herrn, bößlich entbrochen, Ihrer gethonen hohen pflicht vnndt Trew vergessen, vnndt einen vnordentlichen vngerechten, wieder Gott vndt alle Recht, selbst aufgeworffenen vnngt eigenwillig ahngemaßten vermeindten Khönig, Fridrichen Pfaltzgraffen bey Reyn, So die Tag seines Lebens, vndt von ewigkeit her nicht einige handt voll erden, geschweigen weder Landt nach leüth in dießen länndern gehabt, gehuldiget, Vnndt derwider alle gebier aufgerichten Vnion vnndt Conföderation geschworen. Allso daß höchst gedacht Ihr Khay. May. (nach dem viell vnndt offt abgaungene gantz freündt vnndt Vätterliche vermahnungen nicht fruchten wollen) auß billichen rüsser vnndt vrsachen zur gegen wehr vnndt schwerdt grieffen: vnndt in Summa auf allerley Ernstliche Krigsmüttl Aller genedigist gedacht sein mueßen. Auch nun mehr (doch nicht ohne sonderlich Hilff vnndt beystanndt Gottes) sollche vnbefügte eigenwillige rebellanten durch mittel scherffe des schwerdts, Zertrennet, gedemüttiget, vnndt Zum gehorsamb bracht, Dahero dann hoch vonnötten, Dafern Sie anderst genadt sünden vnndt genüssen wollen, Das Sie obgemellter Vnion vnndt Pfaltzgraffen allß vnordentlichen vermaindten König gantz vnndt gar abßagen vnndt wieder SPrechen, sollche hohe schwere übertrettung vnndt Meyneydt mit Herczen vnndt mundt berewen, Auch hiefüro weder mitt gedanckhen, wortten, noch werckhen Zue allen künfftig vnndt ewig wehrenden Zeiten ermellten Pfalltz Gra[f]en für keinen Herrn erke[n]nen Ehren noch halten. Hergegen aber höchst ernente Ihr Khay. May. Ferdinandum führ Ihren rechten Vätterlichen von Gott geordneten, recht erwöhlten, gesalbten, vnndt gekrönten Khaißer, Khönig vnndt Herrn mitt vnverfälschten Hertzen Trew willigen gehorsamb, schweren, vnndt leißten sollen. Hierauff das Volckh diß alles mitt Jaa bestättiget, Vnndt darauff das ordentliche Jurament Ihr Röm. Khaiß. May. Ferdinando vnndt dero Erben, gehorsamblich abgeleget

Patent

vom 13. Dez. 1621, mit welchem alle Prädikanten aus Böhmen abgeschafft worden.

(Aus dem Chaos Pessinianum.)

My Karel z Bozj Milostj Knjzie, Wladarz Domu Lychtenssteynskeho, Knjzie Oppawské. G. M. Rzjmskeho Czysarze, Vherskeho, a Czieskeho Krale teyna Radda, Komornjk, a na tento czias w Kralowstwj Cziesskem narzizeny Comisarz.

Známo czinjme timto Listem wssem, Zie Aczkoliw po wssem Swietie, Gak Bozskymj, tak y Swietskymj Starodawnimj Czysarzskymj Kralowskymj Prawy tez y obecnim Snessenim, aby Ziadny Poddanych protj wrchnostj k pozdwjzenj newzkazowal, a k nepokogi przjcziny nedawal, dostatecznie narzizene, obzwlasstie pak Praedicantum, a ffararzum pod tiezkau pokutau a trestanim, aby w tiechto nyniegssich tiezkych w nowie wznjklych, wjry Krzestianské doteykagiczych se roztrzjitostech Lidu obecznjho, k baurzcze a nepokogj neponaukalj a negitrzjlj, przjsnie Zapowiedjno gest: Wssak niczmenie se to Swietle, Patrnie, a wssemu Swietu Zrzjegmé w Skutku nachazy, zie tohoto nedawno gminuleho pozdwjzienj a baurzky, niekterzi czesstj Praedicanti neyprwniegssj Zaczatek, a Puwodowe gsau bylj, a tu gedowatau hroznie sskodliwau Rebellij Rozsyli a Rozplemenilj kdyzto muozy znich Letha 1618 w nedielj Krzjzjowau zgewnie w kostelich na Kazatedlniczych Spis welicze gizliwey, baurzlywey a ne prawdiwey gsau publicowalj, cztly a wyhlassowalj, lidu obecznjmu wsseligake klamy przjedstjralj, a tudy gey proti swe od Pana Boha wystawené porzadné Neywyzssj wrchnostj, totiz na nen czias G. M. Rzimskemu Czysarzj Vherskemu a Czieskemu Kralj Mathyassowj Slawne a Swate Pamietj, Potom tolikez proti nynj Kralugiczymu, Neyjasnieyssymu, Welikomocznému, a Neyneprzjemozieniegssymu Knjzieti, a Panu Panu, Ferdynandowj druhemu, Wolenemu Rzimskemu Czysarzj, Vherskemu a Czieskemu Kraly, Nas wssech neymilostiwieyssymu, Gako y protj geho Czysarzské a Kralowske Milostj narzizenym Mjstodrzjczym Neywyzssim Aurzedlnjkum Zemskym, a Raddam wssetecznie ponukly, a Pozdwjhly, od gich Powinne

Przisahy, diedicžné poddanosti, a Poslussenstwj odwratilj, a ludy k Zbytecžné, wysokomyslné sskodliwe, wogenske weypravie a dalssymu Pozdwjžienj přiwedlj a niekterži z nich po gij Zacžatem Pozdwyžienj w Kollegij Czysarže Karla cžtwrtého, lazanj gim cžinilj a aby wssechnj gednomyslnie w swem předsewzetj stale trwalj horliwie napominalj Tak žie potom hned nasledugiczy Střžedu na hradie Pražském w Kanczellarži Cžieske, niekterži G. Czys. a Kral. M. Mistodržiczy, a Rady Vkrutnie, neważnie, Tyransky, a w Křžestianstwu prwe nesleychanie z wokna wen wyhozenj, ginj pak do arrestu wzatj, a z Vřžaduw, (cžož y gine G Czys. a Kr. M. wierne Služiebniky gest potkalo) s posmiechem sSazenj bylj. A dale gsau take tjž cžessti Praedicantj w Kostelich yak zde w Miestech Pražskych tak y ginde w Kralowstwj tomto Cžieskem, každodennie w giste hodiny přži obvcžiegnem Zwonienj, Vehlowažnie, pohorssliwie, Modlenj protj Geho Czys. a Kr. M. též Protiwiernym G. M. zgewnie cžtancze s Lydmj tehdaž shromaždienymj, wykonawalj, takowe tjsknautj, Psatj, roznassetj, a wubecz prodawatj naržidilj, ano gesstie y ginsých mnohých hroznych, a tiesskych aucžinkuw se docžinilj, až y naposledy wedle takowého gich podnietu Přzedni Rebellowe, a domnielj Directorowe, obecz po sobie potahsse, a nad swym Swiedomim se Zapomenuwsse, k neporžadnemu wolenj giného Pana gsau přžistaupilj, a geho sobie Za nowého Krále Cžieského wystawilj, kterymužto nesslechetnymu, a wssem Zemim Sskodliwemu Skutku, dotcženj Praedikantj, dle gich negwyžssi možnostj, s welikau pilnostj, a horliwostj, giau ponaukaij, a wedly, tak žie y samj takowého, nasplnie se na Kralowstwj wetrželeho, a gij od G. Czys. a Kr. M. do Achtu Swaté Řžimske Řžisse daneho Fridrycha, genž se Falczkrabietem přži Regnu gmenuge, za neprawého Krále Cžieského, neplatnie Korunowatj a Summau ke wssemu, cžoz se potom rozmahanj a rozssyřženj te proklate Confoederatj, a sskodliwého Pantowánj (skrze kterež we wssem Křžestianstwu, gednj protj druhym, hroznie, tiežeje, a gizliwie pozdwyžienj a zbauřženj gsau, až gij y tote Kralowstwj, Spolu s přžiwtielemymj Zemiemj též czelau Swatau Řžissy, y wssieczko Křžestianstwe, do Pohanského a Barbarského tiežkého gha w mocz Turku auhlawnjmu wssého Křžestianstwa nepřžitelj, přziwedeno bytj mielo) slaužilo, bohaprazdnie napomahalj a wssem wubecz za dobre, a vžitecžne bytj poznáwalj a Schwalowalj.

Gakož pak až posawad tjž nepokognj wssetecžnj Zly Lide, den ode dne wedle přžiležitostj swých přži Zgewnych y tegnych Schuzkach, o to se wsselijak, aby Lid obecznj zase protj G. Czys. a Kr. M. zgitřžen Zbwyžien, a tudy opiet wedle nesslechetného gich winsse, Nowy w zemj nepokog strogen, Spuſoben bytj mohl, wynasnažiewatj nepřžestawajj.

Poniewadž to wsse cžož se nadpisuge w prawem skutku tak, a ne giuak wssem wubecz dobřže wiedomé a znamé se nachazy, mage to wsse od G. Czys. a Kr. M. ktomu naržizenymj Pány Commissarij w bedlitwem uwažienj, wedle společzneho snessenj, a na tom Zawrženj. Za Sprawedliwé a wysocze Potržebne uznano gest, aby pro Zachowanj swrchu dotcženych Božskych, Czysaržskych Kralowskych, y Rziskych Swatych a Chwalitebnych Práw, též obecžneho Snessenj, a Stwrzeneho Pokoge, dotcženj nepokognj lide, a buržiczj, Kteržižto yak pržedoznameno, Letha 1618 to baurzliwe Proclama, a Lehkomyslney Smysslenej Spis cžtly, wyhlassowalj, a lidu obecžnjmu pržednassely též dotcženy Rebellsky aucžinek, toho neporžadneho korunowánj wykonawatj, a takowe cžiny yak samj tak y skrze Pomocžniky k Zawedenj Lidu obecžniho zwelebowatj, schwalowatj a Zastawatj wedle neywyssj možnostj, czož na nich bylo, napomahalj z Kralowstwj Czieskeho, a k niemu z pržiwtielenych y ginych wssech G. Czys. a K. M. Zemj, na czasy nyniegssj, a budanczy dokoncze wypowiedienj bylj.

Protož z mocznostj od G. Czys. a Kr. M. Nam propugcžiené a Commissy na nas wzložiené, gen ty a takowé Zlé nessſlechetné gizliwe lidj, a baurzliwé Czieske Praedikanty, yakožto pržestupniky a russitele dobreho rzadu a obecžneho Pokoge, kteržij G. Czys. a Kr. M. dusstogenstwj tieżcze urazylj Potupilj G. M. se spronewierilj a sprotiwilj, wssechny Ziadneho newyminiugicz, Wypowjdame, o tom dale naržizugeme, a pržisnie porauczime, aby onj se, (an gsau mnohem tiezssj a wietssj Pokuty, a trestanj Sprawedlywie Zaslaužilj), z Miest Pražskeych od Publikowanj tohoto Patentu Nasseho, we trzech, z czeleho Pak Kralowstwj Czeskeho, a k niemu pržiwtielených. G. C. a Kr. M. a wsseho Slawneho domu Rakauskeho, Zemj a kragin w osmj dnech porzad Zbiehlych, konecžnie prycž odebraly, odstiehowalj a w tiech mjstech nikdy wjcze se nezdržiowalj. Wssak z obzwlásstnj Milostj a dobrotiwostj k tomu se gim Powoluge, že aby swe mohowite wieczy, sebau wzylj a ne mohowite Statky, skrze osoby ktomu dožiadané, we Trzech Miesyczych wsse porzad Zbiehlych rozprodatj mohlj. Pokudžby Pak ktery z nich proti tomuto nassemu pržisnému Poruczenj, a naržizenj po wygiti tohoto gim uložieneho czasu, zde w Miestech Pražikych, aneb niekde ginde w Kralowstwy Czieskem, a k niemu pržiwtielenych, též y w ginych G. Czys. a Kr. M. a wssemu slawnemu domu Rakauzskemu nalezjiegiczych Zemjch, a Kraginach Zastjžien byl a to by se naniey wyhledalo Zie take tim Publikowanim swrchu dotcženeho a Baurzliweho Spisu, a nebo tim protj G. Czys. a Kral. M. Pozdwjžienim a od Poslussenstwj, a Poddanostj odpadnautim, y ginymj ktomu podobnimj Zlymj Skutky winen gest, a se gich aucžastna učžinil, ten každy ma bezewsseho ussetrženj, a milosti ginym ku pržikladu, a wystraze, na hrdle skutecžnie strestan bytj, a nema Ziadny w nadepsanych G. Czys. a. Kr. M. diedicžnych, a wsseho Slawneho domu Rakauzskeho, Zemjch, takowych wypowiedienych, a Bannisirowaných Zlych osob, po wygitj tohoto uložieneho czasu, a Terminu, yak Zgewnie, tak anj tajnie do Pržibytku sweho pržigimatj, gich nepržechowawatj gim gidla a pitj, anj niczieboz gineho ne dodawatj, a gich netrpietj, pod vwarowanim G. Cys. a K. M. hniewu a nemilostj, napodobného trestanj, a nepromínutedlné Pokuty. A ta gest C. C. a K. M. gista milostiwa wule, wedle kterezto, dle nassí Powinnostj, Nam se Zachowatj nalezielo.

Cziméz se wssichnj Sprawitj, a yak przed takowym trestaním, a C. C. a K. M. nemilostj a hniewem vwarowatj wiedietj moczy budau. Dan w Menssym Miestie Prazskem 13. Decembris Letha 1621.

Karel Z L. J. Kapr.